ОЛМА
МЕДИАГРУПП

БИОГРАФИЧЕСКИЕ ХРОНИКИ

Евгений Гусляров

ЕКАТЕРИНА II В ЖИЗНИ

Систематизированный
свод воспоминаний современников,
документов эпохи, версий историков

МОСКВА
«ОЛМА-ПРЕСС Звездный мир»
2004

УДК 82
ББК 83.3(2Рос-Рус)
Г 965

Исключительное право публикации книги Е. Н. Гуслярова «Екатерина II в жизни. Систематизированный свод воспоминаний современников, документов эпохи, версий историков» принадлежит издательству «ОЛМА-ПРЕСС Звездный мир».
Выпуск произведения или его части без разрешения издательства считается противоправным и преследуется по закону.

Художник *Н. А. Миронова*

Гусляров Е. Н.
Г 965 Екатерина II в жизни. Систематизированный свод воспоминаний современников, документов эпохи, версий историков. — М.: ОЛМА-ПРЕСС Звездный мир, 2004. — 544 с.: ил. – (Биографические хроники).
ISBN 5-94850-442-5

Эта книга — биографический роман необычной формы, состоящий исключительно из документов и свидетельств тех, кто лично знал императрицу Екатерину II. Ограничив рамки повествования исследованием частной жизни великой женщины, автор рассказывает преимущественно о том, как проявлялась ее личность в обычных житейских обстоятельствах, какими были ее быт, ее привязанности, ее увлечения, ставшие увлекательнейшей страницей истории нравов. Большинство современников Екатерины Великой сходятся на том, что многие особенности ее характера счастливо сочетались с историческими обстоятельствами, в которые этот характер был поставлен, что личность императрицы предельно соответствовала потребностям времени, нуждам исторического момента.

Тем больший интерес поэтому вызывает ее частная жизнь, каждый эпизод которой имел прямое продолжение в российской истории, изменял ее, и к эху событий которой стоит прислушиваться и теперь.

УДК 82
ББК 83.3(2Рос-Рус)

ISBN 5-94850-442-5

© Издательство «ОЛМА-ПРЕСС Звездный мир», 2004

ОТ АВТОРА

...Известно, что не власть красит человека, а человек власть. В России власть часто бывает страшной, часто — никакой. Обаятельной она была, пожалуй, только однажды. В те тридцать четыре года, которые составляют эпоху Екатерины II, названной Вольтером Великой. Во всяком случае, такой она видится сквозь дымку истории. Такой она предстает в описании большинства свидетелей ее царствования, даже обиженных, даже заведомо недоброжелательных.

Эта книга, как и прежние мои издания в серии «Биографические хроники», посвящена сугубо частной, личной жизни еще одного великого человека.

Большинство толкователей жизни Екатерины II сходятся на том, что черты ее характера счастливо сочетались с историческими обстоятельствами, в которые этот характер был поставлен, что ее личность предельно соответствовала потребностям времени, нуждам исторического момента.

Тем большее любопытство должна вызывать частная жизнь, каждая деталь которой имела продолжение в истории, во многом меняя ее, к эху событий которой можно прислушиваться и теперь.

Как правило великая жизнь непременно заключает в себе и великую драму. Тот, кто пытался глубже вникнуть в жизнь Екатерины II не мог не ощущать этой драмы. Она проступает сквозь блеск и величие ее правления.

Екатерина Великая придумывала идеальные законы, она желала учесть интересы всех своих подданных, понимая, как просвещенная монархиня, что только хорошие законы дают каждому отдельному человеку и целому народу чувство удовлетворения своим положением, жизнью. Чтобы не сомневаться в их правильности, императрица использовала очень простое и, может быть, самое безошибочное средство, этакий рыночный референдум, «базарную» Думу: слухи о новом законе распространяли в торговых рядах, на площадях, в уличной толпе. И если народные толки о законе были благоприятными, закон принимался. Тем не менее, народ ответил ей крестьянской войной, Пугачевым.

Екатерина имела неутомимое сердце, неутолимую жажду любить. Чтобы удовлетворить эту потребность, она создала целое придворное «министерство любви». К череде ее фаворитов можно относиться как угодно, но даже здесь, пусть в искаженной форме, проявилась трогательная и вечная женская потребность простого и понятного счастья. И судить ее слишком строго, может быть, было бы и несправедливо, — она и в любви испытала те же превратности, которые подстерегают на этом пути самых обыкновенных женщин. К ней охладевали, ей изменяли, с ней играли в любовь, поскольку игра эта была беспроигрышной, а выигрыш небывалый. Но не могла ведь она своим трезвым умом не чувствовать одиночества среди всего того видимого изобилия претендентов на ее сердце, которые и не предполагали в ней души.

Екатерина имела много детей, но вынуждена была тайно отрекаться от них, а первый сын и наследник был ей ненавистен и страшен, потому что она отняла у него престол.

Власть была упоительной, но чрезмерно утомляла, потому что она стремилась сосредоточить ее только в своих руках, и у нее было мало достойных помощников. А после ее смерти даже лучшие из ее начинаний были отвергнуты, поскольку ответная ненависть к ней сына все сокрушила. На великолепное царствование упала густая тень.

Сам последний акт этой драмы происходил в декорациях, совершенно недостойных этого значительного момента. Апоплексический удар настиг ее в отхожем месте. И последующая суета и манипуляции с ее недвижимым телом лишили эти последние часы ее уходящей жизни малейших признаков полагавшейся торжественности и скорбного величия.

Так что, наверное, можно сказать, что судьба была, при всей щедрости, не слишком милостива к ней.

Но зато милостивым оказалось к ней время и историческое народное мнение, которое, может быть, только одно и бывает справедливым. Оно вернуло ей тот блеск, которым она поражала при жизни.

Астрономы утверждают, что ночное небо в большинстве состоит из погасших звезд, только свет, который они излучали когда-то, все еще летит во вселенной. И этот-то свет есть самое привлекательное, что осталось от погасшей звезды. Так случилось с Екатериной II, немкой, научившейся жить по-русски, внушавшей русским жить так же. И уже одним этим достойной того, чтобы мы в наше время помнили о ней и следовали этому ее внушению.

Е. Гусляров

ПРИНЦЕССА-ЗОЛУШКА

Я родилась в Штеттине в Померании 2 мая нового стиля 1729 г. Моя мать, вышедшая замуж за моего отца в 1737 г. пятнадцати лет от роду, чуть не умерла, производя меня на свет. С большим трудом она поправилась через 19 недель болезни.
> *Из записок Екатерины II* // Путь к трону: История дворцового переворота 28 июня 1762 года. М.: СЛОВО/SLOVO, 1997. С. 19 (Далее цит. как: Записки Екатерины II¹.)

Екатерина, дочь герцога Ангальт-Цербстского, носила имя Софии Августы Доротеи*.
> *Л.-Ф. Сегюр.* Записки // Екатерина II в воспоминаниях современников, оценках историков. М.: ТЕРРА-Книжный клуб, 1998. С. 156.

Отец Екатерины, Христиан Август из цербст-дорнбургской линии ангальтского дома, подобно многим своим соседям, мелким северо-германским князьям, состоял на службе у прусского короля, был полковым командиром, комендантом, а потом губернатором города Штеттина, неудачно баллотировался в курляндские герцоги и кончил свою экстерриториальную службу прусским фельдмаршалом, возведенный в это звание по протекции русской императрицы Елизаветы.
> *В. О. Ключевский.* Исторические портреты. М.: Правда, 1990. С. 256.

В первые свои годы она жила не в великом изобилии. Ее отец — владелец небольшой земли, генерал в службе короля прусского, жил в крепости, где была она воспитана среди почестей одного гарнизона, и если мать ее являлась иногда с нею ко двору, чтобы обратить некоторое внимание королевской фамилии, то там едва замечали ее в толпе придворных.
> *К.-К. Рюльер.* История и анекдоты революции в России в 1762 г. // Путь к трону... С. 424.

---

* Так у Сегюра. В «Энциклопедическом словаре Брокгауза и Ефрона» — София Фредерика Апалия, в «Большой советской энциклопедии» — София Фредерика Августа.

Она родилась и подрастала в семье мелкого немецкого князька, настолько небогатого, что для снискания пропитания он должен был поступить на службу к прусскому королю и благословлял судьбу, получив место губернатора в Штеттине. Здесь, в тесном и неудобном губернаторском доме, все было в обрез и, когда маленькая Фике (Софи), будущая Екатерина, ездила с матерью гостить к более богатым родственникам, она чувствовала себя там на положении просительницы, которую принимают и кормят из милости.

А. А. Кизеветтер. Исторические силуэты. Ростов н/Д: Феникс, 1997. С. 120—121.

Отец ее был усердный служака, а мать, Иоанна-Елизавета, — неуживчивая и непоседная женщина, которую так и тянуло на ссору и кляузу, ходячая интрига, воплощенное приключение; ей было везде хорошо, только не дома. На своем веку она исколесила чуть не всю Европу, побывала в любой столице, служила Фридриху Великому по таким дипломатическим делам, за которые стеснялись браться настоящие дипломаты, чем заслужила большой респект у великого короля, и незадолго до воцарения дочери умерла в Париже в очень стесненном положении, потому что Фридрих скупо оплачивал услуги своих агентов.

В. О. Ключевский. С. 257—258.

Ее родители никогда не занимались ни ее убеждениями, ни ее образованием.

В. Н. Головина // Мемуары графини Головиной. Записки князя Голицына. М.: Три века истории, 2000. С. 70.

Екатерина могла только благодарить судьбу за то, что мать редко бывала дома: в воспитании детей штеттинская комендантша придерживалась простейших правил, и Екатерина сама потом признавалась, что за всякий промах приучена была ждать материнских пощечин.

В. О. Ключевский. С. 258.

...Знайте, что я родилась в доме Грейфенгейма, в Мариинском приходе, что я жила и воспитывалась в угловой части замка, и занимала наверху три комнаты со сводами, возле церкви, что в углу. Колокольня была возле моей спальни. Там учила меня мамзель Кардель и делал мне испытания (Prifungen) г. Вагнер. Через весь этот флигель, по два или по три раза в день, я ходила, подпрыгивая, к матушке, жившей на другом конце.

Екатерина II — Ф. М. Гримму. 1776 г.
(Здесь и далее цит. по: *А. Г. Брикнер.* Иллюстрированная история Екатерины Второй. СПб.: Издание А. С. Суворина. 1885. Далее как: *А. Г. Брикнер* [1].)

Когда мне было два года, меня сдали на руки одной француженке, девице, дочери профессора из Франкфурта-на-Одере, по имени Кардель. В три с половиной года, говорят, я читала по-французски; я этого не помню.

Записки Екатерины II¹. С. 19.

Императрица была воспитана при Дворе принца Ангальтского, своего отца, невежественной и плохо воспитанной гувернанткой, которая едва могла научить ее читать.

В. Н. Головина. С. 70.

Мы узнаем, что наставница Екатерины была хорошо знакома с литературой, что «кроме разных наук, она знала, как свои пять пальцев, всякие комедии и трагедии», что «она знала почти все, ничему не учившись, почти так же, как ее воспитанница». «Кардель была умная женщина», пишет Екатерина; в другом месте она рассказывает, что г-жа Кардель заставляла ее читать комедии Мольера.

А. Г. Брикнер¹. С. 31—32

В 1733 г. моя мать повезла меня с собою в Гамбург к моей бабушке. Я пошла с ней в оперу, но, когда на сцене происходило сражение, я стала кричать и меня унесли.

Записки Екатерины II¹. С. 19.

...Принцесса Софья-Августа, наша Екатерина соединяла в своем лице два мелких княжеских дома северо-западной Германии. Эта северо-западная Германия представляла в XVIII в. любопытный во многих отношениях уголок Европы. Здесь средневековый немецкий феодализм донашивал тогда сам себя, свои последние династические регалии и генеалогические предания. С бесконечными фамильными делениями и подразделениями, с принцами брауншвейг-люнебургскими и брауншвейг-вольфенбюттельскими, саксен-гомбургскими, саксен-кобургскими, саксен-готскими и саксён-кобургготскими, мекленбург-шверинскими и мекленбург-стрелицкими, шлезвиг-голштейнскими, голштейн-готторпскими и готторп-эйтинскими, ангальт-дессаускими, ангальт-цербстскими и цербст-дорнбургскими это был запоздалый феодальный муравейник, суетливый и в большинстве бедный, донельзя перероднившийся и перессорившийся, копошившийся в тесной обстановке со скудным бюджетом и с воображением, охотно улетавшим за пределы тесного родного гнезда.

В. О. Ключевский. С. 256.

Я помню, что в 1734 г. у матери родился второй сын; это тот, который жив; старший, родившийся в 1730 г., умер в тринадцатилетнем возрасте. К 1735 г. мой отец и мать поехали навестить своих родных и оставили нас троих с нашей гувернанткой, женой старого офицера. Я писала письма каждую неделю отцу и матери, я уведомляла их о состоянии старшего брата, который, играя, пробил себе две дыры в голове, стукнувшись о стол; он был при смерти; после этого младший схватил ветряную оспу. Мне сочиняли эти письма, а я их переписывала. В ноябре месяце родители вернулись, и у меня сделался кашель и болезнь шеи, от которой я чуть не стала горбатой, я пробыла 6 месяцев в постели; когда стали меня одевать, увидели, что меня всю перекосило; нашлась женщина, которая посоветовала не лечить меня никаким другим средством, как только натирать поднявшиеся части слюной человека натощак. Правое плечо, левый бок и правое бедро были на два пальца выше, чем противоположные части, так что позвоночный столб образовывал зигзаг. Отец, который чрезвычайно меня любил, советовался со всеми, с кем можно было посоветоваться; меня заставили носить и днем и ночью особый корсет, что вместе с вышеуказанным средством выправило меня менее чем в год; едва можно было это заметить.

Записки Екатерины II [1]. С. 19—20.

Мать воспитывала Екатерину очень просто: никто не называл ее принцессой, она играла с детьми горожан и на гуляньях в городском саду терялась в толпе сверстниц, а дома подчинялась таким строгим правилам, что должна была по приказанию матери целовать платья у знатных дам, посещавших ее родителей.

С. Н. Шубинский. Исторические очерки и рассказы. Таллинн. М.: Скиф Алекс, 1994. С. 251.

В 1737 г. я была с матерью в первый раз в Берлине; теперешняя королева, которая там находилась, пожелала меня видеть. Я поехала ко двору, меня заставили болтать, играть; я ужинала с королевой, а потом у наследного принца. Мы оставались всю зиму в Берлине. С этого года до 1743 я проводила каждый год 2 месяца в Брауншвейге, зиму в Берлине, а остальное время до 1740 г. в Штеттине, а потом в Цербсте.

Записки Екатерины II [1]. С. 20—21.

О молодости Екатерины и о впечатлении, какое производила она на окружавших, рассказывает в своих записках профессор-академик Тьебо следующее: «Баронесса фон-Принцен, в девичестве своем состоявшая камер-фрейлиною или в звании статс-дамы при крошечном дворе в Штеттине, много рассказывала и об ее родителях, и о дочери их, которая, поистине, отнюдь не воображала сделаться впоследствии государыней великой державы. На моих глазах, говорила баронесса, она родилась, росла и воспитывалась; я была свидетельницей ее учебных занятий и успехов; я сама помогала ей укладывать багаж перед отъездом ее в Россию. Я пользовалась настолько ее доверием, что могла думать, будто знаю ее лучше, чем кто-либо другой, а между тем никогда не угадала бы, что ей суждено было приобрести знаменитость, какую она стяжала. В пору ее юности, я только заметила в ней ум серьезный, расчетливый и холодный, столь же далекий от всего выдающегося, яркого, как и от всего, что считается заблуждением, причудливостью или легкомыслием. Одним словом, я составила себе понятие о ней, как о женщине обыкновенной, а потому вы можете судить об удивлении моем, когда пришлось узнать про необычайные ее приключения».

А. Г. Брикнер [1]. С. 33.

Екатерина родилась в скромной обстановке прусского генерала из мелких немецких князей и росла резвой, шаловливой, даже бедовой девочкой, любившей попроказить над старшими, особенно надзирательницами, щегольнуть отвагой перед мальчиками и умевшей не смигнуть, когда трусила.

В. О. Ключевский. С. 257—258.

...Меня ласкали, мне льстили, хотя я была еще очень маленькой; я так часто слышала, что я умна, что я большая девочка, что я это и вообразила себе; я не спала, как и другие, на бал-маскарадах, праздниках, я во всем принимала участие, я трещала, как сорока, и была чрезмерно смела, вот тому свидетельство: когда мне было четыре года, в Штеттин приехал покойный Прусский король, мне сказали, что следует поцеловать его камзол; он спросил обо мне, меня привели, я пошла к нему и, так как старалась поймать край его камзола, а он не позволял этого, то я повернулась в сторону матери и сказала ей угрюмо: «Его камзол так короток, что я не могу его достать». Он спросил, что я сказала; не знаю, кто ему повторил это, он сказал: «Das Madchen ist naseweis» [девочка умничает], и с тех пор каждый раз, как мой отец ездил в Берлин или король приезжал в Штеттин, он меня к себе требовал.

Записки Екатерины II [1]. С. 20.

В этом кругу все жило надеждами на счастливый случай, расчетами на родственные связи и заграничные конъюнктуры, на желанные сплетения неожиданных обстоятельств. Потому здесь всегда сберегались в потребном запасе маленькие женихи, которые искали больших невест, и бедные невесты, тосковавшие по богатым женихам, наконец, наследники и наследницы, дожидавшиеся вакантных престолов. Понятно, такие вкусы воспитывали политических космополитов, которые думали не о родине, а о карьере и для которых родина была везде, где удавалась карьера.

В. О. Ключевский. С. 256—257.

Я начинала расти, и ужасное безобразие, которым я была наделена [от природы], стало проходить, когда в 1739 г. я поехала навестить моего дядю, Шведского короля, тогда епископа Любекского. Я там в первый раз увидала великого князя [будущего мужа, нареченного потом в России Петром III], который, действительно, был красив, любезен, хорошо воспитан, словом, чудеса рассказывали об этом одиннадцатилетнем ребенке, отец которого только что умер. Моя мать, очень тогда красивая, ему понравилась, он за ней ухаживал; я почти не обращала на него внимания, но я слышала, как у моих дядей, тетушек, у Брюммера и у самых близких и там и сям срывались слова, которые заставляли меня думать, что нас, может быть, предназначают друг другу. Я не чувствовала никакого к тому отвращения; я знала, что рано или поздно он должен быть королем Шведским; хоть я и была еще ребенком, но титул королевы приятно звучал в моих ушах.

Записки Екатерины II[1]. С. 20—21.

Сей голштинский принц был еще в 1742 году, и когда было ему только 14 лет от рождения, признаваем наследником шведского и российского престола, и получал уже от Швеции титул королевского высочества.

А. Т. Болотов. Жизнь и приключения Андрея Болотова, описанные самим им для своих потомков: В 3 т. Т. 2. М.: ТЕРРА. 1993. С. 87.

Принца воспитывали как наследника шведского престола.
Записки императрицы Екатерины II. (Репринтное воспроизведение издания Вольной русской типографии Герцена и Огарева. Лондон, 1859). М.: Наука, 1990. С. 2. (Далее цит. как: *Записки Екатерины II*[2])

Судьба, однако, послала принцу (не на радость, впрочем) другую, по видимому, блестящую, долю. Обстоятельства герцога Карла Голштинского были в высшей степени печальны: он был опутан долгами, в жизни двора его сказывалась бедность: дырявые скатерти и салфетки чаще и чаще являлись на столе его. Тщетно герцог надеялся, что сын, придя в возраст, поправит его дела, — отцу не суждено было дожить до осуществления этих надежд...

М. И. Семевский. Шесть месяцев из русской истории XVIII века // Русская старина: Путеводитель по XVIII веку. М.: СПб., 1996. С. 182.

Отец Петра III-го, голштинский герцог Карл Фридрих — племянник шведского короля Карла XII — был государь слабый, бедный, дурен собою, небольшого роста и слабого... Он умер в 1739 году, и опеку над его сыном, которому тогда было около 11 лет, принял его двоюродный брат герцог Голштинский и епископ Любекский Адольф

Фридрих, вступивший потом, вследствие Абовского мира и по ходатайству императрицы Елизаветы, на шведский престол.

Записки Екатерины II[2]. С. 2.

Понадобилось два столетия, чтобы возвести этого человека на такую высоту, но по воле случая или, вернее, по тайной воле Провидения, подготовлявшего для России царствование Екатерины, он оказался недостойным престола.

А. Дюма. Путевые впечатления. В России. В 3 т. Т. 2. М.: Ладомир, 1993. С. 245.

В Голштинии его так плохо учили, что в Россию он приехал 14-летним круглым неучем и даже императрицу Елизавету поразил своим невежеством.

В. О. Ключевский. С. 240.

Принц был крещен и воспитан по обряду и в правилах самого строгого и наименее веротерпимого лютеранства.

Записки Екатерины II[2]. С. 5.

С давних пор между русским двором и родственниками невесты великого князя Петра Федоровича существовали довольно близкие сношения. Брат княгини Иоганны Елизаветы, епископ Любский Карл, при Екатерине I был в России в качестве жениха Елизаветы Петровны. Он вскоре умер, но Елизавета не переставала питать некоторую привязанность к его родственникам.

А. Г. Брикнер[1]. С. 34.

В 1742 или третьем году я была с матерью моей в Брауншвейге, у вдовствующей герцогини, у которой мать моя была воспитана, и та герцогиня и мать моя были дома Голштинского. Тут случилось быть епископу католическому Корвенскому, и с ним было несколько его каноников; между канониками был один дома Менгдена. Сей упражнялся предсказаниями и хиромантией; был вопрошен матерью моей о принцессе Марианне Бевернской, с которой я была весьма дружна и которая по нраву и красоте своей была весьма всеми любима, не получит ли она по своим достоинствам корону. Он не захотел о ней говорить ничего; наконец, сказал матери моей: «На лбу вашей дочери вижу короны, по крайней мере три». Мать моя приняла это за шутку — он же сказал ей, чтоб она никак в том не сомневалась, и отвел ее к окошку, и она после уже с прекрайним удивлением сказала, что он ей чудеса насказал, о чем она ему и говорить запретила, а мне сказала уже здесь, что Менгдена предсказания выполняются, а более от нее узнать не могла.

Екатерина II. Памятник моему самолюбию. М.: Эксмо, 2003. С. 93—94.

В первый раз я увидала Петра III, одиннадцати лет, в Евтине, у его опекуна Принца-Епископа Любекскаго, через несколько месяцев после кончины отца его, герцога Карла Фридриха. Это было в 1739 году. Принц-Епископ созвал в Евтине всех родственников, чтобы представить им своего питомца. Моя бабушка (мать Принца-Епископа) и сестра его, моя мать, приехали из Гамбурга, и привезли меня с собою. Мне было тогда десять лет. Кроме того, там были еще принц Августин и принцесса Анна, брат и сестра принца-опекуна и правителя Голштинии. Тут я услыхала, как собравшиеся родственники толковали между собою, что молодой герцог наклонен к пьянству, что его приближенные не дают ему напиваться за столом, что он упрям и вспыльчив, не любит своих приближенных и особливо Брюмера; что в прочем он довольно живого нрава, но сложения слабого и болезненного. Действительно цвет лица его был бледен; он казался тощ, и нежного темперамента. Он еще не вышел из детского возраста, но придворные хотели, чтобы он держал себя как совершеннолетний. Это тяготило его, заставляя быть в постоянном принуждении. Натянутость и неискренность перешли от внешних приемов обращения и в самый характер.

Записки Екатерины II[2]. С. 4.

Родился он 21 февраля 1728 года.

А. Дюма. С. 238.

С десятилетнего возраста Петр III обнаружил склонность к пьянству.
Записки Екатерины II[2]. С. 3.

Корф (Николай Фридрихович, барон, президент Петербургской Академии наук. — *Е. Г.*) как-то переслал императрице полученную им в Киле записку неизвестного автора о дурном воспитании великого князя Петра Федоровича во время бытности его в Голштинии. Здесь говорится, что ребенок часто должен был дожидаться кушанья до двух часов пополудни и с голоду охотно ел сухой хлеб, а когда приедет Брюмер, его воспитатель, и получит дурные отзывы учителей, то начинал грозить строгими наказаниями после обеда, отчего ребенок сидел за столом ни жив, ни мертв и оттого после обеда подвергался головной боли и рвоте желчью. Ребенка держали точно за караулом, так что и в прекрасную летнюю погоду едва позволяли иметь движение на свежем воздухе, вместо того заставляли быть два раза в неделю на вечерах с шести часов, а в летние дни вместо прогулок играть в кадрилью с дочерью госпожи Брокдорф: таким образом, до 6 часов его заставляли учиться, от 6 до 8 — играть в кадрилью с дочерью Брокдорф, а в 8 ужин и потом спать. Великий князь говаривал: «Я уверен, что они хотят меня сделать профессором кадрильи, а другого ничего мне знать не надобно».

С. М. Соловьев. История России с древнейших времен. М.: Мысль, 1993. Кн. 11. С. 371.

Однажды его поставили с ружьем на часах перед дверью зала, где отец его пировал с друзьями. Мимо него проносили столько аппетитных блюд, что ему стоило труда не заплакать от желания попробовать. Когда стали подавать второе, отец снял его с поста, публично присвоил ему звание лейтенанта и приказал сесть с гостями за стол. От неожиданного счастья ребенок потерял аппетит и не мог ничего есть. Впоследствии он признается, что это был *самый счастливый день в его жизни*.
А. Труайя. Екатерина Великая. М.: Республика: Палимпсест, 1997. С. 27.

Она же [Екатерина] родилась 2 мая 1729 года и, следовательно, была моложе своего будущего супруга на восемь или девять месяцев.
А. Дюма. С. 239.

...В 14 лет она казалась уже взрослой девушкой, поражала всех высоким ростом и развитостью не по летам.
В. О. Ключевский. С. 262.

Екатерина на два года старше, чем сообщает календарь. Так как она оказалась старее Петра III, то императрица Елизавета, приказав ей прибыть в Россию, благосклонно вычеркнула эти годы. А есть старые немецкие календари, которые доказывают, что она родилась в 1727 году. Это всего лишь мнение, которое многие отвергают, и я сейчас не могу подтвердить его документами.
Ш. Массон. Секретные записки о России. М.: Новое литературное обозрение, 1996. С. 72.

По странной игре случая в лице этого принца совершилось загробное примирение двух величайших соперников начала XVIII в. Петр III был сын дочери Петра I и внук сестры Карла XII.
В. О. Ключевский. С. 239.

10 февраля 1728 года в ничтожном немецком городке Киле старшая дочь Петра Великого Анна, вследствие интриг Меншикова против воли удалившаяся сюда из России, разрешилась от бремени сыном... Заря жизни младенца зажглась при обстоятельствах весьма печальных. Мать умерла в первые же дни после родов, и малютка остался на руках чопорных немок и придворных лакеев под призором отца.
М. И. Семевский. С. 181.

Мать его, дочь Петра I-го, скончалась от чахотки, через два месяца после его рождения... Ее сокрушила тамошняя жизнь и несчастное супружество.
Записки Екатерины II[2]. С. 2.

Всем известно, что был сей [будущий] государь хотя и внук Петра Великого, но не природный россиянин, но рожденный от дочери его

Анны Петровны, бывшей в замужестве за голштинским герцогом Карлом-Фридрихом, в Голштинии, и воспитанный в лютеранском законе, следовательно был природою немец, и назывался сперва Карлом-Петром Ульрихом.

А. Т. Болотов. С. 87.

Бабушка принца была сестрой Карла XII, его мать — дочерью Петра Великого, и, тем не менее, природа сделала его трусом, обжорой и фигурой столь комичной во всех отношениях, что, увидев его, трудно было не подумать: вот Арлекин, сделавшийся господином.

С.-А. Понятовский. Мемуары // Путь к трону... С. 278.

Муж сей был хил телом, слаб умом. Поручив воспитание сына наемным учителям, родители обращали на него мало внимания; у него был вдавленный лоб, безжизненный взгляд; нижняя губа несколько выдавалась вперед.

А. Дюма. С. 239.

В чем не догадалась отказать неблагосклонная природа, то сумела отнять у него нелепая голштинская педагогия.

В. О. Ключевский. С. 240.

Главным воспитателем Петра III-го был гофмаршал двора его, Брюмер, родом швед, потом обер-камергер Берхгольц, автор вышеупомянутого журнала, и четыре камергера, из которых один Адхерфельдт, написавший историю Карла XII. Вахмейстер был швед, а двое других, Вольф и Мадфельдт — голштинцы.

Записки Екатерины II² . С. 2.

Дурное воспитание, легкомысленно и бестолково веденное его голштинскими наставниками Брокдорфом и Брюмером, не только не исправило недостатков физической организации принца, но еще более их усилило.

В. В. Каллаш. Императрица Екатерина II. Опыт характеристики // Три века. Россия от смуты до нашего времени: В 6 т. М., 1912. Т. 4. С. 450.

Он страдал еще одним недугом, о котором хоть и трудно, но придется говорить: мы расскажем об этом несколько позже.

А. Дюма. С. 239.

Принца часто наказывали, причем в числе наказаний были такие, как стояние голыми коленями на горохе, привязывание к столу, к печи, сечение розгами и хлыстом.

В. В. Каллаш. С. 451.

Он приходился троюродным братом Екатерине.

К.-К. Рюльер. С. 424.

На девятом году от рождения принц произведен был отцом в лейтенанты. «С этого времени, — замечает один из последующих его воспитателей, — все мысли Петра были заняты только военною службою, и его обхождение с пустоголовыми его товарищами стало свободнее. Он говорил им всем «ты» и хотел, чтоб и они, как его братья и товарищи, также говорили ему «ты». Мальчик имел от природы весьма доброе сердце, кроткий и послушный нрав; он был жив, понятлив и необыкновенно впечатлителен; но — головка дитяти не получила надлежащей пищи, воля не приохочивалась к труду, сердце не было питаемо надлежащими чувствами; его немецкие менторы воспитывали в нем одного из тех принцев, которые, по-видимому, должны были совершенно затеряться в массе державных владык крохотных немецких государств.

М. И. Семевский. С. 181—182.

Двор его, слишком многочисленный для Голштинии, разделялся на несколько партий, ненавидевших друг друга.

Записки Екатерины II[2]. С. 2.

...Зная, что всякое правление неустойчиво, если на ступенях трона рядом с царствующим монархом люди не видят преемника, Елизавета приказала вызвать к себе этого своего племянника — герцога Голштейн-Готторпского, которого она назначила наследником престола.

А. Дюма. С. 238.

...На четырнадцатом году возраста прибыл [он] в С.-Петербург 5 февраля 1743 г. По принятии греко-российского исповедания наречен Петром Федоровичем и манифестом 7 ноября объявлен Великим Князем и наследником Всероссийского престола.

К.-К. Рюльер. С. 424.

...И вскоре потом, а именно в 1744 году совокуплен браком на выписанной также из Германии, немецкой ангальт-цербской принцессе Софии Августе, названной потом Екатериною Алексеевною, от которого супружества имела она уже в живых одного только, рожденного в 1754 году, сына Павла.

А. Т. Болотов. С. 87—89.

Ей не исполнилось и 15 лет, когда в нее влюбился один из ее голштинских дядей, состоявший на саксонской, а потом на прусской службе, и даже добился от племянницы согласия выйти за него замуж. Но чисто голштинская встреча благоприятных обстоятельств разрушила эту раннюю идиллию и отвела ангальт-цербстскую принцессу от скромной доли прусской полковницы или генеральши, чтобы оправдать пророчество брауншвейгского каноника, доставив ей не три, а только одну корону, но зато стоившую десяти немецких.

В. О. Ключевский. С. 258.

Принцу было лет двенадцать или тринадцать, когда Елизавета вызвала его в Россию, велела ему принять православие и провозгласила своим наследником. Принц сохранил, однако, верность лютеранской церкви, крестившей его при рождении, преувеличенное представление о значительности своей Голштинии и убеждение, что голштинские войска, во главе которых он будто бы сражался и побеждал Бог весть сколько раз, были, после прусских, лучшими в мире и намного превосходили русские.

С.-А. Понятовский. С. 278.

Ему еще не исполнилось и четырнадцати лет, когда его тетка Елизавета поспешила найти ему жену.

А. Дюма. С. 238.

В то время петербургский двор искал невесты для наследника русского престола и дальновидные петербургские политики советовали Елизавете направить поиски к какому-нибудь скромному владетельному дому, потому что невестка крупного династического происхождения, пожалуй, не будет оказывать должного послушания и почтения императрице и своему мужу.

В. О. Ключевский. С. 258.

Так выбор пал на принцессу Софию Анхальт-Цербстскую. Ее отец — губернатор Штеттина — неохотно выдавал свою дочь замуж за наследника престола — наследство далеко не надежное.

А. Дюма. С. 238.

Весь политический мир Европы дался диву, узнав о таком выборе русской императрицы.

В. О. Ключевский. С. 260.

Дело было устроено Фридрихом II, который дальновидно усматривал в этой комбинации немалые выгоды для Пруссии в недалеком будущем.

А. А. Кизеветтер. С. 121.

Он сам признается в своих записках с большим самодовольством, что брак Петра и Екатерины — его дело, его идея, что он считал его необходимым для государственных интересов Пруссии и в Екатерине он видел лицо, наиболее пригодное для их обеспечения со стороны Петербурга.

В. О. Ключевский. С. 258.

...Чтоб ваша светлость не были ничем затруднены, чтоб вы могли сделать для себя и для принцессы, вашей дочери, несколько платьев, чтоб могли предпринять путешествие без потери времени, я имею честь присоединить к своему письму и вексель. Правда, сумма умеренна; но надобно сказать вашей светлости, что это сделано нарочно, чтоб выдача большой суммы не кидалась в глаза людям, наблюдающим за нашими действиями. Чтоб ваша светлость не нуждались в необходимом по приезде сюда в Петербург, я распорядился, чтоб купец, именем Людольфом, выплатил вашей светлости две тысячи рублей в случае надобности. Я ручаюсь, что по счастливом прибытии к нам ваша светлость не будет ни в чем нуждаться.

О. Ф. Брюмер — И. Е. Цербстской, матери Екатерины. 17 декабря 1743 г.
Цит. по: *С. М. Соловьев.* Кн. 11. С. 252—253.

Будущая русская императрица отправилась в путь, в далекий Петербург, с таким багажом, который показался бы нищенским даже для второстепенной кочующей актрисы.

А. А. Кизеветтер. С. 121.

Господин генерал-фелдмаршал! Когда прибудет в Ригу принцесса Сербстская, следующая к нам, под каким бы именем и видом ни было, оную повелеваем вам принять с принадлежащею честию и отправить с камвоем при добром обер офицере сюды или в Москву, где тогда обретатца будем и что надлежит на ее довольство в Риге и в пути оттоль к нам, то все имеете учинить из нашей казны, но сего никому не объявляйте дондеже она прибудет. Ежели же вам время придет по указу в Москву ехать прежде ее прибытия, тогда имеете дать указ вице-губернатору, что б исполнил во всем по вышеписанному непременно и тако ж бы до ее прибытия содержал сие секретно.

Елизавета. 23 декабря 1743 г. С.-Петербург. Секретный указ императрицы Елисаветы о приезде в Ригу принцессы Цербской // Русская старина (PC). 1897. Т. 91. С. 32.

Народ дорогой говорил: «Это везут невесту для великого князя». В 7 верстах от города камер-юнкер, в настоящее время камергер, Сиверс (которого я знала с Берлина, куда он возил королю орден св. Андрея Первозванного), приехал к нам навстречу с приветствиями от имени императрицы и поместился в санях, где я была с матерью. Проехав через весь город, мы вышли у Головинского дворца, где увидели принца Гомбургского и весь двор внизу лестницы.

Записки Екатерины II [1]. С. 25.

Как бы то ни было, 3 февраля 1744 года принцесса Цербстская приехала в Петербург, а 9 февраля — в Москву. Исполняя советы Брюмера, принцесса поцеловала руку императрицы и сказала: «Повергаю к стопам вашего величества чувство глубочайшей признательности за благодеяния, оказанные моему дому». Елисавета отвечала: «Я сделала малость в сравнении с тем, что бы хотела сделать *для моей семьи;* моя кровь мне не дороже вашей». Завязался оживленный разговор, который императрица вдруг прервала и вышла в другую комнату; потом принцессе сказали, что Елисавета, найдя в ней необыкновенное сходство с братом ее, [упоминавшимся каноником, за которого когда-то Елизавета собиралась замуж] не могла удержаться от слез и вышла, чтоб скрыть их.

С. М. Соловьев. Кн. 11. С. 255.

Я ХОТЕЛА БЫТЬ РУССКОЙ...

Таким образом, великий князь Петр Федорович, с коим она была в близком родстве, по разным политическим переворотам призван был из Голштинии в Россию как ближайший наследник престола; и когда принцессы знатнейших европейских домов отказались соединить судьбу свою с наследником столь сильно потрясаемого царства, тогда избрали Екатерину в супружество. Сами родители принудили ее оставить ту религию, в которой она воспитана, чтобы принять греко-российскую, и в условии было сказано, что если государь умрет бездетен от сего брака, то супруга его непременно наследует престол.

К.-К. Рюльер. С. 424.

...Петр III, исповедав веру по обряду греческой церкви, был объявлен наследником Елисаветы и Великим князем Русским. В учители ему дали Симона Тодорского, бывшего потом епископом Псковским.

Записки Екатерины II [2]. С. 5.

Елисавета даже сама учила его креститься по-русски.

М. И. Пыляев. Старый Петербург: Рассказы из былой жизни столицы. СПб.: Издание А. С. Суворина. 1889. С. 176.

Чтобы судить о его характере, надо знать, что воспитание его вверено было двоим наставникам редкого достоинства; но их ошибка состояла в том, что они руководствовали его по образцам великим, имея более в виду его породу, нежели дарования. Когда привезли его в Россию, сии наставники, для такого двора слишком строгие, внушили опасение к тому воспитанию, которое продолжали ему давать. Юный Князь взят был от них и вверен подлым развратителям; но первые основания, глубоко вкоренившиеся в его сердце, произвели странное соединение добрых намерений под смешными видами и нелепых начертаний, направленных к великим предметам. Воспитанный в ужасах рабства, в любви к равенству, в стремлении к героизму, он страстно привязался к сим благородным идеям, но мешал великое с малым и, подражая героям — своим предкам, по слабости своих дарований оставался в детской мечтательности.

К.-К. Рюльер. С. 428—429.

...Когда пришло время отправить его в Россию, где считалось, что одного великого человека, Петра I, достаточно для всего императорского рода, будущего Петра III вырвали из рук его первых воспитателей и окружили наиболее легкомысленными из придворных Елизаветы. Отсюда — порывы к великим свершениям, порывы, которые, остановившись на полдороге, воплощались в низких, недостойных поступках. Он стремился достигнуть высочайших сфер, но, будучи ничтожным существом, мог подражать только слабостям и ребячествам своих героев.

А. Дюма. С. 246.

По особливому несчастию случилось так, что помянутый принц, будучи от природы не слишком хорошего характера, был и воспитан еще в Голштинии не слишком хорошо, а по приведении к нам в дальнейшем воспитании и обучении его сделано было приставами к нему великое упущение; и потому с самого малолетства заразился уже он многими дурными свойствами и привычками и возрос с нарочито уже испорченным нравом.

А. Т. Болотов. С. 89.

Он был некрасив, слабоволен, маленького роста, мелочен, пьяница и развратник.

В. Н. Головина. С. 70.

С детства он не хотел ничему учиться, и я слышала от его приближенных, что в Киле по воскресеньям и в праздничные дни стоило великих трудов, чтоб заставить его идти в церковь и подчиняться благочестивым обрядам, и что в разговорах с Симоном Тодорским он по большей части обнаруживал отвращение от религии. Его императорское высочество не хотел ни с чем согласиться, спорил о каждом предмете и приближенные его часто бывали призываемы, чтоб охладить его горячность и склонить к более мягким выражениям. Наконец, после многих для себя неприятностей, он подчинился воле императрицы, своей тетки, но может быть по предрассудку, по привычке, или по охоте противоречить, он несколько раз выражал, что ему приятнее было бы уехать в Швецию, нежели оставаться в России. Брюмер, Берхгольц и другие голштинцы оставались при нем до его женитьбы. К ним для виду присоединили несколько учителей. Преподаватель русского языка Исаак Веселовский с самого начала являлся редко, а потом вовсе перестал ходить; профессор Штелин, который должен был учить его математическим наукам и истории, собственно только играл с ним и служил вместо шута. Всех точнее был балетмейстер Ланге, учивший танцеванию.

*Записки Екатерины II*². С. 5—6.

Ко всему тому совокупилось еще и то, что каким-то образом случилось ему сдружиться по заочности с славившимся тогда в свете королем прусским и заразиться к нему непомерною уже любовью и не только почтением, но даже подобострастием самым. Многие говорили тогда, что помогло к тому много и вошедшее в тогдашние времена у нас в сильное употребление масонство. Он введен был как-то льстецами и сообщниками в невоздержностях своих в сей орден, а как король прусский был тогда, как известно, грандметром сего ордена, то от самого того и произошла та отменная связь и дружба его с королем прусским, поспешествовавшая потом так много его несчастию и самой пагубе. Что молва сия была не совсем несправедлива, в том случилось мне самому удостовериться. Будучи еще в Кенигсберге и зашед однажды пред отъездом своим в дом к лучшему тамошнему переплетчику, застал я нечаянно тут целую шайку тамошних масонов и видел собственными глазами поздравительное к нему письмо, писанное тогда ими именем всей тамошней масонской ложи; а что с королем прусским имел тогда он тайное сношение и переписку, производимую чрез нашего генерала Корфа и любовницу его графиню Кейзерлингшу, и что от самого того отчасти происходили и в войне нашей худые успехи, о том нам всем было по слухам довольно известно; а, наконец, подтверждало сие некоторым образом и то, что повсеместная молва, что наследник был масоном, побуждала тогда весьма многих из наших вступать в сей орден и у нас никогда так много масонов не было, как в тогдашнее время.

А. Т. Болотов. С. 89—91.

Можно было предположить, что кормилица принца и все его первые наставники, — там, на родине, — были пруссаки или подкуплены королем Пруссии, ибо принц с детства испытывал уважение и нежность к этому монарху, причем столь исключительные и столь непонятные для самого прусского короля, что монарх говорил по поводу этой страсти (а это была именно страсть):

— Я — его Дульсинея... Он никогда меня не видел, но влюбился в меня, словно Дон Кихот.

С.-А. Понятовский. С. 278.

Петр постоянно носил на пальце бриллиантовый перстень с изображением короля...

М. И. Пыляев. С. 178.

Он с каким-то энтузиазмом подражал королю прусскому как в отношении своей внешности, так и относительно всего, касавшегося войска. Он был полковником прусского пехотного полка, что казалось вовсе не соответственным его сану, и носил прусский мундир; точно так же и король прусский был полковником русского Второго Московского пехотного полка.

Б. К. Миних. Очерк управления Российской империи // Перевороты и войны. М.: Фонд Сергея Дубова, 1997. С. 315.

Он заявил однажды князю Эстергази, послу венского двора при дворе его тетушки:

— Как можете вы надеяться одолеть короля Пруссии, когда австрийские войска даже с моими сравниться не могут, а я вынужден признать, что мои уступают прусским?..

Мне же принц сказал в порыве откровенности, которой удостаивал меня довольно часто:

— Подумайте только, как мне не повезло! Я мог бы вступить на прусскую службу, служил бы ревностно — как только был бы способен, и к настоящему времени мог бы надеяться получить полк и звание генерал-майора, а быть может даже генерал-лейтенанта... И что же?! Меня притащили сюда, чтобы сделать Великим Князем этой зас...... страны!

И тут же пустился поносить русских в выражениях самого простонародного пошиба, весьма ему свойственных.

С.-А. Понятовский. С. 278—279.

Считая для себя образцом армию Фридриха II, Петр старался усвоить себе манеры и привычки прусского солдата, начал выкуривать непомерное количество табаку и выпивать непосильное множество бутылок пива, думая, что без этого нельзя стать «настоящим бравым офицером».

В. О. Ключевский. С. 242.

Сам же он постоянно смешивал в своем воображении то, что слышал о короле прусском — деде того, что правил, том самом деде, которого Георг II, король Англии, его кузен, называл «король-капрал», с образом нынешнего короля Пруссии, который он себе создал. Он полагал, в частности, что ошибаются те, кто утверждает, что король предпочитает трубке — книги, и особенно те, кто говорит, что прусский король пишет стихи.

С.-А. Понятовский. С. 279.

Беспредельная страсть к военной службе не оставляла его во всю жизнь; любимое занятие его состояло в экзерциции, и, чтоб доставить ему это удовольствие, не раздражая российских полков, ему предоставили несчастных голштинских солдат, которых он был государем.

К.-К. Рюльер. С. 429.

Между сими дурными его свойствами было по несчастию его наиглавнейшим то, что он как-то не любил россиян и приехал уже к ним власно [*стар.* точно, ровно, будто], как со врожденною к ним ненавистью и презрением; и как был он так неосторожен, что не мог того и сокрыть от окружающих его, то самое сие и сделало его с самого приезда уже неприятным для всех наших знатнейших вельмож и он вперил в них к себе не столько любви, сколько страха и боязни.

А. Т. Болотов. С. 89.

Петр III плохо говорил по-русски и не любил русского языка, зато он души не чаял во всем немецком и до обожания любил короля прусского Фридриха II, у которого считал за честь числиться лейтенантом в службе.

М. И. Пыляев. С. 178.

Я меньше всего осмелился бы утверждать, что у несчастного принца, о котором здесь пойдет речь, уже при жизни императрицы Елизаветы не было различных друзей среди русских, в том числе и достаточно могущественных. В частности, от меня не укрылись симпатии генерал-фельдцейхмейстера Петра Шувалова к этому государю. Я достаточно уверенно осмеливаюсь утверждать, что корпус из 30 000 человек, сформированный этим графом, названный его именем и подчинявшийся только его приказам (правда, почти уничтоженный в ходе последней войны, и в особенности в кровавой битве при Цорндорфе), был предназначен главным образом для того, чтобы обеспечить передачу российского трона великому князю Петру Федоровичу в случае, если кому-либо вздумается этому воспрепятствовать. Неудивительно, что позже, стоило только Великому князю вступить на престол, он буквально в тот же момент назначил упомянутого графа генерал-фельдмаршалом. Когда же тот спустя 14 дней умер, император приказал предать его земле со всеми мыслимыми воинскими почестями и с исключительной торжественностью.

А. Шумахер. История низложения и гибели Петра III // Со шпагой и факелом: Дворцовые перевороты в России 1725—1825. М.: Современник, 1991. С. 271.

...Как бы то ни было, но всем было известно, что он отменно любил и почитал короля прусского. А сия любовь, соединяясь с расстройкою его нрава и вкоренившеюся глубоко в сердце его ненавистию к россиянам, произвела то, что он при всяких случаях хулил и порочил то, что ни делала и не предпринимала императрица и ее министры. И как государыня сия с самого уже начала прусской войны сделалась как-то нездорова и подвержена была частым болезненным припадкам и столь сильным, что ни один раз начинали опасаться о ее жизни, то неусумнился он изъявлять даже публично истинное свое расположение мыслей и даже до того позабывался, что при всех таких случаях, когда случалось нашей армии или союзникам нашим претерпевать какой-нибудь урон или потерю, изъявлял он первый мнимое сожаление свое министрам крайне насмехательным образом. Легко можно заключить, что таковые насмешки его и шпынянья неприятны были как министрам нашим, так и всем россиянам, до которых доходил слух об оном, и что такое поведение наследника престола производило в них боязнь и опасение, чтоб не произошли от того в то время печальные следствия, когда вступит он в правление и получит власть беспредельную. Опасение сие тем более обеспокоивало наших министров, что они предусматривали, что некоторые из них за недоброходство свое к нему будут жестоко от него тогда наказаны, а сие и побудило некоторых из них известить Императрицу обо всем беспорядочном житье и поведении ее племянника, о малом его старании учиться науке правления и о ненависти его к российскому народу, и довели Императрицу до того, что велено было отлучить его от всех государственных дел и не допускать более в конференцию, или тогдашний государственный совет. И как чрез то не оставалось ему ничего другого делать, как заниматься своими веселостями, то и делался он к правлению [час] от часу неспособнейшим.

А. Т. Болотов. С. 91—92.

Однажды, когда я была у императора, он, сев на любимого конька, завел речь о прусском короле и, к удивлению всех присутствующих, напомнил Волкову (который в предыдущее царствование был первым и единственным секретарем Совета), как часто они вместе смеялись над теми секретными решениями и приказами, которые посылались в действующую армию и не приносили успеха из-за того, что о них заранее сообщалось королю прусскому. Волков краснел и бледнел. Петр III, ничего не замечая, продолжал похваляться дружескими услугами, которые он оказывал королю, передавая сведения о мерах, принимаемых Советом, полученные от Волкова.

Е. Р. Дашкова. Записки. М.: Изд-во МГУ, 1987. С. 54.

Вам, конечно, известно, что Петр III поставил себя на службу Фридриху II. Как-то он сказал прусскому послу: «Ах, г-н посол, повелитель ваш недостаточно ценит мои заслуги. За все время нашей с ним войны я никогда не манкировал упреждать его обо всех решениях в Совете императрицы Елизаветы, куда меня приглашали; тем не менее, я всего лишь генерал-майор; надеюсь все-таки, он повысит меня». Сей разговор был записан здесь совершенно официально, и вы можете почитать оный столь же достоверным, как если бы сами его слышали.

Граф Жозеф де Местр — кавалеру де Росси. 20 января (1 февраля) 1808 г.
Цит по: *Местр Жозеф де.* Петербургские письма 1803—1817. СПб.: ИНАПРЕСС, 1995.

Во внутренних своих комнатах Великий Князь занимался исключительно военною выправкою нескольких лакеев, которые были даны ему в услужение. Он возводил их в чины и степени, и потом разжаловал, как ему вздумалось. Это были настоящие детские игры, постоянное ребячество. Вообще он был очень ребячлив, хотя ему было уже шестнадцать лет...

Записки Екатерины II[2]. С. 6.

Итак, при сих обстоятельствах было ему совсем и невозможно узнать самые фундаментальные правила государственного правления и недоброходство министров к нему было так велико, что они переменили даже весь штат при дворе его и отлучили всех прилепившихся к нему слишком; так, что любимцы его подвергались тогда великой опасности, а все дозволенное ему состояло в том, что он выписал несколько своих голштинских войск и в подаренном ему от императрицы Ораниенбаумском замке занимался экзерцированием оных и каждую весну и лето препровождал в сообществе молодых и распутных офицеров.

А. Т. Болотов. С. 92.

Он был постоянным объектом издевательств своих будущих подданных — иногда в виде печальных предсказаний, которые делались по поводу их же собственного будущего. Частенько в шутках этих звучало и сочувствие будущей супруге великого князя, ибо ей приходилось либо страдать, либо краснеть за него.

С.-А. Понятовский. С. 279.

...Он поражал своим невежеством даже императрицу Елизавету, которая была уверена, что в Англию можно проехать сухим путем.

В. В. Каллаш. С. 452.

Его наружность от природы смешная, делалась таковою еще более в искаженном прусском наряде, штиблеты стягивал он всегда столь крепко, что не мог сгибать колен и принужден был садиться и ходить с вытянутыми ногами. Большая, необыкновенной фигуры шляпа прикрывала малое и злобное лицо довольно жирной физиономии, которое он еще более безобразил беспрестанным кривлянием для своего удовольствия.

К.-К. Рюльер. С. 429.

Прибавьте к этому привычку курить табак, лицо, изрытое оспой и крайне жалобного вида, а также то, что ходил он обычно в голштинском мундире, а штатское платье надевал всегда причудливое, дурного вкуса — вот и выйдет, что принц более всего походил на персонаж итальянской комедии.

С.-А. Понятовский. С. 278.

Все сие и неосторожное его поведение и произвело еще при жизни императрицы Елисаветы многих ему тайных недругов и недоброхотов, и в числе их находились и такие, которые старались уже отторгнуть его от самого назначенного ему наследства. Чтоб надежнее успеть им в своем намерении, то употребляли они к тому разные пути и средства. Некоторые старались умышленно, не только поддерживать его в невоздержностях разного рода, но заводить даже в новые, дабы тем удобнее не допускать его заниматься государственными делами и увеличивали ненависть его к россиянам до того, что он даже не в состоянии был и скрывать оную пред людьми.

А. Т. Болотов. С. 89.

Немудрено, что льстецы легко овладели таким князем. Между придворными девицами скоро нашел он себе фаворитку Елисавету Романовну Воронцову, во всем себя достойную. Но удивительно, что первый его любимец и адъютант Гудович Андрей Васильевич, к которому он питал неизменное чувство дружбы, был достопочтенный молодой человек и прямо ему предан.

К.-К. Рюльер. С. 429.

Болтовня его бывала, правда, и забавной, ибо отказать ему в уме было никак нельзя. Он был не глуп, а безумен, пристрастие же к выпивке еще более расстраивало тот скромный разум, каким он был наделен.

С.-А. Понятовский. С. 279.

Однако он имел несколько живой ум и отличную способность к шутовству. Один поступок обнаружил его совершенно. Без причины обидел он придворного, и как скоро почувствовал свою несправедливость, то в удовлетворение предложил ему дуэль. Неизвестно, какое было намерение придворного, человека искусного и ловкого, но оба они отправились в лес и, направив свои шпаги на десяти шагах один от другого, не сходя с места, стучали большими своими сапогами. Вдруг князь остановился, говоря: «Жаль, если столь храбрые, как мы, переколемся, поцелуемся». Во взаимных учтивостях они возвращались ко дворцу, как вдруг придворный, приметив много людей, поспешно вскричал: «Ах, Ваше Высочество, Вы ранены в руку, берегитесь, чтоб не увидели кровь», — и бросился завязывать оную платком. Великий князь, вообразив, что этот человек почитает его действительно раненым, не уверял его в противном, хвалился своим геройством, терпением и, чтобы доказать свое великодушие, принял его в особенную милость.

К.-К. Рюльер. С. 429.

Таков был избранный Елизаветой наследник престола.

С.-А. Понятовский. С. 279.

Екатерину же привезли в Россию семнадцати лет, она была красива, полна естественной грации, талантов, чувственности и остроумия, с желанием учиться и нравиться.

В. Н. Головина. С. 70.

По избрании ее в невесты наследнику российского престола Петру Федоровичу она прибыла с матерью своею княгинею Иоганною в начале 1744 года в Москву, где тогда находилась императрица Елисавета с двором своим.

К.-К. Рюльер. С. 423.

После того, как мы минуту отдохнули, пришел Великий Князь, а минуту спустя граф Лесток, чтобы нам сказать, что императрица нас ждет. Она нас встретила в дверях своей спальной. Я более всего остального была поражена высотою ее роста. Она много говорила с матерью и много смотрела на меня. Великий князь, во время их разговора, занялся мною, и я ему так понравилась, что он целую ночь от этого не спал и что Брюммер велел ему сказать вслух, что он не хочет никого другого, кроме меня.

Записки Екатерины II [1]. *С. 25.*

Он пришел ужинать с нами; я была удивлена, что нашла его таким ребенком во всех его речах, хотя ему исполнилось на следующий день ровно 16 лет.

Записки Екатерины II [1]. *С. 25.*

28 июня того же года она приняла греко-российскую веру и наречена великою княжною Екатериною Алексеевною, а на другой день обручена со своим женихом.

К.-К. Рюльер. С. 423.

Казалось, Великий князь был рад приезду моей матери и моему. Мне тогда шел пятнадцатый год. В первые дни он был очень предупредителен ко мне. Уже тогда, в это короткое время, я увидала и поняла, что он мало ценил народ, над которым ему суждено было царствовать, что он держался лютеранства, что не любил своих приближенных, и что был очень ребячлив. Я молчала и слушала, и тем приобрела его доверенность. Помню, как, между прочим, он сказал мне, что ему всего более нравится во мне то, что я его двоюродная сестра, и что по родству он может говорить со мною откровенно; вслед за тем он мне открылся в своей любви к одной из фрейлин императрицы, удаленной от двора по случаю несчастия ее матери, госпожи Лопухиной, которая была сослана в Сибирь; он мне объяснил, что желал бы жениться на ней, но что готов жениться на мне, так как этого желает его тетка. Я краснела, слушая эти излияния родственного чувства, и благодарила его за предварительную доверенность; но в глубине души я не могла надивиться его бесстыдству, совершенному непониманию многих вещей.

Записки Екатерины [2]. *С. 7—8.*

В 1744 году 28 июня в Москве в Головинском деревянном Дворце, который сгорел в 1753 году, я приняла Греко-российский Православный закон.

Екатерина II. Памятник... С. 93.

За день до Петрова дня я прочла свое исповедание веры и приняла св. причастие в общей придворной церкви, в присутствии неисчислимой толпы народа; я прочла на русском языке, которого даже не понимала, очень бегло и с безукоризненным произношением 50 листов в четвертку, после чего прочла наизусть символ веры; архиепископ Новгородский и настоятельница Девичьего монастыря, со славой подвижницы, были моими восприемниками...

Записки Екатерины II[1]*. С. 28.*

А получила имя Екатерины, приняв крещение по обряду православной церкви и выходя замуж за своего двоюродного брата Карла Петра Фридриха <Петра III Федоровича> герцога голштейн-готторпского, которого [русская императрица] Елисавета назначила своим преемником и сделала Великим Князем.

Л.-Ф. Сегюр. С. 156.

...Мне дали имя, которое я теперь ношу, исключительно по той причине, что то, которое я имела, (напомним, что до крещения она была Софья Августа Доротея. — Е. Г.) было ненавистно из-за козней сестры Петра Великого, которая носила такое же. С минуты моего обращения за меня стали молиться во всех церквах.

Записки Екатерины II[1]*. С. 29.*

...Ей дано было православное имя Екатерины Алексеевны в честь матери-императрицы.

В. О. Ключевский. С. 260.

Вечером мы отправились инкогнито в Кремль, старинный замок, служивший местопребыванием царей. Меня поместили в комнату, находившуюся так высоко, что едва было видно тех, кто ходил внизу, у стены. На следующий день, Петров день, в который должно было состояться мое обручение, мне принесли рано утром от императрицы ее портрет, осыпанный бриллиантами, а минуту спустя от Великого Князя его [портрет], такой же ценный. Немного погодя он зашел за мною, чтобы пойти к Императрице, которая в короне и в императорской мантии выступила в шествие под массивным серебряным балдахином, который несли 8 генерал-майоров; ее сопровождали мы с Великим Князем; за нами шли моя мать, принцесса Гомбургская и другие дамы, смотря по их положению (с минуты моего обращения было сказано, что я буду ходить впереди матери, хотя я еще и не была помолвлена).

Мы спустились по знаменитой лестнице, называемой Красное крыльцо, перешли через площадь и отправились в собор пешком между гвардейскими полками, которые были расставлены шпалерами. Духовенство встретило нас, как обыкновенно. Императрица взяла Великого Князя и меня за руку и повела нас на возвышение среди церкви, покрытое бархатом, где архиепископ Амвросий Новгородский нас обручил, после чего Императрица обменяла кольца; то, которое Великий Князь мне дал, стоило 12 тысяч руб., а то, которое я ему дала, стоило 14 тысяч руб. После обедни были пушечные выстрелы; в полдень Императрица обедала с Великим Князем и со мною на троне в зале, называемом Грановитой палатой. Мать хотела тоже быть на этом обеде, на что ей ответили, что она не может иметь другого места, как выше других дам, но она заявляла притязание быть ступенью ниже на троне; услышав это, милорд Тираулей (английский посланник в Петербурге) сказал, что, как представитель коронованной главы, он тоже требует там места; поэтому ей накрыли стол, откуда прежде смотрели на церемонии царевны; это — род кабинета напротив трона наверху за стеклянной стеной, где она обедала как бы инкогнито, ибо принцесса Гомбургская и много других дам участвовали с ней в этом обеде.

Записки Екатерины II [1]. С. 29—30.

В десятый день по приезде моем в Москву, в субботу, Императрица отправилась в Троицкий монастырь. Великий Князь остался с нами в Москве. Мне уже дали троих учителей, Симона Тодорского для наставления в греческой вере, Василия Ададурова для русского языка, и балетмейстера Ланге для танцев. Желая поскорее выучиться русскому языку, я вставала по ночам, и в то время как все кругом спало, и, сидя на постели, вытверживала наизусть тетради, которые мне давал Ададуров.

Записки Екатерины II [2]. С. 8.

...К Екатерине приставили учителей закона божия, русского языка и танцев — это были три основные предмета высшего образования при национально-православном и танцевальном дворе Елизаветы.

В. О. Ключевский. С. 260.

В комнате было жарко, и не зная московского климата, я не считала нужным обуваться, а как вставала с постели, так и учила мои уроки. Вследствие этого, на пятнадцатый день, у меня открылось воспаление в боку, которое чуть было не свело меня в могилу.

Записки Екатерины II [2]. С. 8.

Во время продолжительной и тяжкой болезни вскоре по приезде в Россию Екатерина привыкла лежать с закрытыми глазами; думая, что она спит, приставленные к ней придворные женщины, не стесняясь, делились друг с другом россказнями, из которых она, не разрушая их заблуждения, узнавала много такого, чего никогда не узнала бы без такой уловки. «Я хотела быть русской, чтобы русские меня любили».

В. О. Ключевский. С. 266.

«Меж собой они говорили обо всем, что у них на сердце, и так я узнавала массу вещей». Эта была бесценная школа опыта.

А. Труайя. С. 31.

Сама [императрица] говорила со мною по-русски, хотела, чтобы я отвечала ей также по-русски, и изволила хвалить мое произношение.

Записки Екатерины II [2]. С. 10—11.

Со времени моего обручения до отъезда не было дня, чтобы я не получала подарков от императрицы, самые маленькие из которых были в 10—15 тысяч рублей, как драгоценными камнями, так деньгами, материями и т. д., всем, что можно было придумать.

Записки Екатерины II [1]. С. 30.

В то время как Софья завоевывает сердца придворных, мать ее своими неумелыми действиями вызывает всеобщую неприязнь. Так, она потребовала, чтобы умирающая дочь вернула ей какой-то отрез светло-голубой ткани с серебряными цветами, подаренный ей дядюшкой Георгом Людвигом. Софи отдает его, хотя и с сожалением. Видя такую покорность, все возмущаются эгоизмом Иоанны. Чтобы утешить девушку, императрица посылает ей отрез несравненно более ценного материала. Эти признаки любви утверждают Софи в мысли, что, если она выздоровеет, ее не пошлют обратно в Цербст.

А. Труайя. С. 31.

Я тотчас заметила, что поступки матушки во время моей болезни унизили ее в общем мнении. Когда мне было очень дурно, она хотела привести ко мне лютеранского священника. Чтобы предложить мне это (как я после узнала), меня старались привести в чувство или воспользовались минутами облегчения; но я отвечала: «зачем же? Позовите лучше Симона Тодорского; охотно поговорю с ним». Его привели, и мой разговор с ним в присутствии посторонних, был всем очень приятен. Это значительно расположило в мою пользу, как Императрицу, так и весь двор.

Записки Екатерины II [2]. С. 9—10.

Императрица тронута до слез. Слова Екатерины, только что бывшей Софией, разносятся по Москве. Может быть, именно этот случай указывает на далеко не детское чутье принцессы, умение угадывать настроение и желание будущих своих подданных. Вполне может быть также, что чутье это было замешано на некоторой доле лицемерия, без которого не бывает настоящего государственного ума.

А. Труайя. С. 31.

Еще в Москве императрица назначила мне дам и кавалеров, составивших мой двор. Вскоре по возвращении в Петербург, она приставила ко мне русских женщин, для того, чтобы, как она говорила, я могла скорее выучиться русскому языку. Я была очень этим довольна. Самой старшей из девушек, которых мне дали, было около двадцати лет; все они были очень веселого нрава, так что с этого времени, вставши чуть с постели и до самой ночи, я не переставала петь, танцевать, резвиться и дурачиться у себя в комнате. Вечером, после ужина, ко мне приходили в спальню три мои фрейлины, две княжны Гагарины и Кошелева, и тут мы играли в жмурки, и в разные другие игры, по нашему возрасту.

Записки Екатерины II[2]. С. 26.

В бытность еще цесаревной, Екатерина любила потешаться с колокольчиком: раз она спряталась под кровать и, держа в руке колокольчик, звонила; прислуга несколько раз входила в спальню в недоумении и долго искала ее, пока сама забавлявшаяся великая княгиня не открыла им своей шутки.

М. И. Пыляев. С. 184.

Так как я начинала выздоравливать, то Великий Князь приходил проводить вечера в комнатах матушки, которые в то же время были моими. Он как все, принимал во мне большое участие. Во время болезни императрица часто плакала обо мне. Наконец, 21 апреля 1744 года, в день моего рождения, когда мне исполнилось пятнадцать лет, я почувствовала себя в силах показаться публике в первый раз после этой тяжкой болезни.

Полагаю, что любоваться во мне было нечем. Я исхудала как скелет, выросла; лицо мое, все черты стали длиннее, волосы лезли, и я была бледна как смерть. Я сама видела, что я безобразна как пугало, не могла узнать себя. В этот день Императрица прислала мне баночку румян и приказала нарумяниться.

Как скоро наступила весна, хорошая погода, Великий Князь стал тоже посещать нас. Он предпочитал гулять, стрелять, охотиться в московских окрестностях. Но по временам он приходил к нам обедать или ужинать, и тут по-прежнему пускался со мною в ребяческие откровенности.

Записки Екатерины II[2]. С. 10—11.

О том же, как мало обращалось внимания в Петербурге на здоровье самого Петра, показывает следующий случай. Однажды он стал жаловаться на нездоровье, но на это не обращали внимания, объясняя все притворством и нежеланием учиться, и поверили лишь тогда, когда он однажды во время занятий упал на руки профессора Штелина. За 3 года пребывания в России Петр перенес 3 тяжелых болезни.

В. В. Каллаш. С. 451.

В Москве в ноябре 1744 года великий князь заболел корью; когда он выздоровел и санная дорога установилась, в декабре императрица отправилась в Петербург; за нею спустя несколько времени выехал и великий князь с невестою и ее матерью. На дороге за Тверью в селе Хотилове ему сделалось дурно, и на другой день оказалась оспа. Императрица, которая уже приехала в Петербург, получив известие о болезни племянника, немедленно отправилась в Хотилово и оставалась здесь весь январь месяц 1745 года, пока великий князь оправился и она вместе с ним могла возвратиться в Петербург, что было в начале февраля.

С. М. Соловьев. Т. 11. С. 336.

В начале февраля [1745] императрица с Великим Князем возвратились из Хотилова, где была на отдыхе. Как скоро нам сказали, что она приехала, мы пошли встречать ее, и нашли ее в большой зале. Это было между четвертым и пятым часом вечера, в зале было почти темно, но, несмотря на то, я едва не испугалась, увидав Великого Князя — он чрезвычайно вырос и переменился, все черты его сделались грубее, опухоль на лице еще не прошла, и не было никакого сомнения, что у него останутся сильные рябины. Он был острижен и носил огромный парик, который еще больше безобразил его. Он подошел ко мне и спросил, узнаю ли я его. Я пробормотала ему какую-то любезность насчет его выздоровления; но в самом деле он стал ужасно дурен.

Записки Екатерины II [2]. С. 22.

Словом, если бы я не знала, что это он, я ни за что не узнала бы его; вся кровь во мне застыла при виде его и, если бы он был немного более чуток, он не был бы доволен теми чувствами, которые мне внушил. Он каждый вечер ужинал у меня, но чем ближе подходило время к моей свадьбе, тем больше я желала бы последовать за матерью.

Записки Екатерины II [1]. С. 32.

Екатерина, в противоположность своему нареченному, обладала прелестным остроумием, аристократическими манерами, пышной красотой, свежестью розы или персика; вместе с тем ей был присущ твердый характер, смелость, решительность, настойчивость, отвага и при всем этом удивительное обаяние, вкрадчивость, любезность, то есть все, что необходимо для того, чтобы не только завоевать расположение мужчин, но и сохранить его.

А. Дюма. С. 239.

Сама натура, казалось, образовала ее для высочайшей степени. Наружный вид ее предсказывал то, чего от нее ожидать долженствовали, и здесь, может быть не без удовольствия (не входя в дальнейшие подробности), всякий увидит очертание сей знаменитой женщины.

К.-К. Рюльер. С. 424.

Она ходила медленно и мелкими шагами... Она здоровалась легким кивком, не лишенным грации, и улыбкой, являвшейся и исчезавшей вместе с ним, как по заказу.

Ш. Массон. С. 42.

Я присоединяла к очень веселой физиономии много поклонов и вежливости и, очень далекая от того, чтобы принимать гордый вид; я почти впадала в противоположную крайность, так что Захар Чернышев, который был [в первые годы пребывания в России] ко мне приставлен, говорил, что я одинаково кланяюсь канцлеру и истопнику; я не много говорила, но так кричали, что я умна, что этому поверили, не имея еще никаких доказательств.

Записки Екатерины II [1]. С. 26.

Ее внешность известна по портретам и описаниям почти всегда довольно верным... Было видно, что она была скорее мила, чем красива: глаза и приятная улыбка уменьшали ее большой лоб, но этот лоб был все! Не будучи Лафатером, можно было читать в нем, как в книге, столь тут сказывался гений, справедливость, точность, смелость, глубина, ровность, нежность, спокойствие и твердость; ширина лба свидетельствовала о развитии памяти и воображения. Было видно, что в этом лбе всему было место. Ее подбородок, несколько острый, не выдавался вперед, не откидывался назад и имел благородную форму. Вследствие этого овал ее лица не вырисовывался ясно, но должен был весьма нравиться, так как прямота и веселость сказывались на устах. Она должна была отличаться свежестью и высокой грудью, которая развивалась в ущерб талии, слишком тонкой, но в России женщины скоро тучнеют. Лицо у нее было чистое, и если бы не задирала так волос, которые должны бы спускаться ниже и окружать ее лицо, она была бы еще милее.

Ш. Ж. де Линь. Портрет Екатерины II // Екатерина II в воспоминаниях современников, оценках историков. М.: ТЕРРА-Книжный клуб, 1998. С. 256.

По приезде в Петербург я стала вести очень уединенный образ жизни; я употребила те шесть недель, какие я там пробыла одна с матерью, на изучение русского языка, который я уже начинала понимать и [на котором начинала] говорить. Я написала несколько писем императрице на этом языке, что ей доставило большое удовольствие.

Записки Екатерины II [1]. С. 31.

Цель принцессы была достигнута. Вскоре по приезде ее в Россию, в «С.-Петербургских Ведомостях» было напечатано: «Молодая принцесса показывает великую охоту к знанию русского языка и на изучение оного ежедневно по нескольку часов употреблять изволит». Там же с похвалою говорилось о «неусыпной терпеливости» Екатерины во время болезни.

А. Г. Брикнер[1]. С. 42.

Моя свадьба была отложена до 21 августа старого стиля 1745 г., когда и совершилась со всем великолепием, какое можно только вообразить. Празднества продолжались 10 дней, и двор имел еще весь тот блеск и важность, какие внесла в него императрица Анна.

Записки Екатерины II[1]. С. 31.

Что касается до императорского дома, то был он тогда деревянный и не весьма хотя высокий, но довольно просторный и обширный, со многими и разными флигелями. Но дворец сей был не настоящий и построенный на берегу Мойки, подле самого полицейского моста, на самом том месте, где воздвигнут ныне огромный и великолепный дом для дворянского собрания или клуба. Он был временный и построен тут для пребывания императорской фамилии на то только время, покуда строился тогда большой Зимний Дворец, подле адмиралитетства, на берегу Невы реки, который, существуя и по ныне, был обиталищем [и] великой Екатерины, и который тогда только что отстроивался... В сем-то деревянном дворце препроводила последние годы жизни своей и скончалась покойная императрица Елисавета Петровна.

А. Т. Болотов. С. 84—85.

...Я приехала в Россию с весьма плохим гардеробом. Много, если у меня было три или четыре платья, между тем как при Русском дворе переодевались по три раза в день. Все мое белье состояло из дюжины рубашек, и я спала на матушкиных простынях.

Записки Екатерины II[2]. С. 17.

Дворец же в то время представлял не то маскарад с переодеванием, не то игорный дом. Дамы меняли костюмы по два, по три раза в день, императрица — даже до пяти раз, почти никогда не надевая два раза одного и того же платья.

В. О. Ключевский. С. 261.

Долгое время вынужденная стеснять себя в этом отношении по экономическим соображениям, она [Елизавета] со дня восшествия своего на престол не одела двух раз того же платья. Танцуя до упаду и подвергаясь сильной испарине, вследствие преждевременной полноты, она иногда три раза меняла платье во время одного бала.

К. Валишевский. Дочь Петра Великого. Издание А. С. Суворина. С. 80.
(Далее цит. как: *К. Валишевский*²)

Надо заметить, что в то время кокетство было в большом ходу при дворе и все только и думали, как бы ухитриться и перещеголять друг друга нарядом. Помню, однажды я узнала, что все шьют себе новые и самые лучшие платья к одному из таких маскарадов; я была в отчаянии, не имея возможности перещеголять других дам, и выдумала себе свой наряд. Лиф моего платья был из белого гродетура (у меня тогда была очень тонкая талия), юбка из той же материи; волосы мои, длинные, густые и очень красивые, я велела зачесать назад и перевязать красною лентою, что называется лисьим хвостом; на голову я приколола всего один большой розан и другой не распустившийся, с листьями (они были сделаны так искусно, что можно было принять их за живые), еще розан я приколола к корсету; на шею надела чрезвычайно белый газовый шарф, на руки манжеты и передник из того же газу. В этом наряде я отправилась на бал, и только что взошла, как заметила, что наряд мой обратил на себя общее внимание. Не останавливаясь, я прошла поперек галереи и явилась в комнатах, находившихся напротив галереи. Там меня встретила Императрица и воскликнула: Боже мой, какая простота! Зачем нет мушки? Я засмеялась и отвечала: для того, чтобы быть легче. Она вынула из кармана коробочку с мушками, достала одну средней величины и налепила мне на лицо. Оставив Императрицу, я поспешила в галерею и показала мушку ближайшим моим дамам, и также императрициным любимицам. Будучи в очень веселом расположении духа, я танцевала больше обыкновенного, и не помню, чтобы когда-нибудь во всю мою жизнь, я слышала от всех столько похвал, как в этот вечер. Про меня говорили, что я хороша как день и как-то особенно сияю. Сказать правду, я никогда не думала про себя, чтобы я была особенно хороша, но я нравилась, и полагаю, что в этом заключалась моя сила. Я возвратилась домой очень довольная изобретенным мною простым нарядом, тем более что на других были богатейшие платья.

*Записки Екатерины II*². С. 112–113.

Тон придворной жизни давала сама императрица. Символизируя размеры и богатство своей империи, она являлась на публичных выходах в огромных фижмах и усыпанная брильянтами, ездила к Троице молиться во всех русских орденах, тогда существовавших. В будничном обиходе дворца царили неряшество и каприз; ни порядок придворной жизни, ни комнаты, ни выходы дворца не были устроены толково и уютно; случалось, навстречу иноземному послу, являющемуся во дворец на аудиенцию, выносили всякий мусор из внутренних покоев. Придворные дамы во всем должны были подражать императрице, но ни в чем не превосходить ее; осмелившиеся родиться красивее ее и одеться изящнее неминуемо шли на ее гнев: за эти качества она раз при всем дворе срезала ножницами «прелестное украшение из лент» на голове у обер-егермейстерши Нарышкиной. Раз ей понадобилось обрить свои белокурые волосы, которые она красила в черный цвет. Сейчас приказ всем придворным дамам обрить головы. С плачем расставались они со своими прическами, заменяя их безобразными черными париками. А то однажды, раздраженная неладами своих четырех фаворитов, она в первый день пасхи разбранила всех своих 40 горничных, дала нагоняй певчим и священнику, испортила всем пасхальное настроение. Любя веселье, она хотела, чтобы окружающие развлекали ее веселым говором, но беда — обмолвиться при ней, хотя одним словом о болезнях, покойниках, о прусском короле, о Вольтере, о красивых женщинах, о науках, и все большею частью осторожно молчали. Елизавета с досадой бросала на стол салфетку и уходила.

В. О. Ключевский. С. 261—262.

Императрица строго следила за тем, чтобы никто не смел носить платьев и прически нового фасона, пока она их не оставляла; но, в виду того, что она меняла их ежедневно, а иногда и ежечасно, придворные дамы не слишком отставали от моды. Однажды Лопухина, славившаяся своею красотой и потому возбуждавшая ревность государыни, вздумала, по легкомыслию ли или в виде бравады, явиться с розой в волосах, тогда как государыня имела такую же розу в прическе. В разгар бала Елизавета заставила виновную стать на колени, велела подать ножницы, срезала преступную розу вместе с прядью волос, к которой она была прикреплена, и, закатив виновнице две добрые пощечины, продолжала танцевать. Когда ей сказали, что несчастная Лопухина лишилась чувств, она пожала плечами:

— Ништо ей, дуре!

К. Валишевский². С. 82.

Говорить прилично между собой при этом дворе было не о чем; показать свой ум здесь умели только во взаимном злословии; заводить речь о науке, искусстве или о чем-либо подобном остерегались, будучи круглыми невеждами; половина этого общества, по словам Екатерины, наверное, еле умела читать и едва ли треть умела писать.

В. О. Ключевский. С. 261.

«Ассамблеи», введенные Петром I, были оставлены ближайшими его преемниками. Елизавета воскресила этот обычай, наряду с другими, но от прежних собраний, где московский аскетизм, германская тяжеловесность и грубые или страшные шутки хозяина создавали невыносимо тягостную атмосферу, осталось одно их название. Теперь же законом стали французские образцы и французская грация. «Без них [французов], — писал впоследствии журнал «Кошелек» (1774), — не знали бы мы, что такое танцование, как войти, поклониться, напрыскаться духами, взять шляпу и одною ею разныя изъявлять страсти и показывать состояние души и сердца нашего... Чтож бы мы сошедшим в женское собрание говорить стали. Разве о курах да цыплятах разговаривать бы стали?.. Без французов разве мы могли бы назваться людьми».

К. Валишевский [2]. С. 89.

Я в то время очень любила танцевать; на публичных балах я уже обыкновенно по три раза меняла платье, и старалась как можно лучше одеваться. Если маскарадное платье мое очень нравилось всем, то я ни за что больше не надевала его, будучи уверена, что если один раз оно понравилось, то во второй раз уже непременно понравится меньше прежнего.

Записки Екатерины II [2]. С. 112.

Всем известно место, которое занимали в данную эпоху наряды в жизни женщины на Западе, и общественная и даже политическая роль уборной в истории восемнадцатого столетия, долгие часы, проводимые красавицами за туалетным столом, в обществе горничных, парикмахеров, портных, ранних посетителей и неизбежного аббата. Всяким модам свойственно подвергаться преувеличению, переступая через границы. У Елизаветы страсть к нарядам и к уходу за своей красотой граничила с безумием... В 1753 г., при пожаре одного из ее московских дворцов, сгорело четыре тысячи платьев; однако после ее смерти осталось их еще пятнадцать тысяч в ее гардеробах и два сундука, наполненные шелковыми чулками, тысячами пар туфель и более чем сотней кусков французских материй. Она поджидала прибытие французских кораблей в С:-Петербургский порт и приказывала немедленно покупать новинки, привозимые ими, *прежде чем другие их увидели*. Английский посланник лорд Гиндфорд сам хлопотал о доставке императрице ценных тканей. Она любила белые или светлые материи, с заткаными золотыми или серебряными цветами. Бехтеев, посланный в 1760 г. в Париж для возобновления дипломатических сношений между обоими дворами, вместе с тем добросовестно тратил свое время на выбор шелковых чулок нового образца и на переговоры о приглашении для Разумовского знаменитого артиста поваренного искусства, Баридо.

К. Валишевский [2]. С. 80—81.

Живая и веселая, но не спускавшая глаз с самой себя, при этом крупная и стройная, с красивым круглым и вечно цветущим лицом, она любила производить впечатление, и, зная, что к ней особенно идет мужской костюм, она установила при дворе маскарады без масок, куда мужчины обязаны были приезжать в полном женском уборе, в обширных юбках, а дамы в мужском придворном платье.

В. О. Ключевский. С. 237.

Императрице вздумалось в 1744 г. в Москве заставлять всех мужчин являться на придворные маскарады в женском платье, а всех женщин — в мужском, без масок на лице; это был собственный куртаг навыворот. Мужчины были в больших юбках на китовом усе, в женских платьях и с такими прическами, какие дамы носили на куртагах, а дамы — в таких платьях, в каких мужчины появлялись в этих случаях. Мужчины не очень любили эти дни превращений; большинство были в самом дурном расположении духа, потому что они чувствовали, что они были безобразны в своих нарядах; женщины большею частью казались маленькими, невзрачными мальчишками, а у самых старых были толстые и короткие ноги, что не очень-то их красило. Действительно и, безусловно, хороша в мужском наряде была только сама Императрица, так как она была очень высока и немного полна; мужской костюм ей чудесно шел; вся нога у нее была такая красивая, какой я никогда не видала ни у одного мужчины, и удивительно изящная ножка. Она танцевала в совершенстве и отличалась особой грацией во всем, что делала, одинаково в мужском и в женском наряде. Хотелось бы все смотреть, не сводя с нее глаз, и только с сожалением их можно было оторвать от нее, так как не находилось никакого предмета, который бы с ней сравнялся. Как-то на одном из этих балов я смотрела, как она танцует менуэт; когда она закончила, она подошла ко мне; я позволила себе сказать ей, что счастье женщин, что она не мужчина, и что один ее портрет, написанный в таком виде, мог бы вскружить голову многим женщинам. Она очень хорошо приняла то, что я ей сказала от полноты чувств, и ответила мне в том же духе самым милостивым образом, сказав, что если бы она была мужчиной, то я была бы той, которой она дала бы яблоко. Я наклонилась, чтобы поцеловать ей руку за такой неожиданный комплимент; она меня поцеловала, и все общество старалось отгадать, что произошло между Императрицей и мною.

Записки Екатерины II[2]. С. 115—116.

Она [Елизавета] унаследовала от отца любовь к переодеваниям. Через три месяца, например, после своего прибытия в Москву на коронацию, она успела надеть костюмы всех стран в мире.

К. Валишевский[2]. С. 80.

Женщина без твердых правил и без всякого серьезного дела, но настолько умная, чтобы понимать нелепость своего положения, она [Елизавета] впала в безысходную скуку, от которой спасалась только тем, что спала, сколько было возможно.

В. О. Ключевский. С. 274.

У Елизаветы был робкий и нерешительный характер. Однажды, подписывая договор о дружбе с одной иностранной державой, она вдруг отказалась дописать четыре последние буквы своего имени, потому что на перо села оса, а она это восприняла как плохую примету.

А. Дюма. С. 248.

Двор Елизаветы представлял полную картину распущенности.

В. Н. Головина. С. 70.

Это была мундирная придворная лакейская, нравами и понятиями мало отличавшаяся от ливрейной, несмотря на присутствие в ее среде громких старофамильных имен, титулованных и простых. Когда играл фаворит граф А. Разумовский, сам держа банк и нарочно проигрывая, чтобы поддержать славу тороватого барина, статс-дамы и другие придворные крали у него деньги; действительный тайный советник и президент вотчинной коллегии министр своего рода князь Одоевский однажды тысячи полторы в шляпе перетаскал, отдавая краденые деньги в сенях своему слуге. С этими сановниками и поступали, как с лакеями. Жена самого бойкого государственного дельца при Елизавете — графа П. И. Шувалова служила молебны, когда ее муж возвращался с охоты того же Разумовского, не высеченный добродушным фаворитом, который бывал буен, когда напивался.

В. О. Ключевский. С. 261.

После Святой [недели], когда настала весна, я сказала графине Румянцевой, что мне хотелось бы выучиться ездить верхом, и она испросила на то согласие императрицы. Ровно через год после воспаления, которым я была больна в Москве, у меня начались боли в груди; я по прежнему была чрезвычайно худа, и по совету докторов пила каждое утро молоко и зельцерскую воду. В доме Румянцевой, в казармах измайловского полка, я взяла первый урок верховой езды; в Москве я ездила несколько раз верхом, но очень дурно.

В мае месяце императрица с Великим Князем переехали в Летний дворец; а мне с матушкой дали каменное строение, в то время находившееся вдоль Фонтанки, возле дома Петра I. Часть этого строения занимала матушка, а другую часть я. Тут прекратились частые посещения Великого Князя; он прислал человека начисто сказать мне, что живет слишком далеко от меня, и потому не может часто видаться со мною. Я хорошо чувствовала, как ему мало было до меня дела, и как мало он меня любит. Мое самолюбие и моя суетность страдали, но я была слишком горда, чтобы горевать о том; я сочла бы себе унижением, если бы кто-нибудь смел изъявлять мне сострадание. Но, тем не менее, оставаясь одна, я заливалась слезами, потом тихонько утирала их и отправлялась шалить с моими девушками....

Записки Екатерины II [2]. С. 30—31.

10 числа этого месяца (январь 1745) праздновали день рождения великого князя, которому минуло 16 лет: зажжена была иллюминация,

«представляющая храм Гигеи, т. е. здравия и долгих лет, внутрь которого статуя радости и увеселения держала вензелевое имя его импер. высочества».

С. М. Соловьев. Т. 11. С. 336.

Через несколько дней после переезда в Летний дворец, начали говорить о приготовлениях к моей свадьбе. Двор переселился в Петергоф, где мы все были больше вместе, нежели в городе. Императрица и Великий Князь занимали верх дома, построенного Петром I; матушка и я жили внизу, в комнатах принадлежавших Великому Князю. Мы каждый день обедали с ним вместе в палатке, на открытой галерее, пристроенной к его комнатам; ужинал он у нас. Императрицы часто не было: она уезжала в разные деревни свои. Мы много гуляли — пешком, верхом и в коляске. Тут для меня стало ясно как день, что все приближенные Великого Князя, и в том числе его воспитатели, не пользовались вовсе его уважением и утратили над ним всякую власть. Военные забавы, которым он до сих пор предавался тайком, производились теперь чуть ли не в их присутствии. Граф Брюмер и другой главный воспитатель бывали при нем только в публике, составляя его свиту. Все остальное время он проводил исключительно в обществе лакеев, и предавался ребячеству, удивительному для его возраста, именно играл в куклы.

Записки Екатерины II[2]. С. 31.

Решение вопроса о браке встретило некоторое затруднение, заключавшееся в близком родстве жениха и невесты. Духовенство легко могло воспротивиться заключению этого брака. Фридрих II говорит в своих записках: «Чтоб устранить эту помеху, не щадили денег: этим способом во всех странах опровергаются возражения».

А. Г. Брикнер[1]. С. 35.

...Невеста по матери приходилась троюродной сестрой своему жениху.

В. О. Ключевский. С. 259.

Наконец Императрица назначила быть свадьбе 21 августа. По мере того как приближался этот день, меланхолия все более и более овладевала мною. Сердце не предвещало мне счастия; одно честолюбие меня поддерживало. В глубине души моей было не знаю что-то такое, ни на минуту не оставлявшее во мне сомнения, что рано или поздно я добьюсь того, что сделаюсь самодержавною русскою императрицею.

Записки Екатерины II[2]. С. 33.

Образцами для церемониала служили свадьба французского дофина в Версале и бракосочетание сына короля Августа III в Дрездене.

А. Г. Брикнер[1]. С. 48.

Свадебные праздники продолжались десять дней.
*Записки Екатерины II*². С. 34.

Десять дней, перед которыми померкли сказки Востока.
В. О. Ключевский. С. 260.

Став супругою великого князя на 14-м году возраста, она уже чувствовала, что будет управлять владениями своего мужа. Поверхность, которую она без труда приобрела над ним, служила к тому простым средством, как действие ее прелестей, и честолюбие ее долго сим ограничивалось.
К.-К. Рюльер. С. 425.

Свадьба была отправлена с большим торжеством и великолепием. Накануне я встретила в моих комнатах мадам Крузе, сестру императрицыной первой камер-фрау: Императрица определила ее ко мне в первые камер-фрау. На другой же день я заметила, что она приводила в отчаяние всех остальных моих женщин; я по обыкновению подошла было к одной из них, но она мне сказала: ради Бога, не подходите ко мне, нам запрещено говорить с вами в полголоса. С другой стороны любезный супруг мой решительно не занимался мною, но все время проводил с своими лакеями, играя в солдаты, экзерсируя их в своей комнате, или переменяя мундиры по двадцати раз на день. Я скучала и зевала; мне не с кем было сказать слова; либо же я должна была разыгрывать Великую Княгиню.
*Записки Екатерины II*². С. 33—34.

Ночи, которые проводили они всегда вместе, казалось, не удовлетворяли их чувствам; всякий день скрывались они от глаз по нескольку часов и империя ожидала рождения второго наследника, не воображая в себе, что между молодыми супругами сие время было употребляемо единственно на прусскую экзерцицию, или стоя на часах с ружьем на плече.
К.-К. Рюльер. С. 425.

По приезде моем в Россию и в первые годы нашего брака, если бы человек этот захотел, хотя сколько-нибудь быть сносным, сердце мое было бы отверсто ему. Но я видела, что из всех возможных предметов он обращал на меня наименьшее внимание, именно потому, что я была его женою; очень естественно, что такое положение мне не понравилось, что оно мне надоедало, и, может быть, огорчало меня.
*Записки Екатерины II*². С. 238.

Петр I прошел через все воинские звания, и Петр III хотел следовать его примеру, но не стал генерал-аншефом, как его дед, а дошел лишь до звания капрала. Он питал страсть к строевым занятиям, которые проводил на прусский манер. Он был увлечен этим даже в моменты нежных встреч с великой княгиней.

А. Дюма. С. 246.

Однажды по этому же случаю я вошла в комнату Его Высочества и была поражена представившимся зрелищем. По середине кабинета, который он устроил себе, прорубивши стену, была повешена огромная крыса. Я спросила, что это значит, и получила в ответ, что крыса эта совершила уголовное преступление, и по военным законам подверглась жесточайшему наказанию, что она забралась на бастионы картонной крепости, стоявшей у него на столе в этом кабинете, и на одном из бастионов она съела двух поставленных на стражу часовых из крахмала, что за это он приказал судить преступницу военным судом, что его собака-ищейка поймала крысу, которую немедленно за тем повесили с соблюдением всех правил казни, и которая в течение трех суток будет висеть на глазах публики для внушения примера. Я не могла удержаться от хохота, выслушав эту удивительную нелепость; но это очень не понравилось В. Князю, и, видя, какую важность придает он казненной крысе, я ушла и сказала, что как женщина, ничего не смыслю в военных законах. Но он не переставал дуться на меня за тот хохот, и за то, что в оправдание крысы я говорила о необходимости, прежде чем вешать ее, расспросить и выслушать ее оправдание.

Записки Екатерины II[2]. *С. 140.*

Долго спустя великая княгиня, рассказывая сии подробности, прибавляла: «Мне казалось, что я годилась для чего-нибудь другого». Но, сохраняя в тайне странные удовольствия своего мужа и тем ему угождая, она им управляла, во всяком случае, она тщательно сокрывала сии нелепости и, надеясь царствовать посредством его, боялась, чтоб его не признали недостойным престола.

К.-К. Рюльер. С. 425.

В это время, и долго после, главною городскою забавою В. Князя было чрезвычайное множество маленьких куколок или солдатиков, деревянных, свинцовых, восковых и из труту. Он расставлял их на узеньких столах, которыми загромаживал целую комнату, так что между столами едва можно было пройти. Вдоль столов прибиты были узкие медные решетки, а к ним привязаны шнурки, и если дернуть за шнурок, то медная решетка издавала звук, который, по его мнению, походил на беглый ружейный огонь. Он с чрезвычайною точностью, в каждый придворный праздник, заставлял войска свои стрелять ружейным огнем. Кроме того, он ежедневно посылал их на стражу, т. е. брал с каждого стола по нескольку солдатиков, назначенных выстаивать известные часы. На таком параде он присутствовал в мундире, сапогах, шпорах, в крагене и с шарфом; лакеи, которых он удостоивал приглашением на эти экзерциции, также были обязаны являться во всей форме.

*Записки Екатерины II*². С. 175—176.

К вящему несчастию не имел он... к супруге своей такой любви, какая бы быть долженствовала, но жил с нею не весьма согласно.

А. Т. Болотов. С. 89.

Я очень хорошо видела, что Великий Князь вовсе не любит меня; через две недели после свадьбы он опять признался мне в своей страсти к девице Карр, императрициной фрейлине, вышедшей потом замуж за князя Голицына, шталмейстера императрицы. Графу Дивиеру, своему камергеру, он сказал, что между этой девушкой и мною не может быть никакого сравнения. Дивиер был противного мнения, он на него рассердился за это. Эта сцена, происходила почти в моем присутствии, и я видела, как он дулся на Дивиера. В самом деле, — рассуждала я сама с собою, — не истребляя в себе нежных чувств к этому человеку, который так дурно платить за них, я непременно буду несчастлива и измучусь ревностью без всякого толку. Вследствие этого я старалась восторжествовать над моим самолюбием и изгнать из сердца ревность относительно человека, который не любил меня; но для того, чтобы не ревновать, было одно средство — не любить его. Если бы он желал быть любимым, то относительно меня это вовсе было не трудно: я от природы была наклонна и привычна к исполнению моих обязанностей, но для этого мне был нужен муж с здравым смыслом, а мой его не имел.

*Записки Екатерины II*². С. 37—38.

Этот брак был несчастлив: природа, скупая на свои дары молодому князю, осыпала ими Екатерину. Казалось, судьба по странному капризу хотела дать супругу малодушие, непоследовательность, бесталанность человека подначального, а его супруге — ум, мужество и твердость мужчины, рожденного для трона. И действительно, Петр только мелькнул на троне, а Екатерина долгое время удерживала его за собою с блеском.

Л.-Ф. Сегюр. С. 156.

...Я сидела одна одинехонька за книгою, если не являлся В. Князь, принимавшийся шагать по комнате и говорить со мною о предметах, которые имели цену в глазах его, но для меня вовсе не были занимательны. Его прогулки по комнате продолжались час либо два, и повторялись несколько раз на дню; надо было ходить с ним вместе до истощения сил; надо было слушать его внимательно и отвечать, между тем как он говорил большею частью сущую бессмыслицу и нередко занимался просто игрою воображения. Помню, что в течение всей этой зимы, он беспрестанно толковал о своем намерении выстроить близь Ораниенбаума увеселительный дом на манер капуцинского монастыря: он, я и весь его двор должны были ходить в капуцинском платье, которое он находил восхитительным и удобным; у каждого должен был быть свой ослик, для того чтобы поочередно ездить за водою и привозить приказы в так называемый монастырь. Он хохотал до упаду и восхищался заранее своим изобретением, рассказывая, как будет приятно и весело жить в таком монастыре. Он заставил меня нарисовать ему карандашом план будущей постройки, и каждый день я должна была что-нибудь прибавлять или уменьшать. При всей моей твердой решимости угождать ему и быть с ним терпеливою, очень часто, признаюсь откровенно — его посещения, прогулки и разговоры надоедали мне до чрезвычайности. Все это было так бессмысленно, что я ничего подобного не видала в жизнь мою. Когда он уходил, самая скучная книга казалась мне приятным развлечением.

Записки Екатерины II[2]. С. 119.

...В это время граф Бестужев, о котором я уже упоминала, и еще несколько человек написали прошение императрице, в котором, ссылаясь на слабое здоровье великого князя, покорно и настоятельно просили Ее Величество выбрать себе мужа. Прошение подписали несколько сенаторов, но, когда с этим сочинением Бестужев пришел к великому канцлеру, моему дяде, безумная и опасная идея была отвергнута. Прервав чтение, дядя попросил не нарушать его покой, необходимый ему вследствие болезни, и не волновать его такими немыслимыми и бессвязными проектами, грозящими спокойствию страны, заявил, что вообще не желает слушать об этой странной выдумке, и, повернувшись спиной, вышел из комнаты.

Е. Р. Дашкова. С. 84.

Но и императрица не последовала настойчивым советам Бестужева; то ли смелости недостало, то ли она считала племянника законным наследником трона и желала соблюсти справедливость.

Она вовсе не хотела, однако, чтобы принц занял трон при ее жизни, и это, несомненно, послужило причиной того, что она дала ему скверное воспитание, окружила его мало привлекательными людьми, заметно не доверяла ему, да еще и презирала его при этом.

С.-А. Понятовский. С. 278.

С ее набожного языка срывались совсем не набожные отзывы о нем: «проклятый племянник», «племянник мой урод, черт его возьми!» Так рассказывает Екатерина в своих записках.

В. О. Ключевский. С. 241.

В эту зиму было много маскарадов в значительных домах Петербурга, которые в то время были очень малы. Двор и весь город обыкновенно собирались на эти маскарады. Последний был дан Татищевым, в доме принадлежавшем Императрице и называвшемся Смольным дворцом. Середина этого деревянного дома сгорела, и оставались только двухэтажные флигеля. В одном из них танцевали, а в другом приготовлен был ужин, так что надо было в середине января проходить двором, по снегу; и после ужина все опять отправились в первый флигель. Возвратившись домой, Великий Князь лег спать, но на другой день проснулся с сильной болью, так что не мог встать с постели. Я велела позвать докторов, которые объявили, что у него жестокая горячка. Вечером его перенесли с моей постели в мою аудиенц-камеру, где пустили ему кровь и уложили в приготовленную постель. Ему несколько раз отворяли кровь, и он был очень опасен. Императрица по нескольку раз в день приходила навещать его и была очень довольна, замечая у меня на глазах слезы.

Записки Екатерины II[2]. С. 36—37.

«Никогда без книги и никогда без горя, но всегда без развлечения» — так очерчивает Екатерина свое тогдашнее времяпровождение.

В. О. Ключевский. С. 269.

В комнату, где лежал Великий Князь, хотя она была возле моей, я нарочно не ходила часто, потому что заметила, что ему все равно тут ли я или нет, и что ему приятнее было оставаться с своими приближенными, которые, сказать правду, были мне не совсем приятны. При том же я не привыкла проводить время так, чтобы быть среди людей и, не смотря на то оставаться в одиночестве!

Записки Екатерины II[2]. С. 37.

К тому же тут обнаружилось одно весьма затруднительное обстоятельство.

Среди множества древних русских обычаев, сохранившихся и в современной России, был один, согласно которому молодая жена должна была представить в шкатулке родственницам старшего поколения доказательство своей невинности. Это доказательство Петр, а вернее, Екатерина не могла представить, так как акт брачных отношений не состоялся. Молодая жена заявила, что, дабы ее не подозревали в безнравственности, она сошлется на несостоятельность своего мужа. Петр не желал быть опозоренным, если обнародуют его бессилие, и пытался найти способ все уладить.

Одна матрона предложила простой способ: как в давние времена, принести Эскулапу в жертву петуха, и кровь этой птицы выдать за то доказательство, которого не мог предъявить Петр.

Петр согласился: хитрая уловка имела полный успех у Елизаветы: но она привела к тому, что великий князь сразу же попал в зависимость от своей жены.

Она знала его тайну.

А. Дюма. С. 240.

«Великий князь, не подозревая этого, — пишет дипломат де Шампо в своем донесении, написанном для Версальского Двора, — был неспособен иметь детей вследствие недостатка, который устраняется у восточных народов обрезанием, но который они считали неизлечимым. Великая Княгиня, которой он опротивел и которая не чувствовала потребности иметь наследников, не очень огорчалась по этому поводу...»

К. Валишевский. Роман одной императрицы. Екатерина Вторая по ее письмам и неизданным документам государственных архивов. М., 1910. С. 14.
(Далее цит. как: *К. Валишевский*[3])

Недуг, о котором мы только что упомянули, тот самый, что мешал Людовику XVI в течение семи лет быть в интимных отношениях со своей супругой Марией-Антуанеттой. При помощи легкой и непродолжительной операции можно было бы помочь делу. Но молодой герцог, которого впоследствии предали такой мучительной смерти, страшился боли и не соглашался на операцию.

А. Дюма. С. 239—240.

Кастера (один из первых французских биографов Екатерины, дипломат. — *Е. Г.*) писал, с своей стороны: «Этот физический порок так удручал великого князя, что он не имел даже храбрости признаться в нем, а Великой Княгине, принимавшей его ласки с отвращением и столь же неопытной, как и он, и в голову не приходило ни утешить его, ни заставить искать средства, которые вернули бы его в ее объятья».

К. Валишевский[3]. С. 14.

Молодой герцог страдал болезнью, которую в медицине принято называть «frein».

А. Дюма. С. 239.

Надо сказать, что уже в то время, от него начало постоянно нести вином и табачным запахом, так что буквально не было возможности стоять подле него близко.

Записки Екатерины II[2]. С. 168.

А великая княгиня, как и многие другие, терпеть не могла запаха курительного табака и много читала — здесь коренилась первая причина ее недовольства.

С.-А. Понятовский. С. 279.

После Святой он устроил у себя в комнате кукольный театр, на который приглашал гостей и даже дам. Эти представления были величайшею глупостью. В комнате, где они давались, одна дверь была заделана, потому что она выходила в покои Императрицы, и именно в ту комнату, где стоял стол с машиною, опускающейся и подымающейся, так что на нем можно было обедать без прислуги. Однажды Великий

Князь, приготовляя так называемый спектакль свой, услышал, что в этой соседней комнате кто-то говорил. Будучи непомерно жив, он тотчас схватил находившийся тут столярный прибор, которым обыкновенно просверливают дыры в досках, и принялся сверлить заделанную дверь так, что, наконец, можно было видеть, что за нею было. Императрица обедала там; с нею сидел обер-егермейстер граф Разумовский в стеганом шлафроке (он в этот день принимал лекарство) и еще человек двенадцать самых приближенных людей. Его Императорское Высочество, мало того, что сам наслаждался плодами своей искусной работы, но еще пригласил тех, кто был с ним, разделить его удовольствие и поглядеть в щели, просверленные им с таким искусством. Когда он и его приближенные насытились вдоволь этим нескромным удовольствием, он начал звать к себе мадам Крузе, меня и моих дам, предлагая нам посмотреть кое-что, чего мы никогда не видали. Он нам не сказывал что это такое, вероятно для того, чтобы приятно изумить нас. Я не слишком торопилась исполнить его желание, но Крузе и мои дамы пошли за ним. Я подошла последняя, и нашла их перед этою дверью, где он наставил скамеек, стульев и подножек, для удобства зрителей, как говорил он. Подходя, я спросила, что это такое; он подбежал ко мне навстречу и сказал в чем дело. Эта дерзкая глупость испугала и привела меня в негодование. Я тотчас объявила, что не хочу ни смотреть, ни принимать участие в такой опасной забаве, которая конечно навлечет ему неприятностей, если тетушка узнает о том, и что трудно, чтоб она не узнала, так как он посвятил в свою тайну, по крайней мере, человек двадцать. Все те, которые собирались посмотреть в щели, видя мой отказ, начали по одиночке уходить от двери. Великий Князь тоже несколько смутился, и стал по-прежнему заниматься своим кукольным театром, а я ушла к себе в комнату. До воскресенья все было тихо. В этот день не знаю почему-то, против обыкновения, я опоздала к обедне. Возвратившись к себе, я пошла снимать придворное платье, как вдруг явилась Императрица с весьма разгневанным видом и раскрасневшись. Я не видала ее за обедней, потому что она стояла у обедни в своей особой, малой церкви. Поэтому я как обыкновенно, подошла к ней к руке. Она поцеловала меня, приказала кликнуть Великого Князя, а между тем бранила меня, зачем я опоздала к обедне, предпочла благочестию наряды. Она прибавила, что при Императрице Анне, хотя она не жила при дворе, а в особом доме, довольно далеко от дворца, но, тем не менее, всегда исполняла свои обязанности, и что для этого она даже часто вставала при свечах. Потом она велела позвать моего парикмахера и сказала ему, что если вперед он будет так медленно убирать мне голову, то она его прогонит. Когда она кончила с ним, явился Великий Князь. Он только что разделся и пришел в шлафроке с ночным колпаком в руке, очень веселый и живой. Он подбежал к руке Императрицы. Она его поцеловала, и начала спрашивать, как он осмелился сделать то, что сделал. Она сказала, что была в комнате, где стол с машиною, и нашла дверь всю в дырах, что все дыры были против того места, где она обыкновенно сидит, что он, вероятно, забыл, чем ей обязан, что она считает его неблагодарным, что у ее отца, Петра I, также был неблагодарный сын, которого он наказал, лишив его наследства, что при императрице Анне она всегда оказывала ей почтение, подобающее лицу коронованному и богом помазанному, что Императрица Анна не любила много говорить и сажала в крепость тех, кто не оказывал ей почтения, что он мальчишка, которого она выучит, как нужно жить. Тут Великий Князь начал сердиться, хотел отвечать ей и пробормотал несколько слов; но она приказала ему молчать, и взволновалась до такой степени, что больше не знала меры своему гневу, что с нею обыкновенно случалось, когда она сердилась. Она наговорила ему множество оскорбительных и резких вещей, показывая ему и гнев свой и презрение. Мы оба были изумлены и поражены, и хотя эта сцена не относилась прямо до меня, но у меня навернулись слезы. Она заметила это и сказала: все, что я говорю, до тебя не относится; я знаю, что ты не принимала участия в его поступке, и что ты не смотрела и не хотела смотреть сквозь дверь. Произнесши это справедливое суждение, она через это самое несколько успокоилась и замолчала. Впрочем, трудно было еще что-нибудь прибавить к тому, что она сказала. Поклонившись нам, она ушла к себе, вся красная и с сверкающими глазами. Великий Князь пошел к себе, а я стала молча раздеваться и обдумывала слышанное. Когда я разделась, Великий Князь пришел ко мне, и сказал несколько пристыженным и несколько насмешливым тоном: она была точно фурия и не знала что говорила. Мы толковали слова ее, и потом сели вдвоем обедать у меня в комнате. Когда Великий Князь ушел к себе, ко мне явилась мадам Крузе и сказала: надо сказать правду, Императрица нынче поступила как настоящая мать. Я видела, что она хочет вызвать меня на разговор и потому нарочно молчала. Она продолжала: мать гневается и бранится на детей своих, и потом гнев проходит. Вам обоим стоило сказать ей: *виноваты, матушка,* и вы бы ее обезоружили. Я заметила, что мы были изумлены и поражены гневом Ее Величества, и что я ничего не могла сделать в эту минуту как только слушать и молчать. Крузе ушла от меня, по всему вероятию, чтоб передать Императрице, что она от меня выведала. Что же касается до меня, то слова: *виноваты, матушка,* как средство смягчить гнев Императрицы, остались у меня в голове и потом я при случае с успехом воспользовалась ими, как будет показано ниже.

Записки Екатерины II[2]. С. 38—42.

Великий князь имел камердинера, которого Крузе очень любила за то, что он приносил ей очень часто вина и напивался вместе с нею; вслед за чем он выпытывал ее и узнавал, что она делает и замышляет и все, что императрица могла придумать; после чего он мне сообщал, и так как это могло происходить только в комнате великого князя, чтобы не возбуждать подозрений, то, когда я туда приходила, я часто с ним говорила. Крузе, застав нас раза три-четыре за разговором, приревновала меня к нему и выдумала сказку, о которой я вам только что рассказала. Я была в таком сильном отчаянии, что, если прибавить к нему героические чувства, какие я питала,— это заставило меня решиться покончить с собою; такая полная волнений жизнь, и столько со всех сторон несправедливостей, и никакого впереди выхода заставили меня думать, что смерть предпочтительнее такой жизни; я легла на канапе и, после получасу крайней горести, пошла за большим ножом, который был у меня на столе, и собиралась решительно вонзить его себе в сердце, как одна из моих девушек вошла, не знаю зачем, и застала меня за этой прекрасной попыткой. Нож, который не был ни очень остер, ни очень отточен, лишь с трудом проходил через корсет, бывший на мне. Она схватилась за него; я была почти без чувств; я испугалась, увидав ее, потому что я ее не заметила. Она была не глупа (в настоящее время она замужем за полковником Кашкиным, который командует Тобольским полком). Она постаралась заставить меня отказаться от этой неслыханной мысли и пустила в ход все утешения, какие могла придумать. Понемногу я раскаялась в этом прекрасном поступке и заставила ее поклясться, что она не будет о нем говорить, что она и сохранила свято...

Екатерина II. Памятник... С. 539—540.

В сие-то время положила она основание будущему своему величию. Она признавалась, что уроками всей своей тонкости обязана была одной из своих дам, простой и незамечательной наружности. В сие-то время заготовила она на нужный случай друзей; значительные особы убеждались, по тайным с нею связям, что они были бы гораздо важнее во время ее правления; и поелику под завесою злополучной страсти происходили некоторые утешительные свидания, то многим показалось, что при ее дворе они вошли бы в особенную к ней милость.

К.-К. Рюльер. С. 431.

С 15-ти до 33-х лет у меня не было женщин, с которыми я могла бы разговаривать, и я смела иметь перед собою только горничных. Когда мне хотелось говорить, то надобно было приходить в другой покой, где находились только мужчины. Таким образом, по привычке ли, по склонности ли, я могу хорошо разговаривать только с мужчинами.

Екатерина II — Ф. М. Гримму. 1776 г.

И в торжественных собраниях, и на простых сходбищах и вечеринках я подходила к старушкам, садилась подле них, спрашивала об их здоровье, советовала, какие употреблять им средства в случае болезни, терпеливо слушала бесконечные их рассказы об их юных летах, о нынешней скуке, о ветрености молодых людей; сама спрашивала их совета в разных делах и потом искренно их благодарила. Я узнала, как зовут их мосек, болонок, попугаев, кур; знала, когда которая из этих барынь именинница. В этот день являлся к ней мой камердинер, поздравлял ее от моего имени и подносил цветы и плоды из ораниенбаумских оранжерей. Не прошло двух лет, как самая жаркая хвала моему уму и сердцу послышалась со всех сторон и разлилась по всей России. Этим простым и невинным образом составила я себе громкую славу и, когда зашла речь о занятии русского престола, очутилось на моей стороне значительное большинство.

Екатерина II в беседе с Н. П. Румянцевым // РА. 1873. С. 336—337.

Из Летнего дворца мы переехали в Петергоф, который в то время перестраивался. Нас поместили наверху, в старом здании Петра I, которое тогда еще было цело. Здесь от скуки, Великий Князь каждые после обеда играл со мною в l'ombre á deux. Проигрывая, он сердился, а, выигрывая, требовал немедленной уплаты; но так как у меня не было ни копейки, то он вздумал играть со мною вдвоем в азартные игры. Помню, как однажды мы условились, что ночной колпак его пойдет в десять тысяч рублей. Как скоро счастье не везло ему, он приходил в неистовство и способен был в течение нескольких дней после этого дуться на меня. Мне вовсе не было весело играть в такую игру.

Записки Екатерины II [2]. С. 67.

Подобные забавы не обещали империи наследственной линии, а императрица Елисавета непременно хотела ее иметь для собственной своей безопасности. Она содержала в тюрьме малолетнего несчастливца, известного под именем Иоанна Антоновича, которого на втором году младенчества, свергнув с престола, беспрестанно перевозила из края в край империи, из крепости в крепость, дабы его участники, если таковые были, не могли никогда узнать о месте его заточения. Елисавета тем более достойна хвалы, что даровала ему жизнь; и, зная, как легко производится революция в России, она никогда не полагалась на безопасность носимой ею короны. Она не смела ложиться до рассвета, ибо заговор возвел ее самую на престол во время ночи. Она так боялась ночного нападения, что тщательно приказала отыскать во всем государстве человека, который бы имел тончайший сон, и этот человек, который по счастью был безобразен, проводил в комнате императрицы все время, в которое она спала. При таком-то страхе оставила она жизнь тому человеку, который был причиною оного. Даже родители были с ним неразлучны, и слух носился, что в темнице своей к утешению или, может быть, к несчастию, они имели многих детей, опасных совместников, ибо они были старшая отрасль царского дома. Вернейшая против них предосторожность состояла в том, чтоб показать народу ряд других наследников; сего-то и не доставало; уже прошло 8 лет, и хотя природа не лишила великого князя всей чувствительности, но опытные люди неоспоримо доказывали, что нельзя было надеяться от него сей наследственной линии.

К.-К. Рюльер. С. 425—426.

В сентябре Императрица определила камер-юнкером к нашему двору Льва Нарышкина. Он только что вернулся с матерью, братом, женой этого последнего и с тремя своими сестрами из Москвы. Это была одна из самых странных личностей, каких я когда-либо знала, и никто не заставлял меня так смеяться, как он. Это был врожденный арлекин, и если бы он не был знатного рода, к какому он принадлежал, то он мог бы иметь кусок хлеба и много зарабатывать своим действительно комическим талантом: он был очень неглуп, обо всем наслышан, и все укладывалось в его голове оригинальным образом. Он был способен создавать целые рассуждения о каком угодно искусстве или науке; употреблял при этом технические термины, говорил по четверти часа и более без перерыву, и, в конце концов, ни он и никто другой ничего не понимали во всем, что лилось из его рта потоком вместо связанных слов, и все под конец разражались смехом. Он, между прочим, говорил об истории, что он не любит истории, в которой были только истории, и, что для того чтобы история была хороша, нужно, чтобы в ней не было историй, и что история, впрочем, сводится к набору слов. Еще в вопросах политики он был неподражаем. Когда он начинал о ней говорить, ни один серьезный человек этого не выдерживал без смеха. Он говорил также, что хорошо написанные комедии большею частью скучны и т. д.

Записки Екатерины II[2]. С. 87.

Наперед надобно изложить, откуда проистекла та непримиримая ненависть между императором и его супругою, и тогда обнаружится, какими честолюбивыми замыслами достигла сия государыня до самого насильственного престола.

К.-К. Рюльер. С. 423.

После обеда у Великого Князя часто бывали концерты, в которых он сам участвовал, играя на скрыпке...

Он не знал ни одной ноты, но имел сильное ухо и полагал главное достоинство игры в том, чтобы сильнее водить смычком и чтобы звуки были как можно громче. Игра его раздирала слух, и нередко слушателям приходилось сожалеть, что они не смеют заткнуть себе уши.

Записки Екатерины II[2]. С. 46, 58.

Он утешался низкими должностями солдат, потому что Петр I проходил по всем степеням военной службы и, следуя сей высокой мысли, столь удивительной в монархе, который успехи своего образования ведет по степеням возвышения, он хвалился в придворных концертах, что служил некогда музыкантом и сделался по достоинству первым скрипачом.

К.-К. Рюльер. С. 429.

Для большего развлечения среди зимы, Великий Князь велел привести из деревни около восьми или десяти собак и поместил их в деревянном чулане, отделявшем альков моей спальни от больших сеней, которые были позади наших комнат. Сквозь досчатую стену алькова несло псиной, и в нашей спальне была постоянная вонь. На мои жалобы Великий Князь отвечал, что нет возможности устроить иначе. Он держал собак без позволения, и чтобы не выдать его тайну, я терпеливо сносила эту вонь. На масленице при дворе не было в этот год никаких увеселений, и потому Великому Князю вздумалось завести маскерады у меня в комнате. Он наряжал своих и моих лакеев и моих служанок и заставлял их плясать в моей спальне, а сам играл на скрипке и поплясывал, что продолжалось до поздней ночи. Я под предлогом усталости, головной боли, или выдумав какую-нибудь другую причину, обыкновенно ложилась на диван, но не смела снимать маскераднаго платья. Эти нелепые танцы, чрезвычайно забавлявшие его, надоедали мне до смерти...

От скуки я принялась читать *Историю Германии* отца Барра, каноника Св. Женевьевы, в 9 частях, в четверку. Каждую неделю я прочитывала по части; после этого я читала сочинения Платона.

Записки Екатерины II[2]. С. 59—60, 77.

Я одна в своей комнате, читаю 5 томов «Истории путешествий», с картой на столе, и для развлечения энциклопедию.

Екатерина II. План воспоминаний. Цит. по: Памятник... С. 535.

Что же касается до занятий Великого Князя, которые ни утром, ни днем, ни поздним вечером, не давали нам покою, то они состояли в следующем. Он с удивительным терпением обучал несколько собак, наказывая их палочными ударами, выкрикивая охотничьи термины и прохаживаясь с одного конца двух своих комнат (у него всего их было две) до другого. Как скоро какая-нибудь собака уставала или убегала, он подвергал ее жестоким истязаниям, от чего она выла еще громче. Когда эти упражнения, невыносимые для ушей и спокойствия его соседей, наконец, надоедали ему, он принимался за скрипку и, прогуливаясь по комнатам, начинал выводить такие звуки, что хоть бежать. За сим снова происходила дрессировка собак и истязание их, которое поистине казалось мне чрезвычайно жестоким. Раз я услышала страшный, не прекращавшийся собачий визг. Спальня моя, где я сидела, находилась возле комнаты, где происходила собачья выучка. Я отворила дверь и увидала, как Великий Князь поднял за ошейник одну из собак, маленькую шарло английской породы, велел мальчику калмыченку держать ее за хвост, и толстою палкою кнута своего из всей силы бил бедное животное. Я стала просить его, чтобы он пощадил несчастную собачку, но вместо того он начал бить ее еще сильнее. Я ушла к себе в комнату со слезами на глазах, будучи не в состоянии выносить такое жестокое зрелище. Вообще слезы и крики, вместо того, чтобы возбуждать жалость в Великом Князе, только сердили его. Жалость была для души его тягостным и можно сказать нестерпимым чувством.

Записки Екатерины II [2]. С. 77—78.

Екатерина с детства относилась к животным с трогательной любовью. И разнообразные животные относились к ней с трогательным доверием. Бездомные собаки ласкались к ней, недоверчивые птицы становились едва ли не ручными, потому что ее часто можно было наблюдать за кормлением оных...

А. Г. Брикнер[1]. С. 158.

В мае месяце [1746] мы переехали в Летний дворец. В исходе мая Императрица приставила ко мне, в качестве главной надзирательницы, родственницу свою и статс-даму Чоглокову... Чоглокова слыла очень добродетельною женщиною, потому что в то время без памяти любила своего мужа. Она вышла за него по любви: мне дали ее как прекрасный пример для подражания. Увидим, до какой степени удался опыт.

Записки Екатерины II [2]. С. 44.

[Чоглоков] начал с того, что запретил кому бы то ни было входить в комнату Великого Князя без его [Чоглокова] позволения, и так как он был самым невежливым и резким человеком на свете, то никто не подвергался тому, чтобы добровольно получить от него отказ. Лишенные таким образом всякого общества, я — уже полтора года, а Великий Князь — с минуты поступления этого человека, мы усердно занялись: он — музыкой, я — чтением. Я выносила все с мужеством, без унижения и жалоб; Великий Князь — с большим нетерпением, ссорой, угрозами, и это-то и ожесточило его характер и испортило его совершенно; доведенный до того, чтобы только и видеть и иметь вокруг себя своих камердинеров, он усвоил их речи и нравы.

Записки Екатерины II [1]. С. 34.

Между тем наступил Великий пост. На первой неделе я говела. Вообще в то время я была наклонна к набожности.

Записки Екатерины II [2]. С. 37.

...Екатерина продолжает вести себя как истинная русская великая княгиня, усердно изучает русский язык, выполняет обряды православной церкви. С первых дней пребывания в России она поняла, что единственное спасение для нее — постоянный труд по акклиматизации, политическому и религиозному отождествлению себя с этим народом.

А. Труайя. С. 54.

Великие дела совершаются всегда помощью скромных средств.
Екатерина II. Памятник... С. 63.

В середине Великого поста мы ездили с Императрицею в Гостилицы на именины к обер-егермейстеру графу Разумовскому. Там были танцы, и было довольно весело, после чего мы возвратились в город. Через несколько дней после этой поездки мне сказали о кончине отца моего, которая очень меня огорчила. На восемь дней меня оставили в покое, и я могла плакать, сколько хотела, но в восьмой день Чоглокова объявила мне, что довольно плакать, и что Императрица приказала перестать, так как отец мой был не король. Я отвечала ей, что действительно он не был королем; на это она мне заметила, что Великой Княгине неприлично так долго плакать по отце, который был всего только принц. Наконец было положено, чтобы шесть недель я носила траур, но чтобы в следующее воскресенье явилась в публику.

Записки Екатерины II[2]. С. 56.

...Именем Императрицы ей запретили долго плакать по умершем отце на том основании, что он не был королем: не велика-де птица. До поздних лет Екатерина не могла без сердечного возмущения вспомнить о таком бессердечии.

В. О. Ключевский. С. 264.

Между тем цель, преследуемая императрицей — продлить существование династии, — не была достигнута. Прошло уже девять лет, как ее наследник женился, а сам все еще оставался без наследника.

А. Дюма. С. 240.

К концу масленицы Ее Величество возвратилась в город. На первой неделе поста мы стали говеть. В среду вечером я должна была идти в баню в дом к Чоглоковым, но накануне Чоглокова пришла ко мне в комнату и, увидав Великого Князя, который сидел у меня, сказала ему от имени Императрицы, чтобы он также сходил в баню. Надо заметить, что баня и все русские обычаи и местные нравы были не только неприятны Великому Князю, но он их просто ненавидел. Он начисто объявил, что не пойдет в баню. Но Чоглокова не меньше его была упряма и не умела удерживать язык свой. Она сказала ему, что это значит неповиновение Ее Императорскому Величеству. Он стоял на своем и говорил, что не следует приказывать ему поступать вопреки своей природе, что он знает, как ему вредна баня (он в ней ни разу не бывал), что ему вовсе не хочется умереть, что нет ничего дороже жизни, и что Императрица не может заставить его идти в баню. На это Чоглокова стала говорить, что Ее Величество сумеет наказать его за такое повиновение. Тут Великий Князь рассердился еще больше, и с жаром сказал: посмотрим, что она со мною сделает, ведь я не ребенок. Тогда Чоглокова погрозилась, что Императрица посадит его в крепость. После этого он принялся горько плакать; они наговорили друг другу самых оскорбительных вещей, и по правде сказать, оба показали, как мало в них человеческого смыслу... Наконец Чоглокова ушла, объявив, что все от слова до слова перескажет Императрице. Не знаю, исполнила ли она эту угрозу, но только она вернулась, и совершенно неожиданно повела речь совсем о другом. Именно она объявила, что императрица чрезвычайно гневается на нас, отчего у нас нет детей, и желает знать, кто из нас обоих виноват в этом, и что по этому она пришлет ко мне повивальную бабушку, а к нему доктора. К этому Чоглокова прибавила еще несколько других оскорбительных и бессмысленных слов и в заключение сказала, что императрица разрешает вам не говеть эту неделю, так как великий князь сказал, что баня вредна для его здоровья. Надо заметить, что в обоих этих разговорах я почти не участвовала ни полусловом, во-первых, потому что они оба чрезвычайно горячились и не давали мне говорить, а во-вторых, потому что я видела, до какой степени они оба бессмысленны. Не знаю, как рассудила о том императрица, но только после вышеописанной сцены больше не было речи ни о бане, ни о детях.

Записки Екатерины II [2]. С. 92—94.

Тем не менее, придворный молодой человек граф Салтыков, прекрасной наружности и недальнего ума, избран был в любовники великой княгини. Великому канцлеру российскому Бестужеву-Рюмину поручено было ее в том предуведомить.

К.-К. Рюльер. С. 426.

Между тем и Чоглокова, по-прежнему занятая своими попечениями о престолонаследии, однажды отвела меня в сторону и сказала: послушайте, я должна поговорить с Вами откровенно. Я, разумеется, стала слушать во все уши. Сначала, по обыкновению, она долго рассуждала о своей привязанности к мужу, о своем благоразумии, о том, что нужно и что не нужно для взаимной любви и для облегчения супружеских уз; затем стала делать уступки и сказала, что иногда, бывают положения, в которых интересы высшей важности обязывают к исключениям из правила. Я слушала и не прерывала ее, не понимая, к чему все это ведет. Я была несколько удивлена ее речью и не знала, искренно ли говорит она, или только ставит мне ловушку. Между тем, как я мысленно колебалась, она сказала мне: Вы увидите, как я чистосердечна, и люблю ли я мое отечество; не может быть, чтобы кое-кто Вам не нравился; предоставляю Вам на выбор С. Салтыкова и Льва Нарышкина, если не ошибаюсь, Вы отдадите преимущество последнему. — Нет, вовсе нет, —

закричала я. — Ну, если не он, сказала она, так, наверное, С. Салтыков. На это я не возразила ни слова, и она продолжала говорить: Вы увидите, что от меня Вам не будет помехи. Я притворилась невинною, и она несколько раз бранила меня за это как в городе, так и в деревне, куда мы отправились после Святой.

*Записки Екатерины II*². С. 136.

Марья Чоглокова, видя, что чрез девять лет обстоятельства остались те же, каковы были до свадьбы, и быв от покойной Государыни часто бранена, что не старается их переменить, не нашла инаго к тому способа, как обеим сторонам зделать предложение, чтобы выбрали по своей воле из тех, кои она на мысли имела. С одной стороны выбрали вдову Грот, которая ныне за Арт[иллерии] Генер[ал]-пору[чиком] Миллером, а с другой — Сер[гея] Сал[тыкова] и сего более по видимой его склонности и по уговору мамы, которую в том поставляла великая нужда и надобность.

Екатерина II — Г. А. Потемкину.
[21 февр. 1774] Чистосердечная исповедь.

(Здесь и далее письма Екатерины II и Г. А. Потемкина, кроме специально оговоренных, цит. по: Екатерина II и Г. А. Потемкин. Личная переписка 1769—1791. М.: Наука, 1997.)

Екатерина негодовала, угрожала, ссылалась на ту статью свадебного договора, которою, за неимением детей, обещан был ей престол. Но, когда он [великий канцлер российский Бестужев-Рюмин] внушил ей, что препоручение сие делается со стороны тех, кому она намерена жаловаться, когда он представил, каким опасностям подвергает она империю, если не примет сей предосторожности, какие меры, более или менее пагубные, могут быть приняты против нее самой в намерении предупредить сей опасности, тогда она отвечала: «Я вас понимаю».

К.-К. Рюльер. С. 426.

[Итак], после Святой мы переехали в Летний дворец. Еще прежде я стала замечать, что камергер Сергей Салтыков что-то чаще обыкновенного приезжает ко двору. Его всегда можно было встретить с Львом Нарышкиным, всех забавлявшим своими странностями, о которых я выше говорила подробно. Княжна Гагарина, которую я очень любила и к которой даже имела доверенность, терпеть не могла Сергея Салтыкова. Лев Нарышкин слыл просто чудаком, и ему не придавали никакого значения. Сергей Салтыков всячески вкрадывался в доверенность к Чоглоковым, и как сии последние вовсе не были ни умны, ни любезны, ни занимательны, то можно было, наверное, сказать, что он дружится с ними из каких-нибудь скрытных видов. Чоглокова, в то время беременная, часто бывала, нездорова; она уверяла, что моя беседа также дорога для нее летом, как и зимою, и часто присылала звать к себе. Когда у Великого Князя не было концерта или при дворе комедии, к ней обыкновенно собирались С. Салтыков, Лев Нарышкин, княжна Гагарина и еще несколько человек. Концерты надоедали Чоглокову, однако он не пропускал их. Сергей Салтыков изобрел оригинальное средство занимать его. Не знаю каким образом в этом тучном человеке, в котором было всего меньше ума и воображения, Салтыкову удалось возбудить страсть к стихотворству. Чоглоков стал беспрестанно сочинять песни, разумеется, лишенные человеческого смысла. Как только нужно бывало отделаться от него, тотчас к нему обращаюсь с просьбою написать новую песенку: он с большою готовностью соглашался, усаживался в какой-нибудь угол, большею частью к печке, и принимался за сочинение, продолжавшееся целый вечер: песня оказывалась восхитительною, сочинитель приходил в восторг и принимал приглашение написать еще новую. Лев Нарышкин клал песни на музыку и распевал их с ним; а между тем у нас шел непринужденный разговор, и можно было говорить все, что хочешь. У меня была толстая книга этих песен, не знаю, куда она девалась. В один из таких концертов С. Салтыков дал мне понять, какая была причина его частых появлений при дворе. Сначала я ему не отвечала. Когда он в другой раз заговорил о том же предмете, я спросила, к чему это поведет. В ответ на это он пленительными и страстными чертами начал изображать мне счастие, которого он добивается. Я сказала ему: но у вас есть жена, на которой вы всего два года женились по страсти, про вас обоих говорят, что вы до безумия любите друг друга. Что она скажет об этом? Тогда он начал говорить, что не все золото что блестит, и что он дорого заплатил за минуту ослепления. Я употребляла всевозможные средства, чтобы выгнать из головы его эти мысли, и добродушно воображала, что я успела. Мне было жаль его, по несчастию, я не переставала его слушать. Он был прекрасен как день, и без сомнения никто не мог с ним равняться и при большом дворе, тем менее при нашем. Он был довольно умен и владел искусством обращения и тою хитрою ловкостью, которая приобретается жизнью в большом свете, и особенно при дворе; ему было 26 лет, и со всех сторон — и по рождению, и по многим другим отношениям он был лицо замечательное. Недостатки свои он умел скрывать; главнейшие заключались в наклонности к интригам, и в том, что он не держался никаких положительных правил. Но все это было скрыто от меня. Весну и часть лета я была совсем беззаботна, я видала его почти ежедневно, и не меняла моего обращения; я была с ним, как и со всеми, видаясь с ними не иначе как в присутствии двора, или вообще при посторонних. Однажды, чтобы отвязаться от него, я вздумала сказать, что он действует не ловко; почем Вы знаете, — прибавила я, — может быть мое сердце уже занято. Но это нисколько не подействовало, напротив его преследование сделалось еще неутомимее. О любезном супруге тут не было и помину, потому что всякий знал, как он приятен даже и тем лицам в кого бывал влюблен, а влюблялся он беспрестанно, и волочился, можно сказать, за всеми женщинами. Исключение составляла и не пользовалась вниманием его только одна женщина — его супруга.

Записки Екатерины II [2]. С. 124—126.

Когда Екатерина обратила на Сергея внимание, он уже два года как был женат на фрейлине императрицы, Матрене Павловне Бальк, в которую влюбился, увидев ее на качелях. Но, едва вспыхнув, эта страсть угасла, и Сергей Салтыков обратился к другим дамам... Темноволосый, среднего роста, ловкий и ладно скроенный, он нравится женщинам и знает об этом. Его любимое занятие — покорять сердца, осаждать крепости и добиваться полной победы над целомудрием. Видя, что Екатериной пренебрегли, он осмеливается пойти на сближение. А то, что за ней пристально следят, только разжигает его страсть. «Интрижки могли стоить ему ссылки в Сибирь», — сообщает по дипломатическим каналам в Париж господин де Шампо-сын.

А. Труайя. С. 76.

Около этого времени Чоглоков пригласил нас поохотиться у него на острову. Мы выслали наперед лошадей, а сами отправились в шлюпке. Вышедши на берег, я тотчас же села на лошадь, и мы погнались за собаками. С. Салтыков выждал минуту, когда все были заняты преследованием зайцев, подъехал ко мне и завел речь о своем любимом предмете. Я слушала его внимательнее обыкновенного. Он рассказывал, какие средства придуманы им для того, чтобы содержать в глубочайшей тайне то счастие, которым можно наслаждаться в подобном случае. Я не говорила ни слова; пользуясь моим молчанием, он стал убеждать меня в том, что страстно любит меня, и просил, чтобы я ему позволила быть уверенным, что я, по крайней мере, не вполне равнодушна к нему. Я отвечала, что не могу мешать ему наслаждаться воображением, сколько ему угодно. Наконец он стал делать сравнения с другими придворными и заставил меня согласиться, что он лучше их; отсюда он заключал, что я к нему не равнодушна. Я смеялась этому, но, в сущности, он действительно довольно нравился мне. Прошло около полутора часа, и я стала говорить ему, чтобы он ехал от меня, потому что такой продолжительный разговор может возбудить подозрения. Он отвечал, что не уедет до тех пор, пока я скажу, что не равнодушна к нему. — Да, да, — сказала я, — но только убирайтесь. — Хорошо, я буду это помнить, — отвечал он, и погнал вперед лошадь, а я закричала ему вслед: — Нет, нет. — Он кричал в свою очередь: — Да, да, — и так мы разъехались.

Записки Екатерины II[2]. С. 126—127.

Может быть, вам будет любопытно прочитать здесь хронологический перечень главных фаворитов Екатерины, которые в той или иной мере управляли Россией от имени их августейшей любовницы.

Ш. Массон. С. 64.

С 1752 по 1758 г., пока была жива Елизавета, это — Салтыков и Понятовский. Екатерине было тогда 23—27 лет. Затем следует ее одиннадцатилетнее сожительство с Григорием Орловым (1761—1772 гг.), падающее на 30-е годы ее возраста. От 40 до 50-летнего возраста (1772—1780 гг.) Екатерина сменяет не менее девяти фаворитов. То были — Васильчиков, Потемкин, Завадовский, Зорич, Корсаков, Стахиев, Страхов, Левашов, Ранцов. От 50- до 60-летнего возраста Екатерины у нее сменилось не менее пяти фаворитов — Высотский, Мордвинов, Ланской, Ермолов, Мамонов. Говорю не менее, ибо остаются еще трое — Стоянов, Милорадович и Миклашевский, время связи которых с Екатериной не поддается определению. И, наконец, последнее десятилетие жизни Екатерины с 1786 по 1796 г. в ее уже престарелом сердце царил Платон Зубов.

А. А. Кизеветтер. С. 123.

Я сказала о том, что я нравилась; стало быть, половина искушения заключалась уже в этом самом; вторая половина в подобных случаях естественно следует из самого существа человеческой природы, потому что идти на искушение и подвергнуться ему — очень близко одно от другого. Хотя в голове запечатлены самые лучшие правила нравственности, но как скоро примешивается и является чувствительность, то непременно очутишься неизмеримо дальше, нежели думаешь. Я, по крайней мере, не знаю до сих пор, как можно предотвратить это. Может быть, скажут, что есть одно средство — избегать; но бывают случаи, положения, обстоятельства, где избегать невозможно; в самом деле, куда бежать, где найти убежище, как отворачиваться посреди двора, который перетолковывает малейший поступок. Итак, если вы не бежите, то, по-моему, нет ничего труднее, как уклониться от того, что вам существенно нравится. Поверьте, все, что вам будут говорить против этого, есть лицемерие и основано на незнании человеческого сердца. Человек не властен в своем сердце, он не может по произволу сжимать его в кулак и потом опять давать свободу.

Записки Екатерины II[2]. С. 239—240.

Сергей Салтыков открывает этот список, и утверждают даже, что он получил первые ласки Екатерины, еще великой княгини, потому что физиологическое препятствие помешало сорвать их Петру III. Он слывет в России истинным отцом Павла. Любимый и счастливый Салтыков сделался несдержанным и стал ревновать. Елизавета почетным образом удалила его от двора, и он умер в изгнании.

Ш. Массон. С. 64.

По возвращении в дом, бывший на острову, мы сели ужинать. Во время ужина поднялся сильный морской ветер, волны были так велики, что заливали ступеньки лестницы, находившейся у дома, и остров на несколько футов стоял в воде. Нам пришлось оставаться в дому у Чоглоковых до двух или до трех часов утра, пока погода прошла, и волны спали. В это время С. Салтыков сказал мне, что само небо благоприятствует ему в этот день, дозволяя больше наслаждаться пребыванием вместе со мною, и тому подобные уверения. Он уже считал себя очень счастливым, но у меня на душе было совсем иначе: тысячи опасений возмущали меня; я была в самом дурном нраве в этот день и вовсе не довольна собою. Я воображала прежде, что можно будет управлять им и держать в известных пределах как его так и самое себя, и тут поняла, что то и другое очень трудно, ила даже совсем невозможно...

Великий Князь в то время был влюблен в девицу Марфу Исаевну Шафирову, которая вместе с старшею сестрою своею Анною Исаевною, была недавно определена ко мне по приказанию Императрицы. С. Салтыков умел вести интригу словно бес: он сдружился с этими девушками, для того чтобы разведывать через них, что В. князь говорит о нем с ними, и потом употреблять полученные сведения в свою пользу. Девушки эти были бедны, довольно глупы и очень интересливы; действительно, в самое короткое время они обо всем стали рассказывать Салтыкову...

Дня два спустя С. Салтыков сказал мне, что В. Князь говорил у себя в комнате: Салтыков и жена моя обманывают Чоглокова, уверяют его в чем им угодно, и потом смеются над ним. Это передал Салтыкову один из камердинеров Его Величества, Брессан, родом француз. По правде сказать, это отчасти было действительно так, и В. Князь заметил это. Я советовала Салтыкову быть вперед осмотрительнее.

Записки Екатерины II[2]*. С. 127—128.*

К великой Княгине.
Милостивая Государыня.
Прошу вас не беспокоиться нынешнюю ночь спать со мной, потому что поздно уже меня обманывать, постель стала слишком узка — после двухнедельной разлуки; сегодня полдень.

Ваш несчастный муж, которого вы никогда не удостоеваете этого имени

ПЕТР.

Цит. по: Записки Екатерины II[2]*. С. 267.*

По причине беременности, я не выходила больше в публику, ошибочно рассчитывая срок родин моих... Моя беременность не нравилась В. Князю, и раз, у себя в комнате, в присутствии Льва Нарышкина и многих других, он вздумал сказать: «Бог знает, откуда моя жена беременеет, я не знаю наверное, мой ли это ребенок, и должен ли я признавать его своим». Лев Нарышкин в ту же минуту прибежал ко мне и передал мне этот отзыв. Это, разумеется, испугало меня, я сказала Нарышкину: — Вы не умели найтись, ступайте к нему и потребуйте от него клятвы в том, что он не спал с своею женой, и скажите, что как скоро он поклянется, Вы тотчас пойдете донести о том Александру Шувалову, как начальнику Тайной канцелярии. — Лев Нарышкин действительно пошел к В. Князю и потребовал от него этой клятвы, на что тот отвечал: — Убирайтесь к черту и не говорите мне больше об этом. Слова В. Князя, произнесенные с таким безрассудством, очень меня рассердили, и с тех пор я увидала, что мне остаются на выбор три, равно опасные и трудные пути: 1-е разделить судьбу В. Князя, какая она ни будет; 2-е находиться в постоянной зависимости от него и ждать, что ему угодно будет сделать со мною; 3-е действовать так, чтобы не быть в зависимости ни от какого события. Сказать яснее, я должна была либо погибнуть с ним, или от него, либо спасти самое себя, моих детей а, может быть, все государство от тех гибельных опасностей, в которые, несомненно, ввергли бы их и меня нравственные и физические качества этого государя. Последний путь казался мне наиболее надежным, поэтому я решилась по-прежнему, сколько могла и умела, давать ему благие советы, но не упорствовать, когда он им не следовал, и не сердить его, как прежде, указывать ему его настоящие выгоды всякий раз как представится к тому случай, но в остальное время хранить самое строгое молчание, и с другой стороны соблюдать свои интересы по отношению к публике, так чтобы сия последняя видела во мне спасительницу общественного блага.

Записки Екатерины II[2]. С. 217—218.

Петр, держась в стороне от любовных утех, вел [тем не менее] веселую жизнь.

Два или три раза в неделю он устраивал вечера, и почти всегда эти вечера превращались в оргии. На один из таких ужинов были приглашены несколько женщин легкого поведения; они не смущались тем, что им говорили и даже как с ними обращались.

И только великий князь, как обычно, должен был довольствоваться ролью наблюдателя.

А. Дюма. С. 242.

Как пишет дипломат Ж. Кастера, «великий князь высказал сожаление, что не может познать эту радость. Тогда все гости бросились на колени и стали его умолять послушаться совета Салтыкова. Великий князь выглядел колеблющимся. Что-то пробормотал, и все восприняли его слова как согласие. Все было подготовлено. Позвали знаменитого врача Боэрхаве и умелого хирурга. Отказываться стало невозможно, и операция прошла вполне успешно».

А. Труайя. С. 78.

Его молодые друзья, и в особенности Салтыков, так стыдили его за бессилие, что под их давлением он согласился вновь встретиться со своим хирургом. Вслед затем в честь князя было произнесено такое множество тостов, что силы его покинули, он свалился и заснул мертвецки пьяный. Салтыков, сохранивший если не трезвость, то все-таки разум, подбежал к двери, ввел хирурга, и тут же была произведена операция — так, что даже сам князь ее почти не заметил.

А. Дюма. С. 242.

Чтобы убедиться, что после операции великий князь стал годен к продолжению потомства, императрица поручила мадам Чоглоковой подобрать для него «учительницу»...

А. Труайя. С. 79.

Чоглоков к тому времени попросился и получил позволение съездить на месяц в одну из деревень своих. Когда он уехал, супруга его начала очень хлопотать, чтобы буквально исполнить приказание Императрицы. Прежде всего она вступила в продолжительные переговоры с камердинером В. Князя Брессаном. Сей последний отыскал в Ораниенбауме хорошенькую вдову одного живописца, по фамилии мадам Грот; ее в несколько дней уговорили, обещали ей что-то, потом объяснили, чего именно от нее требуется и как она должна действовать. Потом Брессану было поручено познакомить Его Императорское Высочество с этою молодою и хорошенькою вдовушкою. Я замечала, что Чоглокова чем-то очень занята, но не могла догадаться причины, пока, наконец, Салтыков <...> мало помалу объяснил мне, в чем дело. Наконец после многих трудов Чоглокова достигла своей цели и, уверившись, доложила императрице, что все идет согласно ее воле. Она ждала большой награды за труды свои, но обманулась на этот счет, потому что ей ничего не дали. Тем не менее, она говорила, что оказала услугу Империи.

Записки Екатерины II². С. 131—132.

Итак, Петр освободился от помехи. Когда к Екатерине явился торжествующий супруг, она пожалела о тех временах, когда ей не приходилось опасаться его притязаний. Влюбленная в другого, она должна принимать ласки от постылого, чтобы прикрыть связь с любимым. По сравнению с упоением, что дает ей Сергей, первые контакты с мужем — жалкая гимнастика. К тому же он не любит и не желает ее, ложась рядом в постель, он лишь выполняет долг. На следующий день после запоздавшей брачной ночи он, по совету Сергея Салтыкова, отсылает императрице опечатанную шкатулку с доказательством якобы невинности великой княгини. «По-видимому, Елизавета поверила в подлинность свидетельства», — пишет Ж. Кастера. — Наверное, несколько посвященных посмеялись про себя, но все поспешили поздравить князя с его победой и счастьем».

А. Труайя. С. 79.

При русском дворе широко распространено мнение, что Павел — сын Салтыкова, одного из первых фаворитов Екатерины. Во внешнем его облике нет ни единой черты сходства с Петром III, но еще меньше он похож на мать: он имел несчастие быть отвергнутым одним и презираемым другою.

Ш. Массон. С. 75.

Слухи дошли до Петергофа и до самой Императрицы. Надо сказать, что в то время почти всякий раз, когда Ее Величество хотела побраниться, то начинала бранить не за то, за что бы можно, а выбирала какой-нибудь совершенно неожиданный предлог, и напускалась. Это было замечено придворными, и именно Захаром Чернышевым, от которого я сама слышала об этом наблюдении. В Ораниенбауме весь наш двор, как мужчины, так и женщины, сговорились в это лето носить одинакое платье, сверху серого цвета, остальное синее и с бархатным черным воротником, без всяких украшений. Такое однообразие было для нас во многих отношениях удобно. К этому-то платью придрались теперь; мне же в частности, было поставлено в вину, зачем я постоянно хожу в верховом платье, и зачем ездила в Петергоф по-мужски. В один из куртагов императрица сказала Чоглоковой, что от такой езды у меня нет детей, и что наряд мой вовсе не приличен, что когда она езжала на лошади, то меняла платье. Чоглокова отвечала, что относительно детей тут нет вины, что дети не могут родиться без причины, и что хотя Их Императорские Высочества уже с 1745 года живут вместе, но причины до сих пор не было. Тогда Ее Величество стала бранить Чоглокову и сказала, что она взыщет с нее, зачем она не позаботилась напоминать об этом предмете обоим действующим лицам, и вообще императрица была очень гневна, называла мужа Чоглоковой «ночным колпаком», и говорила, что он позволяет собою распоряжаться соплякам. Не прошло суток, как все это было пересказано доверенным лицам; по поводу выражения сопляки, сопляки утерлись, и держали между собою тайный совет, на котором было положено, чтобы точнейшим образом была исполнена воля Ее Величества, чтобы Сергей Салтыков и Лев Нарышкин притворились, будто получили строгий нагоняй от Чоглокова (тот по всему вероятию даже и не знал об этом), и чтобы они оба, для прекращения ходивших слухов, недели на три или на месяц удалились к своим родственникам, с целью будто бы навестить их во время болезни. Так и было сделано; и на другой же день Салтыков с Нарышкиным отправились в изгнание к своим семьям, на целый месяц.

Записки Екатерины II [2]. С. 129—130.

А у Сергея Салтыкова — гора с плеч. К тому времени Екатерина уже была беременна от него. Пора было мужу покрыть грех и взять на себя отцовство над младенцем. Но ее не столько страшат предстоящие роды, сколько странное поведение Сергея по отношению к ней. Они еще встречаются, пользуясь охотой в окрестностях Петергофа. Все выглядит нереальным, вплоть до костюмов: Елизавета повелела всем носить одинаковые охотничьи костюмы — «верх серый, остальное — синее, ворот из черного бархата». Так парочкам удается уединяться, причем издали невозможно опознать, кто с кем. Эти очаровательные свидания — последние минуты уходящего счастья.

А. Труайя. С. 79.

Поживши недолго в Летнем дворце, мы переселились в Зимний. Мне казалось, что С. Салтыков стал не так предупредителен как прежде, сделался рассеян, иногда совсем пуст, взыскателен и легковерен. Это меня сердило, и я сказала ему о том. Его оправдания были не очень сильны; он уверял, что я не постигаю всей ловкости его поведения; он был в этом прав, потому что действительно я находила его поведение довольно странным. Нам велено было готовиться к поездке в Москву, чем мы и занялись. Мы выехали из Петербурга 14 декабря 1752 года. Сергей Салтыков остался, и приехал в Москву несколько недель после нас. Я выехала в дорогу с легкими признаками беременности.

Записки Екатерины II[2]. С. 132—133.

Как скоро открылась беременность, императрица Елисавета приказала дать молодому россиянину (имеется в виду Сергей Салтыков. — *Е. Г.*) поручение в чужих краях. Великая княгиня плакала и старалась утешить себя новым выбором. Но наследство казалось несомнительным, — новые выборы не нравились. За поведением ее присматривали с такою строгостью, которая не согласовалась ни с принятыми нравами, ни с личным характером Елисаветы. В самом деле, хотя русские дамы недавно появлялись в обществе; хотя еще в конце прошедшего столетия они жили в заключении и почитаемы были за ничто в домашней жизни; но так как обычай совершенно запирать и приставлять к ним евнухов не был в сей земле в употреблении, от чего происходило, что женщины, заключенные посреди рабов, предавались совершенному разврату. И когда Петр Первый, составил в России общества, то он преобразовал наружную суровость нравов уже весьма развращенных.

К.-К. Рюльер. С. 426.

По прошествии двух лет С[ергея] С[алтыкова] послали посланником, ибо он себя нескромно вел, а Марья Чоглокова у большого двора уже не была в силе его удержать. По прошествии года и великой скорби приехал нынешний Кор[оль] Пол[ьский], которого отнюдь не приметили, но добрыя люди заставили пустыми подозрениями догадаться, что он на свете, что глаза были отменной красоты и что он их обращал (хотя так близорук, что далее носа не видит) чаще на одну сторону, нежели на другия. Сей был любезен и любим от 1755 до 1761. Но тригоднешная отлучка, то есть от 1758, и старательства Кн[язя] Гр[игория] Гр[игорьевича], которого паки добрыя люди, заставили приметить, переменили образ мыслей.

Екатерина II — Г. А. Потемкину.
21 февр. 1774. Чистосердечная исповедь.

От скуки я часто плакала. Что касается до В. Князя, то он по большей части сидел у себя в комнате с камердинером своим малороссиянином Карновичем, пьяницею и дураком, который забавлял его, как умел, и доставлял ему игрушек, вина и других крепких напитков сколько мог. Это делалось тайком от Чоглокова, которого, впрочем, все обманывали и над которым все забавлялись. Но на этих ночных и тайных вакханалиях часто случалось, что камердинеры, в числе которых было несколько человек калмыков, не слушались В. Князя и не хотели служить ему, потому что напивались до бессознательности и забывали про своего господина, и что господин этот Великий Князь. В таких случаях Его И. Высочество прибегал к палочным ударам или обнажал шпагу, но, не смотря на то, прислуга плохо повиновалась ему, и он не раз приходил ко мне жаловаться на людей своих и просил, чтобы я их вразумила. Я отправлялась к нему, держала к ним речь, напоминала им их обязанности, и они тотчас становились покорны и послушны. По этому случаю В. Князь не раз говорил мне и повторял также Брессану, что он не понимает, как я умею обращаться с этими людьми, что он сечет их, и все-таки они его не слушаются, а я одним словом делаю из них что мне угодно.

Записки Екатерины II[2]. С. 139—140.

Императрица со всяким истопником и лакеем обращалась приветливо, прибавляла к словам: потрудись, пожалуй, спасибо, очень довольна и т. д.

М. И. Пыляев. С. 186.

Вежливая простота обхождения самой Екатерины даже с дворцовыми слугами была совершенным новшеством после обычной грубости прежнего времени.

В. О. Ключевский. С. 277.

К этому времени место гувернантки моей заняла Владиславова. Это была женщина высокого роста, с хорошими, по-видимому, манерами; ее умное лицо на первых порах мне довольно понравилось... Ее звали Прасковья Никитична. Она начала очень удачно; она была общительна, любила говорить, говорила и рассказывала с умом, знала основательно все анекдоты прошлого и настоящего, знала все семьи до четвертого и пятого колена, очень отчетливо помнила родословные отцов, матерей, дедов, бабок и прадедов и предков с отцовской и материнской стороны всех на свете, и никто не познакомил меня с тем, что происходило в России в течение ста лет, более обстоятельно, чем она. Ум и манеры этой женщины мне достаточно нравились, и, когда я скучала, я заставляла ее болтать, чему она всегда охотно поддавалась.

Записки Екатерины II[2]. С. 156.

В ночь с 19 на 20 сентября 1754 года, через девять лет после замужества, у Екатерины начались сильные родовые схватки.

А. Труайя. С. 84.

Во вторник вечером я легла в постель, и ночью проснулась от болей. Я разбудила Владиславову; та послала за повивальною бабушкою, которая объявила, что я должна скоро родить. Пошли разбудить В. Князя, спавшего у себя в кровати, и графа Александра Шувалова. Сей последний известил Императрицу, которая не замедлила придти. Это было около 2 часов утра. Я очень страдала, наконец, на другой день, 20 Сентября, около полудня, я родила сына. Только что спеленали его, явился по приказанию Императрицы духовник ее и нарек ребенку имя Павла, после чего Императрица тотчас велела бабушке взять его и нести за собою; а я осталась на родильной постели. Надо заметить, что постель эта стояла против самой двери, сквозь которую падал на меня свет; справа и слева были еще две двери, из которых одна вела в мою уборную, а другая в комнату Владиславовой; сзади меня два большие окна, плохо затворявшиеся. Как скоро императрица удалилась, В. Князь с своей стороны тоже ушел, в след за ним граф и графиня Шувалова, и я никого больше не видала до самого четвертого часа.

Записки Екатерины II². С. 156—157.

Графу Салтыкову, который, будучи фаворитом великого князя, казалось, принимал живейшее участие в счастливом происшествии, поручили известить о нем шведского короля.

Салтыков уехал, рассчитывая на быстрое возвращение. Но на обратном пути его задержал курьер: он был назначен посланником в Гамбурге, и ему было запрещено показываться в столице всея Руси. Следовало подчиниться, и Салтыков отбыл к месту назначения.

А. Дюма. С. 243.

Родив ребенка, Екатерина тут же лишилась всех прав на него. Она — всего лишь женщина, разрешившаяся от бремени, орудие, с помощью которого выполнен долг перед империей, воспроизведен наследник трона. Никого она больше не интересует.

А. Труайя. С. 84—85.

Почему Екатерина возненавидела своего сына Павла? За то ли, что ребенок был уродлив, что непостижимо, ведь родители его были красивые и здоровые люди? Об этом ничего не известно, но каждый знает, что мать с самого его детства стала ненавидеть великого князя.

А. Дюма. С. 243.

Ненависть, которую она к нему испытывала, — единственное доказательство того, что он сын Петра III, и доказательство весомое.

Ш. Массон. С. 75.

О рождении Павла существует и другое предание: якобы он был одним из восьми или девяти детей императрицы Елизаветы, усыновить которого она заставила великую княгиню Екатерину. Но это маловероятно, и версия эта не внушает особого доверия.

А. Дюма. С. 244.

Я много потела и просила Владиславову переменить мне белье и положить меня в мою обыкновенную постель; она отвечала, что не смеет. Она несколько раз приказывала позвать бабушку, но та не приходила. Я спрашивала пить, и всякий раз получала тот же ответ. Наконец, после трех часов явилась графиня Шувалова, вся разряженная. Увидав меня все еще на том месте, на котором она меня оставила, она вскрикнула и сказала, что так можно уморить меня. Было чем утешиться! Но я и без того заливалась слезами с той самой минуты, как родила. Меня особенно огорчало то, что меня совершенно бросили. После тяжелых и болезненных усилий, я оставалась решительно без призору, между дверями и окнами плохо затворявшимися; я не имела сил перейти в постель, и никто не смел перенести меня, хотя постель стояла в двух шагах. Шувалова тотчас ушла и должно быть велела позвать бабушку, потому что через полчаса сия последняя явилась, и сказала нам, что Императрица была очень занята ребенком и не отпускала ее от себя ни на минуту. Обо мне вовсе и не думали. Такое забвение или небрежность, конечно, не могли быть мне лестны. Я умирала от жажды; наконец меня перенесли в постель, и в этот день я никого больше не видала, даже не присылали наведаться о моем здоровье. <...> На утро я начала чувствовать нестерпимую ревматическую боль, начиная от бедра вдоль голени и в левой ноге. Боль эта не давала мне спать, а сверх того со мною сделалась сильная лихорадка; но, не смотря на то и в этот день я не удостоилась большого внимания: никто не приходил ко мне, никто не присылал спросить, что со мною; впрочем, В. Князь на минуту явился в моей комнате и потом ушел, сказав, что ему некогда больше оставаться. Лежа в постели, я беспрестанно плакала и стонала; в комнате со мною была только одна Владиславова; в душе она жалела обо мне, но ей нечем было помочь. Да и я не любила, чтобы обо мне жалели, и сама не любила жаловаться; я имела слишком гордую душу, и одна мысль быть несчастною была для меня невыносима; до сих пор я делала все, что могла, чтобы не казаться таковою.

Записки Екатерины II[2]. *С. 157—158.*

По этой же причине она не задает вопросов о сыне, которого не видела с момента его появления на свет. Вопросы могли бы истолкованы как сомнение в той заботе, которой императрица окружила младенца, что «могло вызвать недовольство», пишет она. Странная щепетильность со стороны юной роженицы, грубо разлученной с существом, которому она только что дала жизнь. Может ли забота об этикете до такой степени заглушить инстинкт материнства? На самом деле Екатерину больше беспокоит ее будущее при дворе, чем будущее ребенка. Но вскоре она видит его, буквально минутку, и обеспокоена тем, что «его держали в неимоверно душной комнате, укутанного во фланелевые пеленки, в колыбельке, обложенной мехами черно-бурой лисы; при этом покрыт он был атласным ватным одеялом, а поверх — другое одеяло, розового бархата, на меху тех же чернобурок. Таким я видела его неоднократно, лицо и все тело его были залиты потом, отчего, когда он подрос, малейший ветерок вызывал переохлаждение и заболевание. Кроме того, вокруг него постоянно толпилось множество старух, очень старательных, но выживших из ума, и от них было несравненно больше вреда, физического и морального, чем пользы».

А. Труайя. С. 86.

Его И. Высочество с своей стороны не замедлил устроить попойку с теми, кто попался ему под руку, а Императрица занималась ребенком. В городе в Империи была великая радость по случаю этого события...

Наконец В. Князь соскучился по моим фрейлинам; по вечерам ему не за чем было волочиться, и потому он предложил проводить вечера у меня в комнате. Тут он начал ухаживать за графинею Елизаветою Воронцовой, которая как нарочно была хуже всех лицом.

Записки Екатерины II[2]. С. 157, 160.

В день крещения, после церемонии, императрица принесла Екатерине на золотом подносе ордер на выдачу ста тысяч рублей и несколько украшений в ларчике. Это плата за материнство. Деньги были очень кстати, ибо, по собственному ее признанию, Екатерина сидела «без гроша», «в долгу, как в шелку». Но украшения ничего, кроме разочарования, не вызвали. Как она пишет, «это было жалкое ожерелье с сережками и два несчастных колечка, какие я постыдилась бы дарить даже горничной. Во всем ларце не было ни одного камушка дороже ста рублей». Через пять дней, пока она раздумывает, как лучше употребить деньги, приходит секретарь канцелярии императрицы барон Черкасов и умоляет ее отказаться от этой суммы, ибо казна Ее Величества пуста. Екатерина возвращает деньги (через три месяца они к ней все же попадут), а вскоре узнает, что эти сто тысяч рублей были вручены ее мужу. Действительно, Петр потребовал подарка не меньше, чем был дан ей, в связи с рождением, к которому он, по-видимому, не был причастен. Наверное, он хотел получить вознаграждение за свою супружескую невезучесть, ставшую всем известной?!

А. Труайя. С. 86—87.

После крестин моего сына, при дворе были праздники, балы, иллюминации и фейерверки, я же по-прежнему оставалась в постели, в страшной скуке и страданиях. Наконец выбрали семнадцатый день после моих родин, чтобы разом сообщить мне две очень «приятные» новости: первое, что С. Салтыкова отправляют в Швецию с известием о рождении моего сына; второе, что свадьба княжны Гагариной назначена на следующую неделю. Это значило, попросту, что у меня скоро отнимут двух людей, которых я наиболее любила из всех окружавших меня. Я более чем когда-либо замкнулась в своей комнате, и то и дело плакала. Чтоб не выходить, я сказала, что у меня возобновилась боль в ноге и что не могу встать с постели; но, в сущности, я не могла и не хотела никого видеть, потому что на душе было тяжело.

*Записки Екатерины II*². С. 162.

Я разрешилась от бремени 30 сентября; радость по этому случаю была неописуема. Три недели спустя Салтыков был послан в Швецию с этим извещением; это меня сильно опечалило; этим подвергали меня пересудам всего света. В декабре послали вслед ему указ отправиться в Гамбург; но я столько хлопотала у канцлера, что он вернулся сюда прежде, чем его курьер достиг Стокгольма. После долгого шума, многих жалоб и трескотни, мы порешили, что для его собственной пользы ему следует ехать. Я поддержала, не столько по склонности, сколько по стойкости, то, что начала, и старалась без отдыха, побеждая все трудности и сражаясь изо всех сил против всяких препятствий, чтобы добиться его возвращения, и это мне удалось, сверх того, что следовало ожидать. Однако я вовсе не сулила себе радостей от этого возвращения, так как этому мешал тяжелый характер этого господина. Когда в декабре месяце... Но к чему повторять вам то, что вы знаете? Если вы найдете, что много вещей пропущено, пеняйте на быстроту, с какой я пишу.

*Записки Екатерины II*¹. С. 38.

Когда С. Салтыков возвратился, он прислал через Льва Нарышкина спросить, не найду ли я средств увидеться с ним; я поговорила с Владиславовой и та согласилась на это свидание. Он должен был придти к ней и от нее ко мне; я ждала его до трех часов утра, но он не пришел; я смертельно мучилась, не зная, что могло помешать ему. На другой день я узнала, что граф Воронцов увез его в франкмасонскую ложу, и он уверял, что не мог оттуда выбраться, не возбудив подозрения. Но, расспрашивая и выведывая Льва Нарышкина, я увидала ясно как день, что он не пришел по небрежности и невниманию ко мне; он не хотел оценить моих страданий, и забыл, что я так давно терплю их единственно из привязанности к нему. Сам Лев Нарышкин, хотя и друг его, почти ничего не мог представить ему в оправдание. Признаться, это меня очень оскорбило; я написала к нему письмо, в котором горько жаловалась на его поступки; он отвечал мне и пришел ко мне; ему не стоило труда меня успокоить, потому что я была склонна к тому.

*Записки Екатерины II*² С. 164—165.

Но очень скоро она догадывается, что Сергей приходит к ней только из чувства жалости. Он уже не говорит ей о своей любви, а лишь советует развлечься, выходить в свет — одним словом, забыть его. Яснее не скажешь: это — тихий разрыв. Сперва она растеряна, затем гордость заставляет ее овладеть собой. Этот удар не обескураживает Екатерину, а, наоборот, придает ей сил. Она решила не страдать более из-за мужчины, даже из-за такого привлекательного, как Сергей. «Я приняла решение давать понять тем, кто причинял мне столько горя, что лишь от меня зависит, будут ли обиды безнаказанными», — пишет она. Первое проявление этого юного бунтарства: она решает явиться при дворе 10 февраля не как жертва, а как победительница, заказывает себе к этому дню великолепное платье из голубого бархата, вышитого золотом. Ее появление в салонах вызывает восхищение и удивление. Материнство украсило Екатерину. Она догадывается, что кое-где есть у нее недоброжелатели, но это лишь прибавляет ей упорства и сарказма в суждениях... Ее остроты повторяют, комментируют. Все удивлены. Где та наивная и податливая великая княгиня последних лет, над любовью которой столько потешались? Родилась новая Екатерина. Возможно, случилось это одновременно с рождением сына. Это была недоверчивая, решительная и твердая Екатерина. «Я держалась очень прямо, — пишет она, — ходила с высоко поднятой головой, напоминая скорее лидера многочисленных заговорщиков, чем униженного и подавленного человека».

А. Труайя. С. 88—89.

Я как-то сказала, и этим весьма восхищались, что в милость, как и в жизнь, вносишь с собой зачаток своего разрушения.

Екатерина II. Памятник... С. 76.

После Святой мы отправились в Ораниенбаум. Перед отъездом Императрица позволила мне увидать моего сына, в третий раз после его рождения. К нему в комнату надо было проходить через все покои Ее Величества. Его держали в страшной духоте, как я уже говорила.

Записки Екатерины II. С. 169.

Для Екатерины жить смолоду значило работать, а так как ее житейская цель состояла в том, чтобы уговорить людей помочь ей выбиться из ее темной доли, то ее житейской работой стала обработка людей и обстоятельств. По самому свойству этой работы она в других нуждалась гораздо больше, чем другие нуждались в ней. Притом судьба заставила ее долго вращаться среди людей, более сильных, но менее дальновидных, которые вспоминали об ней только тогда, когда она им надобилась. Потому она рано усвоила себе мысль, что лучшее средство пользоваться обстоятельствами и людьми — это плыть до времени по течению первых и служить не слепым, но послушным орудием в руках вторых. Она не раз отдавалась в чужие руки, но только для того, чтобы ее донесли до желаемого ею места, до которого она не могла сама добраться. В этом житейском правиле источник сильных и слабых свойств ее характера и деятельности.

В. О. Ключевский. С. 278.

Я переехала из Летнего дворца в наше зимнее жилище с твердою решимостью не выходить из своей комнаты до тех пор, пока не почувствую в себе достаточно сил для преодоления моей ипохондрии. Я читала тогда историю Германии и всеобщую историю Вольтера, после чего в эту зиму я прочитала столько русских книг, сколько могла достать, в том числе два огромных тома Барония, в русском переводе; потом, мне попался, «Дух законов» Монтескье, после чего я прочла летописи Тацита, произведшие странный переворот в голове моей, к чему, может быть, не мало способствовало печальное расположение моего духа в эту эпоху. Я начинала смотреть на вещи с более дурной стороны и отыскивать в вещах, представлявшихся моему взору, причин более глубоких и более зависящих от различных интересов.

Записки Екатерины II[2]. С. 163—164.

Она была в отчаянии, когда судьба привела в Россию кавалера Виллиамса, английского посланника, человека пылкого воображения и пленительного красноречия, который осмелился ей сказать, что «кротость есть достоинство жертв, ничтожные хитрости и скрытый гнев не стоят ни ее звания, ни ее дарований; поелику большая часть людей слабы, то решительные из них одерживают первенство; разорвав узы принужденности, объявив свободно людей достойных своей благосклонности и показав, что она приемлет за личное оскорбление все, что против нее предпримут, она будет жить по своей воле». Вследствие сего разговора он представил ей молодого поляка, бывшего в его свите.

К.-К. Рюльер. С. 427.

Кажется, на Троицын день, нам велено было ехать из Ораниенбаума назад в город. Около этого времени прибыл в Россию английский посланник кавалер Вильямс, в свите его находился поляк граф Понятовский, отец которого некогда держал сторону Короля Шведскаго Карла XII.

Записки Екатерины II[2]. С. 172.

[Все это время канцлер Бестужев из собственных видов] тщетно пытался подбирать ей любовников. Он наметил, в частности, некоего графа Лансдорфа; граф представлялся ко двору в тот же день, что и я, и любопытные придворные стали уже вечером расхваливать его принцессе, а она ответила, что из двоих иностранцев поляк подходит ей больше.

Эта единственная фраза (сказанная, как выяснилось впоследствии, без особого умысла) была подхвачена Львом Александровичем Нарышкиным, в то время — ее личным камергером, ныне — шталмейстером. Нарышкин сразу же свел со мной знакомство, всячески стремился сблизиться, пересказал мне эти слова принцессы и не переставал сообщать все, что, по его мнению, должно было поддерживать во мне надежду.

Что же касается меня, то я долго избегал говорить с ним наедине — так опасался я коварства и шпионажа при любом дворе, но, особенно, страшных бед, грозивших каждому при дворе российском. Я находился под впечатлением рассказов об ужасном правлении Анны Иоанновны, одно имя которой все еще заставляло трепетать русских.

С.-А. Понятовский. С. 272—273.

Пока что Станислав (так звали поляка, друга посланника Вильямса) исполнял обязанности секретаря посольства.

А. Дюма. С. 244.

Граф Понятовский свел в Польше искренние связи с сим посланником, и так как один был прекрасной наружности, а другой крайне развратен, то связь сия была предметом злословия.

К.-К. Рюльер. С. 427.

Около этого времени, я узнала, до какой степени Сергей Салтыков не умерял поведения своего в Швеции и Дрездене; и что, кроме того, он не останавливался ни перед одною женщиною, какая ему попадалась. Сначала я не хотела ничему этому верить, но, наконец, со всех сторон ко мне доходило одно и то же, и даже друзья не в состоянии были оправдать его. В этот год я особенно подружилась с Анной Нарышкиной. Этому много способствовал брат ее мужа Лев, который бывал с нами всегда третьим, и ни на минуту не прекращал своих дурачеств. Он говаривал нам: кто из вас обеих будет лучше вести себя, для той у меня готовится подарок, за который Вы поблагодарите меня. На слова его обыкновенно не обращали внимания, и никто не любопытствовал узнать, что за подарок у него на уме.

Записки Екатерины II[2]. С. 174.

Став императрицей, Екатерина назначит Сергея Салтыкова послом в Париже. В этой должности он проявит себя как ловелас и растратчик. Через несколько лет граф Панин предложит перевести его в Дрезден. На полях доклада Екатерина напишет: «Разве мало он наделал глупостей и без этого? Если берете на себя ответственность за него, посылайте его в Дрезден, но он будет всегда как пятое колесо в телеге». Дипломатическую карьеру Сергей Салтыков закончит безвестным чиновником.

А. Труайя. С. 89.

Я знал, что моим предшественником был Салтыков, которого Елизавета удалила, отправив с миссией в Гамбург, но понятия не имел о том, что он дал повод для недовольства принцессы. Я думал, что она находится целиком во власти амбиций, что ее стихия — пруссачество (я-то был воспитан в величайшем отвращении к чему-либо подобному), что она исполнена пренебрежения ко всему, что не связано с Вольтером. Короче говоря, я полагал ее совершенно иной, чем она была на самом деле, так что не только из предосторожности, но и по недостатку желания старательно избегал я три месяца примерно всего того в речах Нарышкина, что казалось мне не чем иным, как ловушкой.

С.-А. Понятовский. С. 273.

Может быть, такие подробности не относятся до моей истории, но поелику Понятовский сделался королем, то всегда приятно видеть, какие пути ведут к престолу. В родстве по матери с сильнейшею в Польше фамилией, он сопутствовал кавалеру Виллиамсу в Россию, в намерении видеть двор, столь любопытный для двора варшавского, и, будучи известен своею ловкостию, чтобы получить сведения в делах, он исправлял должность секретаря посольства. Сему-то иноземцу, после тайного свидания, где Великая Княгиня была переодета, изъявила она всю свою благосклонность. Понятовский, съездив на свою родину, вскоре возвратился в качестве министра и тем несколько сблизился со своею любезною. Важность сего звания давала ему полную свободу, а неприкосновенность его особы доставляла его смелости священное покровительство народного права.

К.-К. Рюльер. С. 427—428.

Не кто иной, как Вильямс поставил Бестужева в известность о том, что великая княгиня заинтересована во мне — я упомянул уже об этом. Сделать этот шаг нас вынудила необходимость остановить усилия канцлера вернуть из Гамбурга Салтыкова — поскольку великая княгиня отныне предпочитала способствовать тому, чтобы он выполнял свои обязанности там, чем видеть его в России. Кроме того, Бестужев, имевший немалое влияние на саксонский кабинет министров, мог договориться с ним о моем возвращении в Петербург — на этот раз с официальными полномочиями.

Прочитав четыре строчки, написанные рукой великой княгини и переданные ему Вильямсом, канцлер немедля дал необходимые заверения в том, что все будет исполнено.

Здесь уместно, пожалуй, дать понять читателю, что за человек был канцлер Бестужев.

Родившись в царствование Петра I, он, по приказу этого монарха, был определен на службу или, скорее, на воспитание ко двору курфюрста Ганновера; некоторое время спустя курфюрст отправил Бестужева доложить царю о своем вступлении на английский престол под именем Георга I.

Петр Великий был так обрадован, увидев молодого русского, пообтесавшегося уже немного в европейском духе, да еще прибывшего с поручением от одного из суверенов Европы, что он принял Бестужева благосклонно и вскоре назначил своим представителем в Гамбурге; впоследствии Бестужев представлял Россию при датском и шведском дворах...

Став императрицей, Елизавета назначила Бестужева великим канцлером, что при ее дворе означало быть руководителем департамента иностранных дел, но в некотором роде также и премьер-министром.

Пока Бестужев не был воодушевлен, он не был способен произнести связно четырех слов и производил впечатление заики. Но как только разговор начинал интересовать его, он сразу же находил слова и целые фразы, частенько неправильные, неточные, но исполненные огня и энергии; исторгаемые ртом, демонстрировавшим четыре наполовину сломанных зуба, они сопровождались искрометными взглядами маленьких глаз. Пятна на лице, выделяясь на фоне багровой кожи, придавали Бестужеву особенно устрашающий вид, когда он приходил в ярость, что случалось нередко, а также когда он смеялся — то был смех Сатаны. Свой день он кончал, обычно, напиваясь с одним или двумя приближенными; несколько раз он появлялся пьяным даже перед императрицей Елизаветой, питавшей отвращение к этому пороку — и это немало повредило канцлеру в ее глазах.

С.-А. Понятовский. С. 275—276.

Осенью... мы возвратились в город, в Летний дворец. В это время Лев Нарышкин заболел горячкою, и в продолжение болезни своей писал мне записки; но я хорошо знала, что они не все от него. Я посылала ему мои ответы. В записках он обыкновенно просил у меня то варенья, то каких-нибудь других безделиц, и, получивши, присылал записки с изъявлением благодарности. Записки эти были отлично писаны и в очень веселом слоге. Он говорил, что он поручает писать их своему секретарю. Наконец я узнала, что этот секретарь никто иной как граф Понятовский, который не отходил прочь от Льва Нарышкина и дружился с семьею Нарышкиных.

Записки Екатерины II[2]. С. 174—175.

А он [Нарышкин], как истый придворный, угадывал желания, которых ему не поверяли. Втягивая принцессу, которой он служил, в приключение — вопреки ей самой, так сказать, — он надеялся, скорее всего, на то, что его дерзость будет рассматриваться однажды как заслуга.

В конце концов, он мне столько всего наговорил, что я почувствовал себя обязанным рискнуть. Особенно после одного случая. Острое словцо, сказанное мною Нарышкину по поводу дамы, встреченной мною как-то при дворе, уже вскоре, проходя мимо, почти дословно повторила великая княгиня, обращаясь ко мне и смеясь. Потом она присовокупила:

— Да вы живописец, как я погляжу...

Тут уж я рискнул передать записку; ответ на нее Нарышкин принес мне на следующий же день.

И я позабыл о том, что существует Сибирь.

С.-А. Понятовский. С. 273.

Лев Нарышкин с каждым днем больше дурачился. Все считали его пустым человеком, чем он и действительно был. Обыкновенно он беспрестанно перебегал из комнат В. Князя ко мне, нигде не оставаясь подолгу. Подходя к моим дверям, он начинал мяучить по-кошачьи, если я ему отвечала, это значило, что он может войти. 17 Декабря, между 6 и 7 часами вечера, я услышала у дверей его мяуканье, и впустила его. Он принес мне поклон от своей невестки, говоря, что она не очень здорова. Потом вдруг сказал: но Вам следует проведать ее. — Мне самой хотелось бы этого, — отвечала я, — но Вы знаете, что я не могу выйти из дому без позволения, и мне ни за что не позволят навестить ее. — Я Вас проведу, — сказал он. — С ума Вы сошли, — возразила я. Как мне идти с Вами, Вас посадят за это в крепость, а мне будут, Бог знает какие неприятности. — И! — сказал он, — никто не узнает, мы будем осторожны. — Как так? — Тогда он сказал: — Я приду за Вами через час или через два, В. Князь пойдет ужинать (я с давних пор оставалась эти часы у себя в комнате, под предлогом, что не ужинаю), и просидит за столом до полночи, напьется пьян и уйдет спать (после родов моих он, по большей части, спал особо). Для большей предосторожности оденьтесь по-мужски, и мы пойдем вместе к Анне Никитишне. Его предложение начало соблазнять меня, я целые дни просиживала у себя в комнате за книгами, без всякого общества.

*Записки Екатерины II*². С. 176—177.

Ей было двадцать пять лет. Оправляясь от первых родов, она расцвела так, как об этом только может мечтать женщина, наделенная от природы красотой. Черные волосы, восхитительная белизна кожи, большие синие глаза навыкате, многое говорившие, очень длинные черные ресницы, острый носик, рот, зовущий к поцелую, руки и плечи совершенной формы; средний рост — скорее высокий, чем низкий, походка на редкость легкая и в то же время исполненная величайшего благородства, приятный тембр голоса, смех, столь же веселый, сколь и нрав ее, позволявший ей с легкостью переходить от самых резвых, по-детски беззаботных игр — к шифровальному столику, причем напряжение физическое пугало ее не больше, чем самый текст, каким бы значительным или даже опасным ни было его содержание.

С.-А. Понятовский. С. 273—274.

Приятный и благородный стан, гордая поступь, прелестные черты лица и осанка, повелительный взгляд, — все возвещало в ней великий характер. Возвышенная шея особенно со стороны образует отличительную красоту, которые она движением головы тщательно обнаруживала. Большое открытое чело и римский нос, розовые губы, прекрасный ряд зубов, не тучный, большой и несколько раздвоенный подбородок. Волосы каштанового цвета отличной красоты, черные брови и таковые же прелестные глаза, в коих отражение света производило голубые оттенки, и кожа ослепительной белизны. Гордость составляет отличительную черту ее физиономии. Замечательные в ней приятность и доброта для проницательных глаз суть не иное что, как действие особенного желания нравиться, и очаровательная речь ее ясно открывает опасные ее намерения. Живописец, желая изобразить сей характер, аллегорически представил ее в образе прелестной нимфы, представляющей одной рукою цветочные цепи, а в другой скрывающей позади себя зажженный факел.

К.-К. Рюльер. С. 424—425.

Такова была возлюбленная, сыгравшая в моей судьбе роль арбитра. Все мое существование было посвящено ей — с гораздо большей полнотой, чем об этом заявляют обычно те, кто оказывается в подобном положении.

С.-А. Понятовский. С. 274.

Наконец чем дальше спорила я с ним [Львом Нарышкиным] об этом похождении, в сущности нелепом, и на которое сначала я не хотела согласиться, тем более оно казалось мне возможным. «Отчего, — решила я, — не доставить себе несколько часов развлечения и удовольствия». Нарышкин ушел. Я кликнула моего калмыка-парикмахера, и приказала принести мужское платье и все что нужно для мужского наряда, сказавши, что кому-то хочу подарить его. Калмык этот не отличался разговорчивостью, с ним гораздо труднее было завести речь, чем других заставить молчать. Он в ту же минуту исполнил мое приказание, и принес все, что было мне нужно. Я притворилась, что у меня болит голова, и сказала, что поэтому раньше лягу спать; только что Владиславова уложила меня и ушла, как я встала, оделась с ног до головы по-мужски и подобрала как можно лучше волосы (к чему мне было не привыкать, и что я ловко умела делать). В назначенный час Лев Нарышкин прошел комнатами В. Князя к дверям моим и замяукал. Я отворила ему, мы прошли через небольшую прихожую комнату в сад и сели в его карету, никем незамеченные и помирая со смеху. Лев Нарышкин жил в одном доме с женатым братом своим. Мы застали дома Анну Никитишну, которая никак не ожидала нас. Там же был и граф Понятовский. Л. Нарышкин рекомендовал его, как одного из друзей своих, просил принять в расположение, и мы провели полтора часа самым веселым и забавным образом. Я преблагополучно возвратилась домой, по-прежнему никем не замеченная.

Записки Екатерины II. С. 177—178.

«Вечер проходит в самом безумном тоне» — отмечает Екатерина.
А. Труайя. С. 93.

На другой день было императрицыно рождение; по утру при дворе, вечером на балу мы, участвовавшие в секрете, не могли смотреть друг на друга, чтобы не разразиться смехом при воспоминании о вчерашнем похождении.
Записки Екатерины II². С. 178.

Стесненное положение, в каком она жила с того времени, что вышла замуж, а также отсутствие общества, хоть сколько-нибудь соответствующего ее развитию, пристрастили ее к чтению. Она многое знала. Она умела приветить, но и нащупать слабое место собеседника. Уже тогда, завоевывая всеобщую любовь, она торила себе дорогу к трону, занимаемому ею теперь с такой славой.
С.-А. Понятовский. С. 274.

Через несколько дней Лев Нарышкин предложил отдачу визита, т. е. чтобы гости собрались ко мне; он точно так же привел их в мою комнату, и потом благополучно вывел. Так начался 1756 год.
Записки Екатерины II². С. 178.

Еще несколько дней спустя Нарышкин провел меня к ней, причем предупредил принцессу об этом лишь когда я находился уже у двери ее уборной. Шел вечерний прием, мимо места, где мы все стояли, в любой момент мог пройти великий князь, и ей ничего не оставалось, как разрешить мне войти. Спрятать меня иначе она не могла, а не спрятать вовсе означало подвергнуть нас обоих страшной опасности...

Не могу отказать себе в удовольствии написать здесь, что в тот день она была одета в скромное платье белого атласа; легкий кружевной воротник с пропущенной сквозь кружева розовой лентой был единственным его украшением.

Она никак не могла постичь, если можно так выразиться, каким образом я совершенно реально оказался в ее комнате, да и я впоследствии неоднократно спрашивал себя, как удавалось мне, проходя в дни приемов мимо стольких часовых и разного рода распорядителей, беспрепятственно проникать в места, на которые я, находясь в толпе, и взглянуть-то толком не смел — словно вуаль меня окутывала...
С.-А. Понятовский. С. 273, 274—275.

Нам чрезвычайно полюбились эти секретные свидания; мы стали еженедельно собираться по одному, по два и даже иногда по три раза, то у того, то у другого; если же кто из нашего общества занемогал, то непременно у больного. Случалось, что, сидя в комедии, по разным ложам, и иные в партере, мы, не говоря ни слова, подавали друг другу известные условные знаки куда собираться, и никогда не путались. Два раза только мне пришлось возвращаться домой пешком, но это было вместо прогулки.

Записки Екатерины II[2]. С. 178.

Мое пребывание в Ораниенбауме способствовало также укреплению связей между великой княгиней и сэром Вильямсом. Приумножая дружеское внимание английского короля к этой принцессе, связи эти немало послужили тому, что она с тех самых пор, вероятно, отдавала предпочтение Англии. Франция неоднократно имела случай ощутить это предпочтение, невзирая на глубокое впечатление, произведенное на Екатерину историей царствования Людовика XIV — в чем я имел множество случаев убедиться. Полагаю, что не ошибусь, если замечу, что именно ощущение своего рода соревнования или соперничества со славой Людовика XIV послужило подлинным мотивом многих намерений и поступков Екатерины II.

Менее всего она напоминала Людовика XIV своей склонностью к чтению — у короля ее не было вовсе.

С.-А. Понятовский. С. 280.

Станислав сам заезжает за ней в санях... «Однажды, — пишет он, — когда я ждал ее появления, какой-то унтер-офицер стал крутиться вокруг меня и даже задал какие-то вопросы. У меня на голове была большая шапка, а на плечах широкая шуба. Я притворился спящим слугой, ожидающим хозяина. Признаюсь, меня бросило в жар, хотя мороз был сильный. Наконец допросчик ушел и пришла княгиня. То была ночь приключений. Сани так сильно стукнулись о какой-то камень, что ее выбросило из саней на несколько шагов и она упала лицом вниз. Княгиня не двигалась, и я подумал, что она мертва. Побежал и поднял ее; она отделалась ушибами; когда вернулась, обнаружила, что горничная по ошибке закрыла дверь в спальню. Ей грозила огромная опасность, но по счастливой случайности кто-то другой открыл дверь».

А. Труайя. С. 93.

...Я, как ни странно это звучит, я, в мои двадцать четыре года, мог предложить ей то, чего не мог бы, пожалуй, предоставить в ее распоряжение никто другой.

Сперва я был удален от распутства строгим воспитанием. Затем стремление проникнуть в тот слой, который принято называть (особенно в Париже) хорошим обществом — и удержаться там, — предохраняло меня от излишеств во время моих путешествий. Наконец, целая вереница престранных обстоятельств, сопровождавших любовные связи, которые я заводил за границей, дома и даже в России, сохранила меня, судя по всему, в неприкосновенности для той, которая с этого времени стала распоряжаться моей судьбой.

С.-А. Понятовский. С. 274.

У него [Понятовского] было благородное и сострадательное сердце, просвещенный ум, он любил и прекрасно знал искусство — все придавало его словам большой интерес и разнообразие. Те дарования, которыми природа наделила этого необыкновенного человека, он усовершенствовал образованием. Он заслуживал счастья, но польская корона была для него скорее наказанием, чем радостью. Как частное лицо, он пользовался бы почетом и всеобщей любовью, но, став королем беспокойного народа, из среды которого выходили самые противоречивые характеры, он не снискал его любви и не был оценен по достоинству. Будучи соседом двух великих держав, он часто вынужден был поступать против собственных принципов и желаний, а из-за интриг польских магнатов ему приписывались ошибки, каких он в действительности не совершал.

Е. Р. Дашкова. С. 113.

В то время готовились к войне с Пруссиею. По договору с Австрийским домом Императрица должна была выслать на помощь 30 тысяч человек: так рассчитывал Великий Канцлер граф Бестужев, но Австрийский дом желал, чтобы Россия помогла ему всеми своими войсками. Чтобы добиться этого, венский посланник граф Эстергази, употреблял все находившиеся во власти его средства, и часто действовал в одно и то же время разными путями. Противниками Бестужева были вице-канцлер граф Воронцов и Шуваловы, Императрица Елизавета с этого времени стала часто занемогать; сначала не знали, какая у нее болезнь, и приписывали ее нездоровье прекращению месячных очищений. Часто замечали, что Шуваловы ходят весьма огорченные и озабоченные, и что от времени до времени они становятся необыкновенно предупредительны с В. Князем. Придворные шушукали между собою, уверяя, что Ее Величество в положении несравненно опаснейшем, нежели говорят о том; одни называли ее болезнь истерическими припадками, другие обмороками, третьи корчами, раздражением нервов и т. д. Это продолжалось всю зиму с 1755 на 1756 год.

Записки Екатерины II[2]. С. 178—179.

Я стал прилично говорить по-русски — до сих пор лишь немногие путешественники-иностранцы дают себе труд выучить русский язык. Это было принято во внимание и открыло мне многие двери, которые иначе оставались бы запертыми.

К тому же я удачно пользовался одним наблюдением, сделанным мною тогда — его справедливость была неоднократно проверена мною впоследствии. О великих тайнах не говорят, пока не отзвонит полночь.

Человек, которого утром застаешь застегнутым строго на все пуговицы и которого удается разнежить в течение дня, развлекая его и не показывая вида, что ты собираешься что-то у него выведать, приоткрывается к вечеру сам собой, как цветок Иерихона, между часом и двумя часами ночи он полностью распускается, а на рассвете закрывается вновь. Солнце и тайна — плохое сочетание. И я узнавал гораздо больше русских секретов зимой, чем летом, когда у них шесть недель вовсе нет ночи.

С.-А. Понятовский. С. 281.

...Сэр Уильямс вполне доволен успехами своего протеже, снискавшего сердечное расположение великой княгини. Он надеется через юношу привлечь ее на сторону интересов Англии. И чтобы закрепить успех, предлагает ей не только приятного любовника, но и некоторые суммы. А Екатерина расточительна, беззаботна и любит развлечения (только в 1756 году она проиграла в карты семнадцать тысяч рублей). Любит она и роскошь, за платье готова разориться; считать расходы не умеет и не желает, а потому принимает предложенные деньги. Тайно взятые ею «в долг» от Англии суммы весьма внушительны. Так, 21 июля 1756 года она писала барону де Вольфу, банкиру и консулу Англии: «Я вынуждена вновь обратиться к вам: соблаговолите присовокупить к моим предыдущим долгам еще тысячу дукатов золотом». А через четыре месяца, 11 ноября 1756 года, напишет: «Получила от господина барона де Вольфа сорок четыре тысячи рублей, кои обязуюсь вернуть по его требованию ему лично или лицу, им указанному».

А. Труайя. С. 94.

...В. Князь тогда еще имел ко мне невольное доверие, которое, необъяснимым образом, почти всегда сохранялось в нем, хотя он сам не замечал и не подозревал того. В это время он поссорился с графинею Воронцовою и влюбился в девицу Теплову, племянницу Разумовских: ему хотелось видеть ее, и он советовался со мною, как убрать комнату, чтобы она лучше ей понравилась, и для того притащил множество ружей, гренадерских киверов, перевязей и проч., так что комната походила на арсенал. Все это он показывал мне, я ничего не сказала на это, и ушла. Кроме того, по вечерам к нему приводили маленькую немку, певицу, которую он содержал и которую звали Леонорой, она обязана была с ним ужинать...

Любовные похождения В. Князя с девицею Тепловою продолжались до отъезда нашего в деревню; там они прекратились, потому что летом Его Высочество был невыносим. Не видя его, Теплова требовала, чтобы он писал к ней, по крайней мере, раз или два в неделю, и, думая заохотить его к такой переписке, прислала ему письмо в четыре страницы. Получив его, он пришел ко мне в комнату с весьма озабоченным видом, и, указывая на письмо Тепловой, бывшее у него в руках, сказал довольно гневно и нетерпеливо: представьте, она прислала мне письмо на целых четырех страницах и воображает, что я стану читать все это, да еще писать ей ответ, между тем как мне надо идти на ученье (голштинские войска снова прибыли), потом обедать, потом стрелять, потом смотреть репетицию оперы и балет, который будут танцевать кадеты; я ей пошлю сказать начисто, что у меня нет времени; если она рассердится, я брошу ее до зимы. Я отвечала, что без сомнения это будет кратчайший путь. Не правда ли, что все это черты характеристические? Я поэтому нарочно и привожу их здесь.

Записки Екатерины II. С. 179—180, 181—182.

Отделавшись от своего фимоза, Петр заводит любовниц. На свои интимные ужины он приглашает не только певичек или танцовщиц, но, как пишет Екатерина, «множество мещанок самого низкого пошиба, поставляемых ему со всего Петербурга». Он абсолютно безразличен к своей жене, но держит ее в курсе своих похождений и даже советуется с ней. Зовет ее «запасная мадам». «Каким бы рассерженным или обиженным на меня он ни был, как только чувствовал опасность, откуда бы она ни исходила, он по привычке прибегал ко мне узнать мое мнение и, как только узнавал его, тут же опять убегал».

А. Труайя. С. 95.

Начавши правильные уроки верховой езды, я снова пристрастилась к этому упражнению. Я вставала в 6 часов утра, одевалась по мужски и шла в сад свой; там у меня было устроено особое место на чистом воздухе, служившее мне манежем. Успехи мои были так быстры, что часто Циммерман подбегал ко мне из середины манежа, и в каком-то невольном восторге со слезами на глазах, целовал у меня сапог. Однажды он воскликнул: Во всю жизнь у меня не было ученика, которым бы я мог так гордиться, и который бы делал такие успехи в такое короткое время. — На этих уроках присутствовали только старый хирург мой Гион, одна камер-фрау и несколько человек лакеев. Я была очень прилежна и брала эти уроки каждое утро кроме воскресенья; и по правилам манежа, Циммерман, в награду трудов моих подарил мне серебряные шпоры.

Записки Екатерины II. С. 183.

Она научилась ездить с ловкостью и грацией настоящего жокея. И даже это ей потом пригодилось. Сразу после переворота, она легко и с достоинством проделала значительный путь верхом во главе большого войска в Петергоф, навстречу своему свергнутому мужу и навстречу своей бессмертной славе. Прекрасная и умелая наездница во главе заговора — это придало историческому моменту особую пикантность и очарование.

В. А. Бильбасов. История Екатерины Великой // Екатерина II в воспоминаниях современников... С. 123.

Возвращение в город. Кавалер В[илльямс] уезжает. Граф П[онятовский] возвращается польским посланником к концу 1756 г. Свидания продолжаются тем же порядком.

Екатерина II. План воспоминаний // Памятник... С. 532.

Этим летом граф Понятовский ездил в Польшу, откуда потом возвратился в качестве министра (так определялась тогда должность посла. — *Е. Г.*) польского короля...

[По приезде] граф Понятовский и граф Горн [швед, прибывший в Петербург с особой миссией] оставались в Ораниенбауме двое суток; в первый день В. Князь обращался с ними очень хорошо, на второй они ему наскучили, потому что он тогда занят был свадьбою одного егеря, и ему хотелось идти туда на попойку; видя же, что графы Понятовский и Горн не уезжают, он бросил их и предоставил мне хозяйничать в доме. После обеда я повела оставшееся мне общество, которое было не очень многолюдно, показать внутренне покои В. Князя и мои. Когда мы пришли в мой кабинет, моя маленькая болонка выбежала к нам на встречу, и принялась изо всех сил лаять на графа Горна; но, увидав графа Понятовского, можно сказать, чуть не взбесилась от радости. Так как кабинет был не велик, то, кроме Льва Нарышкина, его невестки и меня, казалось, никто не заметил этого, но граф Горн догадался, в чем дело, и когда я проходила через комнаты назад в залу, он дернул за полу графа Понятовского и сказал ему: «друг мой, нет ничего опаснее на свете маленькой болонки; женщинам, которых я любил, я всегда даривал прежде всего маленькую болонку, и через нее всегда узнавал, есть или нет у меня соперника; это верное и надежное правило. Вы видели, собачка чуть не съела меня, потому что она меня не знает, между тем как, увидав вас, она не знала, куда деваться от радости; нет сомнения, что вы попались ей на глаза не в первый раз». Граф Понятовский хотел все это обратить в шутку, но не мог его разуверить. Граф Горн просто сказал ему: «Не бойтесь ничего, я человек скромный».

Записки Екатерины II[2]. С. 183, 184—185.

Барону Штакельбергу в Ораниенбаум. 1758 года.
Любезный брат и друг!
Прошу вас не забудьте сегодня исполнить мое поручение к известной особе, и уверить ее, что я готов доказать ей мою совершенную любовь; если я не говорю с ней в церкви, то это только для того чтоб посторонние не заметили. Скажите ей, что если она захочет хоть раз придти ко мне, то я ей докажу, что я ее очень люблю, если вы хотите, мой милый и истинный друг, то покажите ей это письмо, полагая, что я не могу быть лучше услуженным как таким другом как вы, остаюсь вашим верным и привязанным другом (*фр*). Петр.

Записки Екатерины II[2] С. 264.

...У меня была страшная перебранка с В. Князем из-за моих фрейлин, в которых он беспрестанно влюблялся. Заметив, что они во многих случаях пренебрегают своими обязанностями, иногда даже не оказывают мне должного повиновения и почтения, я однажды после обеда пошла в их отделение и стала делать им выговоры, напоминая им долг их относительно меня, и уверяя, что пожалуюсь императрице, если они вперед будут вести себя так. Одни всполошились, другие обиделись, третьи стали плакать, но только что я ушла, они немедленно пересказали В. Князю о том, что происходило в их комнатах. Его И. Высочество взбеленился, тотчас прибежал ко мне и начал говорить, что больше нет никаких средств жить со мной, что я с каждым днем становлюсь более горда и высокомерна, что я требую от фрейлин повиновения и почтения и отравляю им жизнь, так что они целый день проливают горькие слезы, что я обращаюсь с ними как с служанками, между тем как они благородного сословия, что если я вздумаю жаловаться на них Императрице, то он сам пожалуется на меня, на мою гордость, на мое коварство, на мою притязательность, и Бог знает чего еще не наговорил он мне. Я выслушала его также не без волнения, и отвечала, что он может говорить обо мне, что ему угодно, что если дело дойдет до тетушки, то она без сомнения найдет наилучшим прогнать дрянных сплетниц, которые своими пересказами ссорят ее племянника с племянницей, что для восстановления согласия между им и мною, и чтобы ей больше не надоедали подобными жалобами Ее Величество выберет именно этот путь, и что дело кончится непременно ссылкою фрейлин. Тут он присмирел; он был очень подозрителен, ему показалось, что я знаю намерения Императрицы относительно фрейлин больше, чем показываю, и что они, в самом деле, могут быть из-за этого сосланы. Скажите, пожалуйста, стал говорить он, разве вы знаете что-нибудь об этом? Разве об этом уже говорили? Я отвечала, что если дело дойдет до того, что надо будет довести его до сведения императрицы, то я не сомневаюсь, что она покончит его самым решительным образом. Тогда он задумался, начал ходить по комнате большими шагами, совсем притих, почти перестал на меня дуться и потом ушел. В тот же вечер я призвала одну из фрейлин, которая мне казалась умнее других, и передала ей, какую сцену я имела, благодаря их неблагоразумным переносам, с этих пор они стали осторожнее и уже не прибегали к крайним мерам, боясь, чтобы самим не попасть в беду.

Записки Екатерины II [2]. С. 187—188.

Петр III смущал их [Понятовского и Екатерину] иной раз, хотя он был мало ревнив и свою трубку, бутылку, любовницу и солдат предпочитал своей очаровательной жене.

Ш. Массон. С. 65.

Однажды ночью Понятовский попал в ловушку, которую подстроил ему Петр, применив для этого все тактическое искусство, на которое он был способен.

Понятовский, польский посланник, сослался на права человека.

Вместо того чтобы приказать его убить, как это сделал бы любой монарх, или убить его самому, как это сделал бы любой оскорбленный супруг, Петр запер его в кордегардии, как поступил бы капрал, совершающий ночной обход. Потом он послал курьера к официально признанному любовнику императрицы Елизаветы, который тогда правил Россией, чтобы сообщить ему о том, что происходит. Но пока курьер доставлял послание, великая княгиня со своей стороны пришла к мужу и открыто поставила вопрос о взаимных правах супругов в хорошо организованной семье: она потребовала оставить ей ее любовника, пообещав со своей стороны не обращать внимания на его отношения с Воронцовой; и так как содержание воинских частей поглощало все доходы великого князя, она предложила особый пенсион для Воронцовой, который согласна была выплачивать из своей личной казны.

Нельзя было придумать более подходящих условий, поэтому предложение Екатерины растрогало великого князя. Он приказал открыть двери караульного помещения. Их открыли даже слишком широко для Понятовского, который привык проникать сквозь приоткрытые двери. Он улизнул, и его побег обозначил первую победу Екатерины над мужем.

А. Дюма. С. 247—248.

Великий князь, удивляясь влиянию, которого она еще на него не имела, и убеждаемый в то время просьбами своей любезной, смотрел сквозь пальцы на бегство Понятовского и сам старался загладить стыд, который хотел причинить.

К.-К. Рюльер. С. 430.

30-го [ноября 1805 г.]. Сегодня вечером княгиня Дашкова читала Китти письма императрицы Екатерины, и я снова восхищалась их живым и очаровательным стилем. Затем последовал *разговор об императрице,* и мы услышали любопытный рассказ. Будучи еще великой княгиней, Екатерина была близка с польским посланником Понятовским. Однажды ночью, когда он посещал ее в Ораниенбауме, охрана его арестовала и доставила к великому князю. На военном совете, который созвал Петр, одни предлагали бросить посланника в море, другие — вызвать его на дуэль. Дело было передано на рассмотрение императрицы Елизаветы, которая притворилась, будто не знает, за что арестован Понятовский, и приказала его освободить без дальнейших последствий. Об этой истории много говорили.

Вскоре после этого происшествия весь двор собрался по случаю именин Петра и Павла (они бывают в один день). Граф Понятовский был в большом замешательстве, он хотел примириться с великим князем, но совершенно не представлял, как это сделать. Графу решил помочь его приверженец и друг Браницкий, который обычно добивался своих целей, хоть порой совершал не очень умные поступки (и делает это по сей день, поскольку еще жив). Когда Браницкому посчастливилось танцевать с Елизаветой Воронцовой, любовницей Петра, он, сказал ей: «Жаль, что эта глупая история стала предметом толков. Я уверен, что ваша доброта и ваше влияние немедленно бы все уладили». Круглолицая партнерша осведомилась, каким образом. «Представьте великому князю дело настолько несерьезным, что им вполне можно пренебречь», — ответил он и добавил: «Если вы преуспеете, то получите 3000 рублей (около 300 фунтов)». Недалекая Елизавета ничего не ответила, но, когда Петр спросил, о чем шел разговор, она все рассказала. Не успела она произнести сумму денежной *компенсации,* как Петр воскликнул: «Клянусь, это честный парень, позвольте мне поговорить с ним». Проходящему через зал Браницкому великий князь сказал приблизительно то же самое и просил его вместе с Понятовским прийти к 2 часам в сад дворца Монплезир, обещав прощение. Браницкий все пересказал графу П[онятовскому], но тот поначалу отказывался идти с ним, подозревая, что Петр собирается его убить. Однако Браницкий все-таки уговорил Понятовского; у Монплезира они встретили Петра, который протянул сопернику руку для поцелуя, а сам, по русскому обычаю, поцеловал его в щеку. Посланник хотел было удалиться, но Петр, схватив Понятовского за руку, широкими шагами двинулся вперед, волоча за собой изумленного графа. Скупой, достойный презрения, Петр, подойдя к апартаментам Екатерины, приказал отворить дверь и, оставив графа, удалился! Такова нравственность, мораль и величие душ сильных мира сего!

Письма М. Вильмот. (Далее: *М. Вильмонт*).
Цит по: *Дашкова Е. Р.* Записки. М.: Изд-во МГУ, 1987. С. 282—283.

Граф Понятовский уходя, обыкновенно надевал русский парик и шинель, и когда часовые спрашивали, кто идет, он отвечал: музыкант Великого Князя. Мы много смеялись в этот вечер над русским париком.

Записки Екатерины II [2]. С. 222.

Я нанял, как и всегда, маленькую крытую коляску, управляемую русским извозчиком, который меня не знал. На запятках находился тот же скороход, что сопровождал меня и ранее; мы оба были переодеты.

Добравшись ночью (впрочем, в России ночи — и не ночи вовсе) до ораниенбаумского леса, мы, к несчастью, повстречали великого князя и его свиту; все они были наполовину пьяны.

Извозчика спросили, кого он везет. Тот ответил, что понятия не имеет. Скороход сказал, что едет портной.

Нас пропустили, но Елизавета Воронцова, фрейлина великой княгини и любовница великого князя, стала зубоскалить по адресу предполагаемого портного и делала при этом предположения, приведшие князя в столь мрачное настроение, что после того, как я провел с великой княгиней несколько часов, на меня, в нескольких шагах от отдаленного павильона, занимаемого ею под предлогом принимать ванны, неожиданно напали три всадника с саблями наголо. Схватив меня за воротник, они в таком виде доставили меня к великому князю.

Узнав меня, он приказал всадникам следовать за ним. Некоторое время все мы двигались по дороге, ведущей к морю. Я решил, что мне конец... Но на самом берегу мы свернули направо, к другому павильону.

Там великий князь начал с того, что в самых недвусмысленных выражениях спросил меня, спал ли я с его женой.

— Нет, — ответил я.

Он:

— Скажите мне лучше правду. Скажите — все еще можно будет уладить. Станете запираться — неважно проведете время.

Я:

— Я не могу сказать вам, что делал то, чего я вовсе не делал...

После этого он удалился в соседнюю комнату, где, вероятно, посоветовался со своими приближенными. Через некоторое время великий князь вернулся и сказал мне:

— Ну, ладно... Поскольку вы не желаете говорить, вы останетесь здесь впредь до новых распоряжений.

И он оставил меня, под охраной часового, в комнате, где не было никого, кроме меня и генерала Брокдорфа.

Мы хранили молчание в течение двух часов, по истечении которых вошел граф Александр Шувалов, кузен фаворита.

То был великий инквизитор, начальник страшного государственного судилища, которое в России называют Тайной канцелярией. Словно желая усилить ужас, внушаемый каждому одним обозначением его ремесла, природа одарила графа подергиванием нервов лица, страшно искажавшим черты и без того уродливой его физиономии всякий раз, как он был чем-нибудь озабочен.

Его появление дало мне понять, что императрица была поставлена в известность. С нерешительным видом Шувалов пробормотал, словно затрудняясь, несколько слов, позволивших мне скорее угадать, чем понять, что он спрашивает меня о том, что же все-таки произошло.

Не вдаваясь в подробности, я сказал ему:

— Надеюсь, граф, вы и сами понимаете, что достоинство вашего двора более, чем что-либо, требует, чтобы все это кончилось, не возбуждая, по возможности, шума — и чтобы вы меня вызволили отсюда как можно скорее.

Он (все еще невнятно, ибо, для вящей приятности, он был еще и заикой):

— Вы правы, и я этим займусь.

Шувалов вышел, и не прошло и часа, как он вернулся и сообщил, что экипаж для меня готов и я имею полную возможность возвратиться в Петергоф.

Экипаж представлял собой скверную маленькую карету, застекленную со всех сторон и более всего напоминавшую фонарь. Сохраняя пародию на инкогнито, я в шесть часов утра, светлого, как день, тащился на двух лошадях по глубокому песку, бесконечно растягивавшему время этого переезда.

Немного не доезжая до Петергофа, я приказал остановиться и оставшуюся часть пути проделал пешком — в моем камзоле и серой шапке, надвинутой глубоко на уши. Меня могли принять за грабителя, и все же моя фигура привлекала меньше внимания любопытных, чем экипаж.

Добравшись до бревенчатого дома, где многие кавалеры из свиты принца Карла размещались в низеньких комнатушках первого этажа, все окна которых были распахнуты, я решил не входить в дверь, дабы не встретить кого-нибудь, а влезть в окно своей комнаты.

Второпях я перепутал окно и, спрыгнув с подоконника, оказался в комнате моего соседа генерала Роникера, которого как раз брили.

Он решил, что перед ним — призрак... Несколько мгновений мы пялились друг на дружку, потом тишина сменилась взрывами хохота. Я сказал ему:

— Не спрашивайте, сударь, откуда я и почему прыгнул в окно. Но, как добрый земляк, дайте мне слово никогда обо всем этом не упоминать.

Он дал мне слово, я ушел к себе и попытался заснуть, но тщетно.

Два дня прошли в жесточайших сомнениях. По выражению лиц я отчетливо видел, что мое приключение всем известно, но никто мне ничего не говорил. Затем великая княгиня нашла способ передать мне записку, из которой я узнал, что она предприняла кое-какие шаги, чтобы установить добрые отношения с любовницей ее мужа.

Еще день спустя великий князь с супругой и всем своим двором прибыл в Петергоф, чтобы провести там день святого Петра (29 июня по старому стилю, и июля — по новому), придворный праздник по случаю именин основателя этого места.

В тот же вечер во дворце был бал. Танцуя менуэт с Воронцовой, я сказал ей:

— Вы могли бы осчастливить несколько человек сразу.

Она ответила:

— Это уже почти сделано. Приходите в час ночи, вместе со Львом Александровичем, в павильон Монплезир.

Я пожал ей руку и пошел договариваться с Нарышкиным. Он сказал:

— Приходите. Вы найдете меня у великого князя.

И вот тут, поразмыслив немного, я и обратился к Браницкому:

— Хотите рискнуть прогуляться нынче ночью со мной по Нижнему саду? Бог весть, куда эта прогулка нас заведет, но, похоже, все кончится благополучно.

Он согласился, не раздумывая, и мы отправились в назначенный час в указанное место.

Елизавета Воронцова поджидала нас в двадцати шагах от павильона. Она шепнула мне:

— Придется немножко подождать... С великим князем там несколько человек покуривают трубки — и он предпочел бы сперва избавиться от них.

Она несколько раз уходила, чтобы уточнить, когда наступит момент, которого мы ждали.

Наконец она пригласила нас:

— Входите!

И вот уже Великий Князь с самым благодушным видом идет мне навстречу, приговаривая:

— Ну, не безумец ли ты!.. Что стоило своевременно признаться — никакой чепухи бы не было...

Я признался во всем (еще бы!) и тут же принялся восхищаться мудростью распоряжений Его Императорского Высочества — ведь ускользнуть от поимки мне было невозможно...

Это польстило великому князю и привело его в столь прекрасное расположение, что через четверть часа примерно он обратился ко мне со словами:

— Ну, раз мы теперь добрые друзья, здесь явно еще кого-то не хватает!..

Он направился в комнату своей жены, вытащил ее, как я потом узнал, из постели, дал натянуть чулки, но не туфли, накинуть платье из батавской ткани, без нижней юбки, и в этом наряде привел ее к нам.

Мне он сказал:

— Ну, вот и она... Надеюсь, теперь мною останутся довольны...

С.-А. Понятовский. С. 301—305.

Между двумя и тремя часами утра я услышала, как отдергивают занавес моей кровати, и я разом проснулась; это был великий князь, который сказал мне, чтобы я встала и следовала за ним; кого я нахожу у него. И вот мы все трое лучшие друзья на свете. Как до отъезда графа По[нятовского] великий князь проводил два-три вечера в неделю в моем кружке и пил мое английское пиво; как в силу этой сцены и сцены следующей зимы нельзя ни в чем полагаться на Его Императорское Высочество, и как обстоятельства принимали такой оборот, что надо было погибнуть с ним, через него или же постараться спастись от гибели и спасти своих детей и государство.

Екатерина II. План воспоминаний // Памятник... С. 538.

...Затем мы, все шестеро, принялись болтать, хохотать, устраивать тысячи маленьких шалостей, используя находившийся в этой комнате фонтан, — так, словно мы не ведали никаких забот. Расстались мы лишь около четырех часов утра.

Каким бы бредом все описанное ни казалось, я утверждаю, что все здесь безусловно верно.

Вот как началась наша с Браницким близкая дружба.

Начиная со следующего утра все улыбались мне. Великий Князь еще раза четыре приглашал меня в Ораниенбаум. Я приезжал вечером, поднимался по потайной лестнице в комнату Великой Княгини, где находились также Великий Князь и его любовница. Мы ужинали все вместе, после чего Великий Князь уводил свою даму со словами:

— Ну, дети мои, я вам больше не нужен, я полагаю...

С.-А. Понятовский. С. 305.

В конце осени Императрица перешла в Зимний дворец и заняла комнаты, в которых мы жили прошлою зимою; нам отвели комнаты, где жил Великий Князь, будучи женихом. Комнаты эти очень нам понравились, потому что действительно были очень покойны. В них некогда жила Императрица Анна. Каждый вечер к нам собирался весь наш двор. Тут заводились разного рода игры, либо давались концерты. По два раза в неделю мы ездили на представления в большой театр, находившийся тогда против Казанской церкви. Одним словом эта зима была самая веселая и самая удачная, какую я, когда-либо проводила в моей жизни. Каждый день мы то и дело, что хохотали и танцевали.

Записки Екатерины II[2]. С. 53.

Случай, долженствующий погубить великую княгиню, оставил ей большую безопасность и способ держать на своем жалованье и самую любовницу своего мужа; она сделалась отважнее на новые замыслы и начала обнаруживать всю нелепость своего мужа столь же тщательно, сколь сперва старалась ее таить.

К.-К. Рюльер. С. 430.

В исходе масленицы, по окончании всех городских праздников, при дворе было три свадьбы. Гр. Александр Строгонов женился на графине Анне Воронцовой, дочери Вице-канцлера; через два дня потом Лев Нарышкин на Закревской и в тот же день граф Бутурлин на графине Марии Воронцовой. Все три девицы были фрейлинами Императрицы, и по случаю этих трех свадеб гетман Разумовский и датский министр граф Остен держали пари, кто из троих молодых супругов первый украсится рогами. Таким оказался граф Строгонов, хотя супруга его была всех хуже лицом и в то время слыла невинным ребенком.

Записки Екатерины II[2]. С. 222—223.

Таким образом, она провела несколько лет, имея известные связи только с молодыми женщинами, которые так же, как и она, любили поляков и были худо приняты при большом дворе за юные свои прелести; она вставала всегда на рассвете и целые дни просиживала за чтением полезных французских книг, часто в уединении и не теряя никогда времени ни за столом, ни за туалетом.

К.-К. Рюльер. С. 431.

Первая книга, прочтенная мною в замужестве, была роман, под заглавием: *Tiran le Blanc,* и в течение целого года я читала одни романы. Но они стали мне надоедать; случайно мне попались *Письма госпожи Севинье,* которые я прочла с удовольствием и очень скоро. Потом мне подвернулись под руку сочинения Вольтера, и после них я стала разборчивее в моем чтении.

*Записки Екатерины II*². С. 52.

Я был рад оказаться первым, кто дал читать великой княгине «Орлеанскую девственницу» Вольтера. Сэр Вильямс часто слышал, как об этой поэме отзывались с восторгом люди, читавшие ее в рукописи — на протяжении многих лет текст оставался запрещенным из-за страшных угроз кардинала Флери в адрес автора, если тот осмелится на публикацию. Страх, внушенный Вольтеру этими угрозами, сковывал писателя, судя по всему, то ли тринадцать, то ли четырнадцать лет после смерти кардинала, но затем уступил все же отеческой привязанности автора к любимому детищу — и оно получило, наконец, свободу.

С.-А. Понятовский. С. 280.

Что касается до В. Князя, то я с ним не имела вовсе сношений; слышала только, что он ждет, не дождется минуты, когда меня отошлют, и что он, наверное, рассчитывает вступить во второй брак и жениться на графине Елизавете Воронцовой, которая уже ходила к нему в комнаты и разыгрывала там роль хозяйки.

*Записки Екатерины II*². С. 250.

Маловажные, в начале почти незаметные, обстоятельства были издавна рычагом самых важных событий. Нерадивость русского государственного министра графа Панина, положившего в карсупру, не читая, поданную ему во время карточной игры депешу из Константинополя с примирительными предложениями Порты, и забывшего о ней, привела к первой турецкой войне в царствование последней русской императрицы; насмешливые донесения русского дипломата в Стокгольм, забавлявшие Екатерину II и взбесившие Густава III, когда он узнал о них, вооружили Швецию против России во время второй турецкой войны; а один взгляд этой императрицы, полный печали и рассеяния, брошенный ею из окна, еще великою княгинею, и подхваченный, стоявшим насупротив, красивым Орловым, произвел впоследствии самые неожиданные события...

Г. фон Гельбиг // РС. 1886. Т. 51. С. 6.

...Меня вскоре заменил Орлов; несколько месяцев это от меня скрывали, однако письма делались все холоднее.

С.-А. Понятовский. С. 306.

Когда, в царствование Елизаветы, взятый во время Семилетней войны русскими в плен прусский граф Шверин должен был прибыть в Петербург и затруднялись в выборе людей, которые соединяли бы приличную внешность с решимостью и мужеством, кому-то вспало на мысль, что Григорий Орлов, бывши уже офицером, мог бы быть пригоден в этом случае, так как он обладает всеми требуемыми качествами и, сверх того, ничего не делает, кроме бесчинства в публичных домах Петербурга. Григорий, действительно, получил это назначение. Прибыв с графом Швериным, которому назначили для житья воронцовский, ныне строгоновский, дом на углу Проспекта и Мойки, Орлов поселился в небольшом доме поблизости, чтоб всегда быть под рукою. В этой же местности стоял тогдашний Зимний дворец, в котором помещалась императорская фамилия. Рассказывают за достоверное, что Екатерина после одной из неприятнейших сцен, которые она имела иногда с императрицей или с своим супругом, открыла, чтоб освежиться, окно и ее взгляд упал на Орлова. Это мгновение решило все. С этого времени Григорий Орлов делается не только известным великой княгине, но и приобретает ее благосклонность.

Г. фон Гельбиг // РС. 1886. Т. 51. С. 7—8.

Горничная, женщина ловкая и любимая, Екатерина Ивановна [Шаргородская], употреблена была в посредство, приняла все предосторожности, какие предусмотрительная недоверчивость внушить может, и Орлов, любимец прекрасной незнакомки, не зная всего своего счастия, был уже благополучнейший человек в свете.

К.-К. Рюльер. С. 441.

Дворянство и знаменитость рода Орловых — если верить геральдикам — недавнего происхождения. В 1611 г., правда, появлялся какой-то Орлов, сражавшийся со шведами под стенами Новгорода; но эта древняя линия считается угасшей. Родоначальник новейшей — простой солдат, замешанный в 1689 г. в стрелецком бунте. За его храбрость и силу товарищи прозвали его *орлом*. Приговоренный к смерти и взведенный на плаху, он спокойно оттолкнул ногой окровавленную голову товарища, казненного прежде него и мешавшую ему пройти. Царь увидел это движение; оно понравилось ему, и он помиловал Орла. Таково, по крайней мере, предание.

К. Валишевский. Вокруг трона. Екатерина II. Императрица Всероссийская, ее любимые сотрудники, друзья, фавориты, интимная жизнь. М.: Книгоиздательство «Сфинкс». 1910. С. 93.

(Далее цит. как: *К. Валишевский* [1])

По сведениям, сообщенным графом Алексеем Орловым, которые, быть может, ради определения ранга, были составлены в слишком выгодном смысле, отец их, Григорий Орлов, занимал в царствование Петра I место почти полковника стрелецкого войска; будучи 53 лет, он женился на девице Зиновьевой, девушке 16 лет, и прижил с нею девять сыновей. Четверо из них умерли, вероятно, детьми; но пятеро хорошо нам известны. Они носили имена: Ивана, Григория, Алексея, Федора и Владимира. О каждом будет сказано отдельно... Они продали довольно порядочное имение своего отца и проживали капитал, вращаясь всегда в веселом, но неизысканном обществе, ведя картежную игру и своими выходками заставляя говорить о себе и при дворе, и в городе. Состояние их было прожито и на место его явились долги. Так как они скоро потеряли кредит, то положение четырех братьев стало довольно опасным, но их спасали ум и счастливая карточная игра.

Г. фон Гельбиг // РС. 1886. Т. 51. С. 6—7.

Григорий Григорьевич Орлов, мужчина стран северных, не весьма знатного происхождения, дворянин, если угодно, потому, что имел несколько крепостных крестьян и братьев, служивших солдатами в полках гвардейских, был избран в адъютанты к начальнику артиллерии графу Петру Ивановичу Шувалову, роскошнейшему из вельмож русских. По обыкновению сей земли генералы имеют во всякое время при себе своих адъютантов; они сидят у них в передней, ездят верхом при карете и составляют домашнее общество. Выгода прекрасной наружности, которой избран Орлов, скоро была причиною его несчастия. Княгиня Куракина, одна из отличных природных щеголих, темноволосая и белолицая, живая и остроумная красавица, известна была в свете, как любовница генерала, а на самом деле его адъютанта. Генерал был столь рассеян, что не ревновал; но надлежало уступить очевидному доказательству; по несчастию он застал его. Адъютант был выгнан и верно был бы сослан навсегда в Сибирь, если бы невидимая рука не спасла его от погибели. Это была великая княгиня. Слух о сем происшествии достиг ушей ее в том уединении, которое она избрала себе еще до кончины императрицы Елисаветы. Что было говорено о сем прекрасном несчастливце, [так это то] уверяли ее, что он достоин ее покровительства; при том же княгиня Куракина была так известна, что можно всякий раз, завязав глаза, принять в любимцы того, который был у нее.

К.-К. Рюльер. С. 441.

...При этом [Григорий Орлов] был хорош собой, огромного роста и редкостной силы: сворачивал серебряную тарелку, как лист бумаги, ломал стакан, расперев его изнутри пальцами, и останавливал несущихся галопом лошадей, запряженных в дрожки, схватившись за заднюю рессору.

А. Дюма. С. 259—260.

Что ж чувствовал он тогда, когда в блеске публичной церемонии увидел он на троне обожаемую им красоту. Однако же он тем не более стал известен. Вкус, привычка или обдуманный план, но он жил всегда с солдатами, и хотя по смерти генерала она доставила ему место артиллерийского казначея с чином капитана, но он не переменил образа своего жизни, употреблял свои деньги, чтобы привязать к себе дружбою большее число солдат. Однако он везде следовал за своею любезною, везде был перед ее глазами и никогда известные сношения не производились с таким искусством и благоразумием.

К.-К. Рюльер. С. 441.

...Из толпы придворных ничтожеств, какими окружала себя Елизавета резко выделялся тогда граф А. П. Бестужев-Рюмин. Заграничный выученик Петра Великого, много лет занимавший дипломатические посты за границей, Бестужев-Рюмин хорошо знал отношения европейских кабинетов. Потом — креатура Бирона в кабинете министров императрицы Анны, присужденный к четвертованию, но помилованный после падения регента и из ссылки призванный к делам императрицей Елизаветой, он приобрел мастерство держаться при петербургском дворе, в среде, лишенной всякой нравственной и политической устойчивости. Ум его, весь сотканный из придворных каверз и дипломатических конъюнктур, привык додумывать каждую мысль до конца, каждую интригу доплетать до последнего узла, до всевозможных последствий. Раз составив мнение, он проводил его во что бы ни стало, ничего не жалея и никого не щадя. Он решил, что захватчивый король прусский опасен для России, и не хотел идти ни на какие сделки с разбойничьим государством, каким тогда слыла в Европе Пруссия. Он и Екатерину встретил враждебно, видя в ней прусского агента. И этому врагу, от которого она ждала себе всякого зла, она первая протянула руку, подхваченную с недипломатической доверчивостью. И они стали друзьями, как люди, молчаливо понявшие друг друга и умевшие вовремя забыть, чего не следовало помнить, приберегая, однако, за пазухой камень друг против друга. Их сблизили общие враги и опасности.

В. О. Ключевский. С. 271.

Кроме того, поскольку она была убеждена в то время, что канцлер Бестужев лучше, чем кто-либо, знает, в чем состоят истинные интересы России, она не одобряла прусскую систему и уж, во всяком случае, не способна была разделить ни преклонение своего супруга перед королем Пруссии, ни его преувеличенное представление о голштинской мощи. Принц подозревал даже, что она склоняется к идее Бестужева вынудить великого князя совсем отказаться от своего голштинского герцогства, дабы оно не стало (как говорил канцлер) «русским Ганновером» — тут заключался намек на явное предпочтение, оказываемое Георгом II интересам курфюршества перед интересами Англии.

С.-А. Понятовский. С. 279—280.

С императрицей начались болезненные припадки. В случае ее смерти при императоре Петре III, настоящем прусском агенте, Бестужеву грозила ссылка из-за Пруссии, Екатерине — развод и монастырь из-за Воронцовой. Личные и партийные вражды усугубляли опасность. В женские царствования XVIII в. фавориты заместили роль прежних цариц, приводивших ко двору свою родню, которая и мутила придворную жизнь. У дряхлевшей Елизаветы явился новейший молодой фаворит И. И. Шувалов, который поднял придворный курс своей фамилии с ее приверженцами. Они увеличили число врагов страшного и ненавистного канцлера, которыми и без того был полон двор; они стали недругами и Екатерины за ее дружбу с Бестужевым. Оба друга насторожились и стали готовиться. Бестужев сочинил и сообщил Екатерине план, по которому она в случае смерти Елизаветы провозглашалась соправительницей своего мужа, а канцлер, оставаясь руководителем внешней политики, становился во главе гвардейских полков и всего военного управления, сухопутного и морского. Но соправительство с мужем обещало Екатерине быть не более удачным, чем было супружество. Она хотела полной, а не долевой власти, решилась, по ее словам, царствовать или погибнуть. «Или умру, или буду царствовать», — писала она своим друзьям. Она стала запасаться средствами и сторонниками, выпросила взаймы на подарки и подкупы 10 тыс. фунтов стерлингов у английского короля, обязавшись честным словом действовать в общих англо-русских интересах, стала помышлять о привлечении гвардии к делу в случае смерти Елизаветы, вступила в тайное соглашение об этом с гетманом К. Разумовским, командиром одного из гвардейских полков; вмешивалась исподтишка при участии канцлера в текущие политические дела.

В. О. Ключевский. С. 271—272.

Она совершенно переменила систему и в будущем, избрав своего сына орудием своего честолюбия; она вознамерилась доставить ему корону и пользоваться правом регентства; начертание благоразумное и в совершенной точности сообразное с законами империи. Но надлежало, чтоб сама Елисавета отрешила своего племянника. Государыня кроткая, нерешительная, суеверная, которая, подписывая однажды мирный договор с иностранным двором, не докончила подписи потому, что шмель сел ей на перо; в племяннике своем она уважала те же права, какими воспользовалась сама. Оставалось одно средство, чтобы при кончине ее подменить завещание, средство которому бывали примеры и между монархами и по которому Адриан наследовал Траяну. Между тем, как замышляли сию хитрость, переворот в общих делах Европы похитил у великой княгини нужного ей поверенного, великого канцлера Бестужева, которого перемена придворных связей лишила места.

К.-К. Рюльер. С. 430—431.

Семилетняя война налетела вихрем на обоих заговорщиков; канцлер повалился, Екатерина удержалась на ногах.

В. О. Ключевский. С. 272.

Со всем тем, как министры наши ни старались внушить императрице недоверие к ее племяннику, и как ни представляли, что от него совершенного опровержения всей российской монархии должно было ожидать и опасаться, но она не хотела никак согласиться на то, чтоб исключить его от наследства, но наказывала еще старающихся его от наследства отторгнуть и предпринимающих что-нибудь против его, без ее ведома и соизволения. Достопамятное и всю Россию крайним изумлением поразившее падение бывшего тогда великим канцлером и первым государственным министром графа Бестужева, министра всеми хвалимого и всею Европою высоко почитаемого и даже всеми иностранными дворами уважаемого, было тому примером и доказательством. Он пал при начале войны прусской, лишен был всех чинов и достоинств и сослан в ссылку в Сибирь (ошибка автора, Бестужев-Рюмин был сослан в деревню Горетово Можайского уезда. — *Е. Г.*) как величайший государственный преступник. В тогдашнее время никто не знал истинной несчастия его причины, и не могли все тому довольно надивиться; но после узнали вскорости, что сей министр, предусматривая малую способность наследника к правлению государственному и приметив крайнее отвращение его от нашей российской религии и все прочие его дурные качества и свойства, затевал, составив подложную духовную, исключить от престола законного наследника и доставить корону императорскую малолетному еще тогда его сыну, с тем, чтоб до совершенного возраста его управляла государством его мать, с некоторыми из вельмож знаменитейших и сенаторов, которые были к тому именно и назначены. И как все сие каким-то случаем было императрицею узнано и открыто, то и излила она за то гнев свой на Бестужева, и как выше упомянуто, наказала его за дерзость лишением всех чинов и ссылкою.

А. Т. Болотов. С. 97—98.

Его отдаление влекло за собой и графа Понятовского, которого отозвали к своему королю, и великая княгиня с чувством глубочайшей горести у ног императрицы тщетно умоляла ее со слезами возвратить ей графа, на которого Елисавета взирала с беспокойною завистью, и начала жить при дворе, как в пустыне... Таково было ее положение, когда скончалась императрица Елисавета...

К.-К. Рюльер. С. 431.

На рождество, 25 декабря [1761], мы имели несчастье потерять императрицу Елизавету.

Е. Р. Дашкова. С. 51.

Во вторник, в день Рождества Христова, 25 декабря 1761 года, в 2 часа, а по более точным известиям — в 4 часа пополудни, после изнурительной болезни, государыня императрица Елизавета Петровна скончалась.

М. И. Семевский. С. 179.

Министры, духовник, любимец, слуги — все внушали умирающей императрице желание примирить великого князя с женою. Намерение увенчалось успехом, и наследник престола в настоящих хлопотах, казалось, возвратил ей прежнюю свою доверенность. Она убедила его, чтобы не гвардейские полки провозглашали его, говоря: «что в сем обыкновении видимо древнее варварство и для нынешних Россиян гораздо почтеннее», если новый государь признан будет в Сенате, в полном уверении, что в Правлении, где будут соблюдаемы формы, подчинит скоро все своей воле; министры были на ее стороне, сенаторы предупреждены. Она сочинила речь, которую ему надлежало произнесть. Но едва скончалась Елисавета, император, в восторге радости, немедленно явился гвардии и ободренный восклицаниями, деспотически приняв полную власть, опроверг все противополагаемые ему препятствия. Уничтожив навсегда влияние жены, каждый день вооружался против нее новым гневом, почти отвергал своего сына, не признавая его своим наследником, и принудил таким образом Екатерину прибегнуть к посредству своей отважности и друзей.

К.-К. Рюльер. С. 431.

Еще накануне, чувствуя приближение смерти, государыня в полном сознании призвала к себе во дворец великого князя Петра Федоровича и великую княгиню Екатерину Алексеевну. Императрица нежно прощалась с ними, являя при этом большое присутствие духа и благочестия. Она завещала племяннику любить своих подданных, быть к ним милостивым и стараться приобресть их расположение. Вместе с сим, умирающая умоляла своего преемника жить с женой согласно и любить малютку Павла; о младенце этом государыня говорила с особенной нежностью. Современники свидетельствуют, что великий князь обещал свято выполнить заветы своей тетки.

М. И. Семевский. С. 179.

О кончине ее носились тогда разные слухи, и были люди, которые сомневались и не верили тому, что сделавшаяся у ней и столь жестокая рвота с кровью была натуральная, но приписывали ее некому сокровенному злодейству, и подозревали в том как-то короля прусского, доведенного последними годами войны до такой крайности и изнеможения, что он не был более в состоянии продолжать войну и полугодичное время, если б мы по-прежнему имели в ней соучастие. Письмо друга его, маркиза д'Аржанса, писанное к нему в то время, когда находился он в руках наших, и то таинственное изречение в оном, что голландскому посланнику, случившемуся тогда быть в Берлине, удалось сделать ему королю такую услугу, за которую ни он, ни все потомки его не в состоянии будут ему довольно возблагодарить, и уведомление о которой не может он вверить бумаге, — было для многих неразрешимою загадкою и подавало повод к разным подозрениям. Но единому Богу известно, справедливы ли были все сии подозрения, или совсем были неосновательны.

А. Т. Болотов. С. 85.

В минуту кончины императрицы, при ней находились Петр и Екатерина. Старший сенатор, князь Трубецкой, выйдя из покоя новопреставившейся, объявил присутствовавшим о вступлении на престол Петра III.

А. Г. Брикнер[1]. С. 98.

Петр Федорович, который с 1741 г. был признан и почитаем под именем внука Петра Великого, после смерти императрицы Елизаветы был тотчас же объявлен императором 26 декабря 1761 г.

Б. К. Миних. С. 315.

Последние мысли покойной Императрицы Елисаветы Петровны о наследстве точно сказать не можно, ибо твердых не было. То не сумнительно, что она не любила Петра III и что она его почитала за неспособного к правлению; что она знала, что он русских не любил; что она с трепетом смотрела на смертный час и на то, что после ее происходить может; но как она во всем имела решимость весьма медлительную, особливо в последние годы ее жизни, то догадываться можно, что и в пункте наследства мысли более колебалися, нежели что-нибудь определительное было в ее мыслях.

Записки Екатерины II[1]. С. 41.

Но как бы то ни было, Петр Федорович вполне мирно взошел на трон, не встретив ни малейшего сопротивления. Он был тотчас признан и принял присягу под именем Петра III. Все было спокойно, если не считать того, что при дворе как будто опасались каких-то волнений. Еще за 24 часа до смерти императрицы были поставлены под ружье все гвардейские полки. Закрылись кабаки. По всем улицам рассеялись сильные конные и пешие патрули. На площадях расставлены пикеты, стража при дворце удвоена. Под окнами нового императора разместили многочисленную артиллерию — она стояла там долго, пока не рассеялись опасения, и лишь по прошествии восьми дней ее убрали. Еще более удивительным был последовавший за этим поступок императора по отношению к камергеру Ивану Ивановичу Шувалову. Он вменил ему в вину, что тот сразу после кончины императрицы представил [Петра] дворцовой страже и отрекомендовал в качестве их будущего императора. Как будто-де не было ясно само собой, что внук Петра I и в течение многих лет официальный наследник престола должен принять власть вслед за императрицей Елизаветой!

А. Шумахер. С. 272—273.

При самой кончине Государыни императрицы Елисаветы Петровны прислал ко мне князь Михаил Иванович Дашков, тогдашний капитан гвардии, сказать: «повели, мы тебя взведем на престол». Я приказала ему сказать: «Бога ради не начинайте вздор; что Бог захочет, то и будет, а ваше предприятие есть рановременная и не созрелая вещь». К князю Дашкову же езжали и в дружбе и согласии находились все те, кои потом имели участие в моем восшествии, яко то: трое Орловы, пятеро капитаны полку Измайловского и прочие; женат же он был на родной сестре Елизаветы Романовны Воронцовой, любимицы Петра III. Княгиня же Дашкова от самого почти ребячества ко мне оказывала особливую привязанность, но тут находилась еще персона опасная, брат княгини, Семен Романович Воронцов, которого Елизавета Романовна, да по ней и Петр III, чрезвычайно любили. Отец же Воронцовых, Роман Ларионович, опаснее всех был по своему сварливому и переменливому нраву; он же не любил княгиню Дашкову.

Записки Екатерины II¹. С. 43.

Оставляя до времени исполнение великих предначертаний, она старалась в сию минуту еще раз получить свою власть кратчайшими средствами.

К.-К. Рюльер. С. 431.

Пришед в свой покой, услышала, что император приказал приготовить для себя покой от меня чрез сени, где жил Александр Иванович Шувалов, и что в его покое, возле моих, будет жить Елисавета Романовна Воронцова.

Записки Екатерины II¹. С. 45.

Императрица Елизавета была умная и добрая, но беспорядочная и своенравная русская барыня XVIII в., которую по русскому обычаю многие бранили при жизни и тоже по русскому обычаю все оплакали по смерти. Не оплакало ее только одно лицо, потому что было не русское и не умело плакать: это — назначенный ею самой наследник престола — самое неприятное из всего неприятного, что оставила после себя императрица Елизавета.

В. О. Ключевский. С. 239.

Великий Князь сколь не был жалок, однако не позволил более жене управлять собою и чрез то всего лишился. Представленный самому себе, он явился глазам света в настоящем своем виде.

К.-К. Рюльер. С. 428.

Император в сей день был чрезмерно весел и посреди церемонии сей траурной сделал себе забаву: нарочно отстанет от везущего тела одра, пустя оного вперед сажен тридцать, потом изо всей силы добежит; старшие камергеры, носящие шлейф епанчи его черной, паче же обер-камергер, граф Шереметев, носящий конец епанчи, не могши бежать за ним, принуждены были епанчу пустить, и как ветром ее раздувало, то сие Петру III пуще забавно стало, и он повторял несколько раз сию штуку, от чего сделалось, что я и все, за мною идущие, отстали от гроба, и, наконец, принуждены были послать остановить всю церемонию, дондеже отставшие дошли. О непристойном поведении сем произошли многие разговоры не в пользу особе императора, и толки пошли о безрассудных его во многих случаях поступках.

Записки Екатерины II[1]. С. 49.

Такое впечатление, что он уж и не знает, что придумать, чтобы вызвать ненависть его подданных к нему. Может быть ум его затуманен свалившимся на него могуществом?

А. Труайя. С. 125.

ПЕТЕРБУРГСКАЯ ДЕВСТВЕННИЦА

Я видела собственными глазами, что, когда гвардейцы шли во дворец присягать новому императору (мимо моих окон проходили Семеновский и Измайловский полки), солдаты выглядели грустными и подавленными, а вовсе не такими радостными, как это изображают в своих мемуарах о России некоторые писатели, желающие уверить нас в том, что соответствует их домыслам. Солдаты говорили приглушенными голосами и все разом, и это невнятное бормотание было таким тревожным, таким мрачным, что я хотела бы находиться за сто верст от дома, лишь бы его не слышать. Муж в это время был на другом конце города, в своем Преображенском полку. Я еще ничего не знала о случившемся, но марш этих двух полков ясно сказал мне, что Елизавета скончалась.

Е. Р. Дашкова. С. 51.

Первые действия Петра Федоровича по восшествии его на престол ярко очерчивают во всей целости характер этого государя. Страстность, порывистость во всех действиях, сопровождавшаяся нередко забвением не только личных, но и государственных интересов, но также доброта и великодушие, доходившие до самозабвения, — вот отличительные черты нравственной личности нового государя.

М. И. Семевский. С. 182.

Этот государь был от природы пылок, деятелен, быстр, неутомим, гневен, вспыльчив и неукротим.

Б. К. Миних. С. 315.

Говорят, что Екатерина, после своего воцарения, между бумагами Петра нашла в одном из писем Фридриха II к императору следующие внушения: не проводить слишком быстро нововведений, щадить нравы и обычаи народа, в сложных делах руководствоваться скорее мнениями жены, чем собственным увлечением. Петр во всех отношениях действовал противоположно этим советам.

А. Г. Брикнер[1]. С. 103.

Петр Федорович вступил на престол на 34-м году от рождения. Это был человек в полном цвете сил и здоровья, живой, необыкновенно подвижный и обуреваемый необыкновенною жаждою деятельности. Петр всюду хотел быть, все видеть, многое предпринять, многое из того, что видел и о чем слышал, переделать. При таком направлении нового государя легко себе представить, как и в правительственных сферах, и в дворцовой обыденной жизни, и, наконец, в тогдашнем обществе столицы все должно было быстро перемениться и выйти из того застоя и апатии, в которой все находилось в последние три-четыре года правления сильно недомогавшей Елизаветы Петровны.

М. И. Семевский. С. 185—186.

В первую же ночь после восшествия на престол он рассылает курьеров во все войска с приказом прекратить военные действия. (Напомним, что тогда шла так называемая Семилетняя война, в которой Россия воевала против Пруссии, Англии, Португалии, Ганновера, имея союзником Австрию, Францию, Испанию, Саксонию, Швецию; русские войска одержали ряд блистательных побед, после которых прусскому императору не оставалось ничего иного, как сложить оружие и просить мира на условиях России и ее союзников. — *Е. Г.*). Части, взаимодействующие с австрийцами, должны немедленно от них отделиться. Те, что удерживают Восточную Пруссию, Померанию, маркграфство Новый Бранденбург, покинут эти земли, а город Кольберг, только что взятый, будет возвращен пруссакам. Одновременно Петр направляет личное письмо Фридриху. Он заверяет его в своей дружбе и восхищении. Король Пруссии, полагавший, что он проиграл войну, теперь ликует. Неожиданное спасение пришло для него и его армии. Безумец преподнес ему победу на подносе.

А. Труайя. С. 125—126.

Все сие и предпринимаемое в самое то же время скорое и дружное перековеркивание всех дел и прежних распорядков, а особливо преобразование всего войска и переделывание всего, до воинской службы относящегося, на прусский манер, и явно оказуемая к тогдашнему нашему неприятелю, королю прусскому, приверженность и беспредельное почтение и ко всему прусскому уважение, приводило всех в неописанное изумление и негодование; и я не знаю, что воспоследовало б уже и тогда, если б не поддержал он себя несколько оказанными в первые дни своего правления некоторыми важными милостями и благотворительствами.

А. Т. Болотов. С. 93.

Он, прежде всего, возвратил свободу государственным узникам, а именно: герцогу Курляндскому Бирону и его семейству, мне, моему сыну и его семейству, а также графу и графине Лесток.

Б. К. Миних. С. 315.

...И всем возвращены прежние их чины, имения и достоинства.

А. Т. Болотов. С. 136.

Другие же лица, сосланные в предшествовавшее царствование, как, например, граф Остерман, граф Головкин, граф Левенвольде и барон Менгден, умерли в местах своего заточения.

Б. К. Миних. С. 315.

...Освобожденный из неволи в Сибири, в ссылке, славный Миних, бывший некогда у нас фельдмаршалом и победителем турок и татар и был привезен вместе с его сыном в Петербург. Сей великий воин и министр, препроводив целые двадцать лет в отдаленных сибирских пределах в бедности, нужде и неволе, был в сие время уже очень стар, и как мне история его была известна и он привезен был в Петербург уже при мне, то смотрел я на сего почтенного старца с превеликим любопытством, и не мог довольно насмотреться.

А. Т. Болотов. С. 94.

Посылая на театр военных действий, так сказать, оливковую ветвь мира, император отправил одновременно множество других гонцов на отдаленнейшие рубежи своей монархии; эти гонцы везли весть свободы, прощения и милости многим сотням, тысячам, десяткам тысяч сосланных в прежнее царствование... Одного уже этого великого акта милосердия императора было бы достаточно, чтоб вдохнуть поэтов его времени, но они нашли и другие поводы к прославлению нового монарха, и лучший представитель тогдашних русских поэтов, М. В. Ломоносов, так приветствовал императора Петра III:

> Европа — ныне восхищенно
> Внимая — смотрит на восток
> И ожидает, изумленна,
> Какой определит ей рок.
> <...>
> Прославлен миром и войной
> Тогда в трудах тебе любезных,
> Российским областям полезных,
> Все время будешь провождать
> И каждый день златого веку
> Как долго можно человеку
> Благодеяньями венчать.
> <...>

М. И. Семевский. С. 185.

Другое и не менее важное благотворительство состояло в том, что он уничтожил прежнюю нашу и столь великий страх на всех наводившую и так называемую тайную канцелярию, и запретил всем кричать по-прежнему «слово и дело», и подвергать чрез то бесчисленное множество невинных людей в несчастия и напасти. Превеликое удовольствие учинено было и сим всем россиянам, и все они благословляли его за сие дело.

А. Т. Болотов. С. 93.

Императрицу я не видела: она выходила от себя только затем, чтобы поклониться телу тетушки и понаблюдать, все ли делается, что обычно полагается в подобных случаях. Она непрестанно плакала (сведения о ней я получила от камердинера).

Е. Р. Дашкова. С. 51.

Приходящие проститься с императрицей толпы людей всех сословий: горожане, мастеровые, крестьяне, купцы, солдаты, священники, нищие — все видят живую императрицу, согбенную под тяжестью горя, среди свечей и икон, без короны, без драгоценностей. В их глазах этот религиозный ритуал придает Екатерине исконно русский образ. Крестное знамение и коленопреклонения сближают ее с ними, делают ее «своей». Если бы она заговорила, все бы удивились, что у нее немецкий акцент. Екатерина чувствует на себе почти физически, как от этого людского потока, протекающего рядом с ней, исходят флюиды симпатии многих и многих людей.

А. Труайя. С. 124.

Петр III, напротив, появлялся у гроба редко и лишь затем, чтобы пошутить с придворными дамами, поиздеваться над духовными лицами и выбранить офицеров и унтер-офицеров за локоны, галстуки и мундиры.

Е. Р. Дашкова. С. 53.

Этот человек, которого так долго держали в узде, вдруг почувствовал, что ему все дозволено. Опьяненный свалившейся на него свободой, он теряет чувство приличия. Вызывающе ведет себя в момент всеобщего траура в стране. Он отказывается проводить ночь у гроба и если по какой-нибудь причине оказывается возле него, то ведет себя подчеркнуто вызывающе: намеренно шокируя присутствующих, громко разговаривает, отпускает шутки, гримасничает, насмехается над священниками. Желая угодить ему, придворные вынуждены участвовать в застольях и спектаклях, организованных им в его апартаментах, несмотря на траур, объявленный по всей России. На этих сборищах траурный черный цвет в запрете. Все должны быть в праздничных одеждах. Все должны пить, смеяться и петь. И сама Екатерина вынуждена порой присутствовать на этих пирушках в бальном платье. За это в остальное время она с удвоенным рвением предается молитвам. Все десять дней, что тело императрицы находилось в церкви, она регулярно приезжала туда и часами, коленопреклоненная перед гробом, вся в черных одеждах, плакала и усердно молилась. Эти нелегкие поездки она совершает не столько из любви к усопшей, сколько из соображений собственной репутации в глазах общества.

А. Труайя. С. 124.

Неизвестно, каковы были религиозные убеждения императора, но все видели, что во время богослужения он был крайне невнимателен и подавал повод к соблазну, беспрестанно переходя с одной стороны церкви на другую, чтобы болтать с дамами.

Б. К. Миних. С. 315.

Обычно император приходил в придворную церковь только к концу службы; он гримасничал, паясничал и передразнивал пожилых дам, которым сам приказал делать реверансы по французской моде, а не кланяться, как было принято у нас прежде. Несчастные престарелые дамы, приседая в реверансе, с трудом удерживались на ногах, и я припоминаю, как свекровь моей старшей сестры, графиня Бутурлина, едва не упала, выполняя реверанс; к счастью, несколько человек, находившиеся рядом, ее поддержали.

Е. Р. Дашкова. С. 54.

Петр также никогда не соблюдал постов, он ссылался всегда по этому поводу на пример своего деда Петра I, который тоже не мог есть ничего рыбного.

М. И. Пыляев. С. 176.

Он очень любил все военное и не носил другого платья, кроме мундира.

Б. К. Миних. С. 315.

Такой человек не имел твердого намерения, но поступки его были опасны. Известнее всего то, что он хотел даровать свободу несчастному Иоанну (речь идет об императоре Иоанне VI, считавшимся законным наследником престола, свергнутом с него Елизаветой и заточенном в Шлиссельбургскую крепость. — *Е. Г.*) и признать его наследником престола, что в сем намерении он приказал привести его в ближайшую к Петербургу крепость и посещал его в тюрьме.

К.-К. Рюльер. С. 440.

Главная же ошибка этого государя состояла в том, что он брался за слишком многие и к тому же слишком трудные дела, не взвесив своих сил, которых явно было недостаточно, чтобы управлять столь пространной империей. Все части ее при вялом и небрежном правлении императрицы Елизаветы пришли в такой беспорядок, что уместно спросить, сколь острым умом и неутомимой работоспособностью обладала Екатерина II, если ей действительно удалось полностью восстановить этот развалившийся механизм и пустить его в ход. Доброму императору также не хватало умных и верных советников, а если и было сколько-нибудь таких, что желали добра ему и стране и имели достаточно мужества, чтобы ясно объяснять ему последствия его непродуманных действий, то их советы выслушивались редко и еще реже им следовали, если это не совпадало с настроениями императора. Его всегда окружали молодые, легкомысленные и неопытные люди, равнодушные к судьбе страны, о которой они к тому же не имели понятия, и не знавшие другой цели, как устроить собственное счастье за общий счет. Честь их государя была им совершенно безразлична, но их советам, никогда не противоречившим его склонностям, император всегда оказывал предпочтение перед мнением заслуженных и порядочных людей.

А. Шумахер. С. 273—274.

У сих негодных людей наиглавнейшее попечение было в том, чтоб рассорить его с императрицею, его супругою, и привесть ее ему в ненависть совершенную, и не можно довольно изобразить, сколь много они в том успели. Они довели его до того, что он не только говорил об ней с явным презрением публично, но употреблял при том столь непристойные выражения, что никто не мог оных слышать без досады и огорчения. Словом, слабость его в сем случае до того простиралась, что запрещено было от него даже садовникам петергофским, где тогда сия государыня, по его велению, находилась, давать ей те садовые фрукты, о которых он знал, что она была до них великая охотница.

А. Т. Болотов. С. 152—153.

Общество государя... составляли: два брата Нарышкиных с женами, Измайлов с женой, графиня Елизавета [Воронцова], Мельгунов, Гудович, его адъютант, Унгерн, графиня Брюс и еще два-три человека, которых не помню.

Е. Р. Дашкова. С. 52.

Сии негодные люди довели его, наконец, до того, что он стал подозревать в верности к себе свою супругу. Они уверили его, что она имела соучастие в Бестужевском умысле, а потому с самого того времени и возненавидя он свою супругу, стал обходиться с нею с величайшею холодностию и слюбился напротив того с дочерью графа Воронцова и племянницею тогдашнего великого канцлера, Елисаветою Романовною, прилепясь к ней так, что не скрывал даже ни пред кем непомерной к ней любви своей, которая даже до того его ослепила, что он не восхотел от всех скрыть ненависть свою к супруге и к сыну своему, и при самом еще вступлении своем на престол сделал ту непростительноную погрешность и с благоразумием совсем несогласную неосторожность, что в изданном первом от себя манифесте, не только не назначил сына своего по себе наследником, но не упомянул об нем ни единым словом.

А. Т. Болотов. С. 92.

В числе прочих ходили слухи о том, что император вызвал из Гамбурга графа Салтыкова, первого любовника Екатерины, про которого говорили, что он отец великого князя Павла, и требовал у него, умоляя и грозя, чтобы тот объявил о своем отцовстве. Он добавлял, что, если Салтыков сделает это, он, Петр, откажется от ребенка, который считается его сыном и по закону должен наследовать престол. Тогда фаворитка Петра III, которая уже начинала проявлять чрезмерное тщеславие, возвысится до сана императрицы, а Екатерину отстранят. Заодно и другие молодые придворные дамы, почему-либо недовольные своими мужьями, будут разведены; утверждали, что уже заказали двенадцать кроватей для двенадцати свадеб, которые предполагалось сыграть в ближайшее время.

А. Дюма. С. 259.

Не могу изобразить, как удивил и поразил тогда еще сей первый его шаг всех россиян, и сколь ко многим негодованиям и разным догадкам и суждениям подал он повод. Но всеобщие негодования сии увеличились еще более, когда тотчас потом стали рассеиваться повсюду слухи и достигать до самого подлого народа, что государь не успел вступить на престол, как предался публично всем своим невоздержностям и совсем неприличным такому великому монарху делам и поступкам, и что он не только с помянутою Воронцовою, как с публичною своею любовницею, препровождал почти все свое время; но сверх того, в самое еще то время, когда скончавшаяся императрица лежала во дворце еще во гробе и не погребена была, целые ночи провождал с любимцами, льстецами и прежними друзьями своими, в пиршествах и питье, приглашая иногда к тому таких людей, которые нимало недостойны были сообщества и дружеского собеседования с Императором, как например: итальянских театральных певиц и актрис, вкупе с их толмачами, из которых многие, приобретя себе великое богатство, вытащили [его] потом с собою из государства в свое отечество; а что всего хуже, разговаривая на пиршествах таковых въявь обо всех и обо всем, и даже о самых величайших таинствах и делах государственных.

А. Т. Болотов. С. 92—93.

Достойно внимания следующее замечание в записках Штелина: «На святой неделе император переезжает в новый Зимний дворец, помещает императрицу на отдаленном конце его, а ближе к себе, на антресолях, свою любимицу, толстую фрейлину Елизавету Романовну Воронцову».

А. Г. Брикнер[1]. С. 99.

Петр III первый стал награждать женщин орденами: он дал орден Св. Екатерины Елизавете Романовне Воронцовой; первый же этот женский орден имел мужчина — князь А. Д. Меншиков.

М. И. Пыляев. С. 179.

«Многие полагают, что, если у любовницы родится от него мальчик, он провозгласит ее женою, а сына — наследником, — пишет французский посланник барон де Бретель 15 февраля 1762 года. — Но эпитеты, которыми Воронцова награждает его публично во время их ссор, весьма успокаивающи на сей счет».

А. Труайя. С. 129.

Екатерина, обратив в свою пользу оскорбление, которое император сделал ее сыну, не называя его наследником престола, хотела сама оным воспользоваться.

К.-К. Рюльер. С. 445.

К великому князю Павлу Петр III выказывал полное равнодушие. Он никогда с ним не виделся. Напротив, с матерью молодой наследник встречался ежедневно.

Е. Р. Дашкова. С. 54.

Взоры всех обратились на императрицу; но сия государыня, по-видимому уединенная и спокойная, не внушала никакого подозрения. Во время похорон покойной императрицы она приобрела любовь народа примерною набожностью и ревностным хранением обрядов греческой церкви, более наружных, нежели нравственных. Она старалась привлечь к себе любовь солдат единственным средством, возможным в ее уединении, разговаривая милостиво с наружными (часовыми. — *Е. Г.*) и давая целовать им свою руку. Однажды проходя темную галерею, караульный отдал ей честь ружьем; она спросила, почему он ее узнал? Он отвечал в русском, несколько восточном вкусе: «Кто тебя не узнает, матушка наша? Ты освещаешь все места, которыми проходишь». Она выслала ему золотую монету, и поверенный ее склонил его в свою партию.

К.-К. Рюльер. С. 438.

Иностранные дипломаты в это время наблюдали за образом действий Екатерины. [Французский] Бретёль писал, в январе 1762 года: «В день нашей аудиенции и нашего поздравления новая Императрица казалась печальною. Очевидно, она не будет иметь никакого влияния; я думаю, что она вооружается философией. Впрочем, при ее характере, она едва ли ограничится этим. Император более чем когда-либо ищет общества фрейлины Воронцовой и назначил ее гофмейстериною фрейлин. Она живет при дворе и пользуется чрезвычайным почетом.

Признаться: странный вкус!» В других донесениях тот же Бретёль пишет: «Императрица находится в отчаянном положении: ей оказывают полнейшее презрение. Она с великим негодованием видит, как с нею обращается Император и каково высокомерие фрейлины Воронцовой. Я могу представить себе, что Императрица, смелость и горячность которой мне известны, рано или поздно приступит к крайним мерам. У нее есть друзья, которые, если она того пожелает, решатся для нее на все». В другом месте: «Всеобщее расположение к Императрице усиливается. Никто столь ревностно, как она, не исполняет религиозных обязанностей по случаю погребения покойной императрицы; никто столь добросовестно как она не соблюдает постов и вообще обрядов и проч., между тем как Император пренебрегает всем этим, хотя в России такого рода правила имеют большое значение. Одним словом: Екатерина старается нравиться и употребляет все средства для достижения этой цели. Во всем этом есть значительная доля самолюбия. К тому же она едва ли может забыть, что нынешний Император, когда был Великим Князем, грозил заключить ее в монастырь, по примеру Петра Великого в отношении к первой его супруге. Все это, в соединении с ежедневно повторяющимися оскорблениями, должно произвести в столь умной голове, какова голова Императрицы, сильное брожение; при случае взрыв неминуем».

А. Г. Брикнер[1]. С. 99.

Сочувствие к императрице возрастало в той же мере, как презрение к ее супругу. Своим поведением он сам как бы облегчил нашу задачу — свергнуть его с престола. Пример Петра III должен послужить уроком великим мира сего, показав, что не только тирания является причиной ниспровержения властелина, но этому может способствовать и презрение к суверену и его правительству, что неизбежно порождает беспорядки в управлении и недоверие к судебным властям, вызывая всеобщее желание перемен.

Е. Р. Дашкова. С. 57.

Посреди всеобщего участия в судьбе императрицы ужаснее всего казалось то, что не видно было в ее пользу никакого сборища и не было в виду ни одного защитника; бессилие вельмож, ненадежность всех известных людей не дозволяли ни на ком остановить взоров; между тем, как все сие произведено было человеком, доселе неизвестным и скрытным от всеобщего внимания...

При дворе недоверчивом она жила без подозрения, и только тогда, когда Орлов явился на высшей ступени, придворные признались в своей оплошности, припоминали себе условленные знаки и случаи, по которым все долженствовало бы объясниться. Следствием сих поздних замечаний было то, что они давно имели удовольствие понимать друг друга, не открыв ничего своею нескромностию. Таким-то образом жила великая княгиня, между тем как целая Европа удивлялась благородству ее сердца и несколько романическому постоянству.

К.-К. Рюльер. С. 440—441, 442.

Он [Петр III] был вспыльчив и горяч до такой степени, что оскорблял даже своих любимцев. Ему не могли простить его невоздержности и дурного обращения с ее величеством императрицей, которая одна только и могла сделать его царствование славным и счастливым.

Б. К. Миних. С. 316.

Таковое ж негодование во многих произвел и число недовольных собою увеличил он и тем, что с самого того часа, как скончалась императрица, не стал уже он более скрывать той непомерной приверженности и любви, какую имел всегда к королю прусскому. Он носил портрет его на себе в перстне беспрерывно, а другой, большой, повешен был у него подле кровати. Он приказал тотчас сделать себе мундир таким покроем, как у пруссаков, и не только стал сам всегда носить оный, но восхотел и всю гвардию свою одеть таким же образом; а сверх того носил всегда на себе и орден прусского короля, давая ему преимущество пред всеми российскими.

А. Т. Болотов. С. 95.

Император некоторое время не надевал вовсе ордена Св. Андрея, а носил прусский орден Черного Орла.

Б. К. Миних. С. 315.

А всем тем не удовольствуясь, восхотел переменить и мундиры во всех полках, и вместо прежних одноцветных зеленых, поделал разноцветные узкие, и таким покроем, каким шьются у пруссаков оные.

А. Т. Болотов. С. 95.

Являться утром на вахтпарад главным капралом, хорошо пообедать, выпить доброго бургундского, провести вечер со своими шутами и несколькими женщинами, исполнять приказания прусского короля — вот что составляло счастье Петра III.

Е. Р. Дашкова. С. 65.

Наконец и самым полкам не велел более называться по-прежнему, по именам городов, а именоваться уже по фамилиям своих полковников и шефов; а сверх того, введя уже во всем наистрожайшую военную дисциплину, принуждал их ежедневно экзерцироваться, несмотря, какая бы погода ни была, и всем тем не только отяготил до чрезвычайности все войска, но и, огорчив всех, навлек на себя, а особливо от гвардии, превеликое неудовольствие.

А. Т. Болотов. С. 95.

Мы уже говорили о том, как мучил он настоящих солдат из плоти и крови с тех пор, как стал императором. Теперь, располагая медными, настоящими пушками, он хотел, чтобы непрерывные залпы напоминали ему о войне. Однажды он отдал приказ выстрелить одновременно из ста крупнокалиберных пушек. Чтобы отговорить его от этой затеи, пришлось — и это было нелегко — убедить его в том, что от такого залпа в городе развалятся все дома.

А. Дюма. С. 256.

Даже фельдмаршал, бывший генерал-прокурор Сената, старик князь Никита Трубецкой по своему званию подполковника гвардии должен был являться на учение и маршировать вместе с солдатами.

В. О. Ключевский. С. 244.

Негодование скоро овладело гвардейскими полками, истинными располагателями престола.

К.-К. Рюльер. С. 436.

Кончался развод, и государь отправлялся в Сенат, заезжал в Синод, где со времени Петра Великого, кажется, ни одного разу не был ни один из властителей, ни одна из властительниц России, посещал коллегии, появлялся в Адмиралтействе, неоднократно бывал на монетном дворе, осматривал различные фабрики, распоряжался лично несколько уже лет продолжавшеюся постройкою Зимнего дворца — словом, Петр являл деятельность, в особенности в первые три месяца своего царствования, необыкновенную; старики, глядя на молодого государя, невольно вспоминали его неутомимого деда. И нельзя сказать, чтоб посещения эти были бесплодны: в Сенате государь лично возвещал реформы, которые доставили бы всякому другому, более его счастливому владетелю, славу величайшего из государей; в Синоде он, быть может, несколько неосторожно высказывался также о некоторых коренных реформах в области духовного ведомства; на монетном дворе внимательно осматривал работы, причем объявлял, что эта фабрика ему нравится более многих других. «Если бы она прежде принадлежала мне, — говорил при этом Петр Федорович, — то я умел бы ею воспользоваться»; он, впрочем, и пользовался ею: в его кратковременное царствование немало постановлений состоялось собственно по монетному делу.

М. И. Семевский. С. 187—188.

Художник, долженствующий вырезывать новые монеты, представил [их] рисунок императору. Сохраняя главные черты его лица, старались их облагородствовать. Лавровая ветвь небрежно украшала длинные локоны распущенных волос. Он, бросив рисунок, вскричал: «Я буду похож на французского короля».

К.-К. Рюльер. С. 432.

И, чтобы не походить на французского короля, он велел изобразить себя в солдатской фуражке; это было исполнено так забавно, что новые монеты принимали не только с радостью, но и с веселым смехом.

А. Дюма. С. 251.

Он хотел непременно видеть себя во всем натуральном безобразии, в солдатской прическе и столь неприличном величию престола образом, что сии монеты сделались предметом посмеяния и, расходясь по всей империи, произвели первый подрыв народного почтения.

К.-К. Рюльер. С. 432.

Объезжая разные другие заведения, государь посещал, между прочим, обойную фабрику, устроенную его дедом, и, принимая ее под особое свое покровительство, заказывал здесь два большие куска для двух стен передней в новом зимнем дворце; на одном из них по рисунку, выполненному Штелиным, должно было быть изображено восшествие на престол Елизаветы, на другом — его, императора Петра III...

М. И. Семевский. С. 188.

Далее восхотел было он, для пресечения всех злоупотреблений, господствующих у нас в судах и расправах, по причине уже умножившихся слишком указов и перепутавшихся законов, велеть сочинить и издать новое уложение по образцу прусского, и сенат велел было уже и переводить так называемое «Фридрихово уложение», но как дело сие препоручено было людям неискусным и неопытным, то и не возымело оно тогда успеха.

А. Т. Болотов. С. 93—94.

Чтобы переполнить чашу русского огорчения и довести всенародный ропот до открытого взрыва, император заключил мир (24 апреля 1762 г.) с тем самым Фридрихом, который при Елизавете приведен был в отчаяние русскими победами. Теперь Петр отказался не только от завоеваний, даже от тех, которые уступал сам Фридрих, от Восточной Пруссии, не только заключил с ним мир, но присоединил свои войска к прусским, чтобы действовать против австрийцев, недавних русских союзников.

В. О. Ключевский. С. 245.

Император вел прежний образ жизни. Заключив мир с прусским королем, он выказывал просто неприличную радость и решил отпраздновать это событие большим торжественным обедом, на который были приглашены лица первых трех классов и иностранные посланники.

Императрица заняла свое место в середине стола, но Петр III сел на противоположном конце рядом с прусским послом. Император предложил три тоста: за здоровье императорской семьи, за здоровье его величества прусского короля и за счастливое заключение мира. Когда под залпы крепостных пушек императрица подняла бокал и выпила первый тост, Петр III послал к ней стоявшего позади его стула генерал-адъютанта Гудовича спросить, почему она не встала, когда пили здоровье императорской семьи. Императрица ответила, что, поскольку императорская семья состоит из его величества, их сына и ее самой, она не думала, что император потребует от нее встать. Когда Гудович передал ответ, император приказал ему сказать Екатерине, что она folle (дура. — *фр.*) и должна знать, что в императорскую семью входят также два голштинских принца, их дядья; однако, сомневаясь, точно ли Гудович передаст его слова, Петр III произнес их во всеуслышание. Императрица залилась слезами, но, не желая вызывать жалость и чтобы отвлечься, она попросила моего кузена, камергера графа Строганова, который как дежурный стоял позади ее стула, занять ее беседой и своими милыми шутками, в чем он был большой искусник. Граф поспешил подавить негодование и огорчение, испытанные от происшедшей сцены, и стал болтать, стараясь развеселить Екатерину, к которой был очень привязан (чем уронил себя в глазах ее супруга, тем более что жена графа, бывшая очень дружной с моей сестрой и Петром III, мужа не выносила). По окончании обеда Строганову приказали отправиться на свою дачу на Каменном острове и не выезжать оттуда до нового распоряжения. Происшествие этого дня произвело большое впечатление в городе.

Е. Р. Дашкова. С. 57.

В тот же вечер приказано было арестовать ее, что, впрочем, не было исполнено по ходатайству одного из дядей Петра, невольных виновников этой сцены.

В. О. Ключевский. С. 246.

Для обеда и бала после оного приготовлен и с великою поспешностию отделан был большой зал во дворце, в том фасе оного, который был окнами на Неву реку. И государь, опорожнив, может быть, во время стола излишнюю рюмку вина и в энтузиазме своем к королю прусскому дошел до такого забытия самого себя, что публично, при всем великом множестве придворных и других знатных особ, и при всех иностранных министрах, стал пред портретом короля прусского на колени и, воздавая оному непомерное уже почтение, называл его своим государем: происшествие, покрывшее всех присутствовавших при том стыдом неизъяснимым и сделавшееся столь громким, что молва о том на другой же день разнеслась по всему Петербургу и произвела в сердцах всех россиян и во всем народе крайне неприятные впечатления.

А. Т. Болотов. С. 136—137.

Надо сказать, что обед по случаю заключения мира с королем Пруссии показался Петру III недостаточно торжественным и он решил устроить ужин в Летнем дворце. Там со своими приближенными, несколькими дамами, офицерами, любимыми генералами и прусским послом он веселился по своему обыкновению и напился так, что не мог сам идти; в 4 часа утра его вынесли из-за стола, усадили в карету и отвезли во дворец. Но еще до отъезда из Летнего дворца Петр III наградил мою сестру Елизавету орденом Св. Екатерины, а князю Репнину объявил, что отправляет его резидентом в Берлин, дабы он исполнял все приказы и пожелания прусского короля.

Е. Р. Дашкова. С. 62.

А все сие и произвело то последствие, что не успело помянутое мирное торжество окончиться, как бывший до того, но все еще сносный и сокровенный народный ропот увеличился тогда вдруг скорыми шагами и дошел до того, что сделался почти совершенно явным и публичным. Все не шептали уже, а говорили о том въявь и ничего не опасаясь, и выводили из всего вышеписанного такие следствия, которые всякого устрашить и в крайнее сумнение о благоденствии всего государства повергать в состоянии были.

А. Т. Болотов. С. 145.

Подобный образ жизни, конечно, не внушал уважения.

Е. Р. Дашкова. С. 65.

Петр III был неизменной мушкой на очень красивом лице.
Записки Екатерины II. Со шпагой и факелом: Дворцовые перевороты в России 1725—1825 / Сост., вступ. Ст., коммент. М. А. Бойцова. — М.: Современник, 1991. С. 336.
(Далее цит. как: Записки Екатерины II [3]*)*

Император очень дружески относился к фельдмаршалу Разумовскому, но даже и он, человек крайне беззаботный, видел неспособность Петра III управлять империей и те беды, в которые была бы ввергнута страна. Граф Разумовский любил свою родину, насколько позволяли его лень и безразличие. Он командовал Измайловским полком, где пользовался большой любовью.

Е. Р. Дашкова. С. 57.

На беду, император... подозревал в себе большой комический талант, потому что довольно ловко выделывал разные смешные гримасы...

В. О. Ключевский. С. 242.

Я была очень смешлива; государь, который часто езжал к матушке, бывало, нарочно меня смешил разными гримасами; он не похож был на государя.
Запись рассказа графини Н. К. Загряжской, дочери графа К. Г. Разумовского // А. С. Пушкин. Дневники. Автобиографическая проза. М.: Сов. Россия, 1989. С. 147.

В сие время император взял в кабинет секретаря, бывшего конференц-секретаря Дмитрия Васильевича Волкова. Про сего Никита Иванович Панин думал и мне говорил, что сей Мельгунову и Шуваловым голову сломит; про него тогда думали, что главу имеет необыкновенную, но оказалось после, что хотя был быстр и красноречив, но ветрен до крайности, и понеже писал хорошо, то более писывал, а мало действовал, а любил пить и веселиться.

Записки Екатерины II [1]. С. 47.

Дмитрий Волков, русский простолюдин, был случайным образом так счастлив, что получил весьма порядочное образование...

Г. фон Гельбиг // РС. 1886. Т. 51. С. 1.

Не лишая себя права обратиться ниже, в своем месте, к обстоятельному рассказу об обыденной жизни Петра, в настоящее время возьмем из нее хоть один день: это введет нас в самый строй жизни нового императора в описываемое нами время.

Куранты Петропавловского собора пробили семь часов утра. Государь встает и с обычною ему живостью во всем, что бы он ни делал, одевается; самый костюм его довольно характеристичен: он обыкновенно надевал сапоги или башмаки с заостренными носками, камзол и брюки соломенно-желтого цвета и короткий прусской формы кафтан зеленого сукна. Воротник и обшлага на кафтане красные, кафтан обшит толстым галуном, так называемыми брандебурами — это тогдашний гвардейский мундир. В 11 часов, когда государь выходил к разводу, он брал перчатки и трость в руки, надевал портупею с длинною шпагою, поясной шарф, гвардейский большой знак, шляпу прусского образца, обшитую широким галуном, с пером и маленькою кокардою из белого конского волоса. Государь не забывал также взять в карман записную табличку, какие, по его повелению, должны были носить в то время все гвардейские офицеры. Прусский орден, присланный Фридрихом II, служил постоянным украшением мундира Петра Федоровича. Волосы его собраны были в две большие пукли и сильно напудрены; хохол плотно приглаживался; усов и бакенбард не было; выразительные карие глаза государя оживляли его крайне моложавую, добродушную и весьма подвижную физиономию. Не всегда, впрочем, он бывал в полном гвардейском мундире: нередко Петр одевался в простой зеленый вицмундир гвардии; но так или иначе, а описанный нами костюм очень любим был государем. При одевании он балагурил с своими генерал- и флигель-адъютантами, отдавал им приказания, выпивал чашку кофе и выкуривал трубку кнастера. Тут ему передавали последние новости, причем рассказы окружавших лиц его, нередко простой прислуги, наводили государя на мысль о какой-либо весьма важной государственной реформе, которую он, по обыкновению, ему свойственному, и спешил привести в исполнение. В 8 часов государь был уже в кабинете; к нему один за другим являлись: тайный секретарь его Дмитрий Васильевич Волков, генерал-прокурор Сената Александр Иванович Глебов, президенты разных коллегий и прочие чины, имевшие доклад у государя; докладов этих, по крайней мере в первое время, было довольно много, так как государь хотел все знать, входил во все дела. Конференция, стоявшая во все время царствования Елизаветы Петровны в деле внутреннего управления Россиею и ведавшая внешние сношения государства, в первые же дни правления Петра была упразднена, а дела ее распределены между коллегиями и Сенатом. Таким образом, дела получили более правильное течение. Утром же в кабинет государя появлялась иногда императрица. В 11 часов доклады кончались, и государь, со всеми окружающими его, спешил на дворцовую площадь, где каждый день ждал его развод от какого-либо гвардейского полка...

М. И. Семевский. С. 186—187.

Вместо Кабинета [министров] он учредил комиссию, членами которой были: два принца Голштинские — Георг и Петр-Август, я, канцлер граф Воронцов, генерал от кавалерии князь Волконский, генерал-фельдцейх-мейстер Вильбоа, генерал-лейтенант Мельгунов и в последнее время действительный статский советник Волков.

Эта комиссия, в которой император лично председательствовал, сначала занималась только военными делами и составила новый регламент его величества, названный «Строевым Уставом». Но, наконец, сюда стали стекаться все государственные дела, и казалось, что эта комиссия должна стать выше Сената и таким образом пополнить существующую между верховной властью и властью Сената пустоту, о которой было столько раз упоминаемо. Однако мнения Мельгунова, Гудовича и в особенности Волкова, исправлявшего должность тайного секретаря, водившего пером государя и бывшего ближайшим его советником, имели значительный перевес над мнениями остальных членов комиссии. Таким образом то, с чем соглашался Волков, и составляло образ правления при императоре Петре III.

Б. К. Миних. С. 316—317.

Петр III, благодарный Волкову за услугу, оказанную ему в прежние годы, оказывал ему большое доверие и возлагал на него важные поручения... Император ничего не предпринимал без совета и решения Волкова и, можно сказать, что этому человеку принадлежит значительная доля в славных и благодетельных деяниях монарха. Он был, например, настолько правдив, что предуведомил своего государя о возмущении, которое готовилось против него. Проницательный ум Волкова разведал почти весь план возмущения, но несчастный государь был настолько уверен в своей безопасности, что пренебрег советами своего друга, верным указаниям которого должен был бы следовать.

Г. фон Гельбиг // РС. 1886. Т. 51. С. 1.

Со всем тем, по некоторым делам, произведенным им в первые месяцы его правления, о которых упомянется ниже, можно было судить, что он от натуры не таков был дурен, но имел сердце наклонное к добру и такое, что мог бы он быть добродетельным, если б не окружен был злыми и негодными людьми, развратившими его совсем, и когда б по несчастию не предался он уже слишком всем порокам и не последовал внушаемым в него злым советам, более, нежели, сколько надобно было.

А. Т. Болотов. С. 92.

Господь умудрил Петра Федоровича на дело великое и важное: этот государь, имя и дела которого так умышленно были доселе помрачаемы, совершил, так или иначе, дело бессмертное: он сделал громадный шаг к освобождению рабов российских; он освободил передовое сословие русского народа от зависимости, совершенно равной крепостному состоянию.

М. И. Семевский. С. 189—190.

По прошествии трех недель по кончине государыни, я пошла к телу для панихиды. Идучи чрез переднюю, нашла тут князя Михаила Ивановича Дашкова плачущего и вне себя от радости и, прибежав ко мне, говорил: «государь достоин, дабы ему воздвигнуть статую золотую; он всему дворянству дал вольность», и с тем едет в Сенат, чтоб там объявить. Я ему сказала: «разве вы были крепостные и вас продавали доныне?» В чем же эта вольность состоит? И вышло, что в том, чтоб служить и не служить по воле всякого. Сие и прежде было, ибо шли в отставку, но осталось исстари, что дворянство, с вотчин и поместья служа все, окроме одряхлелых и малолетних, в службе империи записаны были; вместо людей дворянских Петр I начал рекрут собирать, а дворянство осталось в службе. От чего вздумали, что в неволе. Роман Воронцов и генерал-прокурор думали великое дело делать, доложа государю, дабы дать волю дворянству, а в самом деле выпросили не что иное окроме того, чтоб всяк был волен служить и не служить.

Записки Екатерины II [1]. С. 48.

Четверг 17 января 1762 года был одним из самых знаменательных дней не только в истории царствования Петра III, но и в летописях всей отечественной истории: это был день объявления государем императором всему собранию Правительствующего Сената своей непременной воли, между прочими другими весьма важными распоряжениями, освободить российское дворянство. Постараемся передать все подробности, относящиеся до этого замечательного события.

М. И. Семевский. С. 189.

Пришед с панихиды к себе, я увидела, [что] у заднего крыльца стоит карета парадная с короною, и император в ней поехал в Сенат. Но сей кортеж в народе произвел негодование, говорили: как ему ехать под короною? он не коронован и не помазан. Рановременно вздумал употребить корону. У всех дворян велика была радость о данном дозволении служить или не служить и на тот час совершенно позабыли, что предки их службою приобрели почести и имение, которым пользуются.

Записки Екатерины II[1]. С. 48.

В 10 часов утра, в пасмурную и снежную, столь обычную в январе месяце в Петербурге, погоду, Петр Федорович, окруженный многочисленною свитою, отправился на Васильевский остров, в нынешнее здание Санктпетербургского университета, где вместе с коллегиями и разными канцеляриями помещались, в первом к Неве отделении здания, Сенат, а в последнем Синод. Император вошел в присутствие Сената и здесь, как гласят современные ведомости, «собственною своею рукою подписал многие указы и как российскому дворянству, так и всему народу оказал неизреченные знаки высокомонаршей своей милости».

М. И. Семевский. С. 189.

Первейшею и наиглавнейшею милостию изо всех и было прежде уже упомянутое освобождение всего российского дворянства из прежде бывшей неволи и дарование оному навсегда совершенной вольности, с дозволением ездить всякому, по произволению своему, в чужие земли и куда кому угодно. Великодушное сие деяние только тронуло все дворянство, что все неописанно тому обрадовались, и весь сенат, преисполнясь радостию, приходил именем всего дворянства благодарить за то государя, и удовольствие было всеобщее и самое искреннее.

А. Т. Болотов. С. 93.

Со своей стороны посол Франции господин де Бретейль писал: «Когда он унаследовал престол под именем Петра III, шел тридцать четвертый год его жизни. Долго сдерживаемый строгой опекой, князь вовсю стал пользоваться неограниченной властью. Он начал свое царствование обнародованием знаменитого манифеста о вольности дворянской, который предоставлял и поныне предоставляет дворянам России права свободных народов. Провозглашение его вызвало такой восторг, что представители дворянства предложили соорудить золотую статую императору; насколько я помню, такой статуи в честь какого-либо монарха никогда не существовало. Правда, предложение это не было проведено в жизнь».

А. Дюма. С. 250.

Имел государь любовницу, дурную и глупую графиню Елисавету Романовну Воронцову; но ею, взошед на престол, он доволен не был; а вскоре все хорошие женщины под вожделение его были подвергнуты; уверяют, что Александр Иванович Глебов, тогда бывший генерал-прокурор и им пожалованный купно и в генерал-кригскомиссары, подвел падчерицу свою Чеглокову, бывшую после в супружестве за Александром Ник. Загряским и уже помянутая выше княгиня Елена Степановна Куракина была провожена к нему на ночь Львом Александр. Нарышкиным, и я сам от него слышал, что бесстыдство ее было таково, что когда по ночевании ночи, он ее отвозил домой по утру рано, и хотел для сохранения чести ее, а более, чтобы не учинилось известно сие граф. Елисавете Романовне, закрывши гардины ехать, она напротив того, открывая гардины, хотела всем показать, что она с Государем ночь переспала.

Примечательна для России сия ночь, как рассказывал мне Дмитрий Васильевич Волков, тогда бывший его секретарем. Петр Третий, дабы сокрыть от граф. Елис. Романовны, что он в сию ночь будет веселиться с новопривозною, сказал при ней Волкову, что он имеет с ним сию ночь препроводить в исполнении известного им важного дела в рассуждении благоустройства Государства. Ночь пришла. Государь пошел веселиться с княгинею Куракиною, сказав Волкову, чтобы он к завтрему какое знатное узаконение написал, и был заперт в пустую комнату с датскою собакою. Волков, не зная ни причины, ни намерения Государскаго, не знал, о чем начать писать, а писать надобно. Но как он был человек догадливый, то вспомнил нередкие вытвержения Государю, от графа Романа Ларионовича Воронцова о вольности дворянства; седши, написал манифест о сем. По утру из заключения выпустили, и манифест был Государем апробован и обнародован.

М. М. Щербатов. О повреждении нравов в России. Лондон, 1858. С. 77—78.

Впечатление, произведенное в России манифестом о вольности и свободе российскому дворянству, тем было сильнее, что вслед за этим узаконением последовало обнародование другого, не менее важного манифеста «Об уничтожении Тайной розыскных дел канцелярии». Это позорное учреждение еще ждет своей истории... еще вопли многих тысяч «знатных персон» обоего пола и еще более того лиц низших сословий, сделавшихся жертвами Тайной канцелярии, — не услышаны потомством... Где искать причины издания этого постановления? По нашему мнению, искать ее надо не в одних только идеях сановников, окружавших Петра Федоровича (как делают многие писатели, относящие к лицам, окружавшим этого государя, все, что только сделано доброго в описываемую нами эпоху), а в личном характере самого императора: в его добром, полном великодушия характере и в его необыкновенной впечатлительности...

М. И. Семевский. С. 190.

У государя был любимец негр-шут «Нарцисс». Про этого негра, отличавшегося необыкновенною злостью, существует несколько анекдотов.

М. И. Пыляев. С. 178.

[Однажды] император позволил себе немыслимую выходку перед всем Измайловским полком. Его шеф, граф маршал Разумовский, хотя никогда не был строевиком, получил приказ наравне с другими развернуть свой полк и провести учения в присутствии императора. Петр III остался доволен выправкой войск. Все были в хорошем настроении, и обед обещал пройти очень весело. Вдруг Петр III заметил, что невдалеке его арап с кем-то дерется. Это его позабавило, но, узнав, что арап подрался с профосом, (военный парашник, убирающий в лагере нечистоты. — *Е. Г.*) император пришел в растерянность.

— Нарцисс потерян для нас! — вскричал он.

Из этого восклицания никто ничего не понял. Граф Разумовский попросил объяснений.

— Разве вы не знаете, что ни один порядочный человек не может больше находиться в его обществе: раз его коснулся профос, он запятнан позором!

Сделав вид, что разделяет предрассудки императора, граф Разумовский предложил покрыть арапа знаменем и тем самым спасти от позора. Петр III расцеловал графа и поблагодарил за удачную мысль. Хорошее настроение вернулось к нему, и он приказал позвать арапа.

— Ты был обесчещен прикосновением профоса,— сказал ему Петр III,— и потому потерян для нашего общества.

Нарцисс (кажется, так его звали) не мог понять эту галиматью и, утверждал, что, напротив, храбро защищался и хорошо поколотил негодяя, который его ударил. Он возмутился еще больше, увидев, что его собираются накрывать штандартом. Четверым пришлось держать арапа, когда исполнялся обряд очищения. Однако император этим не ограничился, он пожелал, чтобы «опозоренный» смыл пятно бесчестия своею кровью. Нарцисса укололи навершием знамени, чтобы показалось несколько капель крови. Все офицеры, слыша крики и брань арапа, испытывали настоящие мучения: они не смели смеяться, поскольку император рассматривал всю эту глупость как торжественное действо.

Е. Р. Дашкова. С. 65.

Государь (Петр III) однажды объявил, что будет в нашем доме церемония в сенях. У него был арап Нарцисс; этот арап Нарцисс подрался на улице с палачом, и государь хотел снять с него бесчестие (il voulait le réhabiliter). Привели арапа к нам в сени, принесли знамена и прикрыли его ими. Тем и дело кончилось.

Запись рассказа Н. К. Загряжской // А. С. Пушкин. С. 147.

Кроме этого негра, у императора был любимец камердинер Бастидон, родом португалец, на дочери которого был женат поэт Державин.

М. И. Пыляев. С. 178.

После объездов и занятий в разных учреждениях государь в два или в три часа садился обедать. За царским столом собиралось обыкновенно общество большое и шумное: здесь присутствовало от 10 до 30, а в торжественные, банкетные дни и до 100 человек дам и мужчин. Вино и пунш лились рекой и оживляли компанию. Петр Федорович говорил за обедом обыкновенно весьма много; приближаясь к столовой, за несколько комнат до нее, уже можно было слышать и отличать от других голос государя. Голос его, замечает современник, «был очень громкий, скорый, и было в нем нечто особое и такое, что отличало его так много от всех прочих голосов, что можно было его не только слышать издалека, но и отличать от всех прочих». Имея положительную страсть говорить много, государь зачастую преждевременно высказывался о таких планах и предположениях, о которых, до поры до времени, всего благоразумнее было бы помолчать: излишняя говорливость была недостатком Петра с самого его детства, и его воспитатели тщетно старались отучить его от этого недостатка. Первые месяцы, частью траур по кончине государыни, частью головные боли, которым подвержен был Петр, сдерживали собеседников от излишеств; но впоследствии обыкновенные обеды зачастую обращались в пирушки, сопровождавшиеся некоторыми излишествами и вызвавшие как у иностранных, так и у многих русских современников немало горьких укоризн Петру, а еще более тем из недостойных его любимцев, которые развили и поддерживали в нем страсть к пирушкам.

М. И. Семевский. С. 188.

Петр был большой охотник до курения и желал, чтоб и другие курили. Он всюду, куда ни ездил в гости, всегда приказывал за собою возить целую корзину голландских глиняных трубок и множество картузов с кнастером и другими сортами табаку; куда бы государь ни приезжал, в миг комнаты наполнялись густейшим табачным дымом, и только после того Петр начинал шутить и веселиться.

М. И. Пыляев. С. 178.

Вступив на престол, Петр редко доживал до вечера трезвым и садился за стол обыкновенно навеселе.

В. О. Ключевский. С. 242.

Редко стали уже мы заставать государя трезвым и в полном уме и разуме и всего чаще уже до обеда несколько бутылок аглийского пива, до которого он был страстный охотник, уже опорожнившим, то сие и бывало причиною, что он говаривал такой вздор и такие нескладицы, что, при слушании оных, обливалось даже сердце кровью от стыда перед иностранными министрами, видящими и слышащими то и бессомненно смеющимися внутренне. Истинно, бывало, вся душа так поражается всем тем, что бежал бы неоглядкою от зрелища такового: так больно было все это видеть и слышать...

А. Т. Болотов. С. 125.

Взошедши сей Государь на всероссийский престол, без основательного разума и без знания во всяких делах восхотел поднять вольным обхождением воинский чин. Все офицеры его галстинские, которых он малый корпус имел, и офицеры гвардии часто имели честь быть при его столе, куда всегда и дамы приглашались. Какие сии были столы? Тут вздорные разговоры с неумеренным питьем были смешаны; тут после стола поставленный пунш и положенные трубки, продолжения пьянства и дым от курения табаку представляли более какой-то трактир, нежели дом государской; коротко одетый и громко кричащий офицер выигрывал над прямо знающим свою должность. Похвала прусскому Королю, тогда токмо преставшему быть нашим неприятелем, и унижение храбрости российских войск, составляли достоинство приобрести любление государево; и граф Захар Григорьевич Чернышев, при бывшей пробе российской и прусской, взятой в плен артиллерии, за то что старался доказать и доказал, что российская артиллерия лучше услужена, не получил за сие Андреевской ленты, которые тогда щедро были раздаваемы.

М. М. Щербатов. С. 76—77.

Государыня обыкновенно весьма редко присутствовала при этих обедах; из дамского же общества почти ежедневно бывала за дамским столом племянница Великого канцлера, камер-фрейлина, сделанная скоро «статс-дамой», Елизавета Романовна Воронцова; затем обыкновенный, самый интимный кружок государя составляли следующие лица: принц Георгий-Людвиг, обер-гофмаршал Александр Александрович Нарышкин, обер-шталмейстер Лев Александрович Нарышкин, генерал-адъютанты государя: Алексей Петрович Мельгунов, Андрей Васильевич Гудович, барон фон-Унгерн-Штернберг, Ив. Ив. Шувалов и другие... Беседа была обыкновенно весьма оживленная; трубки и пунш являлись необходимым продолжением стола, и клубы дыма, наполняя комнаты, переносили стариков как бы в аустерию времен Петра Великого. Время от времени за царским столом являлись сановники, возвращенные мягкосердием государя из продолжительного изгнания; там можно было встретить Лестока, сохранившего еще свою неистощимую веселость и любившего по-прежнему побалагурить; знаменитого Миниха, герцога Бирона и других. Обед кончался часу в 4-м, то есть тогда, когда в домах тогдашних петербургских жителей подавали уже чай. Государь несколько отдыхал; затем либо отправлялся кататься, либо всего чаще играть в бильярд, изредка в карты, в шахматы, либо в игру, особенно ему любезную, — «в камни»...

М. И. Семевский. С. 188—189.

Сей Государь имел при себе главного своего любимца — Льва Александ. Нарышкина, человека довольно умного, но такова ума, который ни к какому делу стремления не имеет, труслив, жаден к честям и корысти, удобен ко всякому роскошу, шутлив, и словом по обращениям своим и по охоте шутить более удобен быть придворным шутом, нежели вельможею. Сей был помощник всех его страстей.

М. М. Щербатов. С. 76.

Петр III не лишен был и суеверных предрассудков: так он очень любил гадать в карты. Кто-то сказал императору, что есть офицер Веревкин, большой мастер гадать на них; послали за ним. Веревкин взял колоду в руки, ловко выбросил на пол четыре короля. — Что это значит? — спросил государь. — Так фальшивые короли падают перед истинным царем,— отвечал он. Фокус оказался удачным, и гаданье имело большой успех. Император рассказал про мастерство Веревкина на картах Екатерине; императрица пожелала его видеть, Веревкин явился с колодою карт.

— Я слышала, что вы человек умный, — сказала государыня: — неужели вы веруете в подобные нелепости?
— Нимало, — отвечал Веревкин.
— Я очень рада, — прибавила Екатерина: — и скажу, что вы в карты наговорили мне чудеса.

М. И. Пыляев. С. 179.

Но и пирушка, и веселая беседа, и военные экзерциции обыкновенно были немедленно оставляемы, как скоро государю доносили, что в городе пожар. Петр Федорович немедленно спешил туда и деятельно распоряжался тушением пожара...

М. И. Семевский. С. 189.

Император имел сердечное желание возвратить от Дании герцогство Шлезвиг-Голштинское, и вероятно, что в этих именно видах он спешил заключить мир с королем прусским для того, чтобы иметь возможность употребить войска против датского короля.

Б. К. Миних. С. 315.

Между тем в городе думали только о праздниках. Торжество мира происходило при военных приготовлениях. Неистовая радость наполняла царские чертоги, и так как близок был день отъезда в армию, то двор при прощании своем не пропустил ни одного дня без удовольствий. Праздник, веселость и развлечение составляют свойство русского народа, и хотя кротость последнего царствования сообщила некоторую образованность умам и благопристойность нравам, но двор еще помнил грубое удовольствие, когда праздновалась свадьба Шута и Козы. Итак, вид и обращение народное представляли шумные пиршества и полугодичное царствование сие было беспрерывным празднеством. Прелестные женщины разоряли себя английским пивом и, сидя в табачном чаду, не имели позволения отлучаться к себе ни на одну минуту в сутки. Истощив свои силы от движения и бодрствования, они кидались на софы и засыпали среди сих шумных радостей. Комедиантки и танцовщицы, совершенно посторонние, нередко допускались на публичные праздники, и когда придворные дамы посредством любимицы жаловались на сие императору, он отвечал, «что между женщинами нет чинов». Часто, выскочив из-за стола с стаканом в руке, он бросался на колени пред престолом короля прусского и кричал: «Любезный брат, мы покорим с тобою все вселенную». Посланника его он принял к себе в особенную милость и хотел, чтобы он до отъезда в поход пользовался при дворе благосклонностию всех молодых женщин.

К.-К. Рюльер. С. 438.

Он запирал с самыми красивыми дамами прусского посла, который не разделял его ненависти к женщинам, и, чтобы никто не нарушил удовольствий дипломата, сам стоял на страже у дверей его спальни с обнаженной шпагой в руке и отвечал великому канцлеру, который являлся с докладом:

— Вы же видите, сейчас невозможно, я на страже!

А. Дюма. С. 255.

Принц Георг голштинского дома был ему дядя, служивший генерал-лейтенантом у короля прусского; ему-то он иногда говорил публично: «Дядюшка, ты плохой генерал, король выключил тебя из службы». Как ни презрительно было таковое к нему чувство, он поверял однако все сему принцу по родственной любви к своей фамилии.

К.-К. Рюльер. С. 438.

Отвращение, которое вызывал Петр III, усиливалось тем более, что он возбуждал всеобщее презрение и как нарушитель законов.

При Елизавете те из сербов, кто нашел убежище во владениях Австрийского дома, а также венгры и другие народы, исповедующие православную веру, направили к русской императрице депутатов с просьбой пожаловать им земли в России, где бы они могли поселиться, ибо дольше не в силах были сносить притеснения католического духовенства, чрезвычайно могущественного при Марии-Терезии. Хотя Елизавета была другом германской императрицы, она, вдохновясь сочувствием к преследуемым единоверцам, взяла их под свое покровительство. Депутатов хорошо приняли, переселенцам отвели земли на юге России, ссудили деньгами на покрытие расходов, связанных с переездом, и разрешили сформировать несколько гусарских полков.

Один из депутатов, некто Хорват, тонкий интриган, раболепствуя, втерся в доверие к властям. Ему доверили деньги. Несколько тысяч сербов прибыли на предназначенные им места, получившие название «Новая Сербия». Хорват удержал у себя деньги, назначенные переселенцам, и стал обходиться со своими земляками, как с крепостными. Эти несчастные со своими сетованиями дошли до императрицы; расследовать их жалобы на месте был послан генерал князь Мещерский. Однако болезнь Елизаветы, другие неотложные дела и, наконец, смерть государыни были причиной того, что по этому делу Сенат так и не вынес окончательного решения.

После смерти Елизаветы Хорват приехал в Петербург и подарил по две тысячи червонцев каждому из трех наиболее влиятельных, по его мнению, вельмож, а именно: Льву Нарышкину, чей случай основывался на шутовстве, генералу Мельгунову и генерал-прокурору Глебову. Последние двое доложили об этом императору.

— Вы — честные люди,— сказал им Петр III.

Он похвалил их за то, что они не скрыли от него полученную взятку, и, забрав себе половину, пообещал пойти в Сенат и потребовать решение в пользу Хорвата. На другой же день он так и сделал. Россия, таким образом, потеряла много подданных из тех, кто готов был переселиться, уверься они, что их соотечественники довольны жизнью на новом месте.

Узнав, что Лев Нарышкин тоже получил деньги от Хорвата, Петр III отобрал у него всю сумму, не оставив даже половины, как двум другим, да еще несколько дней издевался над ним, спрашивая, куда тот потратил деньги, полученные в подарок.

Подобные своекорыстные действия унижают даже частное лицо. Насколько же этот поступок, ставший известным всему Петербургу, увеличил всеобщее презрение к монарху! Все смеялись над Петром III и его глупым шутом Львом Нарышкиным.

Е. Р. Дашкова. С. 64—65.

Но самое плохое было то, что Петр III ежеминутно выказывал свое презрение к русским. Оловянные солдатики, деревянные пушки, которыми ему разрешали забавляться, когда он был великим князем, более не удовлетворяли его.

А. Дюма. С. 256.

Его проекты, более или менее обдуманные, состояли в том, чтобы начать войну с Данией за Шлезвиг, переменить веру, разойтись с женой, жениться на любовнице, вступить в союз с прусским королем, которого он называл своим господином и которому собирался принести присягу, он хотел дать ему часть своих войск; и он не скрывал почти ни одного из своих проектов.

Из записок Екатерины II [3]. *С. 336.*

Итак, сии намерения занимали его и всего более занят был он затеваемою войною против датчан. На сих сердит он был издавна и ненавидел их даже с младенчества своего, за овладение ими каким-то неправедным образом большею частью его Голштинии. Сию-то старинную обиду хотелось ему в сие время отомстить и возвратить из Голштинии все отнятое ими прежде, и по самому тому и деланы были уже с самого вступления его на престол к войне сей всякого рода приуготовления.

А. Т. Болотов. С. 152.

Было нечто восторженное и в той поспешности, с какой он хотел выступить во главе русской армии в поход, чтоб возвратить герцогство Шлезвигское и начать войну против датского короля, которого, по его словам, следовало низложить и отправить в Малабар.

Б. К. Миних. С. 316.

...Датчане, предусматривая восходящую на них страшную бурю, также не спали, а равномерно не только делали сильные к войне приготовления, но поспешили захватить войсками своими некоторые нужные и крайне ему надобные места; то сие так его разгорячило, что он, приказав иттить армии своей из Пруссии прямо туда, решился отправиться сам для предводительствования оною и назначил уже и самый день к своему отъезду, долженствующему воспоследовать вскоре после отпразднования его имени, или Петрова дня. Принца же Жоржа отправить в Голштинию наперед, который для собрания себя в сей путь и приехал уже из Ораниенбаума в Петербург и по самому тому и случилось ему быть в сем городе, когда произошла известная революция.

А. Т. Болотов. С. 152.

Ему напрасно представляли все опасности и трудности этого похода и доказывали, что придется действовать с многочисленной армией в такой стране, где нет ни жизненных припасов, ни фуража, ни магазинов; что датский король опустошит герцогство Мекленбургское, по которому нужно будет проходить русским войскам, и займет такую позицию, атака которой непременно поведет к поражению; что датская армия, обеспеченная с тыла, не будет иметь нужды ни в чем, тогда как русская армия будет нуждаться во всем, и что, наконец, император рискует не только не иметь успеха в этом походе, но и потерять в нем армию в самом начале своего царствования.

Он через Волкова приказал сказать совету, что не хочет слушать никаких возражений по этому поводу. Принц Георг уже готовился выехать, чтобы принять начальство над армией, авангард которой выступил в поход к герцогству Мекленбургскому, а император хотел вскоре следовать за ним, чтобы, предварительно повидавшись и переговорив с королем прусским, стать затем во главе армии.

Б. К. Миних. С. 316.

Таковые его замыслы и предприятия были всем россиянам столь неприятны, что некоторые из бывших у него в доверенности и прямо ему усердствующих вельмож, отговаривали ему, сколько могли, все сие оставить, а советовали лучше ехать в Москву и поспешить возложением на себя императорской короны, дабы чрез то удостоверить себя поболее в верности и преданности к себе своих подданных; также, чтоб он лучше первое время правления своего употребил на узнание своего государства, нежели на путешествие в чужие земли и на занятие себя такими делами, в которых он еще не имел опытности. Но все таковые представления и предлагаемые ему примеры деда его, Петра Великого, были тщетны. Он не внимал никак сим искренним советам, отвергал все оные, а последовал только внушениям своих льстецов и друзей ложных, старающихся слабостями его всячески воспользоваться и толикой верх над ним уже восприявших, что он повиновался почти во всем хотениям оных.

А. Т. Болотов. С. 152.

Камергер Пассек часто говорил о Петре III, что у этого государя нет более жестокого врага, чем он сам, потому что он не пренебрегает ничем из всего, что могло ему повредить.

Шталмейстер Нарышкин, фаворит этого государя, говорил при его жизни: «Это — царство безумия, все наше время уходит на еду, питье и на то, чтобы творить сумасбродства».

Часто случалось, что этот государь, во время своего царствования, ходил смотреть на караул и там бил солдат или зрителей или же творил сумасбродства со своим негром или со своими любимцами, и это — зачастую в присутствии бесчисленной толпы народа.

Записки Екатерины II[2]. С. 347.

Легко представить, какое складывалось мнение о государе после подобных выходок.

Е. Р. Дашкова. С. 65.

Действительно, у него голова пошла кругом, и, конечно, во всей империи у него не было более лютого врага, чем он сам.

Записки Екатерины II[3]. С. 337.

Из-за всего этого и многого подобного императора ненавидели люди всех сословий — и вот в июне месяце против него составился заговор, в котором приняли участие от 30 до 40 человек всех званий, но преимущественно все же низкого положения в обществе. Как бы то ни было, эта небольшая и маловлиятельная партия привлекла на свою сторону главным образом благодаря усилиям братьев Орловых три роты Измайловского полка, которые высказались в пользу императрицы Екатерины.

А. Шумахер. С. 276—277.

Мы были уверены в поддержке многих офицеров гвардии; все тайные нити были в руках братьев Орловых — Остен вспоминает, как старший повсюду следовал за мной, свершая тысячи безумств. Его страсть ко мне была общеизвестна — он сам афишировал ее где угодно. Орловы — люди исключительно решительные и были любимы солдатами, когда служили в гвардии. Я в большом долгу перед ними — весь Петербург тому свидетель.

Екатерина II — С.-А. Понятовскому. 2 августа 1762 г.
(Здесь и далее цит. по: Мемуары // Путь к трону. С. 306—315).

Центром, около которого соединялись эти офицеры, служило целое гнездо братьев Орловых, из которых особенно выдавались двое, Григорий и Алексей: силачи, рослые и красивые, ветреные и отчаянно-смелые, мастера устраивать по петербургским окраинам попойки и кулачные бои насмерть, они были известны во всех полках как идолы тогдашней гвардейской молодежи.

В. О. Ключевский. С. 246.

Император Петр III представляет из себя единственного человека из русских императоров (за исключением еще малолетнего Иоанна Антоновича), который не был коронован.

В. И. Жмакин. Коронации русских императоров и императриц (1724—1856) // РС. 1883. Т. 37. С. 527.

...Признаюсь вам, я сильно желал бы, чтобы ваше императорское величество короновали бы уже себя. Эта церемония заставляет народ благоговеть, а он привык уже видеть своих государей коронованными. Всякая другая нация благословляла бы небо, даровавшее ей государя с такими превосходными и удивительными достоинствами, какими одарены ваше императорское величество. Но эти русские чувствуют ли они свое счастие? А проклятая кровожадность кого-нибудь не даст ли ему случай найти свои выгоды в образовании заговора или возмущения в стране в пользу принцев Брауншвейгских? Припомните, ваше императорское величество, что случилось в первое отсутствие Петра I, как его родная сестра, составила против него заговор! Предположите, что какой-нибудь негодяй с беспокойною головою начнет в ваше отсутствие (в походе) интриговать для возведения на престол этого Ивана, составит заговор с помощью иностранных денег, чтобы вывести Ивана из темницы, подговорит войско и других негодяев, которые и присоединятся к нему: не должны ли вы будете тогда покинуть войну с датчанами и поспешно возвратиться, чтобы тушить пожар собственного дома...

Фридрих II — Петру III. Апрель 1762 г.
Цит. по: РС. 1883. Т. 37. С. 528.

Ваше величество пишете то, что, по вашему мнению, я должен короноваться прежде выступления в поход, именно по отношению к народу. Но я должен вам сказать, что так как война почти начата, то я не вижу возможности прежде короноваться точно также по отношению к народу; коронация должна быть великолепна по обычаю, и я не могу сделать великолепной коронации, не имея возможности ничего в скорости здесь найти. Что касается Ивана, то я держу его под крепкою стражею, и если бы русские хотели мне сделать зло, то могли бы уже давно его сделать, видя, что я не принимаю никаких предосторожностей ходя пешком по улицам. Могу вас уверить, что когда умеешь обходиться с ними, то можно быть покойным на их счет.

Петр III — Фридриху II. Апрель 1762 г.
Цит. по: РС. 1883. Т. 37. С. 528—529.

Последующие события показали, что Петр заблуждался. Почести коронованного лица Петр III получил уже после своей смерти.

В. И. Жмакин // РС. 1883. Т. 37. С. 529.

Со всем тем и каково сие всенародное неудовольствие было ни велико, однако казалось, что государю всего того вовсе было неизвестно. Он, окружен будучи льстецами и негодными людьми и не зная ничего, и не хотя-таки и знать, что в народе происходило и в каком расположении были сердца оного, продолжал беззаботно по-прежнему упражняться всякий день в пированьях, забавах и всякого рода увеселениях и обыкновенном своем прилежном опоражнивании рюмок и стаканов. И дабы свободнее можно было ему во всем том, в сообществе с любимцами и любовницею своею, Воронцовою, упражняться, переехал со всем своим придворным штатом в любимый свой Ораниенбаум, где и происходили у него ежедневно по дням муштрования своего голштинского маленького и только в 600 человек состоящего корпуса, но на который он всех больше надеялся, а по вечерам пирушки и всех родов забавы. А как приближался день его именин и ему хотелось препроводить его как можно веселее, то и приглашены были туда из Петербурга многие знатные обоего пола особы, и по сему случаю было там великое собрание оных.

А. Т. Болотов. С. 151.

...Число заговорщиков увеличилось, однако здравый, окончательный план еще не вызрел. При встрече с дядей моего мужа, князем Волконским, только что вернувшимся с войны, я с удовлетворением услыхала, что войска недовольны: для армии, которая в течение нескольких лет сражалась против прусского короля в пользу Марии-Терезии [королевы австрийской], было противоестественно повернуть оружие против нее. Ропот был всеобщим, и я видела, что князь готов склониться на нашу сторону. Я переговорила с графом Паниным, и нам было нетрудно убедить Волконского принять участие в заговоре или, по крайней мере, появиться при развязке.

Е. Р. Дашкова. С. 63.

Великая княгиня
Екатерина Алексеевна
в 1748 году

Великая княгиня
Екатерина Алексеевна

Вид Штеттинского замка, в котором родилась Екатерина II (ныне г. Щецин — Польша)

Принцесса Иоганна-Елизавета Ангальт-Цербстская, мать Екатерины II

Принц Христиан-Август Ангальт-Цербстский, отец Екатерины II

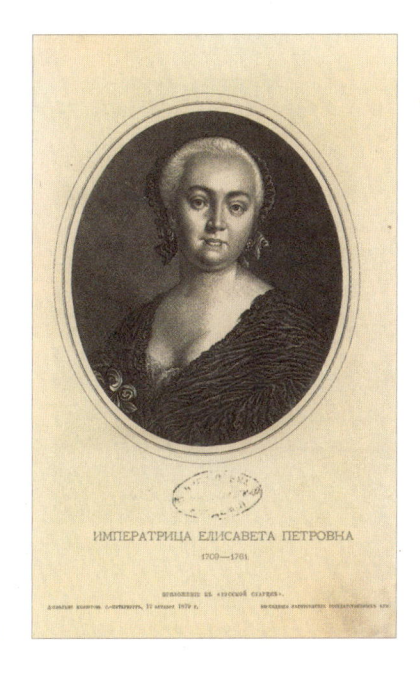

Императрица Елизавета Петровна

Императрица Елизавета Петровна

Императрица Елизавета Петровна
в Царском Селе

Фаворит будущей императрицы
С. В. Салтыков

Граф
Алексей Петрович
Бестужев-Рюмин

Великий князь
Петр Федорович (Петр III)

Великий князь
Петр Федорович

Зимний дворец во второй половине XVIII века

Дворец в Ораниенбауме

Спальня Екатерины II в Ораниенбаумском дворце

Любимое место отдыха Екатерины II в саду Ораниенбаума

Форма голштинских войск при Петре III

Граф Кирилл Григорьевич Разумовский

Княгиня
Екатерина Романовна
Дашкова

Великая княгиня
Екатерина Алексеевна в 1761 году

Император Петр III

Император
Петр III

Тайный секретарь
Петра III Д. В. Волков

Елизавета Романовна Воронцова, любовница Петра III

Екатерина II в траурном одеянии после смерти императрицы Елизаветы

Отъезд Екатерины II из Петергофа 28 июня 1762 года

Граф Григорий Григорьевич Орлов

Граф
Григорий Григорьевич
Орлов

Вид набережной Невы и дома графа Г. Г. Орлова
(мраморный дворец) в XVIII веке

Братья Орловы принимали в этом живейшее и существенное участие; Орлова квартира стала теперь местом заговора. Братья Орловы приняли на себя труд переманить гвардию на сторону императрицы, между тем как сама государыня предоставила своей подруге, княгине Дашковой, привлечь некоторых придворных вельмож к интересам Екатерины. Для этого требовалась только ловкость, для привлечения же гвардии нужны были также и деньги. Чтоб иметь в своем распоряжении большие суммы, пришли к мысли добыть поручику Григорию Орлову вакантное тогда место казначея при артиллерийском ведомстве.

Г. фон Гельбиг // РС. 1886. Т. 51. С. 8.

С другой стороны императрица поддерживала свою связь с княгиней Дашковой беспрестанными записками, которые сначала были не что иное, как игра юных умов, а потом сделались опасною перепискою. Сия женщина, дав своему мужу поручение, чтобы избавиться от труда объяснять ему свои поступки, а может быть для того, чтоб удалить его от опасностей, которым сама подвергалась, притворилась нездоровою, и как бы для употребления вод выехала жить в ближайший к городу сад, принимая многочисленные посещения, избавилась всякого подозрения.

К.-К. Рюльер. С. 444.

Замысел, который намеревались привести в действие заговорщики, по-видимому, принадлежал ныне уже покойному русскому комедианту Федору Волкову. К нему присоединились и другие — секретарь императрицы Екатерины коллежский советник Одар, пьемонтец, который, впрочем, вскоре после революции покинул Россию и самым решительным образом протестовал против того, чтобы его причислили официально к числу спасителей отечества.

А. Шумахер. С. 276—277.

Рассказывают, что Екатерина, за несколько недель до государственного переворота, обратилась к французскому посланнику Бретёлю с просьбою ссудить ей некоторую сумму денег, но что Бретёль отказал ей в этом и таким образом не воспользовался весьма благоприятным случаем для устройства выгодных сношений Франции с Россиею. Прибавляют к этому рассказу, что Екатерина, оскорбленная отказом Бретёля, обратилась чрез одного агента, Одара, к какому-то английскому купцу, который тотчас же достал денег 100 000 рублей и этим содействовал устройству благоприятных отношений Англии и России в последующее за государственным переворотом время.

А. Брикнер[1]. С. 117.

Осуществил эту развязку, не очень нравственную, но имевшую большие политические последствия, один пьемонтец [Одар], великий философ.

Ему предлагали должности и почести, но он, трезвый материалист, ответил:

— Я хочу денег.

Обычно он говорил: «Я родился бедняком и видел, что на свете уважают только деньги, и я хочу их иметь; чтобы получить их, я поджег бы город с четырех концов и даже поджег бы дворец; когда у меня будут деньги, я вернусь на родину и заживу там, как другие честные люди».

И великий философ, после того как событие совершилось, уехал со своими деньгами на родину и в самом деле зажил там как честный человек.

А. Дюма. С. 264.

Петр III утомлял и раздражал войска прусскими военными упражнениями; Орловы разжигали это недовольство войск и раздавали солдатам, от имени императрицы, небольшие суммы. Одною рукою они сеяли во всех гвардейских полках семя недовольства императором, а другою раздавали благодеяния императрицы. Таким образом, они приобрели в свою пользу, прежде всего, два батальона Измайловского полка, бывшего под командою Кирилла Разумовского, который под рукою объявил уже себя за императрицу.

Г. фон Гельбиг // РС. 1886. Т. 51. С. 8—9.

Но всего больше помогал делу втихомолку малороссийский гетман и президент Академии наук граф Кирилл Разумовский, богач, за щедрость чрезвычайно любимый в своем гвардейском Измайловском полку.

В. О. Ключевский. С. 246.

Орлов для лучшего успеха продолжал тот же образ жизни. Его первыми соучастниками были братья и искренний его друг Бибиков. Сии пять человек, в чаянии нового счастия или смерти, продали все свое наследство и рассыпались по всем питейным домам. Искусство, с которым императрица умела поставить Орлова хранителем артиллерийской казны, доставила им знатные суммы, которыми они могли удовлетворять все прихоти солдат. Во всеобщем волнении умов нетрудно было дать им одинакое направление; во всех полках рассеивали они негодование и мятеж, внушали сострадание к императрице и желание жить под ее законами. Чтобы уверить ее в первом опыте, они склонили целые две роты гвардейского Измайловского полка и крестным целованием приняли от них присягу. На всякий случай хотели удостовериться даже и в их полковнике, зная, что по характеру своему он не способен ни изменить заговору, ни сделаться его начинщиком.

Это был граф Кирилла Григорьевич Разумовский, простой казак, который, живучи в самом низком промысле по брачному состоянию своего брата с покойною императрицею, достиг до такой милости, что для него восстановили ужасное звание гетмана или верховного Малороссийского казачьего предводителя. Сей человек колоссальной красоты, непричастный ни к каким хитростям и изворотам, был любим при дворе за свою сановитость, пользовался милостию императора и народною любовию за то, что в почестях и величии сохранял ту простоту нрава, которая ясно показывала, что он не забывал незнатного своего происхождения, неспособный быть начинщиком, от его присутствия в решительную минуту мог зависеть перевес большинства. Орлов, которого он никогда не видал, осмелился потребовать от него секретного приема, представил глазами его все беспорядки правления и без труда получил обещание, что при первой надобности он представится к услугам императрицы. Разумовский не принял, да от него и не требовалось никакого обязательства. Орлов, уведомив о сем государыню в тайных своих свиданиях, которыми избегали они как злословия казарм, так и самого двора, и поелику она была тогда в припадках беременности, о которой она никому не сказывала, то одна завеса скрывала и любовь ее и единомыслие с ним.

К.-К. Рюльер. С. 441—444.

Они устраивали совещания в доме у юной, еще не достигшей двадцатилетнего возраста, княгини Екатерины Романовны Дашковой, дочери сенатора Романа Ларионовича Воронцова и к тому же сестры любовницы императора Елизаветы. Впрочем, по сравнению с этой, последней, она была полной противоположностью — в том, что касается и образованности, и душевных свойств. Ее муж — князь Дашков, лейтенант конной гвардии, получил приказ от Петра III отправиться в Константинополь и торжественно объявить Порте о своем восшествии на русский престол. Но он знал о заговоре и поэтому в собственных интересах тянул с отъездом до самого свержения императора, когда необходимость в этой поездке окончательно отпала.

А. Шумахер. С. 276—277.

Княгиня Дашкова была странная женщина, при дворе ее считали оригиналкой. В такой стране и в такое время, когда румяна были первой необходимостью в туалете элегантной женщины и где они были настолько распространены, что даже нищенка, просившая милостыню, прислонившись к тумбе, не обходилась без румян, в такой стране, где в число подарков, которые крестьяне по обычаю дарили своей госпоже, обязательно входила банка румян или по крайней мере банка белил, она в пятнадцать лет объявила, что никогда не будет ни белиться, ни румяниться.

Любопытно то, что она сдержала слово.

Как-то один из самых красивых и молодых господ двора осмелился обратиться к ней с несколькими любезными словами.

Девушка тотчас же позвала своего дядю, Великого канцлера.

— Дядюшка, — сказала она ему, — князь Дашков делает мне честь просить моей руки.

Князь не осмелился опровергнуть ее слова, и они поженились.

А. Дюма. С. 262.

Когда она разошлась с Екатериной и удалилась в частную жизнь, то стала нелюдимой и, поселившись в Москве, редко с кем виделась, еще реже с кем разговаривала и ничем не интересовалась. Чтобы наполнить свой досуг, она, президент Академии наук, приручила к себе несколько домашних крыс, которые составляли все ее общество. Смерть детей ее трогала мало, но судьба ее крыс делала тревожной на целые дни. Только высокообразованные люди екатерининского времени могли начать Вольтером и кончить ручными крысами.

В. О. Ключевский. Цит. по: Блуд на Руси. Свидетельские показания и литературные версии. М.: Колокол-Пресс, С. 210.

Орлов, наученный Императрицей, обратил на себя внимание княгини [Дашковой], которая, думая, что чувства, ее одушевлявшие, были необходимы в сердце каждого, видела во главе мятежников ревностного патриота. Она никак не подозревала, чтобы он имел свободный доступ к Императрице, и с сей минуты Орлов, сделавшись в самом деле единым и настоящим исполнителем предприятия, имел особенную ловкость казаться только сподвижником княгини Дашковой.

К.-К. Рюльер. С. 446.

Вот каковы были два доверенных лица императрицы, два рычага, с помощью которых она готовилась сдвинуть с места окружавший ее неустойчивый мир.

А. Дюма. С. 262.

Узнав о существовании заговора против него из письма прусского короля Фридриха II, который советовал ему взять с собой за границу в предположенный поход наиболее опасных из подозреваемых в заговоре лиц, он [Петр III] сообщает об этом письме и содержащемся в нем совете одному из тех, кого он более всего должен был опасаться.

В. В. Каллаш. С. 457.

При таком расположении его духа и произведенной ненависти к его супруге, не трудно было им наговорить ему, что сплетается против его от нее, с некоторыми приверженными к ней людьми, умысл и заговор, и что у ней на уме есть тотчас, по отбытии его из государства, уехать в Москву и там, при помощи их, велеть себя короновать и что она посягает даже и на самую жизнь его. И как государь всему тому поверил, то и стал думать только о том, чтобы супругу свою схватить и заключить на весь ее век в монастырь. Сие может быть он и произвел бы действительно, если б обыкновенная его неосторожность, все его намерения разрушив, не уничтожила. Так случилось, что накануне самого того дня, в который положено было им сие исполнить и в действо произвесть, ужинал он в доме у одного из своих первейших министров, где по несчастию его находились и некоторые из преданных императрице, и такие люди, которым препоручено было от нее наблюдать все его движения и замечать каждое его слово и деяние. Итак, при присутствии их надобно было ему проговориться и неосторожно выговорить некоторые слова до помянутого намерения относящиеся. Не успел один из сих преданных императрице оных услышать и из них усмотреть намерение государя, как в тот же момент ускользает он из того дома и скачет в ту же ночь в Петергоф, где находилась тогда императрица, и ничего о том не зная, спала спокойно, с одною только наперсницею своею. Всего удивительнее то, что наперсницею сею и вернейшею приятельницею ее была родная сестра любовницы государевой, Катерина Романовна Воронцова, бывшая в замужестве за князем Дашковым, и женщина отличных свойств и совсем не такого характера, какого была сестра ее. Обеих их разбуждают, и прискакавший уведомляет их, в какой опасности они находятся. Императрице сделался тогда каждый час и каждая минута дорога. По случаю заарестования одного из числа приверженных к ней, подозревала уже она, что государь узнал как-нибудь о их заговоре; к тому ж и сам он дал ей знать, что желает он в следующий день вместе с нею обедать в Петергофе, а в самый сей день и намерен он был ею овладеть.

А. Т. Болотов. С. 153—154.

ПЕРЕВОРОТ 28 ИЮНЯ 1762 ГОДА ДЕСЯТЬ ДНЕЙ, КОТОРЫЕ ПОТРЯСЛИ...

Приближался день святых Петра и Павла. Это были именины Петра III, св. Петр был небесным покровителем императора и он готовился дать по этому поводу большой праздник. Праздник должен был состоятся в Ораниенбауме, который Петр III считал летней своей резиденцией. Торжества предположено было продолжить в Петергофе, где по каким-то особым причинам уже находилась императрица с сыном.

К.-К. Рюльер. С. 449.

Он [Петр III] уехал в Орани[енбаум].

Екатерина II — С.-А. Понятовскому. 2 августа 1762 г.

Он собирался там повеселиться, а императрице приказал поселиться в Петергофе. При ней было всего шесть камер-фрейлин, да два камер-юнкера; с ней поехал и маленький великий князь. Император же взял с собою всех своих фаворитов и самых красивых придворных дам, цвет аристократии, хотя все сильно роптали на то, что не дозволялось им оставаться с императрицей, которую все очень любили; да и ей не легко было отправиться одной чуть не в ссылку.

И. Позье. Из записок // Со шпагой и факелом. С. 321.

Императрица была за 8 миль в Петергофе и под предлогом, что оставляет императору в полное распоряжение весь дом из опасения помешать ему с его двором, жила в особом павильоне, который, находясь на канале, соединенном с рекою, доставлял при первой тревоге более удобности к побегу в нарочно привязанной под самыми окнами лодке.

К.-К. Рюльер. С. 449.

В это время император устраивал в Петербурге и в Ораниенбауме разные увеселения, которые были мне как-то не по душе, и мне что-то печальное чувствовалось постоянно.

Д. Р. Сиверс. Из записок // Со шпагой и факелом. С. 323.

Из других источников о событиях в последние дни до перемены (переворота) мы узнаем следующее: 26 июня (7 июля 1762 г. по новому стилю. — *Е. Г.*), Екатерина посетила Петра в Ораниенбауме: в японской зале был большой обед, а вечером маскарад в театре. 27 июня, Петр и Екатерина отправились в Гостилицы (имение А. Г. Разумовского. — *Е. Г.*), где граф Алексей Григорьевич давал в их честь великолепный праздник. В Гостилицах Петр III и Екатерина увиделись в последний раз. Из Гостилиц Петр отправился опять в Ораниенбаум, Екатерина же поехала в Петергоф.

А. Г. Брикнер[1]. С. 110.

Заговор должны были осуществить, как только Петр III вернется в свой дворец в Санкт-Петербурге...

А. Дюма. С. 266.

[Изначально] замысел состоял в том, чтобы 2 июля старого стиля, когда император должен был прибыть в Петербург, поджечь крыло нового дворца. В подобных случаях император развивал чрезвычайную деятельность, и пожар должен был заманить его туда. В поднявшейся суматохе главные заговорщики под предлогом спасения императора поспешили бы на место пожара, окружили [Петра III], пронзили его ударом в спину и бросили тело в одну из объятых пламенем комнат. После этого следовало объявить тотчас о гибели императора при несчастном случае и провозгласить открыто императрицу правительницей.

А. Шумахер. С. 277.

Замысел состоял в том, чтобы арестовать его в его комнате и заточить, как принцессу Анну и ее детей.

Екатерина II — С.-А. Понятовскому. 2 августа 1762 г.

Момент был удобный: император готовился в путь, он шел воевать с датчанами. Видели, как он стал на колени перед портретом великого Фридриха, словно перед иконой, и, простирая руки к портрету, воскликнул:

— Вместе с тобой, мой господин, мы завоюем мир!

А. Дюма. С. 264.

Однако выполнить разработанный и уже начавший осуществляться план заговорщикам помешало происшествие, случившееся 27 июня.

А. Шумахер. С. 277.

Известно, что революция должна была произойти лишь тогда, когда император отправился бы в поход против Дании, но что ее произвели ранее, потому что Пассек, один из заговорщиков, проболтался в пьяном виде и был уже арестован.

Г. фон Гельбиг // РС. 1886. Т. 51. С. 9.

За три дня до намеченного времени нескромные речи одного солдата вызвали арест капитана Пассека, одного из главных участников тайны.

Записки Екатерины II[3]. С. 337.

...Пассек, всегда возбужденный, суетливый, нетерпеливый, имел неосторожность упомянуть о тайных замыслах в присутствии солдата; солдат донес на своего командира, и Пассек был арестован.

А. Дюма. С. 266.

Один из солдат Преображенского полка, которого наряду с прочими привлек на сторону императрицы лейтенант Петр Пассек — один из заговорщиков, — что-то неосторожно сказал майору Воейкову, из чего тот ясно понял, что готовится опасное покушение на императора. Поскольку солдат упомянул лейтенанта Пассека, тот приказал его тотчас взять под стражу. После этого Воейков отправился к подполковнику своего полка, нынешнему генерал-аншефу, сенатору и кавалеру Федору Ивановичу Ушакову, чтобы все ему рассказать и посоветоваться, не стоит ли немедленно доложить императору. Ушаков, однако, не был столь расторопен, как майор, решивший, что дело это весьма опасного свойства. Тогда майор отправил спешное донесение в Ораниенбаум к императору. Оно, однако, показалось государю не заслуживающим доверия, поскольку он был уверен, что Пассек всецело предан ему и на него можно полностью положиться. Между тем это показавшееся императору малоправдоподобным известие еще в тот же день подтвердил один тогдашний придворный служитель (Hof-Tafeldecker), считавшийся полусумасшедшим. Герцога Голштинского Георга Людвига в тот же день предупредил один офицер, сообщивший, что предпринимается нечто опасное против императора. Герцог придал этому предупреждению не больше значения, чем император. Никто даже не удосужился поручить знающему человеку провести допрос этого служителя, который не хотел показывать ни на кого из русских, а только повторял: «Если Петр не побережется, завтра он не будет императором». Еще непостижимее то, что Пассека оставили сидеть под арестом, не проведя допроса, и только язвительно высмеяли того, кто на него донес.

А. Шумахер. С. 277—278.

Между тем, как все сие происходило в Петербурге, государь ничего о том не зная, не ведая, находился в своем Ораниенбауме, и говорили, что оплошность его была так велика, что в ту же ночь, когда государыня уехала из Петергофа, некто хотел его о том уведомить и написав цидулку, положил подле него в то время, когда он, веселяся на вечеринке, играл на сприпице своей какой-то концерт, и хотя цидулку сию он и усмотрел, но, находясь в музыкальном энтузиазме и не хотя никак прервать игру, оставил ее без уважения, а намерен был прочесть ее после; но как по окончании концерта он об ней вовсе позабыл и от стола того отошел прочь, то нашлись другие, которые видевши все то, и как подозрительную, ее искусненно и прибрали к себе, и чрез то не допустили его узнать и прочесть такое уведомление, от которого зависела безопасность не только его престола, но и самой жизни. А как и в Петербурге приняты были все предосторожности и расставлены были по всем дорогам люди, чтоб никто не мог прокрасться и дать обо всем происходившем знать государю, то и не узнал он до самого того времени, как по намерению своему приехал в Петергоф, чтоб в последний раз с государыней отобедать и ее взять потом под караул.

А. Т. Болотов. С. 156—157.

8-го июля н. с. 1762 г., вечером, в 9 часов, Пассек был арестован и монарх, находившийся в Ораниенбауме, извещен об этом происшествии особым курьером.

Г. фон Гельбиг // РС. 1886. Т. 52. С. 15.

В целом городе один только иностранец выдумал уведомить императора, это был некто Брессан, урожденный из княжества Монако, но воспитанный по-французски, почему и выдавал себя в России за француза, чтобы иметь лучший прием и покровительство, человек умный и честный, которого император принял к себе в парикмахеры, чтобы возвести его на первые степени счастья и который, по крайней мере, в сем случае оправдал своею верностию высшую к нему милость. Он послал ловкого лакея в крестьянском платье на деревенской тележке, и, не смея полагаться в такую минуту ни на кого из окружавших императора, он приказал посланному своему вручить лично ему свою записку. Сей мнимый крестьянин только что проехал, когда заняли солдаты мост.

К.-К. Рюльер. С. 453.

Во время восшествия на престол Екатерины II Брессан дал блистательное доказательство своего присутствия духа и своей верности императору. В это ужасное утро сторонники императрицы признали, что для успеха их предприятия было бы хорошо прервать сообщение с Ораниенбаумом, чтоб Петр III не был извещен до времени о ходе восстания. Чтоб исполнить это, они хотели занять Калинкин мост, ведущий на дорогу в Ораниенбаум. Они так и сделали, выставив на мосту отряд войска и тем прервав по нем всякое сообщение. Но Брессан упредил их. Как только он услышал, что вспыхнуло восстание и узнал о поведении императрицы, поступки которой давно уже казались ему подозрительными, он написал императору записочку, в которой излагал ход дела, насколько это было ему известно. Эту записочку он отдал своему верному слуге, переодел его мужиком, посадил в крестьянскую маленькую таратайку в одну лошадь и послал его в Ораниенбаум, с строгим наказом, отдать записку только в руки императора. Едва этот переодетый мужик переехал мост, как явились войска, чтоб занять его. Брессан исполнил свою обязанность, но Петр III не исполнил своей. Он получил записочку своего верного слуги, но у него недоставало предприимчивости, которая должна бы воодушевить его, чтоб последовать советам своего друга.

Г. фон Гельбиг // РС. 1886. Т. 51. С. 5.

Император назвал пославшего ему это важное известие дураком.

А. Дюма. С. 266.

Петр III отложил следствие до послепраздников, которые должны были происходить в Петергофе. Его избавили от этого труда. Заговорщики узнали об аресте Пассека и о поводах к нему. Счастье поддержало смелость и отвагу. Поторопились начать революцию в следующее же утро.

Г. фон Гельбиг // РС. 1886. Т. 52. С. 15.

Когда поручик Пассек был арестован, солдаты, которые караулили его, открыли ему двери и окна, чтобы он бежал, «потому что, — говорили они, — ты страдаешь за доброе дело», и хотя он должен был ожидать допроса и не мог предвидеть, что произойдет, несмотря на то, что все, посвященные в тайну, условились, что, будь то, что с ним случилось, тотчас же следовало приступить к делу; однако же, он имел решимость остаться в своем заточении, чтобы ничего не испортить, потому что весь полк был бы поднят на ноги и могли бы запереть город, чтобы его искать.

Записки Екатерины II. С. 341.

Итак, государыне нельзя было терять ни минуты времени и она должна была употреблять все, что только могла, и отваживаться на все для своего спасения; а потому минута сия и сделалась решительною и она мужественно отважилась на то предприятие, которому все так много после удивлялись.

А. Т. Болотов. С. 154.

В четверть десятого княгиню [Дашкову] уведомили, что Пассек арестован...

К.-К. Рюльер. С. 449.

Заговорщики решились начать дело, не спрашивая императрицы. Еще в ту же ночь Алексей Орлов поехал в Петергоф за императрицей.

Г. фон Гельбиг // РС. 1886. Т. 51. С. 9.

Когда Орлов пришел известить меня о неприятной новости (не зная ни причины, ни малейших подробностей ареста), у меня был мой дядя Панин. Как человек по природе холодный и ленивый, он отнесся спокойно к моему сообщению, хотя, возможно, он просто хотел скрыть от меня размеры опасности. Он невозмутимо стал уверять меня, будто арест Пассека мог явиться наказанием за какое-либо упущение по службе. Отчетливо осознав, что настал решительный миг, что надо действовать и нельзя терять время на уговоры Панина, я согласилась, что Орлову следует отправиться в полк и узнать причину, по которой Пассек взят под стражу; нам надлежало знать, лишился ли он свободы как совершивший проступок офицер или как заговорщик. Затем Орлов должен был известить меня, и если положение окажется тревожным, один из братьев придет к Панину со всеми подробностями.

Е. Р. Дашкова. С. 67.

Сия 18-летняя женщина одевается в мужское платье, оставляет дом, идет на мост, где собирались обыкновенно заговорщики.

К.-К. Рюльер. С. 449.

После отъезда Орлова я извинилась перед дядей и под предлогом отдыха попросила меня оставить. Дядя тотчас же уехал, а я, не теряя времени, надела мужской суконный плащ и отправилась пешком в дом Рославлевых [где обычно собирались заговорщики].

Пройдя совсем немного, я увидела всадника, скачущего галопом. Почему, по какому наитию я догадалась, что это один из братьев Орловых? Ведь, кроме Григория, я никого из них не знала. У меня не было другого способа остановить стремительную скачку, как окликнуть наездника по фамилии, я рискнула (будучи бог знает почему уверена, что не ошибусь):

— Орлов!

Он остановился и спросил:

— Кто меня зовет?

Приблизившись к всаднику, я назвалась и спросила, куда он направляется и нет ли у него какого-либо сообщения для меня.

— Княгиня, я ехал к вам, чтобы известить, что Пассек арестован как государственный преступник; четверо часовых стоят у его дверей и во дворе у каждого окна.

Е. Р. Дашкова. С. 67—68.

Любопытно видеть, как счастие помогло неусыпности. Узнав об аресте Пассека и времени немедленного возмущения, все оцепенели, и когда радость заняла место прежнего удивления, все согласились на сие с восторгом. Один из сих братьев [Орловых], отличавшийся от других рубцом на лице от удара, полученного на публичной игре, простой солдат, который был бы редкой красоты, если бы не имел столь суровой наружности, и который соединял проворство с силою, отправлен был от княгини с запискою в сих словах: «Приезжай, государыня, время дорого».

К.-К. Рюльер. С. 449.

Другие должны подготовить восстание и обеспечить императрице возможность бегства на случай неудачи.

А. Дюма. С. 267.

Они даже предполагали, что предприятие могло быть неудачное, и на сей случай приготовили все к побегу ее в Швецию.

К.-К. Рюльер. С. 449.

В пять часов утра [Григорий] Орлов и его друг Бибиков зарядили пистолеты, обменялись ими и поклялись, что даже при крайней опасности не воспользуются этим оружием, а оставят его на случай, если их предприятие не удастся, чтобы убить друг друга.

А. Дюма. С. 267.

Княгиня [Дашкова] не приготовила себе ничего и думала о казни равнодушно.

К.-К. Рюльер. С. 449.

...Когда ее спросили, какой вид смерти она предпочитает, ответила:
— Мне незачем думать об этом, это дело палача, а не мое.

А. Дюма. С. 267.

После этого Григорий Григорьевич Орлов (ошибка автора мемуаров, это был Алексей Григорьевич Орлов, брат Григория, будущий граф Чесменский. — *Е. Г.*) поспешил в Петергоф, захватив с собой свою коляску. Он прибыл туда около полуночи, но во дворцовом саду встретил флигель-адъютанта императора по имени Степан Перфильев, который спросил его, откуда это он в столь поздний час явился. Орлов ответил, что из Санкт-Петербурга и направляется в Ораниенбаум, чтобы, если повезет, отыграть там деньги, проигранные в Петербурге. Поскольку Орлов был заядлым игроком, Перфильев не нашел в его ответе ничего удивительного и стал настойчиво зазывать его к себе на квартиру, чтобы, по русскому обычаю, пропустить по чарочке водки. Орлов последовал приглашению и развлекал своего хозяина всевозможными разговорами до тех пор, пока тот от усталости не уснул в его присутствии. Когда же Перфильев заснул, он тихо вышел от него и отправился к императрице.

А. Шумахер. С. 279.

Орлов проиграл Перфильеву в эту ночь несколько тысяч рублей.

Г. фон Гельбиг // РС. 1886. Т. 51. С. 9.

Означенный Орлов узнал от своего брата [Григория] самые потаенные изгибы в саду и павильоне.

К.-К. Рюльер. С. 449.

Я спокойно спала в Петергофе, было шесть часов утра 28-го; день обещал быть беспокойным, ибо мне было известно все, что замышлялось.

Внезапно в мою комнату входит Алексей Орлов и говорит мне с величайшим хладнокровием:

— Пора вставать. Для вашего провозглашения все подготовлено...

Екатерина II — С.-А. Понятовскому. 2 августа 1762 г.

Он разбудил свою государыню и, думая присвоить в пользу своей фамилии честь революции, сей солдат имел дерзкую хитрость утаить записку княгини Дашковой и объявил Императрице от себя: «Государыня, не теряйте ни минуты, спешите»...

К.-К. Рюльер. С. 450.

Я стала расспрашивать его о частностях, а он в ответ:
— Пассек арестован.

Екатерина II — С.-А. Понятовскому. 2 августа 1762 г.

После [этого] краткого разговора она тотчас же собралась к отъезду в Петербург. 28 июня по старому стилю, около 6 часов утра, она в черном, траурном платье с орденом св. Екатерины вышла из дворца. Ее сопровождали камер-юнгфера Екатерина Шарогородская и камердинер Василий Шкурин.

А. Шумахер. С. 279.

Во время императрицы Елизаветы Шкурин был придворным истопником. Счастливая наружность приобрела ему милость великой княгини Екатерины. Шкурин стал ее прислужником, а когда Петр III взошел на престол, Екатерина сделала Шкурина своим камердинером.

Г. фон Гельбиг // РС. 1886. Т. 52. С. 15.

Императрица в неизъяснимом удивлении одевалась и не знала, что начать; но тот же самый человек (Алексей Орлов) с быстротою молнии скачет по аллеям парка: «Вот ваша карета!» сказал он, и императрица, не имея времени одуматься, держась рукою за Екатерину Ивановну, как бы увлеченная, бежала к воротам парка. Она увидела тут карету, которую сей Орлов отыскал на довольно отдаленной даче, где по старанию княгини Дашковой за два дни пред сим стояла она на всякий случай в готовности, для того ли, что по нетерпению гвардии ожидали действия заговора несколько прежде, или для того, чтобы иметь более средств сохранить императрицу от всякой опасности, содержа подставных лошадей до соседственных границ.

К.-К. Рюльер. С. 450.

Я не колебалась более, быстро оделась, даже не сделав толком туалет, и села в карету, в которой приехал Орлов. Другой офицер, переодетый лакеем, стал на запятки, третий поскакал вперед, за несколько верст от Петергофа.

Екатерина II — С.-А. Понятовскому. 2 августа 1762 г.

Рубикон перейден. Впереди ожидает великую княгиню или жизнь, полная полезной деятельности, славы, блеска, или монастырь, вечное заточение, может быть, смерть... Что бы ни ожидало, Екатерина выше какой-либо нерешительности. Понимая всю важность делаемого ею шага, она не выказывает никакого смущения: не видно ни слез, ни колебаний, ни малодушных отговорок.

М. И. Семевский. С. 200.

Карета отправилась с наемными крестьянами, запряженная в 8 лошадей, которые в сих странах, будучи татарской породы, бегают с удивительною быстротою.

К.-К. Рюльер. С. 450.

Лошади Орлова были слабы. Когда они на дороге встретили крестьянина с возом сена, у которого была добрая лошадка, Алексей предложил ему обменять ее на одну из своих. Крестьянин отказался. Орлов вступил в драку с ним, осилил его, выпряг его хорошую лошадь и оставил ему свою дрянную.

Г. фон Гельбиг // РС. 1886. Т. 52. С. 4.

Вдруг издали усмотрели открытую коляску, которая неслась с удивительною быстротою, и как сия дорога вела к Императору, то и смотрели на нее с беспокойством. Но это был [Григорий] Орлов, любимец, который, прискакав на встречу своей любезной и кричав: «Все готово», — пустился обратно вперед с тою же быстротою. Таким образом продолжали путь свой к городу. Орлов один в передней коляске, за ним Императрица со своею женщиною, а позади Орлов-солдат с товарищем, который его провожал.

К.-К. Рюльер. С. 450.

Орлов был кучером. Бибиков ехал верхом.

Г. фон Гельбиг // РС. 1886. Т. 52. С. 3—4.

В пяти верстах от города меня встретили старший Орлов и младший князь Барятинский, уступивший мне место в экипаже, ибо мои лошади выдохлись, и мы все вместе направились в Измайловский полк.

Екатерина II — С.-А. Понятовскому. 2 августа 1762 г.

Когда путники приблизились к столице, они встретили саксонца Неймана, которого посещали многие молодые люди и в том числе Ор-

ловы. Нейман, увидя своего друга Алексея, закричал ему дружески по-русски:
— Эй, Алексей Григорьевич, кем это ты навьючил экипаж?
— Знай, помалкивай, — отвечал Орлов, — завтра все узнаешь.
Таким образом прибыли они в казармы Измайловского полка, ближайшие по пути.

Г. фон Гельбиг // PC. 1886. Т. 52. С. 4.

Екатерина, сохраняла такое присутствие духа, что во все время своего пути смеялась со своею горничною какому-то беспорядку в своем одеянии.

К.-К. Рюльер. С. 450.

Императрица и ее камер-фрау, обе, второпях забыли надеть весьма существенные принадлежности дамского туалета, что дало повод (им самим) к смеху.

Г. фон Гельбиг // PC. 1886. Т. 52. С. 3-4.

Близ города они встретили Мишеля, француза-камердинера, которому императрица оказывала особую милость, храня его тайны и отдавая на воспитание побочных его детей. Он шел к своей должности, с ужасом узнал императрицу между такими проводниками и думал, что ее везут по приказу императора. Она высунула голову и закричала: «Последуй за мною», — и Мишель с трепещущим сердцем думал, что едет в Сибирь. Таким-то образом, чтобы взойти к деспотической власти в обширнейшей в мире империи, прибыла Екатерина в восьмом часу утра, заверенная в успехе солдатом, с наемными кучерами, руководимая любимцем, своею женщиною и парикмахером.

К.-К. Рюльер. С. 450.

Она приезжает 28-го июня, еще до восхождения солнца, в Невский монастырь и посылает тотчас в гвардейские полки за знаменитейшими их и преданными ей начальниками оных. Сии рассевают тотчас слух о том по всей гвардии и по всему городу, так, что в семь часов утра был уже весь Петербург в движении. Вся гвардия, без всякого порядка, бежала по улицам и смутный крик и вопль народа, незнающего еще о истинной тому причине, предвозвещал всеобщую перемену.

А. Т. Болотов. С. 154.

Надлежало переехать через город, чтобы явиться в казармах, находящихся с восточной стороны и образующих в сем месте совершенный лагерь. Они приехали прямо к тем двум ротам Измайловского полка, которые уже дали присягу.

К.-К. Рюльер. С. 451.

Там находилась дюжина людей и барабанщик, принявшийся бить тревогу.

Екатерина II — С.-А. Понятовскому. 2 августа 1762 г.

Солдаты не все выходили из казарм, ибо опасались, чтоб излишнею тревогою не испортить начала.

Императрица сошла на дорогу, идущую мимо казарм и между тем, как ее провожатые бежали известить о ее прибытии, она, опираясь на свою горничную, переходила большое пространство, отделяющее казармы от дороги. Ее встретили 30 человек, выходящих в беспорядке и продолжающих надевать кителя и рубашки. При сем зрелище она удивилась, побледнела, и ужас видимо овладел ею. В ту же минуту, которая представляла ее еще трогательнее, она говорит, что пришла к ним искать своего спасенья, что император приказал убить ее и с сыном и что убийцы, получа сие повеление, уже отправились.

К.-К. Рюльер. С. 451.

Восстание началось тотчас же.

Г. фон Гельбиг // РС. 1886. Т. 52. С. 4.

Отовсюду сбегались солдаты, целовавшие мне ноги, руки, платье, называвшие меня их спасительницею.

Екатерина II — С.-А. Понятовскому. 2 августа 1762 г.

Все единогласно поклялись за нее умереть. Прибегают офицеры, толпа увеличивается.

К.-К. Рюльер. С. 451.

Прибыла конная гвардия — вне себя от радости. Я никогда ничего подобного не видела: гвардейцы плакали, кричали об освобождении их родины... Эта сцена происходила между садом гетмана и Казанским храмом.

Екатерина II — С.-А. Понятовскому. 2 августа 1762 г.

Императрица объехала кругом казарм и пробегала пешком каждый из трех гвардейских полков — стражу, всегда ужасную своим государям, которая, некогда быв составлена Петром I из иностранцев, охраняла его от мятежников, но потом, умноженная числом русских, уже трикратно располагала регентством и короною.

К.-К. Рюльер. С. 452.

После того, как поддержка всей гвардии была обеспечена, императрица, в той же карете, отправилась в Казанский собор. Прежде еще, чем поезд тронулся, Алексей, увлеченный промелькнувшим добрым побуждением, подошел к императрице и стал шептаться с нею. Он условился с нею, что перед церковью провозгласит ее не императрицей-регентшей, как было в плане заговорщиков, особенно же обергофмейстера Панина, но самодержицею России: она, однако, должна была обещать ему взять себе в помощники, по достижении совершеннолетия, великого князя Павла... Екатерина обещала.

Г. фон Гельбиг // РС. 1886. Т. 52. С. 4.

Она посылает за полковым священником и приказывает принести распятие. Бледный, трепещущий священник явился с крестом в руке и, не зная сам что делал, принял от солдат присягу.

К.-К. Рюльер. С. 451.

Двое привели под руки священника с крестом, и все стали присягать мне. Затем мне предложили сесть в карету, священник пошел впереди с крестом в руках — так мы прибыли в Семеновский полк, вышедший нам навстречу с возгласами «Виват!».

Екатерина II — С.-А. Понятовскому. 2 августа 1762 г.

Из всех известных людей, которые были преданы императору, оставался в городе один только принц Георг Голштинский, его дядя. Адъютант уведомил его, что в казармах бунт, он поспешно оделся и тотчас был арестован со всем семейством.

К.-К. Рюльер. С. 453.

Таковое ж несчастье претерпел при самом сем случае и мой генерал Корф (полицмейстер столицы. — *Е. Г.*), случившийся в сие время также в Петербурге. Толпа гренадер вломилась в дом его и не только разграбила многое, но и самому ему надавала толчков; но, по счастию, присланный от государыни успел еще остановить все сие и спасти его от погибели.

А. Т. Болотов. С. 156.

Затем мы направились к Казанской церкви, где я вышла из кареты. Туда прибыл Преображенский полк, также с криками: «Виват!». Солдаты окружили меня со словами:

— Извините, что мы прибыли последними, — наши офицеры арестовали нас, но мы прихватили четверых из них с собой, чтобы доказать вам наше усердие!.. Мы желаем того же самого, что и наши братья!..

Екатерина II — С.-А. Понятовскому. 2 августа 1762 г.

Один полк явился печальным; это были прекрасные кавалеристы, у которых с детства своего император был полковником и которых по восшествии на престол он тотчас ввел в Петербург и дал им место в Гвардейском корпусе. Офицеры отказались идти и были все арестованы, а солдаты, коих недоброхотство было очевидно, были ведены другими из разных полков.

К.-К. Рюльер. С. 455.

Когда гренадерская рота первого гвардейского полка подошла близ Казанской церкви навстречу к императрице (часть собственных записок Екатерины написаны от третьего лица. — *Е. Г.*), они хотели занять свой пост у экипажа императрицы, но гренадеры Измайловского полка возразили им с горькими упреками, что они явились последними и что никоим образом им не уступят; это был очень опасный момент, потому что, если бы первые стали упорствовать, пошли бы в ход штыки; но ничуть не бывало, они сказали, что это была вина их офицеров, которые их задержали, и самым кротким образом пошли маршировать перед лошадьми экипажа императрицы.

Записки Екатерины II. С. 343.

Орлов вскочил на лошадь, поскакал вперед и, едва императрица приблизилась к церкви, провозгласил ее монархиней России.

Г. фон Гельбиг // РС. 1886. Т. 52. С. 4.

...А потом, при провождении своей гвардии и множества бегущего вслед народа, шествует [она] в Зимний дворец и окружается там гвардиею и бесчисленным множеством всякого звания людей, радующихся и кричащих: «Да здравствует мать наша, императрица Екатерина!»

А. Т. Болотов. С. 154.

В новом Зимнем дворце она нашла в собрании Сенат и Синод. Теплов (Григорий Николаевич Теплов, активный участник заговора. — *Е. Г.*) наскоро составил первый манифест и форму присяги. В манифесте было указано на опасность, грозившую государству и церкви со стороны Петра.

А. Г. Брикнер[1]. С. 120.

В полдень первое российское духовенство, старцы почтенного вида (известно, сколь маловажные вещи, действуя на воображение, делаются в сии решительные минуты существенной важности), украшенные сединами, с длинными белыми бородами, в блестящем и приличном одеянии, приняв царские регалии, корону, скипетры и державу с священными книгами, покойным и величественным шествием проходили чрез всю армию, которая с благоговением хранила тогда молчание. Они вошли во дворец, чтобы помазать на царство императрицу и сей обряд производил в сердцах, не знаю, какое-то впечатление, которое казалось давало законный вид насилию и хищению. Как скоро совершили над нею помазание, она тотчас переоделась в прежний гвардейский мундир, который взяла у молодого офицера такого же роста. После благоговейных обрядов религии следовал военный туалет, где тонкости щегольства возвышали нарядные прелести, где молодая и прекрасная женщина с очаровательной улыбкою принимала от окружавших ее чиновников шляпу, шпагу и особенно ленту первого в государстве ордена, который сложил с себя муж ее, чтобы вместо его носить всегда прусский. В сем новом наряде она села верхом у крыльца своего дома и вместе с княгиней Дашковой, также на лошади и в гвардейском мундире, объехала кругом площадь, объявляла войскам, как будто хочет быть их генералом и веселым и надежным своим видом внушала им доверенность, которую сама от них принимала.

К.-К. Рюльер. С. 456.

На Екатерине был мундир поручика Александра Федоровича Талызина (1734—1787). Это отмечает Е. Дашкова в своих «Записках». Мундир с приколотой Андреевской звездой еще в конце XIX в. хранился в подмосковном селе Ольгово Дмитровского уезда, принадлежавшем Виктору Владимировичу Апраксину, на сестре которого женат был А. Ф. Талызин, получивший эту драгоценность в дар от самой Екатерины.

Екатерина II в воспоминаниях современников... С. 365.

Краткое географическое описание необходимо нужно к уразумению следующих за сим обстоятельств: Нева впадает в море при конце Финского залива и служит ему продолжением. За 12 миль до ее устья на нескольких островах, где широта различных рукавов образует прекраснейший вид, за 60 лет построен Петербург на низком и болотистом месте, но которое по непрочности первых зданий, поспешно строенных, и от частых пожаров покрылось развалинами более трех футов. Спускаясь по реке, правый берег еще не возделан и покрыт большими лесами; левый же образует холм повсюду одинаковой высоты до самого того места, где оба берега расходятся на необозримое пространство и заключают между собою беспредельное море. На сем месте на высоте холма в прелестном положении стоит замок Ораниенбаум, который построил знаменитый Меншиков и который в несчастное время сего любимца по конфисковании его имения поступил в казну. Это особенное местопребывание императора в его молодости. Там была построена для учения его маленькая примерная крепость, у которой высота окопов была не более шести футов, дабы молодому великому князю дать на опыте идею о великих управлениях, и потому сама по себе неспособна была ни к какой обороне. В сем же намерении собрали там арсенал, неспособный для вооружения войск, бывший ни что иное как кабинет военных редкостей, между коими хранились наилучшие памятники сей империи, знамена, отбитые у шведов и пруссаков. Император любил особенно сей замок и в нем-то жил он с тремя тысячами собственного своего войска из герцогства Голштинского.

Против него виден простым глазом в самом устье реки на острове город Кронштадт. Дома построены со времен Петра I и мало населенные приходят в ветхость. Надежная и спокойная его пристань находится на стороне острова, обращенной к Ораниенбауму, которая весьма укреплена, а укрепления другой стороны не были докончены; но сей рукав реки, самой по себе опасной, сделался непроходимым по причине набросанных туда огромных камней. В пристани сего-то острова большая часть флота, готовая выступить в Голштинию, хорошо снабженная съестными припасами, аммунициею и людьми, находилась под командою самого императора; а другая под его же командою была в Ревеле, старинном городе, лежащем далее на том же заливе.

По всей длине холма, идущего по берегу реки между Ораниенбаумом и Петербургом, в приятных рощах, построены увеселительные дома русских господ не в дальнем между собою расстоянии. Посреди их находится прекрасный дворец, который построил Петр I по возвращении своем из Франции, надеясь по близости моря сделать подражание водам Версальским. В сем-то месте находилась императрица, и пребывание ее, как из сего видно, было избрано замечательно между Петербургом, где был заговор, Ораниенбаумом, где был двор, и соседственным берегом Финляндии, где могла бы она найти свое убежище. В сей самый замок, именуемый Петергоф, двор Петра, император долженствовал прибыть в тот самый день, чтобы праздновать день своего ангела святого Петра.

К.-К. Рюльер. С. 456—457.

Случаев противодействия перевороту было весьма немного. Некоторые офицеры, не решавшиеся присягнуть Екатерине, были арестованы. Когда генерал Вильбоа начал было заявлять о затруднениях, которые может встретить предприятие Екатерины, она строго заметила ему, что не нуждается в его советах, предоставляя ему, впрочем, полную свободу действий. Он тотчас же повиновался воле императрицы. Майор Воейков, напомнивший солдатам, что они присягнули Петру, едва не сделался жертвою их ярости, и должен был бежать. Семен Романович Воронцов хотел было отправиться в Ораниенбаум, для того, чтобы известить Петра о событиях, происходивших в столице, но был арестован.

А. Г. Брикнер[1]. С. 120—121.

Все же остальные без промедления объявили себя на стороне императрицы, тем более что повсюду распускали слух, будто император накануне вечером упал с лошади и ударился грудью об острый камень, после чего в ту же секунду скончался. Этот-то слух главным образом, наряду с прочими обстоятельствами, и побудил многих, в том числе лейб-кирасирский полк принять участие в перевороте.

А. Шумахер. С. 281.

Между тем, как сия торжественная присяга производилась, забираны были под караул все те, на которых было хотя некоторое подозрение, а народ вламывался силою в кабаки, и, опиваясь вином, бурлил, шумел и грозил перебить всех иностранцев; но до чего, однако, был не допущен, так, что претерпел от него только один принц Жорж, дядя государев. Сей не успел увидеть самопервейшего стечения народа, как догадавшись о истинной тому причине, вскакивает с поспешностию на лошадь и скачет в Ораниенбаум к государю. Никто из всех слуг его не видал, как он вышел из дома, и один только его гусар последовал за ним. Но один отряд конной гвардии, встретившись с ним за несколько шагов от дома узнав, схватывает его и позабыв все почтение, должное дяде императорскому, снимает с него шпагу и принуждает сойтить с лошади, и он подвергается при сем случае величайшей опасности. Один рейтарь взмахнулся уже на него палашом своим и разнес бы ему голову, если бы по счастию не был еще благовременно удержан и до того недопущен.

А. Т. Болотов. С. 156.

Несколько минут спустя я видел, как мимо проехал в плохой карете дядя императора, принц Голштинский, который укрылся было у генерал-полицеймейстера Корфа, где его арестовал один гвардейский офицер с двадцатью гренадерами, которые исколотили его ружейными прикладами и повезли его к дому Бестужева, где он жил.

И. Позье. С. 325.

Его сажают в карету и везут ко дворцу; но в самое то время, когда он стал из нее выходить, присылается повеление отвезть его опять в его дом и приставить там к нему и ко всему его семейству крепкий караул. Принц, при привезении его туда, находит весь свой дом уже разграбленным, людей своих всех изувеченных и запертых в погреб, все двери разломанные и все комнаты начисто очищенные. У самых принцов, сыновей его, отняты часы, деньги, сняты кавалерии и сорваны даже мундиры самые. Одна только спальня принцессина осталась пощаженною, да и то потому, что защищал ее один унтер-офицер.

А. Т. Болотов. С. 156.

Жена его, к несчастью, была в этот день в городе; солдаты тоже весьма дурно обошлись с ней, растащив все, что они нашли в доме; они хотели сорвать с рук ее кольца, если бы командовавший ими офицер вовремя не вошел в комнату, они отрезали бы у нее палец; всех слуг заперли в подвалы и погреба и приставили к ним гренадеров; так они оставались целых три дня и едва могли добиться чего-нибудь поесть.

И. Позье. С. 325.

Принц, увидев все сие, сделался как сумасшедшим от ярости, но ему ни мстить за сие, ни племяннику своему, императору, помочь было уже не можно.

А. Т. Болотов. С. 156.

Итак, императрица перешла площадь при самых шумных восклицаниях. Солдатам раздавали пиво и вино; они переоделись в прежний свой наряд, кидая со смехом прусский униформ, в который одел их император и который в их холодном климате оставлял солдата почти полуоткрытым, встречали с громким смехом тех, которые по скорости прибегали в сем платье и их новые шапки, летая из рук в руки, как мячи, делались игрою черни.

К.-К. Рюльер. С. 455.

Совсем тем, для всех непонятно было сие происшествие. Самый народ, наполняющий всю площадь и все улицы кругом дворца и восклицающий во все горло, не знал ничего о самых обстоятельствах всего дела. Тотчас привезены были и поставлены, для защищения входа во дворец, заряженные ядрами и картечами пушки, расстановлены по всем улицам солдаты и распущен слух, что государь, будучи на охоте, упал с лошади и убился до смерти, и что государыня, как опекунша великого князя, ее сына, принимает присягу. В самое тоже время приказано было всем полкам, всему духовенству, всем коллегиям и другим чиновникам, собраться к зимнему дворцу для учинения присяги императрице, которая и учинена всеми, не только без всякого прекословия, но всеми охотно и с радостию превеликою. Наконец, издан был в тот же еще день первый о вступлении императрицы краткий манифест и с оным, и с предписаниями что делать, разосланы всюду, во все провинции и к предводителям заграничной армии курьеры.

А. Т. Болотов. С. 154—155.

В 5 часов вечера услышали отдаленный гром пушек; все внимательно прислушивались, скоро по равномерным промежуткам времени различили, что это были торжественные залпы, дождались об окончании дела и с того времени во всех было одинаковое расположение.

К.-К. Рюльер. С. 467.

Между тем в старом деревянном Зимнем дворце зачитывался срочно составленный генерал-прокурором Глебовым манифест. Он вскоре был опубликован и сделался общеизвестным.

А. Шумахер. С. 281.

Этот манифест, розданный по всему городу, скоро объяснил истинное намерение; манифест печатный, который пьемонтец Одар в смертельном страхе хранил уже несколько дней в своей комнате; на другой день, как бы отдыхая на свободе, он говорил: «Наконец я не боюсь быть колесован». В нем заключалось, что императрица Екатерина II, убеждаясь просьбою своих народов, взошла на престол любезного своего отечества, дабы спасти его от погибели; и, укоряя императора, с негодованием восставала против короля прусского и отнятия у духовенства имущества. Так говорила немецкая принцесса, которая подтверждала сей союз и привела к окончанию помянутое отнятие имений.

К.-К. Рюльер. С. 469.

Божиею милостию Мы Екатерина Вторая, Императрица и Самодержица Всероссийская, и прочая, и прочая, и прочая.

Всем прямым сынам Отечества Российского явно оказалось, какая опасность всему Российскому государству начиналась самым делом. А именно, Закон Наш православной Греческой первого всего восчувствовал свое потрясение и истребление своих преданий церковных, так что церковь Наша Греческая крайне уже подвержена оставалась последней своей опасности переменою древнего в России православия и принятием иноверного закона. Второе, слава Российская, возведенная на высокую степень своим победоносным оружием, чрез многое свое кровопролитие заключением нового мира с самым ее злодеем отдана уже действительно в совершенное порабощение; а между тем внутренние порядки, составляющие целость всего Нашего Отечества, совсем ниспровержены. Того ради убеждены будучи всех Наших верноподданных таковою опасностию, принуждены были, приняв Бога и Его правосудие себе в помощь, а особливо видев к тому желание всех Наших верноподданных явное и нелицемерное, вступили на Престол Наш Всероссийской самодержавной, в чем и все Наши верноподданные присягу Нам торжественную учинили.

Подлинной подписан собственною Ее Императорского Величества рукою. Июня 28 дня 1762 года, тако: Екатерина.

Печатан в Санкт-Петербурге при Сенате июня 28. А в Москве при Сенатской Конторе июля 3 чисел, 1762 года.

Манифест о восшествии на престол Екатерины II. Цит. по: Путь к трону: История дворцового переворота 28 июня 1762 года. С. 490.

Тотчас же из полковых канцелярий на телегах привезли старые мундиры, и солдаты стали переодеваться прямо на улице. С ненавистью необыкновенной при этом обращались с новыми, прусского образца мундирами. Гренадерские шапки многие топтали ногами, пробивали их байонетами, швыряли в нечистоты или же надевали их на ружья для всеобщего обозрения и так носили. В конце концов эти озлобленные, беснующиеся люди продавали новые мундиры по смехотворным ценам, лишь бы хватило на выпивку.

А. Шумахер. С. 281.

Ярость солдат против Петра III была чрезвычайна. Вот ее образчик. После присяги, пока держали совет, войскам, выстроенным вокруг Зимнего деревянного дворца, было позволено снова надеть их прежние мундиры; один из офицеров вздумал сорвать свой золотой знак и бросил его своему полку, думая, что они обратят его в деньги: они его с жадностью подхватили и, поймав собаку, повесили его ей на шею; эту собаку, наряженную таким образом, прогнали с великим гиканьем; они топтали ногами все, что для них исходило от этого государя.

Записки Екатерины II[3]. С. 343.

Гвардейцы тем с большим удовольствием занимались этой потехой, что им тогда же было объявлено от государыни, что все в их военном быте восстановится по-старому, как было при Елизавете, и что похода в Данию не будет. И вот гренадерские шапки топчутся ногами, прокалываются штыками, бросаются в грязь или высоко подымаются на штыках ради потехи окружающих.

М. И. Семевский. С. 203.

Один офицер с многочисленным отрядом бросился по повелению императрицы к молодому великому князю, который спал в другом дворце. Сей ребенок, узнав о предстоящих опасностях своей жизни, проснулся окруженный солдатами и пришел в ужас, которого впечатление оставалось в нем на долгое время. Дядька его Панин, бывший с ним до сей минуты, успокаивал его, взял на руки во всем ночном платье и принес его таким образом к матери. Она вынесла его на балкон и показала солдатам и народу. Стечение было бесчисленное, и все прочие полки присоединились к гвардии. Восклицания повторялись долгое время, и народ в восторге радости кидал вверх шапки...

К.-К. Рюльер. С. 454.

Первые же манифесты, выпущенные по велению императрицы, возбудили в духовенстве и народе сильную ненависть к свергнутому императору. Чтобы ненависть эту поддержать и еще усилить, потихоньку стали распускать всякие ложные слухи. Говорили, например, что император собирался жениться на своей любовнице, а жену свою заточить в монастырь, что 23 июня при освящении в Ораниенбауме лютеранской кирхи он вместе со своей любовницей принимал в ней причастие, причем метресса уже ранее была крещена по лютеранскому обряду. Он велел якобы вызвать из Гольштейна много евангелических проповедников, чтобы забрать у русских их церкви и передать их этим лютеранам. Он хотел ввести масонство. По его приказу генерал Апраксин перед битвой у Гросс-Егерсдорфа в Пруссии велел примешать к пороху песок, отчего русские не могли палить в пруссаков. И чем больше было таких наивных и дурацких россказней, тем охотнее принимало их простонародье, поскольку не нашлось настолько смелых людей, чтобы их опровергать.

А. Шумахер. С. 294.

Вдруг раздался слух, что привезли императора.

К.-К. Рюльер. С. 454.

В тот же миг толпу растолкали, и она пропустила похоронную процессию. Тихо повторялись слова: «Император! Император!» Прошел торжественный и мрачный похоронный кортеж. Он миновал главные улицы Санкт-Петербурга, среди гробового молчания пересек Дворцовую площадь и удалился. Солдаты в траурных мундирах несли факелы по обеим сторонам катафалка.

А. Дюма. С. 276.

Немедленно распустили в городе слух, что император упал с лошади и ушибся до смерти.

И. Позье. С. 324.

Понуждаемая без шума толпа раздвигалась, теснилась и в глубоком молчании давала место процессии, которая медленно посреди ее пробиралася. Это были великолепные похороны, пронесенные по главным улицам, и никто не знал, чье погребение? Солдаты, одетые по-казацки, в трауре несли факелы; а между тем, как внимание народа было все на сем месте, сия церемония скрылась из вида.

К.-К. Рюльер. С. 454.

И пока эта процессия, привлекшая к себе всеобщее внимание, удалялась в сторону, противоположную той, откуда она появилась, маленького наследника унесли, и о нем никто больше не вспоминал.
Какого покойника хоронили с такими почестями?

А. Дюма. С. 276.

Часто после спрашивали об этом княгиню Дашкову, и она всегда отвечала так: «Мы хорошо приняли свои меры».

К.-К. Рюльер. С. 454.

Этот эпизод привел к двум результатам: заставил забыть о юном наследнике и подготовил народ к смерти императора.

А. Дюма. С. 276.

Император... именно в этот день, 28 июня, собирался отобедать в Петергофе, и с этим намерением он около часу дня выехал из Ораниенбаума со всеми окружавшими его знатными господами и дамами.

А. Шумахер. С. 284.

В пятницу 28 июня Петр III с утра был не в духе — император накануне засиделся за ужином, встал поздно, с головною болью, поздно начал развод. Развод прошел, однако, счастливо: голштинцы мастерски исполняли все военные экзерциции, командовавший ими генерал-лейтенант барон фон Лэвен по глазам угадывал желания императора, и Петр III повеселел. В час пополудни, прямо с развода, назначен отъезд в Петергоф, «чтобы накануне Петрова дня присутствовать при большом обеде в Монплезире у ее величества императрицы и потом вечером принести поздравление и быть за ужинным столом». Уже поданы экипажи, император на подъезде — нет гусар, конвоирующих обычно Петра III при подобных загородных прогулках: гусар забыли известить. Император вспылил, но ненадолго — гусары мигом прискакали.

В. А. Бильбасов. С. 100.

В 1762 году 28 июня в С.-Петербурге я приняла Всероссийский престол в пятницу на четвертой неделе после Троицына дня; в сей день весьма достойно примечания Апостол и Евангелие, которое и читается ежегодно в день моего восшествия, и начинается Апостол сими словами: «Вручаю вам сестру мою Фиву, сущую служительницу», и проч.

Екатерина II. Памятник... С. 93.

...Пребывавший в беспечности государь ничего не ведал о происходившем, более того, даже и в самом Петергофе ничего не было известно, потому что остававшаяся там камеристка притворно заявляла всем, что поскольку императрица отправилась почивать поздно, то она еще до сих пор не вставала. Гофмаршал Измайлов, которому император строго приказал самым бдительным образом наблюдать за супругой, удовлетворялся подобными заявлениями до тех пор, пока у него, наконец, не начали возникать подозрения. Между 11 и 12 часами утра он решился проникнуть в покои императрицы, которые он, к своему чрезвычайному удивлению, нашел совершенно пустыми.

А. Шумахер. С. 284.

Император едет в гости к императрице и везет с собою избранное придворное общество, разместившееся в каретах, колясках и длинных линейках dos-a-dos. Тут правая рука русского императора — прусский посланник Гольц, и владетельница сердца Петра III — фрейлина графиня Елизавета Романовна Воронцова, два фельдмаршала, гр. Б. Х. Миних и князь Н. Ю. Трубецкой, принц Голштейн-Бекский, двенадцатилетняя принцесса Екатерина Петровна Голштинская, канцлер гр. М. Л. Воронцов, его брат сенатор гр. Р. Л. Воронцов, отец фаворитки, вице-канцлер кн. А. М. Голицын, гр. А. И. Шувалов, любимцы императора генерал-адъютанты кн. И. Ф. Голицын и А. В. Гудович, генерал-лейтенант А. П. Мельгунов, бессменный Л. А. Нарышкин, генералы гр. Девьер и Измайлов, флигель-адъютант кн. И. С. Барятинский и др.; тут много дам: гр. П. А. Брюс, кн. А. Д. Трубецкая, супруга фельдмаршала, мечтающая видеть фаворитку императрицей, гр. А. К. Воронцова, супруга канцлера, три Нарышкиных — Марья Павловна, супруга оберегерьмейстера, Марья Осиповна, супруга обершталмейстера, и Анна Никитишна, супруга обермундшенка, гр. Д. М. Строгонова, дочь канцлера, и другие.

В. А. Бильбасов. С. 100—101.

Канцлер граф Воронцов отправился заранее. Когда он очутился в Петергофе, то встретил гофмаршала Измайлова, который только что обнаружил исчезновение императрицы и в страхе ее повсюду разыскивал. Быстро посовещавшись, оба сочли нужным, чтобы гофмаршал поспешил навстречу императору и безотлагательно передал ему эту новость. Измайлов как был — при полном параде, в башмаках и белых шелковых чулках — не теряя времени, влез на скверную крестьянскую лошадь, что стояла где-то неподалеку, и сломя голову помчался навстречу императору. Он встретил его примерно в пяти верстах от Ораниенбаума едущим в фаэтоне в обществе прусского посланника фон Гольца и некоторых из дам. После стремительной скачки гофмаршал представлял собой довольно необычное зрелище, так что император встретил его насмешками. Правда, император забыл о шутках, когда услышал о бегстве императрицы — этим он был совершенно ошеломлен.

А. Шумахер. С. 284.

...1762 28 июня. 2 часа. По прибытии в Петергоф, дворец, в котором живет императрица с ее дамами и придворными кавалерами, найден пустым, и с удивлением услышали, что она еще в 5 часов утра потаенно уехала в Петербург, всего лишь с камер-юнгферою Катериною Ивановною Черогоротскою (Шарогородскою. — *Е. Г.*) и камердинером Шкуриным; находившиеся же при ней кавалеры и дамы ничего не знали о том до полудня.

Я. Я. Штелин. Записка о последних днях царствования Петра III //
Путь к трону... С. 476.

Входя во дворец, он [император] спросил испуганным голосом появившегося ему навстречу канцлера: «Где Екатерина?» И когда тот ответил: «Не знаю, я не смог ее найти, но говорят, что она в городе», император на мгновение глубоко задумался и тихо сказал с сильным чувством: «Теперь я хорошо вижу, что она хочет свергнуть меня с трона. Все, чего я желаю, — это либо свернуть ей шею, либо умереть прямо на этом месте». Он в гневе стукнул тростью по полу.

А. Шумахер. С. 284.

Теперь посудите сами, сколь изумление его долженствовало быть велико, когда, приехав в Петергоф, не нашел он тут никого, и легко мог заключить, что это значило и чего ему опасаться тогда надлежало. Неожидаемость сия поразила его как громовым ударом и повергла в неописанный страх и ужас...

А. Т. Болотов. С. 157.

Это был блеск молнии в ночи, удар грома при безоблачном небе. Все смешалось, перепуталось: все растерялись, онемели перед этою новостью, неясною еще, но уже грозною. Предчувствия самые тревожные, ожидания самые тяжелые охватили всех, спутав понятия, затемнив мысли. Никто не хотел или, быть может, не мог ясно определить положение, созданное «бегством» Екатерины; никто не был в состоянии сознательно отнестись к предстоявшим обязанностям, никто не знал ответа на вопрос: что делать?

В. А. Бильбасов. С. 101.

...[Государь] искал ее всюду, даже под кроватью, спрашивал всех своих, кто там остался, но никак ни на что не мог решиться. Все окружавшие его давали ему разные советы, из которых он выбрал самые слабые, прогуливался вдоль и поперек по саду и, наконец, захотел обедать.

Записки Екатерины II [3]. С. 343.

Прошло добрых полчаса в тупом недоумении. Опытные царедворцы, искусившиеся в придворной интриге, знавшие Екатерину уже много лет, кн. Трубецкой, гр. Шувалов и гр. Воронцов первые предложили свои услуги императору: они поедут «в Петербург с целью узнать, что там делается и привезти положительные о том сведения», причем канцлер Воронцов глубокомысленно добавил, что «если императрица отправилась в Петербург, чтобы захватить престол, то он, пользуясь своим влиянием, попытается усовестить ее, если его величеству будет то угодно». Его величеству все было угодно — эти три царедворца присягнули Екатерине и не возвратились к императору.

В. А. Бильбасов. С. 101.

...Его первое намерение было то, чтоб послать за своими голштинскими войсками и защититься ими от насилия. Но престарелый фельдмаршал Миних представил ему, что такому маленькому числу войска и шестистам человекам неможно никак противоборствовать целой армии, и что в случае обороны легко можно произойти, что от раздраженных россиян и все находящиеся в Петербурге иностранцы могут быть изрублены. Напротив того предлагал он два пути, которые неоспоримо в тогдашнем случае были наилучшие, выключая третьего, но о котором тогда ни государю, ни другим и в мысль не пришло. «Всего будет лучше», говорил ему сей опытный генерал, «чтоб ваше величество либо прямо отсюда в Петербург отправиться изволили, либо морем в

Кронштадт уехали. Что касается до первого пути, то не сумневаюсь я, что народ теперь уже уговорен; однако если увидит он ваше величество, то не преминет объявить себя за вас и взять вашу сторону. Если ж, напротив того, отправимся мы в Кронштадт, то овладеем флотом и крепостью и можем противников наших принудить к договорам с собою».

А. Т. Болотов. С. 157—158.

Он [Петр III] также приказал послать в Петербург за своим полком, и многие, пользуясь сим случаем, так же его оставили.

К.-К. Рюльер. С. 461.

...В 3 часа же дня, адъютанты, ординарцы и гусары были посланы по дорогам, идущим в Петербург, на разведку. Флигель-адъютант Рейзер был послан в Горелый Кабачок: он должен был отвезти туда семь голштинских рекрут и оставить их там, на заставе. Приказав им никого не пропускать ни в Петербург, ни из Петербурга; полковник Неелов был отправлен в Кронштадт, чтоб собрать там команду в 3000 человек и тотчас же отправить ее на ботах и шлюпках в Петергоф; адъютант Ингерманландского полка Костомаров, по приказу своего шефа Мельгунова и М. Л. Измайлова, поехал в Петербург с объявлением полковникам Астраханского и Ингерманландского полков, чтоб они немедленно привели свои полки в Ораниенбаум. В это время неизвестно откуда прошел слух, что во главе «петербургского возмущения» находится гетман гр. К. Г. Разумовский — император приказал привезти из Гостилиц его брата, гр. А. Г. Разумовского.

В. А. Бильбасов. С. 102.

Это было перед самым Петровым днем; мы ехали в Знаменское, — матушка, сестра Елисавета Кирилловна, я — в одной карете, батюшка с Василием Ивановичем — в другой. На дороге останавливает нас курьер из кабинета, подходит к каретам и объявляет, что государь приказал звать нас в Петергоф. Батюшка велел было ехать, а Василий Иванович сказал ему: «Полно, не слушайся; знаю, что такое. Государь сказал, что он когда-нибудь пошлет за дамами, чтоб они явились во дворец, как их застанут, хоть в одних рубашках. И охота ему проказить накануне праздника!» Но курьер попросил батюшку выйти на минуту. Они поговорили — и батюшка велел тотчас ехать в Петергоф. Подъезжаем ко дворцу; нас не пускают, часовой сунул к нам в окошко пистолет или что-то эдакое. Я испугалась и начала плакать и кричать. Отец мне сказал: «Полно, перестань; что за глупость», и потом, оборотясь к часовому: «Мы приехали по приказанию государя».— «Извольте же идти в караульню» — батюшка пошел, а нас отправил к ***, который жил в домиках. Нас приняли. Часа через два приходят от батюшки просить нас в Monplaisir. Мы поехали; матушка в спальнем платье, как была. Приезжаем в Monplaisir: видим множество дам, разряженных, en robe de cour (в придворных туалетах. — *фр.*). А государь с шляпою набекрень и ужасно сердитый...

Запись рассказа Н. К. Загряжской, дочери графа А. К. Разумовского.
А. С. Пушкин. С. 144—145.

Граф К. Разумовский был в заговоре 1762 г. <...> Екатерина уже бежала из Петергофа, а Разумовский еще ничего не знал. Он был дома. Вдруг слышит, к нему стучатся. «Кто там?» — «Орлов, отоприте». Алексей Орлов, которого до тех пор гр. Разумовский не видывал, вошел и объявил, что Екатерина в Измайловском полку, но что полк, взволнованный двумя офицерами (дедом моим Л. А. Пушкиным и не помню кем еще), не хочет ей присягать. Разумовский взял пистолеты в карманы, поехал в фуре, приготовленной для посуды, явился в полк и увлек его...

А. С. Пушкин. С. 128.

Последовал арест графа Алексея Разумовского и его супруги, а также дочерей гетмана Кирилла Григорьевича, находившихся тогда в Ораниенбауме.

А. Г. Брикнер [1]. *С. 123.*

Государь бегал большими шагами, подобно помешанному, часто просил пить и диктовал против нее [императрицы] два большие манифеста, исполненные ужасных ругательств. Множество придворных занимались перепискою оных, и такое же число гусар развозили сии копии.

К.-К. Рюльер. С. 461.

Государь посылает ораниенбаумским своим войскам приказание прибыть в Петергоф и окопаться там в зверинце, чтобы выдержать первый натиск.

Я. Я. Штелин. С. 478.

От Ораниенбаума до Петергофа добрая миля расстояния. В 4 часа мы пришли туда. Императору доложили о прибытии этой уже бесполезной защиты, и он услышал о том с удовольствием, а меня спросил, охотно ли пошли мы и готовы ли ко всему. Я отвечал утвердительно. Главным командиром нашей злосчастной толпы был генерал Левен из лифляндского дворянства, совсем неспособный действовать в таких обстоятельствах.

Д. Р. Сиверс. С. 332.

Нерешительный император не удовлетворился этими посольствами, но приказал тогдашнему кабинет-секретарю Волкову составить письмо в Петербург Сенату, в котором он строго взывал к его верности, оправдывал свое поведение в отношении собственной супруги и объявлял юного великого князя Павла Петровича внебрачным ребенком. Но, офицер, которому повелели доставить это послание, вручил его императрице, а она, как легко можно заключить, не сочла полезным его оглашать.

А. Шумахер. С. 287.

Император главным образом приказывал, чтобы наши не начинали стрелять. Я передал о том генералу Левену. Он был в смущении, и я, как и другие, убедился, что гораздо труднее исполнять генеральскую должность, нежели носить генеральское имя.

Д. Р. Сиверс. С. 332.

Такая деятельность в течение получаса утомила Петра III. Он отправился пройтись в нижний сад, к каналу. Там император «продолжает толковать и рассуждать с гр. Р. Л. Воронцовым, Мельгуновым, Гудовичем, Измайловым, Волковым, Л. А. Нарышкиным, прочие бродят вокруг или сидят на решетке, а иногда подходят для сообщения своих мыслей о том, что следовало бы предпринять.

В. А. Бильбасов. С. 102.

Император находился в нижнем, ближе к Неве, Петергофском саду. Он сидел на стуле. Рядом с ним графиня Воронцова. Она плакала. Он казался довольно спокоен, но несколько бледен. Он нюхал свой платок, обрызганный лавандовой водою. Тут я видел его в последний раз. Состоявшие при нем кавалеры и дамы находились все в некотором от него отдалении. Они, конечно, все ждали исхода своей измены, ибо я думаю, что лишь очень немногие не принимали участия в этом преступлении.

Д. Р. Сиверс. С. 332.

Наконец в сей крайности он решился оставить свой прусский мундир и ленту и возложил все знаки Российской империи.

К.-К. Рюльер. С. 461.

В 3 часа дня все общество с императором во главе двинулось к морю, решив «на всякий случай иметь наготове шлюпки, яхту и штатс-галеру». К берегу в это время пристал баркас — это поручик Преображенской бомбардирской роты Бернгорст привез из Петербурга фейерверк... Обратились к нему с расспросами; поручик сообщил, что «при выезде из Петербурга, в девятом часу, слышал в Преображенском полку большой шум и видел, как многие солдаты бегали с обнаженными тесаками, провозглашая государыню царствующею императрицей», но он, «не обратив на то внимания», поехал доставить фейерверк в Петергоф... Теперь все сомнения исчезли, все надежды, что «авось все уладится», разом улетучились. Нервы дам не выдержали — слышавшиеся и прежде негромкие всхлипыванья перешли в открытые рыдания, в общий вой. По счастью, положение было слишком серьезно, чтоб обращать внимание на дамские нервы, и теперь был принят, наконец, ряд мер, свидетельствовавших, что не все советники Петра III потеряли головы.

В. А. Бильбасов. С. 101.

...1762 28 июня. 4 часа. Граф Роман Илларионович и Волков диктуют и пишут именные указы, и государь подписывает их на поручне канального шлюза. Адъютанты отправляются с этими указами в разные полки и команды. Четыре писца продолжают писать на другом поручне, под руководством Волкова.

Я. Я. Штелин. С. 478.

В силу одного из таких указов генерал Девьер, в сопровождении флигель-адъютанта кн. И. Барятинского, «едет в Кронштадт, чтоб удержать за государем эту крепость».

В. А. Бильбасов. С. 103.

...Император послал туда приказ — всем солдатам и матросам с пятидневным запасом провианта и боеприпасов самым спешным образом выступить к Петергофу. Правда, через час голштинский генерал-аншеф Петер Девьер получил новое приказание: войскам оставаться на месте и беречь [Кронштадт] для императора. Он немедленно послал своего адъютанта назад к императору сообщить, что Кронштадт для него еще открыт и в случае, если обстоятельства того потребуют, он всегда сможет там укрыться.

А. Шумахер. С. 287.

4 часа. В Петергофе все тихо и ничего не трогается. Доносятся только разные дикие и страшные слухи из Петербурга, будто бы там пролито много крови, от несогласия в некоторых гвардейских и других полках все стало вверх дном, множество домов разграблено и Бог весть что еще случилось; точно таким же образом в самом Петербурге молва разглашает, будто бы в Ораниенбауме совершены самые ужасные вещи, все тамошние голштинские войска и все, что окружало императора, перебито и, наконец, произошел всеобщий грабеж.

Я. Я. Штелин. С. 480.

Фельдмаршал Миних [опять] «предлагает государю ехать, с небольшою свитою из нескольких знатнейших особ, прямо в Петербург, явиться там перед народом и гвардиею, указать им на свое происхождение и право, спросить о причине их неудовольствия и обещать всякое удовлетворение. Можно быть уверенным, — говорит он, — что личное присутствие государя сильно подействует на народ и даст делу благоприятный оборот, подобно тому, как внезапное появление Петра Великого неоднократно предотвращало такие же опасности». Храбрый Миних, облагодетельствованный императором, очевидно, не сознавал, что Петру III не по плечу примеры Петра I; к тому же его любимцы, Гудович и Мельгунов, стали оспоривать такой совет, справедливо «находя, что исполнение его будет слишком опасно для лица монарха». Петр III прекратил спор, заявив, что «он не доверяет императрице, коя могла бы допустить оскорбить его».

В. А. Бильбасов. С. 102.

Действительно, Петр III не мог ни на что решиться и пренебрег советами бывшего при нем Миниха.

Е. Р. Дашкова. С. 70.

...1762 28 июня. 5 часов. Государь досадует, что большая часть посланных им лиц не возвращаются назад, и выражает нетерпеливое желание узнать что-нибудь более достоверное о положении дел. Графиня Елисавета Романовна не хочет оставить государя и, в тревожном состоянии духа, все вертится около него. Две девицы Нарышкины и графиня Брюс составляют ее свиту; прочие дамы скрылись во дворце.

Я. Я. Штелин. С. 478.

Молодые женщины, из которых предыдущий император составил свою свиту, помешали ему, когда он узнал о событиях в городе, воспользоваться советом старого фельдмаршала Миниха — броситься в Кронштадт или уехать с группой приверженцев в армию.

Екатерина II — С.-А. Понятовскому. 2 августа 1762 г.

Около 6 часов в Кронштадте получили еще один — третий — приказ.

А. Шумахер. С. 287.

Этим указом отменялся предыдущий: полковнику Неелову велено было препроводить из Кронштадта в Петербург 3000 солдат с провиантом и патронами на пять дней: теперь генерал Девьер должен был приостановить отправку солдат и, напротив, приготовить все к приему императора. Девьер выехал из Петергофа в 4 часа дня, часом позже Неелова, и в начале 6-го был уже у кронштадтского коменданта Нуммерса. В Кронштадте ничего не знали о перевороте — весь этот день никто в Кронштадт не приезжал ни из Петербурга, ни из Петергофа или Ораниенбаума; только от Неелова услышал Нуммерс «новость дня», которая самому Неелову была мало известна. Приказание, привезенное Девьером, тоже ничего не разъясняло — оно только отменяло приказ, привезенный Нееловым. В крепости и на судах все оставалось по-прежнему, и Кронштадт, как всегда, готов был встретить императора. Уже кн. И. Барятинский хотел возвратиться в Петергоф, как в исходе 7 часа в Кронштадт прибыл из Петербурга корабельный секретарь Федор Кадников с запечатанным ордером адмирала И. Л. Талызина на имя коменданта Нуммерса. В ордере было приказано никого не впускать в Кронштадт и никого не выпускать из Кронштадта. Кадников не знал содержания привезенного им ордера: Нуммерс скрыл самый ордер от Девьера. Но скрыть появление Кадникова в Кронштадте было невозможно. Девьер и князь И. Барятинский стали допрашивать корабельного секретаря, который на все отзывался полным неведением. К 8 часам был составлен доклад императору, в котором Девьер извещал Петра III, что в Кронштадте все готово для его приема и что государь найдет в кронштадтской крепости надежную защиту. Этот доклад привез кн. И. Барятинский; с ним был отправлен в Петергоф и арестованный Кадников.

В. А. Бильбасов. С. 103.

Девьер, однако, меньше всего отличался быстротой и бдительностью, и многого недоставало для того, чтобы выходившие приказы осуществлялись столь же быстро, как того требовало их содержание.

А. Шумахер. С. 287.

К восьми часам вечера «беспокойство государя по случаю медленного возвращения гонцов, отправленных им в разные концы, все более и более возрастает». Это и понятно: трое из «гонцов» имели поручения, от которых зависит, по мнению Петра III, его спасение.

В. А. Бильбасов. С. 104.

Что оставалось тогда сему несчастному государю делать? Он приводится тем в неописанное изумление и другого не находит, как воспринять обратный путь.

А. Т. Болотов. С. 158.

А в советах, кажется, недостатка не было. Прусак Гольц находил наиболее надежным бежать в Нарву, т. е. к войскам, идущим в действующую армию. Совет этот многие одобряли и потому уже, что при исполнении можно было воспользоваться лошадьми, заготовленными по нарвскому тракту для принца Георга-Лудвига Голштинского. Иные советовали не останавливаться в Нарве, а бежать в Голштинию, в отчину Петра; другие предлагали искать спасения на Украине, даже в Финляндии.

В. А. Бильбасов. С. 102.

Тогда придворные и молодые дамы вошли к государю вместе с Минихом, чтобы изустно слышать, какое еще оставалось средство ко спасению; они говорили, что у гребцов не достанет сил, чтобы вести в Ревель. «Так что ж! — возразил Миних, — мы все будем им помогать». Весь двор содрогнулся от сего предложения, и потому ли, что лесть не оставляла сего несчастного государя, или потому что он был окружен изменниками (ибо чему приписать такое несогласие их мнений?), ему представили, что он не в такой еще крайности; неприлично столь мощному государю выходить из своих владений на одном судне; невозможно верить, чтобы нация против него взбунтовалась, и верно целию сего возмущения имеют, чтобы примирить его с женою.

К.-К. Рюльер. С. 464.

Нерешительный, не уважающий чужого мнения, не терпящий советов, неспособный сосредоточить мысль на одном вопросе, даже когда этот вопрос касается личной его безопасности, Петр III все медлит, уклоняется и, как бы в оправдание этой нерешительности, отдает различные приказания, ни для кого уже не обязательные, и подписывает указы, которых никто не будет читать.

В. А. Бильбасов. С. 103.

...1762 28 июня. 6 часов. По приказанию государя лейб-хирург его дает ему несколько приемов стального порошка.

Я. Я. Штелин. С. 478.

Одно из последующих его приказаний свидетельствует, что совет прусского посланника Гольца бежать в Нарву понравился императору, и Петр III принимал меры к его осуществлению. Адъютант Ингерманландского полка Костомаров, посланный в Петербург с приказом, чтобы Астраханский и Ингерманландский полки спешили в Петергоф, привез с собою еще следующий приказ: «Приказ в ямские слободы. Получа сей приказ выбрать пятьдесят лошадей самых хороших, прислать сюда в Петергоф с выборным и явитца на конюшни, а ежели потребует адъютант Костомаров пару лошадей, то дать ему без всякой отговорки. *Ларион Овцын*».
Генерал-поручик Ларион Яковлевич Овцын был главноприсутствующим в ямской канцелярии, т. е. заведовал почтовою гоньбою в империи: если он признавал необходимым пятьдесят добрых коней, значит без этого условия «спасение бегством» представляется немыслимым; а между тем ни лошадей, ни ответа от Костомарова нет. Вот что раздражало Петра III.

В. А. Бильбасов. С. 104—105.

...1762 28 июня. 7 часов. Государь требует холодного жареного и ломоть хлеба. На деревянную скамью у канала ставят блюда жаркого и бутербродов с несколькими бутылками бургонского и шампанского.

Я. Я. Штелин. С. 478.

К тому же надежда на стягивание к Петергофу полевых полков, хотя бы ближайших, тоже только что исчезла. В девятом часу вечера были получены крайне неприятные известия о миссии, порученной флигель-адъютанту Рейзеру, который был послан по дороге к Красному Селу, в Горелый Кабачок, с шестью голштинскими гусарами, чтоб устроить у заставы наблюдательный пикет и приказать Воронежскому полку идти ускоренным маршем к Петергофу. С этим флигель-адъютантом Рейзером случилось вот что: «Не доехав до того кабачка, например, за версту», Рейзер увидел «марширующий Воронежский полк». Солдаты, офицеры, все были в возбужденном состоянии: только что приехал из Петербурга полковник Олсуфьев и сообщил радостную весть — гвардия присягнула императрице Екатерине Второй. Воронежцы приветствовали это известие громким «ура» и полк спешил в Петербург. Когда Воронежский полк узнал, что флигель-адъютант Рейзер послан из Петергофа «от государя», то офицеры схватили его, арестовали и как его, так и голштинских рекрут-гусар привезли под караулом в Петербург... Известие об арестовании флигель-адъютанта Рейзера пришло в Петергоф в девятом часу и привело Петра III в крайнее раздражение. Даже «прогулка по берегу канала» не принесла успокоения. Император выслушал доклад о расположении голштинской кавалерии, которая была рассыпана по опушке всего петергофского парка и находилась под командою голштинца фон-Шильда; кое-где были выставлены пушки с прусскими канонирами, причем от императора скрыли, конечно, что из пушек нельзя стрелять за неимением ядер. Фельдмаршал Миних и принц Голштейн-Бек указывали Петру III на «ужасные последствия, которые могут произойти от такого, в сущности, мнимого сопротивления, если бы по неосмотрительности была выпущена против ожидаемой гвардии хотя бы одна пуля», но вполне безуспешно. Так как лошадей для бегства нет и русские полки передаются на сторону Екатерины, Петр возлагает все свои надежды только на голштинские войска.

В. А. Бильбасов. С. 105.

...У него было при себе полторы тысячи вооруженных людей голштинского войска, более сотни пушек и несколько русских отрядов.

Записки Екатерины II [3]. С. 339.

Был десятый час вечера, когда кн. Барятинский прибыл в Петергоф с докладом Девьера. Князь нашел большие перемены и в императоре и в Петергофе.

Петр III стал еще раздражительнее, непокойнее... Говорили, будто Петр III именно теперь особенно много пил. Вслед за этим, часов в семь вечера, император послал в Ораниенбаум приказ голштинским войскам «прибыть в Петергоф и окопаться в зверинце, чтоб выдержать первый натиск». Через час генерал фон-Лэвен привел голштинцев и расположил их в зверинце; но для всех стало ясно, что голштинцы не выдержат натиска: «у артиллерии очень мало ядер, а картечи и совсем нет; добавляют ядер от егермейстерской части, но калибр их не соответствует орудиям».

В. А. Бильбасов. С. 104.

Несчастие начало его гнать уже повсюду, и согласно с тем сплелись и обстоятельства все удивительным образом.

А. Т. Болотов. С. 158.

[Что делать с Петром?] Этот вопрос поднимался уже два раза; два уже раза обсуждался он если не Екатериною, то в ее присутствии, по крайней мере, с ее ведома — до переворота, когда еще не определилась ни конечная его цель, ни общий ход, и во время самого переворота, в сутолоке военного мятежа, среди опьяняющего успеха. До переворота вопрос обсуждался спокойнее. К будущей судьбе Петра относились тогда почти безразлично — никого не интересовал вопрос, что с ним будет; все думы и заботы сосредоточивались только на том, чтоб он не был императором. В немедленном разрешении вопроса не настояло и надобности: в случае нужды можно было руководствоваться бывшим примером, действовать по шаблону, — Иван Антонович был ведь заключен в Шлюссельбурге; отчего же с Петром Федоровичем не может быть поступлено так же? Заточение в крепости действительно во всяком случае: ребенок ли возмужает в темнице или взрослый состарится в ней, это безразлично. Тогда же промелькнула и другая мысль, тоже не новая, возникавшая уже 20 лет назад, при обсуждении вопроса о судьбе младенца Ивана III: Петр III, родом из Голштинии, прибывший в Россию по желанию Елизаветы Петровны, может, по желанию Екатерины Алексеевны, быть отправлен на родину, обратно в Киль. Его, к тому же, и отправлять незачем — он сам стремится за границу; собирается в поход против Дании. Одно время предполагалось даже приурочить переворот к тому именно времени, когда Петр III удалится из Петербурга, будет находиться вне пределов России. Эта мысль, однако, вскоре была оставлена: нельзя же, в самом деле, нападать на императора, когда он находится во главе войск, во всеоружии своей власти. Войска не любили Петра, но войска не выдадут своего полководца, не изменят своему главнокомандующему. Это предположение скрывало только мысль о будущей судьбе низвергнутого с престола императора — лишь бы его не было в России.

В. А. Бильбасов. С. 120.

Между тем императрица велела собрать в Санкт-Петербурге корпус войск (для похода на Петергоф, где, находился в это время растерянный Петр III. — *Е. Г.*), который состоял из трех пехотных гвардейских полков, конногвардейцев, полка гусар и двух полков инфантерии. Их возглавил гетман граф Разумовский. Генерал-фельдцейхмейстер Вильбуа командовал артиллерией, относящейся к авангарду. С этим корпусом императрица выступила в поход еще 28 июня вечером.

А. Шумахер. С. 290.

Господа Сенаторы! Я теперь выхожу с войском, чтобы утвердить и обнадежить престол, оставя вам, яко верховному моему правительству, с полною доверенностию, под стражу, отечество, народ и сына моего. Графам Скавронскому, Шереметеву, генерал-аншефу Корфу и подполковнику Ушакову присутствовать с вами, и им так как и действительному тайному советнику Неплюеву, жить во дворце, при моем сыне. Екатерина.

Указ Екатерины II Правительствующему Сенату 28 июня 1762 года.
Цит. по: Путь к трону. С. 484.

Отправив всех наших курьеров и приняв необходимые меры предосторожности, я, около десяти часов вечера, переоделась в гвардейский мундир и объявила себя полковником, что было встречено с неизъяснимой радостью. Я села верхом на коня; в городе мы оставили лишь понемногу солдат от каждого полка для охраны моего сына.

Екатерина II — С.-А. Понятовскому. 2 августа 1762 г.

На ней была мужская одежда — гвардейская форма с андреевской лентой через плечо. [Екатерина] ехала верхом с обнаженной шпагой в руке. Правда, как сама она позже сказала, на душе у нее было тяжело из-за неизвестности об исходе всего этого предприятия. Молодая княгиня Дашкова, также в офицерском мундире, сопровождала императрицу, как и она, верхом.

А. Шумахер. С. 290.

Не хватало только темляка на саблю.
— Кто подарит мне темляк? — спросила она.
Пять офицеров приготовились снять темляк со своих сабель и отдать императрице; один молодой лейтенант оказался проворнее других, бросился вперед и подал Екатерине нужный ей предмет.
Отсалютовав императрице шпагой, он хотел удалиться. Но лошадь не послушалась его: то ли из своенравия, то ли по привычке ходить в строю, она упрямо прижималась к боку лошади императрицы. Екатерина видела бесполезные усилия всадника, она взглянула на него и заметила, что он молод и красив, в его глазах она прочла любовь, энтузиазм, преданность.
— Ваша лошадь умнее вас, — сказала Екатерина, — она обязательно хочет осчастливить своего хозяина. Как вас зовут?
— Потемкин, Ваше Величество.

А. Дюма. С. 278.

Самойлов, племянник Потемкина, решительно отвергает достоверность этого анекдота на том основании, что Потемкин, будучи еще унтер-офицером, не мог поднести своего темляка государыне, «поелику оный был не офицерский». Однако сам Потемкин рассказывал впоследствии Сегюру даже подробности об этом случае: как он подал темляк, как его лошадь, привыкшая к эскадронному ученью, поравнялась с лошадью императрицы и, несмотря на все усилия, упорствовала удалиться, как императрица улыбнулась, и проч.

Как бы то ни было, императрица придавала участию Потемкина в государственном перевороте некоторое значение. В ее письме к Понятовскому о частностях этого события, между прочим, сказано: «В конной гвардии двадцатидвухлетний офицер Хитрово и семнадцатилетний унтер-офицер Потемкин направляли все благоразумно, смело и деятельно».

А. Г. Брикнер[3]. С. 21.

На другой день (29 июня) она произвела Потемкина офицером гвардии, потом подпоручиком и камер-юнкером, приказав выдать ему две тысячи рублей.

Дм. Бантыш-Каменский. Биография российских генералиссимусов
и генерал-фельдмаршалов. В 4 ч. Ч. 2. СПб., С. 57.

...Он послан был [потом] в Стокгольм курьером к находившемуся там российскому посланнику графу Остерману с известием о ее воцарении.

Л. Н. Энгельгардт. Записки // Русские мемуары.
Избранные страницы. XVIII век. М.: Правда, 1988. С. 236.

Это был тот самый Потемкин, который восемнадцать лет спустя стал всемогущим министром и любовником Екатерины II.

А. Дюма. С. 278.

Полки потянулись из города навстречу императору. Императрица опять взошла во дворец и обедала у окна, открытого на площадь. Держа стакан в руке, она приветствовала войска, которые отвечали продолжительным криком; потом села опять на лошадь и поехала перед своею армиею.

К.-К. Рюльер. С. 456.

...Вечером она выступила из Петербурга со всем войском и после полуночи отдыхала несколько часов в Красном Кабачке.

Я. Я. Штелин. С. 480.

Подвиг Екатерины не мог не произвести глубокого впечатления на современников. Была ясная летняя ночь. Екатерина, верхом, в мужском платье, в мундире Преображенского полка, в шляпе, украшенной дубовыми ветвями, из-под которой распущены были длинные красивые волосы, выступила с войском из Петербурга; подле императрицы ехала княгиня Дашкова, также верхом и в мундире: зрелище странное, привлекательное, пленительное. Эта сцена напоминала забавы Екатерины во время юношества, ее страсть к верховой езде, и в то же время здесь происходило чрезвычайно важное политическое действие: появление Екатерины в мужском костюме, среди такой обстановки, было решающим судьбу России торжеством над жалким противником, личность которого не имела значения, сан которого, однако, оставался опасным до совершенного устранения его. Настала пора необходимости той диктатуры, которую Екатерина предвидела с давних пор: она достигла цели, к которой стремилась в продолжение многих лет.

А. Г. Брикнер[1]. С. 122.

Имею честь чрез сие уведомить Правительствующий Сенат, что Ее Императорское Величество, наша Всемилостивейшая Государыня, благополучно марш свой продолжает, которую я со всеми полками застал у Красного Кабачка на растахе. Впрочем ревность неописанную и ни мало неумаляющуюся к намерению предпринятому во всех полках вижу; о сем и удостоверяю. Н. Панин. В два часа пополуночи (т. е. уже 29 июня, в Петров день), 20 минут.

Н. И. Панин — Правительствующему Сенату.
Цит. по: Путь к трону. С. 484.

Тогда же, в 3 ч. ночи на 29 июня, Ф. И. Ушаков привез из Красного Кабачка и вручил Сенату «конверт с указом Ее Императорского Величества генерал-майору Савину», и Сенат, ввиду того что Савин давно уже отправился в Шлиссельбург, приказал: «Дослать ему с нарочным сей конверт». Содержание указа г. м. Савину до сих пор неизвестно: весьма вероятно, что этим указом дополнялось сделанное днем распоряжение о приготовлении помещения в Шлюссельбурге; указом от 29 июня, из Петергофа, Савину предписывалось вывезти Ивана Антоновича из Шлиссельбурга в Кексгольм, а в Шлюссельбурге «очистить лучшие покои»; для этих покоев [позже] указом 2 июля подпоручик Плещеев повез некоторые вещи.

В. А. Бильбасов. С. 120.

Мы марshировали от Петербурга до половины пути в неизвестности, что делается в Ораниенбауме, и на половине дороги получили подлинное известие, что бывший Император со всем находившимся при нем двором, оставя свои мнимые голштинские войска, ретировался на яхтах и галере в Кронштадт, куда мужеск и женск пол оного своего двора всех насильно без остатка с собою взял. Но сие его предприятие поздно уже им затеяно было; ибо когда он, подъехав к гавани Кронштадтской, вступил на шлюпку и сигнал дал с других обоих судов прочим выступать, дабы удобнее войти на берег, то вход ему уже скоропоспешным нашего адмирала Талызина, предварительным учреждением воспрепятствован был, так что, когда он из шлюпки велел подать голос на берег, что он сам приехал и чтоб в городе вспомоществовали своего Государя, тогда им в трубу ответствовано было, что иного в Кронштадте Государя не знают, кроме нашего Императорского Величества, яко своей истинной Государыни. И таким образом, по многом переговоре, последнее ему объявлено было, чтоб немедленно ретировался или в противном случае пушками препровожден будет.

Екатерина II. Из Указа Сенату, данного 29 июня 1762 года в Петергофе
(Здесь и далее цит. по: Путь к трону. С. 489—490.)

В то время как она шла с войсками в Петергоф, народ вообразил, что Петр III может приехать водою; несколько тысяч человек собралось на Васильевском острове на берегу моря при входе в Неву, вооруженных камнями и палками, в полной решимости потопить всякое судно, которое прибыло бы с моря.

Записки Екатерины II[3]. С. 342.

В это-то именно время, в десятом часу вечера, «является из Кронштадта кн. И. Барятинский» с докладом гр. Девьера. Это был первый и последний «гонец», возвратившийся к императору; доклад гр. Девьера — единственное доброе известие, полученное Петром III во весь злополучный для него канун своего тезоименитства. У всех появляются радужные надежды, все обступают императора — Мельгунов, Гудович, Измайлов, Нарышкин читают доклад гр. Девьера. Все сомнения исчезли: в Кронштадте спасение — в Кронштадт. «Решаются тотчас отплыть морем».

В. А. Бильбасов. С. 105.

...1762 28 июня. Около 10 часов. Решаются тотчас отплыть морем. Государь велит подъехать шлюпкам и садится в них с восемью или десятью человеками, а прочим велит следовать на галере и на яхте. Садясь в шлюпку, он отдает генералу Шильду приказание отослать ораниенбаумские войска назад в Ораниенбаум и оставаться там спокойными.

Я. Я. Штелин. С. 479.

Тотчас нельзя: нужно время, чтобы перенести на яхту кухню и погреб, приготовить суда к плаванию, привести шлюпки для переезда на галеру и яхту.

В. А. Бильбасов. С. 105—106.

Галера выходит с рейда и вместе с яхтою направляется к Кронштадту, при довольно хорошем попутном ветре.

Я. Я. Штелин. С. 479.

Здесь не излишне упомянуть о таком обстоятельстве, которое само по себе ничего бы не значило, если бы не доказывало, с каким примерным хладнокровием можно на сии смотреть ужасные происшествия. Один очевидный свидетель сего бегства, оставшись спокойно на берегу, рассказывал об этом на другой день; у него спросили: почему, когда его Государь отправлялся оспаривать свою корону и жизнь, он не захотел за ним следовать? Тогда он отвечал: «В самом деле, я хотел сесть в яхту, но было уже поздно; ветер дул к северу, а со мною не было плаща».

К.-К. Рюльер. С. 462.

Когда же он подошел, наконец, на галере к Кронштадту, город этот был уже на нашей стороне благодаря действиям адмирала Талызина, обезоружившего генерала Девьера, который, по поручению императора, прибыл в Кронштадт еще до него.

Екатерина II — С.-А. Понятовскому. 2 августа 1762 г.

Кронштадт был приведен в повиновение императрицы действиями и отвагой одного только человека, имя которому адмирал Талызин.

Я. Я. Штелин. С. 479.

В девятом часу вечера, вскоре по отплытии кн. И. Барятинского, прибыл в Кронштадт вице-адмирал И. Л. Талызин и предъявил коменданту Нуммерсу собственноручный указ Екатерины: «что адмирал Талызин прикажет, то и исполнить».

В. А. Бильбасов. С. 106.

И надобно ж было так случиться, что комендант сею неожидаемостию приведен был в такое смущение и замешательство мыслей, что ему и в голову не пришло того, чтоб сего присланного арестовать и донесть о том государю. А он начал только делать некоторые отговорки, дабы собраться между тем с духом; а присланный так был расторопен, что, воспользуясь сим изумлением коменданта, велел тотчас самого его арестовать... сказав ему при том то славное и достопамятное слово: «Ну, государь мой, когда не имели вы столько духа, чтоб меня арестовать, так арестую я вас».

А. Т. Болотов. С. 158.

Когда адмирал Талызин был послан в Кронштадт, мы все считали его погибшим человеком, потому что не представлялось понятным, чтобы император не подумал об этом порте и крепости: надо было сделать водою только одну милю от Ораниенбаума, тогда как от города было четыре и он был послан лишь в полдень. Когда он приехал, действительно он нашел генерала Девьера с двумя тысячами человек, выстроенных на пристани; этот последний спросил его, зачем он приехал;

он ответил: «Я приехал поторопить отплытие флота». — «А что говорят и делают в городе?» — «Ничего», — сказал он. «Куда вы направляетесь теперь?» — «Я собираюсь отдохнуть, я умираю от жары». Тот его пропустил; он вошел в один дом, вышел из него через заднюю дверь и пришел к коменданту Нумерсу, которому сказал: «Послушай, в городе совсем другие вести, чем здесь; все принесли присягу императрице. Я советую тебе сделать то же самое. У меня здесь четыре тысячи матросов, у тебя лишь две тысячи человек. Вот мой приказ: решайся». Этот ответил, что сделает то, что ему будет угодно. «Ну, — сказал он, — ступай, обезоружь генерала Девьера». Он пошел на это, отозвал его в сторону, взял у него шпагу — и все принесли присягу.

*Записки Екатерины II*³. С. 341—342.

Нуммерс, правда, выпустил кн. И. Барятинского, повинуясь приказу Петра III; но он не задумается исполнить и приказ Екатерины II, когда воочию уверится в ее воцарении, которого он давно желает.

В. А. Бильбасов. С. 103.

Прошу доложить Ее Величеству, Дивьер и Полковник его полку желают присягу взять; я намерен от него присягу взять, в том худобы не будет.

И. Л. Талызин — Н. И. Панину. 29 июля 1762 г.
(Здесь и далее цит. по: Путь к трону. С. 482.)

После того как эти двое были завоеваны, графа Девьера заставили сидеть в доме коменданта в бездействии до той поры, пока дело не решится окончательно. И когда он упрекнул адмирала Талызина в предательстве, тот ответил ему с иронической и презрительной усмешкой: он не сделает Девьеру ничего сверх того, что он сам, Девьер, должен был бы сделать с Талызиным при появлении его в гавани, если бы правильно разбирался в своем ремесле.

А. Шумахер. С. 288.

...И с общего совета было решено привести немедленно к присяге как гарнизон крепости, так сухопутные и морские команды, причем, для избежания всяких возможных случайностей, Нуммерс «настоятельно» просил гр. Девьера не выходить из комендантских покоев, пока не будут окончены все формальности.

Несмотря на позднее время, весь крепостной гарнизон был собран на комендантском плацу и объявление о вступлении на престол Екатерины II было приветствовано радостными криками и громким «ура». Весть о воцарении Екатерины быстро распространилась по всему острову, и менее чем в один час не только весь Кронштадт, но и команды всех судов присягнули на верность императрице.

В. А. Бильбасов. С. 106.

Как расстояние от Петергофа до Кронштадта не очень велико, то приплывают они [император со свитою] туда довольно еще рано, но принимаются очень худо.

А. Т. Болотов. С. 158.

...1762 28 июня. В 1 часу пополуночи галера подходит к кронштадтской гавани и находит ее запертою боном. Яхта останавливается насупротив галеры, в левую руку от входа в гавань, шагах в 20 или 30 от стены. Спущенная с галеры шлюпка подплывает ко входу в гавань и требует, чтобы отдали бон...

Я. Я. Штелин. С. 479.

Караульный на бастионе мичман Михаил Кожухов «отказывает в том с угрозами». Петр III мог видеть в этом только точное исполнение его приказания гр. Девьеру — никого не впускать в Кронштадт; судя по донесению гр. Девьера и по уверениям кн. И. Барятинского, что в Кронштадте все готово к приему императора, к его защите, Петру III стоит только назвать себя и бон будет отдан.

В. А. Бильбасов. С. 107.

Государь кричит, что он сам тут и чтобы его сейчас впустили.

Я. Я. Штелин. С. 479.

Часовые кричат, чтоб яхта не приставала к берегу, и как государь сам кричит и о своем присутствии им объявляет, то они отвечают ему, сказывая напрямки, что он уже не император, а обладает Россиею уже не он, а императрица Екатерина Вторая. Потом говорят ему, чтоб он отъезжал прочь, а в противном случае дадут они залп из всех пушек по его судну.

А. Т. Болотов. С. 158.

Один из офицеров порта, по собственному почину, пригрозил несчастному государю, что выстрелит по его галере из пушки...

Екатерина II — С.-А. Понятовскому. 2 августа 1762 г.

...Государь первый вышел на берег; все дамы за ним. Матушка с нами осталась на галере (мы не принадлежали той партии). Графиня Анна Карловна Воронцова обещала прислать за нами шлюпку. Вместо шлюпки через несколько минут видим государя и всю его компанию, бегут назад — все опять на галеру — кричат, что сейчас станут нас бомбардировать.

Запись рассказа Н. К. Загряжской // А. С. Пушкин. С. 144—145.

Между тем император стоял на воде несколько часов; от столь обширной империи осталось ему только две яхты, бесполезная в Ораниенбауме крепость и несколько иностранного войска, лишенного бодрости, без амуниции и провианта. Он приказал позвать в свою каюту фельдмаршала Миниха и сказал: «Фельдмаршал! мне бы надлежало немедленно последовать вашему совету: вы видели много опасностей, скажите, наконец, что мне делать?» — Миних отвечал, что дело еще не проиграно: надлежит не медля ни минуты направить путь к Ревелю, взять там военный корабль, пуститься в Пруссию, где была его армия, и возвратиться в свою империю с 80 000 человек, и клялся, что ближе полутора месяца, приведет государство в прежнее повиновение.

К.-К. Рюльер. С. 464.

...1762 28 июня. В 1 часу пополуночи. В Кронштадте бьют тревогу. На стене показываются несколько сот вооруженных солдат.

Я. Я. Штелин. С. 479.

Я уже по се время третью тревогу бью: яхта опять... подходила, только не близко; из Аранин бога (т. е. Ораниенбаума) гость ко мне приезжал и просился в Кронштадт, что обстоятельно в моем всеподданнейшем репорте к Ее Величеству репортовано. Людей всемерно в Кронштадте мало обнять такую обширную гавань...

И. Л. Талызин — Н. И. Панину. 29 июля 1762 г.

...1762 28 июня. В 1 часу пополуночи. Яхте вторично приказывают немедленно отъехать, в противном случае в нее станут стрелять ядрами. Она спешит распустить паруса и, для скорости, перерубает якорный канат. Третий окрик, что если она не удалится сейчас же, то откроется пальба из наведенных уже на нее орудий. Яхта, действительно, тотчас же пускается в ход, поворачивая под ветер, а галера на веслах опережает ее по направлению к Ораниенбауму. Государь кричит, чтобы яхта следовала за галерою, чего, однако нельзя исполнить за мелководием ораниенбаумского рейда. С яхты при повороте замечают, что между кронштадтским валом и Кроншлотом расположилось плоскодонное судно с многолюдным экипажем, вероятно чтобы загородить свободный проход в открытое море.

Я. Я. Штелин. С. 479—480.

Вступив на борт галеры, император пригрозил бывшим в его свите знатным дамам, а именно канцлерше Воронцовой, супруге гетмана, оберегермейстерше Нарышкиной, графине Брюс, графине Строгановой и другим, чьи мужья были в городе у императрицы, что он сквитается на них и что ни одна из них не вернется в Петербург живой. Легко представить, какой страх вызвала у дам эта угроза и какой вой и стенанья тут поднялись. Впрочем, император вряд ли выполнил бы свое обещание — оно было дано, скорее всего, просто в дурном расположении духа. Он спустился со своей любовницей Елизаветой Воронцовой и фаворитом Гудовичем в каюту и оставался там в полном унынии и беспомощности.

А. Шумахер. С. 289.

Государь ушел á fond de cale (в трюм. — *фр.*) с графиней Лизаветой Романовной; а Миних, как ни в чем не бывало, разговаривает с дамами leur faisant la cour (ухаживая за ними. — *фр.*).

Запись рассказа Н. К. Загряжской // А. С. Пушкин. С. 144—145.

Между тем яхта отвозит изумленных пловцов своих в обратный путь и приплывает с ними уже не в Петергоф, а прямо к Ораниенбауму, однако не прежде как уже по утру на другой день.

А. Т. Болотов. С. 158—159.

Кронштадтский эпизод в его резкой, грубой действительности способен был смутить и не такого слабого человека, как Петр III; на всех пассажиров галеры он произвел удручающее впечатление. Император видимо изнемогал. Он спустился в каюту, слабый и разбитый, молча прилег на первую скамью и впал в забытье, род обморока. Фаворитка и графиня Брюс сошли в каюту; гр. Миних и Гудович остались на палубе. Ни для кого уже не оставалось ни малейшего сомнения — партия Петра III проиграна.

В. А. Бильбасов. С. 108.

Петр решился на примирение и, как человек, желающий даровать прощение, он приказал себя высадить в Ораниенбауме.

К.-К. Рюльер. С. 465.

3 часа. Государь подходит на галере к ораниенбаумской гавани и, поднявшись в шлюпке вверх по каналу, идет в свой малый дворец внутри крепости, густо обставленной вокруг тамошними его войсками.

Я. Я. Штелин. С. 480.

В Ораниенбауме я нашел всех людей под ружьем; они простояли так целую ночь до утра. У меня не было никакой команды; мой полк стоял в Нарве, и я действовал как волонтер. Не раздеваясь, лег я в постель. В четыре часа послышался шум: император возвратился из Кронштадта. Если бы он с самого начала туда поехал, как ему советовал фельдмаршал Миних, то, может быть, все обошлось бы благополучно.

Д. Р. Сиверс. С. 333.

Слуги со слезами встретили его на берегу. «Дети мои, — сказал он, — теперь мы ничего не значим». Их слезы тронули его до глубины души и сердца.

К.-К. Рюльер. С. 465.

4 часа. По просьбе дам государь распускает гарнизон по квартирам и переходит в Японскую залу большого дворца. Тут ему несколько раз делается дурно, и он посылает за священником тамошней русской церкви. В Ораниенбауме с трудом достают немного белого хлеба и соли, потому что кухня и погреб остались на яхте.
Я. Я. Штелин. С. 480.

Мы приехали в Ораниенбаум. Государь вошел в крепость (?), а мы во дворец; на другой день зовут нас к обедне. Мы знали уже всё. Государь был очень жалок. На ектенье его еще поминали. Мы с ним простились. Он дал матушке траурную свою карету с короною. Мы поехали в ней. В Петербурге народ принял нас за императрицу и кричал нам *ура...*
Запись рассказа Н. К. Загряжской // А. С. Пушкин. С. 144—145.

Он узнал... что армия императрицы была очень близко, а потому тайно приказал оседлать наилучшую свою лошадь в намерении, переодевшись, уехать один в Польшу, но встревоженная мысль скоро привела его в недоумение, и его любезная, обольщенная надеждою найти убежище, а может быть в то же время для себя и престол, убедила его послать к императрице просить ее, чтобы она позволила им ехать вместе в Герцогство Голштинское. По словам ее, это значило исполнить все желания императрицы, которой ничто так не нужно, как примирение, столь благоприятное ее честолюбию: и когда императорские слуги кричали: «Батюшка наш! она прикажет умертвить тебя!» — тогда любезная его отвечала им: «Для чего пугаете вы своего Государя?!»
К.-К. Рюльер. С. 465.

В 11 часов (29 июня) въехала в Петергоф ее величество императрица, верхом, в гвардейском мундире, в сопровождении точно так же одетой княгини Катерины Романовны Дашковой и конно-гвардейского полка... В Петергофе ее приветствовали тройным *ура* несколько тысяч солдат, крикам которых вторил гром выстрелов из расставленных на плаце пушек.
Я. Я. Штелин. С. 481.

Меж тем императрица отправила Измайлова к Петру III, заклиная убедить его в необходимости сдачи, дабы избежать многочисленных несчастий, предотвратить которые, в случае отказа будет невозможно. Императрица уверяла, что считает своим долгом сделать жизнь Петра приятной в любом удаленном от Петербурга, им самим выбранном дворце и что, насколько будет в ее власти, она исполнит все его пожелания.
Е. Р. Дашкова. С. 71.

Тут поражается государь еще ужаснейшим известием, а именно, что императрица, его супруга, прибыла уже с многочисленным войском и со многими пушками из Петербурга в Петергоф. — Было сие действительно так; ибо государыня успела еще в тот же день (в день переворота, 28 июня), собрав все гвардейские и другие, бывшие в Петербурге полки и предводительствуя сама ими, вечером из Петербурга выступить и переночевав по походному в Красном Кабачке, со светом вдруг отправиться далее, и как Петергоф отстоит только 28 верст от Петербурга, то и прибыла она в оный еще очень рано. А не успел государь от поразившего его, как громовым ударом, известия сего опамятоваться и собраться с духом, как доносят ему, что от новой государыни прибыл уже князь Меншиков, с некоторым числом войска и с пушками, для вступления с ним в переговоры, и требует, чтобы все голштинские войска сдались ему военнопленными. Сие смутило еще более государя и расстроило так все его мысли, что как некоторые из офицеров его, случившиеся при том как принесено было известие сие, стали возобновлять уверения свои, что они готовы стоять до последней капли крови за своего государя и охотно жертвуют ему своею жизнию, то не хотел он никак согласиться на то, чтобы толико храбрые люди вдавались, защищая его, в очевидную опасность. И пекущийся о благе России Промысл Господень так тогда затмил весь его ум и разум, что он и непомыслил даже о том, что ему оставался еще тогда путь к спасению себя от опасности, и путь никем еще непрегражденный и свободный. Он имел при себе тогда более 200 человек гусар и драгунов, снабженных добрыми лошадьми, преисполненных мужества и готовых обороняться и защищать его до последней капли крови. Весь зад был у него отверстым и свободным и легко ль было ему пуститься с ними в Лифляндию и далее. В Пруссии ожидала уже прибытия его сильная армия, на которую мог бы он положиться. Бывшая с императрицею гвардия не могла бы его никак догнать, она находилась от него еще за 20 верст расстоянием, в Петергофе, и он по крайней мере предускорил бы оную пятью часами. Никто бы не дерзнул остановить его на дороге, и если б и похотел какой-нибудь гарнизон в крепости его задержать, так могли бы гусары его и драгуны очистить ему путь своим оружием. Но все сии выгоды, ни он, ни все друзья его, тогда не усматривали, а встрепенулись тогда уже о том помышлять, когда было уже поздно.

А. Т. Болотов. С. 158—159.

Несколько часов спустя Петр был лишен короны.

А. Брикнер[1]. С. 110.

В то же утро 29-го в Ораниенбауме император устроил последнее совещание. За исключением одного лишь Миниха, все советовали ему сдаться императрице и наперебой предлагали пункты капитуляции. Миних же, лучше кого бы то ни было знавший, что собой представляют революции в России, внушал императору, что гвардейские полки наверняка обмануты ложью либо о его смерти, либо об отсутствии.

Прошло уже 24 часа — было много времени как следует подумать, так что из тех, кто сейчас действовал вынужденно, наверное, немало найдется таких, что в мгновенье ока примут решение перейти на сторону императора, стоит лишь ему покинуть своих голштинцев и вместе с одним лишь Минихом явиться навстречу приближающейся гвардии. Тогда он, фельдмаршал, надеется внушить гвардейцам необходимое и изменить их настроение. Пусть император не боится, что на его особу осмелятся посягнуть. Столь большое доверие и столь решительный поступок всех совершенно изумит. Если же все-таки начнут стрелять, то первая пуля сразит самого фельдмаршала. В любом случае так умереть славнее, чем позволить себя позорно взять в плен, не решившись ни на какое действие ради того, чтобы удержать за собой столь величественный трон. И в самом деле, единственное, что оставалось, — это последовать такому совету. Исход мог быть и счастливым, поскольку между Преображенским и Измайловским полками уже царило сильное соперничество. Многие стали говорить о примирении, а что касается армейских полков, то они во всем этом деле играли чисто пассивную роль. Но императора поразила слепота. Ему не хватило мужества и отваги последовать этому совету — и его отвергли как слишком опасный, поскольку нельзя подвергать угрозе священную особу императора. После этого по совету фельдмаршала Миниха и по приказу императора ораниенбаумской солдатне пришлось сложить оружие. Во-первых, их было слишком мало, чтобы защищаться от столь превосходящего силой противника, а во-вторых, такое слабое сопротивление не могло привести ни к чему иному, как к величайшему ожесточению и вследствие этого к ужасной кровавой бане.

А. Шумахер. С. 290—291.

Это было последнее решение, и тотчас после единогласного совета, в котором положено, что единственное средство избежать первого ожесточения солдат, было то, чтобы не делать им никакого сопротивления, он отдал приказ разрушить все, что могло служить к нашей обороне, свезти пушки, распустить солдат и положить оружие.

К.-К. Рюльер. С. 465.

Приказу этому последовали тотчас же, и большая часть [солдат] разбежалась и попряталась как можно лучше в лежавшем поблизости лесу.
А. Шумахер. С. 291.

При сем зрелище Миних, объятый негодованием, спросил его: ужели он не умеет умереть, как император, перед своим войском? «Если вы боитесь, — продолжал он, — сабельного удара, то возьмите в руки распятие, они не осмелятся вам вредить, а я буду командовать в сражении».

К.-К. Рюльер. С. 465.

В два часа пополудни произошла между нами, бедными воинами, печальная комедия. Прибыл русский генерал Суворов, впоследствии граф и фельдмаршал (мемуарист перепутал двух Суворовых — отца с сыном. — *Е. Г.*) с конногвардейцами и гусарским отрядом и потребовал, чтобы сдано было все вооружение. Сначала отобрали его у офицеров, а потом все голштинское войско было согнано в крепостцу Петерштадт, откуда уже никого не выпускали. Этот жалкий Суворов держался правил стародавней русской подлой жестокости. Когда обезоруженных немцев уводили в крепостцу, он развлекался тем, что шпагою сбивал у офицеров шапки с голов и при этом еще жаловался, что ему мало оказывают уважения. Затем он начал разыскивать, сколько у кого запасено денег, пожитков и драгоценностей. Злополучным солдатам и офицерам почти негде было прилечь, и они со страхом ожидали, что дальше учинит этот осел, будущий фельдмаршал.

Д. Р. Сиверс. С. 334.

Но что говорить! Когда судьба прохочет кого гнать, или когда Правителю мира что неугодно, так может ли тут человек что-нибудь сделать? А от того и произошло, что вместо всего вышеупомянутого государь впал тогда в такое малодушие, что решился послать к супруге своей два письма, и в одном из оных, посланном с князем Голицыным, просил он только, чтоб отпустить его в голштинское его герцогство, а в другом, отправленном с генерал-майором Михаилом Львовичем Измайловым, предлагал он даже произвольное отречение от короны и от всех прав на российское государство, если только отпустят его с Елисаветою Воронцовою и адъютантом его, Гудовичем, в помянутое герцогство.

А. Т. Болотов. С. 159.

Сие от Кронштадта, а другое уведомление о нашем к нему приближении столь много отвагу его поразило, что убеждение он немедленно возымел к раскаянию, почему и прислал к нам два письма, первое чрез вице-канцлера князя Голицына на французском языке, в коем просил помилования, а другое чрез генерал-майора Михаила Львовича Измайлова своеручное же, писанные карандашом, что была б только жизнь его спасена, а он ничего столько не желает, как совершенно на век свой отказаться от скипетра Российского и нам оный со всяким усердием и радостию оставить готов торжественным во весь свет признанием.

Екатерина II. Из Указа Сенату, данного 29 июня 1762 года в Петергофе.

И как то, так и другое письмо, наполненные ласкательствами, присланы были несколько часов после того, что он повеление давал действительно нас убить, о чем Нам те самые за подлинно донесли с истинным удостоверением, кому сие злодейство противу живота Нашего препоручено было делом самим исполнить.

Из «обстоятельного» манифеста о восшествии на престол Екатерины II.
Цит. по: Путь к трону. С. 492.

Легко можно вообразить себе, какое действие долженствовали произвесть в императрице таковые предложения! Однако по благоразумию своему она тем одним была еще недовольна, но чрез помянутого Измайлова дала ему знать, что буде последнее его предложение искренно, то надобно, чтоб отречение его от короны Российской было произвольное, а непринужденное, и написанное по надлежащей форме и собственною его рукою.

А. Т. Болотов. С. 159.

Мы, приняв таковые его к нам смиренные прошения, послали ему от нас самих своеручную же записку, которою дали ему знать, чтоб он вышеупомянутое удостоверение дал нам письменно и своеручное, но так добровольно и непринужденно, что мы паче от его собственного поводу того ожидать будем, не употребляя никаких делом самым страхов, с чем мы к нему того же генерал-майора Михаила Львовича Измайлова и отправили, ожидая его теперь ответа; впрочем, весь его двор уже к нам явился принести нам в верности присягу, так как и гренадерские роты в Петергофе и кто случился, все присягали.

Екатерина II. Из Указа Сенату, данного 29 июня 1762 года в Петергофе.

Императрица ночевала в Петергофе, и на другой день поутру прежние ее собеседницы, которые оставили ее в ее бедствиях, молодые дамы, которые везде следовали за императором, придворные, которые в намерении управлять сим государством в продолжении сих лет, питали в нем ненависть к его супруге, явились к ней все и повергались к ногам ее. Большая часть из них были родственники фрейлины Воронцовой. Видя их поверженных, княгиня Дашкова, сестра ее, также бросилась на колени, говоря: «Государыня! вот мое семейство, которым я вам пожертвовала». Императрица приняла их всех с пленительным снисхождением и при них же пожаловала княгине ленту и драгоценные уборы сестры ее. Миних находился в сей же толпе, она сказала ему: «Вы хотели против меня сражаться?» — «Так, государыня, — отвечал он, — а теперь мой долг сражаться за Вас». Она оказала к нему такое уважение и милость, что, удивляясь дарованиям сей государыни, он скоро предложил ей в следующих потом разговорах все те знания во всех частях сей обширной империи, которые приобрел он в продолжительный век свой в науках на войне, в министерстве и ссылке, потому ли, что он был тронут сим великодушным и неожиданным приемом, или, как полагали, потому, что это было последнее усилие его честолюбия.

К.-К. Рюльер. С. 467.

Когда генерал-майор Измайлов вернулся из Петергофа, император немедленно написал присланную с ним на русском языке формулу отречения от российской короны и тут же подписал ее в надежде, что это позволит ему отправиться в Голштинию.

А. Шумахер. С. 291.

Императрица послала к нему для подписания отречение следующего содержания...

К.-К. Рюльер. С. 465—466.

В краткое время правительства моего самодержавного Российским государством самым делом узнал я тягость и бремя, силам моим несогласное, чтоб мне не токмо самодержавно, но и каким бы то ни было образом правительства владеть Российским государством. Почему и восчувствовал я внутреннюю оного перемену, наклоняющуюся к падению его целости и к приобретению себе вечного чрез то бесславия. Того ради помыслив, я сам в себе беспристрастно и непринужденно, чрез сие заявляю не токмо всему Российскому государству, но и целому свету торжественно, что от правительства Российским государством на весь век мой отрицаюсь, не желая ни самодержавным, ниже иным каким-либо образом правительства во всю жизнь мою в Российском государстве владеть, ниже оного когда-либо или чрез какую-либо помощь себе искать, в чем клятву мою чистосердечную пред богом и всецелым светом приношу нелицемерно, все сие отрицание написав и подписав моею собственною рукою. Июня 29. 1762. Петр.

Отречение Петра III.
Цит. по: Со шпагой и факелом. С. 269.

Камергер, которого наименовал он своим генералиссимусом, был послан с сим письмом, и все придворные бросались в первые суда и, поспешно оставляя императора, стремились умножить новый штат.

К.-К. Рюльер. С. 465.

Чего оставалось бояться от человека, который унизил себя до того, что переписал и подписал такое отречение? или что надобно подумать о нации, у которой такой человек был еще опасен?

К.-К. Рюльер. С. 465, 466.

Что будет впредь, о том вас уведомим, а бывших при нем ближних для предосторожности, под караулом, указали задержать. Сей момент бывший Император к нам в Петергоф и удостоверение своеручное, которого и копию прилагаем, нам подал, а оригинальное мы сами Сенату отдадим.

Екатерина II. Из Указа Сенату, данного 29 июня 1762 года в Петергофе.

Не успел он сего достопамятного начертания написать и оное доставить до рук императрицы, как и посажен он был с графинею Воронцовою и любимцем своим Гудовичем в одну карету и привезен в Петергоф, где тотчас разлучен он был со всеми своими друзьями и служителями...

А. Т. Болотов. С. 160.

Тот же самый камергер, отвезши сие отречение к императрице, скоро возвратился назад, чтобы обезоружить голштинских солдат, которые с бешенством отдавали свое оружие и были заперты по житницам; наконец он приказал сесть в карету императору, его любезной и любимцу и без всякого сопротивления привез их в Петергоф.

К.-К. Рюльер. С. 466.

Все сбежались на большую лестницу, чтобы увидеть его отъезд, но он спустился по боковой. С ним вместе в карету сели Елизавета Воронцова и Гудович. На запятки по его приказу встал его обер-камердинер Тюмлер и с ним еще двое камер-лакеев.

По пути они встречали один военный пост за другим, и [император] едва избежал опасности быть со всем своим обществом разнесенным в куски выстрелом из одной шуваловской гаубицы. Канонир совсем уже собрался выпалить, но в то же мгновение начальник поста артиллерийский старший лейтенант Милессино так резко ударил его шпагой по руке, что тот выронил горящий фитиль.

А. Шумахер. С. 291.

Петр, отдаваясь добровольно в руки своей супруги был не без надежды. Первые войска, которые он встретил, никогда его не видали; это были те 3000 казаков, которых нечаянный случай привел к сему происшествию. Они хранили глубокое молчание и невольное чувство, которому он не мог противиться при виде их, не причинили ему никакого беспокойства. Но как скоро увидела его армия, то единогласные крики: «Да здравствует Екатерина!» раздались со всех сторон, и среди сих-то новых восклицаний, неистово повторяемых, проехав все полки, он лишился памяти.

К.-К. Рюльер. С. 466.

Беспомощно провели мы целую ночь. Снова явился Суворов и начал распределять людей. Русским подданным велено оставаться, а Кронштадт назначен иностранцам, и каждому из них, в особенности прусским, досталось от Суворова по удару и толчку в затылок. Когда это кончилось, русские подданные должны были идти в русскую церковь для присяги, и каждый подписывался на присяжном листе, а затем офицеры отпущены на честном слове и могли разойтись по своим квартирам. По ходатайству моего брата в Петербурге императрица приказала Суворову возвратить мне шпагу и дать полную свободу; но под разными предлогами он продержал меня до следующего вечера, полагая, что я стану его упрашивать. Эта задержка раздражила меня чрезвычайно, так как в этих критических обстоятельствах я дорожил каждою минутою в тревоге о моем семействе и спешил в Петербург. Разгоряченный, я не стеснялся с Суворовым. Зять мой Зельгорст слышал, как я громко заговорил с ним, чего он никак не ожидал, так как до того был я один из покорнейших. Он сначала удивился, а потом разозлился. Смело сослался я на милость императрицы, что, наконец, его смирило и принудило тот же вечер отпустить меня и со мною моего зятя. Его грубость выразилась в том, что одному полному генералу приказал он ехать позади его лошади, а остальным знатным офицерам вместе с другими. Один из бригадиров, проехав немного, оборотился назад. Суворов сказал ему, что если ему пришла охота танцевать, то пусть пошлет за музыкантами. Некоторые офицеры натерпелись ударов и толчков. В то время как все мы находились в крепостце под стражею, воришки-гусары и кирасиры опустошали наши помещения, так что у иного осталось только, в чем он был.

Д. Р. Сиверс. С. 334—335.

Ораниенбаум находится всего в девяти верстах от Петергофа, и вскоре после того, как мы туда прибыли, в сопровождении генерала Измайлова и адъютанта Гудовича приехал Петр III.

Е. Р. Дашкова. С. 71.

Подъехали к большому подъезду, где при выходе из кареты его любезную подхватили солдаты и оборвали с нее знаки. Любимец его [Гудович] был встречен криком ругательства, на которое он отвечал им с гордостью и укорял их в преступлении. Император вошел один в жару бешенства. Ему говорят: «Раздевайся!» И как ни один из мятежников не прикасался к нему рукою, то он сорвал с себя ленту, шпагу и платье, говоря: «Теперь я весь в ваших руках». Несколько минут сидел он в рубашке, босиком на посмеянии солдат.

К.-К. Рюльер. С. 466.

Он потребовал себе стакан вина, смешанного с водой, и больше ничего не ел и не пил. Обер-камердинер хотел подняться вслед за ним по лестнице, но его не пустили, как и камер-лакеев, а отвели в комнату внизу у лестницы, куда сразу же доставили и Гудовича, которого какой-то офицер безжалостно избил. Офицеры и солдаты, естественно, забрали у них часы, табакерки, кольца, деньги и все, что было у каждого ценного. В кармане у обер-камердинера Тюмлера лежала лента ордена Черного Орла, который незадолго перед тем прусский король прислал императору, чтобы почтить столь великого государя. Ее тоже отобрали.

А. Шумахер. С. 292.

Императора проводили в отдаленное помещение, так что его почти никто не видел, ему подали обед... Сама я не видела Петра III, хотя могла бы, но мне рассказывали, что обедал он с аппетитом и, как обычно, пил свое любимое бургундское.

Е. Р. Дашкова. С. 71.

Петербург со времени отправления императрицы был в неизвестности и 24 часа не получал никакой новости. По разным слухам, которые пробегали по городу, думали, что при малейших надеждах император найдет еще там своих защитников. Иностранцы были не без страха, зная, что настоящие русские, гнушаясь и новых обычаев, и всего, что приходит к ним из чужих краев, просили иногда у своих государей в награду позволения перебить всех иностранцев; но каков бы ни был конец, они опасались своевольства или ярости солдат.

К.-К. Рюльер. С. 466—467.

Что же делать с Петром? При обсуждении вопроса Екатерина спокойно выслушивает доводы о необходимости принять меры, чтобы бывший император не мог вредить ее правлению, смущая слабые головы; она хорошо сознает все опасности, которые могут быть созданы ей, если не Петром, то его сторонниками. Их не много, но они есть; их может быть в будущем больше. Петра необходимо окончательно обезвредить, но как? При обсуждении средств не церемонились присутствием императрицы. Екатерина не Елизавета Петровна: она сразу поняла негодность заточения в Шлиссельбурге или в ином месте; она не упадет в обморок ни от какого предложения — примеры Иоанна Грозного и Петра Великого ее не смущают. Тем не менее никто из присутствующих, ни даже лица ей наиболее близкие, читавшие в ее глазах сокровенное желание решительно, раз навсегда покончить с этим несносным вопросом, не осмеливались даже заикнуться о неестественной смерти — они, зная Екатерину, могли читать ее мысль, но не вслух перед императрицей.

В. А. Бильбасов. С. 122.

В петергофском дворце от непосильных потрясений с ним [Петром] сделался обморок.

В. О. Ключевский. С. 249.

Удар 29 июня сломил его окончательно. Все 35 лет, прожитые им на свете, он сознавал себя то герцогом, то великим князем, то императором; ему нелегко было освоиться с новою ролью не только частного человека, но арестанта, окруженного стражей.

В. А. Бильбасов. С. 118.

Несколько времени спустя, когда пришел Панин, Петр бросился к нему, ловил его руки, прося его ходатайства, чтобы ему было позволено удержать при себе четыре особенно дорогие ему вещи: скрипку, любимую собаку, арапа и Елизавету Воронцову. Ему позволили удержать три первые вещи, а четвертую отослали в Москву и выдали замуж за Полянского.

В. О. Ключевский. С. 249.

Таким образом, Петр был разлучен навсегда со своею любезною...

К.-К. Рюльер. С. 466.

Екатерина не могла еще ничем управлять; она бросилась в объятия тех, которые хотели ее спасти, — говорил впоследствии Фридрих II графу Сегюру, который ехал посланником версальского двора в Петербург. — Их заговор был безрассуден и плохо составлен; отсутствие мужества в Петре III, несмотря на советы храброго Миниха, погубило его: *он позволил свергнуть себя с престола, как ребенок, которого отсылают спать.*

Цареубийства: Гибель земных богов. — М.: КРОН-ПРЕСС, 1998. С. 284.

Нужно быть, однако, справедливым даже и к «бывшему императору». События последних двух дней могли надломить и не такую слабую натуру. Нужна сильная, почти не человеческая энергия, нужна могучая сила характера, чтоб выдержать ряд сильных потрясений, поражавших с необыкновенною последовательностью, жестокостью и быстротою. Менее чем в 24 часа Петр из самодержавного императора обратился в бесправного узника. В пятницу вечером его слово было законом для всей империи; в субботу утром грубый солдат повелевал в Ропше каждым его движением.

В. А. Бильбасов. С. 118.

Таким образом, кончилось сим правление Петра III и несчастный государь сей, имевший за немногие дни до того в руках своих жизнь более 30-ти миллионов смертных, увидел себя тогда пленником у собственных своих подданных и даже до того, что не имел при себе ни единого из слуг своих...

А. Т. Болотов. С. 160.

Петр III просил императрицу назначить для пребывания с ним нескольких названных им человек; не забыл он упомянуть перечень нужных ему припасов, и в первую очередь бургундское, трубки и табак.

Е. Р. Дашкова. С. 71.

После этого я отправила свергнутого императора, в сопровождении Алексея Орлова, еще четверых офицеров и отряда солдат, людей выдержанных, тщательно отобранных, за двадцать семь верст от Петергофа в место, именуемое Ропша, уединенное и весьма приятное — на то время, пока будут готовить соответствующие его положению комнаты в Шлиссельбурге и расставлять на всем пути подставы.

Екатерина II — С.-А. Понятовскому. 2 августа 1762 г.

Охранять и сопровождать Петра III императрица доверила Алексею Орлову, у которого под началом были капитан Пассек, князь Федор Барятинский и поручик гвардейского Преображенского полка Баскаков.

Е. Р. Дашкова. С. 71.

Данные им приказания гласили сделать жизнь этому государю настолько приятной, насколько они могли, и доставить ему для его развлечения все, что он захочет.

Были намерения отослать его из этого места в Шлиссельбург и, смотря по обстоятельствам, приказать через некоторое время отправить его в Голштинию с его фаворитами, настолько его личность была мало опасной.

Записки Екатерины II [3]. С. 343.

После переворота, когда уже Петр арестован, лишен свободы, содержится под крепким караулом, вопрос о его будущей судьбе опять подвергся обсуждению. Теперь явились новые соображения, в силу созданных переворотом новых обстоятельств. Шаблон, указанный Елизаветою Петровною, не выдерживает строгой критики — Шлиссельбургская крепость как крепость не имеет значения: Шлиссельбург как государственная тюрьма представляет, конечно, известные удобства; но как складочное место самодержавцев, как депо бывших императоров Шлиссельбург никуда не годится и потому уже, что слишком близок к столице. Самодержец на троне, оскорбляющий религию, глумящийся над народностью, возбуждает, конечно, общее негодование: но тот же бывший самодержец в тюрьме, в заточении, лишенный свободы, становится «несчастным», внушает сожаление, вызывает сочувствие. Всех удовлетворить нельзя; недовольные всегда были и будут; будут недовольные и переворотом. В случае какого-либо брожения, какого-либо движения, эти недовольные воспользуются близостью Шлиссельбурга и могут создать новому правительству большие затруднения. Мысль о заточении в Шлиссельбург была оставлена: 28 июня туда едет генерал-майор Савин для устройства помещения, в ночь на 29 туда же летит указ императрицы, подписанный в Красном Кабачке; но со 2 июля о заточении «бывшего императора» в Шлюссельбург нет более и речи.

В. А. Бильбасов. С. 121.

Вечером столь несчастливого для императора дня 29 июня у него отобрали орден и шпагу, заставили надеть серый сюртук и отвезли в карете с тщательно закрытыми окошками и в сопровождении капитана Щербачкова и лейтенанта Озерова в Ропшу, лежащую примерно в двух с половиной немецких милях. Это было собственное имение императора.

А. Шумахер. С. 292.

...Ропшу, он предпочел другим резиденциям, так как дворец этот принадлежал ему, когда он был еще великим князем.

Е. Р. Дашкова. С. 71.

И дворцы, как домашние животные, могут быть не ко двору. С ними связываются иногда такие воспоминания, которые кладут на них печать отвержения. Такова Ропша, которую император Павел I называл «Кровавым Полем». Ропшинский дворец был выстроен Петром Великим и подарен им своему любимцу князю Ф. Ю. Ромодановскому, этому «черту», этому кровожадному «его величеству». Что, кроме ужаса, мог поселить этот «черт» тайной канцелярии в прелестных окрестностях и в самом дворце? Последний князь Ромодановский дал Ропшу в приданое за своей дочерью, знаменитою Екатериною Ивановною, которая вышла замуж за гр. М. Г. Головкина — Елизавета Петровна сослала Головкина в Сибирь, а Ропшу отписала в казну. Каменный дворец был увеличен, обстроен службами. Вокруг дворца был обширный сад, в саду большой пруд, в котором Елизавета Петровна любила ловить рыбу. Скоро, однако, Ропша надоела, и императрица подарила ее великому князю Петру Федоровичу. Великий князь полюбил ропшинский дворец, но охотнее жил в Ораниенбауме, где была своя «игрушечная крепость», между тем как в Ропше был только небольшой вал. Петр, будучи императором, ни разу не был в Ропше и только став «бывшим императором», провел в своем ропшинском дворце одну неделю.

В. А. Бильбасов. С. 118.

Ни один из служителей его не дерзнул следовать за оным и один только арап его отважился стать за каретою, но и того на другой же день отправили в Петербург обратно.

А. Т. Болотов. С. 160.

Следовать за ним разрешили только одному из его камер-лакеев — русскому, по имени Маслов, и еще двум русским лакеям. Правда, оба последние, чтобы поскорее от этого освободиться, тотчас же сказались больными.

А. Шумахер. С. 292.

Пока подготовляли его отъезд в Ропшу, загородный дворец, очень приятный и отнюдь не укрепленный, солдаты стали роптать и говорить, что уже целых три часа, как они не видали императрицу; что, по-видимому, князь Трубецкой мирит эту государыню с ее супругом; что ее надо предостеречь, чтобы она не доверялась; что, несомненно, ее обманули бы, погубили, а также их [вместе с ней]. Как только Екатерине стали известны эти толки, она отправилась к князю Трубецкому и сказала, чтобы он сел в карету и отправился в город, между тем как она пешком будет обходить войска. Как только они ее увидели, крики радости и веселья возобновились.

Записки Екатерины II ³. С. 339—340.

В 8 часов вечера 29 июня «арестантская карета» прибыла в Ропшу. Петр был помещен в спальне ропшинского дворца, довольно обширной комнате, в которой стояла кровать под альковом. Он был оставлен один; у дверей стоял часовой. Все здание дворца было оцеплено гвардейским караулом. Петр провел ночь дурно, и поутру жаловался дежурному офицеру и выразил желание иметь свою любимую кровать, оставшуюся в Ораниенбауме. В тот же день, 30 июня, ораниенбаумская кровать была перевезена в Ропшу.

В. А. Бильбасов. С. 118.

По прибытии в Ропшу император почти беспрерывно плакал и горевал о судьбе своих бедных людей, под которыми он разумел голштинцев. Ему казалось совершенно невероятным, что гетман граф Разумовский мог ему изменить. Скорее он допускал, что тот пострадал из-за него.

А. Шумахер. С. 292.

Петергофский поход окончился полною победой. Неприятель сдался без сопротивления: император арестован, приближенные его присягнули императрице, голштинские войска обезоружены. Торжествующая Екатерина возвращается в Петербург.

В. А. Бильбасов. С. 108.

Под вечер его [Петра] отправили в Ропшу, загородный дворец между Петергофом и Гостилицами, а ее величество императрица выехала из Петергофа *в 9 часов вечера,* провела ночь на половине дороги, на даче князя Куракина, и в следующий день около полудня имела торжественный въезд в Петербург.

Я. Я. Штелин. С. 481.

Когда все войска императрицы вышли из города и построились, то было так уже поздно, что в тот день не могли далеко уйти. Сама государыня, утомленная от прошедшей ночи и такого дня, отдыхала несколько часов в одном замке на дороге. Прибыв на сие место, она потребовала некоторых прохлаждений и, делясь частию с простыми офицерами, которые наперерыв ей служили, говоря им: «Что только будет у меня, все охотно разделю с вами».

К.-К. Рюльер. С. 463—464.

Измученная нравственно, усталая физически, Екатерина, не раздеваясь, бросилась в постель и как убитая спала более двух часов.

В. А. Бильбасов. С. 108.

В сей самый день она возвратилась в город торжественно, и солдаты при сей радости были содержимы в такой же строгой дисциплине, как и во время возмущения.

К.-К. Рюльер. С. 467.

Наше вступление в Петербург не поддается описанию. Улицы были заполнены народом, который благословлял нас и бурно выражал радость. Звон колоколов, священник у врат каждой церкви, звуки полковой музыки — все производило впечатление, которое невозможно передать.

Е. Р. Дашкова. С. 73.

Императрица, проезжая мимо тюрьмы, в которой сидел Пассек, приказала освободить его. Он не хотел верить этому известию и лишь с трудом уговорили его последовать за толпою. Замечательно, что этот человек, выказывавший такое необузданное желание повредить императору, когда он был на свободе и государем, теперь не соглашался на подобное дело, когда не мог опасаться ни сопротивления, ни дурных последствий. Это обстоятельство, доказывающее, как нам думается, что Пассек был злодей скорее по безумной отваге, чем по кровожадности, мог бы правильнее объяснить психолог.

Г. фон Гельбиг // РС. 1886. Т. 52. С. 15.

Когда императрица сошла с лошади у Летнего дворца по возвращении из Петергофа, давка была так велика, что ее вели под руки, что представляло прекрасное зрелище; это имело вид, как будто бы она была вынуждена сделать все то, что только что произошло; что было в действительности справедливо, потому что, если бы она отказалась, она подверглась бы опасности разделить участь Петра III; таким образом, [у нее] не было выбора.

Записки Екатерины II[3]. С. 344.

Каждый спешил целовать ее руку. Войдя в дворцовую залу, она села в кресла и, по крайней мере, три часа все принимала толпу: каждую минуту она должна была наклоняться, чтобы давать руку свою целовать представлявшимся ей. Едва стоя на ногах от усталости, Екатерина вышла из залы отдохнуть, поручив сказать, что все, кому не удалось присягнуть ей, пусть придут на следующий день. Она явилась в сопровождении двух камергеров, которые поддерживали ее под руки.

И. Позье. С. 329—330.

Уже 28 июня после возвращения в город [из Петергофа] императрицы уверяли, что император мертв, — он якобы накануне вечером пьяным свалился с коня и сломал себе шею. Другие же русские простолюдины кричали, что император, должно быть, убежал и это им очень нравится, поскольку иметь его императором они, дескать, больше не желают. В подобные минуты чернь забывает о законах, да и вообще обо всем на свете, и от нее много досталось и иностранцам в этот навсегда им памятный день. Один заслуживающий доверия иностранец рассказывал мне лично, как в тот день какой-то русский простолюдин плюнул ему в лицо со словами: «Эй, немецкая собака, ну, где теперь твой бог?» Точно так же и солдаты уже 28-го вели себя очень распущенно. Не говоря уже о том, что они тотчас же обирали всех, кого им было велено задержать или караулить, по моим собственным наблюдениям, большинство из тех, кого куда-либо откомандировывали, захватывали себе прямо посреди улицы встретившиеся кареты, коляски и телеги и уже на них ехали далее. Видел я и как отнимали и пожирали хлеб, булочки и другие продукты у тех, кто вез их на продажу.

А. Шумахер. С. 294—295.

Видя, что все бросаются во дворец целовать руку императрицы, я хотел как-нибудь добраться до нее, как вдруг ко мне во двор въехала карета с гвардейским офицером и тремя гренадерами на запятках. Жена моя сначала подумала, что меня хотят арестовать, но офицер вошел ко мне в комнату и объявил, что имеет что-то сказать мне от имени императрицы. Я его ввел в свой кабинет. Он сказал мне, что императрица велела спросить меня: отдал ли я уже камергерский ключ, осыпанный брильянтами, который император хотел дать обер-камергеру графу Шереметеву? Я ответил, что в это самое утро поехал было в Ораниенбаум с тем, чтобы отдать ключ императору согласно приказанию, данному им мне накануне, но что, узнав по дороге происшедший счастливый переворот, я воротился назад и что ключ теперь у меня. Тогда офицер сказал мне, что императрица велела спросить, можно ли приделать ее вензель вместо вензеля императора, и в тот же день, если можно, так как это будет ей очень приятно, потому что она сама хочет отдать ключ графу Шереметеву... [Приехавши во дворец] я уловил свободную минуту и передал императрице ключ в бархатном футляре. Она нашла его великолепным. Это была вещь ценою в десять тысяч рублей. Екатерина передала ключ обер-камергеру Шереметеву, который находился тут же и который, став на колени, поцеловал у нее руку.

И. Позье. С. 325—326.

Когда императрица с триумфом вернулась в город и удалилась в свою комнату, капитан Орлов пал к ее ногам и сказал ей: «Я вас вижу самодержавной императрицей, а мое отечество — освобожденным от оков; оно будет счастливо под вашим правлением. Я исполнил свой долг, я послужил вам, отечеству и самому себе; прошу вас об одной только милости: позвольте мне удалиться в свои имения; я родился честным человеком, двор мог бы меня испортить, я молод, — милость могла бы вызвать ненависть ко мне; у меня есть состояние; я буду счастлив на покое, покрытый славой, так как я дал вас моему отечеству». Императрица ему ответила, что заставить ее прослыть неблагодарной по отношению к человеку, которому она считала себя наиболее обязанной, значило бы испортить ее дело; что простой народ не может поверить такому большому великодушию, но подумает, что она дала ему какой-нибудь повод к неудовольствию или даже что она недостаточно его вознаградила. Пришлось как бы прибегнуть к власти, чтобы заставить его остаться, и он был огорчен до слез красной александровской лентой и камергерским ключом, которыми она его пожаловала, что дает чин генерал-майора.

Записки Екатерины II[3]. С. 342.

В сии-то первые дни Княгиня Дашкова, вошед к императрице, по особенной с нею короткости, к удивлению своему, увидела Орлова на длинных креслах и с обнаженною ногою, которую императрица сама перевязывала, ибо он получил в сию ногу контузию.

К.-К. Рюльер. С. 468.

За день до этого Орлов ушиб колено. Так как он не мог стоять, то сидел в кресле и, что особенно знаменательно, рядом с троном. Когда вошли генералы, Орлов извинился, что не может встать; немного времени спустя, эти же генералы должны были вставать перед ним.

Г. фон Гельбиг // РС. 1886. Т. 52. С. 10.

Княгиня [Дашкова] сделала замечание на столь излишнюю милость, и скоро, узнав все подробнее, она приняла тон строгого наблюдения. Ее планы вольности, ее усердие участвовать в делах (что известно стало в чужих краях, где повсюду ей приписывали честь заговора, между тем, как Екатерина хотела казаться избранною и может быть успела себя в этом уверить); наконец все не нравилось, и немилость к ней обнаружилась во дни блистательной славы, которую воздали ей из приличия.

К.-К. Рюльер. С. 468.

Княгиня Дашкова, младшая сестра Елизаветы Воронцовой, напрасно пытается приписать всю честь победы себе. Она знала кое-кого из главарей, но была у них на подозрении из-за своего родства, да и ее девятнадцатилетний возраст не особенно располагал к тому, чтобы доверять ей. И хоть она и заявляет, что все, что произошло со мной, прошло через ее руки, не следует забывать, что заговорщики были связаны со мной в течение шести месяцев, и задолго до того, как она узнала их имена.

Она действительно умна, но тщеславие ее безмерно. Она славится сварливым нравом, и все руководство нашим делом терпеть ее не может. Только олухи и могли ввести ее в курс того, что было известно им самим — а это были, в сущности, лишь очень немногие обстоятельства. И. И. Шувалов, самый низкий и трусливый из людей, тем не менее, написал, как говорят, Вольтеру, что женщина девятнадцати лет сменила в этой империи власть. Разуверьте в этом, пожалуйста, великого писателя. От княгини Дашковой приходилось скрывать все каналы тайной связи со мной в течение пяти месяцев, а четыре последние недели ей сообщали лишь минимально возможные сведения.

Екатерина II — С.-А. Понятовскому. 2 августа 1762 г.

Вот какое участие принимала княгиня Дашкова в этом событии. Она была младшей сестрой любовницы Петра III и 19 лет от роду, более красивая, чем ее сестра, которая была очень дурна. Если в их наружности вовсе не было сходства, то их умы разнились еще более: младшая с большим умом соединяла и большой смысл; много прилежания и чтения, много предупредительности по отношению к Екатерине привязали ее к ней сердцем, душою и умом. Так как она совсем не скрывала этой привязанности и думала, что судьба ее родины связана с личностью этой государыни, то вследствие этого она говорила всюду о своих чувствах, что бесконечно вредило ей у ее сестры и даже у Петра III. Вследствие подобного поведения, которого она совсем не скрывала, многие офицеры, не имея возможности говорить с Екатериной, обращались к княгине Дашковой, чтобы уверить императрицу в их преданности; но все это произошло долгое время спустя после предложений Орловых, и даже речи и происки этих последних побудили первых, не знавших прямой дороги, какая была у Орловых, обращаться к императрице через княгиню Дашкову, считая ее более близкой к ней. Екатерина никогда не называла княгине Орловых, чтобы отнюдь не рисковать их именами; большое рвение княгини и ее молодость заставляли опасаться, чтобы в толпе ее знакомых не нашелся кто-нибудь, кто неожиданно не выдал бы дела. В конце концов, императрица посоветовала Орловым познакомиться с княгиней, чтобы лучше быть в состоянии сойтись с вышеупомянутыми офицерами и посмотреть, какую пользу они могли бы извлечь из них, потому что, как бы ни были хорошо настроены эти офицеры, они, по [признанию самой] княгини Дашковой, были менее решившимися, чем Орловы, которые присоединяли к намерениям и средства для их выполнения. К тому же вся отвага княгини Дашковой, ибо действительно она много ее проявила, ничего бы не порешила; у нее было больше льстецов, чем кредита, и характер ее семьи вызывал всегда известное недоверие. Наконец, княгиня или, скорее, через нее поручик Пассек, с одной стороны, и Орловы — с другой, потребовали, чтобы Екатерина дала им записочку, чтобы они могли убедить своих друзей в ее согласии. Она послала через княгиню записку, составленную приблизительно в следующих выражениях: «Да будет воля Господня и поручика Пассека; я согласна на все, что может быть полезно отечеству», а Орловым она написала: «Считайте то, что вам скажет тот, кто показывает вам эту записку, как бы я говорю вам это. Я согласна на все то, что может спасти отечество, вместе с которым вы спасете меня и также себя», и ту и другую записку она подписала своим именем. Легко понять, что эти записки были разорваны, как только их использовали.

*Записки Екатерины II*³. С. 345—346.

Награды за важные услуги, оказанные Григорием Орловым, начались с того, что императрица дала ему камергерские ключи и орден св. Александра Невского.

Г. фон Гельбиг // РС. 1886. Т. 52. С. 10.

На следующий день в соборе служили обедню, и мы увидели Григория Орлова при ордене Св. Александра.

Е. Р. Дашкова. С. 77.

Так кончилась эта революция, самая веселая и деликатная из всех нам известных, не стоившая ни одной капли крови, настоящая дамская революция.

В. О. Ключевский. С. 250.

Знайте, что все решалось на основе ненависти к иноземцам — ведь Петр III слыл за одного из них.

Екатерина II — С.-А. Понятовскому. 2 августа 1762 г.

Но она, эта революция, стоила очень много вина: в день въезда Екатерины в столицу 30 июня войскам были открыты все питейные заведения; солдаты и солдатки в бешеном восторге тащили и сливали в ушаты, бочонки, во что ни попало, водку, пиво, мед, шампанское. Три года спустя в Сенате еще производилось дело петербургских виноторговцев о вознаграждении их «за растащенные при благополучном ее величества на императорский престол восшествии виноградные напитки солдатством и другими людьми».

В. О. Ключевский. С. 250.

Реэстр на сколко суммою у директора Ивана Иорданова Чиркина, по описанию Санкт-Петербурге и по Ингермоландии (Ингерманландия — область по берегам Невы и на побережье Финского залива. — *Е. Г.*). И в кабаках и погребах сего 1762 году июня 28 дня по нынешнему случаю солдатами и всякого звания людьми безденежно роспито питей и растащено денег и посуды о том значит подсим, а имянно:

	Рубли	Коп.
По истинным ценам:		
В Санкт Петербурге питей на	2,730	67 1/2
денег и посуды	310	67
По Ингермоландии:		
В Петергофской дистанции питей на	3,379	93 1/2
денег и посуды	1,671	14 1/4
В Красносельской питей на	986	91
денег и посуды	65	90
В Ближней что по Петергофской дороге питей на	1,523	35 1/2
денег и посуды	436	84
В Смоленской вверх по Неве реке питей на	2,097	48
денег и посуды	102	22
В Сестрорецкой дистанции питей на	170	71 1/2
денег и посуды	26	60
В Санкт Петербурге и в Ингермоландии питей на	10,889	7
денег и посуды	2,613	37 1/4
Всего	13,502	44 1/4
По продажным ценам:		
В Санкт Петербурге питей на	5,031	70 1/4
денег и посуды на	310	67
По Ингермоландии:		
В Петергофской дистанции питей на	6,242	76 1/4
денег и посуды	1,671	14 1/4
В Красносельской питей на	1,775	31 1/4
денег и посуды	65	90
В Ближней что по Петергофской дороге питей на	2,872	34 1/4
денег и посуды	436	84
В Смоленской вверх по Неве реке питей на	3,861	1/4
денег и посуды	102	22
В Сестрорецкой дистанции питей на	300	69 3/4
денег и посуды	26	60
В Санкт Петербурге и в Ингермоландии питей на	20,083	81
денег и посуды	2,613	37 1/4
Всего	22,697	18 1/4

Русская старина. 1883. Т. 37. С. 681.

Многие отправились по домам иностранцев якобы поздравить со вступлением на престол императрицы и требовали за такие старания себе денег. Их приходилось отдавать безо всякого сопротивления. У других отнимали шапки, так что тот, кто не был хотя бы изруган, мог считать себя счастливцем. И все же при этой шедшей в беспорядках среди бела дня перемене правления, среди дикого разгула озлобленных солдат и неистовствовавшей черни ни один человек не погиб, ничья кровь не была пролита, если не считать того, что в Ораниенбауме несколько мстительно настроенных и, возможно, пьяных русских солдат переранили сколько-то солдат голштинских, уже бросивших оружие. Новые и еще большие неистовства были, наконец, предотвращены многочисленными усиленными патрулями, расставленными повсюду, чтоб отвести нараставшую угрозу и строгим приказом, зачитывавшимся вслух прилюдно на улицах под барабанную дробь.

А. Шумахер. С. 295.

Я увидел двух молодых англичан, которых преследовали солдаты с обнаженными саблями. Они не говорили по-русски. Я сказал этим солдатам по-русски: «Что вы делаете? Зачем преследуете этих господ, которые ничего вам не сделали? Я знаком с вашим офицером, который, уж верно, не приказал вам этого делать».

Они мне отвечали: «Да они нас ругают на своем языке». — «Вы ошибаетесь, это вовсе не такие люди, которые бы могли так поступать».

Я им дал пол-экю — единственное средство усмирить их.

Они меня поблагодарили и сказали: «Если вам угодно, мы станем стеречь ваш дом, потому что наш пост совсем близко отсюда».

Я сказал, что это будет мне приятно и что их офицер, один из моих друзей, скажет им за это спасибо.

Я, конечно, высылал им водки. Обоих англичан я взял к себе в дом и сказал им, чтобы они несколько подождали, пока немного усмирятся умы, потому что все иностранцы подвергаются большой опасности на улицах. Я сам слышал, как солдаты говорили между собою, что всех иноземцев надо перерезать.

И. Позье. С. 323.

Особенно веселился Измайловский полк «обуяв от гордости и мечтательного своего превозношения, что императрица в него приехала и прежде других им препровождаема была в Зимний дворец». Поздно вечером какой-то пьяный гусар проскакал по измайловским слободам, горланя во всю глотку, что «проклятые» пруссаки намереваются украсть «нашу Матушку». Нетрезвые измайловцы всполошились, требуя, чтоб им показали императрицу. Ни гр. Разумовский, ни Шувалов, ни даже Орловы, Алексей и Григорий, любимцы солдат, не могли их успокоить. Разбудили Екатерину и она должна была показаться войску. Вот как она сама описывает этот эпизод: «С пятницы, с 6-ти часов утра, я ничего не ела, не пила и почти вовсе не спала. В воскресенье, вечером, легла в постель. Едва я уснула, как, в полночь, входит в спальню капитан Пассек и будит меня, говоря: «Наши люди страшно пьяны: какой-то гусар, тоже пьяный, закричал им: «Братцы, к оружию! 30 тысяч пруссаков идут сюда и хотят похитить нашу Матушку». Люди схватили ружья и идут сюда осведомиться о вашем здоровьи, говоря, что уже три часа, как они не видели вас, и что они спокойно уйдут, убедившись, что с вами ничего не случилось. Они не слушают своих начальников, ни даже Орловых». И вот я опять на ногах. Чтоб не встревожить батальон, занимавший караул во дворце, я отправилась к нему и объяснила, почему я выхожу в такой поздний час. Я села в карету с двумя дежурными офицерами и отправилась к измайловцам: я сказала им, что совершенно здорова, чтоб они шли спать и оставили меня в покое, что я не спала три ночи и только что уснула; я выразила им свое желание, чтоб они впредь слушались своих офицеров. Они отвечали, что их встревожили проклятые пруссаки, но что они все готовы умереть за меня. Я сказала им: «Ну, ладно, спасибо; но ступайте спать». Они пожелали мне доброй ночи, всякого здравия и разошлись, как овечки, всё оглядываясь на мою карету».

В. А. Бильбасов. С. 109.

30-го июня беспорядков было еще больше. Я не могу вспоминать об этом ужасном дне без порывов глубочайшей признательности всевышнему за то, что он простер свое покровительство в этот день на меня и многих других. Так как императрица разрешила солдатам и простонародью выпить за ее счет пива в казенных кабаках, то они взяли штурмом и разгромили не только все кабаки, но также и винные погреба иностранцев, да и своих; те бутылки, что не смогли опустошить, — разбили, забрали себе все, что понравилось, и только подошедшие сильные патрули с трудом смогли их разогнать.

А. Шумахер. С. 295.

В конце июня — начале июля 1762 г. сложилась редкая в истории ситуация: на престол воздвигли Екатерину, не имевшую никаких прав на российский престол (законным наследником был ее сын Павел), а в заключении были два свергнутых императора — Петр III и полубезумный Иван VI.

Цареубийства... С. 285.

Наконец Господь привел все к угодному Ему финалу. Это напоминает, скорее, чудо, чем реальность, предвиденную и организованную, ибо столько счастливых совпадений не могли быть собраны воедино без Его руки.

Екатерина II — С.-А. Понятовскому. 2 августа 1762 г.

Но солдаты удивлялись своему поступку и не понимали, какое очарование руководило их к тому, что они лишили престола внука Петра Великого и возложили его корону на немку. Большая часть без цели и мысли были увлечены движением других, и когда всякий вошел в себя и удовольствие располагать короною миновало, то почувствовали угрызения. Матросы, которых не льстили ничем во время бунта, упрекали публично в кабачках гвардейцев, что они на пиво продали своего Императора, и сострадание, которое оправдывает и самых величайших злодеев, говорило в сердце каждого... одним словом, пока жизнь императора подавала повод к мятежам, тут думали, что нельзя ожидать спокойствия.

К.-К. Рюльер. С. 469.

Через неделю после первого манифеста 5 июля 1762 г. вышел именной указ о сбавке цены на соль на 10 коп. с пуда и в мотивировке к указу было заявлено, что государыня желает этой мерой облегчить положение подданных, ибо она взошла на российский престол «по единодушному желанию верноподданных и истинных сынов России».

А. А. Кизеветтер. С. 127.

Императрица уменьшила налог на соль, и полицеймейстер поспешил из дворца сообщить населению об этой милости, в которой заинтересовано главным образом простонародье. Вместо восторженных криков радости, коих ожидала императрица, мещане и горожане перекрестились и разошлись молча. Императрица, стоя у окна, не выдержала и сказала во всеуслышание: «Какое тупоумие!».

Французский посланник Дюран. 8 мая 1775 г.
Из дипломатической переписки о России XVIII века // РС. 1896. Т. 86. С. 128.

В воскресенье 7 июля дежурный генерал-адъютант гр. К. Разумовский объявил полицеймейстерской канцелярии высочайшее повеление, что 1, 2 и 3 в сады разрешается впускать «всякого звания людей обоего пола во всякой чистоте и опрятности, а в лаптях и в прусском платье пропускаться не будут». Очевидно жизнь потекла по обычному руслу — русский лапоть изгонялся и даже приравнивался к ненавистному прусскому платью...

В. А. Бильбасов. С. 111.

...Все здесь сейчас находится в состоянии критическом, происходят вещи, важные необычайно; я не спала три ночи и за четыре дня ела два раза.

Екатерина II — С.-А. Понятовскому. 2 июля 1762 г.

Уже прошло 6 дней после революции, и сие великое происшествие казалось конченным так, что никакое насилие не оставило неприятных впечатлений. Петр содержался в прекрасном доме, называемом Ропша, в 6 милях от Петербурга. В дороге он спросил карты и состроил из них род крепости, говоря: «Я в жизнь свою более их не увижу». Приехав в сию деревню, он спросил свою скрипку, собаку и негра.

К.-К. Рюльер. С. 469.

...И вот пронеслось, что император скончался от удара. Говорили, что с ним сделался припадок колики и что для облегчения он пил много английского пива, что ускорило его кончину. Никто не верил этому... Бог про то знает, да те лица, которые с ним были.

Д. Р. Сиверс. С. 335.

Итак, я снова возвращаюсь в Ропшу, где оставил несчастного императора в печали о бедствиях, в которых оказался он сам и его голштинцы. Окно его комнаты было закрыто зелеными гардинами, так что снаружи ничего нельзя было разглядеть. Офицеры, сторожившие императора, не разрешали ему и выглядывать наружу, что он, впрочем, несколько раз, тем не менее, украдкой делал. Они вообще обращались с ним недостойно и грубо, за исключением одного лишь Алексея Григорьевича Орлова, который еще оказывал ему притворные любезности. Так, однажды вечером, спустя уже несколько дней после прибытия императора в Ропшу, он играл в карты с Орловым. Не имея денег, он попросил Орлова дать ему немного. Орлов достал из кошелька империал и вручил его императору, добавив, что тот может получать их столько, сколько ему потребуется. Император положил монету в карман и тотчас же спросил, нельзя ли ему немного погулять по саду, подышать свежим воздухом. Орлов ответил «да» и пошел вперед, как бы для того, чтобы открыть дверь, но при этом мигнул страже, и она тут же штыками загнала императора обратно в комнату. Это привело государя в такое возбуждение, что он проклял день своего рождения и час прибытия в Россию, а потом стал горько рыдать. При своем появлении в Ропше он уже был слаб и жалок. У него тотчас же прекратилось сварение пищи, обычно проявлявшееся по нескольку раз на дню, и его стали мучить почти непрерывные головные боли.

А. Шумахер. С. 295—296.

Караул, составленный из гвардейских гренадер, бессменно находился в ропшинском дворце для надзора за арестантом; но дежурный офицер сменялся каждый день. Офицеры эти, безусловно, гвардейские, приезжали из Петербурга и, более чем вероятно, считали подобное дежурство крайне для себя неприятным: в Петербурге кипит жизнь, в Петербурге на виду у императрицы, а в Ропше, кроме скуки, еще и тяжкая забота, чтоб охранить Петра от ярости гвардейских солдат, ненавидящих бывшего императора... Отделенный от всего мира «узник», больной и раздражительный, беспрестанно вызывал замечания дежурного офицера, делал дежурство пыткой. Можно поверить, что офицеры относились к «императорскому арестанту» грубо, если не жестоко: по нравам того времени это вообще было весьма вероятно, особенно же при данном положении дежурного офицера... Так как главный надзор за Петром в Ропше был поручен Алексею Орлову, то, конечно, только Орлов и мог разрешить ту или другую льготу в содержании узника; вот почему, вероятно, Петр и обратился именно к Орлову с просьбою дать ему несколько денег. Но и Орлов не мог преступить точных приказаний, полученных им относительно содержания бывшего императора.

В. А. Бильбасов. С. 119.

С самого приезда в Ропшу Петру нездоровилось.

В. О. Ключевский. С. 251.

1 июля по ст. стилю в Санкт-Петербург прибыл курьер с известием, что император нездоров и требует своего придворного хирурга Лидерса, а также своего мопса и скрипку.

А. Шумахер. С. 298.

Господин генерал Суворов. По получении сего извольте прислать, отыскав в Ораниенбауме или между пленными, лекаря Лидерса, да арапа Нарцыса, да обер-камердинера Тимлера; да велите им брать с собою скрипицу бывшего Государя, его мопсику собаку; да на тамошние конюшни кареты и лошадей отправьте их сюда скорее. Также извольте из голштинских офицеров подполковника Кииль, который на моей кормилице женат, отпустить в его дом в Ораниенбаум без караула и без присмотра за ним для того, что он не мало не подозрительной.

Екатерина II — В. И. Суворову.
Цит. по: Путь к трону. С. 484.

Самый желанный исход заключался бы, конечно, в естественной смерти бывшего императора. Петр всегда был хворый, слабый; пережитые им в последние дни потрясения должны были повлиять на его здоровье. Уже 30 июня с утра стало известно, что накануне вечером и всю ночь бывший император жаловался на головные боли, происходившие от чисто физической причины... Лучшее упование, надежда на естественную смерть, исчезло после заявления Лидерса, признавшего, что состояние больного вовсе не опасно. Может быть, Лидерс умышлено скрывает серьезность положения, чтобы избежать поездки в Ропшу; но ведь возможно также, что он говорит правду: если б Петр был серьезно опасен, Лидерс скорее бы согласился ехать в Ропшу, убежденный, что скорая смерть узника освободит и его от заточения. Лидерс не едет в Ропшу, значит Петр далек еще от смерти.

В. А. Бильбасов. С. 121—122.

Согласно устному докладу о болезни императора Лидерс выписал лекарства, но их не стали пересылать. Императрица стала уговаривать Лидерса и даже велела ему отправиться к своему господину, с которым ему следовало обойтись самым наилучшим образом. Лидерс же опасался оказаться в совместном с императором продолжительном заключении и потому некоторое время пребывал в нерешительности. Только 3 июля около полудня ему пришлось волей-неволей усесться с мопсом и скрипкой в скверную русскую повозку, в которой его и повезли самым спешным образом.

А. Шумахер. С. 298.

В среду 3 июля на четвертый день после появления болезненных припадков Петра, вечером, в Ропшу прибыл из Петербурга врач Лидерс. В четверг 4 июля бывшему императору, вероятно, стало хуже: по крайней мере, в четверг же прибыл в Ропшу второй врач — штаб-лекарь Паульсен. Доктора не констатировали ухудшения и, выражаясь современным языком, самочувствие больного не оставляло желать ничего лучшего.

В. А. Бильбасов. С. 122—123.

Сударыня, я прошу Ваше Величество быть уверенной во мне и не отказать снять караулы от второй комнаты, так как комната, в которой я нахожусь, так мала, что я едва могу в ней двигаться. И так как Вам известно, что я всегда хожу по комнате и то от этого распухнут у меня ноги. Еще я Вас прошу не приказывать, чтобы офицеры находились в той же комнате со мной, когда я имею естественные надобности — это невозможно для меня; в остальном я прошу Ваше Величество поступать со мной по меньшей мере, как с большим злодеем, не думая никогда его этим оскорбить. Отдаваясь Вашему великодушию, я прошу отпустить меня в скором времени с известными лицами в Германию. Бог ей заплатит непременно, Ваш нижайший слуга Петр.

P.S. Ваше Величество может быть уверенной во мне, что я ни подумаю ничего, ни сделаю ничего, что могло бы быть против ее особы или ее правления.

II

Ваше Величество, если Вы совершенно не желаете смерти человеку, который достаточно уже несчастен, имейте жалость ко мне и оставьте мне мое единственное утешение Елизавету Романовну. Вы этим сделаете большее милосердие Вашего царствования; если же Ваше Величество пожелало бы меня видеть, то я был бы совершенно счастлив. Ваш нижайший слуга Петр.

III

Ваше Величество,

Я еще прошу меня, которой Ваше воле изполнал во всем отпустить меня в чужие края с теми, которые я Ваше величество прежде просил и надеюсь на ваше великодушие, что вы не оставите без пропитания.

Верный слуга Петр.

Письма Петра III из Ропши. Цит. по: Путь к трону. С. 497—498.

Матушка наша, милостивая Государыня, не знаю, что теперь начать, боясь гнева от вашего величества, чтоб вы чего на нас неистового подумать не изволили и чтоб мы не были притчиною смерти злодея вашего и всей Роси также и закона нашего, а теперь и тот приставленной к нему для услуги лакей Маслов занемог, а он сам теперь так болен, что не думаю, чтоб он дожил до вечера и почти совсем уже в беспамятстве о чем уже и вся команда здешняя знает и молит Бога, чтоб он скорей с наших рук убрался, и оной же Маслов и посланной офицер может вашему величеству донесть, в каком он состоянии теперь ежели вы обо мне усумнится изволите писал сие раб ваш верны (подпись оторвана).

А. Орлов — Екатерине II из Ропши.
(Здесь и далее цит. по: Путь к трону)

Страх вызвал у него боли в животе, длившиеся три дня и разрешившиеся на четвертый. Он пил в тот день непрерывно, ибо у него было все, чего он желал, кроме свободы. (Он попросил у меня лишь свою любовницу, свою собаку, своего негра и свою скрипку; боясь, однако, скандала и недовольства людей, его охранявших, я выполнила только три последних его просьбы.)

Екатерина II — С.-А. Понятовскому. 2 августа 1762 г.

...Несчастие и жестокость судьбы его так его поразило, что чрез немногие дни он в заточении совсем занемог, как говорили тогда, сильною коликою и претерпев от болезни своей столь жестокое страдание, что крик и стенания его можно было слышать даже на дворе, в седьмой день даже и жизнь свою кончил.

А. Т. Болотов. С. 160.

Матушка Милостивая Государыня здравствовать вам мы все желаем нещетные годы. Мы теперь по отпуск сего письма и со всею командою благополучны, только урод наш очень занемог и схватила Его нечаянная колика, и я опасен, чтоб он сегодняшнюю ночь не умер, а больше опасаюсь, чтоб не ожил. Первая опасность для того что он все вздор говорит и нам это несколько весело, а другая опасность, что он действительно для нас всех опасен для того что он иногда так отзывается хотя в прежнем состоянии быть.

В силу Именного вашего повеления я солдатам деньги за полгода отдал, тако ж и унтер-офицерам, кроме одного Потемкина вахмистра для того что служил без жалованья. И солдаты некоторые сквозь слезы говорили про милость вашу, что они еще такова для вас не заслужили за чтоб их так в короткое время награждать. При сем посылаю список вам всей команде, которая теперь здесь, а тысячи рублей матушка не достало и я дополнил червонными, и у нас здесь было много смеха над гранодерами об червонных, когда оне у меня брали, иные просили для того что не видывали и опять их отдавали, думая, что они ничего не стоят. Посланной Чертков к вашему величеству обратно еще к нам не бывал и для того я опоздал вас репортовать, а сие пишу во вторник в девятом часу в половине.

Посмерьт ваш верны раб Алексей Орлов.

А. Орлов — Екатерине II из Ропши.

Примерно в это же самое время император лишился последнего своего слуги — упоминавшегося камер-лакея Маслова. Все было так. Когда император немного задремал, этот человек вышел в сад подышать свежим воздухом. Не успел он там немного посидеть, как к нему подошли офицер и несколько солдат, которые тут же засунули его в закрытую русскую повозку. В ней его привезли в Санкт-Петербург и там выпустили на свободу. Лидерс встретил его по дороге.

А. Шумахер. С. 298.

Об этом Маслове Шумахер упоминает и ранее, но всегда ошибочно: у Петра III не было камер-лакея Маслова, по крайней мере, в *Придворном Архиве* хранится только дело об определении поручика Маслова к смотрению вотчин уже от 3 июня 1761 года и ни о каком камер-лакее Маслове нет следов или, по крайней мере, нам не удалось отыскать их. Самый же рассказ весьма вероятен: в той или другой форме, но удаление лишних свидетелей вполне естественно.

В. А. Бильбасов. С. 123.

Сразу после увоза этого слуги один принявший русскую веру швед из бывших лейб-компанцев — Швановиц, человек очень крупный и сильный, с помощью еще некоторых других людей жестоко задушил императора ружейным ремнем. О том, что этот несчастный государь умер именно такой смертью, свидетельствовал вид бездыханного тела, лицо у которого было черно, как это обычно бывает у висельников или задушенных.

А. Шумахер. С. 299.

Петр был болен пять суток. Петр захворал 30 июня; три дня, т. е. 30 июня, 1 и 2 июля, был болен; 3 ему стало лучше; вслед за тем явилась новая болезнь, в которой он находился двое суток, т. е. с вечера 4 по полдень 6 июля. Официально было объявлено, что Петр умер 6 июля; по другим известиям 5 и даже 3 июля. В частном письме канцлера Воронцова от 7 июля говорится: «бывший и *вчерась* умерший император». Если есть повод относиться с недоверием к официальному заявлению по поводу кончины Петра, то несомненно, что у Воронцова не было повода обманывать своего племянника. Иностранные писатели не приводят серьезных оснований к подобному обману, и даже Гельбиг признает 6 июля днем смерти, не говоря уже о других.

В. А. Бильбасов. С. 123.

Геморроидальная колика вызвала мозговые явления, он пробыл два дня в этом состоянии, последовала сильнейшая слабость, и, невзирая на все старания врачей, он отдал Богу душу, потребовав лютеранского пастора.

Екатерина II — С.-А. Понятовскому. 2 августа 1762 г.

5-го кончина императора Петра III.

Я. Я. Штелин. С. 482.

Вечером, часов в шесть, нарочный, прискакавший из Ропши, подал Екатерине пакет от Алексея Орлова.

В. А. Бильбасов. С. 123.

Матушка Милосердная Государыня! Как мне изъяснить, описать, что случилось: не поверишь верному своему рабу; но как перед Богом скажу истину. Матушка! Готов идти на смерть; но сам не знаю, как эта беда случилась. Погибли мы, когда не помилуешь. Матушка — его нет на свете. Но никто сего не думал, и как нам задумать поднять руки на Государя! Но, Государыня, свершилась беда. Он заспорил за столом с князем Федором, не успели мы разнять, а его уже и не стало. Сами не помним, что делали; но все до единого виноваты, достойны казни. Помилуй меня, хоть для брата. Повинную тебе принес, и разыскивать нечего. Прости или прикажи скорее окончить. Свет не мил; прогневили тебя и погубили души на век.

А. Орлов — Екатерине II из Ропши.

Письмо это впервые напечатано в Москве в 1881 году г. Бартеневым. Так как это письмо имеет решающее значение в вопросе о степени участия Екатерины II в ропшинской драме, то для определения достоверности письма необходимо иметь в виду следующую заметку гр. Ф. В. Ростопчина, снявшего «11 ноября 1796 года», [через] пять дней после смерти Екатерины II, копию с этого письма: «Кабинет ее был запечатан графом Самойловым и генерал-адъютантом Ростопчиным. Через три дня по смерти императрицы поручено было великому князю Александру Павловичу и графу Безбородке рассмотреть все бумаги. В первый самый день найдено это письмо графа Алексея Орлова и принесено к императору Павлу; по прочтении им возвращено Безбородке; и я имел его с 1/4 часа в руках. Почерк известный мне графа Орлова. Бумага — лист серой и нечистой, а слог означает положение души сего злодея и ясно доказывает, что убийцы опасались гнева Государыни, и сим изобличает клевету, падшую на жизнь и память сей великой Царицы. На другой день граф Безбородко сказал мне, что император Павел потребовал от него вторично письмо графа Орлова. Прочитав в присутствии его, бросил в камин и сам истребил памятник невинности Великой Екатерины, о чем и сам чрезмерно после соболезновал». Княгиня Дашкова, в своих «Записках», говорит по поводу этого же письма: «Если бы кто-нибудь заподозрил, что императрица повелела убить Петра III или каким бы то ни было образом участвовала в этом преступлении, я могла бы представить доказательства ее полной непричастности к этому делу: письмо Алексея Орлова, тщательно сохраненное ею в шкатулке, вскрытой Павлом после ее смерти. Он приказал князю Безбородко прочесть бумаги, содержавшиеся в шкатулке, и когда он прочел вышеупомянутое письмо, Павел перекрестился и сказал: "Слава Богу! Это письмо рассеяло и тень сомнения, которая могла бы еще сохраниться у меня". Оно было написано собственноручно Алексеем Орловым; он писал как лавочник, а тривиальность выражений, бестолковость, объясняемая тем, что он был совершенно пьян, его мольбы о прощении и какое-то удивление, вызванное в нем этой катастрофой, придают особенный интерес этому документу для тех людей, кто пожелал бы рассеять отвратительные клеветы, в изобилии возводимые на Екатерину II, которая хотя и была подвержена многим слабостям, но не была способна на преступление. Пьяный, не помня себя от ужаса, Алексей отправил это драгоценное письмо ее величеству тотчас же после смерти Петра. Когда уж после кончины Павла я узнала, что это письмо не было уничтожено и что Павел I велел прочесть его в присутствии императрицы и послать Нелидовой и показал его великим князьям и графу Ростопчину, я была так довольна и счастлива, как редко в моей жизни».

В. А. Билбасов. С. 123—124.

Нельзя достоверно сказать, какое участие принимала императрица в сем приключении, но известно то, что в сей день, когда сие случилось, государыня садилась за стол с отменною веселостию. Вдруг является тот самый Орлов, растрепанный, в поте и пыли, в изорванном платье, с беспокойным лицом, исполненным ужаса и торопливости. Войдя в комнату, сверкающие и быстрые глаза его искали императрицу. Не говоря ни слова, она встала, пошла в кабинет, куда и он последовал; через несколько минут она позвала к себе графа Панина, который был уже наименован ее министром. Она известила его, что государь умер, и советовалась с ним, каким образом публиковать о его смерти народу. Панин советовал пропустить одну ночь и на другое утро объявить сию новость, как будто сие случилось ночью. Приняв сей совет, императрица возвратилась с тем же лицом и продолжала обедать с тою же веселостью. Наутро, когда узнали, что Петр умер от геморроидальной колики, она показалась орошенная слезами и возвестила печаль свою указом.

К.-К. Рюльер. С. 470.

Если несправедливо разделяемое мнение относительно смерти Петра III и приписывает часто его убийство императрице, то следует помнить, что она неизбежно должна была погибнуть и подвергнуться той же участи, если бы это убийство не совершилось.

Р. Дама. Цит. по: Екатерина II в воспоминаниях современников... С. 152.

Много значения придают ее решимости в низложении ее супруга. Она была вынуждена либо устранить его, либо подчиниться заточению, которое, как она знала, давно уже задумывалось для нее.

Д. Г. Бёкингхэмшир. Цит. по: *Редкин А. П.* Граф Джон Г. Бёкингхэмшир при дворе Екатерины II // Екатерина II в воспоминаниях современников... С. 141.

Может быть, эта необходимость выбора если и не служит оправданием, может, по крайней мере, вызвать желание остаться в сомнении.

Р. Дама. С. 152.

Смерть бывшего императора — слишком заметное происшествие, чтобы я не описал его несколько подробнее и обстоятельнее. Но поскольку, начиная эти записки, я присягал на знамени истины, не следует на меня гневаться, если мое описание будет несколько отличаться от того, что содержится в приводимом ниже русском манифесте.

А. Шумахер. С. 295—297.

Весть о смерти — великий акт. Ни приготовиться, ни привыкнуть к ней нельзя. В данном случае смерть Петра, разрешая все недоумения, развязывая многим руки, являлась единственно возможным, наиболее желанным исходом политической драмы, волновавшей русского человека. Тем не менее весть о смерти Петра поразила одних, встревожила других, озадачила всех, как неожиданное, внезапное явление. Наиболее сильное впечатление эта смерть произвела на Екатерину, и надо отдать ей справедливость, она прежде всех овладела собой, разобралась в массе новых положений, созданных смертью Петра, и справилась с разнообразными ощущениями, нахлынувшими вместе с вестью о ропшинской катастрофе.

В. А. Бильбасов. С. 124.

Удушение произошло вскоре после увоза Маслова — это следует из того, что как придворный хирург Лидерс, так и отправленный в тот же день в Ропшу придворный хирург Паульсен застали императора уже мертвым. Стоит заметить, что Паульсен поехал в Ропшу не с лекарствами, а с инструментами и предметами, необходимыми для вскрытия и бальзамирования мертвого тела, вследствие чего в Петербурге все точно знали, что именно там произошло.

А. Шумахер. С. 299.

Письмо Алексея Орлова, вполне обелявшее Екатерину от всяких подозрений, было спрятано в шкатулку и пролежало в ней более 34 лет, до самой смерти императрицы. Кроме двух-трех лиц, наиболее близких, кроме Никиты Панина, гетмана Разумовского и других очень немногих, бывших при императрице в момент получения письма, его никто уже не прочтет; о нем никто не узнает, пока жива Екатерина. Решив судьбу письма, Екатерина сама начертала программу своих действий, краткую и ясную: il faut marcher droit — je ne dois pas etre suspecte. В письме к графу Понятовскому от 9 августа 1762 г. она так и писала: нужно быть безупречной, я не должна вызывать подозрений.

В. А. Бильбасов. С. 125.

Навлеку ли я на себя подозрение в пристрастии, если скажу, что безумство и неосторожность злосчастного императора, его несомненное намерение заточить Екатерину, его дальнейший план относительно устранения великого князя, его неуместный поход против Дании, его низкое заискивание перед прусским королем, которое, в конце концов, должно было бы оказаться гибельным для империи, и, наконец, оскорбления, которым он ежечасно подвергался со стороны оставленной им любовницы, — что все это в сильной степени говорит в защиту поведения Екатерины, поскольку оно касается свержения его с престола?

Д. Г. Бёкингхэмшир. С. 143.

Нет, однако, ни малейшей вероятности, что это императрица велела убить своего мужа. Его удушение, вне всякого сомнения, дело некоторых из тех, кто вступил в заговор против императора и теперь желал навсегда застраховаться от опасностей, которые сулили им и всей новой системе его жизнь, если бы она продолжалась. Можно уверенно утверждать, что были использованы и другие средства, чтобы сжить его со света, но они не удались. Так, статский советник доктор Крузе приготовил для него отравленный напиток, но император не захотел его пить. Вряд ли я заблуждаюсь, считая этого статского советника и еще нынешнего кабинет-секретаря императрицы Григория Теплова главными инициаторами этого убийства. Последнего император за несколько месяцев перед тем велел арестовать — ему донесли, что тот с презрением отзывался о его особе. Сведения эти проверялись не слишком строго, так что вскоре он снова был на свободе. Император даже произвел его в действительные статские советники, за что тот впоследствии отблагодарил, составляя все эти жалкие манифесты, в которых император рисовался с ненавистью такими мрачными красками. 3 июля этот подлый человек поехал в Ропшу, чтобы подготовить все к уже решенному убийству императора. 4 июля рано утром лейтенант князь Барятинский прибыл из Ропши и сообщил обер-гофмейстеру Панину, что император мертв. Собственно убийца — Швановиц — тоже явился к этому времени, был произведен в капитаны и получил в подарок 500 рублей. Такое вознаграждение за столь опасное предприятие показалось ему слишком малым, и он пошел к гетману, как для того, чтобы сделать ему о том представление, так и пожаловаться, что ему дают весьма отдаленную часть в Сибири. Тот, однако, не вдаваясь в рассуждения, весьма сухо ответил, что отъезд его совершенно необходим, и приказал офицеру сопровождать его до ямской станции и оставить его, лишь убедившись, что он действительно уехал.

А. Шумахер. С. 299—300.

Один из графов Орловых (ибо с первого дня им дано было сие достоинство), тот самый солдат, известный по находящемуся на лице знаку, который утаил билет княгини Дашковой, и некто по имени Теплов, достигший из нижних чинов по особенному дару губить своих соперников, пришли вместе к несчастному сему государю и объявили при входе, что они намерены с ним обедать. По обыкновению русскому перед обедом подали рюмки с водкою, и представленная императору была с ядом. Потому ли, что они спешили доставить свою новость, или ужас злодеяния понуждал их торопиться, через минуту они налили ему другую. Уже пламя распространялось по его жилам, и злодейство, изображенное на их лицах, возбудило в нем подозрение — он отказался от другой, они употребили насилие, а он против них оборону. В сей ужасной борьбе, чтобы заглушить его крики, которые начинали раздаваться далеко, они бросились на него, схватили его за горло и повергли на землю; но как он защищался всеми силами, какие придает последнее отчаяние, а они избегали всячески, чтобы не нанести ему раны, опасаясь за сие наказания, то и призвали к себе на помощь двух офицеров, которым поручено было его караулить и которые в сие время стояли у дверей вне тюрьмы. Это был младший князь Барятинский и некто Потемкин, 17-ти лет от роду. Они показали такое рвение в заговоре, что, несмотря на их первую молодость, им вверили сию стражу. Они прибежали, и трое из сих убийц, обвязав и стянувши салфеткою шею сего несчастного императора, между тем как Орлов обеими коленями давил ему грудь и запер дыхание; таким образом, его задушили, и он испустил дух в руках их.

К.-К. Рюльер. С. 469—470.

Я не буду входить в подробности этого трагического события. О нем слишком много говорили и извращали его; но, для восстановления истины, я считаю необходимым привести здесь подлинное свидетельство, слышанное мною от министра графа Панина. Его свидетельство является тем более неоспоримым, что известно, что он не был особенно привязан к императрице. Он был воспитателем Павла I, надеялся, что будет держать бразды правления во время регентства Екатерины, и обманулся в своих ожиданиях. Та энергия, с которой Екатерина овладела властью, разбила все его честолюбивые замыслы и оставила в его душе недоброжелательное чувство.

Однажды вечером, когда мы были у него, в кругу его родственников и друзей, он рассказал нам много интересных анекдотов и незаметно подошел к убийству Петра III. «Я был, — говорил он, — в кабинете императрицы, когда князь Орлов пришел известить ее, что все кончено. Она стояла посреди комнаты; слово *кончено* поразило ее. — Он уехал? — спросила она сначала. Но, узнав печальную истину, она упала без чувств. С ней сделались ужасные судороги и какое-то время боялись за ее жизнь. Когда она очнулась от этого тяжелого состояния, она залилась горькими слезами, повторяя: «Моя слава погибла, никогда потомство не простит мне этого невольного преступления!» Надежда на милость императрицы заглушила в Орловых всякое другое чувство, кроме чрезмерного честолюбия. Они думали, что если они уничтожат императора, князь Орлов займет его место и заставит императрицу короновать его».

В. Н. Головина. С. 71.

Я представлял себе Ропшу старым и сумрачным замком времен Владимира Мономаха или хотя бы Бориса Годунова. Ничуть не бывало: Ропша — это строение во вкусе прошлого века, окруженное прекрасным английским парком, осененное великолепными деревьями, с множеством ручейков, откуда сотнями поставляют форель для императорского стола в Санкт-Петербурге. Что касается замка, то по размеру он был ни больше и ни меньше, чем шале Монморанси, а сейчас там царила страшная неразбериха, и целый полк рабочих оклеивал стены персидской бумагой. Именно в одной из двух комнат, образующих левый угол замка, в ночь с 19 на 20 июля разыгралась ужасная драма, о которой мы пытались рассказать.

А. Дюма. С. 302.

В 1774 г. впервые явилось в печати известие, будто медики, вскрывавшие труп, высказали мнение, что «император не мог бы жить долее шести месяцев», причем прибавлялось: c'était en dire assez pour déclarer que sa mort n'était pas tout-à-fait naturelle [было сказано достаточно, чтобы заключить, что эта смерть была не совсем естественной. — *фр.*]. Не подлежит сомнению, что это вымысел, охотно, впрочем, повторявшийся и позже.

В. А. Бильбасов. С. 125.

Я боялась, что это офицеры отравили его, приказала произвести вскрытие, но никаких следов яда обнаружено не было — это достоверно. Его желудок был здоров; его унесло воспаление кишок и апоплексический удар. Его сердце оказалось на редкость крошечным и совсем слабым.

Екатерина II — С.-А. Понятовскому. 2 августа 1762 г.

Божиею милостию, Мы Екатерина Вторая, Императрица и Самодержица Всероссийская, и прочая, и прочая, и прочая.
Объявляем чрез сие всем верным подданным. В седьмой день после принятия Нашего Престола Всероссийского, получили Мы известие, что бывший Император Петр Третий, обыкновенным и прежде часто случавшимся ему припадком геморроидическим впал в прежестокую колику. Чего ради, не презирая долгу Нашего Христианского и заповеди Святой, которою Мы одолжены к соблюдению жизни ближнего

своего, тот час повелели отправить к нему все, что потребно было к предупреждению следств из того приключения опасных в здравии его, и к скорому вспоможению врачеванием. Но к крайнему нашему прискорбию и смущению сердца, вчерашнего вечера получили Мы другое, что он волею Всевышнего Бога скончался. Чего ради Мы повелели тело его привести в монастырь Невский, для погребения в том же монастыре; а между тем всех верноподданных возбуждаем и увещеваем Нашим Императорским и Матерним словом, дабы без злопамятствия всего прошедшего, с телом его последнее учинили прощание, и о спасении души его усердные к Богу приносили молитвы. Сие же бы нечаянное в смерти его Божие определение принимали за промысел его Божественный, который Он судьбами своими неисповедимыми Нам, Престолу Нашему и всему Отечеству строить путем, Его только Святой воле известным. Дан в Санкт-Петербурге, месяца Июля 7 дня, 1762 года.

Подлинной подписан собственною Ее Императорского Величества рукою, тако: Екатерина. Печатан при Сенате в Санкт-Петербурге того ж 7 числа июля, 1762 года.

Скорбный манифест о кончине бывшего Императора.
Цит. по: Путь к трону. С. 499—500.

Крестился русский человек, читая этот манифест: судьбы Божии, действительно, неисповедимы! Бывший император испытал в последние дни столько горя, столько невзгод — ничего нет мудреного, что натура слабая, болезненная, страдавшая уже «припадками гемороидическими», не вынесла этих потрясений; в смерти никто не волен — заболел и умер. Простым русским людям смерть эта представлялась естественною; даже иные простые, кое-что слышавшие, если не знавшие, не допускали и мысли о каком-либо участии Екатерины в этой смерти. Императрица «не должна быть заподозреваема», и она осталась незаподозренною.

В. А. Бильбасов. С. 126.

Императрица узнала о смерти своего мужа только 6 июля вечером. 7 бездыханное тело императора привезли в монастырь Св. Александра Невского и там выставили на обозрение в том же самом низком здании, где за несколько лет перед тем выставлялись останки его матери принцессы Анны, а также и регентины Анны [Лепольдовны].

А. Шумахер. С. 300.

В ночь с воскресенья 7 июля на понедельник 8 тело было привезено в Петербург, прямо в нынешнюю Александро-Невскую лавру, в те самые покои, где было выставлено для поклонения тело принцессы Анны Брауншвейгской и позже тело великой княжны Анны Петровны, дочери Екатерины.

В. А. Бильбасов. С. 126.

Ночью с 7 на 8 июля ст. счета тело его было перевезено из места его заточения (40 верст или 6 миль от Петербурга) в Александро-Невский монастырь и стояло до 10-го в гробу, обитом в красный атлас с немногими золотыми украшениями. Он лежал в своем любимом голштинском мундире, но без всяких орденов, без шпаги и без караула. Стражею при нем были малого чина офицер и несколько человек солдат.

Д. Р. Сиверс. С. 335.

Поскольку я тогда отсутствовал, то сам тела не видал. Поэтому передам здесь моим будущим читателям сообщение заслуживающего доверия друга, бывшего там 9 июля. Я готов ручаться, что он разглядел ни больше и ни меньше, чем надо было.

В указанном здании были две обитые черным и лишенные каких бы то ни было украшений комнаты. В них можно было только различить несколько настенных подсвечников, правда, без свечей. Сквозь первую черную комнату проходили во вторую, где на высоте примерно одного фута от пола в окружении нескольких горящих восковых свечей стоял гроб. Он был обит красным бархатом и отделан широким серебряным позументом. По всей видимости, он был несколько коротковат для тела, поскольку было заметно, что оно как-то сжато. Вид тела был крайне жалкий и вызывал страх и ужас, так как лицо было черным и опухшим, но достаточно узнаваемым и волосы, в полном беспорядке, колыхались от сквозняка. На покойнике был старый голштинский бело-голубой мундир, но оставались видны только плечи, грудь и руки. На руках, сложенных крестом одна поверх другой, были большие жесткие перчатки, вроде тех, с которыми изображают обычно Карла XII. Остальную часть тела скрывало старое покрывало из золотой парчи, которое свешивалось через ноги до самого пола. Никто не заметил на нем орденской ленты или еще каких-либо знаков отличий. Всем входившим офицер отдавал два приказания — сначала поклониться, а затем не задерживаться и сразу идти мимо тела и выходить в другие двери. Наверное, это делалось для того, чтобы никто не смог как следует рассмотреть ужасный облик этого тела.

А. Шумахер. С. 300.

Лицо черное и шея уязвленная. Несмотря на сии ужасные знаки, чтобы усмирить возмущения, которые начинали обнаруживаться, и предупредить, чтобы самозванцы под его именем не потрясли бы некогда империю, его показывали три дня народу в простом наряде голштинского офицера. Его солдаты, получив свободу, но без оружия, мешались в толпе народа и, смотря на своего государя, обнаруживали на лицах своих жалость, презрение, некоторый род стыда и позднего раскаяния. Скоро их посадили на суда и отправили в свое отечество; но по роковому действию на них жестокой их судьбы буря потопила почти всех сих несчастных. Некоторые спаслись на ближайших скалах к берегу, но были также потоплены тем временем, как кронштадтский губернатор посылал в Петербург спросить, позволено ли будет им помочь?

К.-К. Рюльер. С. 470—471.

Дежурные при гробе офицеры приглашают народ сперва поклониться телу усопшего, потом — проходить, «не останавливаясь», мимо гроба, в противоположную, выходную дверь. Нет времени ни остановить взор на покойнике, ни всмотреться в подробности печальной обстановки... Лицо его черно, чернее, чем у апоплектика; на шее широкий шарф, но офицеры не дают времени всмотреться, приглашая проходить, проходить...

В. А. Бильбасов. С. 126—127.

Комнаты, где выставляют тела уважаемых в Санкт-Петербурге горожан, выглядят куда представительнее, чем помещение, в котором лежал бывший император и самодержец всероссийский, правящий герцог Голштинский и внук Петра Великого. Стояло оно недолго, и уже 10 июля его опустили в землю — в тот самый день, когда император собирался выступить из Петербурга в поход против Дании.

А. Шумахер. С. 300.

В среду 10 июля в Невский монастырь прибыли многие из особ первых пяти классов, особыми повестками приглашенные присутствовать на печальной церемонии. Явились в церковь, между прочим, и престарелый фельдмаршал гр. Миних, прямой, честный, и генерал-полицеймейстер Н. А. Корф, любимец Петра, угодник Екатерины; явились и некоторые из служивших в голштинском войске. Все лужайки монастыря, не говоря уже о кладбище, были запружены народом, ожидавшим какого-то чрезвычайного, вообще небывалого зрелища.

В. А. Бильбасов. С. 128.

Хотя всем особам первых пяти классов и было велено присутствовать при погребении императора, но больше для вида, а так как все хорошо понимали, что это вовсе не способ понравиться при новом дворе, то кроме генерал-фельдмаршала Миниха и генерала Корфа прибыли лишь немногие. Шестеро асессоров — все совершенно исключительные пьяницы — отнесли тело в церковь, где его погребли простые монастырские служки. Оно лежит без эпитафии и надгробия рядом с останками столь же несчастной регентины Анны под полом нижней части монастырской церкви, в которой наверху можно видеть роскошную гробницу св. Александра Невского.

А. Шумахер. С. 300—301.

Народ долго не расходился. На него, очевидно, произвела впечатление эта внезапная смерть, о которой ходили уже «неосновательные» толки, слышались даже «пустые враки»...

В. А. Бильбасов. С. 128.

Перед этими жалкими похоронами в петербургской газете можно было не без удивления прочесть, какое особенное средство было применено для того, чтобы не дать императрице увидеть ужасный труп своего мужа. Подробнее это изъяснит следующий экстракт (краткое изложение).

Экстракт из протокола Правительствующего Сената от 8 июля 1762 г.
Сенатор и кавалер Никита Иванович Панин собранию Правительствующего Сената предлагал: Известно ему, что Ее императорское величество, всемилостивейшая государыня намерение положить соизволила шествовать к погребению бывшего императора Петра Третьего в Невский монастырь, но как великодушное Ее величества и непамятозлобивое сердце наполнено надмерною о сем приключении горестью и крайним соболезнованием о столь скорой и нечаянной смерти бывшего императора, так что с самого получения сей печальной ведомости Ее величество в непрерывном соболезновании и слезах о таковом приключении находится: то хотя он, господин сенатор, почитая за необходимый долг, обще с господином гетманом, сенатором и кавалером графом Кирилою Григорьевичем Разумовским и представляли, чтоб Ее величество, сохраняя свое здравие, по любви своей к российскому отечеству, для всех истинных ее верноподданных и для многих неприятных следств, изволила б намерение свое отложить; но Ее величество на то благоволения своего оказать не соизволила, и потому он за должное признал о том Сенату объявить, дабы весь Сенат по своему усердию к Ее величеству о том с рабским прошением предстал. Сенат, уважа все учиненные при том господином сенатором Паниным справедливые изъяснения, тотчас выступя из собрания, пошел во внутренние Ее величества покои и, представ монаршему ее лицу, раболепнейше просил, дабы Ее величество шествие свое в Невский монастырь к телу бывшего императора Петра Третьего отложить соизволила, представляя многие и весьма важные резоны к сохранению для всех верных сынов Отечества Ее императорского величества дражайшего здравия; и хотя Ее величество долго к тому согласия своего и не оказывала, но напоследок, видя неотступное всего Сената рабское и всеусерднейшее прошение, ко удовольствию всех ее верных рабов намерение свое отложить благоволила. Сенат, приняв сие за отменный знак Ее матернего милосердия, по отдании своей рабской благодарности возвратясь в собрание, приказали: о сем записать в журнале, объявя чрез господина обер-прокурора князя Козловского всему святейшему Синоду, что погребение отправляемо будет без высочайшего Ее императорского величества при том присутствия, и с сего для напечатания в газетах в Академию наук дать копию.

Когда Сенат представил императрице вышеизложенный доклад, она не только залилась слезами, но даже стала горько раскаиваться в шаге, который она предприняла. Она упрекала [сенаторов], что весь свет будет недоволен ею, если она не будет даже присутствовать при погребении своего супруга. Сенат, однако, повторил свое представление и добавил, чтобы добиться своей цели, что если императрица не прислушается к его мнению и отправится в монастырь, то по дороге ее собственная жизнь не будет в безопасности. Следует опасаться и без того озлобленных и раздраженных солдат — они легко могут прийти в такую ярость, что посягнут на тело усопшего императора и разорвут его на куски. Это заставило ее, наконец, уступить настояниям Сената, правда при строгом условии, что вся ответственность перед богом и людьми ляжет на него.

А. Шумахер. С. 301—302.

...И 21-го числа того ж июля месяца погребен был в Невском монастыре без всякой дальней церемонии. А сие и утвердило императрицу Екатерину на престол к славе и благоденствию всей России.

А. Т. Болотов. С. 160.

Таков был конец несчастного внука Петра I. Он учинил расправу над собственным сыном, и вот бог наказал его в этом потомке. Это новый, хотя и печальный пример того, что никогда иностранному принцу не удастся безнаказанно вступить в Россию. У этого государя было от природы доброе сердце, и ни к чему он не был меньше склонен, чем к суровости. При этом он обладал столь здравым рассудком, что, несомненно, поладил бы со своими подданными, если бы захотел последовать его советам и если бы не позволил захватить себя стремнине унаследованных предубеждений и страстей. Нерушимая воля заставляла его упрямо настаивать на своем мнении, а поскольку в правление императрицы Елизаветы его заботливо отстраняли от любых дел, то не нужно удивляться его неосведомленности и идущей отсюда неспособности к управлению столь пространной империей, устройство и глубинные движущие силы которой остались ему неизвестны.

А. Шумахер. С. 302—303.

В народе не верили известию о кончине Петра III. Молдавского гусарского полка прапорщик Войнович показал, что 7 сентября 1762 г., в бытность его в крепости св. Елизаветы, зашел он в квартиру подполковника Ездемировича, который говорил: «Был у меня вчера Мельгунова камердинер Иванушка и сказывал: у Мельгунова в гостях был майор гвардии Рославлев и с Мельгуновым говорил, что бывший император жив и послан в Шлюшин (Шлиссельбург), и для того его послали, что Орлов хочет с государынею венчаться».

А. Г. Брикнер[1]. С. 158.

Но довольно об этом несчастном императоре, который вознесен на пьедестал не по своим возможностям. Он не был злым; но его ограниченность, недостаток воспитания, интересы и природные склонности свидетельствуют о том, что из него вышел бы хороший прусский капрал, но никак не государь великой империи.

Е. Р. Дашкова. С. 72.

Впрочем, оставим судить потомкам, заслужил ли и в какой мере или же не заслужил вовсе этот государь столь тяжкую судьбу!

А. Шумахер. С. 303.

ВЕЗУВИЙ В ЮБКЕ, ИЛИ ШКОЛА ГОСУДАРСТВЕННЫХ МУЖЕЙ?

Современники уже в самое первое время царствования Екатерины удивлялись ее рабочей силе. Рассказывали, что она вставала в 5 часов утра и тотчас же начинала заниматься делами. Миних замечает, что императрица работала иногда по пятнадцати часов в день.

А. Г. Брикнер[1]. С. 144.

Первое старание ее было вызвать прежнего канцлера Бестужева, который, гордясь тогда самою ссылкою своею, расставил во многих местах во дворце свои портреты в одеянии несчастного. Она наказала слегка француза Брессана, уведомившего императора [о подготовке переворота] и, оставив ему все его имущество, казалось, удовлетворила ненависти придворных только тем, что отняла у него ленту третьего по империи ордена. Она немедленно дала почувствовать графу Шувалову, что он должен удалиться, и жестоко подшутила, подарив любимцу покойной императрицы старого арапа Нарцисса, любимого шута покойного императора.

К.-К. Рюльер. С. 471—472.

На пятый или шестой день по своем восшествии на престол, императрица присутствовала в Сенате, которому приказала собираться в Летнем дворце, чтобы ускорить течение дел. Сенат начал с представления о крайнем недостатке в деньгах. Екатерина отвечала, что употребит на государственные нужды собственные комнатные деньги, что, «принадлежа сама государству, она считает и все принадлежащее ей собственностью государства, и на будущее время не будет никакого различия между интересом государственным и ее собственным».

А. Г. Брикнер[1]. С. 142.

Понемногу сама собой собралась почти целиком и лейб-компания, созданная императрицей Елизаветой и распущенная Петром III. Императрица заверила, что лейб-компания будет восстановлена.

А. Шумахер. С. 281.

Все государи наперерыв искали ее союза, и один только китайский император, которого обширные области граничат с Россиею, отказался принять ее посольство и дал ответ, что он не ищет с нею ни дружбы, ни коммерции и никакого сообщения.

К.-К. Рюльер. С. 471.

Редко в такой степени, как у Екатерины, усидчивость труда при исполнении монархических обязанностей была связана с чувством ответственности пред народом и государством; но в то же время редко в такой мере, как у Екатерины, встречались оптимизм, уверенность в успехе, вера в собственный талант и некоторую непогрешимость.

А. Г. Брикнер[1]. С. 146.

Люди, наиболее часто бывающие в ее обществе, уверяют, что ее внимание к делам невероятно велико. Она постоянно думает о благополучии и процветании своих подданных, о славе своего царствования, по всем вероятиям, ее заботою репутация и могущество России будут поставлены на такую ступень, какой никогда еще не достигали, если только она не будет слишком увлекаться взятыми издалека и непрактичными теориями, которые чересчур охотно могут внушать ей заинтересованные или невежественные люди.

Д. Г. Бёкингхэмшир. С. 142.

Учредив порядок во всех частях государства, она поехала в Москву для коронования своего в соборной церкви древних царей. Сия столица встретила ее равнодушно — без удовольствия. Когда она проезжала по улицам, то народ бежал от нее, между тем как сын ее всегда окружен был толпою.

К.-К. Рюльер. С. 472.

Императрица чрезвычайно торопилась с коронацией. 1-го сентября она выехала из Петербурга совершенно незаметно. В Петербурге не знали о цели отъезда государыни. Распоряжения по торжеству коронации были поручены князю Никите Юрьевичу Трубецкому. Приготовлением короны занят был И. И. Бецкий. Сделанная корона поражала своим богатством: в ней находилось пятьдесят восемь одних бриллиантов, большого жемчуга семьдесят пять штук; вообще, корона тогда оценивалась знатоками в два миллиона рублей. По случаю, коронации императрица многих из своих приближенных осыпала своими милостями, выразившимися в повышении чинов, в пожаловании шпаг с бриллиантами, в награждении орденами.

В. И. Жмакин // РС. 1883. Т. 37. С. 530—531.

Государыня не очень жаловала Москву, называя ее к себе недоброжелательною, потому что все вельможи и знатное дворянство, получа по службе какое неудовольствие и взяв отставку, основывали жительство свое в древней столице, и случалось между ними пересуживать двор, политические происшествия и вольно говорить. Как Москва старинный город, то улицы ее не прямы, строение старое, не по новому вкусу архитектуры: близ огромного дома бывали хижины. Государыня спросила на другой день своего прибытия английского министра Фиц-Герберта с насмешливым видом: «Ну, как вам нравится мой славный город Москва?» — «Ваше величество, в целом мире нет города, который может равняться красотой Москве». — «Это что, ирония?» — «Нет, ваше величество, это чистая правда. Я в Москве ничего не видел; но я видел дворцы, которые не подавляют стоящих рядом хижин».

Л. Н. Энгельгардт. С. 249.

Я вовсе не люблю Москвы, но не имею никакого предубеждения против Петербурга, я стану руководиться благом империи и откровенно выскажу свое чувство. Москва — столица безделья, и ее чрезмерная величина всегда будет главной причиной этого. Я поставила себе за правило, когда бываю там, никогда ни за кем не посылать, потому что только на другой день получишь ответ, придет ли это лицо, или нет; для одного визита проводят в карете целый день, и вот, следовательно, день потерян. Дворянству, которое собралось в этом месте, там нравится: это неудивительно; но с самой ранней молодости оно принимает там тон и приемы праздности и роскоши; оно изнеживается, всегда разъезжая в карете шестерней, и видит только жалкие вещи, способные расслабить самый замечательный гений. Кроме того, никогда народ не имел перед глазами больше предметов фанатизма, как чудотворные иконы на каждом шагу, церкви, попы, монастыри, богомольцы, нищие, воры, бесполезные слуги в домах — какие дома, какая грязь в домах, площади которых огромны, а дворы — грязные болота. Обыкновенно каждый дворянин имеет в городе не дом, а маленькое имение. И вот такой сброд разношерстной толпы, которая всегда готова сопротивляться доброму порядку и с незапамятных времен возмущается по малейшему поводу, страстно даже любит рассказы об этих возмущениях и питает ими свой ум.

Екатерина II // Памятник... С. 87—88.

28-го сентября 1762 г. императрица давала праздник собственно для народа. К празднику заказаны были особого рода экипажи, украшенные резьбою и позолотою; на них устанавливались жаренные быки с многочисленною живностью и хлебами. Эти экипажи в день народного праздника разъезжали по улицам города и служили источником для народного угощения. За этими экипажами тянулись другого рода экипажи-роспуски с установленными на них бочками пива и меда. Как роспуски, так и самые бочки с пивом, как устроенные с особою исключительною целью, отличались оригинальностью своего убранства: бочки, например, по краям и иным местам раскрашены были под цвет серебра. На многих открытых местах города поставлены были столы для нищих с большим запасом всевозможного рода закусок. Кроме того, нищим раздавали и деньги. Главный центр народного празднества находился на Красной площади и на Лобном месте. Здесь установлено было множество столов с различными закусками. На празднике бросались в глаза горы пирогов, лежавших на столах пирамидальными возвышениями; на других столах сидели целые стада жареных птиц, как живые, а близ них большие фонтаны выметывали из себя в огромные чаны красное и белое вино. На ближайших к Кремлю перекрестках стояли красивые балаганы и шатры с цветными флагами, перевитыми лентами. Здесь находились также лакомые даровые припасы — груды золоченых пряников, маковые избойни. В ином месте возвышались качели, в другом высилась камедь с акробатическими представлениями, или толкались куклы на помосте; в ином месте слышался голос импровизатора-рассказчика, объясняющего затейливые картины. Государыня, в сопровождении большой свиты, с пышною обстановкою разъезжала по Москве и любовалась картинами народного празднества; между тем окружавшие ее герольды бросали в народ жетоны. Во время коронационных празднеств государыня предпринимала прогулки и катанья в подмосковные села, где царский поезд обыкновенно встречали крестьянские девушки в праздничных сарафанах и с веселыми хороводными песнями. Празднества в Москве по случаю коронации продолжались целую неделю.

В. И. Жмакин. С. 531—532.

Государыня в начале своего царствования принимала все просьбы лично, но когда в Москве просители, во время коронации, стали перед ней на колени полукругом и преградили ей дорогу в соборы, а грузины подали вместо просьбы свои паспорты, государыня лично уже просьб не принимала.

М. И. Пыляев. С. 192.

Против нее были даже заговоры, пьемонтец Одар был доносчиком. Он изменил прежним друзьям своим, которые, будучи уже недовольны императрицею, устроили ей новые ковы и в единственную за то награду просил только денег. На все предложения, деланные ему императрицею, чтобы возвести его на высшую степень, он отвечал всегда: «Государыня, дайте мне денег», и как скоро получил, то и возвратился в свое отечество.

Через полгода она возвратила ко двору того Гудовича, который был так предан императору и его верность была вознаграждена благосклонным предложением наилучших женщин. Фрейлине Воронцовой, недостойной своей сопернице, она позволила возвратиться в Москву в свое семейство, где нашла она сестру, княгиню Дашкову, которой от столь знаменитого предприятия осталось в удел только беременность, скрытая досада и горестное познание людей.

К.-К. Рюльер. С. 472.

9 октября 1762 г. барон де Бретель, французский посланник, докладывал из Петербурга своему министру герцогу Шуазелю: «Не знаю, ваша светлость, к чему поведет переписка царицы с г. Понятовским, но, кажется, уже нет сомнения в том, что она дала ему преемника в лице г-на Орлова, возведенного в графское достоинство в день коронации... Это очень красивый мужчина. Он уже несколько лет был влюблен в царицу, и я помню, как однажды она назвала мне его смешным и сообщила о его несообразном чувстве. Впрочем, по слухам, он очень глуп. Так как он говорит только по-русски, то мне теперь еще трудно судить об этом. Определение «глупый» вообще довольно часто приложимо к окружающим царицу; и хотя она, по-видимому, вполне мирится с этим, однако, мне кажется, есть основание предвидеть, что она удалит большинство окружающих ее. До сих пор она жила только с заговорщиками, которые, почти за единственным исключением Панина и гетмана (Разумовского), все бедняки, бывшие поручики или капитаны, и вообще сброд: таких можно встретить во всех городских притонах...»

К. Валишевский[1]. С. 94.

Орлов скоро обратил на себя всеобщее внимание. Между императрицей и сим дотоле неизвестным человеком оказалась та нежная короткость, которая была следствием давнишней связи. Двор был в крайнем удивлении. Вельможи, из которых многие почитали несомненными права свои на сердце государыни, не понимали, как, не смотря даже на его неизвестность, сей соперник скрывался от их проницательности, и с жесточайшею досадою видели, что они трудились только для его возвышения. Не знаю почему: по своей дерзости, в намерении заставить молчать своих соперников или по согласию с своею любезною, дабы оправдать то великое, которое она ему предназначала, он осмелился однажды ей сказать в публичном обеде: что он самовластный повелитель гвардии и чтобы лишить ее престола, стоит только ему захотеть. Все зрители за сие оскорбились, некоторые отвечали с негодованием, но столь жадные служители были худые придворные; они исчезли, и честолюбие Орлова не знало никаких пределов.

К.-К. Рюльер. С. 468.

Григорию Орлову, хваставшемуся однажды своим личным влиянием в гвардии, вдруг вздумалось в присутствии государыни объявить, что ему было бы достаточно месяца, чтобы свергнуть ее с престола.

— Может быть, мой друг, — сказал Разумовский, — но за то и недели не прошло бы, как мы бы тебя вздернули.

К. Валишевский[1]. С. 94.

Орловых пятеро, но старший из них (Иван Григорьевич) уклоняется от занятий видной роли, а младший (Федор), которому не больше девятнадцати лет от роду, находится за границей. Старший из остальных трех братьев, Григорий, состоит любимцем своей императрицы и первым человеком в русском царстве, насколько он поставлен в это положение сделанным ему императрицею отличием. Она от души желает видеть его великим, чтобы личное пристрастие ее к нему могло быть оправдано одобрением публики. Он не располагает преимуществами хорошего воспитания, но, если оставить это без внимания, не роняет себя в разговоре об обыденных предметах. Судя по тому, что было случайно высказано им в частном разговоре со мною, он считает искусства, науки и производство изящных вещей вредным для большой и могущественной страны, находя, что они расслабляют ум и тело людей: он считает за лучшее оказывать содействие только земледелию и производству предметов необходимости, которые могли бы быть вывозимы в необработанном виде. Англичан он любит, так как считает их народом откровенным и мужественным, особенно на основании слышанных им рассказов о цирке Браутона, представления которого вполне соответствуют вкусам его семьи. Раз он предлагал взять на себя устройство кулачного состязания в Москве, на котором намеревалась было присутствовать и императрица, пока ей не сказали, как серьезно относятся к боксу англичане.

Д. Г. Бёкингхэмшир. С. 143—144.

Екатерина не находила слов, расхваливая красоту, ум, познания, доблесть своего любимца. Так, например, в письме к г-же Бьельке она заметила об Орлове: «Природа избаловала его: ему всего труднее заставить себя учиться, и до тридцати лет ничто не могло принудить его к тому. При этом нельзя не удивляться, как много он знает: его природная проницательность так велика, что, слыша в первый раз о каком-нибудь предмете, он в минуту схватывает всю его суть и далеко оставляет за собою того, кто с ним говорит».

А. Г. Брикнер². С. 283.

Его предупредительности, его решимости и его мужеству обязана императрица тем, что были открыты и уничтожены три заговора против нее. Могущество Орлова равнялось уже власти государя. По запискам за своею подписью он мог брать из всех императорских касс до 100 000 рублей.

Г. фон Гельбиг // РС. 1886. Т. 51. С. 10.

Алексей, третий из братьев Орловых, получил одинаковое воспитание с обоими старшими братьями и стал потом также унтер-офицером в гвардии. Он оказывал полное согласие с мнениями всех своих братьев, но, кажется, имел все-таки большее пристрастие к Григорию, чем к другим.

Г. фон Гельбиг // РС. 1886. Т. 52. С. 2.

Этот третий брат, Алексей, — великан ростом и силой (самый меньший из этих трех братьев имеет рост в шесть футов). Он говорит по-немецки, но не знает по-французски, и — может быть, потому, что сознает свое менее важное значение, — более общителен и доступен, чем старший брат. Относительно того, которые из них обоих выше по уму, мнения расходятся, но спорить об этом значит спорить о пустяках: обоих надо считать за молодых офицеров, получивших воспитание как бы в Ковент-Гардене, кофейнях, трактирах и за бильярдом. Храбрые до крайности, они всегда считались, скорее, людьми смирными, чем склонными к ссорам. При своем неожиданном возвышении они не забыли своих старых знакомств и вообще обладают большою долей того беспринципного добродушия, которое располагает людей оказывать другим небольшие услуги без ущерба и хлопот для себя, и хотя они способны на самые отчаянные затеи, когда дело идет о чем-нибудь очень важном, однако отнюдь не станут творить зла ради самого зла. Они ничуть не мстительны и не стремятся вредить даже тем, кого не без причины считают своими врагами. В продолжение опалы генерала Чернышева они были самыми горячими ходатаями за него, хотя не могли сомневаться в его враждебности к ним. Однако всякий, кто попытался бы добиваться привязанности императрицы, подвергся бы большой опасности, если бы не стал действовать с величайшею осмотрительностью; ему надо было бы озаботиться тем, чтобы минута одержанного им успеха совпала с минутой настолько сильной опалы Орловых, при которой они были бы уже не в силах коснуться его. Не очень давно некий молодой человек хорошего круга, внешностью и манерой своей сильно располагавший в свою пользу, обратил на себя особенное внимание императрицы. Некоторые из друзей Панина, бывшие также и его друзьями, поощряли его добиваться цели. На первых порах он последовал было их совету, но вскоре пренебрег блестящею участью, которая, казалось, открывалась перед ним. Было довольно естественно предположить, что такая непоследовательность в его поступках вызвана была его любовью к одной даме, с которою он жил в тесной связи еще с той поры, когда при отсутствии корыстных видов любовь и обладание составляют все на свете; но потом он сознался по секрету близкому родственнику, что он побоялся угроз, высказанных Орловыми по адресу всякого, кто вздумает заместить их брата, и не имел достаточно честолюбия, чтобы рискнуть жизнью в своей попытке.

Д. Г. Бёкингхэмшир. С. 145—146.

Впрочем, Алексей разделял с братьями все их юношеские дебоши, из которых один отпечатал на его лице знак, оставшийся навсегда. В доме виноторговца Юберкампфа, в Большой Миллионной улице, в Петербурге, Алексей Григорьевич Орлов, бывший тогда только сержантом гвардии, затеял серьезную ссору с простым лейб-кампанцем Сваневичем. Орлов хотел уже удалиться, но был им преследуем, настигнут на улице и избит. Удар пришелся по левой стороне рта. Раненый Алексей был тотчас же отнесен к знаменитому врачу Каав-Бергаве (лейб-медик великого князя Петра. — *Е. Г.*) и там перевязан. Когда он вылечился, все еще оставался рубец, отчего он и получил прозвание «Орлов со шрамом (Le Balafre)».

Г. фон Гельбиг // РС. 1886. Т. 52. С. 2—3.

Алексей и Федор Григорьевичи Орловы славились своей силою. В Петербурге только один человек кичился сильнее их: это был Шванвич (отец того Шванвича, который пристал к Пугачеву и сочинял для него немецкие указы). Он мог сладить с каждым из них порознь — но вдвоем Орловы брали над ним верх. Разумеется, они часто сталкивались друг с другом; когда случалось, что Шванвичу попадал один из Орловых, то он бил Орлова, когда попадались оба брата, — то они били Шванвича. Чтобы избежать таких напрасных драк, они заключили между собой условие, по которому один Орлов должен был уступать Шванвичу и где бы ни попался ему, повиноваться беспрекословно, двое же Орловых берут верх над Шванвичем, и он должен покоряться им так же беспрекословно. Шванвич встретил однажды Федора Орлова в трактире и в силу условия овладел бильярдом, вином и бывшими с Орловым женщинами. Он, однако ж, недолго пользовался своей добычей, вскоре пришел в трактир к брату Алексей Орлов, и Шванвич должен был в свою очередь уступить бильярд, вино и женщин. Опьянелый Шванвич хотел было противиться, но Орловы вытолкали его из трактира. Взбешенный этим, он спрятался за воротами и стал ждать своих противников. Когда Алексей Орлов вышел, Шванвич разрубил ему палашем щеку и ушел. Орлов упал; удар, нанесенный нетвердою рукой, не был смертелен, и Орлов отделался продолжительною болезнью и шрамом на щеках. Это было незадолго до 1762 г. Орловы возвысились и могли бы погубить Шванвича, — но они не захотели мстить ему; он был назначен Кронштадтским комендантом и стараниями Орлова смягчен был приговор над его сыном, судившимся за участие в Пугачевском бунте.

М. М. Щербатов. С. 80—81.

Самый младший из находящихся в России братьев, Федор, составляет гордость и украшение семьи. Если бы какая-нибудь путешественница захотела описать его наружность, она сказала бы, что в нем черты Аполлона Бельведерского сочетались с мускулами Геркулеса Фарнезе. Речь его легка и свободна, манеры приятны. В настоящее время он может лишь мало разговаривать с иностранцами, потому что с трудом объясняется по-французски. Императрица дала ему должность, и он, говорят, проявляет усердие и ум. В то время когда для братьев его сказались последствия их личных достоинств и услуг, он был еще слишком молод, чтобы чему-нибудь научиться, но со временем он может оказаться годным для высших должностей и затем оказать, в пору упадка, поддержку братьям, счастливые начинания которых возвели его наверх.

Д. Г. Бёкингхэмшир. С. 146.

Опять обратимся к французскому послу Бретелю: «Несколько дней тому назад, при дворе представляли русскую трагедию, где фаворит (Гр. Орлов) играл очень плохо главную роль. Государыня же, между тем, так восхищалась игрой актера, что несколько раз подзывала меня, чтобы говорить мне это и спрашивать, как я его нахожу. Она не ограничилась только разговором с графом де Мерси (австрийским послом), сидевшим рядом с ней; десять раз в продолжение сцены она выражала ему свой восторг по поводу благородства и красоты Орлова...»

К. Валишевский[1]. С. 96.

Но его значение должно было еще более возвыситься. Екатерина и он хотели сочетаться браком.

Г. фон Гельбиг // РС. 1886. Т. 51. С. 10.

Когда Екатерина пугается новизны положения, которое приходится создать, бывший первый министр Елизаветы (имеется в виду граф Бестужев. — *Е. Г.*) тут как тут, чтобы указать прецедент: разве покойная императрица [Елизавета] не была замужем за Разумовским?

К. Валишевский[1]. С. 97.

В 1762 и 1763 годах был весьма искусно распущен слух об этом брачном проекте, чтоб разузнать мнение нации и двора. Этому неоспоримому доказательству ослепления императрицы воспротивились графы Бестужев (?), Воронцов и Панин, три лица, ставшие в русской истории один — опозоренным, другой — известным, третий — прославленным.

Г. фон Гельбиг // РС. 1886. Т. 51. С. 10.

Скоро Государственному Совету предстояло решить [этот] серьезный и опасный вопрос. Очевидно, это было только формальностью. Члены Совета молчали. Один только Панин составлял исключение. Когда до него дошла очередь высказаться, он сказал просто: «Императрица может поступать, как ей угодно, но госпожа Орлова никогда не будет императрицей российской». Произнося эти слова, он выпрямился во весь рост, прислоняясь в вызывающей позе к стене, у которой стояло его кресло. Коснувшийся в эту минуту обой, его парик оставил на них белое пятно, которое его товарищи заметили и о которое потом старались потереться головой «для храбрости», как они выражались.

К. Валишевский[1]. С. 96.

Княгиня Дашкова в своих записках рассказывает, что Бестужев действительно хлопотал о браке Екатерины с Орловым и что Панин противодействовал осуществлению этого плана. Панин по этому поводу имел объяснение с императрицею, которая объявила, что Бестужев действовал без ее ведома... Весною 1763 года, когда императрица в сопровождении графа Орлова отправилась из Москвы в Воскресенский монастырь, камер-юнкер Хитрово начал распространять слух о намерении Екатерины обвенчаться с Орловым; виновником этого, по мнению камер-юнкера, был «старый черт», Бестужев; офицеры решили, что нельзя допустить этого брака.

А. Г. Брикнер[1]. С. 158.

В заговоре против Петра III участвовал один из кузенов Хитрово — Ржевский. Он сообщил Алексею Орлову о [другом] замысле своего кузена: все, кто подготавливал возведение на престол Екатерины, должны были объединиться и просить ее не принимать проекта Бестужева; если же императрица признает за благо выйти замуж, то их долг пожертвовать собой и покончить с Григорием Орловым.

Хитрово был арестован и допрошен Алексеем Орловым, который, как говорили, грубо с ним обошелся. Хитрово ничего не отрицал и даже с гордостью заявил, что первый бы вонзил шпагу в грудь Григория и готов скорее сам пойти на смерть, чем жить с унизительной мыслью, что революция послужила лишь опасному для родины возвышению Григория Орлова.

Е. Р. Дашкова. С. 85.

Известно, что главнейшими пособниками императрицы Екатерины II при перевороте 1762 года и восшествии ее на престол были братья Орловы, из которых старший, Григорий Григорьевич, сделался ее фаворитом. Орлов был молод, красив, смел и настойчив, но вместе с тем ограничен умом, невоспитан и необразован, так что Екатерина не допускала его до вмешательства в государственные дела и не доверяла ему ни одной важной отраслью управления. Во время пребывания двора в Москве в 1763 году Орлов, считавший Екатерину кругом ему обязанной, пробовал намекать ей о браке. Не желая оскорбить Орловых прямым отказом, императрица уклонялась, находя разные препятствия. Не понимая, что такая женщина, как Екатерина, не может навсегда связать с ним свою судьбу, Орлов стал настаивать, ссылаясь на брак Елизаветы Петровны с Разумовским. Екатерина отвечала:

— Сомневаюсь, чтобы иностранные известия о браке Алексея Разумовского с покойной императрицей были справедливы; по крайней мере, я не знаю никаких письменных доказательств тому. Впрочем, Разумовский жив, я пошлю осведомиться от него самого, точно ли он был венчан с государыней.

С. Н. Шубинский. С. 224.

Говорят, что у последнего хранятся подлиннейшие документы, доказывающие действительность этого тайного брака. Стоит только раскрыть то, что хранилось в тайне до сих пор и опубликовать документы. Но тут было необходимо согласие самого Разумовского. И именно Воронцов взял на себя получить его.

К. Валишевский[1]. С. 98.

Со смертью Елизаветы Петровны, последовавшей в декабре 1761 года, Разумовский потерял, конечно, всякое значение. Хотя новая императрица продолжала оказывать ему внимание, и даже иногда обедала у него, он сам удалился от двора, являлся во дворец лишь в особо торжественных случаях и вел замкнутый образ жизни, собирая к себе на музыкальные вечера и дружеские пирушки преимущественно своих приятелей-малороссов. В это время неожиданный случай дал Разумовскому возможность выказать все благородство своего характера и благодарную память к облагодетельствовавшей его Елизавете... Екатерина призвала канцлера Воронцова и поручила ему написать проект указа, в котором объявлялось, что «в память почившей тетки своей императрицы Елизаветы Петровны государыня признает справедливым даровать графу Алексею Григорьевичу Разумовскому, венчанному с государыней, титул императорского высочества, каковую дань признательности и благоговения к предшественнице своей объявляет ему и вместе с тем делает сие гласным во всенародное известие». Когда указ был готов, Екатерина поручила Воронцову отвезти его к Разумовскому и потребовать от него все относящиеся к этому предмету документы для составления акта в законной форме.

С. Н. Шубинский. С. 224—225.

Рассказ о свидании сообщен одним из племянников бывшего певца императорской капеллы, в это время уже преждевременно состарившегося, хотя ему только что исполнилось пятьдесят лет. Он жил в совершенном уединении, предаваясь набожности. Воронцов застал его перед камином, читающим Библию, недавно появившуюся в киевском издании. В искусно составленной речи он сообщил о предмете своего посещения. У Разумовского просят услуги и за нее щедро заплатят, признав в нем официального супруга тетки и благодетельницы. Екатерина предполагает возвести его в сан светлости со всеми почестями и преимуществами этого титула. Уже изготовлен проект указа в этом смысле. Разумовский слушал, не говоря ни слова, несколько обескураживая посетителя молчанием и пристальным взглядом — потускневшим и грустным, в котором виднелась безысходная печаль. Он попросил показать ему проект указа, внимательно прочел его, затем встав, но все молча, медленно отошел на другой конец большой комнаты, где происходило свидание, и остановился перед старым дубовым шкафчиком. В нем стоял, окованный серебром ларец черного дерева с инкрустацией. Разумовский медленно взял ключ, отпер ларец и нажал пружину. В ларце лежал свиток пергамента, обернутый в розовый атлас, выцветший от времени. Старик, тщательно свернул атлас, положил его обратно в ларец, запер последний и возвратился к огню со свертком, который начал внимательно рассматривать. Один за другим большие листы, скрепленные красными печатями, проходили у него между пальцами, нарушая своим шуршанием тишину, которую Воронцов не смел прервать. Окончив, Разумовский привел в порядок свиток, коснулся его губами и, обращаясь в угол, где неугасимая лампада висела перед иконой, как бы обратился к последней с немой молитвой. В глазах его блестели слезы; он дрожал и волновался одно мгновение, как бы выдерживая внутреннюю борьбу, затем с видом человека, принявшего решение, перекрестился и быстро бросил в огонь таинственный сверток. Вздох — облегчения или сожаления — и Разумовский тяжело опустился в кресло, смотря, как пламя совершало свое дело, пожирая бренный памятник прошедшего, от которого уже ничего не останется. Когда все исчезло, он, наконец, заговорил:

— Я был всегда только покорным рабом ее величества императрицы Елизаветы. Желаю быть также покорным слугой императрицы Екатерины. Просите ее остаться ко мне благосклонной...

Разумовский, находившийся также в Москве по случаю коронации, жил в своем доме на Покровке.

К. Валишевский[1]. С. 97—98.

От Разумовского Воронцов поехал прямо к государыне и подробно доложил ей о всем происшедшем. Екатерина, выслушав, подала ему руку, которую он поцеловал, и с улыбкой внушительно сказала:

— Мы понимаем друг друга. Тайного брака не существовало, хотя бы и для усыпления боязливой совести. Шепот о сем был всегда для меня противен. Почтенный старик предупредил меня, но я ожидала этого от свойственного малороссиянам самоотвержения.

С последним словом она погрузилась в глубокую думу и легким наклонением головы отпустила Воронцова. Приход Орлова прервал размышления государыни. О чем они говорили — неизвестно.

С. Н. Шубинский. С. 226.

Так как этому проекту не суждено было осуществиться, то Орлов, в виде возмездия, был возведен в княжеское достоинство, диплом на которое императрица, однако, удержала еще у себя.

Г. фон Гельбиг // РС. 1886. Т. 51. С. 10.

Кроме того, она в человеке, сопровождавшем ее 12 июля 1762 г. к Преображенским казармам, должна была видеть не только виновника своего счастья и товарища лучших дней своей жизни, но также — как ни слабо была развита в ней эта сторона чувства — отца двоих или троих из своих детей. По свидетельству английского посла Гуннинга их было трое; по другим — двое. Двух девочек, которых девица Протасова, первая камер-фрейлина и поверенная императрицы, воспитывала, как своих племянниц, под фамилией Алексеевых, считали дочерьми Екатерины и Григория Орлова, а в 1764 г. Беранже сообщает герцогу де Пралину следующие подробности о младенце мужского пола, родившемся, как говорили у Екатерины, вскоре после смерти императрицы Елизаветы: «Этот ребенок у Шкурина, прежнего доверенного слуги, а теперь камергера.

Он воспитывает его, называя племянником, а отец и мать (Орлов и Екатерина), часто навещают ребенка, отправляясь в сумерки в простой карете, сопровождаемые только одним лакеем». Он прибавляет: «Он [Орлов] обращается иногда с своей государыней, как с служанкой. Несколько времени тому назад между ними произошла бурная сцена, после чего Орлов уехал на три дня под предлогом охоты. Екатерина заболела и два дня предавалась отчаянию. На третий она написала очень нежное письмо своему возлюбленному, которое вложила в богатую шкатулку. Она писала ему, что надеется видеть его у себя в Царском Селе, куда отправляется. Там, действительно, произошло примирение. Мне говорили, будто там же у нее родился еще ребенок, но мертвый. Значительное уменьшение округлости стана и побледневший цвет лица, — все признаки и все обстоятельства подтверждают это известие».

К. Валишевский[1]. С. 119—120.

...Еще в 1762 г. у них родился ..... граф Бобринский 18 (29) апреля. Тотчас после рождения дитяти, Шкурин (камердинер Екатерины, один из наиболее доверенных ее людей. — *Е. Г.*) взял ребенка к себе и воспитывал его до определения в кадетский корпус. В это время всем уже стало известно под рукою, что это сын Г. Г. Орлова. Сама государыня (являла особое к нему внимание). Она охотно замечала, что Рибас, его воспитатель, и Бецкий, директор корпуса, отличают ребенка от его товарищей. Дело зашло так далеко, что, по выходе его из корпуса, всем вельможам двора и даже иностранным посланникам дано было знать, что устройство праздников в честь Бобринского будет принято особенно благосклонно.

Г. фон Гельбиг // РС. 1886. Т. 51. С. 18.

Императрица Екатерина весьма заботилась о его [Бобринского] хорошем воспитании, и потому, говорят, малолетний корпус был тогда в самом цветущем положении.

Рассказы бабушки. Из воспоминаний пяти поколений, записанные и собранные ее внуком Д. Благово. Л.: Наука, Ленинградск. отд., 1989. С. 46

Она имела от Григория признанного сына, названного Василием Григорьевичем Бобринским которого было велено воспитывать в кадетском корпусе, его гувернером сделался адмирал Рибас, в то время бывший преподавателем в этом учебном заведении. Две хорошенькие фрейлины, которых Протасова, камер-фрейлина императрицы, воспитала как своих племянниц, также слывут дочерьми Екатерины и Орлова. Именно для этого знаменитого фаворита по ее желанию был выстроен печальный Мраморный дворец, на фронтоне которого она с бесстыдством повелела высечь следующую надпись: «В знак благодарной дружбы».

Ш. Массон. С. 65—66.

Во время опасной болезни великого князя Павла Петровича в 1770 году, если я не ошибаюсь, подумывали объявить, в случае несчастия, наследником престола графа Бобринского.

Ф. Н. Голицын. С. 391.

Фамилию свою он получил от поместья Бобер или Бобрин, которое было для него куплено; сверх того, на его имя был положен миллион рублей в ссудный банк. Так как этот молодой человек, во время своего путешествия, особенно же в Париже, где он открыто (указывая на свое происхождение) делал долги, то они уплачивались из его капитала, и впоследствии он получал только 30 000 руб. ежегодно, которые он проживал в Ревеле, куда сослала его недовольная им императрица. Там жил он в начале 1790-х годов и мы слышали, что он находился еще в Ревеле, когда Павел I, в самом начале своего царствования, в 1797 году, вызвал его ко двору. Этот государь очень отличал его, возвел в графское достоинство, сделал его генерал-майором и дал ему орден Св. Анны. Всеми этими отличиями император придал известную достоверность слухам, которые сам Бобринский распространял о своем рождении.

Г. фон Гельбиг // РС. 1886. Т. 51. С. 18.

Этот Бобринский очень похож на мать, и тот, кто смотрит на профиль Екатерины, отчеканенный на рубле, видит лицо ее сына. Он отличался разными шалостями и дебошами, хотя был и умен, и образован. Он был выслан в Эстляндию, но его брат Павел по восшествии на престол призвал его в Петербург и произвел в майоры конной гвардии; через некоторое время он оказался в немилости.

Ш. Массон. С. 65.

Императрица, сильно любившая его ребенком, не могла его терпеть, когда он возмужал — немилость, которой он подпал, вероятно, вследствие своего поведения. Бобринский не похож лицом на своих родителей, но наследовал от отца его дикий нрав.

Г. фон Гельбиг // РС. 1886. Т. 51. С. 18.

В начале возвышения Григория Орлова императрица говорила, что сама воспитает и обучит его. Она успела научить его думать и рассуждать, но думать неправильно и рассуждать неверно, так как природа снабдила его лишь тем светом, который слепит, но не указывает пути. Более чем вероятно, что она находит теперь, что было бы лучше оставить его таким, каким она застала его и считала тогда достаточным для оправдания оказанного ему предпочтения. В последнее время он принял ужасно надутый и грубый вид, что вовсе не свойственно его характеру. Он одевается небрежно, курит, часто ездит на охоту и не настолько пренебрегает встречными красавицами, насколько следовало бы из политики и из благодарности. Говорят, но ложно, будто особа, которой он должен бы посвящать всю свою внимательность, не обращает внимания на преходящие неверности. Одна из тех женщин, которые, не будучи хорошенькими, нравятся своею молодостью и Бог весть чем еще, была некоторое время отличаема графом Орловым, и все-таки ее часто допускали к участию в частных загородных поездках. Так как эта дама постоянно бывала в моем доме и называла себя моею приятельницей, то я заговорил с нею в шутку об этом предмете. Она отвечала, что как мне должно быть известно, она питает страсть к другому мужчине и что благоразумие должно побуждать ее к расхолаживанию Орлова, что она и делает в возможно пристойной форме, по ее словам, недавно на даче Орлов пытался взять ее силою, в это время в комнату вошла императрица и, увидев некоторое смущение дамы, подошла к ней сзади и шепнула ей через плечо: «Не смущайтесь, я уверена в вашей скромности и внимательности ко мне. Не бойтесь, что причините мне неприятность, напротив, я считаю себя обязанною вам за ваше поведение».

Д. Г. Бёкингхэмшир. С. 144.

Она была снисходительна в любви, но неумолима в политике, потому что гордость была самой сильной из ее страстей, и женщина в ней всегда подчинялась императрице.

Ш. Массон. С. 66.

Граф Орлов состоит одним из трех флигель-адъютантов императрицы. Во время дежурства они командуют всеми войсками в окрестности. Он капитан Кавалергардского и полковник Конногвардейского полков, стоит во главе комиссии по устройству дел колонистов, состоит кавалером всех орденов и камергером.

Д. Г. Бёкингхэмшир. С. 145.

Он был директором инженерного корпуса, шефом кавалергардов, генерал-аншефом артиллерии и генерал фельдцейхмейстером, президентом Канцелярии Опекунства иностранных колонистов, начальником всех укреплений. Он же и не думал управлять чем-нибудь или направлять что-либо. Получая до десяти миллионов ежегодно на улучшение одной из отраслей, управление которой ему было вверено, а именно артиллерии, он истратил без толку половину этих денег, а остальные отдал Екатерине, которая употребила их в удовлетворение своей страсти к постройкам. Она построила для своего фаворита тот самый знаменитый мраморный дворец, на фронтоне которого имела смелость сделать следующую надпись: «Воздвигнут благодарной дружбой».

К. Валишевский[1]. С. 101.

В годовщину своего восшествия на престол, императрица сказала мне, что накануне вечером она обдумывала, в которой из своих должностей следует графу Орлову выступить на этом празднестве, и решила, что появление его в качестве ее адъютанта наиболее отличит его, так как поставит его во главе всего торжества.

Д. Г. Бёкингхэмшир. С. 145.

В 1765 г. он вместе с П. Воронцовым и библиотекарем императрицы, немцем Таубертом, основал общество для изучения экономических и социальных вопросов, и первый поднял в этом обществе щекотливый вопрос о средствах, которые необходимо употребить, чтобы крестьяне стали собственниками обрабатываемой ими земли.

К. Валишевский[1]. С. 118.

Заслуги Орлова при учреждении Вольного Экономического Общества, участие его в прениях Большой Комиссии, готовность следовать примеру императрицы в привитии оспы, замечательная роль, которую он играл в истории восточного вопроса, его заслуги во время чумы в Москве — все это дает нам некоторое понятие о значении Григория Орлова в течение первого десятилетия царствования Екатерины.

А. Г. Брикнер[2]. С. 283.

У графа Григория Орлова орлиная проницательность; я никогда не видела человека, который бы в таком совершенстве овладевал всяким делом, которое он предпринимал, или даже таким, о котором ему говорят; все дурное и хорошее в этом деле приходит ему сразу на ум и одно за другим стремится из его уст, как поток, до тех пор, пока он не задохнется, говоря об этом; он испытанной честности; я думаю, что лучше всего можно его описать, сказав, что его ум и его характер происходят от необычайной силы его тела и от темперамента; жаль, что воспитание не помогло его талантам и качествам, которые действительно превосходны, но которые благодаря небрежности остаются необработанными, что он хочет оправдать презрением к мелочам этого мира.

Екатерина II // Памятник... С. 132.

Но, по крайней мере, Ломоносов, народный поэт, оставшийся в живых представитель великой литературной эпохи, нашел в Григории Орлове с самого начала горячего поклонника и надежного друга. К нему после государственного переворота, Ломоносов обратился для осуществления мечты, лелеянной двадцать лет: основания университета в Петербурге. К несчастью вмешательство фаворита не увенчалось успехом: Екатерина слишком быстро утратила вкус к западной культуре и университетам своей родины. За свою попытку Ломоносов получил только отставку от звания президента Академии. Новое заступничество его покровителя заставило изменить это решение. Через два года, Ломоносов, умирая, завещал свои бумаги Орлову.

К. Валишевский[1]. С. 119.

Чем более я присматриваюсь к г. Орлову, тем более убеждаюсь, что ему только недостает титула императора... Он держит себя с императрицей так непринужденно, что поражает всех. Говорят, что никто не помнит ничего подобного ни в одном государстве со времени учреждения монархии. Не признавая никакого этикета, он позволял себе в присутствии всех такие вольности с императрицей, каких в приличном обществе уважающая себя куртизанка не позволит своему любовнику...

Беранже, французский поверенный в делах.
25 ноября 1764 г. Петербург.
Из дипломатической переписки... С. 112.

Фаворит (Орлов), несмотря на все старание заслужить всеобщую любовь, также мало пользуется ею, как государыня. У него есть, как говорят, некоторые хорошие качества, но он не обладает выдающимися способностями; он в высшей степени неосторожен и легкомыслен, часто оставляет императрицу одну, уезжая на охоту, или проводит время в обществе лиц совершенно неподходящих.

Английский посланник Гуннинг. 4-го августа 1772 г.
Из дипломатической переписки... С. 116.

Екатерина же была покорна и до крайности боязлива. Она писала одной из своих корреспонденток: «Когда пришло Ваше последнее письмо, граф Орлов был в моей комнате. Есть одно место в письме, где Вы называете меня деятельной, потому что я работаю над составлением законов и вышиваю шерстями. Он, отъявленный лентяй, хотя очень умный и способный, воскликнул: «Это правда!» И это первый раз, что я услыхала похвалу от него. И ею я обязана Вам, милостивая государыня».

К. Валишевский[1]. С. 100.

Со временем Екатерина слегка располнела. Ростом она ниже среднего, но постановка головы так горделива, что некоторые находят ее высокой.

А. Труайя. С. 169.

Ее императорское величество ни мала, ни высока ростом; вид у нее величественный, и в ней чувствуется смешение достоинства и непринужденности, с первого же раза вызывающее в людях уважение к ней, дающее им чувствовать себя с нею свободно.

Д. Г. Бёкингхэмшир. С. 141.

Благодарность свою [Орлову] она, действительно, выказывала щедро. При готовой квартире, столе и покрытии всех своих расходов, фаворит получал 10 000 рублей ежемесячно карманных денег, десятками тысяч крестьян, земель — целые квадратные мили, дворцы, дачи — между прочим Ропшу, с которой связано такое мрачное воспоминание. Ему был пожалован медальон в форме сердца, осыпанного брильянтами с портретом императрицы и право, которого никто не имел — носить этот портрет в петлице. Но всего этого не оказалось достаточно, чтоб заставить его стряхнуть лень и неподвижность. Он, вероятно, находил, что достаточно нахлопотался, доставляя своей благодетельнице и себе положения, которые оба занимали. Только один раз в его дремлющей душе и прозябающем теле атлета как будто проснулась прежняя жажда борьбы. Присутствуя в Совете, он горячо протестовал против проекта Екатерины поддержать в Польше кандидатуру Понятовского — фаворита, вытесненного им. Но у него не нашлось других аргументов, кроме грубых оскорблений. Однако и это была только молния. На мягкий упрек Екатерины он ответил тем, что взял сказанное назад и стал обвинять Бестужева, что тот дал ему плохой совет.

К. Валишевский[1]. С. 103.

В глазах окружающих они — старые любовники, уставшие друг от друга и не способные расстаться. Григорий Орлов страдает от того, что играет роль лишь источника ночных наслаждений, он пытается доказать, что может быть рядом с ней не только в постели, но и при решении трудных задач. Он занялся чтением и даже начал переписываться с Жан Жаком Руссо, заинтересовался живописью, агрономией, но каждый раз его энтузиазма хватало ненадолго.

А. Труайя. С. 206.

До своего решения оставить Григория Орлова Екатерина перенесла от него то, что редкая женщина способна перенести. Уже в 1765 г. за семь лет до разрыва [упоминавшийся уже французский поверенный в делах] Беранже пишет из Петербурга герцогу Пралину: «Этот русский открыто нарушает законы любви по отношению к императрице; у него в городе есть любовницы, которые не только не навлекают на себя негодование императрицы за свою угодливость Орлову, но, по-видимому, пользуются ее расположением. Сенатор Муравьев, накрывший с ним свою жену, едва не сделал скандала, прося развода. Царица умиротворила его, подарив земли в Ливонии».

К. Валишевский. Роман одной императрицы. Екатерина Вторая по ее письмам и неизданным документам государственных архивов. М., 1910. С. 202.
(Далее цит.: *К. Валишевский*[3])

Однако и она стала подумывать, как бы удалить его, ставшего уже ей в тягость. Случай к этому скоро представился: в 1771 г. чума в Москве так свирепствовала, что там умерло 150 000 душ и нужен был человек высокого положения, который постарался бы прекратить бедствие мудрыми мерами. Сама императрица представила своему избраннику, что, так как он всю войну мирно прожил в Петербурге, то теперь поездкой на короткое время в Москву и своими там усилиями, он мог бы стяжать живейшую благодарность нации.

Г. фон Гельбиг // РС. 1886. Т. 51. С. 10.

...И вдруг в нем совершается перемена: он берет себя в руки и в один час становится опять тем, чем был в день великих испытаний. Пробуждение полное и внезапное. 2 октября 1771 г. он едет в Москву с поручением, которое на этот раз действительно, а не в снисходительном воображении императрицы, делало его спасителем отечества. Чума, два месяца свирепствовавшая во второй столице империи, вызвала там ужасное волнение. Местные власти не в состоянии были сладить с мятежами. Губернатор бежал. Митрополит был убит чернью. Надо было восстановить порядок и удержать ужасающее шествие бича. Григорий Орлов взял это на себя, и Екатерина отпустила его.

К. Валишевский[1]. С. 103.

Решение Екатерины может показаться странным: все время возражая против отъезда его в действующую армию, сейчас соглашается на поездку в Москву. Неужели не понимает, что там он рискует гораздо больше, чем в штабе, вдали от поля боя? В ее окружении перешептываются: она посылает его на верную гибель, потому что устала от претензий и видит его ничтожество.

А. Труайя. С. 207.

Не имела ли она мысли послать его на смерть?

К. Валишевский[1]. С. 103.

Беспечность гражданских властей и алчность военных, которые отправили в Москву добычу, захваченную ими во время войны, были причиною чумы, свирепствовавшей в этом городе в 1771 г. Она унесла 120 000 жертв и московский архиепископ был растерзан толпою на ступенях алтаря.

Английский дипломат Д. Гаррис. 31 июля 1778 г.
Из дипломатической переписки... С. 142.

Известия, полученные из Москвы, где свирепствует чума, очень печальны. Население этой столицы, брошенное властями и доведенное до отчаяния опасностью, которая увеличивается с каждым днем и нелепыми полицейскими мерами, не видело иного средства, как возложить свои надежды на чудесное исцеление, которое народ приписывает некоторым иконам. Архиепископ, человек знатного рода, со светлым умом, понимая, как опасно было приобщать зараженных чумою, одного за другим, одною и тою же лжицею (*лжица, црк*. ложечка для раздачи Святого Причастия, Святых Даров. *Даль.*), по обряду православной церкви, сделал распоряжения, которые не понравились народу, и приказал, наконец, во избежание распространения заразы убрать некоторые чудотворные иконы, около которых толпился народ. Следствием этих благоразумных мер был бунт. Народ возмутился, крича, что архиепископ обкрадывает церковь и совершает святотатства. Стали звонить в колокола; собралась чернь; архиепископское подворье было взято приступом и разграблено; все вещи в доме были поломаны и истреблены, исключая содержимого погребов, которое было выпито. Архиепископу удалось убежать и поспешно укрыться в монастыре, отстоявшем от города в 8 верстах. Колокольный звон продолжался всю ночь; было совершено много злодеяний. На другой день чернь бросилась в монастырь, куда спрятался архиепископ. Ему дали отслужить обедню и посвятить одного церковнослужителя в священники, но затем его схватили прямо из алтаря и растерзали. Все приемные покои, устроенные полицией для зачумленных, были разрушены, больные из них выгнаны; разыскивают врачей и угрожают им смертью. Отряд войска, вступивший в город для водворения порядка, был встречен ружейными выстрелами и рассеян, потеряв несколько сот человек. В Москву послан гр. Григорий Орлов, с неограниченными полномочиями.

Английский дипломат лорд Каткарт. 8 октября 1771 г.
Из дипломатической переписки... С. 142—143.

Чума началась еще в декабре месяце 1770 года, но особенно стала свирепствовать в Москве в марте месяце. Наместником в Москве в то время был граф Петр Семенович Салтыков, губернатором — Бахметев, а Юшков Иван Иванович — обер-полицеймейстером. Они все так струхнули, что поскорее разъехались: Салтыков уехал в свою подмосковную, в Марфино, те тоже куда-то попрятались, так что Москва осталась без призора. Вот тут-то Еропкин (Петр Дмитриевич, сенатор, генерал-аншеф, усмирил в Москве народный бунт 1771 г. во время свирепствовавшей там чумы; от пожалованных ему за это 4000 душ крестьян он отказался. — *Е. Г.*) видя, что столица в опасности, и решился самовольно принять на себя управление городом. Императрица прислала графа Орлова, а Еропкину приказала быть его помощником. Салтыкова от должности отставили, и это так его поразило, что он стал хворать и, с год спустя, умер, может быть, и раскаиваясь в своем малодушии, что не умел умереть, как следовало, в отправлении своей службы, а умер с позором в отставке за свой побег.

Во время этой чумы в Москве сделался бунт в народе из-за иконы Боголюбской, что у Варварских ворот. Пред нею стали много служить молебнов, а тогдашний архиерей Амвросий, опасаясь, чтоб и здоровые люди, будучи в толпе с чумными, не заражались, из предосторожности велел икону убрать. Вот за это-то народ и озлобился на него. Он жил тогда в Чудове монастыре. Узнав, что народ его ищет, он поскорее уехал в Данилов монастырь; мятежники бросились туда. Он — в Донской монастырь, где шла обедня, и прямо в церковь, которую заперли. Двери народ выломал, ворвался в церковь: ищут архиерея — нигде нет, и хотели было идти назад, да кто-то подсмотрел, что из-за картины, бывшей на хорах, видны ноги, и крикнул: «Вон где он».

Стащили его сверху, вывели за ограду; там его терзали, мучили и убили. Убил его, говорят, пьяный повар Раевского. В то время многие винили преосвященного, что он оторопел и стал прятаться; ему следовало дождаться народа в Чудове монастыре и встретить бунтовщиков, будучи в архиерейском полном облачении и с крестом в руках: едва ли бы кто решился поднять на него руку. Конечно, такова была воля Божья, чтоб он получил мученический венец, но жаль, что по малодушию своему он не усмирил народ, а устрашился его и чрез то сам пострадал.

Рассказы бабушки. С. 28—29.

К этому времени, очевидно, относится зародившееся мимолетное увлечение [Екатерины] невидным соперником, некиим Высоцким, который только мелькнул на небе, где ослепительная звезда красавца Орлова должна была засиять прежним блеском. Кто знает? Если бы Орлову не удалось... Но Орлову удалось. С помощью беззаветной храбрости и несокрушимой энергии он обуздал зверя-народ и как бы предписал закон самой природе. Болезнь затихла. Возвратившись, Орлов вернул себе Екатерину. Он опять стал для нее человеком, не знающим опасностей, «похожими на древних римлян прекрасных времен республики», как некогда писала Екатерина Вольтеру. В Царском, по дороге в Гатчину, триумфальная арка служит до сих пор воспоминанием об этом возвращении.

К. Валишевский[1]. С. 103.

Когда он появился в Петербурге, его приняли с лицемерною радостью. В честь его была выбита медаль, на которой он, как второй Курций, прыгает в преисподнюю. В Царском Селе ему была воздвигнута, по обычаю римлян, мраморная триумфальная арка. Эта арка, как бывало иногда и в древние времена, была не знаком победы, но назначалась к тому, чтоб напоминать потомкам о великих гражданских заслугах.

Г. фон Гельбиг // РС. 1886. Т. 51. С. 11—12.

На медали, выбитой по тому же поводу, портрет фаворита помещен рядом с фигурой Курция*, и под ними надпись: «И Россия имеет таких сынов!». Екатерина желала, чтобы стояло: «*такого* сына», но сам Орлов потребовал другой редакции, более скромной.

К. Валишевский[1]. С. 103—104.

Однако в то же самое время он является с совершенно новой и неожиданной стороны, вовсе не указывающей на скромность. Напротив, им как будто овладел демон непомерной гордости и безумного самомнения. Может быть, он считал нужным ослеплять еще больше ту, чьей

---

* Курций, герой древнеримских мифов, бросился в открывшуюся на Форуме пропасть, чтобы отвратить от Рима гнев богов, принес тем самым себя в жертву, чтобы умилостивить их. — *Ред.*

привязанности чуть было не лишился? Или, может быть, это было началом того мозгового расстройства, которым десять лет спустя закончилась его ослепительная карьера?

К. Валишевский[1]. С. 104.

Императрица и ее друзья, ставшие теперь противниками Орлова, думали только об удобном поводе удалить его навсегда, и повод вскоре был найден.

Г. фон Гельбиг // РС. 1886. Т. 51. С. 12.

Через несколько месяцев после своего триуфального возвращения, он опять едет, теперь в Фокшаны, на конгресс по случаю окончания турецкой войны в качестве посредника при заключении мира, добытого Румянцевым.

К. Валишевский[1]. С. 104.

Сей бы (речь идет о Григории Орлове. — *Е. Г.*) век остался, есть ли б сам не скучал. Я сие узнала в самый день его отъезда на конгресс из Села Царского и просто сделала заключение, что о том узнав, уже доверки иметь не могу, мысль, которая жестоко меня мучила и заставила сделать из дешперации выбор кое-какой, во время которого и даже до нынешнего месяца я более грустила, нежели сказать могу, и иногда более как тогда, когда другие люди бывают довольные, и всякое приласканье во мне слезы возбуждало, так что я думаю, что от рождения своего я столько не плакала, как сии полтора года. Сначала я думала, что привыкну, но что далее, то хуже, ибо с другой стороны месяцы по три дуться стали, и признаться надобно, что никогда довольна не была, как когда осердится и в покое оставит, а ласка его меня плакать принуждала.

Екатерина II — Г. А. Потемкину.
21 февраля 1774 г. Чистосердечная исповедь.

В Фокшанах, небольшом городе Валахии, на границе Молдавии, должен был открыться конгресс для окончания турецкой войны. Было предложено Орлову принять на себя переговоры о мире и этим путем вторично заслужить благодарность нации. Гордость ослепила его; он не видел западни, ему расставленной, и попал в сети. Приготовления к путешествию могущественнейшего государя не могли быть сделаны с большими издержками. Он имел маршалов, камергеров, камер-юнкеров, пажей, императорских слуг и великолепные экипажи. Соответственно этому были кухня, погреб и все остальное. Драгоценности на его костюм достигали чудовищной цены. Впрочем, понятно, что граф Орлов участвовал в переговорах только своим именем, работа же была возложена на других. Тем не менее, цель его поездки не была достигнута. Он вел себя с таким высокомерием, что возмущал всех; он дурно обходился даже с турками.

Г. фон Гельбиг // РС. 1886. Т. 51. С. 12.

Действительно, странная личность. Тотчас по приезде на место, назначенное для уполномоченных, он там все поставил вверх дном. Прежде всего, он вовсе и не думал заниматься тем делом, которое ему было поручено, т. е. миром. Скорее, он мечтал возобновить войну и затмить с помощью генерала Бауера, содействием которого заручился, подвиги Румянцева. Он желал командовать армией и на заседании конгресса, начав ссору с Румянцевым, грозил повесить его. Он не обращал никакого внимания на инструкции, которые ему слал Панин, замышлял взять Константинополь, затем вдруг прерывал переговоры и удалялся в Яссы, где проводил время в роскошных празднествах, щеголяя в платье, расшитом брильянтами на миллион рублей, посланными ему Екатериной.

К. Валишевский¹. С. 104—105.

Он был еще в Фокшанах, когда, в сентябре 1772 года, узнал, что, по рекомендации его врага, графа Панина, императрица приблизила ко двору офицера Васильчикова.

Г. фон Гельбиг // РС. 1886. Т. 51. С. 12.

Кавалерийский корнет, по фамилии Васильчиков, случайно посланный с поручением в Царское Село, привлек внимание государыни, совершенно неожиданно для всех, потому что в его наружности не было ничего особенного, да и сам он никогда не старался выдвинуться и в обществе очень мало известен. Ее величество впервые оказала ему знак своей милости при переезде из Царского Села в Петергоф: она послала ему золотую шкатулку, жалуя ее ему за то, «что он сумел сохранить такой порядок среди своего эскадрона»... Никто не придал подарку особенного значения; но частые визиты молодого человека в Петергоф, старание постоянно попадаться на глаза императрице, предпочтение, оказываемое ею ему среди толпы, большая свобода и веселость в обращении после отъезда бывшего фаворита, досада и неудовольствие родственников и друзей последнего и, вообще, тысяча мелочей — все открыло глаза окружающим придворным.

Прусский посланник Сольмс — Фридриху II. 3 июля 1772 г.
Из дипломатической переписки... С. 361.

Ждать она не может. Никита Панин расхваливает ей достоинства некоего Александра Васильчикова, двадцативосьмилетнего корнета конной гвардии, потомка знаменитого русского рода. У него прекрасное лицо, могучее телосложение и ограниченный ум. Но ведь назначение его — не ученые беседы. Екатерина наблюдает за ним в Царском Селе, когда он красуется на коне в составе эскорта, сопровождающего ее карету.

А. Труайя. С. 207.

Фаворит уехал 8 (25) августа 1771 г., а две недели спустя Васильчиков уже поселился в специальных апартаментах избранников.

К. Валишевский¹. С. 105.

Во время отсутствия Орлова, летом 1772 года, он занял во дворце те же комнаты, в которых жил Орлов, и перед его дверьми гренадеры дежурили день и ночь.

Г. фон Гельбиг // РС. 1886. Т. 53. С. 543.

Я видел этого Васильчикова и узнал его, так как раньше мы часто встречались при дворе, где он не выделялся из толпы. Это человек среднего роста, лет двадцати восьми, смуглый и довольно красивый. Он всегда был очень вежлив со всеми, держал себя тихо, застенчиво, что сохранилось в нем и до сих пор. Он как бы стесняется ролью, которую играет... Большинство состоящих при дворе относятся к этому делу неодобрительно. Среди всех — среди родственников графа Орлова и друзей, камердинеров и камер-фрау императрицы — большой переполох. Они ходят как в воду опущенные, задумчивые, хмурые. Все свыклись с графом Орловым — он им покровительствовал, ласкал их. Васильчикова никто не знает; неизвестно еще, будет ли он иметь значение, подобно своему предшественнику, а также, в чью пользу он его употребит. Императрица пребывает в наилучшем расположении духа, весела и довольна, у нее на уме только празднества и увеселения.

Прусский посланник Сольмс — Фридриху II. 10 авг. 1772 г.
Из дипломатической переписки... С. 361.

Можно себе представить впечатление, произведенное полученным известием, испуг главного заинтересованного лица, смятение окружающих. Праздник был прерван; Орлов вскочил в кибитку и помчался в Петербург, до которого больше полутора тысяч верст! День и ночь летела кибитка, везя путешественника, не останавливавшегося ни поесть, ни отдохнуть. Напрасно!

К. Валишевский[1]. С. 105.

Он полагал, что может неожиданно явиться в Петербурге, но здесь догадывались о его поспешности и приняли меры. На встречу ему был послан курьер с письмом императрицы.

Г. фон Гельбиг // РС. 1886. Т. 51. С. 12.

Не доезжая нескольких десятков верст до столицы, императорское приказание заставило экипаж остановиться: путешественники, приезжающие с юга, где еще свирепствовала эпидемия, должны были выдержать карантин. Карантин тому, кто еще недавно померился с чумой в Москве и восторжествовал над ней! Но приказание было формальное...
Екатерина воспользовалась отсутствием фаворита, чтобы разорвать свои цепи.

К. Валишевский[1]. С. 105, 204.

Она писала ему, что «нет надобности выдерживать карантин, но она предлагает ему избрать пока Гатчину местом своего пребывания». Курьер, везший ему это письмо встретил его на дороге. Орлов был близок к отчаянию. Было бы несправедливо назвать это чувство оскорбленною любовью; это был только стыд видеть себя обойденным и обидчивое честолюбие — не быть более первым повелителем в государстве. Это событие произвело совершенно различные и странные действия.

Г. фон Гельбиг // РС. 1886. Т. 51. С. 12.

Французский уполномоченный в делах в те дни доносил своему двору: «Императрица удостоверилась, что больше тысячи гвардейских солдат состоят на жаловании у графа Орлова и что он приобрел расположение духовенства... У него, говорят, десять миллионов рублей капитала; поэтому императрица боится его и предпочитает уладить дело мирно».

И несколько дней спустя: «Прошел слух, что Орлов приехал переодетый на маскарад; по сходству экипажа и ливреи подумали, что это он въехал на дворцовый двор, Императрица убежала в апартаменты графа Панина».

К. Валишевский[1]. С. 107.

...Императрица, при всем сознании окружавшего ее могущества, выражала такую боязливость, что приходилось думать, будто столь мужественный некогда характер совсем покинул ее. Когда Панин, желая ее успокоить, назвал этот страх неосновательным, она сказала ему: «Вы его не знаете — он способен извести и меня, и великого князя». Это заявление императрицы заставляет до некоторой степени догадываться, что Екатерина знала гнев Орлова.

Г. фон Гельбиг // РС. 1886. Т. 51. С. 13.

Говорят, будто она приказала переменить все замки в комнатах нового фаворита и поставить патрули по всем дорогам к Петербургу.

К. Валишевский[1]. С. 106.

У двери в свою спальню она приказала сделать железный засов и камердинер Захаров должен был сторожить у двери с заряженными пистолетами. Позже, узнав об этом, Орлов горько упрекал Екатерину за эти предосторожности.

Г. фон Гельбиг // РС. 1886. Т. 51. С. 13.

Впрочем, другие подробности заставляют предполагать, что более нежное чувство примешивалось у Екатерины к этим банальным опасениям; а красавец Орлов с своей стороны делал все, чтобы вызвать и поддержать оба чувства. Когда императрица потребовала от него, чтобы он возвратил ей ее портрет, осыпанный бриллиантами, который уже не должен более носить на груди, он прислал бриллианты и удержал портрет, говоря, что передаст его не иначе как в те руки, которые вручили его ему. Угрозы, к которым Екатерина пыталась прибегнуть, не пугали его.

Когда она вздумала заключить его в Ропше, он говорил, что будет очень рад принять ее там, как хозяин. Императрица, наконец, оборвала затянувшиеся переговоры указом, объявляющим Орлова отрешенным от занимаемых им должностей и дающим ему позволение — равное приказанию — предпринять путешествие для здоровья. Но он объявил, что чувствует себя прекрасно и не тронется с места иначе, как для того, чтобы отправиться в Петербург. Кончилось тем, что он поехал туда, но достоверно неизвестно, с ее ли согласия.

К. Валишевский[1]. С. 107.

И вот, однажды, в декабре 1772 г., он [Григорий Орлов] исчез из Царского Села, явился в Петербург и вошел в комнату императрицы. В начале, от страха, она едва не упала в обморок, но вскоре овладела собой, так как Орлов держал себя непринужденно, как старый друг. Они обошлись друг с другом очень хорошо и формально примирились. Орлов провел всю зиму в Петербурге, просил опять занятий и императрица возвратила ему все прежние должности его в государстве.

Г. фон Гельбиг // РС. 1886. Т. 51. С. 15.

Скандал начинается после опалы этого первого фаворита в 1772 г. С Васильчиковым в жизнь Екатерины вошла роскошно-грубая и бесстыдная чувственность.

К. Валишевский[3]. С. 192.

В этом самом году выступило, впрочем, на сцену новое действующее лицо, своим появлением отодвинувшее на задки или, по крайней мере, на второй план, — и на долгие годы — всех принимавших участие в обстановочной драме, какой была жизнь Екатерины: Потемкин занял место Васильчикова.

К. Валишевский[1]. С. 112.

И воспитание и добрая воля лишь в слабой степени и на короткое время могли возместить недостаток его природных талантов. С трудом удержал Васильчиков милость императрицы не полные два года. Более умный Потемкин протискался на его место... Вскоре по удалении от двора он [Васильчиков] женился и был очень счастлив.

Г. фон Гельбиг // РС. 1886. Т. 8. С. 543.

«Я был всего лишь продажной девкой, — скажет позже Васильчиков. — Так ко мне и относились».

А. Труайя. С. 212.

[Григория же Орлова и в это время] интересуют одни пустяки. Хотя он и занимается иногда по-видимому серьезными делами, но это делается им безо всякой системы; говоря о серьезных вещах, он впадает в противоречие, и его взгляды свидетельствуют, что он еще очень молод душою, мало образован, жаждет славы, весьма плохо им понимаемой, неразборчив во вкусах, часто проявляет беспричинную деятельность, вызванную простою прихотью, и не умеет пользоваться своим влиянием и богатством, но страстно желает сохранить и то и другое.

Французский посланник Дюран. 13 апреля 1773 г.
Из дипломатической переписки... С. 116—117.

Несомненно одно; Потемкин за это время бывал при дворе и был замечен Екатериной и за его внушительную наружность — Потемкин в противоположность Орлову не отличался красотой, но обращал на себя внимание громадным ростом и богатырским сложением, и за его умственную одаренность... И вот 4 декабря 1773 года из Петербурга под Силистрию, в осаде которой тогда участвовал Потемкин, полетело письмо Екатерины, в котором Потемкин прочитал строки, не оставлявшие сомнения в том, что в судьбе его готовится знаменательная перемена.

А. А. Кизеветтер. С. 142.

Господин Генерал-Поручик и Кавалер. Вы, я чаю, столь упражнены глазеньем на Силистрию, что Вам некогда письмы читать. И хотя я по сю пору не знаю, предуспела ли Ваша бомбардирада, но тем не менее я уверена, что все то, чего Вы сами предприемлете, ничему иному приписать не должно, как горячему Вашему усердию ко мне персонально и вообще к любезному Отечеству, которого службу Вы любите.

Но как с моей стороны я весьма желаю ревностных, храбрых, умных и искусных людей сохранить, то Вас прошу попустому не даваться в опасности. Вы, читав сие письмо, может статься зделаете вопрос, к чему оно писано? На сие Вам имею ответствовать: к тому, чтоб Вы имели подтверждение моего образа мысли об Вас, ибо я всегда к Вам весьма доброжелательна. Дек[абря] 4 ч[исла] 1773 г.

Екатерина II — Г. А. Потемкину.

Потом приехал некто богатырь. Сей богатырь по заслугам своим и по всегдашней ласке прелестен был так, что услыша о его приезде, уже говорить стали, что ему тут поселиться, а того не знали, что мы письмецом сюда призвали неприметно его, однако же с таким внутренним намерением, чтоб не вовсе слепо по приезде его поступать, но разбирать, есть ли в нем склонность, о которой мне Брюсша сказывала, что давно многие подозревали, то есть та, которую я желаю, чтоб он имел.

Екатерина II — Г. А. Потемкину.
21 февр. 1774 г. Чистосердечная исповедь.

Все замечают, что характер императрицы последнее время чрезвычайно изменился; она не поражает уже той любезностью и снисходительностью, которые составляли ее отличительные черты. Затруднительное положение дел угнетает ее здоровье и настроение духа, тем более, что одно из бедствий, от коих страдает Россия, — война с Турцией, все еще продолжается, и в этом обвиняют императрицу. Действительно, эта война вызывает почти всеобщее неудовольствие. Но императрица, кажется, решилась не обращать внимание на жалобы, которые раздаются со всех сторон; а они усиливаются с каждым днем, и их высказывают в самых резких выражениях. Хотя поведение большинства правительственных чиновников заслуживает тех порицаний, которые раздаются против этих лиц, но государыня их защищает, и, что всего удивительнее, она вместе с тем совершенно им не доверяет, так как исключительным ее доверием пользуются одни Орловы.

Английский посланник Гуннинг. 25 февраля 1774 г.
Из дипломатической переписки... С. 118.

Молвь П[анину], чтоб чрез третие руки уговорил ехать В[асильчикова] к водам. Мне от него душно, а у него грудь часто болит. А там куда-нибудь можно определить, где дела мало, посланником. Скучен и душен.

Екатерина II — Г. А. Потемкину. 1 марта 1774 г.

У нас произошла здесь перемена декораций, заслуживающая, по моему мнению, гораздо более внимания, нежели все события, совершившиеся с самого начала настоящего царствования. Г-н Васильчиков, человек слишком ограниченный, чтобы иметь какое-либо влияние на дела и пользоваться доверием государыни, уступил место другому фавориту, который, судя по всему, будет пользоваться и тем и другим. Если я скажу, что выбор императрицы осуждается одинаково партией великого князя и Орловыми, которые, кажется, были вполне довольны положением дел в последнее время, то вы не удивитесь, что этот выбор не только вызвал всеобщее изумление, но даже поверг всех в ужас. Если бы я не знал этой страны, то, выводя из всего случившегося естественные последствия, ожидал бы от этого события самых печальных последствий. Но так как было бы слишком легкомысленно и самонадеянно выводить из столь недавнего события какие бы то ни было заключения, то я ограничусь пока, назвав вам имя того, кто столь неожиданно достиг такого выдающегося положения, и только намечу вам отличительные черты его характера.

Это — генерал Потемкин, с месяц тому назад приехавший из армии, где он находился в течение всей войны и где, как говорят, его все ненавидели. В момент переворота он был сержантом гвардии и так как он был приятелем Орловых и принимал большое участие в этом деле, то был пожалован камер-юнкером. В этой должности, он часто имел случай приближаться к особе Ее Величества, и поведение его возбудило ревность его патрона, гр. Орлова. Вследствие чего, не знаю под каким предлогом, он был послан в Швецию и по возвращении оттуда был не у дел (сведения, сообщаемые послом, неверны. — *Е. Г.*) до начала войны;

произведенный в это время в генерал-майоры, он находился всю кампанию безотлучно при армии.

Английский посланник Гуннинг. 15 марта 1774 г.
Из дипломатической переписки... С. 119—120.

Я удалилась от некоего прекрасного, но очень скучного гражданина, который тотчас же был замещен, не знаю сама, как это случилось, одним из самых смешных и забавных оригиналов сего железного века.

Екатерина II — Ф. М. Гримму. 14 июля 1774 г.

Это человек исполинского роста, но дурно сложенный и далеко не красивый собою. Судя по тому, каким мне его описали, надобно полагать, что он прекрасно знает людей и лучше умеет судить о них, чем большинство русских, которые вовсе этим не могут похвастать; хотя он отличается заведомо весьма испорченными нравами, но имеет большие связи с духовенством. Благодаря всему этому и беспечности тех лиц, с кем ему придется вступить в борьбу, он, конечно, может льстить себя надеждою достигнуть того высокого положения, которого он жаждет по своему непомерному тщеславию.

Английский посланник Гуннинг. 15 марта 1774 г.
Из дипломатической переписки... С. 120.

Много новизны; сколько нового переменилось по приезде Григория Александровича... всё странной манерой идет... Он всех ищет дружбы. Александр Семеныч (Васильчиков) вчерась съехал из дворца к брату своему на двор... Ежели Потемкин не отбоярит пяти братов (Орловых — *Е. Г.*), так опять им быть великими. Правда, что он умен и может взяться такой манерой, только для него один пункт тяжел, что великий князь не очень любит и по сю пору с ним ничего не говорит.

Е. М. Румянцева — мужу. 20 марта 1774 г.
Цит. по: Сборник Императорского русского
исторического общества. 1897. XIX. С. 405.
(Далее: Сб. Исторического общества)

Новый фаворит, который вероятно знает, что положение, им занятое, не нравится Орловым, старательно ухаживает за Паниным, надеясь, что великий князь взглянет, таким образом, благосклоннее на его повышение. С тех пор как он в милости, императрица относится внимательнее к великому князю и оказывает необыкновенные отличия Панину; а последний, кажется, вполне доволен настоящим положением дел, ибо его радует весьма естественно все то, что может уменьшить влияние Орловых...

Английский посланник Гуннинг. 18 марта 1774 г.
Из дипломатической переписки. С. 120.

А в письме Фон-Визина к Обрезкову от 20 марта 1774 г. читаем: «Камергер Васильчиков выслан из дворца и генерал-поручик Потемкин пожалован генерал-адъютантом и в Преображенский полк подполковником. Sapienti sat (Умному достаточно. — *лат.*)».

А. А. Кизеветтер. С. 142.

В донесениях другого дипломата в сентябре 1774 года сказано: «Потемкин устранил всех лиц, казавшихся ему опасными; этим возвышается его сила. Он никем не любим; все его боятся».

А. Г. Брикнер[3]. С. 38.

Вся Россия и соседние государства должны были трепетать при страшной мысли, что судьба целых поколений уже зависит от каприза этого человека.

Г. фон Гельбиг // РС. 1886. Т. 8. С. 545.

В ту минуту, как Орлов мчался на почтовых, торопясь восстановить свои нарушенные права, приказ императрицы остановил его в нескольких сотнях верст от Петербурга и заставил его удалиться в его поместья. Но он еще не считал себя побежденным. Он то умолял, то грозил, прося, чтобы ему позволили только одно слово, чтобы ему дозволили повидаться на одну минуту с государыней. Ей стоило произнести только одно слово, чтобы навсегда избавиться от этого назойливого человека. Потемкин был уже там и охотно упрятал бы под землю всех Орловых, взятых вместе. Этого слова, о котором умоляли Екатерину, она не произнесла; напротив, она начала с ним переговоры и, наконец, поступила с ним довольно снисходительно: за все прошлое, заслуживающее, конечно, совершенно иное наказание, она предлагает своему опальному фавориту сделку, которая — сама поэма благодушия и кротости. Предлагалось забвение прошлого; виновник призывался к здравому смыслу; указывалось на необходимость временной разлуки, чтобы избавиться от взаимно тягостных объяснений — все это было написано мягким тоном, почти смиренным, умоляющим; просила, чтобы он взял отпуск, поселился в Москве или в своем поместье или вообще в другом месте, где он пожелает. Его ежегодное содержание в 150 000 р. будет идти ему по-прежнему, и он получит еще сверху этого 100 000 руб. для постройки дома. Пока он может жить в любом из подмосковных имений императрицы, пользоваться, как и прежде, придворными экипажами, оставить при себе прежнюю прислугу в императорской ливрее. Екатерина вспомнила, что она обещала ему 4000 душ крестьян за Чесменскую победу, в которой, впрочем, он не принимал никакого участия; она прибавляет к ним еще 6000, которые он может выбрать в любом из казенных имений. И, как бы боясь, что не все для него сделала, что она у него еще в долгу, она умножает доказательства своего благорасположения, осыпая его великолепными подарками: дарит серебряный сервиз, затем еще другой, для ежедневного обихода; дарит дом на Троицкой набережной, всю мебель, все предметы, которыми украшались в императорском дворце апартаменты фаворита и «счету которых он и сам не знал»... Взамен всего этого Екатерина просила у него только один год отсутствия. Через год экс-фаворит лучше обсудит свое положение.

К. Валишевский[3]. *С. 204.*

Братья гр. Орлова, видя, что власть и значение нового фаворита растут с каждым днем, и, не надеясь, чтобы его влияние поколебалось в недалеком будущем, решили, как говорят, оставить службу.

Английский посланник Гуннинг. 20 декабря 1774 г.
Из дипломатической переписки... С. 125.

Вопрос об отношении Потемкина к Орловым, Панину и другим вельможам казался весьма важным. В среде иностранцев в то время передавали следующий анекдот. Однажды Потемкин подымался по дворцовой лестнице, направляясь в покои государыни, а князь Орлов спускался по той же лестнице, направляясь к себе домой. Первый из них, чтобы не казаться смущенным, обратился к своему предшественнику с приветствием и, не зная, что сказать, спросил его: «Что нового при дворе?» Князь Орлов холодно ответил: «Ничего, только то, что вы подымаетесь вверх, а я иду вниз».

А. Г. Брикнер[3]. *С. 35.*

Известна песня, которая начинается такими словами: «Как скоро я тебя увидел»; он [Потемкин] сочинил ее, влюбившись в Екатерину. Она дышит чувством и заслуживает перевода. Вот что я помню: «Как скоро я тебя увидел, я мыслю только о тебе одной. Твои прекрасные глаза меня пленили, и я трепещу от желания сказать о своей любви. Любовь покоряет все сердца и вместе с цветами заковывает их в одни и те же цепи. Боже! какая мука любить ту, которой я не смею об этом сказать, ту, которая никогда не может быть моей! Жестокое небо! Зачем ты создало ее столь прекрасной? зачем ты создало ее столь великой? Зачем желаешь ты, чтобы ее, одну ее я мог любить? Ее священное имя никогда не сойдет с моих уст, ее прелестный образ никогда не изгладится из моего сердца!» и т. д.

Ш. Массон. С. 69.

Часто позабываю тебе сказать, что надобно и чего сбиралась говорить, ибо как увижу, ты весь смысл занимаешь, и для того пишу. Ал[ексей] Гр[игорьевич] [Орлов] у меня спрашивал сегодня, смеючись, сие: «Да или нет?» На что я ответствовала: «Об чем?» На что он сказал: «По материи любви?»

Мой ответ был: «Я солгать не умею». Он паки вопрошал: «Да или нет?» Я сказала: «Да». Чего выслушав, расхохотался и молвил: «А видитеся в мыленке?» Я спросила: «Почему он сие думает?»

«Потому, дескать, что дни с четыре в окошке огонь виден был попозже обыкновенного». Потом прибавил: «Видно было и вчерась, что условленность отнюдь не казать в людях согласия меж вами, и сие весьма хорошо».

Екатерина II — Г. А. Потемкину.

Миленький, какой ты вздор говорил вчерась. Я и сегодня еще смеюсь твоим речам. Какие счас[т]ливые часы я с тобою провожу. Часа с четыре вместе проводим, а скуки на уме нет, и всегда расстаюсь чрез силы и нехотя. Голубчик мой дорогой, <u>я Вас чрезвычайно люблю</u>, и хорош, и умен, и весел, и забавен; и до всего света нужды нету, когда с тобою сижу. Я отроду так счастлива не была, как с тобою. Хочется часто скрыть от тебя внутреннее чувство, но сердце мое обыкновенно пробалт[ыв]ает страсть. Знатно, что полно налито и оттого проливается. Я к тебе не писала давича для того, что поздно встала, да и сам будешь на дневанье.

Екатерина II — Г. А. Потемкину.

О, господин Потемкин, что за странное чудо вы содеяли, расстроив так голову, которая доселе слыла всюду одной из лучших в Европе? *(фр.).*

Екатерина II — Г. А. Потемкину.

Он уже принимал самых знатных сановников как своих лакеев, едва замечал *маленького* Павла и не один раз появлялся в апартаментах Екатерины с голыми ногами, растрепанными волосами и в халате.

Ш. Массон. С. 69.

Он был огромного роста. Как теперь его вижу одетого в широкий шлафрок, с голой грудью, поросшей волосами.

Из записок Рибопьера о Потемкине // РА. 1867. № 1. С. 471.

Князь Григорий Александрович Потемкин-Таврический имел прекрасную, мужественную наружность, крепкое сложение тела, рост величественный.

Дм. Бантыш-Каменский. С. 85.

Щербатов писал, что Потемкин был «не только прихотлив в еде, но даже и обжорлив».

А. Г. Брикнер[3]. С. 263.

Когда Потемкин сделался после Орлова любимцем императрицы Екатерины, сельский дьячок, у которого он учился в детстве читать и писать, наслышавшись в своей деревенской глуши, что бывший ученик его попал в знатные люди, решился отправиться в столицу и искать его покровительства и помощи.

Приехав в Петербург, старик явился во дворец, где жил Потемкин, назвал себя и был тотчас же введен в кабинет князя.

Дьячок хотел было броситься в ноги светлейшему, но Потемкин удержал его, посадил в кресло и ласково спросил:

— Зачем ты прибыл сюда, старина?

— Да вот, Ваша Светлость,— отвечал дьячок,— пятьдесят лет Господу Богу служил, а теперь выгнали за неспособностью: говорят, дряхл, глух и глуп стал. Приходится на старости лет побираться мирским подаяньем, а я бы еще послужил матушке-царице — не поможешь ли мне у нее чем-нибудь?

— Ладно,— сказал Потемкин,— я похлопочу. Только в какую же должность тебя определить? Разве в соборные дьячки?

— Э, нет, Ваша Светлость,— возразил дьячок,— ты теперь на мой голос не надейся; нынче я петь-то уж того — ау! Да и видеть, надо признаться, стал плохо — печатно едва разбирать могу. А все же не хотелось бы даром хлеб есть.

— Так куда же тебя приткнуть?

— А уж не знаю. Сам придумай.

— Трудную, брат, ты мне задал задачу, — сказал, улыбаясь, Потемкин. — Приходи ко мне завтра, а я между тем подумаю.

На другой день утром, проснувшись, светлейший вспомнил о своем старом учителе и, узнав, что он до сих пор дожидается, велел его позвать.

— Ну, старина, — сказал ему Потемкин, — нашел для тебя отличную должность.

— Вот спасибо, Ваша Светлость, дай тебе Бог здоровья.

— Знаешь Исаакиевскую площадь?

— Как не знать, и вчера и сегодня через нее к тебе тащился.

— Видел Фальконетов монумент императора Петра Великого?

— Еще бы!

— Ну так сходи же теперь, посмотри, благополучно ли он стоит на месте, и тотчас мне донеси. Дьячок в точности исполнил приказание.

— Ну что? — спросил Потемкин, когда он возвратился.

— Стоит, Ваша Светлость.

— Крепко?

— Куда как крепко, Ваша Светлость.

— Ну и хорошо. А ты за этим каждое утро наблюдай да аккуратно мне доноси. Жалованье же тебе будет производиться из моих доходов. Теперь можешь идти домой.

Дьячок до самой смерти исполнял эту обязанность и умер, благословляя Потемкина.

Русский литературный анекдот конца XVIII — начала XIX века.
М.: Худож. лит., 1990. С. 38—39.

Когда Потемкин вошел в силу, он вспомнил об одном из своих деревенских приятелей и написал ему следующие стишки:

Любезный друг,

Коль тебе досуг,

Приезжай ко мне;
Коли не так,
Лежи в .....

Любезный друг поспешил приехать на ласковое приглашение.

А. С. Пушкин. С. 129—130.

Когда Великий Князь уйдет от меня, я дам вам знать, а пока что развлекайтесь как можно лучше, не в ущерб однако честным людям, к коим я себя причисляю. Прощайте, мой добрый друг *(фр.)*.

Екатерина II — Г. А. Потемкину. 7 февраля 1774 г. Царское Село.

Мой дорогой друг, я только что вышла из бани. Дух (так Екатерина с некоторых пор называла Потемкина с легкой руки заезжего Калиостро. — *Е. Г.*) желал пойти туда третьего дня, но сегодня это будет трудно. Во-первых, потому, что уже девять часов. Во-вторых, потому что все мои женщины налицо и, вероятно, уйдут не ранее, чем через час. И, кроме того, пришлось бы опять ставить воду и пр. Это взяло бы остаток утра. Прощайте, мой дорогой друг *(фр.)*.

Екатерина II — Г. А. Потемкину. 15 февраля 1774 г.

Между тем, гнев Орлова в Гатчине выражался в самых отчаянных вспышках. Двор нашел (какое доказательство собственной слабости!) более сообразным с собственною безопасностью снова войти с ним в переговоры. От него потребовали только, чтоб он вел себя мирно и уступил другому свое место.

Г. фон Гельбиг // РС. 1886. Т. 51. С. 13.

Императрица сказала одному близкому ей лицу: я многим обязана Орловым; я осыпала их деньгами и почестями, и всегда буду им покровительствовать; они могут, в свою очередь, быть полезны мне, но мое решение принято бесповоротно. Я терпела одиннадцать лет: я хочу жить, наконец, так, как мне заблагорассудится и совершенно независимо. Что касается князя, он может делать все, что ему вздумается: он волен путешествовать, или остаться в России, пить, охотиться, он может занять свои прежние должности и заведывать вновь делами. Если он будет вести себя как следует, то заслужит всеобщее уважение, ежели поведет себя дурно, покроет себя позором.

Французский посланник Дюран. 4 мая 1773 г.
Из дипломатической переписки... С. 116.

И он покрыл себя позором, как утверждает один хорошо осведомленный чиновник, слова которого повторяет французский дипломат Дюран: «По природе — он русский мужик, и им он останется до смерти. Он жил в утонченной роскоши одиннадцать лет и за это время, кажется, должен бы привыкнуть к самому изысканному столу. Теперь, когда он уже не в фаворе, но все же имеет 250 тысяч годового дохода и обстановку, стоющую двадцать миллионов на наши деньги, так что мог бы жить в довольстве большим барином, вдали от двора, или даже при нем, знаете ли вы какую жизнь он ведет?... С утра до вечера он с фрейлинами, оставшимися во дворце (императрица в Царском). Обедает с ними и ужинает. Сервировка неряшливая, кушанье отвратительное, а князю между тем, очень нравится... В нравственном отношении не лучше. Он забавляется пошлостями; душа у него такая же, как вкусы, и для него все хорошо. Он любит так же как ест, и ему все равно, что калмычка или финка, что первая придворная красавица. Настоящий бурлак».

К. Валишевский[1]. С. 110.

В то же время он не глуп и вовсе не зол от природы. Преобладающая его страсть — скупость.

Французский посланник Дюран. 4 мая 1773 г. Из дипломатической переписки... С. 116.

Прусский посланник, граф Сольмс, доносил 15 марта (1774): «По-видимому, Потемкин сумеет извлечь пользу из расположения к нему императрицы и сделается самым влиятельным лицом в России. Молодость, ум и положительность доставят ему такое значение, каким не пользовался даже Орлов...»

А. Г. Брикнер[3]. С. 35.

Наконец, сделана была еще попытка уговорить его, чтоб он [Орлов] удалился. К нему отправился граф Захар Григорьевич Чернышев, предложил ему ехать на воды, путешествовать и именем императрицы требовал категорического ответа. Орлов начал болтать о вещах, не относившихся к делу, но, в конце концов, заявил, что будет делать то, что ему вздумается. Чернышев возвратился, ничего не достигнув, но уверял, что заметил в Орлове очевидное помешательство. Тогда послали к нему доктора. Едва доктор вошел в комнату, Орлов закричал ему:

— А, ты, конечно, принес мне то бургонское вино, которое так любил...

Г. фон Гельбиг // РС. 1886. Т. 51. С. 14.

В числе лиц с значением и весом, посланных к Орлову, чтоб завязать переговоры, находился и Бецкой, давнишний друг его, но никто не мог получить от него ни малейшей уступки. Тогда было послано ему с тайным советником Адамом Васильевичем Алсуфьевым миллион рублей...

Г. фон Гельбиг // РС. 1886. Т. 51. С. 13.

Генерал Потемкин назначен помощником гр. Захара Чернышева по управлению военным ведомством. Последнему нанесен этим такой удар, что, несмотря на всю его податливость и легкость, с какою он покоряется тому, чего он не в силах избежать, он по всей вероятности не долго будет в состоянии сохранить занимаемый им пост. Как бы ни исполнял обязанности с ним сопряженные, его преемник, государство немного потеряет от этой перемены, но, принимая во внимание характер Потемкина, которому императрица, видимо, намерена безраздельно вверить бразды правления, можно опасаться, чтобы она этим не создала себе цепей, которые ей не легко будет с себя сбросить. Это назначение чрезвычайно встревожило Орловых. Говорят, будто оно вызвало более чем простое объяснение и что между императрицею и князем Орловым произошла по этому поводу крупная ссора. Прибавляют, что она была взволнована этим разговором более, чем когда-либо, и уговорила князя путешествовать, что он и думает исполнить тотчас по возвращении из Москвы.

*Английский посланник Гуннинг. 21 июня 1774 г.
Из дипломатической переписки... С. 123.*

Орлов уехал из России, путешествовал по Европе, изумляя чужеземные столицы своим роскошным образом жизни и пугая самых смелых игроков громадностью своих ставок. Дидро, видевший его в Париже, вынес о нем довольно посредственное мнение и сравнивал его с «котлом, который вечно кипит, но ничего не варит».

К. Валишевский[1]. С. 113.

Я всегда чувствовала большую склонность подчиняться влиянию лиц, знающих больше меня, лишь бы только они не давали чувствовать, что ищут этого *влияния,* иначе я убегала со всех ног прочь. Я не знаю никого, кто бы был так способен помочь проявиться этой склонности во мне, как князь Орлов. У него природный ум, идущий своим путем, и мой ум за ним следует.

Екатерина II — Ф. М. Гримму. 1776 г.

Вернувшись через год в Петербург, Орлов занял без усилия положение, напоминающее положение Разумовского в предыдущее царствование. При дворе его звали просто «князь». С императрицей у него, по-видимому, установились, если не прежние близкие, то, по крайней мере, приятельские, дружеские отношения, почти как между равными, а не как между государыней и подданным. На подарок ему Екатериной дворца, он ответил покупкой знаменитого персидского брильянта, *надир-шаха,* за который заплатил 460 тысяч рублей. Он подарил его царице в день ее именин.

К. Валишевский[1]. С. 113.

В 1776 году римский император Иосиф II прислал ему диплом на императорско-княжеское достоинство с титлом светлейшего. Имел все российские ордена, кроме Св. Георгия (который получил после), ордена всех европейских держав, кроме Золотого Руна, Св. Духа и Подвязки. Впоследствии и в свое время сказана будет окончательная его история.

Л. Н. Энгельгардт. С. 237.

Он явился в Петербург в новом блеске, так как тем временем указом от 4 октября 1772 г. ему пожалован был титул князя. Он приехал ко двору и присутствовал, как в былые дни при игре в карты императрицы. Он был весел, оживлен и остроумен. Екатерина обращалась к нему с вопросами, и он отвечал без малейшего стеснения; говорил о посторонних вещах. На другое утро он ездил по городу с спутником, к которому относился по дружески: этот спутник был — новый фаворит. Орлов разговаривал с ним и со всеми, кого встречает о перемене в своей судьбе, шутя над своим падением, так что собеседникам становилось неловко. Когда ему подали от придворной конюшенной части плохую карету, запряженную двумя клячами, он отнесся к инциденту шутливо, рассказывая только, как тот самый чиновник, который отдал настоящее распоряжение, пришел к нему однажды, когда он жил еще во дворце, и застав его в постели, почтительно поцеловал мясистую часть его тела, случайно обнажившуюся.

К. Валишевский[1]. *С. 107—108.*

Князь Орлов несомненно пользуется в настоящее время величайшим влиянием у государыни, хотя, по свойственной ему лени, он не употребляет его для того, чтобы услужить своим друзьям или повредить своим врагам.

Английский посланник Окс. 5 нояб. 1776 г.
Из дипломатической переписки... С. 135.

Государыня старалась теперь подарками, как говорится, задобрить его — принцип, которому она всегда следовала с отставными избранниками. Так, напр., она дала ему, между прочим, 6 000 крестьян, 150 000 пенсии и изготовленный во Франции серебряный сервиз, стоивший 250 000 рублей. Но самым дорогим подарком был Мраморный дворец. Князь Орлов с своей стороны сделал императрице такой подарок, который постоянно будет напоминать этого избранника, пока русский двор сохранит свой нынешний блеск. Он купил знаменитый большой бриллиант, купить который было не по средствам императрице, заплатил за него 460 000 рублей и подарил его государыне; но еще более прославил он свою эпоху постройкою на свой счет прекрасного арсенала в Петербурге.

Г. фон Гельбиг // РС. 1886. Т. 51. С. 15.

Когда в иностранных газетах появились разные толки о причинах размолвки между Орловым и Екатериною, она позаботилась об опровержении этих отчасти чрезвычайно нелепых слухов. И о том, чтобы такие газеты не доходили до Орлова.

А. Г. Брикнер[2]. *С. 283.*

Тем не менее, Императрица продолжала выражать постоянную и преувеличенную боязливость; она никак не могла понять, что человек, которого даже не допускают к ней, не может быть опасен; Орлов, напротив, проявлял в своем поведении все симптомы бешеного. Его бешенство было тщетно, так как против него было выставлено все верховное могущество двора.

Г. фон Гельбиг // РС. 1886. Т. 51. С. 13.

Двенадцать лет радостей и величия этого любовника утомили, наконец, его государыню, утвердившуюся на троне, и после долгой борьбы им завладел Потемкин. Торжество соперника и непостоянство Екатерины, которую Орлов вслух называл неблагодарной, произвели на него печальное действие: он потерял, в конце концов, и здоровье, и рассудок.

Ш. Массон. С. 67.

Так как сцена уже переменилась — и место Васильчикова занял Потемкин, на решительность которого императрица могла более рассчитывать, и потому менее боялась князя Орлова. Этот, хорошо понимая, что ему уже нечего делать при дворе, покинул место, ставшее ему невыносимым, и отправился в Москву, обычное местопребывание многих недовольных в царствование Екатерины.

Г. фон Гельбиг // РС. 1886. Т. 51. С. 16.

Окончательно разорвать эту связь смог только совершенно непредвиденный, впрочем, не наиболее изумительный, эпизод из тех, которыми была так богата жизнь экс-фаворита. В 1777 г., будучи сорока трех лет, этот любитель широкой жизни и всем пресыщенный кутила влюбился. И не мимоходом и слегка, как Дон-Жуан, которому не трудно было воспылать страстью и удовлетворить ей, как мы уже не раз видели, но серьезно и глубоко. Возлюбленная дней юности не могла простить оставленному ей и постаревшему любовнику эту любовь — как бы посмертную измену. Тем менее, что по новой милости судьбы к своему баловню, это была любовь счастливая, хотя встретившая вначале массу препятствий и имевшая трагическую развязку — роман, начавшийся идиллией и окончившийся трагедией.

К. Валишевский[1]. С. 114.

Гр. Алексей Орлов отложил свой отъезд [в Москву] в надежде, что ему удастся уговорить брата отказаться от его намерения жениться на своей двоюродной сестре, девице Зиновьевой, одной из фрейлин императрицы, с которой он давно связан тесными узами. Несмотря на все просьбы родных кн. Орлова, императрица отказалась своею властью воспрепятствовать этому браку.

Английский посланник Окс. 12 нояб. 1776 г.
Из дипломатической переписки... С. 135.

[Будущая] княгиня Орлова была урожденная Зиновьева, из того же дворянского рода, из которого происходила мать Орлова. Она была фрейлиной императрицы, когда вышла за Орлова. Тотчас после свадьбы она стала статс-дамой и получила орден св. Екатерины. Подарки, полученные ею от императрицы, соответствовали и ее высокому званию, и великодушию государыни. Из всех подарков назовем только золотой туалет, такой высокой цены и такой прекрасной работы, что, быть может, немногие владетельные принцессы могут похвалиться подобным уборным столиком.

Г. фон Гельбиг // РС. 1886. Т. 51. С. 17.

Хорошенькая, грациозная, едва восемнадцатилетняя, выдающаяся среди фрейлин императрицы и имевшая массу женихов, девица Зиновьева приходилась двоюродной сестрой князю. Он полюбил ее и встретил взаимность. Формальное запрещение подобных браков церковными и гражданскими законами не остановило князя. Но брак был расторгнут постановлением сената, которое предписывало развести супругов, и молодая женщина писала своему брату Василию, ласково и шутливо называя его *«душенька-фрерушка»,* отчаянные письма, где рассказывала все свои неудачные попытки увидаться с мужем, которого так быстро отняли у ее любви. Она прибавляла. «Я люблю его, как никого не любила, и несмотря на все, слава Богу, очень счастлива».

К. Валишевский[1]. *С. 114.*

Князь Орлов, желая устранить препятствие, мешавшее его браку с г-жею Зиновьевой, которое заключалось в их близком родстве, прибегнул к хитрости и постарался доказать, что она была подкидыш; так как это ему удалось, то он и отправляется через несколько дней в Москву, где совершится обряд их венчания.

Английский посланник Окс. 14 февр. 1777 г.
Из дипломатической переписки... С. 135.

Он имел несчастие очень скоро потерять ее.

Г. фон Гельбиг // РС. 1886. Т. 51. С. 16.

Князь Орлов, по-видимому, только и занят теперь мыслию поскорее отпраздновать свою свадьбу. Несомненно, что он пользуется большим влиянием у императрицы и сохранит его, какою бы благосклонностью ни пользовались другие; несмотря на всю его лень, у него может явиться желание воспользоваться расположением государыни для своей личной выгоды.

Английский посланник Окс. 3 июня 1777 г.
Из дипломатической переписки... С. 135—136.

Вообще, княгиня Орлова славилась как женщина прекрасных принципов, умевшая своим мудрым влиянием придавать печальным, недовольным и вспыльчивым капризам своего супруга такое направление, которое было благодетельно и для него, и для его окружающих!..

Г. фон Гельбиг // РС. 1886. Т. 51. С. 18.

Несколько дней тому назад, молодая княгиня Орлова обедала с императрицею.

Английский посланник Окс. 1 июля 1777 г.
Из дипломатической переписки... С. 136.

Князь Орлов отправился с своею супругою путешествовать...

Г. фон Гельбиг // РС. 1886. Т. 51. С. 16.

На этот раз и Екатерина, по-видимому, взглянула на это путешествие благосклонно и, простившись — довольно холодно — с человеком, которого любила и которому, чтобы заполнить свое существование, показалось мало этой любви, спросила у своей камер-фрау, верной Перекусихиной:
— Что делают со старой иконой, когда она поблекнет от времени?
— Сжигают.
— Ну, вот! Ты, говорят, знаешь все обычаи, а вот этого-то и не знаешь: в воду бросают, Мария Савишна; говорю тебе, в воду бросают!

К. Валишевский[1]. С. 115.

Князь Орлов в Париже... Кланяйтесь ему от меня и скажите, чтобы он при возвращении привез с собой князька Орлова, видимого или невидимого.

Екатерина II — Ф. М. Гримму. 1776 г.

Эта достойная женщина умерла чрез несколько лет после свадьбы, в Лозанне, куда отправилась для поправления своего здоровья.

Г. фон Гельбиг // РС. 1886. Т. 51. С. 18.

Княгиня Орлова умерла в Лозанне 16 июля 1782 г., Державин оплакал эту смерть в трогательных стихах, а Григорий Орлов, вернувшись в Петербург, только на половину принадлежал к миру живых: его рассудок не выдержал катастрофы, поразившей сердце.

К. Валишевский[1]. С. 116.

При виде местностей, в которых он жил некогда как повелитель, явилось прежнее беспокойство духа.

Г. фон Гельбиг // РС. 1886. Т. 51. С. 16.

Он всегда старался стушеваться, избегал дел. Это был сладострастный, ленивый и незлобивый человек. На той головокружительной высоте и в опьяняющей атмосфере, куда так неожиданно возвела его фортуна, он жил, как впросонках, и в один прекрасный день его разум окончательно заблудился — и он погрузился в бездонную пропасть безумия.

К. Валишевский[3]. С. 192.

Орлов, имевший еще рассудка настолько, чтоб заметить, что его влияние ежедневно умаляется, и не выносивший этой потери, начал все более страдать душевно. Он и прежде часто разговаривал с императрицей довольно свободно, но теперь стал говорить неосторожные речи громко и в присутствии всего двора. Так, по случаю падения графа Панина, которого он прежде ненавидел, теперь же изменил свое о нем мнение, он сказал императрице, что она, окруженная недостойными людьми, не хорошо сделала, удалив от себя этого честного человека. Князь сказал всему двору, что он знает, что должен вскоре умереть, так как он все еще сохраняет некоторую долю честности, но что он желал бы дожить до возвращения великого князя из заграницы. Легко понять, что враги Орлова не дозволили ему дожить до этого весьма близкого срока. Несколько дней спустя после этой сцены, болезнь приняла такой острый характер, какого прежде никогда не имела. В минуты припадка умопомешательства, он представил всему двору страшное зрелище...

Г. фон Гельбиг // РС. 1886. Т. 51. С. 16—17.

Рассказывают, что в припадках бреда он видел перед собой мстительный образ Петра III и повторял постоянно: «Наказание мне». Шесть месяцев спустя, маркиз де Верак писал из Петербурга графу де Вержене в шифрованной депеше: «Князь Орлов умер в Москве... С его болезнью связаны такие ужасные подробности, что я не смею доверить их даже цифрам».

К. Валишевский[1]. С. 116.

Крепкая натура Орлова не поддавалась еще некоторое время, но вскоре изнемогла. Он умер в апреле 1783 г. в полном отчаянии.

Г. фон Гельбиг // РС. 1886. Т. 51. С. 17.

Надменный, могущественный, блестящий Орлов умер в ужасном безумии, пачкая лицо собственными испражнениями, которыми он питался, как другой Иезекииль (библейский персонаж. — *Е. Г.*).

Ш. Массон. С. 67.

Своими откровенными и собственно необдуманными выражениями, он [Орлов] увеличил число своих противников. Не подлежит, конечно, сомнению, что враги Орлова дали ему разрушительного яда; его крепкая натура хотя и противодействовала влиянию яда, насколько могла, но все же следы его действия обнаружились в некотором расстройстве умственных способностей.

Г. фон Гельбиг // РС. 1886. Т. 51. С. 16.

Многие утверждают, что Потемкин отравил Орлова растением, действие которого состоит в помрачении ума; русские называют его «пьяная трава».

Ш. Массон. С. 67.

Таков был конец человека, который свою роль в большом свете начал поручиком, жил в течение десяти лет как [властная особа], хотя [таковым] не был, и умер сумасшедшим.

Г. фон Гельбиг // РС. 1886. Т. 51. С. 17.

В письме Екатерины к Гримму от 1 июня 1783 года сказано: «Смерть князя Орлова свалила меня в постель».

А. Г. Брикнер[2]. С. 284.

Хотя я и была подготовлена к этому ужасному событию, но, не скрою от вас, оно глубоко опечалило меня... Напрасно мне твердят, и я сама повторяю себе все, что говорится в подобных случаях: ответом служит взрыв рыданий, и я ужасно страдаю.

Екатерина II — Ф. М. Гримму. Июль 1782 г.

Орлов умер 13 апреля 1783 года в Москве. Получив от графа Алексея Орлова-Чесменского известие об этом событии, императрица отвечала: «Я имела в нем друга, вместе с вами оплакиваю его; чувствую в полной мере цену потери и никогда не позабуду его благодеяний». В письме к Гримму Екатерина распространялась о качествах Орлова и умершего около того же времени графа Н. Панина. Параллель оказалась весьма выгодною для Орлова, о котором в письме Екатерины сказано между прочим: «В нем я теряю друга и общественного человека, которому я бесконечно обязана и который мне оказал существенные услуги... И я страдаю жестоко с той минуты, как пришло это роковое известие... Гений князя Орлова был очень обширен; в отваге, по-моему, он не имел себе равного. В минуту самую решительную ему приходило в голову именно то, что могло окончательно направить дело в ту сторону, куда он хотел его обратить, и в случае нужды он проявлял силу красноречия, которой никто не мог противостоять, потому что он умел колебать умы, а его ум не колебался никогда» и пр.

А. Г. Брикнер[2]. С. 284.

Странность при смерти князя Орлова: граф Панин умер четырнадцатью-пятнадцатью днями раньше, и один не знал о смерти другого. Эти два человека, всегда бывавшие обо всем противоположного мнения и не любившие друг друга, вероятно, очень удивились, встретившись на том свете... Эти два советника много лет висели у меня на ушах, однако, дела шли быстро; но часто приходилось поступать, как Александр с гордиевым узлом, и тогда мнения сходились. Смелость ума одного и мягкая осторожность другого, а ваша покорная слуга проделывающая *курцгалоп* между ними — придавали грацию и изящество делам, которые охулки на руку не положат.

Екатерина II — Ф. М. Гримму. Июль 1782 г.

...Теперь о другом Орлове. Мы помним, что именно Алексей Орлов, третий из братьев, проникнув на рассвете (12 июля 1762 г.) в спальню Екатерины в Петергофе, разбудил ее, говоря, что настала минута отправиться в Петербург и объявить себя самодержицей всей России. По-видимому, он имел в эту комнату свободный доступ днем и ночью... Алексей не был так хорош лицом, как его брат; после удара саблей, полученного в кабаке, когда Алексею было двадцать лет, у него остался шрам от угла рта до уха. Но все же он был красивый мужчина и по свидетельству современников мог ударом кулака убить быка. Благодаря его физической силе, Екатерина избавилась однажды от опасности, которая могла бы быть смертельной: во время катания с гор, которые Екатерина устроила в Царском, очень тяжелые сани императрицы на всем бегу отклонились в сторону. Алексей, стоявший на запятках, уперся ногой в землю, схватился за перила и предотвратил таким образом опасность. Он был так же вспыльчив, как силен, и Потемкин — сам колосс — однажды жестоко поплатился за минуту непочтительной забывчивости: говорят, что эта стычка стоила глаза будущему фавориту.

К. Валишевский[1]. С. 121.

Но прежде еще, чем все это произошло, и когда Орлов находился еще при флоте (тогда шла русско-турецкая война 1768—1774 гг., и Россия, не имея еще на Черном море своего флота, направила пять эскадр Балтийского флота под общим командованием Алексея Орлова в район греческого Архипелага. Ему была поставлена задача оттянуть с главного, Дунайского, направления военных действий часть турецких войск. Тогда и произошло решающее сражение в ночь на 26 июня 1770 г. в Чесменской бухте, принесшее Алексею Орлову невиданную и неожиданную славу героя, 1 и 2 эскадры под командованием адмирала Г. А. Спиридова уничтожили почти весь турецкий флот (более 60 кораблей и разных судов. Эта победа была в дальнейшем закреплена подошедшими в район Архипелага дополнительными тремя эскадрами, их действиями фактически были блокированы Дарданеллы, заняты 20 островов в Эгейском море и прерваны морские сообщения Турции. — *Е. Г.*) Григорий (Орлов) потерял место избранника. Императрица, опасавшаяся того и другого, послала к Алексею курьера, сообщила ему об удалении его брата от двора и присоединила обычные в подобных случаях заверения и любезности. Этот шаг казался, однако, императрице недостаточным для ее спокойствия. Она страшилась предприимчивого духа Алексея Орлова, которому легко могло придти на мысль поддержать неподатливый характер своего брата. Она послала, поэтому, второго курьера к генерал-адмиралу, приказывая ему ни в каком случае не покидать флота. Но так как и это казалось недостаточным, то графу Броуну, генерал-губернатору Лифляндии, дан был строжайший приказ наблюдать за всеми путешественниками, прибывающими в Ригу, и если в числе их окажется Алексей Орлов, то не пропускать его.

Когда Орлов, несколько лет спустя, явился, наконец, в Петербург, он нашел здесь большие перемены, которые, однако, не имели дурного влияния на его судьбу. Напротив, императрица, вероятно из осторожности, делала все возможное, чтоб показать ему, что она желает, по крайней мере, по виду оставаться его другом. Все искусства должны были соревновать в прославлении и увековечении его победы над турецким флотом в Чесменском сражении. В театре давались представления в его похвалу. Образы Петра I, Екатерины II и Алексея Орлова — странное сопоставление — сменялись один другим и хоры величали в хвалебных гимнах подвиги победителя турок. В честь его были вычеканены медали с изображением его в костюме бога войны. В Царском Селе его память прославили одним из прекраснейших и дорогих памятников. Огромный кусок мрамора, обделанный в форму монумента, возвышается на глыбе гранита. Небольшой императорский загородный дворец, до настоящего времени называвшийся Кикерикексино (Лягушечье гнездо), был назван Чесмою и обращен во дворец или в дом капитула военного ордена св. Георгия. В главной зале стоит большой и великолепный письменный стол из бронзы и эмали. Посредине — колонна, украшенная военными доспехами. Около них три щита. На двух нарисованы прелестные ландшафты Чесмы, на третьем изображена императрица на троне и граф Алексей Орлов, коленопреклоненный, принимает большую ленту военного ордена, — настолько редкое отличие, что до сих пор никогда более четырех кавалеров не носили этой ленты. Но самым существенным из всего были те несметные богатства, которые получил Орлов.

Г. фон Гельбиг // PC. 1886. Т. 52. С. 6—7.

У него был от Екатерины сын, который носил фамилию Чесменского. Он воспитывался в кадетском корпусе и получил от матери несколько знаков внимания, хотя она, по-видимому, заботилась о нем мало. Как мы видели, чувство материнской нежности в ней не было развито. Позднейшая судьба этого плода любви нам неизвестна.

К. Валишевский[1]. С. 126—127.

Все это, однако, не могло уже более привязывать его ко двору, где, с уходом брата Григория, с ним обходились, хотя, по-видимому, и отлично, но не с прежнею сердечностью. Для него было невыносимо своевольное всемогущество Потемкина. Так как он был очень богат и мог жить роскошно и совершенно независимо, то и просил об отставке. Он получил ее после некоторого удерживания, бывшего результатом скорее вежливости, чем серьезного желания удержать его на службе, и отправился в Москву. Тогда он был генерал-аншефом. Когда умер его брат, князь, императрица отдала графу Алексею тот свой портрет, который носил Григорий — знак отличия, бывший только у Потемкина.

Г. фон Гельбиг // РС. 1886. Т. 52. С. 7.

Граф Алексей Григорьевич даже когда был и в отставке и обыкновенно жил в Москве, но находился в особенной милости у государыни; писал к ней письма, в которых называл ее иногда добрым молодцом, и всегда получал собственноручные от нее ответы. Но князь Потемкин в собственноручных письмах к государыне писал: «Матушка родная, прошу тебя и пр.» Государыня к нему в приватных собственных письмах писала: «Друг мой, князь Григорий Александрович...», также во втором лице, что было знаком особенной милости.

А. М. Грибовский. Записки о Императрице Екатерине Великой. М., 1864. С. 22.

Orloff était regicide dans l'ame, c'était comme une mauvaise habitude (Орлов был в душе цареубийцей, это было у него как бы дурной привычкой. — *фр.*). Я встретилась с ним в Дрездене, в загородном саду. Он сел подле меня на лавочке. Мы разговорились о Павле I. «Что за урод? Как это его терпят?» — «Ах, батюшка, да что же ты прикажешь делать? ведь не задушить же его?» — «А почему ж нет, матушка?» — «Как! и ты согласился бы, чтобы дочь твоя Анна Алексеевна вмешалась в это дело?» — «Не только согласился бы, а был бы очень тому рад». Вот каков был человек!

Запись рассказа Н. К. Загряжской // А. С. Пушкин. С. 147.

Двор императрицы с внешней стороны соединял в себя все самое великолепное, самое внушительное, хороший вкус и любезность французского двора. Азиатская роскошь также придавала красу церемониям, я называю так костюмы посланников всех народов, подданных короне, которые в приемные дни двора появлялись в некоторых залах дворца. Екатерина II, умевшая управлять своими взглядами, распределять с тактом, мерой и достоинством знаки своего благоволения и свои слова между всеми окружающими, давала представление о величии, гении и очаровании, которыми она была одарена. Ее манеры, приветливость ее нрава и ее веселость влияли на общество, и жизнь в Петербурге была одной из приятнейших в Европе. После занятий делами она любила развлекаться. Вельможи, ободряемые ее примером, устраивали празднества, в которых она благоволила иногда участвовать. У нее были фавориты, жены были снисходительны. Так на всем отражался ее характер, ее качества, ее вкусы. Эта женщина, превосходившая всех, оставалась такою даже в сладострастии, так как ее фавориты никогда не забирали власти, которая бы могла ослабить восходящего за ним. Всегда одинаковым образом действий, каким она отмечала нового фаворита, она точно определяла ту степень доверия, на которую она его ставила, и границу, которую она назначала. Они увлекали ее за собой в решениях данного дня, но никогда не руководили ею в делах важных.

Р. Дама. С. 151—152.

И современники, и потомство не без основания резко осуждали фаворитизм при Екатерине. Односторонность и резкость отзывов в этом отношении, однако, лишали и современников, и ближайшее потомство возможности оценить беспристрастно личность императрицы вообще. Принимая во внимание необычайные способности Екатерины, обстоятельства, в которых она находилась, ее темперамент, нельзя не признать, что при обвинении ее не должно упускать из виду нравы того века вообще и нравы при дворе в особенности. Фаворитизм не был новым явлением при Екатерине. Чуть ли не то же самое происходило при императрице Елизавете Петровне.

А. Г. Брикнер[2]. С. 282.

Дабы удовлетворить свой темперамент, она имела бесстыдство учредить придворную должность с полагавшимися при ней: помещением, жалованием, почестями, привилегиями и, самое главное, с четко предписанными обязанностями. Из всех должностей именно эта исполнялась наиболее добросовестно: краткого отсутствия, легкого недомогания того, кто ее занимал, было порой достаточно для того, чтобы его заместить. Кроме того, это было такое место, по отношению к которому августейшая государыня обнаруживала больше всего разборчивости. Думаю, не случалось такого, чтобы она определила к нему неспособного субъекта, и, если не считать периода междуцарствия (между Ланским и Ермоловым), она ни разу не оставила этого поста вакантным даже на двадцать четыре часа.

Ш. Массон. С. 52.

Эта коллекция поражает не только многочисленностью, но и чрезвычайной пестротой своего личного состава. Неправильно было бы, конечно, сводить всю эту любовную эпопею к одной физиологической чувственности. Все же мы имеем достаточное основание сказать, что чувственность играла здесь большую роль, чем чувство. Правда, любовь Екатерины к Понятовскому носила характер подлинного взрыва страсти. Измена Орлова, после 11-летней связи с Екатериной повергла Екатерину в искреннюю печаль и она признавалась, что Орлов в век бы остался ей мил, если бы сам не оттолкнул ее своей изменой.

А. А. Кизеветтер. С. 123.

Тогда это делалось скоро: на вечернем приеме начинали замечать, что императрица засматривается на какого-нибудь незначительного лейтенанта, накануне представленного, но терявшегося до сих пор в толпе придворных. На другой день узнавали, что он назначен флигель-адъютантом Ее Величества. Все уже понимали, что это значило. Днем молодого человека коротким извещением призывали во Двор; он представлялся лейб-медику государыни, англичанину Рожерсону; затем его поручали заботам графини Брюс, а позднее m-lle Протасовой, о чьих щекотливых обязанностях мы затрудняемся высказываться более определенно. После этих испытаний его сопровождали в особо назначенные покои, где пребывание фаворитов было столь же кратковременно, как и пребывание министров в министерских отелях. Апартаменты были уже свободны и готовы принять новоприбывшего. Его ожидал здесь полный комфорт и всевозможная роскошь, полное хозяйство и прислуга. Открыв свой письменный стол, он находил там сто тысяч руб. золотом, дар императрицы на первое время, но это было предвещение счастья, которое начнет с этого времени изливать на него свои щедроты. Вечером перед собравшимся Двором императрица появлялась, фамильярно опираясь на его руку, и ровно в десять часов, по окончании игры, она удалялась в свои покои; новый фаворит проникал туда один после нее...

К. Валишевский[3]. С. 198—199.

Хотя нет страны, где бы фавориты возвышались так быстро как в России, но и здесь не было до сих пор примера, чтобы кто-либо был повышен столь быстро, как Потемкин. К великому изумленно большинства членов Совета, ген. Потемкин занял вчера место среди них.

Английский посланник Гуннинг. 6 мая 1774 г.
Из дипломатической переписки... С. 122.

Конечно, это возвышение не было делом одного дня. Потемкин к этому взлету шел можно сказать от самого рождения. Этому способствовали оригинальные черты его характера, достаточно объемистый и разнообразный багаж знаний, непосредственный ум и даже очаровательность выходок, которые у других выглядели бы простой глупостью.

А. Труайя. С. 270.

Род светлейшего князя Потемкина был польский; с завоеванием Смоленска предки его остались в России; были дворяне, но ни одного не было, который бы занимал высокие государственные должности. Петр Великий употреблял одного Потемкина для посольства в Англию; но по возвращении ничем его не почтил. Отец знаменитого сего человека, оконча службу в гарнизоне капитаном, жил в поместье своем, недалеко от Смоленска.

Л. Н. Энгельгардт. С. 235.

Князь Григорий Александрович Потемкин-Таврический, сын отставного майора, служившего в гарнизонном полку, родился в Смоленской губернии, Духовщинского уезда, в небольшой деревне отца своего, Чижове, в сентябре 1736 года.

Дм. Бантыш-Каменский. С. 56.

В жребий сего чудного баловня счастия судьба включила все необычайные свои игры. В колыбель вступил он не в стенах дома, а в бане, которую я недавно видел, но ту ли? — не знаю. Банный уроженец был и большим проказником в молодости своей. Однажды, вместе с отцом его, пустился полевать (охотиться с ружьем или с собакой в поле. — *Е. Г.*) родной его дядя, рослый и дюжий. Смеркалось, выплывал месяц. Потемкин нарядился в медвежью шкуру, висевшую между утварью домашнею, притаился в кустарнике; охотники возвращались, и когда дядя поравнялся с кустами, медведь-племянник вдруг выскочил, стал на дыбы и заревел. Лошадь сбросила седока и опрометью убежала. Дядя, растянувшись на траве, охал от крепкого ушиба, а племянник, сбросив шкуру, сказался человеческим хохотом. Стали журить. Проказник отвечал: «Волка бояться, так и в лес не ходить».

С. Н. Глинка. Цит. по: Записки. Золотой век Екатерины Великой: Воспоминания. М.: Изд. МГУ, 1996. С. 23.

До двенадцати лет он воспитывался при своих родителях. За недостатком учебных заведений отец записал его в Смоленскую семинарию; но, заметя в нем пылкий ум, отправил в гимназию Московского университета. В характере Потемкина оказывалось в то время много странности.

Л. Н. Энгельгардт. С. 235.

Здесь [в Москве] посещал он с большим прилежанием лекции профессоров, оказал быстрые успехи в науках, желая — как твердил товарищам своим — быть непременно архиереем, или министром; получил золотую медаль (1756 г.) и вскоре соскучился единообразным учением, перестал ходить в университет, выключен из оного, обращался с одними монахами, беседуя в Заиконоспасском и Греческом монастырях о догматах веры.

Дм. Бантыш-Каменский. С. 57.

Университетские учебные занятия шли у него весьма неважно и, наконец, он забросил их до такой степени, что в 1760 году был вместе со знаменитым впоследствии Новиковым исключен из университета «за леность и нехождение в классы».

А. А. Кизеветтер. С. 141.

Я видел в портфелях покойного моего родителя (сгоревших в московском пожаре 1812 года) оторванный от «Ведомостей» лист, в котором было напечатано, в числе выключенных из университета за нехождение, имя Григория Потемкина.

— Помните ли, — сказал потом князь Таврический профессору Барсову, во время славы своей и могущества, — как вы выключили меня из университета?

— Ваша Светлость тогда сего заслуживали, — отвечал бывший наставник его.

Дм. Бантыш-Каменский. С. 57.

В селе Татеве, куда он в молодости приезжал к родным гостить, сохранилось предание, что часто утром находили молодого Потемкина спящим в библиотеке на стоявшем там бильярде — он просиживал за книгами целые ночи.

А. Г. Брикнер[3]. С. 19.

Поэзия, философия, богословие и языки латинский и греческий были его любимыми предметами; он чрезвычайно любил состязаться, и сие пристрастие осталось у него навсегда; во время своей силы он держал у себя ученых раввинов, раскольников и всякого звания ученых людей; любимое его было упражнение: когда все разъезжались, призывать их к себе и стравливать их, так сказать, а между тем сам изощрял себя в познаниях.

Л. Н. Энгельгардт. С. 236.

В молодости он писал стихи, между прочим, сатиры и эпиграммы на начальников в университете; в 1790 году он сочинил стихи в честь Екатерины по случаю заключения Верельского мира. Недаром Потемкин считался меценатом, покровителем поэтов.

А. Г. Брикнер[3]. С. 244.

У Потемкина было все свое. «Забывайте искусство, — говорил он, — сами пролагайте себе пути, и слава великих дел подарит вас венком».

С. Н. Глинка. С. 23.

Казалось, юноша, одаренный от природы колоссальным ростом, мужественною красотой, умом беглым, памятью необыкновенною, готовил себя к ношению митры: вышло противное. Честолюбивый нрав его не мог довольствоваться саном пастыря Церкви, желал повелевать многими, гонялся за славою и внушил ему счастливую мысль сблизиться с Двором военною службою.

Дм. Бантыш-Каменский. С. 57.

Друг его семьи, архиепископ Можайский, Амвросий Зертис-Каменский, одолжил ему 500 р., с которыми он направился в Петербург. Потемкин впоследствии любил вспоминать об этой помощи, — начале его колоссальных богатств — но этой суммы никогда не возвратил.

К. Валишевский[1] С. 131.

Это передал мне покойный мой родитель, родной племянник пр. Амвросия. Потемкин несколько раз вспоминал потом об этих деньгах, говоря, что он ему должен, но постарается заплатить с процентами. Родитель мой ни о чем не просил его, тем и кончились обещания.

Дм. Бантыш-Каменский. С. 57.

Родители его почли, что военная служба будет ему выгоднее; по ходатайству некоторых господ записали его в конную гвардию унтер-офицером и отправили на службу; по дошедшей до него очереди сделан он вахмистром.

Л. Н. Энгельгардт. С. 236.

Родственник его матери, генерал-лейтенант Загряжский, способствовал его повышению в одном из конногвардейских полков. Таким образом, при приближении переворота, уготовленного братьями Орловыми, Потемкин оказался на их пути. Его чин не был велик, но не высоко было и положение остальных заговорщиков 1762 г.! Имел чин поручика только один из них, Федор Хитрово.

К. Валишевский[1]. С. 131.

В Петербург Потемкин прибыл в то время, когда там готовились чрезвычайно важные события. Во время царствования Петра III он сделался вахмистром, был взят ординарцем к принцу Георгу Голштинскому и в то же время правил ротою, в которой он служил.

А. Г. Брикнер[3]. С. 20.

В сем чине был он, когда в 1762 году взошла на престол Екатерина II. Образ его жизни доставил ему знакомство с важнейшими особами, участвовавшими в сей государственной перемене. Во весь день 28 июня находился он вблизи государыни; был в ее свите, когда она поехала в Петергоф.

Л. Н. Энгельгардт. С. 236.

При перевороте 1762 года он был вахмистром и один из тех, кого сманили в пользу императрицы. После революции он стал офицером и камер-юнкером и послан был в Швецию с извещением о вступлении на престол новой повелительницы.

Г. фон Гельбиг // РС. 1886. Т. 8. С. 545.

В списке наград после события 12-го июля, Потемкину был назначен чин корнета. Екатерина это вычеркнула и написала своей рукой «капитан-поручик». Это было 1-го августа. Через четыре месяца Потемкин был уже камергером и имел вход ко двору. Что произошло в это время? Эго осталось тайной. По некоторым свидетельствам Орловы вздумали, на свою голову, похвалить перед Екатериной мелкие таланты их друга, в котором они и не думали подозревать соперника: например, удивительный дар подражания, доставивший ему возможность передавать любой голос...

К. Валишевский[1]. С. 131.

Митрополит Платон рассказывал, что Потемкин был обязан своим возвышением умению поддéлаться под чужой голос, чем иногда забавлял Григория Орлова. Последний сообщил об этом государыне, и она пожелала видеть забавника. Потемкин, о чем-то спрошенный Екатериной, отвечал ей ее же голосом и выговором, чем насмешил ее до слез.

А. Г. Брикнер[3]. С. 22.

С этого дня он был допущен в интимный круг государыни, что оправдывалось и званием камергера. Он играл роль шута, а — впоследствии показал, что может исполнять разные роли, между прочим, и наименее почетные.

К. Валишевский[1]. С. 131.

Возвратившись из Швеции, он умел войти в теснейшую связь с особами, всегда окружавшими императрицу, и сделался более известным Екатерине, принят был в ее общество, состоявшее из небольшого числа известных людей. Потемкин был прекрасный мужчина; имел привлекательную наружность, приятную и острую физиономию, был пылок и в обществе любезен.

Л. Н. Энгельгардт. С. 236.

...В Синоде безпрерывно при текущих делах, особливо при собраниях, быть Нашему камер-юнкеру Григорию Потемкину и место свое иметь за обер-прокурорским столом, дабы он слушанием, читанием и собственным сочинением текущих резолюций и всего того, что он к пользе своей за потребно найдет, навыкал быть искусным и способным к сему месту для отправления дел, ежели впредь, смотря на его успехи, заблагоусмотрим его определить к действительному по сему месту упражнению. Чего ради, по доверенности в допущении к делам привести его повелеваем к присяге.

Указ Екатерины II Синоду. 19 августа 1763 г.
Цит. по: Чтения в Обществе истории и древностей российских. 1865.
Кн. 2. Отд. II. С. 112.

По возвращении, он находился некоторое время при дворе и составил себе план сделаться избранником. Орловы воспротивились этому плану и послали его в армию.

Г. фон Гельбиг // РС. 1886. Т. 53. С. 545.

Потемкин встретил при дворе некоторые неприятности; в 1769 году война с Турциею подала ему случай удалиться на несколько времени из столицы; пожалованный камергером, отправился он в армию волонтером, где участвовал во многих военных действиях в продолжении сей войны.

Л. Н. Энгельгардт. С. 236.

Здесь он был до того бесполезен, что граф Румянцев воспользовался первым же случаем, чтоб послать его в Петербург с каким-то важным известием.

Г. фон Гельбиг // РС. 1886. Т. 53. С. 545.

Фельдмаршал Румянцев о славных победах послал его с донесением к государыне. Государыня пожаловала его генерал-поручиком и генерал-адъютантом, и он снова принят был в число приближенных к императрице.

Л. Н. Энгельгардт. С. 236.

Вслед за тем Потемкин получил орден Св. Александра Невского (1774 г.), начал посещать по-прежнему общество императрицы, был весел, занимал собою других; потом сделался пасмурным, задумчивым, оставил совсем двор, удалился в Александро-Невский монастырь; объявил, что желает постричься, учился там церковному уставу, отрастил бороду, носил монашеское платье. Так необыкновенный человек этот пролагал дорогу к своему возвышению.

Дм. Бантыш-Каменский. С. 63.

Потемкин имел несчастье или неловкость поссориться с фаворитом, особенно с его братом, грубым богатырем Алексеем. Ссора за бильярдом кончилась потасовкой, из которой ученик Екатерины вышел искалеченным. Заметим, однако, что по другим свидетельствам эта катастрофа произошла от случайности. Во всяком случае потеря глаза признана историей. С единственным глазом, да и тем косым, Потемкин бежал от двора. Говорят, он даже подумывал пойти в монастырь. Друзья, — по одной версии, бывшей тогда в ходу, сами Орловы — отговорили его от этого намерения и привели снова к Екатерине.

К. Валишевский[1]. С. 131.

Душевная скорбь его и уныние не остались сокрытыми от двора, возбудили любопытство и жалость оного, и вскоре временный отшельник сбросил черную одежду и явился среди изумленных царедворцев во всем блеске любимца счастия.

Дм. Бантыш-Каменский. С. 63.

О случившемся узнала Екатерина и пожаловала в монастырь. Говорили, что она, встретившись с Потемкиным, сказала: «Тебе, Григорий, не архиереем быть. Их у меня довольно, а ты у меня один таков, и ждет тебя иная стезя».

В. Балязин. Самодержцы. Кн. 1. М.: ОЛМА-ПРЕСС, 1999. С. 351.

В молодых летах повредил он себе один глаз, но это не уменьшало красоты лица его.

Дм. Бантыш-Каменский. С. 85.

Великая монархиня, видя в нем отменное дарование государственного человека, вызвала его из сего уединения, пожаловала генерал-аншефом, подполковником Преображенского полка, осыпала всеми щедротами и почестями, а при заключении мира с турками почтила графским достоинством, как непосредственно способствовавшего своими советами.

Л. Н. Энгельгардт. С. 236—237.

Сначала Потемкин не имел большого влияния на дела государственные, хотя и пользовался совершенною доверенностию Екатерины, жил в дворце, где ежедневно поклонники раболепствовали перед ним, в то время как он, лежа на диване, не обращал на них внимания.

Дм. Бантыш-Каменский. С. 64.

Именно в это время Потемкин позволил себе неслыханную, невозможную ни для кого другого выходку. Он, прежде чем окончательно ответить на выбор императрицы, потребовал от нее чистосердечной исповеди в ее любовных грехах и увлечениях. И она ему ответила, в самом деле, чистосердечно и исчерпывающе. Письмо с требованиями Потемкина не сохранилось, но оно, по-видимому, составлено было в решительных тонах, с полным знанием предмета, с точным указанием числа любовников (пятнадцать), с упреками в легкомыслии. В своем ответе Екатерина не обошла ни одной сложности своей частной жизни...

В. А. Бильбасов. С. 127.

Ну, Госп[один] Богатырь, после сей исповеди могу ли я надеяться получить отпущение грехов своих. Изволишь видеть, что не пятнадцать, но третья доля из сих: первого по неволе да четвертого из дешперации* я думала на счет легкомыслия поставить никак не можно; о трех прочих, естьли точно разберешь, Бог видит, что не от распутства, к которому никакой склонности не имею, и естьли б я в участь получила смолоду мужа, которого бы любить могла, я бы вечно к нему не переменилась. Беда та, что сердце мое не хочет быть ни на час охотно без любви. Сказывают, такие пороки людские покрыть стараются, будто сие происходит от добросердечия, но статься может, что подобная диспозиция сердца более есть порок, нежели добродетель. Но напрасно я сие к тебе пишу, ибо после того взлюбишь или не захочешь в армию ехать, боясь, чтоб я тебя позабыла. Но, право, не думаю, чтоб такую глупость зделала,

---

* отчаяния. — *Ред.*

и естьли хочешь на век меня к себе привязать, то покажи мне столько же дружбы, как и любви, а наипаче люби и говори правду.

*Екатерина II — Г. А. Потемкину.
21 февр. 1774 г. Чистосердечная исповедь.*

Поразительное письмо. Императрица исповедуется в своих сердечных увлечениях. Перед кем? Перед простым русским дворянином. По какому праву он требует от нее признаний? По праву любви.

В. С. Лопатин // Екатерина II и Г. А. Потемкин. С.486.

Благодарствую за посещение. Я не понимаю, что Вас удержало. Неуже[ли] что мои слова подавали к тому повод? Я жаловалась, что спать хочу, единственно для того, чтоб ранее все утихло и я б Вас и ранее увидеть могла. А Вы тому испужавшись и дабы меня не найти на постели, и не пришли. Но не изволь бояться. Мы сами догадливы. Лишь только что легла и люди вышли, то паки встала, оделась и пошла в вивлиофику к дверям, чтоб Вас дождаться, где в сквозном ветре простояла два часа; и не прежде как уже до одиннадцатого часа в исходе я пошла с печали лечь в постель, где по милости Вашей пятую ночь проводила без сна! А нынешнюю ломаю голову, чтоб узнать, что Вам подало причину к отмене Вашего намерения, к которому Вы казались безо всякого отвращения приступали. Я сегодня думаю ехать в Девичий монастырь, естьли не отменится комедия тамо. После чего как бы то ни было, но хочу тебя видеть и нужду в том имею.

Екатерина II — Г. А. Потемкину. 26 февр. 1774 г.

Сим будучи терзаем, принял дерзновение, пав к освященным стопам Вашего Имп[ераторско]го Вел[ичест]ва, просить, ежели служба моя достойна Вашего благоволения и когда щедроты и Высокомонаршая милость ко мне не оскудевают, разрешить сие сомнение мое пожалованием меня в Генерал-Адъютанты Вашего Импер[аторско]го Вел[ичест]ва. Сие не будет никому в обиду, а я приму за верх моего щастия: тем паче, что находясь под особливым покровительством Вашего Имп[ераторско]го Вел[ичест]ва, удостоюсь принимать премудрые Ваши повеления и, вникая во оныя, сделаться вящше способным к службе Вашему Имп[ераторско]му Вел[ичест]ву и Отечеству.

Г. А. Потемкин — Екатерине II. 27 февр. 1774 г.

Голубчик, буде мясо кушать изволишь, то знай, что теперь все готово в бане. А к себе кушанье оттудова отнюдь не таскай, а то весь свет сведает, что в бане кушанье готовят.

Екатерина II — Г. А. Потемкину. 27 февр. 1774 г.

Гришенька не милой, потому что милой. Я спала хорошо, но очень немогу, грудь болит и голова, и, право, не знаю, выйду ли сегодни или нет. А естьли выйду, то это будет для того, что я тебя более люблю, нежели ты меня любишь, чего я доказать могу, как два и два — четыре. Выйду, чтоб тебя видеть... Не удивляюсь, что весь город безсчетное число женщин на твой щет ставил. Никто на свете столь не горазд с ними возиться, я чаю, как Вы. Мне кажется, во всем ты не рядовой, но весьма отличаешься от прочих. Только одно прошу не делать: не вредить и не стараться вредить Кн[язю] Ор[лову] в моих мыслях, ибо я сие почту за неблагодарность с твоей стороны. Нет человека, которого он более мне хвалил и, по видимому мне, более любил и в прежнее время и ныне до самого приезда твоего, как тебя. А естьли он свои пороки имеет, то ни тебе, ни мне непригоже их расценить и разславить. Он тебя любит, а мне оне друзья, и я с ними не расстанусь. Вот те нравоученье: умен будешь — приимешь; не умно будет противуречить сему для того, что сущая правда.

Чтоб мне смысла иметь, когда ты со мною, надобно, чтоб я глаза закрыла, а то заподлинно сказать могу того, чему век смеялась: «что взор мой тобою пленен». Экспрессия, которую я почитала за глупую, несбыточную и ненатурально[ю], а теперь вижу, что это быть может. Глупые мои глаза уставятся на тебя смотреть: разсужденье ни на копейку в ум не лезет, а одурею Бог весть как. Мне нужно и надобно дни с три, естьли возможность будет, с тобою не видаться, чтоб ум мой установился и я б память нашла, а то мною скоро скучать станешь, и нельзя инако быть... Прощай, миленький, всего дни с три осталось для нашего свидания, а там первая неделя поста — дни покаяния и молитвы, в которых Вас видеть никак нельзя будет, ибо всячески дурно. Мне же говеть должно. Уф! я вздумать не могу и чуть что не плачу от мыслей сих однех... Куда как бы нам с тобою бы весело было вместе сидеть и разговаривать. Естьли б друг друга меньше любили, умнее бы были, веселее. Вить и я весельчак, когда ум, а наипаче сердце свободно. Вить не поверишь, радость, как нужно для разговора, чтоб менее действовала любовь.

Пожалуй, напиши, смеялся ли ты, читав сие письмо, ибо я так и покатилась со смеху, как по написании прочла. Какой [в]здор намарала, самая горячка с бредом, да пусть поедет: авось-либо и ты позабави[шь]ся.

Екатерина II — Г. А. Потемкину. 28 февр. 1774 г.

Господин Генерал-Порутчик! Письмо Ваше господин Стрекалов мне сего утра вручил. Я прозьбу Вашу нашла столь умеренну в разсуждении заслуг Ваших, мне и Отечеству учиненных, что я приказала заготовить указ о пожаловании Вас Генерал-Адъютантом.

Екатерина II — Г. А. Потемкину. 28 февр. 1774 г.

Облеченные в звание генерал-адъютантов лица могли, кроме присвоенного им мундира, носить мундиры всех армейских частей, кроме морских; служба же их была чередная по 8 дней, в течение которых они должны были находиться в том дворце, в котором пребывала императрица, и исправлять там должность коменданта. К нему поступали все рапорты и ему были подчинены все находившиеся во дворце караулы. Очередной генерал-адъютант ежедневно получал в своем помещении стол не менее как на 12 персон, хотя редко случалось, чтобы он не был приглашаем к общему столу государыни. Каждый очередной генерал-адъютант носил особый знак своего высокого достоинства — черный жезл с бантом из голубого муара и золотым набалдашником, на верху которого находился эмалевый черный двуглавый орел: этот жезл каждый раз вручался вступавшему в дежурство генерал-адъютанту самою императрицею; обыкновенно смена происходила по воскресеньям, и государыня при этом сама назначала, кому быть дежурным.

Н. Ширяев. Баловень счастья. Эпизод из русской истории конца XVIII столетия // РС. 1894. Т. 81. С. 197.

Голубчик мой, Гришенька мой дорогой, хотя ты вышел рано, но я хуже всех ночей спала и даже до того я чувствовала волнение крови, что хотела послать по утру по лекаря пустить кровь, но к утру заснула и спокойнее. Не спроси, кто в мыслях: знай одиножды, что ты навсегда. Я говорю навсегда, но со времен[ем] захочешь ли, чтоб всегда осталось и не вычернишь ли сам. Великая моя к тебе ласка меня же стращает. Ну, добро, найду средство, буду для тебя огненная, как ты изволишь говорить, но от тебя же стараться буду закрыть. А чувствовать запретить не можешь. Сего утра по Вашему желанию подпишу заготовленное исполнение-обещанье вчерашнее. Попроси Стрекалова, чтоб ты мог меня благодарить без людей, и тогда тебя *пущу* в Алмазный, а без того, где скрыть обоюдное в сем случае чувство от любопытных зрителей. Прощай, голубчик.

Екатерина II — Г. А. Потемкину. 1 марта 1774 г. С.-Петербург.

Прощай, брат, веди себя при людях умненько и так, чтоб прямо никто сказать не мог, чего у нас на уме, чего нету. Это мне ужасно как весело немножко пофинтарничать.

Екатерина II — Г. А. Потемкину. После 1 марта 1774 г.

Здравствуй, Господин подполковник. Каково Вам после мыльни? А мы здоровы и веселы, отчасти по милости Вашей.

Екатерина II — Г. А. Потемкину. После 15 марта 1774 г.

Сегодня, естьли лихорадка тебя не принудит остаться дома и ты вздумаешь ко мне прийти, то увидишь новое учреждение. Во-первых, прийму тебя в будуаре, посажу тебя возле стола, и тут Вам будет теплее и не простудитесь, ибо тут из подпола не несет. И станем читать книгу, и отпущу тебя в пол одиннадцатого. Прощай, миленький, не досуг писать. Поздно встала. Люблю тебя премного. Напиши, каков в своем здоровье.

Екатерина II — Г. А. Потемкину. После 15 марта 1774 г.

Нет, Гришенька, статься не может, чтоб я переменилась к тебе. Отдавай сам себе справедливость: после тебя можно ли кого любить. Я думаю, что тебе подобного нету и на всех плевать. Напрасно ветренная баба меня по себе судит. Как бы то ни было, но сердце мое постоянно. И еще более тебе скажу: я перемену всякую не люблю.

Екатерина II — Г. А. Потемкину. После 19 марта 1774 г.

Когда вы лучше узнаете меня, вы будете уважать меня, ибо, клянусь вам, что я достойна уважения. Я чрезвычайно правдива, люблю правду, ненавижу перемены, я ужасно страдала в течение двух лет, обожгла себе пальцы, я к этому больше не вернусь. Сейчас мне вполне хорошо: мое сердце, мой ум и мое тщеславие одинаково довольны вами. Чего мне желать лучшего? Я вполне довольна. Если же вы будете продолжать тревожиться сплетнями кумушек, то знаете, что я сделаю? Я запрусь в своей комнате и не буду видеть никого, кроме вас. Если нужно, я смогу принять чрезвычайные меры и люблю вас больше самой себя *(фр.)*.

Екатерина II — Г. А. Потемкину. После 19 марта 1774 г.

Милая милюша, я встала очень весела и просвещеннее, нежели ложилась. Куда, сказывают, греки в старину какие хитрые были люди: у них науки и художества свои начала взяли, и они очень были лихи на выдумки. Все сие написано в Энциклопедии, но милее, умнее, красивее гораздо их тот, с кого списан точь-в-точь Артикул delicieux (прелестный — *фр.*), то есть Гришенька мой любезный.

Екатерина II — Г. А. Потемкину. Март–апр. 1774 г.

Я приободрилась. О, Боже мой, как человек глуп, когда он любит чрезвычайно. Это болезнь. От этого надлежало людей лечить в гошпиталях.

Екатерина II — Г. А. Потемкину. Март–апр. 1774 г.

Бог с тобою, прости, брат. По утрам я гораздо умнее, нежели по захождении со[л]нца. Но как бы то ни было, а ум мой расстроен. И естли это продолжится, от дел откажусь, ибо не лезут в голову, и голова, как у угорелой кошки. Только стараться буду сию неделю употребить в свою пользу, а Бог даст мне рассуждение и смысл напасть на путь истинный. Вить я всегда была raisonneur de profession (резонер по роду занятий. — *фр.*), хотя с бредом иногда.

Екатерина II — Г. А. Потемкину. Март–апр. 1774 г.

Вот Вам разсказы. Я думаю, что жар и волнение в крови от того, что уже который вечер, сама не знаю что, по-моему, поздно очень ложусь. Все в первом часу. Я привыкла лечь в десять часов. Зделай милость, уходи ранее вперед. Право, дурно. Напиши ко мне, каков ты, миленький, и изволил ли опочивать спокойно. Люблю, а писать недосуг, да и нечего.

Екатерина II — Г. А. Потемкину. Март–апр. 1774 г.

Из Ваших сетей небось не выпутаешься, а час от часу более завернешься. А как сам как-нибудь умалишь страсть во мне, то зделаешь меня бесчастна. Но едва и тогда перестану ли я тебя любить. Но Бога прошу, чтоб я умерла, кой час ты ко мне не будешь таков, как мне кажется, что недель семь изволишь быть.

Екатерина II — Г. А. Потемкину. 10 апреля 1774 г.

Миленькая милюшичка, здравствуй. Я к Вам прийти не могла по обыкновению, ибо границы наши разделены шатающимися всякого рода животными. И так мысленно только Вам кланяюся и желаю Вам здоровия, а нам — любви и дружбы Вашей. А мы к Вам сегодня, как вчерась и завтра. А, например, как Вам казалось, что мы были вчерась?

Екатерина II — Г. А. Потемкину. После 10 апреля 1774 г.

Голубчик, я приходила в осьмом часу, но нашла Вашего камердинера, с стаканом противу дверей стоящего. И так к Вам уже не вошла. Я сие к Вам пишу, дабы Вы знали, коей причины ради я нарушила установленный милый порядок. Adieu, mon faisan d'or. Je Vous aime beaucoup, beaucoup (Прощайте, мой золотой фазан. Я вас очень, очень люблю. — *фр.*).

Екатерина II — Г. А. Потемкину. После 10 апреля 1774 г.

Красавец мой миленький, на которого ни единый король непохож.

Екатерина II — Г. А. Потемкину. 15 апреля 1774 г.

Теперь говорить буду о том, что, статься может, нам обеим приятнее будет: то есть, что Иван Чернышев Вам солгал, когда он говорил, что я заочно любить не умею, ибо я Вас люблю и тогда, когда я Вас не вижу. А вижу Вас, по моему мнению, всегда редко, хотя в самом деле и нередко. Изволь сие приписать страсти: кого не любишь, того видеть жадности нету. Прощай, миленький.

Екатерина II — Г. А. Потемкину. До 21 апреля 1774 г.

Что встала, то послала к Вице-канцлеру по ленты, написав, что они для Ген[ерал]-Пор[учика] Пот[емкина], после обедни и надену на него. Знаешь ли его? Он красавец, да сколь хорош, столь умен. И сколь хорош и умен, столь же меня любит и мною любим совершенно наравне. Мудрено будет доказать, чтоб один другого больше и луче любил.

Екатерина II — Г. А. Потемкину. 21 апреля 1774 г.

Фуй, миленький, как тебе не стыдно. Какая тебе нужда сказать, что жив не останется тот, кто место твое займет. Похоже ли на дело, чтоб ты страхом захотел приневолить сердце. Самый мерзкий способ сей непохож вовсе на твой образ мысли, в котором нигде лихо не обитает. А тут бы одна амбиция, а не любовь, действовала. Но вычерни сии строки и истреби о том и мысли, ибо все это пустошь. Похоже на сказку, что у мужика жена плакала, когда муж на стену повесил топор, что сорвется и убьет дитятю, которого на свете не было и быть не могло, ибо им по сту лет было. Не печалься. Скорее ты мною скучишь, нежели я.

Екатерина II — Г. А. Потемкину. После 22 апреля 1774 г.

Великие дела может исправлять человек, дух которого никакое дело потревожить не может. Меньше говори, будучи пьян. Нимало не сердись, когда кушаешь. Спечи дело, кое спеет трудно. Принимай великодушно, что дурак сделал.

Екатерина II — Г. А. Потемкину. Апрель 1774 г.

Поведение нового фаворита подтверждает, по-видимому, все то, что я слышал о подвижности его ума и об его проницательности, но оно свидетельствует вместе с тем об отсутствии в нем обдуманности и осторожности. Он пользуется чрезвычайной милостью императрицы, поэтому повышение его будет вероятно очень быстрое.

Английский посланник Гуннинг. 17 мая 1774 г.
Из дипломатической переписки. С. 121.

Действительно, Потемкин достиг гораздо большей власти, чем кто-либо из его предшественников, если взять во внимание, как недавно он находится в милости; впрочем, он не упускает случая доказать это на деле. Так напр. на днях, своею властью, вопреки повелению Сената, он распорядился винным откупом, самой прибыльной статьею государственных доходов, таким образом, который вероятно не принесет особенных выгод казне.

Английский посланник Гуннинг. 10 мая 1774 г.
Из дипломатической переписки... С. 121—122.

Гришенок безценный, безпримерный и милейший в свете, я тебя чрезвычайно и без памяти люблю, друг милой, цалую и обнимаю душою и телом, му[ж] доро[гой].

Екатерина II — Г. А. Потемкину. После 8 июня 1774 г.

Генерал Потемкин назначен на днях вице-президентом военной коллегии, со званием генерал-аншефа.

Английский посланник Гуннинг. 14 июня 1774 г.
Из дипломатической переписки... С. 122.

Миленький, душа моя, любименький мой, je n'ai pas le sens commun aujourd'huy (я потеряла сегодня здравый смысл. — *фр.*). Любовь, любовь тому причиною. Я тебя люблю сердцем, умом, душою и телом. Всеми чувствами люблю тебя и вечно любить буду. Пожалуй, душенька, я тебя прошу — и ты меня люби, зделай милость. Вить ты человек добрый и снисходительный. Приложи старанье у Гри[гория] Александровича], чтоб он меня любил. Я умильно тебя прошу. Также напиши, каков то он: весел ли он и здоров?

Я сегодня думала, что моя собака сбесилась. Вошла она с Татьяною, вскочила ко мне на кровать и нюхала, и шаркала по постели, а потом зачала прядать и ласкаться ко мне, как будто радовалась кому-то. Она тебя очень любит, и потому мне милее. Все на свете и даже собака тебя утверждают в сердце и уме моем. Рассуди, до какой степени Гришенька мил. Ни минуты из памяти не выходит. Право, радость, ужась, ужась, как мил.

Екатерина II — Г. А. Потемкину. До 28 июня 1774 г.

Подобных записок к Потемкину можно было бы привести несколько десятков, так как они были почти ежедневны.

С. Шубинский. С. 263.

Сударка, я тебя люблю, как душу.

Екатерина II — Г. А. Потемкину. 18 августа 1774 г. Царское Село.

Сударушка, ангел мой, ты можешь быть здоровейший человек в свете, буде здоровье твое зависит от моей к тебе любви. Милой м[уж], душа бесценная.

Екатерина II — Г. А. Потемкину. После 18 августа 1774 г.

Насколько я могу судить по разговорам с Потемкиным, он, кажется, вовсе не одарен теми способностями и достоинствами, которые все за ним признали. Он высказывает, напротив, большое легкомыслие и величайшую склонность к самым пустяшным удовольствиям.

Английский посланник Гуннинг. 23 августа 1774 г.
Из дипломатической переписки. С. 124.

Превосходительный Господин, понеже двенадцатый час, но не имам в возвращении окончания Манифеста, следственно, не успеют его переписывать, ни прочесть в Совете. И посему он остановит еще на несколько дней других. И до того дня, буде начертания наши угодны, просим о возвращении. Буде неугодны — о поправлении. И пребываем Вам верны на век.

Екатерина II — Г. А. Потемкину. 17 декабря 1774 г.

Голубчик, я тебе все показываю и не имею от тебя сокровенного. И так и ты не введи меня в людях в простяки, что со мною люди говорить будут, кто куда написано, а я принуждена буду или казаться людям о своих делах несведуща, или же непопечительна. А репортиции без меня и, не показав мне, выпустить не должно. Ты сам последнюю у меня в комнатах видел в Петергофе. Да и ни один шеф Военной Коллегии сие делать не мог. Я тебя люблю, а репортиции прошу казать.

Екатерина II — Г. А. Потемкину. До 25 декабря 1774 г.

Тут нужно сказать несколько слов об отношениях Екатерины к ее фаворитам. Все они в течение своего фавора получали в Зимнем дворце помещение, сообщавшееся особой лестницей с внутренними покоями государыни. Однако же никто из них не имел права входить к Екатерине, когда вздумается; для свиданий она назначала всегда сама время, но в свободные минуты иногда переписывалась с ними коротенькими записочками, в которых проявлялась нежная заботливость любящей женщины.

С. Шубинский. С. 262.

Батинька, мой милой друг. Прийди ко мне, чтоб я могла успокоить тебя безконечной лаской моей.

Екатерина II — Г. А. Потемкину. Март—декабрь 1774 г.

Бог видит, голубчик, я не пеняю, что не выйдешь, а только сожалею о том, что недомогаешь и что тебя не увижу. Останься дома, милуша, и будь уверен, что я тебя очень, очень люблю.

Екатерина II — Г. А. Потемкину. Март—декабрь 1774 г.

Душенька, разчванист ты очень. Изволишь ли быть сегодни и играть на бильярды? Прошу прислать сказать на словах — да или нет, для того, что письма в комедьи без очков прочесть нельзя. Мррр, разчванист ты, душенька.

Екатерина II — Г. А. Потемкину. Март—декабрь 1774 г.

Хотя тебе, душечка, до меня и нужды нету, но мне весьма есть до тебя. Каков ты в своем здоровье и в опале ли я или нету? А тебе объявляю всякую милость от Бога да и от Государ[ыни].

Екатерина II — Г. А. Потемкину. Март—декабрь 1774 г.

Воля твоя, милюша милая Гришифушечка, а я не ревную, а тебя люблю очень.

Екатерина II — Г. А. Потемкину. Март—декабрь 1774 г.

Гришенька, знаешь ли ты, вить тебе цены нету. Только, пожалуй, пришли сказать, каков ты после мыленки.

Екатерина II — Г. А. Потемкину. Март—декабрь 1774 г.

Милая милуша, здравствуй. Знай, что тебя милее нет на свете. Душечка, Гришенок мой.

Екатерина II — Г. А. Потемкину. Март—декабрь 1774 г.

Мамурка, здоров ли ты? Я здорова и очень, очень тебя люблю.

Екатерина II — Г. А. Потемкину. Март—декабрь 1774.

Милая милуша, дорогие сладкие губки, жизнь, радость, веселье. Сударушка, голубушка, mon faisan d'or. Je Vous aime de tout mon Coeur (мой золотой фазан. Я люблю вас всем сердцем. — *фр.*).

Екатерина II — Г. А. Потемкину. Март—декабрь 1774 г.

Милой друг, я не знаю почему, но мне кажется, будто я у тебя сегодни под гневом. Буде нету и я ошибаюсь, tant mueux (тем лучше. — *фр.*). И в доказательство сбеги ко мне. Я тебя жду в спальне, душа моя желает жадно тебя видеть.

Екатерина II — Г. А. Потемкину. Март—декабрь 1774 г.

Душа моя милая, безценная и безпримерная, я не нахожу слов тебе изъяснить, сколько тебя люблю. А что у тебя понос, о том не жалей. Вычистится желудок. Но надлежит беречься, милой м[уж], сударка.

Екатерина II — Г. А. Потемкину. Март—декабрь 1774 г.

Сударинька, могу ли я прийти к тебе и когда? Умираю, хочу тебя видеть, Гришатка мой собственный.

Екатерина II — Г. А. Потемкину. Март—декабрь 1774 г.

Миленький, я иду спать и двери запрут. Но естьли приидешь паче чаяния и оне заперты будут, то ей-ей плакать буду завтра.

Екатерина II — Г. А. Потемкину. Март—декабрь 1774 г.

Нет, уж и в девять часов тебя неможно застать спящего. Я приходила, а у тебя, сударушка, люди ходят и кашляют, и чистят. А приходила я за тем, чтоб тебе сказать, что я тебя люблю чрезвычайно.

Екатерина II — Г. А. Потемкину. Март—декабрь 1774 г.

Сердце мое, я пришла к вам, но, увидав в двери спину секретаря или унтер-офицера, убежала со всех ног. Все же люблю вас от всей души *(фр.)*.

Екатерина II — Г. А. Потемкину. Март—декабрь 1774 г.

Двери будут открыты и все будет зависеть от желания и возможности того, к кому это относится. Что до меня, то я иду спать *(фр.)*.

Екатерина II — Г. А. Потемкину. Март—декабрь 1774 г.

Сто лет, как я тебя не видала. Как хочешь, но очисти горницу, как прийду из Комедии, чтоб прийти могла. А то день несносен будет, и так ведь грус[т]ен проходил. Черт Фонвизина к Вам привел. Добро, душенька, он забавнее меня знатно. Однако я тебя люблю, а он, кроме себя, никого.

Екатерина II — Г. А. Потемкину. Март—декабрь 1774 г.

С этим Фонвизиным был случай, в котором князь Г. А. Потемкин показал, что не любил льстецов и подлецов. Известный по сочинениям своим, Денис Иванович Фонвизин был облагодетельствован Иваном Ивановичем Шуваловым; но, увидя свои пользы быть в милости у светлейшего, невзирая на давнюю его большую неприязнь с Шуваловым, перекинулся к князю, и в удовольствие его, много острого и смешного говаривал насчет бывшего своего благодетеля. В одно время князь был в досаде и сказал насчет некоторых лиц: «Как мне надоели эти подлые люди». — «Да на что же вы их к себе пускаете, — отвечал Фонвизин, — велите им отказывать». — «Правда, — сказал князь, — завтра же я это сделаю». — На другой день Фонвизин приезжает к князю; швейцар ему докладывает, что князь не приказал его принимать. — «Ты, верно, ошибся, — сказал Фонвизин, — ты меня принял за другого». — «Нет, — отвечал тот, — я вас знаю и именно его светлость приказал одного вас только не пускать, по вашему же вчера совету».

Л. Н. Энгельгардт. С. 252—253.

Естьли, батинька, необходимая тебе нужда меня видеть, то пришли сказать. У меня понос пресильный с шестого часа. Боюсь проходом чрез студеную галерею в такой сырой погоде умножит резь, а что ты болен, о том сердечно жалею.

Екатерина II — Г. А. Потемкину. Март—декабрь 1774 г.

Длинное Ваше письмо и рассказы весьма изрядны, но то весьма глупо, что ни единое ласковое слово нету. Мне что нужда до того, хто как врет в длинну и поперек, а Вы, переверуючи, мне казалось, по себе судя, обязаны были вспомнить, что и я на свете и что я ласку желать право имею. Дурак, татарин, казак, Гяур, москов, morbleu (черт возьми. — *фр.*).

Екатерина II — Г. А. Потемкину. Март—декабрь 1774 г.

Встав из-за стола, получила я гневное Ваше письмо. Признаюсь, велика моя вина, что требую, чтоб в моих указах избежено было противуречие и сказано было, какой ни есть, только претекст, дав оный Вам же на выбор. Я дурачить Вас не намерена, да и я дурою охотно слыться не хочу. Прочия изражении письма Вашего принимаю за спыльчивость, на которых ответствовать не буду, а еще меньше горячиться попустому, ибо Вы сами знаете, что Вы вздор написали. Прошу, написав указ порядочно, прислать к моему подписанию и притом перестать меня бранить и ругать тогда, когда я сие никак не заслуживаю. Дурак, гяур.

Екатерина II — Г. А. Потемкину. Март 1775 г.

Императрица подарила великому князю в день своего рождения не особенно ценные часы, Потемкину же пожаловала 50 000 рублей, сумму, в которой весьма нуждался великий князь и которую он тщетно себе испрашивал. Этот отказ и предпочтение, оказываемое Потемкину, все более и более озлобляют молодого великого князя против матери и против фаворита, который всем распоряжается, между тем как человек, которому следовало бы быть на престоле, нуждается в средствах.

*Французский посланник Дюран. 8 мая 1775 г.
Из дипломатической переписки... С. 128.*

Императрица не всегда обходилась с ним [сыном и наследником престола] как бы должно было, и при сем случае меня по молодости, может быть моей, удивило между прочим, что он никак в делах не соучаствовал. Она вела его не так, как наследника. Ему было токмо приказано ходить к ней дважды в неделю по утрам, чтобы слушать депеши, полученные от наших при иностранных Дворах находящихся министров. Впрочем, он не бывал ни в Совете, ни в Сенате. Почетный чин его великого адмирала был дан ему единственно для наружности, управление же морских сил до него не принадлежало. А, наконец, когда у нас завелся флот на Черном море, то сею честию начальствовал князь Потемкин... Не менее однако ж прискорбно было нам всем придворным видеть сие неискреннее обхождение и ни малейшей горячности и любви между сими двумя августейшими особами. Великий же князь к родительнице своей всегда был почтителен и послушен. Когда об этом размышляешь, не можешь довольно надивиться, разве токмо подвести ту одну причину, что восшествие императрицы, переворотом соделанное, оставило в сердце ее некоторое беспокойство и ненадежность на постоянную к себе преданность от вельмож и народа. И так она за правило себе поставила сосредоточить всю власть в единые свои руки. По моему мнению, она бы еще более славы себе прибавила, если б уделила великому князю часть своих трудов. Сколько же бы он пользы от того получил! Сколько бы Россия от того могла быть счастливее! Я никак не могу верить, что мне тогда сказывали, будто она иногда проговаривала: «*после меня хоть трава не расти*».

Ф. Н. Голицын. С. 358—359.

Во веки веков не поеду более Богу молиться. Ты таков холоден ко мне, что тошно становится. Яур, москов, казак, волк, птица.

Екатерина II — Г. А. Потемкину. После 3 июня 1775 г.

Кукла, или ты спесив, или ты сердит, что ни строки не вижу. Добро, душенька, накажу тебя, расцалую ужо. Мне кажется, ты отвык от меня. Целые сутки почти что не видала тебя, а все Щербачев и другие шушеры, что пальца моего не стоят и тебя столько не любят, те допускаются до вашего лицезрения, а меня оттерли. Добро, я пойду в Général des Jamchiks (в ямщицкие генералы. — *фр.*) возле вас, то получу вход к Высокопревосходительному.

Екатерина II — Г. А. Потемкину. 2 августа 1775 г.

Потемкин принимал, в день своего ангела, поздравления от всего дворянства и от всех классов общества. Императрица пожаловала ему 100 000 рублей.

Английский посланник Гуннинг. 16 октября 1775 г.
Из дипломатической переписки... С. 131.

Боже мой, увижу ли я тебя сегодни? Как пусто, какая скука. Я политическое ваше собранье желаю быть везде, где хотят, а мне бы быть с тобою.

Екатерина II — Г. А. Потемкину. 1775 г.

Унимай свой гнев, Божок. Вздор несешь. Не бывать ни в Сечи, ни в монастыре.

Екатерина II — Г. А. Потемкину. 1775 г.

Ныне вить не апрель первое число, что прислать бумагу и в ней написать ничего. Знатно сие есть следствие Вашего сновидения, чтоб лишней ласкою не избаловать. Но как я лукавству худо выучилась, то статься может, что иногда и я не догадываюсь, что безмолствие значит. Но, как бы то ни было, как я ласкова, то от Вас зависит платить нас неравной монетою. Гяур, Москов, козак яицкий, Пугачев, индийский петух, павлин, кот заморский, фазан золотой, тигр, лев в тростнике.

Екатерина II — Г. А. Потемкину. 1775 г.

Душенька, я взяла веревочку и с камнем, да навязала их на шею всем ссорам, да погрузила их в прорубь. Не прогневайся, душенька, что я так учинила. А буде понравится, изволь перенять. Здравствуй, миленький, без ссор, спор и раздор.

Екатерина II — Г. А. Потемкину. 1775 г.

Друг мой, вы сердиты, вы дуетесь на меня, вы говорите, что огорчены, но чем? Тем, что сегодня утром я написала вам бестолковое письмо? Вы мне отдали это письмо, я его разорвала перед вами и минуту спустя сожгла. Какого удовлетворения можете вы еще желать? Даже церковь считает себя удовлетворенной, коль скоро еретик сожжен. Моя записка сожжена. Вы же не пожелаете сжечь и меня также? Но если вы будете продолжать дуться на меня, то на все это время убьете мою веселость. Мир, друг мой, я протягиваю вам руку. Желаете ли вы принять ее *(фр.)*.

Екатерина II — Г. А. Потемкину. 1775 г.

Гневный и Высокопревосходительный Господин Генерал Аншеф и разных орденов Кавалер. Я нахожу, что сия неделя изобильна дураками. Буде Ваша глупая хандра прошла, то прошу меня уведомить, ибо мне она кажется весьма продолжительна, как я ни малейшую причину, ни повода Вам не подала к такому великому и продолжительному Вашему гневу. И того для мне время кажется длинно, а, по нещастию, вижу, что мне одной так и кажется, а Вы лихой татарин.

Екатерина II — Г. А. Потемкину. 1775 г.

Посещение императрицею князя Орлова во время его болезни вызвало горячее объяснение ее с Потемкиным, и хотя он пользуется в настоящее время неограниченной властью, но некоторые предсказывают с полной уверенностью его падение, как событие весьма близкое. Я полагаю, что это предсказывают потому, что этого сильно желают, ибо нет никаких признаков, предвещающих его падение. Доказательством дурного мнения, которое многие имеют о Потемкине, служит то, что люди верят слуху, будто он велел подсыпать яда кн. Орлову. Действительно, малейший знак милостивого внимания императрицы к кому бы то ни было, возбуждает в нем величайшую зависть, и он выказывает ее таким путем, который не только не может быть лестен императрице, но должен вызвать с ее стороны отвращение.

Английский посланник Окс. 19 марта 1776 г.
Из дипломатической переписки... С. 133.

Императрица начинает смотреть совершенно иначе на вольности, которые позволяет себе ее фаворит. Просьба об отставке от всех занимаемых им должностей, поданная ему гр. Алексеем Орловым, обидела императрицу до такой степени, что она заболела. Однако, начинают поговаривать втихомолку, будто одна личность, рекомендованная ей фельдмаршалом Румянцевым (здесь впервые в дипломатической переписке появляется намек на нового фаворита Завадовского. — *Е. Г.*), имеет большую надежду овладеть ее полным доверием.

Английский посланник Окс. 12 января 1776 г.
Из дипломатической переписки. С. 131—132.

Достойно внимания следующее «секретное» письмо императрицы к князю Д. М. Голицыну, русскому послу в Вене (от 13 января 1776 г.): «Я вам через сие предписываю и прошу всячески стараться, и буде за нужное рассудите, то дозволяю вам адресоваться прямо к его величеству императору римскому именем моим и изъяви сему государю, что высокие его качества и все в разные времена доходящие сантименты его величества о России и о особе моей возбудили во мне доверенность таковую, что приняла намерение к нему прямо производить просьбу, которая персонально меня много интересует, а именно, чтоб его величество удостоил генерала графа Григория Потемкина, много мне и государству служащего, дать Римской Империи княжеское достоинство, за что весьма обязанной себя почту. Поручаю сие дело вашему прилежному попечению самолично; вы о сем ни с кем, окромя со мною, не имеете производить переписку, а что будет, о том мне донесете прямо, надписывая в собственные руки».

А. Г. Брикнер[3]. С. 42.

Влияние Потемкина, кажется, сильнее, чем когда-либо.

*Английский посланник Окс. 22 января 1776 г.
Из дипломатической переписки... С. 132.*

Князь Григорий Александрович!
Всемилостивейше дозволяем Мы Вам принять от Римского Цесаря присланный к Вам диплом на Княжеское достоинство Римской Империи и соизволяем впредь Вам именоваться повсюду в силу онаго диплома Римской Империи Князем. Впрочем остаемся как всегда к Вам доброжелательна.

Екатерина II — Г. А. Потемкину. 21 марта 1776 г.

Сюда приехал принц Генрих Прусский, и князь Потемкин удостоился вчера чести получить из рук его королевского высочества орден Черного орла.

*Английский посланник Окс. 16 апреля 1776 г.
Дипломатическая переписка. С. 134.*

Я не рождена для ненависти. Она не обитает в моей душе, я ее никогда не ощущала, не имею чести с нею знаться *(фр.)*.

Екатерина II — Г. А. Потемкину. Май 1776 г.

Несмотря на все преимущества Потемкина и на его старание остаться единственными властелином сердца Екатерины, он вскоре убедился, что это была вещь невозможная. Благодаря интриге, которой руководил фельдмаршал Румянцев и в которой участвовали все придворные, завидовавшие влиянию фаворита, при дворе появился ему соперник; он сумел обратить милостивое внимание императрицы, понравился ей с первого взгляда и был принят весьма благосклонно. Это был молодой Завадовский, уроженец Украины, служивший в начале суфлером в придворном театре, затем секретарем и адъютантом Румянцева. Он перешел на службу Екатерины в звании ее личного секретаря, что открывало ему свободный доступ к императрице.

Из дипломатической переписки... С. 131.

В апреле 1776 г. фаворит серьезно думает отретироваться, но хочет сделать это блестящим образом. Если верить сведениям, собранным маркизом де Жюинье, тогдашним новым посланником Франции в Петербурге, он просил у императрицы, взамен того положения, которого соглашался лишиться, трона Курляндии, прибавляя, что смотрит на этот пост как на нечто временное, переходное к трону Польши. На этот раз воспоминания о Бироне и Понятовском преследовали воображение великого честолюбца. Но Екатерина уже не была в состоянии раздавать троны. Она, впрочем, выучилась дешевле расплачиваться с *образами, которые поблекли*. В ноябре того же года произошел кризис. Как бы следуя року, которому подпадали по очереди его предшественники и, повторяя неосторожность, погубившую красавца Орлова, Потемкин взял отпуск для ревизии Новгородской губернии. Это послужило сигналом: через несколько дней после его отъезда, Завадовский водворился на его месте.

К. Валишевский[1]. С. 140.

Путешествие Потемкина считалось современниками знаком немилости Екатерины. Каково было впечатление этого события, видно из письма Чернышева к Андрею Кирилловичу Разумовскому от 24 июня 1776 года: «Бедный Потемкин вчера уехал в Новгород, как говорит, на три недели, для осмотра войск: хотя он имеет экипажи и стол придворные, он все-таки недоволен».

А. Г. Брикнер[3]. С. 48.

Несмотря на высокую степень милости, которой Орловы пользуются в настоящую минуту у государыни, и на недоброжелательство, с которым, как полагают, граф Орлов относится к князю Потемкину, последнему продолжают оказывать необычайные почести. Во время своей поездки в Новгород он пользуется совершенно придворной обстановкой, и продолжают утверждать, что он через несколько недель возвратится сюда, но, тем не менее, я полагаю, что милость его окончена, и меня уверяли, что он уже перевез часть принадлежащей ему мебели из комнат, занимаемых им в Зимнем дворце. Высокомерие его поведения в то время, когда он пользовался властью, приобрело ему столько врагов, что он может рассчитывать на то, что они ему отомстят в немилости, и было бы удивительно и неожиданно, если бы он окончил свое поприще в монастыре — образ жизни, к которому он всегда оказывал расположение; и едва ли не лучшее убежище для отчаяния разбитого честолюбия. Говорят, что долги его превышают двести тысяч рублей.

Из донесения дипломата Ричарда Окса английскому двору. 1 июля 1776 г. Сб. Исторического общества. 1897. XIX. С. 521.

Однако, отсутствие Потемкина было непродолжительно; временный его отъезд из столицы не означал опалы. Чувства Екатерины к нему были неизменны, и его возвращение ознаменовалось необычайным знаком благоволения: с этих пор Потемкину было отведено помещение в императорском дворце. Несмотря на это, придворные настойчиво держались того мнения, что он утратит свое значение, и не верили своим глазам, сомневаясь в очевидности.

Из дипломатической переписки... С. 136.

Но здесь является превосходство человека, располагающего средствами, всесторонность которых не могла быть оценена ни окружающими Екатерину, ни ею самой, так как они не видели еще на деле всей его изобретательности и силы воли. На этот раз Екатерина имела дело не со слабым духом, не с темпераментом, истощенным продолжительными наслаждениями, не с героями, могущими еще улыбаться на неудачу, но неспособными победить ее. Отставленный Орлов острил и забавлял публику; Потемкин рычал и пугал. Вернувшись в Петербург, он явился властителем и приказывал. Хорошо, он покинет тот уголок дворца, где другой, в его отсутствие, как тать, осмелился занять его место: он им не дорожит, но он будет носить вечный траур по той любви, которой так легко изменили и которая была так профанирована. Но если вчерашний фаворит готов стушеваться перед сегодняшним, то слуга императрицы, князь, министр и генерал, поставленный ею у кормила правления, не откажется от своих прав в пользу первого встречного молодого человека без прошлого и без заслуг. Он скорее сойдется с Орловым, чтобы воспротивиться притязаниям минутных любовников, или предъявить против капризов государыни права, сильнейшие ее прав. Разве не говорят, что эти еще могущественные и опасные пять братьев готовы защищать дело великого князя Павла? Угроза может быть и не серьезна. Но в этот самый момент произошел романический и неприятный для Екатерины случай помолвки Григория Орлова с двоюродной сестрой. Прежний фаворит окончательно ускользал из рук, и Екатерина испытала какое-то тревожное сознание одиночества. Новый фаворит не мог ей быть опорой, а Потемкин умел угадывать ее тревоги и эксплуатировать ее страхи. Он еще более волнует ее, пугает ее своими вспышками и дерзостью, — рыканием освирепевшего льва, готовностью все сокрушить вокруг себя, пока, наконец, она, покоренная, не спасается снова в его мощных объятиях. Но не как любовница — он был более ловок, чем отважен; он понимал, что роль, в которой дублировал его какой-нибудь Завадовский, не могла более быть его ролью; что нельзя насильно владеть сердцем и темпераментом, безграничные требования и поразительную подвижность которых он испытал на себе; что он много выиграет, сохранив свободу и власть. Он не примет места, занятого после него другим, но и не позволит остаться на нем; он не будет более любовником, но он будет устроителем удовольствий, от которых сам отказался, созидателем эфемерных связей, которые его престиж и власть должны пережить, которые должны быть ему подчинены. И его воля осуществилась.

К. Валишевский[1]. С. 141—142.

Потемкина от всех его коллег отличает одно: потеряв сердце Екатерины, он не утратил ее доверия. Когда честолюбие заменило в его сердце любовь, он сохранил все свое влияние, и именно он доставлял новых любовников своей прежней наложнице. Все последовавшие за ним фавориты были ему подчинены.

Ш. Массон. С. 70.

Особенно любопытен рассказ Секретарева, бывшего камердинером у Потемкина, о личных отношениях между им и императрицей. Легко возможно, что этот рассказ, относившийся к тому времени, когда рассказчик, которого князь и императрица обыкновенно называли Федею, был очень молодым человеком или чуть не мальчиком, представляет собой данные о времени последнего пребывания Потемкина в Петербурге. Тут сказано: «У князя с государыней нередко бывали размолвки. Мне случалось видеть, как князь кричал в гневе на горько плакавшую императрицу, вскакивал с места и скорыми, порывистыми шагами направлялся к двери, с сердцем отворял ее и так ею хлопал, что даже стекла дребезжали и тряслась мебель. Они меня не стеснялись, потому что мне нередко приходилось видеть такие сцены; на меня они смотрели, как на ребенка, который ничего не понимает. Однажды князь, рассердившись и хлопнув по своему обыкновению дверью, ушел, а императрица вся в слезах осталась глаз на глаз со мной в своей комнате. Я притаился и не смел промолвить слова. Очень мне жаль ее было: она горько плакала, рыдала даже; видеть ее плачущую для меня было невыносимо; я стоял, боясь пошевельнуться. Кажется, она прочла на лице моем участие к ней. Взглянув на меня своим добрым, почти заискивающим взором, она сказала мне: «Сходи, Федя, к нему; посмотри, что он делает; но не говори, что я тебя послала». Я вышел и, войдя в кабинет князя, где он сидел, задумавшись, начал что-то убирать на столе. Увидя меня, он спросил: «Это она тебя прислала?» Сказав, что я пришел сам по себе, я опять начал что-то перекладывать на столе с места на место. «Она плачет?» — «Горько плачет, — отвечал я. — Разве вам не жаль ее? Ведь она будет нездорова». На лице князя показалась досада. «Пусть ревет; она капризничает», — проговорил он отрывисто. «Сходите к ней, помиритесь», — упрашивал я смело, нисколько не опасаясь его гнева; и не знаю — задушевность ли моего детского голоса и искренность моего к ним обоим сочувствия или сама собой прошла его горячка, но только он встал, велел мне остаться, а сам пошел на половину к государыне. Кажется, что согласие восстановилось, потому что во весь день лица князя и государыни были ясны, спокойны и веселы, и о размолвке не было помину».

А. Г. Брикнер[3]. С. 195—196.

Многие подозревают, и это кажется довольно вероятно, что князь Потемкин в скором времени будет по-прежнему пользоваться огромною властью. В самом деле, дав ему открыто соперника, императрица до того пощадила его самолюбие, что это поразило всех, кто знает ее характер, враждебное отношение к нему князя Орлова и влияние последнего. Это снисхождение приписывали только чрезмерной доброте государыни, а отнюдь не привязанности, которую она могла еще сохранить к нему. Если же он снова войдет в милость, это будет первым примером в этом роде. Ежели это нельзя приписать простому капризу императрицы, то подобный факт будет свидетельствовать о прочном влиянии этого фаворита, что, в свою очередь, может иметь самые серьезные последствия.

Английский посланник Окс. 16 мая 1777 г.
Из дипломатической переписки... С. 136.

Завадовский вскоре исчезнет. После него в золотой клетке близ царского алькова будут появляться незначительные красавцы, один, другой, третий: Корсаков после Зорича, а Ланской после Корсакова, — все избранные Потемкиным, будут являться блестящие, но скоропроходящие, существа без будущности. Он мановением руки призывал их, а затем прогонял, и тщеславная мечта, лелеемая удивительным авантюристом под мрачными сводами Троицкой лавры, наполовину осуществилась. В продолжение долгих лет, неразлучный товарищ, непременный советник, повелитель, не всегда терпящий противоречия — он разделит жизнь той, с которой надеялся разделить трон, и в действительности будет царствовать с нею.

К. Валишевский[1]. С. 141—142.

Завадовский получил в подарок три тысячи душ крестьян.

Английский посланник Окс. 31 мая 1776 г.
Из дипломатической переписки... С. 134.

Императрица купила кн. Потемкину дом, за который заплачено 100 000 рублей. Такая же сумма пожалована ему на меблировку дома, и пенсия его увеличена до 75 000 рублей.

Английский посланник Окс. 7 июня 1776 г.
Из дипломатической переписки... С. 134.

Князь Григорий Александрович, купленный Нами Аничковский у Графа Разумовского дом Всемилостивейше жалуем Вам в вечное и потомственное владение. Извольте принять его от Елагина, которому и исправить, и убрать его по Вашему вкусу приказано, употребя на то до ста тысяч рублей. Екатерина.

Екатерина II — Е. А. Потемкину. 22 июня 1776 г. Царское Село.

Всемилостивейшая Государыня! По сообщению от Ивана Перфильевича о пожаловании мне дома Аничковского я лобызаю ноги Ваши. Приношу наичувствительнейшую благодарность. Милосерднейшая мать, Бог, дав тебе все способы и силу, не дал, к моему несчастию, возможности знать сердца человеческие. Боже мой, внуши моей Государыне и благодетельнице, сколько я ей благодарен, сколько предан и что жизнь моя в Ея службе.
Всемилостивейшая Государыня, имей в твоем покрове и призрении человека, тебе преданного душою и телом, который наичистосердечнейшим образом по смерть

Вашего Величества вернейший и подданнейший раб Князь Потемкин.

Г. А. Потемкин — Екатерине II. 5 июля 1776 г. Новгород.

Завадовский произведен в генерал-лейтенанты и получил 20 000 рублей деньгами и тысячу душ крестьян.

Английский посланник Окс. 16 июля 1776 г.
Из дипломатической переписки... С. 134.

...Но уже 26 июля этот же посол доносил о другой новости: «Князь Потемкин приехал сюда в субботу вечером и появился на следующий день при дворе. Возвращение его в комнаты, прежде им занимаемые во дворце, заставляет многих опасаться, что, быть может, он снова приобретет утраченную милость».

А. Г. Брикнер[3]. С. 48.

Завадовский был предоставлен Потемкиным Екатерине для исполнения физиологических обязанностей, когда оба они были утомлены совместными упражнениями в них. Он был молод, силен, хорошо сложен; но склонность, которую императрица к нему питала, скоро прошла. Завадовский был назначен секретарем; его отставка не сопровождалась никаким шумом: он остался при кабинетских делах и был сделан личным советником императрицы. Он еще жив и весьма богат — благодаря первым щедротам своей любовницы.

Ш. Массон. С. 70.

В жизни нашей все зависит от стечения обстоятельств, от случая, который люди называли и доныне называют счастием. В каком наряде оно щеголяет, этого, начиная с праотца Адама и по сей час, никто из смертных не видел и не будет знать, что такое счастие.

Семен Гаврилович Зорич, aventurico officier de fortune de fortuna — служил в гусарском полку, серб породою, лихой всадник на коне и лихой рубака: сабля с детства была его забавою, потом верным другом. Семен Гаврилович разладил с полковником полка, в котором состоял на службе; приехал в град св. Петра хлопотать в военной коллегии о переводе его в другой полк. Проживая в Петербурге, Семен Гаврилович проигрался в трактире что называется дочиста. Не зная, что делать и будет ли он есть в тот день, встретился на улице с знакомым, ехавшим в Царское Село. Знакомый пригласил его поехать с ним. Зорич согласился и тем охотнее, что знакомец сказал ему: мы там сытно отобедаем и хорошо выпьем у моего друга и приятеля гоф-фурьера двора ее величества.

Сие было в начале июня. Екатерина жила в Царском Селе. Приехали в Царское Село, хорошо у гоф-фурьера пообедали и еще лучше того выпили. Знакомец Зорича и угощавший их гоф-фурьер рассудили за благо соснуть; они много уговаривали и Зорича прилечь, но он не последовал их приглашению и пошел погулять в дворцовый сад; у Зорича и без вина было в голове туманно и тяжело. Он не долго гулял; поставленная в саду не далеко от дворца в тени ветвистой липы скамья приманила Зорича присесть, отдохнуть и подумать в тиши о своем положении. У него гроша не было в кармане, а без гроша везде не хорошо, а во граде св. Петра просто камень на шею — да кидайся в Неву! Что в это время думал, что хотел предпринять Семен Гаврилович, он об этом во всю жизнь свою никому не сказал; но всем было тогда известно и по преданиям до нас дошло, что Семен Гаврилович, сидя на скамье прислонясь к липе, заснул и заснул так крепко, что ни проходящие в аллее, ни лай остановившейся пред ним собаки Семена Гавриловича не разбудили. В это время проходила по аллее Екатерина одна, а сзади ее в значительной отдаленности, следовал за ней ее камердинер Захар Константинович Зотов. Зорич, как пригожий мужчина и статного роста, обратил на себя внимание Екатерины. Государыня дала знак камердинеру приблизиться и приказала Зотову ожидать пробуждения прекрасного гусара, когда же он проснется, пригласить его к ней на ужин. Представьте себе удивление метрдотеля, у которого Зорич обедал, увидевшего Семена Гавриловича за ужином с Екатериной! Что скажете? — случай или счастие!

Рассказы *А. М. Тургенева* об императрице Екатерине II // РС. 1894. С. 175—176.
(Далее цит. как: *А. М. Тургенев*).

Из рассказов и воспоминаний Щегловского, интересен рассказ про известного фаворита Екатерины, Зорича, который жил впоследствии в пожалованном императрицею местечке Шклове, в полной роскоши, среди наслаждений, как сатрап. Вот что рассказывал о нем стосемилетний Щегловский: «Храбрый майор Зорич был окружен турками и мужественно защищался, но, когда, наконец, увидел необходимость сдаться, то закричал: «Я капитан-паша!» Это слово спасло его жизнь. Капитан-паша у турок — полный генерал, и его отвезли к султану в Константинополь. Здесь его важный вид, осанка, рассказы, все побуждало султана отличить его и даже предложить ему перейти в турецкую службу, впрочем, с тем, чтобы он переменил веру. Но ни угрозы, ни пышные обещания не могли поколебать Зорича. И когда политические обстоятельства переменились, султан, желая склонить императрицу к миру, согласился на размен пленных, в письме своем поздравлял императрицу, что она имеет такого храброго русского генерала, как храбрый Зорич, который отверг все его предложения. Государыня велела справиться, и по справкам оказалось, что никакого генерала Зорича не было взято в плен, а был взят майор Зорич. Возвращенный в Петербург Зорич был представлен императрице.

— Вы майор Зорич? — спросила Екатерина.

— Я, — отвечал Зорич.

— С чего же, — продолжала императрица: — вы назвались русским капитаном-пашою, ведь это полный генерал?

— Виноват, ваше величество, для спасения жизни своей, и чтобы еще иметь счастие служить вашему величеству.

— Будьте же вы генералом, — продолжала императрица: — турецкий султан хвалит вас, и я не сниму с вас чина, который вы себе дали и заслужили.

И майор был сделан генералом.

М. И. Пыляев. С. 346.

Когда по прихоти государыни Зорич водворился на несколько месяцев в особо для этого приготовленном апартаменте, сообщавшемся с покоями императрицы потайной лестницей, — он был только простым гусарским майором.

К. Валишевский[3]. С. 196.

В это именно время Потемкин был очень недоволен попыткой Завадовского, стремившегося сделаться самостоятельным, и искал человека, который мог бы занять его место при дворе. Он нашел его случайно в Зориче, который соединял в себе все необходимые для того качества и не мог быть ему опасен ни умом и характером, ни семейными связями. Потемкин сделал его своим адъютантом, подполковником и представил его в гусарской форме императрице. Он понравился. В тот же день он... стал полковником и был назначен флигель-адъютантом императрицы.

Г. фон Гельбиг // РС. 1886. Т. 56. С. 3.

Потемкин взял на себя труд приискать Завадовскому преемника. Его выбор пал на офицера, родом венгерца, по фамилии Зорич. Он состоял на русской службе и явился ко двору хлопотать о повышении. Потемкин, которому Зорич представился, нашел, что он имел все данные к тому, чтобы понравиться императрице, и представил его Екатерине. Зорич был принят благосклонно, и влияние Потемкина в скором времени усилилось более прежнего.

Из дипломатической переписки... С. 136.

Сын генерал-поручика, поступившего на русскую службу, и сам служивший поручиком в Семилетнюю войну и майором в первую Турецкую войну, Зорич был уже человеком зрелого возраста. Екатерина, только позднее стала брать своих избранников чуть не со школьной скамьи. Впрочем, несмотря на многое перенесенное им, на несколько лет плена у турок и каторги в Константинополе, Зорич в сорок лет был — по свидетельству современников — красавцем, полным мужественной силы. Один из них, видевший его десять лет спустя в изгнании, говорит о нем в следующих выражениях: «Это человек роста пяти футов, шести дюймов, красавец писанный. Мне кажется ему под пятьдесят, но глаза у него еще чудесные и манеры обворожительные. Хотя он не глуп от природы, но разговор его не особенно интересен... Он часто повторяет, что прежде был неучем, и что покровительница его сделала из него совершенно иного человека. Он много говорил мне о времени своего фавора и со слезами на глазах рассказывал о знаках внимания, которыми его осыпала его покровительница».

К. Валишевский[1]. *С. 362.*

Князь Потемкин находится теперь на верху блаженства. Он удостоился недавно особого отличия и получил весьма ценные подарки; полагают, что его пенсия будет вскоре увеличена до цифры, получаемой князем Орловым, так как главный предмет его честолюбия состоит, по-видимому, в том, чтобы соперничать с ним во всех отношениях. Он подражает ему в том, что не показывает ни малейшей ревности.

Английский посланник Окс. 10 июня 1777 г.
Из дипломатической переписки... С. 136—137.

Г-н Завадовский собирается к отъезду на родину. Новый фаворит [Зорич] произведен из майоров в полковники л.-гв. гусарского полка и получил значительные подарки — деньгами и крестьянами; но, судя по его характеру и по личным свойствам его патрона, есть основание полагать, что его роль будет всегда второстепенная...

Английский посланник Окс. 13 июня 1777 г.
Из дипломатической переписки... С. 137.

Красавец Зорич, серб по происхождению, так счастлив своему возвышению, что предложил Потемкину в знак благодарности сто тысяч рублей... Потемкин берет, и так устанавливается порядок среди «приглашенных»: в день восшествия они платят сто тысяч тому, кто рекомендовал их императрице.

А. Труайя. С. 242.

Завадовский уехал вчера в Украину. Он получил несколько дней тому назад поместье в четыре тысячи душ в Белоруссии, точно так же, как Васильчиков. Он сошел со сцены с изрядным состояньицем, не нажив ни одного врага.

Английский посланник Окс. 20 июня 1777 г.
Из дипломатической переписки... С. 137.

Князь Потемкин не только пользуется в настоящее время величайшим благоволением императрицы, но он находится в наилучших отношениях и с великим князем. Полагают, что он этим обязан некоторой сумме денег, которую он выхлопотал ему у императрицы; эта услуга до того сблизила их, что великий князь обедал несколько дней тому назад у князя в Стрельне.

Английский посланник Окс. 8 июля 1777 г.
Из дипломатической переписки. С. 138.

Зорич — на него непостоянная Екатерина обратила теперь свой взор — единственный иностранец, которого она осмелилась сделать фаворитом за время своего царствования. Это был серб, бежавший из константинопольского острога, где он находился в заключении. При дворе он впервые появился в гусарской форме. Он ослепил всех своей красотой, и старые дамы до сих пор говорят о нем как о втором Адонисе. Покровительствуемый сначала Потемкиным, он вскоре пожелал стряхнуть с себя это ярмо, рассорился с ним и вызвал его на дуэль.

Ш. Массон. С. 70.

Зорич, как уже сказано, пользовался своим благополучием только 11 месяцев. Человек нерассудительный, он думал, что может летать на своих крыльях. Но Потемкин заметил этот самостоятельный, смелый полет и прижал Зорича к земле. Незначительное разногласие, бывшее между Зоричем и князем, дало повод к удалению Зорича. Потемкин не был сердит на него, он не завидовал его чудовищным богатствам, он не боялся его быстро вознесшегося значения — он знал, что Зорич вообще был настолько ничтожен, что никоим образом не мог быть ему опасен; но он хотел показать, что нельзя безнаказанно даже думать ему противиться и хотел этим примером предостеречь от опасности всякого, кому пришла бы в голову такая мысль.

Г. фон Гельбиг // РС. 1886. Т. 56. С. 3.

Получив в 1778 г. титул графа, он [Зорич] не стал им называться, считая его недостойным своего положения. Он желал быть князем, как Орлов и Потемкин. Этого оказалось достаточным, чтобы последний начал искать нового заместителя для должности, пробуждавшей безграничное честолюбие.

К. Валишевский[1]*. С. 362.*

Князь представил императрице, что неприятно и даже унизительно для ее просвещенных намерений иметь близ себя человека столь ограниченных познаний, как Зорич, и предложил ей выбрать себе другого адъютанта, которым она будет более довольна. Так как императрица в это время не питала большой склонности к Зоричу, то и приняла предложение князя. Летом 1778 г. Зорич жил с императрицею и Потемкиным в Царском Селе. Однажды, вечером, в июне, он был в своей комнате, когда получил приказание в ту же минуту удалиться от двора и отправиться в свои имения. Его как громом поразило. Как стрела, бросился он в комнату государыни, но ему запретили вход. Он просил о разрешении проститься, но и в этом ему было отказано. Он бросился к князю Потемкину, но князь настаивал, что он в этот же вечер должен отправиться в свое лифляндское имение и оттуда в Белоруссию, чтоб принять имения, купленные для него у Чарторижского. Возражения ничего не помогли. Он должен был уехать, оставив своих доверенных слуг, которые должны были потом привезти его вещи.

Г. фон Гельбиг // РС. 1886. Т. 56. С. 3—4.

Он не имел достаточно развитого интеллекта, чтобы пленить ум Екатерины, и в конце года она отослала его, осыпав подарками: он получил город Шклов, в котором устроил нечто вроде отдельного государства, — единственный в России пример. Он живет здесь как принц, содержа двор и принимая у себя иностранцев. Если он и обогатился за счет грабежа государства, то довольно благородно возвращает ему некоторую часть взятого: он основал в Шклове кадетский корпус, где по его желанию и на его средства воспитываются двести молодых офицеров.

Ш. Массон. С. 70—71.

Впоследствии же он стал играть важную роль в истории развития народного образования. Мы ничего не прибавляем. Этот фаворит первый создал план военной школы по образцу заграничных учреждений подобного рода. В Шклове, своем великолепном имении, находившемся по соседству с Могилевым и пожалованным ему императрицей после того, как его разлюбили, он организовал школу для детей бедных, но благородных родителей, послужившую основанием первому кадетскому корпусу, переведенному впоследствии в Москву, где стал считаться первой военной гимназией этой столицы.

К. Валишевский[3]. С. 196.

Несмотря на эти занятия, на игры, спектакли и удовольствия, на которые он расходует чрезвычайно много, ему скучно в своем княжестве. Напрасно он в течение многих лет добивался разрешения вновь появиться в Петербурге: ему этого не позволили; однако Павел только что призвал его ко двору.

Ш. Массон. С. 71.

В 1783 г. владелец Шклова все более и более запутывавший свои денежные дела, был заподозрен в подделке ассигнаций, фабрику которых нашли в окрестностях его местожительства. Ему удалось оправдаться, и даже, после смерти Екатерины, он снова появлялся при дворе до самой своей смерти в 1799 г.

К. Валишевский[1]. С. 363.

После нескольких неудачных попыток, причем избранными были: сначала один перс, одаренный необыкновенными физическими качествами — мы уже видели, что в свите великолепного надзирателя за екатерининским сералем всегда находились южане, — потом полицеймейстер Архаров и Завадовский. Наконец, за неимением ничего лучшего, выбор остановился на простом гусарском сержанте, по фамилии Корсак.

К. Валишевский[1]. С. 362.

Он начал свою военную службу сержантом в конной гвардии; по рекомендации был переведен в кирасирский полк, и с отличием служил во время польских смут. Он был капитаном, когда Потемкин познакомился с ним. Корсаков понравился ему, и князь причислил его к тем двум лицам, из которых императрица должна была избрать одного (адъютанта) на место только что уволенного Зорича. Эти два были: Бергман, лифляндец, и Ронцов, побочный сын графа Воронцова, о которых мы, впрочем, ничего не можем сказать. Оба они ничем не обращали на себя внимания, даже не будучи сравниваемы с Корсаковым. Рядом же с ним они совершенно теряли, так как он обладал чрезвычайно изящной фигурой.

Г. фон Гельбиг // РС. 1886. Т. 56. С. 5—6.

Из числа упомянутых лиц, Зорич являлся олицетворением мужественной красоты. Корсак же очаровал императрицу своим тенором. В письме к Гримму 7 мая 1779 г. Екатерина выражала уверенность, что он прослезился бы, услыхав пение Корсака, так же, как прослезился, слушая Габриэлли, знаменитую примадонну, дочь повара князя Габриэлли, имя которого она себе присвоила, объезжая европейские столицы, в том числе Петербург, где ее рулады, а также связь с одним высокопоставленным лицом, оставили неизгладимое воспоминание.

К. Валишевский[1]. С. 364.

Прихоть? — Знаете ли вы, что это выражение совершенно не подходит в данном случае, когда говорят о Пирре, царе Эпирском (это прозвище нового фаворита. — *Е. Г.*), об этом предмете соблазна всех художников и отчаяния всех скульпторов. Восхищение, милостивый государь, энтузиазм, а не прихоть возбуждают подобные образцовые творения природы! Произведения рук человеческих падают и разбиваются, как идолы, перед этим перлом создания Творца, образом и подобием Великого! Никогда Пирр не делал ни одного неблагодарного или неграциозного жеста или движения. Он ослепителен, как солнце, и, как оно, разливает свой блеск вокруг себя. Но все это, в общем, не изнеженность, а, напротив, мужество, и он таков, каким вы бы хотели, чтобы он был. Одним словом, это — Пирр, царь Эпирский. Все в нем гармонично, нет ничего выделяющегося. Это — совокупность всего, что ни на есть драгоценного и прекрасного в природе; искусство — ничто в сравнении с ним; манерность от него за тысячу верст!

Екатерина II — Ф. М. Гримму. Цит. по: *К. Валишевский*[3]. С. 205.

Было и еще одно обстоятельство, обеспечивавшее за Корсаковым преимущество. О нем ходила молва, что он вовсе неопытен в интригах, словом совершенно (не бывал в свете). Было условлено, что все три кандидата (на звание флигель-адъютанта) будут показаны в ее приемной. Когда они явились, Потемкина еще не было. Императрица пришла, поговорила с каждым из присутствовавших и подошла, наконец, к Корсакову. Она дала ему букет, только что поднесенный ей, и поручила отнести этот букет князю Потемкину и сказать ему, что она желает говорить с ним. Корсаков исполнил приказание. Потемкин, как он говорил, чтобы наградить принесшего императорский подарок, сделал его своим адъютантом. Так, по крайней мере, рассказывали историю возвышения этого избранника.

Г. фон Гельбиг // РС. 1886. Т. 56. С. 6.

Царствование нового фаворита составляет эпоху в летописях русской музыки. На берега Невы приглашались первые артисты Италии, чтобы петь с ним: вдохновенная поэтическая импровизация знаменитой Кориллы Олимпики, приятельницы Алексея Орлова, сливалась с мелодическим голосом красавца-певца. На долю скрипача Надини, пользовавшегося большой известностью во Франции, где он умер в 1799 г., выпала честь аккомпанировать Корсакову, и Екатерина снова писала своему наперснику: «Мы теперь, всецело поглощены искусством, музыкой, науками... Никогда я не встречала никого столь способного наслаждаться гармоническими звуками, как Пирра — короля Эпирскаго».

Пирр, король Эпирский — это Корсак, или Корсаков, как его уже звали тогда. Екатерина всегда любила давать прозвища, смысл которых, большею частью трудно объяснить теперь. Нет никакой видимой черты, которая сближала бы преемника Зорича с знаменитым завоевателем Македонии.

К. Валишевский[1]. С. 364.

Он обладал даром чрезвычайно приятной беседы, и правильным, хотя и не проницательным, умом; но он не имел ни малейших познаний. Об этом последнем обстоятельстве составился анекдот, который даже напечатан, но за верность которого мы, однако, не ручаемся. Рассказывают, будто Корсаков слышал, что прежде государственные сановники и знатнейшие придворные имели большие библиотеки, которые по штату уже полагались в дворцах, как вещь необходимая. Когда он получил в подарок от императрицы дворец Васильчикова, он позвал книгопродавца и заказал ему библиотеку для известной залы. На вопрос же книгопродавца, сделал ли Корсаков список книг, которые желал бы иметь, и по какой науке должны быть выбраны книги, избранник отвечал:

— Об этом я уж не забочусь — это ваше дало; внизу должны стоять большие книги и чем выше, тем меньше, точно так, как у императрицы.

Г. фон Гельбиг // РС. 1886. Т. 56. С. 6.

Екатерина писала и к другим фаворитам, но не столь нежные и горячие послания, как к «Гришеньке». Приводим три записочки к Корсакову:

«Нетерпеливость велика видеть лучшее для меня божеское сотворение; по нем грущу более суток уже; навстречу выезжала. Буде скоро не возвратишься, сбегу отселе и понесусь искать по всему городу».

«Попу на рясы, попадье на платье дано будет. Испрашиваю себе за то при первом свидании взгляда благоприязненного; теперь же иду молиться о вашем здоровье в антресоль».

«Сейчас получила твое письмо из Гатчины. Я здорова к утешению ваших беспокойств и сим пером, водимым моей рукой, сие пишу в свидетельство, что в совершенном уме, памятуя приятные часы, кои проводила с вами. Что ты здоров и весел, не скачешь и не падаешь, тому радуюсь; что же любишь, за то спасибо и равный платеж».

С. Шубинский. С. 263.

...Влиятельный в то время protégé Потемкина 26-летний флигель-адъютант императрицы, генерал-майор Иван Николаевич Корсаков, продержался при дворе не долго, главным образом благодаря романической истории с графинею Брюс, сестрою фельдмаршала графа Румянцева-Задунайского. Графиня Брюс и Корсаков получили приказание отправиться в Москву, куда обыкновенно уезжали все отставленные от двора вельможи; но случай этот невыгодно отразился и для князя Потемкина.

Н. Ширяев. С. 195—196.

Корсаков русский петиметр, воспитанник дворцового гвардейского корпуса, где он исполнял службу унтер-офицера и где Екатерина его заметила и допустила до своей постели. Он был неблагодарен или неверен. Екатерина застала его на своей кровати державшим в объятиях красавицу графиню Брюс, ее фрейлину и доверенное лицо. Она удалилась в оцепенении и не пожелала более видеть ни любовника, ни подругу. Другому наказанию она их не подвергла.

Ш. Массон. С. 71.

Иван Страхов, русский, мещанского происхождения, был племянником одной камер-фрау императрицы Екатерины II. Он был мал ростом, уродлив лицом; его внешний вид был крайне неприятный. Однако, он полагал, что произвел на государыню, которая тогда только что удалила от двора избранника своего Корсакова, — впечатление, потому что императрица, случайно встретив его в Царском Селе, в своей гардеробной, заговорила с ним с свойственными ей любезностию и снисхождением. Страхов до того был прельщен собою, что о возможности стать избранником говорил даже с графом Паниным, в канцелярии которого он служил секретарем. Он сообщал свое открытие графу в то время, когда ехал с ним из Царского Села, где министр имел доклад у императрицы. Панин принял его за сумасшедшего и хотел отвлечь от этой безумной мечты. Однако, в действительности, Страхов не был настолько безумен, как предполагал Панин; по крайней мере, эта мечта составила его карьеру. Он стал чаще навещать своих родных и видать там императрицу, которая, по совершенно непонятной причине, вероятно, для развлечения, охотно беседовала с ним. Когда Екатерина однажды сказала ему, что он может просить у нее какой-нибудь милости, Страхов бросился на колени и просил ее руки. Это было уже слишком. Императрица более не виделась с ним иначе, как публично, при дворе.

Между тем, этот случай составил его счастье. Он получил большие подарки деньгами и крестьянами и стал действительным статским советником, вице-губернатором Костромы и кавалером ордена св. Владимира.

Г. фон Гельбиг // РС. 1886. Т. 56. С. 8.

Князь Потемкин пользуется обширнейшей властью и, несмотря на то, что ему уже пожалованы огромные поместья, он то и дело получает значительные подарки. Императрица обедала с ним несколько дней тому назад и пожаловала ему 80 000 и весьма ценную табакерку, осыпанную драгоценными камнями.

*Английский посланник Окс. 2 октября 1777 г.
Из дипломатической переписки... С. 138.*

Недоброжелатели Потемкина, пользовавшиеся всяким случаем повредить ему, спешили, чтобы при дворе теперь получил особое значение кто-нибудь из их партии, что отчасти и удалось генералу Толстому, который во время прогулки в Петергофе обратил внимание императрицы на стоявшего на часах красивого офицера, к которому в особенности шел тогдашний кавалергардский мундир: голубой с красными отворотами и весь вышитый серебром. Императрица спросила о его фамилии; Толстой доложил, что это Ланской.

Н. Ширяев. С. 196.

Вскоре он был самым обожаемым из любовников и оказался наиболее достойным этого.

Ш. Массон. С. 71.

Но чем же так особенно отличился Ланской, что сразу, в короткое время, приобрел такое расположение Екатерины II, которое, наверное, создало бы в будущем необычайное его могущество, если бы смерть ранновременно не прекратила его дни?

Н. Ширяев. С. 194.

Он был красив, полон обаяния и изящества, человечный, благодетельный, он любил искусства, покровительствовал талантам: все, по-видимому, соглашались с предпочтением, которое оказывала ему государыня. Благодаря своему уму он приобрел, может быть, столько же влияния, сколько качества его сердца снискали ему сторонников.

Ш. Массон. С. 71.

Из сохранившихся сведений видно, что А. Д. Ланской принадлежал к старинной дворянской фамилии. Предок его, Франц Ланской, выехал из Польши в начале XVI века и уже в царствование сына Иоанна Грозного, царя Феодора Иоанновича, получил в России вотчину. От этого Франца Ланского произошли три особые ветви русской дворянской фамилии Ланских. В XVII столетии младшая ветвь имела поместья в Тульской области, а в XVIII в. из нее же происходил некто Дмитрий Артемьевич, служивший в одном из кирасирских полков поручиком; в царствование Елисаветы Петровны (в 1748 г.) этот Дмитрий Артемьевич за самоуправство, соединенное с истязаниями родственниц своего противника по процессу, был разжалован, но в Семилетнюю войну он снова выслужился и в 1772 г. принят был из отставки на службу с назначением полоцким комендантом; в это время он имел уже чин бригадира. У этого Дмитрия Ланского было два сына и четыре дочери; из сыновей один скончался в молодых годах, дослужившись, впрочем, до чина полковника; другой же, — Александр, тоже скончался рано, но оставил память своим необыкновенным счастием. Он-то и есть герой нашего рассказа.

Н. Ширяев. С. 195.

Он был конногвардеец, когда генерал Толстой, в то уже время, когда Корсаков жил еще при дворе, рекомендовал его государыне в генерал-адъютанты. Хотя его внешний вид и его беседа понравились императрице, но особые обстоятельства побуждали ее тогда воздержаться от окончательного решения. Между тем, он получил 10 000 рублей для первоначального обзаведения. В то же время с разных сторон ему не то приказывали, не то дружески советовали обратиться к князю Потемкину. Князю очень понравился такой знак доверия, и он тотчас же сделал его своим адъютантом. Ланской оставался шесть месяцев на этом месте. Только на святой неделе 1780 г. императрица, занятая до тех пор важными делами и будучи больна, нашла время, когда молодой Ланской мог быть ей представлен. Она назначила его своим флигель-адъютантом и полковником...

Г. фон Гельбиг // РС. 1886. Т. 56. С. 9.

Но настоящее возвышение его началось несколько позднее. На Пасхе этого же года сделалось уже известным о том, что кавалергард Александр Ланской назначен флигель-адъютантом при императрице. В то время звание это давало сразу огромные преимущества; флигель-адъютанты считались в чине полковника, но сохраняли свое звание и по производстве в генерал-майоры; они носили особый мундир с аксельбантами и вензелем императрицы; кроме того, они имели право надевать мундиры всей армии и могли оставлять свои полки и бригады во всякое время, даже в военное, объявив только своему начальству, что отправляются к своей должности ко двору.

Н. Ширяев. С. 196.

Он тщательно избегал придворных интриг, и можно сказать, что за время пребывания его при дворе бабам и сплетникам было мало или даже вовсе не было дела.

Г. фон Гельбиг // РС. 1886. Т. 56. С. 9.

А. Д. Ланской родился 8 марта 1758 года. Получив обычное домашнее воспитание того времени, т. е. выучившись читать и писать по-русски, научившись говорить по-французски и танцевать, Ланской поступил в гвардию в модный тогда «кавалергардский корпус». В то время кавалергарды имели особое значение; они не входили в состав гвардейских войск, как ныне, а составляли особую почетную стражу при разных придворных торжествах. О значении этого «корпуса» можно было судить по тому, что сам могущественный князь Потемкин в чине генерал-аншефа и звании вице-президента военной коллегии дорожил званием «поручика корпуса кавалергардов» и только в феврале 1784 г., при производстве в генерал-фельдмаршалы с назначением президентом этой коллегии, получил звание шефа кавалергардского корпуса. Неизвестно, во время ли службы в кавалергардах, или же по другим обстоятельствам, но молодой Ланской вскоре после вступления на службу сделался известным Потемкину. Это было в начале 1780-х годов, когда кредит Потемкина чуть-чуть, было, не поколебался.

Н. Ширяев. С. 195.

Ни одного из своих фаворитов Екатерина, как кажется, не любила так страстно, как Ланского, находившегося «в случае» с конца семидесятых годов и умершего летом 1784 года от горячки, на двадцать седьмом году от рождения. В письмах Екатерины к Потемкину часто говорится о Ланском в тоне совершенной интимности. В одном из писем к Гримму сказано о Ланском: «Если бы вы видели, как генерал Ланской вскакивает и хвастает при получении ваших писем, как он смеется и радуется при чтении! Он всегда огонь и пламя, а тут весь становится душа, и она искрится у него из глаз. О, этот генерал существо превосходнейшее. У него много сходного с Александром. Этим людям всегда хочется до всего коснуться» и пр.

А. Г. Брикнер[2]. С. 287.

Ланскому в это время только что пошел 23-й год, но при всей своей представительности оказался человеком посредственным; это чуть-чуть было сразу же не повредило начинавшейся его карьере, но он по совету друзей своих поспешил задобрить могучего Потемкина. При этом, по словам современных биографов Потемкина, произошел инцидент, представляющий Потемкина с не совсем выгодной стороны; он, говорят, согласился не мешать возвышению Ланского, но потребовал от него подарка в 200 тыс. руб., чем поставил Ланского на первых порах в затруднительное положение; этим однако же Потемкин не удовольствовался и вскоре же заставил Ланского купить одно из своих поместий за полмиллиона рублей.

Н. Ширяев. С. 196.

Ланской был человек посредственного воспитания и учености, храбр и добр, учтив без большой приветливости, не слишком гонялся за славой, любил кутежи и веселые общества.

С. А. Тучков. Записки // Русские мемуары. Избранные страницы. XVIII век. М.: Правда, 1988. С. 254.

Как бы то ни было, но возвышение Ланского началось не по дням, а по часам. Тотчас же получил он обыкновенный подарок для «избранных» флигель-адъютантов, а именно: 100 тыс. руб. на гардероб и собрание медалей и книг по русской истории, изучением которых должно было заниматься очень усердно, потому что императрица часто любила беседовать об этих предметах; такой флигель-адъютант получал помещение во дворце и казенный стол по расчету от 4 до 20 персон ежедневно; на содержание отпускалась новая сумма (по иностранным источникам всегда не менее 300 тыс. талеров в год) и, кроме того, все родственники счастливца получали повышения и многие милости... Современники насчитывали, что в течение пяти лет своего пребывания при дворе (1780—1784) Ланской получил только деньгами до 7 млн руб., не считая ценных подарков и брильянтов, о великолепии которых можно судить по тому напр., что одни пуговицы на его парадном кафтане стоили до 80 тыс. руб. Независимо от этого, Ланской получил два дома в Петербурге и дом в Царском Селе, и есть даже верные сведения, что ему готовился графский титул... Не довольствуясь одним изучением и приобретением ценностей, Ланской представлял из себя опытного художника и даже поднес императрице, «собственную работу», — вырезанное на камне изображение негритянки.

Н. Ширяев. С. 196, 197—198, 200.

Его значение в глазах императрицы, которую он никогда не покидал, было безгранично. Всякий сознавал, что Ланскому стоило сказать слово, чтоб свергнуть его и сам Потемкин чувствовал, что его политическое бытие зависит только от воли избранника.

Г. фон Гельбиг // РС. 1886. Т. 56. С. 10.

Придворные хроники того времени говорят, что «по единогласным отзывам всех знавших его женщин, он был первым красавцем своего времени», но Ланской и это качество употребил в свою пользу; между придворными дамами он прослыл чем-то вроде Иосифа*... А Ланской продолжал искусно свою тактику. Стараясь притворяться безучастным в политических делах, Ланской изобретал все способы обращать на себя постоянное внимание императрицы. Так, зная наклонность ее к изящным произведениям искусств, Ланской прикинулся страстным их любителем. Счастье благоприятствовало ему настолько, что императрица сама пожелала руководить его занятиями. В одном из писем своих к Гримму императрица так отзывалась об этих занятиях: «Этот молодой человек, при всем уме своем и умении держать себя, легко приходит в восторг; притом же душа его горячая: чтобы дать понятие об этом молодом человеке, скажу вам, что князь [Алексей] Орлов отозвался о нем одному из своих друзей: «вы увидите, какого человека она из него сделает!». В течение зимы он начал поглощать поэтов и поэмы; на другую зиму — многих историков. Романы нам наводят скуку, и мы жадно беремся за Альгаротти (знаменитый в свое время итальянский писатель и знаток искусств. — *Е. Г.*) с его товарищами. Не предаваясь изучению, мы приобретаем знания без числа и любим водиться лишь с тем, что есть наилучшего и наиболее поучительного; кроме того, мы строим и садим, мы благотворительны, веселонравны, честны и мягкосердечны». Роль свою Ланской играл хорошо; ему постоянно везло; даже два несчастных случая послужили ему в пользу. В 1781 году, в августе, в царско-сельском дворце молния попала в комнату, где был Ланской, и сделала ему синяк; другой раз он на глазах государыни упал в 1783 г. с лошади и разбил себе грудь; оба эти случая вызвали душевное сожаление императрицы и еще более расположили ее к Ланскому.

Н. Ширяев. С. 198—199, 200.

Когда он заболел опасно, императрица не покидала комнаты больного, не принимала почти никакой пищи, не раздевалась и ухаживала за ним.

А. Г. Брикнер[2]. С. 287.

Когда в феврале 1780 г. английский посол Гаррис представился Потемкину, чтобы осведомиться насчет одной очень важной бумаги, поданной несколько дней тому назад императрице, то ему ответили, что он выбрал неудачное время: Ланской был болен, и опасения за его жизнь так тревожили государыню, что она была неспособна сосредоточить свое внимание на чем-нибудь другом: все ее мысли о честолюбии и славе разлетелись в прах; все заботы об интересах и личном достоинстве исчезли — все было поглощено этой единственной заботой.

К. Валишевский[3]. С. 214.

---

* библейский персонаж, отличавшийся красотой и отвергавший домогательства представительниц прекрасного пола. — *Ред.*

В конце июня 1784 года петербургское придворное общество и иностранные послы были сильно взволнованы неожиданным известием, полученным из любимого летнего местопребывания императрицы Екатерины II, Царского Села. Обыкновенно отъезд государыни в это уединенное тогда место служил для всех временем как бы отдыха, потому что сама императрица проводила здесь время вдали от дел, развлекаясь прогулками и, как сама выражалась, «собственным садоводством», в кругу самых приближенных лиц. Новость была, действительно, по-тогдашнему первейшей важности: оказалось, что совершенно неожиданно скончался безотлучно находившийся при императрице ее 26-летний генерал-адъютант Александр Дмитриевич Ланской.

Н. Ширяев. С. 193.

Напрасно Екатерина расточала ему самые нежные заботы: ее поцелуи приняли его последний вздох.

Ш. Массон. С. 71.

Смерть Ланского последовала не в присутствии государыни.

Н. Ширяев. С. 203.

Когда он умер, Екатерина предалась порывам печали и горя и затем впала в меланхолию. В первое время после этого несчастия она не была в состоянии видеть кого-либо, не исключая детей и внуков; единственным утешением ее была сестра покойника, на него похожая. Императрица даже заболела серьезно. Безбородко должен был просить Потемкина подействовать на государыню, ободряя и утешая ее.

А. Г. Брикнер[2]. С. 287.

Но отчего умер Ланской?

Н. Ширяев. С. 201.

Потемкин его боялся и, как говорят, отравил его: он умер в ужасных мучениях.

Ш. Массон. С. 71.

Этот вопрос долгое время служил для многих загадкой, потому что иностранные авторы мемуаров о России XVIII века часто из обыкновенного события старались создать или романический, или ужасный рассказ. Так, с легкой руки Массона, автора известных мемуаров о России пошел рассказ, что Потемкин отравил Ланского; но обнародованные ныне переписка Екатерины II с Гриммом и мемуары доктора Вейкарта, впервые напечатанные в 1802 г., опровергают все легенды; ими же опровергается и сказка, нашедшая, к сожалению, место в таком серьезном издании, как «Историко-Статистические сведения о С.-Петербургской епархии, изд. С.-Петербургским историческо-статистическим комитетом». В этой сказке передается, будто бы Ланской отправился раз на охоту за Царское Село; здесь неожиданно испугал его лошадь заяц, выскочивший из кустов; лошадь понесла и расшибла Ланского насмерть. Императрица будто бы видела все это с балкона во дворце и, когда Ланской умер, велела похоронить его на месте катастрофы, основав при этом существующее в Царском Селе Казанское кладбище.

Н. Ширяев. С. 201.

В 1784 г. Ланской, уже больной, во избежание царской немилости, которой он боялся, стал прибегать к искусственным возбуждающим средствам, погубившим его.

К. Валишевский³. С. 198.

В действительности дело было так. Ланской никогда не отличался хорошим здоровьем; между тем он не берег себя, допуская разные излишества; он любил неудобоваримые кушанья, любимым напитком его был пунш из токайского вина, смешанного с араком и ананасным соком. «Уже после смерти Ланского, — рассказывал д-р Вейкарт, — его доктор (гвардейский врач Соболевский) старался сделать его Геркулесом при помощи кантарид (толченые шпанские мушки, которые в медицине того времени считались средством, повышающим потенцию. — *Е. Г.*). Со временем малый прием (внутрь) уже не оказывал действия, вследствие чего доза увеличивалась. Ланской в самом начале своей болезни старался мазать себе тело и обкладывал пластырями, чего не соглашался делать только с шеею; а, как известно, шея находится в прямой связи с половыми частями, в которых он почувствовал страдание при самом начале болезни. Возможно, что употребление кантарид расположило его к ужасной болезни». Но собственно болезнию, сведшею в могилу Ланского, была так называемая гнилая жаба, или злокачественная скарлатина.

Н. Ширяев. С. 201—202.

Смерть его поразила ее до такой степени, что приближенные императрицы выражали опасение за ее жизнь. Нельзя равнодушно читать письмо ее, в котором она сообщает Гримму о своем горе.

«Я была счастлива, и мне было весело, и дни мои проходили так быстро, что я не знала, куда они деваются. Теперь не то: я погружена в глубокую скорбь. Моего счастья не стало. Я думала, что не переживу невознаградимой потери моего лучшего друга, постигшей меня неделю тому назад. Я надеялась, что он будет опорой моей старости; он усердно трудился над своим образованием, делал успехи, усваивал себе мои вкусы. Это был юноша, которого я воспитала, признательный, с мягкой душой, честный, разделявший мои огорчения, когда они случались, и радовавшийся моим радостям. Словом, я имею несчастие писать вам, рыдая. Генерала Ланского нет более на свете. Злокачественная горячка в соединении с жабой свела его в могилу в пять суток, и моя комната, в которой мне прежде было так приятно, превратилась в пустыню. Накануне его смерти я схватила горловую болезнь и жестокую лихорадку, однако со вчерашнего дня я встала с постели, но слаба и до такой степени болезненно расстроена в настоящее время, что не в состоянии видеть человеческого лица без того, чтобы не разрыдаться и не захлебнуться слезами. Не могу ни спать, ни есть; чтение нагоняет на меня тоску, а писать я не в силах. Не знаю, что будет со мной, знаю только, что никогда в жизни я не была так несчастлива, как с тех пор, как мой лучший и дорогой друг покинул меня. Я открыла свой ящик, нашла этот начатый листок, написала эти строки — но более не могу...»

С. Шубинский. С. 264—265.

Она запиралась у себя в покоях в течение многих дней, которые проводила в отчаянии. Она обвиняла небо, желала умереть, перестать царствовать и клялась никого более не любить.

Ш. Массон. С. 71.

И, действительно, смерть Ланского наделала и при дворе, и в государственных делах столько хлопот, что почти все потеряли голову. Хитрый дипломат Безбородко нашелся, кажется, прежде всех. Он вместе с некоторыми наиболее близкими к императрице лицами уговорил ее вызвать Потемкина, бывшего тогда в своей Новороссии, и даже успел в этом настолько, что через месяц после смерти Ланского уведомлял этого вельможу, что императрица ждет его с нетерпением и что приезд его светлости — единственное средство для прекращения печали и душевного беспокойства государыни.

Н. Ширяев. С. 194.

...Нужнее всего [полагает лейб-медик Роджерсон] — стараться об истреблении печали и всякого душевного безпокойства... К сему одно нам известное есть средство, скорейший приезд Вашей Светлости, прежде которого не можем мы быть спокойны. Государыня меня спрашивала, уведомил ли я Вас о всем прошедшем, и всякий раз наведывается, сколь скоро ожидать Вас можно.

А. А. Безбородко — Г. А. Потемкину. 29 июня 1784 г.
Сб. Исторического общества. Т. 26. С. 281.

Здоровье Ее Императорского Величества продолжает быть в таком состоянии, как я доносил вашей светлости... Кровопускание сделало, кажется, облегчение. Из выпущенной крови первые две чашки были чрезвычайно инфламмированы. Боль в горле еще не проходит... Погребение (т. е. погребение Ланского) вчера, по утру в городе Софии* совер-

---

* Имеется в виду Софийское городское кладбище в окрестностях Царского Села.

шено. Сколько мы ни старались отправить его, взяв все распоряжения на себя и ни о чем не докладывая, но беспрестанно о том выспрашивали, а сие только умножало более печаль.

А. А. Безбородко — Г. А. Потемкину. 28 июля 1784 г.
РС. 1894. Т. 81. Март. С. 193.

Само собою разумеется. Потемкин тотчас поспешил в Петербург, куда в особенности в это время влекло его желание восстановить прежнее свое значение при особе императрицы, значение, перед тем сильно поколебленное появлением при дворе генерала Ланского.

Н. Ширяев. С. 194.

Если б Ланской жил дольше, он превзошел бы всех выскочек. Он умер на 27 году и был уже генерал-лейтенант, генерал-адъютант, действительный камергер, поручик кавалергардов, шеф Троицкого кирасирского полка и кавалер орденов Св. Александра Невского, Белого Орла, Св. Станислава, Северной Звезды и св. Анны.

Г. фон Гельбиг // РС. 1886. Т. 56. С. 11—12.

Не ранее как по истечении двух месяцев императрица была в состоянии возвратиться к письменной беседе с бароном Гриммом. 9 сентября 1784 г. она писала: «Признаюсь, за все это время я была не в силах писать вам, потому что знала, что это заставит страдать нас обоих. Через неделю после того как я написала вам мое июльское письмо, ко мне приехал граф Ф. Орлов и князь Потемкин. До этой минуты я не могла выносить человеческого лица. Оба они взялись за дело умеючи. Они начали с того, что принялись выть (hurler) за одно со мною; тогда я почувствовала, что мне с ними по себе. Но до конца еще было далеко. От слишком сильно возбужденной чувствительности я сделалась бесчувственной ко всему, кроме горя; это горе росло каждую минуту и находило себе новую пищу на каждом шагу, по поводу каждого слова. Не подумайте, впрочем, чтобы, не взирая на весь ужас моего положения, я пренебрегла хотя бы последней малостью, для которой требовалось мое внимание: в самые тяжкие минуты ко мне обращались за приказаниями по всем делам. И я распоряжалась как должно и с пониманием дела, что особенно изумляло генерала Салтыкова. Более двух месяцев прошло без всякого облегчения; наконец стали наступать промежутки, сперва только часы, более спокойные, потом и целые дни... Пятого сентября я приехала сюда, в город, вчера в первый раз выходила к обедне и в первый же раз, стало быть, опять видела всех и меня все видели. Но, признаюсь, это стоило мне такого усилия, что, возвратясь к себе в комнату, я почувствовала упадок сил, и всякий другой непременно упал бы в обморок, чего со мною отродясь еще не бывало». В феврале 1785 года Екатерина снова писала о печальной эпохе после кончины Ланского: «Как видите, несмотря на все газетные толки, я еще не умерла; у меня нет и признаков какой-нибудь болезни, но до сих пор я была существом бездушным, прозябающим, которого ничто не могло одушевить. За это время я увидела, сколько у меня истинных друзей, и их дружба часто мне была в тягость: между тем уже во многом они сумели произвести поворот к лучшему, и, надо сказать правду, что это уже не мало».

А. Г. Брикнер[2]. С. 288.

Из всех окружавших генерала в продолжение этой злокачественной пятнистой горячки, которая началась болью горла 19 июня, я одна захватила горловую болезнь, от которой чуть было не умерла. Представьте: в этот самый день он пришел ко мне и объявил, что у него готовится опасная болезнь, от которой он не встанет. Я постаралась выбить у него эту мысль из головы, и мне показалось даже, что он перестал думать о своей болезни. В половине 5-го он ушел к себе, в 6-ть я вышла погулять в сад. Он пришел туда и вместе со мной обошел вокруг озера. Когда мы вернулись ко мне в комнату, он опять стал жаловаться, но просил меня сыграть обычную партию в реверси; игра продолжалась недолго, потому что я видела, как он страдает... Я посоветовала ему пойти к себе и лечь в постель; он так и сделал... Врач нашел у него перемежающийся пульс и на другой день в 7 часов поручил сообщить мне, что он желал бы позвать кого-нибудь из своей братии для совещания. Я послала ему Кельхена и отправила нарочного в Петербург за Вейкартом. К полудню приехал Вейкарт; когда я узнала о его приезде, я пошла к больному, которого нашла в сильном лихорадочном состоянии. Вейкарт отвел меня в сторону и сказал: — Это нехорошо. — Я сказала: — Что же это такое? — Вейкарт отвечал: — Злокачественная горячка, и он умрет. — Я сказала: — Неужели нельзя помочь? А молодость? А крепкое сложение? ...Я позвала Кельхена; этот оказался более политиком, но тоже не скрыл своих опасений. Между тем больной упорно не хотел ничего принимать; он дал пустить себе кровь, поставил ноги в воду, пил много воды и другого питья, но не принял никакого другого лекарства. В четверг целые сутки он много спал, все лицо сильно опухло, и кончик носа побелел. В пятницу приехал доктор Соболевский, его приятель; он заставил его пить много холодной воды и давал есть разваренные винные ягоды. Ни Вейкарта, ни других он не хотел видеть до самого вечера, когда, лихорадка усилилась с жестокою тоскою. В субботу ему, по-видимому, стало немного легче; но к полудню началась рвота, рвало весь день, после чего он стал икать и выступили багровые пятна... Впрочем, в субботу вечером Вейкарт приходил сказать мне, что, если не последует прилива к мозгу, больной, быть может, еще и оправится. В это время стояла сильная жара; в воскресенье его переместили в более прохладную комнату; он перешел туда на своих ногах... В три часа я пришла к нему, и он говорил мне, какие он сделал распоряжения, чувствуя себя очень худо накануне. В это время он еще не заговаривался, но через час у него открылся бред... Он называл всех по имени и отчеству; но между тем сердился на всех, что ему не хотят привести его лошадей и запрячь их в постель... Такое раздражение подало нам надежду, что его вырвет желчью, но этого не случилось... В понедельник он стал слабеть с каждой минутой, я вышла от него, совсем ослабев...

Екатерина II — Ф. М. Гримму. 14 сент. 1784 г. Царское Село.

Она действительно обожала Ланского: ее скорбь обратилась в гнев против медика, который не мог его спасти. Он должен был броситься к ногам государыни и умолять ее о пощаде за бессилие своего искусства.

Ш. Массон. С. 72.

Мечтательное, юношеское желание Ланского быть погребенным в каком-либо романтическом месте царскосельского сада было исполнено. Тело его похоронили в саду и обозначили место могилы простою, но дорогою мраморною урною, которая была видна еще в 1790-х годах.

Г. фон Гельбиг // РС. 1886. Т. 56. С. 11.

Скромная, убитая горем вдова, она носила траур по своему возлюбленному, и, как новая Артемиза, она воздвигла в его память гордый мавзолей близ Царского Села.

Ш. Массон. С. 72.

Тело оставлено было там до зимы. Безнравственные злодеи вынули тело из гроба, изуродовали его и старались осквернить память умершего позорными пасквилями, изобличающими, однако, в авторе большой ум. Императрица, справедливо возмущенная этим, приказала положить гроб в церковь близлежащего городка Софии, пока не была выстроена маленькая, но красивая капелла, в которой его погребли и которую поэтому можно назвать мавзолеем избранника Ланского.

Г. фон Гельбиг // РС. 1886. Т. 56. С. 11.

После смерти Ланского Екатерина испытала бурный пароксизм горя, потеряла аппетит и сон, целыми днями заливалась слезами и не могла никого видеть, пока не излечилась многотомным сочинением французского филолога Кур-де-Жабелена, наведшим ее на мысль заняться составлением сравнительного словаря всех языков. Екатерина обложилась словарями, исписала гору бумаги и, хотя и не обогатила филологическую науку ничем примечательным, но зато вылечилась от тяжелых последствий любовной горячки.

А. А. Кизеветтер. С. 123—124.

У него не было ни познаний, ни дарований, которые заставляли бы сожалеть о нем, и еще вопрос — была ли его верность императрице обдуманною добродетелью, естественным настроением или искусным обманом? Скрытое скряжничество лежало в основе его характера и было рычагом его действий, направленных лишь к тому, чтоб собрать несметные богатства, почетные должности и знаки милости.

Г. фон Гельбиг // РС. 1886. Т. 56. С. 11.

В заключение же нашего рассказа приведем следующий анекдот. В «Записках» своих известный статс-секретарь Екатерины II, А. В. Храповицкий, откровенно признается, что раз ему удалось в 1792 году, т. е. через восемь лет после, смерти Ланского, подглядеть памятную записочку на столе императрицы Екатерины; в этой записочке было написано, чтобы, в случае смерти ее в Царском Селе, ее похоронили бы «на Софийском кладбище у Казанской Богородицы».

Н. Ширяев. С. 205.

По смерти адъютанта Ланского... княгиня Дашкова (весьма желала приблизить ко двору одного из близких ей лиц; от ее ума и познаний можно было ожидать, что она предложит весьма даровитого человека. Так и случилось. Соискателем на звание флигель-адъютанта был ее сын, юноша, подававший большие надежды, обучавшийся в Англии под надзором своей матери. Полковник князь Дашков обладал, действительно, многими любезными свойствами для общества и по внешнему виду был весьма представителен. Он даже понравился императрице. Но этого было недостаточно. Князь Потемкин, зная беспокойный характер матери и опасаясь ее влияния, отстранил его.

Г. фон Гельбиг // РС. 1886. Т. 56. С. 13—14.

Так провела она более года и только по истечении этого срока нашла ему замену. Но, подобно другой эфесской матроне, она избрала ему недостойного преемника.

Ш. Массон. С. 72.

Старания Потемкина и его сторонников оказались очень удачными; через три месяца императрица по-видимому уже успокоилась; но все-таки писала тому же Гримму, что чувствует себя по-прежнему «лишенною счастия», и только не ранее как почти через год она известила Гримма, что, наконец, в ее домашних делах «восстановилась тишина и горизонт прояснился»; в этом же письме она извещала, что «сделала над собой усилие» и что у нее нашелся новый «друг», человек «весьма способный и весьма достойный носить это имя»; кроме того, императрица не без самодовольства извещала, что и «прежние ее друзья ее не покидают». Упоминаемый здесь новый «случайный человек», появившийся при дворе, был 30-летний гвардейский офицер, также protégé Потемкина, Александр Петрович Ермолов, родной брат [будущего] знаменитого героя 1812 г. и Кавказа, генерала Алексея Петровича.

Н. Ширяев. С. 194.

Этот Ермолов был наименее любезный и наименее красиво сложенный из всех, на ком она останавливала свой выбор; однако он утешил ее, наконец, в потере милого, нежного Ланского.

Ш. Массон. С. 72.

Ермолов, имевший более общеполезные и либеральные принципы, чем Ланской, держался совсем другой системы. Он помогал всем, насколько мог, отчасти из своих средств, отчасти своим влиянием, и не отпускал от себя никого, к какому бы состоянию проситель ни принадлежал, без удовлетворения, если был убежден, что он того достоин. Но он при этом не злоупотреблял своим благоволением, так как его богатства были ничто в сравнении, с тем, что имели другие избранники. Императрица могла положиться на его рекомендацию, так как он обладал знаниями и имел способность оценивать людей, и не покровительствовал недостойным.

Г. фон Гельбиг // РС. 1886. Т. 56. С. 14—15.

...Он скоро разошелся из-за чего-то с могучим Потемкиным, да и сама императрица успела убедиться в ограниченности его ума.

Н. Ширяев. С. 194.

Ермолов полагал, что благоволения к нему государыни дают ему право указывать императрице на небрежения и злоупотребления князя Потемкина в государственном управлении. Он делал это с свойственною ему правдивостью и имел удовольствие заметить, что его представления производили чувствительное впечатление на ум и сердце государыни. Чтобы не иметь, однако, в глазах императрицы, вида клеветника, он подтвердил свои обвинения примером, который во всяком случае был весьма невыгоден для славы князя. Бывшему крымскому хану была обеспечена, при занятии Крыма, значительная пенсия. Князь Потемкин, как генерал-губернатор Тавриды, должен был заботиться об уплате условленной суммы. Он, однако, так мало беспокоился об этом, что бывший хан несколько уже лет ничего не получал. Хан жаловался, но ничего не добился. Тогда он обратился к Ермолову, участие которого к судьбам несчастных ему очень хвалили. Ермолов принял жалобу и познакомил императрицу с незаконными действиями Потемкина. Государыня сделала князю справедливые упреки по этому поводу, не указав, однако, ему источника своих сведений. Потемкин скоро отгадал изменника и ожидал только случая, чтобы отомстить.

Г. фон Гельбиг // РС. 1886. Т. 56. С. 15.

Вот почему этот «весьма способный и весьма достойный» счастливец пользовался при дворе влиянием очень не долго... через год он получил «отставку» от двора, где в течение года получил звание флигель-адъютанта, до 1 мил. руб. деньгами и подарками, 6 000 душ крестьян и две польских звезды.

Н. Ширяев. С. 194.

Должно полагать, что Ермолов сам желал этой перемены. В день восшествия на престол 1786 года — большой праздник в Петергофе — он проявил необыкновенную веселость и стал относиться к князю Потемкину с оскорбительным высокомерием. То и другое противоречило его характеру и возбуждало крайнее удивление. Это поведение было последним напряжением его силы; Потемкин прижал его к земле. Он испросил от императрицы определенного решения, которое тотчас же и последовало. Ермолов часто уже говорил императрице, что он предвидит кратковременность его избранничества, по примеру своих предшественников, и в этом случае он желал бы только получить разрешение отправиться путешествовать. Императрица вспомнила теперь о таком его желании. В последний вечер июня, когда Потемкин испрашивал категорического решения императрицы, она послала генерал-адъютанта к Ермолову и дала ему разрешение отправиться за границу на три года. Он с радостью принял это предложение, через несколько же часов оставил двор и отправился в Петербург, откуда вскоре выехал за границу с своим родственником, полковником Левашовым.

Г. фон Гельбиг // РС. 1886. Т. 56. С. 15.

Он уехал в Москву, где и умер в 1836 г. Место его занял другой protége Потемкина — 27-летний адъютант его — Дмитриев-Мамонов.

Н. Ширяев. С. 194.

Когда Ермолов покинул двор, он был не более, как генерал-майор и кавалер обоих польских орденов.

Г. фон Гельбиг // РС. 1886. Т. 56. С. 16.

Мамонов, который оспаривал у Ермолова случай, сменил его. Мамонов был приятен, имел совершенной красоты торс, но был дурно сложен в нижней части фигуры. Он был одобрен и любим и оставался бы в фаворе долгое время, но ему опротивели увядшие прелести его шестидесятилетней любовницы. Он влюбился в юную княжну Щербатову и имел мужество сознаться в этом, прося позволения жениться. Екатерина была достаточно великодушна и горда, чтобы согласиться на его просьбу, не делая ему никаких упреков. Она поженила его со своей фрейлиною при дворе и отправила в Москву, щедро одарив их имениями.

Ш. Массон. С. 72.

Сен-Жан, самый недоброжелательный из биографов Потемкина и самый неблагодарный из его секретарей, рассказывает о списке, в который князь на основании сведений, сообщаемых многочисленными клевретами, вносил фамилии молодых офицеров, обладавших, по-видимому, качествами, необходимыми, чтобы занять положение, которое он сам занимал в продолжение двух лет. Затем он заказывал портреты кандидатов и под видом продающихся картин предлагал на выбор императрице. Это возможно.

К. Валишевский[1]. С. 164.

Условия вольного найма оговариваются весьма откровенно и даже цинично. Процедура восхождения предполагает элементарные меры предосторожности. Кандидата подбирает Потемкин, и если императрица одобряет, молодого человека приглашают во дворец, где медик Ее величества, англичанин Роджерсон, осматривает его тщательнейшим образом. Затем его представляют графине Брюс, та осторожно беседует с ним, чтобы проверить умственные способности, культурный уровень и характер. И, наконец, та же графиня Брюс (позже ее сменит мадемуазель Протасова) подвергает кандидата более интимному испытанию, дабы проверить его физические способности.

А. Труайя. С. 242.

Фаворитизм в России был в общих чертах таким же, как и везде, но только, благодаря своему чрезмерному развитию в царствование Екатерины, он принял своеобразный отпечаток. На этот раз на престол вступила женщина, способная перешагнуть все общепринятые границы; она, как и Анна и Елизавета, имела фаворитов, но ее темперамент, характер, наклонность все преувеличивать и все ставить на карту — придали этому традиционному порядку, или, лучше сказать, беспорядку необычайные размеры. Анна сделала из конюха Бирона герцога Курляндского; Екатерина из Понятовского — короля Польского. Елизавета удовольствовалась двумя официальными фаворитами — Разумовским и Шуваловым, Екатерина насчитывала их дюжинами. Это еще не все; ее ум был не только чрезмерным, переступившим принятые границы, но это был ум властный, самодовлеющий, презирающий установленные правила и возводящий в правила или в законы свои собственные наклонности, волю, даже — каприз. При Анне Иоанновне и Елизавете Петровне фаворитизм был только прихотью — при Екатерине же он становился чем-то вроде государственного учреждения.

К. Валишевский[3]. С. 190.

Если бы мы не боялись погрешить против Людовика XIV, мы сказали бы еще, что двор Екатерины имел некоторое сходство с двором великого короля. Сказать, что любовницы короля играли совершенно ту же роль в Версале, какую играли фавориты Екатерины в Петербурге, не будет грехом против его памяти. Что же касается безнравственности, распущенности, интриг и низостей петербургских куртизанов, то в этом отношении петербургский двор мы могли бы сравнить с двором византийским. В смысле же подчинения, преданности и уважения народа, мы не найдем, кажется, подобного примера нигде, кроме Англии, зачарованной Елизаветой, такой же жестокой и честолюбивой, но одаренной большими талантами и мужской энергией.

А. Чарторижский. Мемуары. М.: ТЕРРА-Книжный клуб, 1998. С. 44.

Поистине замечательной чертой характера Екатерины является то, что ни один из фаворитов не навлек на себя ее ненависти или мщения: между тем многие оскорбляли ее, и не всегда она покидала их первой. Ни одного из них не наказывали, не преследовали: те, кого она лишала своего расположения, уезжали за границу и там выставляли напоказ ее благосклонность, проматывали ее сокровища, а потом возвращались в отечество, чтобы спокойно наслаждаться ее благодеяниями. Между тем их ужасная любовница могла бы их уничтожить. Безусловно, Екатерина оказалась в этом случае выше всех распутных женщин, которые когда-либо существовали. Чем это объяснить: величием души или недостатком страсти? Быть может, она имела одну лишь плотскую потребность и никогда не любила по-настоящему; быть может, она еще уважала в своих любовниках ту благосклонность, которой сама их удостоила. Думается все же, что мужчина часто был для нее лишь орудием сладострастия, казавшимся ей более удобным, чем те фаллосы, которыми пользовались некогда жрицы Цереры, Кибелы, Изиды и даже пресвятой девы Марии. Далекая от того, чтобы истреблять их после того, как они отслужили свое, она предпочитала видеть в них трофеи своих подвигов и удовольствий.

Ш. Массон. С. 62.

Императрица доказала и еще одну истину, а именно, что монархини менее поддаются влиянию своих фаворитов, чем монархи влиянию фавориток, и что влияние первых менее вредны, чем влияние вторых. У императрицы было их много, и, тем не менее, ни один из фаворитов не властвовал над нею в такой мере, в какой метрессы подчинили себе Людовика XIV и Людовика XV.

Р. Дама. С. 154.

Даже распущенность Екатерины, часто прибегавшей для удовлетворения своей чувственности к мимолетным связям, служила в ее пользу, в ее сношениях с народом, т. е. с армией, придворными и привилегированными классами. Всякий нижний офицерский чин, всякий молодой человек, лишь бы только он был одарен хорошими физическими качествами, мечтал о милостях своей властительницы, которую он возносил до небес.

А. Чарторижский. С. 44.

Все офицеры, которые имели или думали, что имеют привлекательную наружность, старались как можно чаще появляться на выходах Екатерины. Даже при дворе, даже вельможи иногда уступали дорогу какому-нибудь красавчику, прекрасно зная, что ничто так не нравилось их августейшей государыне, как шествовать по залам своего дворца между двумя рядами красивых малых. Назначения в такой караул всячески домогались, показывая себя и хорошо сложенные ляжки, и многие семейства основывали свои надежды на каком-нибудь юном родственнике, которого они старались таким образом выдвинуть.

Ш. Массон. С. 71.

Подумать только: одни официальные любовники, всенародно и торжественно объявленные в роли фаворитов, исчисляются десятками! Сам Дон-Жуан — мальчишка и щенок, по сравнению с этим огнедышащим вулканом, с этим непрестанно-дымящимся Везувием в юбке.

И. Василевский. Цит. по: Блуд на Руси. С. 197.

Григорий Орлов с 1762 года по 1772 г.; Васильчиков с 1772 г. по 1774 г.; Потемкин с 1774 г. по 1776 г; Завадовский с 1776 г. по 1777 г.; Зорич с 1777 г. по 1778 г.; Корсаков с 1778 г. по 1780 г.; Ланской с 1780 по 1784 г.; Ермолов с 1784 г. по 1785 г.; Мамонов с 1785 г. по 1789 г. и Зубов с 1789 г. по 1796 г. Но в эпоху фавора Корсакова произошел в жизни Екатерины кризис, когда выдвинулось сразу несколько воздыхателей, и один из них, Страхов, пользовался особенною благосклонностью государыни, хотя он никогда не занимал отведенного для фаворитов помещения, но, несомненно, однако, что временно замещал официального фаворита; таких случаев было немало. Осматривая Зимний дворец спустя несколько лет по смерти Екатерины, один путешественник был необычайно поражен декоративным убранством двух небольших салонов, прилегающих к спальне императрицы. Стены одного из них были сплошь покрыты сверху донизу очень ценными миниатюрами в золотых рамках, изображающих сладострастные сцены. Убранство другого салона было такое же, только все миниатюры были портретами мужчин, знакомых или любимых Екатериной.

К. Валишевский[3]. С. 201.

Один из товарищей Костюшки по оружию, некто Нимцевич, рассказывает в своих записках 1794 г. о посещении тех домов, которые были выстроены для императрицы по дороге в Крым во время ее путешествия в 1787 г. «Спальни императрицы везде были устроены по одинаковому плану; возле ее дверей помещалось громадное зеркальное панно, двигающееся посредством пружины; когда оно подымалось, то за ним показывалась другая кровать — Мамонова...» А Екатерине было тогда 59 лет!

И. Василевский. С. 199.

И между тем она ценила непорочность и даже неприступность. Однажды, по дороге в Киев, она попросила сидящего с ней в карете гр. Сегюра сказать ей какое-нибудь стихотворение; тот исполнил ее желание и начал декламировать отрывок из стихотворения довольно «вольного и веселого характера», — как рассказал потом гр. Сегюр, — но все же настолько приличное, что было принято довольно благосклонно герцогом Невернэ, принцем Бово и дамами, чья добродетель равнялась их любезности. Екатерина, однако, тотчас нахмурила брови, прервала неосторожного декламатора совершенно не относящимся к делу вопросом и переменила тему разговора.

К. Валишевский[3]. С. 217.

По наиболее заверенному счету в ее жизни на 44 года приходится 21 фаворит, т. е. средним счетом по одному фавориту на каждые два года с того момента, когда она отдалась любовным увлечениям.

А. А. Кизеветтер. С. 123.

Ее французский биограф Кастера путем вычислений пришел к заключению, что десять главных персонажей этого учреждения, вместе с каким-то Высоцким, стоили громадной суммы.

Получили:

Пять братьев Орловых	17000000 руб.
Высоцкий	300000 руб.
Васильчиков	1110000 руб.
Потемкин	50000000 руб.
Завадовский	1380000 руб.
Зорич	1420000 руб.
Корсаков	920000 руб.
Ланской	7260000 руб.
Ермолов	550000 руб.
Мамонов	880000 руб.
Братья Зубовы	3500000 руб.
Расход фаворитов	8500000 руб.
Итого	92500000 руб.

По курсу того времени это равнялось 400 миллионам франков.

К. Валишевский[3]. С. 215.

Екатерина знала плутни и грабежи своих любовников, но молчала. Ободренные таковою слабостью, они не знали меры своему корыстолюбию, и самые отдаленные родственники временщика с жадностью пользовались кратким его царствованием. Отселе произошли сии огромные имения вовсе неизвестных фамилий и совершенное отсутствие чести и честности в высшем классе народа. От канцлера до последнего протоколиста всё крало и всё было продажно. Таким образом развратная государыня развратила свое государство.

А. С. Пушкин. С. 86.

Не стану я вдаваться в подробности относительно милостей и подарков, которые достались фаворитам: я мог бы сообщить только о том, что было им пожаловано публично, в качестве награды за труды. Какой бы огромной ни оказалась эта сумма, она не будет равна тем дарам, которыми они были осыпаны втайне от всех. Кто может сосчитать, сколько накопили Орловы, Потемкины и Зубовы? Разве они не черпали из государственных сокровищ, никому не давая в том отчета; разве они и их ставленники не торговали всем без исключения: должностями, чинами, справедливостью, безнаказанностью; даже политическими союзами, и войной, и миром?

Ш. Массон. С. 74.

Мы видели, каким образом Екатерина унизила дух дворянства. В этом деле ревностно помогали ей любимцы. Стоит напомнить о пощечинах, щедро ими раздаваемых нашим князьям и боярам, о славной расписке Потемкина, хранимой доныне в одном из присутственных мест государства, об обезьяне графа Зубова, о кофейнике князя Кутузова и проч. и проч. <...> Потемкин послал однажды адъютанта взять из казенного места 100 000 рублей. Чиновники не осмелились отпустить эту сумму без письменного вида. Потемкин на другой стороне их отношения своеручно приписал: дать, е... м...

А. С. Пушкин. С. 86.

Слабости ее были сопряжены с ее полом, и хотя некоторые из ее любимцев и во зло употребляли ее милость, но государству ощутительного вреда не наносили.

Голицын Ф. Н. С. 357.

Богатства Потемкина, например, преувеличены молвою. Они не приближались к состоянию Меншикова, и в особенности к тем сокровищам, что скопил недостойный Бирон. Даже последний фаворит владеет куда более значительными. Потемкин, правда, заимствовал деньги непосредственно из государственной казны, но он немало расходовал на нужды империи и был не только любовником Екатерины, но и великим правителем России. Зубов тоже черпал из общественных сокровищ, но никогда не истратил и рубля для общества.

Ш. Массон. С. 69—70.

Уверяют, будто в десять лет (с 1774 по 1784 гг.) получено им [Потемкиным] наличными деньгами и драгоценными вещами на восемнадцать миллионов рублей.

Дм. Бантыш-Каменский. С. 87.

Потемкин не грабил достояние народа, подобно Меншикову, Бирону и другим временщикам. Он сыпал за границу червонцы тогда, когда надобно было золотом выкупить неприязненные и тайные замыслы против России: «Деньги — сор, — говорил он, — а люди — всё».

С. Н. Глинка. С. 27.

Еще с одной точки зрения фаворитизм, каким сделала его Екатерина, не мог быть исключительно господством раздраженной чувствительности, жаждавшей все новых наслаждений. В безумии Гамлета была некоторая метода, а в жилах Екатерины текла отчасти и датская кровь. Мы уже сказали, что она создала из фаворитизма правительственное учреждение.

К. Валишевский[3]. С. 197.

Слова о том, что она «воспитала этих господ», напоминают мне фаворитов, которые при отдохновении или при участии в ее трудах пользовались ее полным доверием и даже жили в ее дворце. Сила ее ума сказывалась и в том, что ошибочно называют слабостью сердца. Фавориты никогда не имели ни власти, ни кредита; но те из них, которые были приучены к государственным делам самою императрицею и испытаны в тех делах, к которым предназначались, бывали ей весьма полезны. Этот выбор, всегда делавший честь обеим сторонам, давал право говорить правду и быть выслушиваемым. Так, я видел, как граф Мамонов пользовался этим правом, готовый пожертвовать для него своею милостью; я слышал, как он противоречил императрице, оспаривал ее мнение, защищал свои взгляды, настаивал; я замечал, что императрица была этим очень довольна, восхищаясь его правдивостью, честностью, его стремлением творить добро по мере сил.

Ш. Ж. де Линь. С. 260.

1786. [Вернемся к Мамонову.] В июне 1786 года Ермолов удалился от двора; дано ему было в Могилевской губернии шесть тысяч душ. Особенным значением после того стал при дворе пользоваться Александр Матвеевич Мамонов, бывший мой товарищ.

Л. Н. Энгельгардт. С. 246.

Как все до сих пор адъютанты императрицы избирались князем Потемкиным, так и Мамонов был им представлен императрице на другой день после отъезда Ермолова. Известно, что он послал его, как своего адъютанта, к императрице с нарисованной фигурой, причем государыня и князь заранее условились, что критика рисунка будет означать оценку его подателя. Екатерина, отдавая листок бумаги, приказала Мамонову сказать князю: «Рисунок хорош, но колорит дурен». Хотя этот приговор был и не в пользу Мамонова, императрица все-таки назначила его полковником и своим флигель-адъютантом. Так как Мамонов был умен, то выказал при обучении большую понятливость и скоро приобрел обширные политические сведения. Он сам теперь начал вставлять слово при обсуждении внутренних и внешних дел, давать советы, которым нередко следовали. Таким образом, он приобрел значение и стал опасен самому князю Потемкину.

Г. фон Гельбиг // PC. 1886. Т. 56. С. 17—18.

Дмитриев-Мамонов, бывший «в случае» от 1786 до 1789 г., может считаться после Потемкина едва ли не способнейшим из фаворитов Екатерины. Не только она восхищалась его талантами, познаниями и пр., но и современники-дипломаты, знавшие лично Мамонова, хвалили его остроумие, оживленную беседу, любезность и ловкость. В письмах к Потемкину императрица говорит о Мамонове: «Он весьма милый человек», «он день ото дня любезнее и милее становится», «Александр Матвеевич тебя как душу любит»; «так как он ведет себя, как ангел, то я его сделала генерал-адъютантом; ты его любишь как сына, и так не сомневаюсь, что ты во всем возьмешь приятное участие» и т. п. В письмах к Гримму императрица тоже хвалила характер и способности Мамонова, его склонность к занятиям музыкою, к гравированию, к чтению классиков. «Красный Кафтан» — (l'habit rouge), так называла императрица Мамонова, — «личность далеко не заурядная. В нас бездна остроумия, хотя мы никогда не гоняемся за остроумием; мы мастерски рассказываем и обладаем редкой веселостью; наконец, мы — сама привлекательность, честность, любезность и ум; словом, мы себя лицом в грязь не ударим». В другом письме: «Красный кафтан так любезен, остроумен, весел, такой красавец, такой добрый и приятный, такой милый собеседник, что вы очень хорошо сделаете, если полюбите [его] заочно» и пр.

А. Г. Брикнер[1]. С. 288—289.

Он был высокого роста, но его лицо, за исключением глаз, было вовсе не красиво. Приговор императрицы о нем, что колорит дурен, был столь же справедлив, как и мнение князя Потемкина, утверждавшего, что у Мамонова калмыцкая физиономия. Тем драгоценнее его таланты. Мамонов, из всех лиц его категории, был самый образованный. Он был очень умен, проницателен и обладал такими познаниями, что в некоторых научных отраслях, особенно же во французской и итальянской литературе, его можно было назвать ученым. Он понимал несколько живых языков; на французском же говорил и писал в совершенстве. Одною из незначительных его заслуг было составление комедий, во вкусе Аристофана, с злобно-насмешливою, легко понимаемою остротою. Острота, за которою он всегда гонялся, редко бывала естественною, и потому часто неудачною. Обыкновенно она покоилась на обманчивом обезьяничаньи морального поведения того лица, которое он хотел осмеять. Своему стремлению понравиться таким позорным талантом он приносил в жертву все, даже лиц, которым он был обязан почтением.

Г. фон Гельбиг // PC. 1886. Т. 56. С. 20—21.

Официальный фаворит был такой особой, чьи малейшие поступки должны были подчиняться неизменным правилам и блистательному надзору. Он никогда не посещал и не принимал ничьих приглашений. Мамонов в бытность свою фаворитом получил только раз разрешение поехать на обед к графу Сегюру. Но и тогда Екатерина выказала немалое беспокойство. Выйдя из-за стола, французский посланник и его гости увидели под окном посольства карету императрицы, она шагом проезжала взад и вперед, и в этом прогуливании выказался весь страх Екатерины, на минуту оставленной своим возлюбленным.

К. Валишевский[3]. С. 199.

Фавориты тоже относились к ней не как к императрице, а как к любимой женщине, пересыпая свои записки самыми нежными словами. Даже такой ничтожный человек, как Дмитриев-Мамонов, не имевший никакого влияния, писал ей следующие записочки:

«Всемилостивейшая государыня! Pour changer de ton, je t'aime sans aucune cérémonie bien tendrement, fidélement et sincerement et je suis tout simplement votre ami intime» [чтобы переменить тон (быть проще), скажу, что я люблю тебя без всяких церемоний очень нежно, преданно и искренне и остаюсь весь попросту ваш самый близкий друг. — *фр*.].

«Мне, милашка, самому не верится, что я уже почти здоров и тотчас после обеда буду иметь удовольствие видеть свою милую. В. С. Попов дал комиссию, как я слышу, сделать себе походную аптечку. Сделайте мне милость, прикажите оную собрать у себя, подобную той, которую вы мне пожаловали, в ней такие медикаменты, кои ему впредь полезны быть могут. Je vous embrasse de tout mon coeur» [Я вас обнимаю от всего мрего сердца. — *фр*].

«Как я знаю, моя милая Катиша, что тебе все то приятно, что делает удовольствие мне и моим ближним, то посылаю к вам ответ батюшки на письмо мое, которым уведомил я о том, что пожалован графом. Уведомь, каково почивала. Скажи мне, что меня очень любишь, и верь, что я с моей стороны верно, искренно и нежно тебя люблю».

Когда писались эти записки, Мамонову было 29 лет, а Екатерине 60, и потому понятно, что он вскоре отплатил своей Катише за ее любовь самой черной неблагодарностью, женившись на княжне Щербатовой.

С. Шубинский. С. 263—264.

С января 1787 года началось знаменитое путешествие императрицы (в Крым, по инициативе Потемкина. — *Е. Г.*). Мамонов сопровождал ее... В пути он постоянно сидел в карете императрицы, в числе шести лиц, причем другие постоянно менялись. Когда путешественники прибыли в Смоленск, он схватил обыкновенную болезнь — горловую. Императрица была так любезна, что оставалась в Смоленске со всем обществом шесть дней — обстоятельство, стоившее ежедневно 4000 дукатов, вследствие одной заготовки лошадей, не считая других громадных издержек. Сверх того, это путешествие было для него так удачно, что во время его он получил, между прочим, два полка и камергерские ключи.

Г. фон Гельбиг // РС. 1886. Т. 56. С. 17—18.

В продолжение «случая» князя Потемкина, когда он начальствовал армиею, граф Мамонов, бывший тогда в самой большой доверенности у государыни, по естественной ненависти к сему горделивому и зазнавшемуся вельможе, успел уже столько его унизить в мыслях императрицы и сбавить его власти, что написан был указ, чтоб граф Румянцев принял начальство над армиею, а князь Потемкин, возвратясь, должен был ожидать дальнейших повелений в Киеве.

Ф. Н. Голицын. С. 391.

В первые шесть месяцев 1789 года, которые были и последними месяцами нахождения его [Мамонова] в милости, его кредит более всего поднялся, и он даже мог стать вице-канцлером. И он, конечно, стал бы им, несмотря на сопротивление отсутствовавшего князя Потемкина, если бы только графу Безбородко, который тогда был не в милости, можно было бы дать подходящее место, так как графа Остермана хотели и весьма легко могли перевести на пенсию. Кто знает, как все пошло бы, если бы Мамонов новою неосторожностью сам не свергнул себя.

Г. фон Гельбиг // РС. 1886. Т. 56. С. 19.

Граф Александр Матвеевич Мамонов, находившийся тогда «в случае» при императрице, влюбился в фрейлину княжну Щербатову. Сия любовная интрига, несколько времени продолжавшаяся, наконец, доведена была недоброжелателями графа до сведения самой государыни.

Ф. Н. Голицын. С. 390.

Задушевному другу надо говорить все, как оно есть. 18 июня, выйдя из-за стола (заметим, что это был понедельник), граф Мамонов пришел сказать мне, что я обращалась с ним не так хорошо, как прежде, что я не отвечала на вопросы, которые он мне задавал за столом, что он недоволен тем, что множество людей, заметивших это, переглядывалось между собой и что он тяготится ролью, которую играет. Ответ было дать нетрудно. Я сказала ему, что если мое поведение по отношению к нему изменилось, в том не было бы ничего удивительного, ввиду того, что он делал с сентября месяца, чтобы произвести эту перемену, что он говорил мне и повторял, что, кроме преданности, у него не было ко мне иных чувств, что он подавил все мои чувства и что если эти чувства не остались прежними, он должен пенять на себя, так как задушил их, так сказать, обеими руками; что его вопросов я не слышала, а что касается других, то если только они не являются плодом его воображения, я за них отвечать не могу.

На это он сказал мне: следовательно, вы признаетесь, что не имеете ко мне прежних чувств. Ответ с моей стороны был тот же. На что он мне сказал: следовательно, я буду вынужден вести себя по-другому. Ответ: делайте то, что сочтете нужным. На что он просил меня дать ему совет относительно того, что ему делать. На это я отвечала, что подумаю, и он ушел. Через четверть часа он написал мне и сообщил, что он предвидит все неприятности и оскорбления и презрение, которым он будет подвергаться, и снова просил меня о совете. Я ему ответила: так как он не следовал моим советам до сих пор, я тоже не рискну давать ему советы в нынешних обстоятельствах. Но поскольку он меня умолял об этом, я ему сказала, что может представиться прекрасный способ выйти из затруднения: граф Брюс через неделю примет дежурство, я прикажу ему вызвать дочь, Анна Никитична находится здесь и я ручаюсь за то, что я замолвлю за него слово и он получит самую богатую наследницу в Империи; что отец, как я полагаю, охотно на это согласится. Я думала сделать приятное всем заинтересованным лицам.

Екатерина II — Г. А. Потемкину. 29 июня 1789

...По претерпении многих по сей части безпокойств, нутренно ее терзавших, решилась написать (письмо Мамонову. — *Е. Г.*).

М. А. Гарновский — В. С. Попову. 19 июня 1787 г.
РС. 1876. Т. 16. С. 399.

Желая всегда тебе и фамилии твоей благодетельствовать и видя, сколько ты теперь состоянием своим скучаешь, я намерена иначе счастие тебе устроить. Дочь Графа Брюса составляет в России первейшую, богатейшую и знатнейшую партию. Женись на ней... Анна Никитична употребит все силы привести дело сие к желаемому результату. Я буду помогать, а притом ты и в службе остаться можешь...

Екатерина II в передаче М. А. Гарновского.
Из его письма В. С. Попову. 19 июня 1787 г.
РС. 1876. Т. 16. С. 399.

...После обеда двери у Графа заперты были для всех. Государыня была у него более 4-х часов. Слезы текли тут и потом в своих комнатах потоками. После сего была у Графа Анна Никитична. Но ничего не могло его склонить, ни здесь остаться, ни на женитьбу с графинею Брюсовою. 17-е число препровождено в беспокойствах, и, хотя отправление к Его Светлости и было готово, но мне оное отдано 18-го числа, в 10-м часу в вечеру.

М. А. Гарновский — В. С. Попову. 19 июня 1787 г.
РС. 1876. Т. 16. С. 399.

На мою записку я получила в ответ письменное признание от графа Мамонова, в котором он мне сознался, что вот уже год, как он влюблен в княжну Щербатову, испрашивая у меня формального разрешения на брак с ней. Я разинула рот от изумления и еще не пришла в себя, как он вошел в мою комнату и упал к моим ногам, признавшись во всей интриге, свиданиях, переписке и секретничании с ней. Я сказала ему, чтоб он делал то, что хочет, что я ничему не противлюсь, а только лишь огорчена тем, что все это продолжалось целый год. Вместо того, чтобы обманывать меня, ему следовало объявить правду, и что если бы он сделал это, он избавил бы меня, себя самого от многих огорчений и неприятностей. На это он ничего не мог ответить, а пожелал, чтоб была позвана Анна Никитична. Она пришла и так его разбранила, как я за всю мою жизнь не слыхала, чтобы кто-либо так бранился.

Екатерина II — Г. А. Потемкину. 29 июня 1789 г.

Матушка Всемилостивейшая Государыня, всего нужней Ваш покой; а как он мне всего дороже, то я Вам всегда говорил не гоняться, намекал я Вам и о склонности к Щербатовой, но Вы мне об ней другое сказали. Откроется со временем, как эта интрига шла.

Г. А. Потемкин — Екатерине II. 5 июля 1789 г.

Мне Князь [Потемкин] зимой еще говорил: «Матушка, плюнь на него» и намекал, но я виновата, я сама его [Мамонова] пред Князем оправдать старалась.

Запись слов Екатерины II. 20 июня 1787 г.
Цит по: *А. В. Храповицкий. Памятные записки. М., 1862.*

Скажи, моя кормилица, как ты не изволила приметить: он из-за Вашего стола посылал к ней фрукты, и когда итить вверх, то збирался с великой ленностью, а по утрам прилежно бегал. Теперь я слышу, что она с ним по утрам встречалась, и был у них дом на Васильевском острову pour rendez-vous (для свиданий — *фр.*). Слава Богу, неприятель разбит хорошо под Фокшанами соединенными войсками. У нас мал урон. Легко ранены бригадиры Левашов и Вестфален.

Г. А. Потемкин — Екатерине II. 30 июля 1789 г. Ольвиополь.

Об этом же объяснении с Мамоновым Екатерина рассказывала своему тогдашнему статс-секретарю Храповицкому: «Он пришел в понедельник (18 июля), стал жаловаться на холодность мою, и начал браниться. Я отвечала, что сам он знает, каково мне с сентября месяца и сколько я терпела. Просил совета, что делать? Советов моих давно не слушает, а как отойти, подумаю. Потом послала к нему записку с предложением о дочери графа Брюса... Вдруг отвечает дрожащей рукой, что он с год как влюблен в Щербатову и полгода как дал слово жениться» и пр.

А. Г. Брикнер[2]. С. 290.

Она сперва не совсем поверила и хотела совершенно удостовериться. Но умели так хитро сделать, что ее величество их нашла прогуливающихся одних в Царскосельском саду. Сия великодушная монархиня, приближаясь к ним, без всякого гнева, им токмо объявила, что они скоро будут обвенчаны, и чтоб они к тому приготовлялись.

Ф. Н. Голицын. С. 390.

Беседуя с Храповицким об этом деле, Екатерина горько жаловалась на Мамонова: «Зачем не сказал откровенно? Год как влюблен. Буде же сказал зимой, то полгода бы прежде сделалось то, что третьего дня. Нельзя вообразить, сколько я терпела. Бог с ними! Пусть будут счастливы. Я простила их и дозволила жениться. Они должны бы быть в восхищении, но, напротив, они плачут. Тут еще замешивается и ревность. Он больше недели беспрестанно за мною примечает, на кого гляжу, с кем говорю? Это странно. Сперва, ты помнишь, имел до всего охоту и за все брался легко, а теперь мешается в речах, все ему скучно и все болит грудь...» Храповицкий к этому прибавляет: «Приказано мне заготовить указ о пожаловании ему деревень, купленных у князя Репнина и Челышева, 2250 душ». Затем у Храповицкого следуют еще кое-какие замечания о подарках Мамонову, о волнении Екатерины, о неловком положении фаворита и пр.

А. Г. Брикнер[2]. С. 289—290.

На следующий день (после происшедшего объяснения с Мамоновым. — *Е. Г.*) он попросил меня, чтоб я исполнила обещания, что я и сделала в среду. После чего он попросил о свадьбе, которая состоится в воскресенье 1 июля: пост не дозволяет им обвенчаться ранее. Но страннее всего то, что и жених и невеста только и делают, что льют слезы, и ни тот, ни другая не выходят из своих покоев.

Екатерина II — Г. А. Потемкину. 29 июня 1789 г.

Пред вечерним выходом сама Ея Величество изволила обручить Графа и Княжну; они, стоя на коленях, просили прощения и прощены.

А. В. Храповицкий. Запись за среду 20 июня 1787 г.

В самом деле свадьба их чрез две недели воспоследовала. Какая редкая и удивительная воздержность в подобных случаях, где самолюбие должно приведено быть в раздражение! Но вспомним, что то была великая Екатерина, которая ни в каком положении не забывалась, и она умела различать частное какое-либо обстоятельство, не имеющее никакого, впрочем, влияния и где она соревновалась с другими особами ее пола.

Ф. Н. Голицын. С. 391.

1-го числа сего июля совершилась графская свадьба здесь в придворной церкви, куда по желанию его во время бракосочетания, кроме на свадьбу и потом к ужину малого числа приглашенных особ, никого не пускали. Теперь смело можно сказать, что никогда подобное сему происшествие не восприяло счастливее сего конца и великодушие, при сем случае Графу оказанное, превзошло всех и всякое чаяние.

М. А. Гарновский — В. С. Попову. 19 июня 1787 г.
PC. 1876. Т. 16. С. 402.

На следующий день после свадьбы новобрачные отправятся в Москву. Именно я настояла на этом, так как я почувствовала, что он вопреки браку чуть было не пожелал остаться здесь. И если говорить правду, имеются очень странные противоречия в его деле, на которые у меня есть почти несомненные доказательства. Что же касается до меня, то я нашла развлечение: я думала, что я смогла бы его вернуть, но я всегда предвидела, что это средство может сделаться опасным. Через неделю я вам поведаю больше относительно некоего Чернявого (это первое упоминание Екатерины о Платоне Зубове. — *Е. Г.*), знакомство с которым, возможно, зависит только от меня самой, но я сделаю это лишь в последней крайности. Прощайте, будьте здоровы.

Екатерина II — Г. А. Потемкину. 29 июня 1789 г.

Платон Зубов, второй из всех братьев, был офицером в конной гвардии и, в день падения Мамонова, занимал караул в Царском Селе. Ему было тогда 22 года...

Г. фон Гельбиг // PC. 1886. Т. 56. С. 426.

Гр[аф] Алек[сандр] Матв[еевич] Дми[триев]-Мамо[нов], женясь [в] воскресенье на Княжне Щербатовой, отъехал в понедельник с своей супругою к своим родителям, и естьли б тебе рассказать все, что было и происходило чрез две недели, то ты скажешь, что он совершенно с ума сошел; даже и друг его и конфидент Рибопьер и тот говорит, что он аки сумашедший: imaginez Vous qu'il y avait des traces, qu'il avait envie de rester avec sa femme á la cour comme ci-devant, enfin mille contradictions et idees contradictives (представьте себе, что есть следы, что он имел желание остаться со своею женою при дворе по-прежнему. Наконец, тысяча противоречий и противоречивых мыслей. — *фр.*), и несообразимое поведение, так что самые его ближние его не оправдают. При сем прилагаю к тебе письмо рекомендательное самой невинной души, которая в возможно лутчем расположении, с добрым сердцем и приятным умоначертанием. Я знаю, что ты меня любишь и ничем меня не оскорбишь. А без сего человека, вздумай сам, в каком бы я могла быть для здоровья моем фатальном положении. Adieu, mon Ami. — Приласкай нас, чтоб мы совершенно были веселы. Анна Никитишна дружески со мною очень поступила и до вчерашнего дня не покинула.

Екатерина II — Г. А. Потемкину. 6 июля 1789.

На следующий же день [после свадьбы] Мамонов должен был отправиться с своею женою в Москву и, пока жила императрица, не являлся в Петербург.

Г. фон Гельбиг // PC. 1886. Т. 56. С. 19.

Екатерина II
в день переворота
28 июня 1762 года

Присяга Измайловского полка Екатерине II

Провозглашение Екатерины II императрицей
в Казанском соборе

Княгиня
Екатерина Романовна
Дашкова

Екатерина II на балконе Зимнего дворца, приветствуемая войсками

Новый Зимний дворец, построенный в конце царствования Елизаветы Петровны

Императрица Екатерина II на коне Бриллианте 28 июня 1762 года

Граф Алексей Григорьевич Орлов и князь Григорий Григорьевич Орлов

Светлейший князь Григорий Алексеевич Потемкин

Императрица Екатерина II
Художник С. Торелли. 1762–1766 гг.

Императрица Екатерина II
в коронационном одеянии.
Художник В. Эриксен. 1767 г.

Медаль, выбитая в честь восшествия Екатерины II на престол

Аллегория, изображающая царствование Екатерины II

Фельдмаршал граф Миних

Летний (ныне не существующий) дворец в Петербурге XVIII века

Торжества в Москве по случаю коронации Екатерины II

Шествие во время коронации
с Красного крыльца
в Архангельский собор

Екатерина II
присягает на Евангелии

Князь Григорий Александрович
Потемкин-Таврический

Великий князь
Павел Петрович в 1758 году

Генерал-фельдмаршал
князь Григорий Александрович Потемкин-Таврический

Наказание плетьми в Тайной канцелярии
в конце XVIII века

Пугачевский суд

Емельян Пугачев во главе отряда восставших

Император Петр III

Император Павел I

Великий князь Павел Петрович

Петр Васильевич
Завадовский

Семен Гаврилович Зорич

Александр Дмитриевич Ланской

Замеченная ложь, для которой рассудок или тщеславие не могли быстро подыскать оправдания, глубоко оскорбляла Екатерину. В минуту откровенности у нее вырвалось следующее характерное признание: «Самою мерзкою из всех ролей мне всегда казалась роль обманутой; бывши еще ребенком, я горько плакала, когда меня обманывали». Еще более боялась она быть смешной или жалкой...

В. В. Каллаш. С. 466.

...По моему обычаю ценить суть, я никогда не обманывался в нем [Мамонове]. Это — смесь безразличия и эгоизма. Из-за этого последнего он сделался Нарциссом до крайней степени. Не думая ни о ком, кроме себя, он требовал всего, никому не платя взаимностью. Будучи ленив, он забывал даже приличия. Цена неважна, но коль скоро, если что-то ему нравилось, это должно было, по его мнению, иметь баснословную цену. Вот — права княгини Щербатовой *(фр.).*

Г. А. Потемкин — Екатерине II. 14 июля 1789 г.

У нас сердце доброе и нрав весьма приятный, без злобы и коварства et un desir trés détermine de bien faire (и одно желание самое определенное — поступать по-доброму — *фр.*). Четыре правила имеем, кои сохранить старание будет, а именно: быть верен, скромен, привязан и благодарен до крайности, avec cela ce Noiraud a de fort beaux yeux et ne manque pas de lecture, en un mot il me platt et aucune sorte d'ennui jusqu'ici ne s'est glisse entre nous; au contraire voila la quatrieme semaine qui se passe trés agreablement (наряду с этим Чернявый имеет весьма прекрасные глаза и очень начитан. Одним словом, он мне нравится и ни единого рода скуки не проскользнуло между нами. Напротив, вот уже четвертая неделя, которая проходит так приятно. — *фр.*).

Екатерина II — Г. А. Потемкину. 14 июля 1789 г.

Здесь слух носится, будто Граф Мамонов с женою из Дубровины отправился в рязанскую деревню и сему ищут резон, как будто бы Графине его тамо способнее родить. Но я сим слухам не верю.

Екатерина II — Г. А. Потемкину. 24 июля 1789 г.

Ни все ее могущество, ни вся сила ее обаяния, ни громадная ценность ее привязанности — ничего не могло гарантировать ее счастье от печальных последствий, которые с самого сотворения мира заставляют обливаться кровью сердце каждой женщины, начиная с императрицы и кончая простой гризеткой. В 1780 г. она застала Корсакова в объятиях графини Брюс. В 1789 г. Мамонов сам отказывается от императрицы для того, чтобы жениться на ее фрейлине. Таким образом, мы видим, что не всегда-то она оказывалась непостоянной.

К. Валишевский[3]. С. 201.

О интриге, коя продолжалась целый год и кончилась свадьбою, уже упомянуть нечего. Я нарочно зберегла последние его письмы о сей материи, где суд Божий кладет на людей, доведших его до того, и где он пишет, как в уме смешавшийся. Да Бог с ним; жалею о том только, что он не открылся ранее.

Екатерина II — Г. А. Потемкину. 12 августа 1789 г. Царское село.

Здесь по городу слух идет, будто Гр[аф] Мам[онов] с ума сошел на Москве, но я думаю, что солгано: дядя его о сем ничего не знает, у него спрашивали. Естьли это правда, то Бога благодарить надобно, что сие не зделалось прошлого года. Конфузии в речах я в самый день свадьбы приметила, но сие я приписывала странной его тогдашней позиции. Извини меня, мой друг, что я тебя утруждаю чтением сих строк при твоих протчих заботах, но разсуди сам, естьли б ты был здесь, то бы мы о сем поговорили же.

Екатерина II — Г. А. Потемкину. 5 октября 1789 г.

Салтыков, Орлов и Ланской были единственными, которых отняла у нее смерть. Другие, пережив ее любовь и имея возможность из досады раскрыть ее слабости или гнусности, мирно владели должностями или богатствами, которые делали их предметом зависти для целого государства. Она довольствовалась всего-навсего отставкой Корсакова, которого застала на собственной постели в объятиях своей фрейлины, и уступкой Мамонова юной сопернице. Несомненно, такие черты необычайно редки в женщине, любовнице и императрице. Далеко до этого великодушного и благородного поведения Елизавете английской, которая приказывала обезглавливать своих фаворитов и соперниц, и Христине шведской, которая повелела казнить одного из своих любовников у себя на глазах.

Ш. Массон. С. 62.

Екатерина с полным спокойствием заканчивает этот неприятный инцидент, выражаясь следующим образом в письме к Гримму: «Воспитанница Мадемуазель Кардель, найдя *Красный кафтан* более достойным сожаления, чем гнева, и считая его достаточно наказанным за всю жизнь самой глупой из страстей, не привлекшей насмешников на его сторону, и выставившей его как неблагодарного, поспешила покончить поскорее это дело, к удовольствию всех заинтересованных лиц... Многое заставляет догадываться, что молодые живут между собой не согласно».

К. Валишевский[1]. С. 382.

Рассказывая об отъезде Мамонова, который был сослан со своей красоткой в Москву и вступил с нею в брак, оказавшийся вскоре несчастливым, граф Сегюр писал в своем донесении графу Монморенку: «Можно снисходительно смотреть сквозь пальцы на заблуждения великой женщины-человека, когда она при своих слабостях выказывает столько самообладания, милосердия и великодушия. Трудно найти соединение при самодержавной власти ревности и сдержанности; и подобный характер может неумолимо осуждаться только человеком бессердечным и государем апатичным».

К. Валишевский³. С. 202.

В то время как фаворит Мамонов женился, его место занял П. А. Зубов, который потом пожалован был светлейшим князем, а братья его графами. По кончине князя Г. А. Потемкина, был он столько же, как он, силен, не имев его гения.

Л. Н. Энгельгардт. С. 274.

В 1793 г., в 63 года, Екатерина начинает с Платоном Зубовым и, вероятно, также с его братом [Валерианом], новую главу романа, прочитанного ею уже с двадцатью другими предшественниками.

К. Валишевский³. С. 193.

В первый же вечер немилости Мамонова, Платон Зубов был назначен флигель-адъютантом императрицы и полковником, и получил чрез Салтыкова приказание сопровождать государыню и нескольких придворных лиц в прогулке по воде...

Г. фон Гельбиг // РС. 1886. Т. 56. С. 426.

Бог знает, что будет впереди, Зубов не заменит того, что был Граф Александр Матвеевич, это доказывают слезы, пролитые в день свадьбы.

М. А. Гарновский — В. С. Попову. 4 июля 1787 г.
РС.1876. Т. 16. С. 403.

Он мальчик почти. Поведения пристойного, ума недалекого, и я не думаю, чтоб был долговечен на своем месте...

А. А. Безбородко — С. Р. Воронцову. 9 июля 1789 г. Архив князя Воронцова.
Кн. 13. С. 164.

Николай Иванович [Салтыков] был и есть Зубовым протектор, следовательно, и полковнику Зубову наставник. Зубов-отец — друг Князя Александра Алексеевича (генерал-прокурора Вяземского), а Анна Никитишна (Нарышкина) предводительствует теперь Зубовым и посему играет тут первую и знатную роль. Вот новая перемена со своею лигою, которые однако же все до сих пор при воспоминовении имяни Его Светлости неведомо чего трусят и беспрестанно внушают Зубову иметь к Его Светлости достодолжное почтение...

М. А. Гарновский — Г. А. Потемкину. 3 июля 1787 г.
РС. 1876. Т. 16. С. 404.

Когда Николай Салтыков, сохранивший за собой право говорить с императрицей откровенно, высказывал свое удивление насчет Зубова, говоря, что этот выбор так мало соответствовал возрасту государыни — она дала ему ответ, могущий вызвать смех, но в котором сказывалась неоспоримая черта «вечно женственного». «Ну что же! Я оказываю услуги государству, воспитывая даровитых молодых людей». И она верила тому, что говорила. В том рвении, которому она предавалась, посвящая этих необыкновенных учеников в управление важными государственными делами; в тех заботах, с которыми она следила за их успехами, — была действительно некоторая доля материнства.

К. Валишевский³. С. 194.

Платон Зубов явился. Его внешний вид был также мало представителен, как и его способности. Если б представился выбор, он никогда не был бы избран; но так как хотели показать Мамонову, что в адъютантах нет недостатка, то он стал избранником.

Г. фон Гельбиг // РС. 1886. Т. 56. С. 426.

Платон (это имя давало придворным повод говорить, что Екатерина кончила платонической любовью) Зубов был молодым поручиком конной гвардии; ему покровительствовал Николай Салтыков, которому он приходился дальним родственником; один из моих друзей, снабдивший меня некоторыми материалами для этих записок, состоял тогда адъютантом Салтыкова. В этом качестве он часто оказывался по разным поводам рядом с Зубовым и даже стремился сидеть поближе к нему за обеденным столом. Зубов очень хорошо говорил по-французски; он получил некоторое воспитание, обнаруживал гибкий и образованный ум, немного рассуждал о литературе и музицировал. Он был среднего роста, но гибок, нервен и хорошо сложен. У него был высокий и умный лоб, красивые глаза, а его лицо не имело еще того натянутого, холодного и тщеславного выражения, которое не сходило с него впоследствии. Когда весною 1789 года Екатерина переезжала в Царское Село, он ходатайствовал перед своим покровителем о милости быть назначенным командиром сопровождавшего ее отряда и, получив это разрешение, обедал с Екатериной. Как только двор прибыл из Петербурга, разразился скандал с Мамоновым: этот фаворит был обвенчан и выслан. Из молодых офицеров один Зубов был на виду, и кажется, что именно этому счастливому для него стечению обстоятельств, а не обдуманному выбору Екатерины он был обязан своим возвышением. За отсутствием Потемкина, Николай Салтыков, бывший тогда в большом почете, ввел молодого Зубова к императрице и помогал ему с тем большим рвением, что надеялся найти в нем опору для противостояния надменному Потемкину, которому он один недоброжелательствовал при дворе. После ряда тайных бесед в присутствии ментора (он был гувернером великих князей и министром военных дел), Зубов был испробован и направлен для более тщательного испытания к г-же Протасовой и лейб-медику (фрейлину Протасову по ее обязанностям называли испытательницей. Лейб-медиком был тогда Рожерсон). Отчет, который они представили, должно быть, оказался для него благоприятен: он был назначен флигель-адьютантом, получил в подарок сто тысяч рублей на шитье сорочек и был помещен в апартаменты фаворитов со всеми полагающимися преимуществами. На следующий день все увидели, как этот молодой человек запросто подавал руку государыне; он был облачен в новый мундир, на голове у него красовалась большая шляпа с плюмажем. Шел он в сопровождении своего покровителя и других вельмож, которые шествовали позади с непокрытыми головами. А ведь накануне он толкался у них в передних.

Ш. Массон. С. 63—64.

До сих пор многие избранники носили имя Александра. Теперь явился маленький, слабенький на вид, человек, носивший ничего не значащее для избранника имя великого Платона.

Г. фон Гельбиг // РС. 1886. Т. 56. С. 426.

Мне очень приятно, мой друг, что вы довольны мною и маленьким Чернявым. Это довольно милое дитя, имеющее искреннее желание делать добро и вести себя хорошо, он вовсе не глуп, имеет доброе сердце и, надеюсь, не избалуется. Он сегодня одним росчерком пера сочинил вам милое письмо, в котором обрисовался, каким его создала природа. Прощайте, обнимаю вас от чистого сердца *(фр.).*

Екатерина II — Г. А. Потемкину. 12 августа 1789 г.

Поскольку любимым фаворитом Екатерины был тогда Платон Зубов, постольку, прежде всего мы должны были отправиться к нему. В означенный час явились мы в его апартаменты в Таврическом дворце. Он принял нас стоя, облокотившись на какую-то мебель, одетый в коричневый сюртук. Это был еще довольно молодой человек, стройный, приятной наружности, брюнет, на лбу его хохолок был зачесан вверх, завит и немного всклокочен. Голос он имел звонкий, приятный. Принял он нас весьма благосклонно, с покровительственным видом.

А. Чарторижский. С. 46.

У Платона Зубова довольно образованный ум, хорошая память и способности к музыке. Его ленивый томный вид носит отпечаток беспечности его характера.

В. Н. Головина. С. 74.

Зубов много трудился над приобретением научных познаний, и трудился с успехом. Любимою его склонностию была музыка. Он с жаром изучал ее и достиг большого искусства в игре на скрипке.

Г. фон Гельбиг // РС. 1886. Т. 56. С. 427.

Ему не было и двадцати пяти лет, ей — за шестьдесят. В конце концов, она обращалась с ним одновременно и как с сыном, и как с любовником, сама занималась его воспитанием и все более привязывалась к своему творению, сделавшемуся ее идолом. Между тем ее похотливые желания еще не угасли, и она на глазах других возобновила те оргии и вакхические празднества, которые некогда справляла с братьями Орловыми. Валериан, один из братьев Зубова, младший и более сильный, чем Платон, и здоровяк Петр Салтыков, их друг, были товарищами Платона и сменяли его на поприще, столь обширном и нелегком для исполнения. Вот с этими тремя молодыми развратниками Екатерина, старуха Екатерина проводила дни в то время, когда ее армии били турок, сражались со шведами и опустошали несчастную Польшу, в то время как ее народ вопиял о нищете и голоде и был угнетаем грабителями и тиранами... Развратниками можно назвать в особенности Валериана Зубова и Петра Салтыкова, которые вскоре безнаказанно предались всем возможным излишествам. Они похищали девушек на улицах, насиловали их, если находили их красивыми, а если нет, оставляли их слугам, которые должны были воспользоваться ими в их присутствии. Одним из увеселений младшего Зубова, который за несколько месяцев перед тем был скромным и застенчивым юношей, было платить молодым парням за то, чтобы они совершали в его присутствии грех Онана. Отсюда видно, как он воспользовался уроками старой Екатерины. Салтыков изнемог от этого образа жизни и впоследствии умер, оплакиваемый теми, кто знал его еще до того, как он стал фаворитом.

Ш. Массон. С. 72—73.

Его ментор [Салтыков] предостерегал Зубова от всяких связей, которые так легко могут иметь вид интриг, и давал ему те правила, следование которым могло ему пригодиться для укрепления своего значения, но которые не были, конечно, наилучшими для блага человечества. Вследствие этих наставлений, Зубов постановил себе правила, которые для него стали законом: никогда не иметь желания, которое не совпадало бы с мнением императрицы; всегда льстить капризам императрицы и ее главным страстям, с которыми Салтыков бегло ознакомил его, и, наконец, смиряться пред князем Потемкиным и противиться ему не прежде, чем когда он будет настолько крепок, чтоб князь не мог уже его свергнуть. Зубов точно следовал этим правилам и был весьма счастлив, по крайней мере, относительно внешнего блеска...

Г. фон Гельбиг // РС. 1886. Т. 56. С. 427.

Именно в эту пору вокруг Екатерины составилось небольшое интимное общество, в которое входили фавориты, придворные и самые надежные дамы. Этот кружок собирался два или три раза в неделю под названием малого Эрмитажа. Сюда часто являлись в масках; здесь царствовала великая вольность в обхождении: танцевали, разыгрывали пословицы, сочиненные Екатериною, играли в салонные игры, в фанты и в колечко. Всякое веселье было дозволено. Лев Нарышкин исполнял здесь ту же роль, что [шут] Роклор при дворе Людовика XIV, а одна записная юродивая по имени Матрена Даниловна ему вторила. Это была старая пустомеля, весь ум которой состоял в том, чтобы упражняться в нелепом сквернословии. Так как она, будучи безумной, имела право говорить все, что взбредет ей в голову, то и была завалена подарками от подлых придворных. Иностранные послы, пользовавшиеся благосклонностью государыни, бывали иногда допускаемы в малый Эрмитаж: главным образом послы: Сегюр, Кобенцль, Стединг и Нассау удостаивались этого отличия. Но впоследствии Екатерина устроила другое собрание, еще более тесное и таинственное, которое называли маленьким обществом. Три фаворита, о которых мы только что говорили, Браницкая, Протасова, несколько доверенных горничных и лакеев были его немногочисленными участниками. Там-то и справляла Кибела Севера свои тайные мистерии. Подробности, которые можно поведать об этих забавах, принадлежат другой книге, куда более непристойной, чем эта, и автор должен был предать огню те записи, которые могли бы ему пригодиться для этой книги или напомнить о некоторых фактах, за коими потянулись бы и другие, еще более нескромные. Впрочем, публика ничего от этого не теряет: на свете довольно похабных книг...

Ш. Массон. С. 73—74.

Платон Зубов был посвящен во все внешние, внутренние и военные дела русского двора; вскоре же он достиг такого значения, что стал главным двигателем русской государственной машины. Наконец, один только его голос стал решающим в совете императрицы. В наш план не входит рассказ всех замечательных событий его жизни до смерти Екатерины. Его история так тесно сплелась с летописями последних семи лет царствования Екатерины, что, читая одно, необходимо читаешь и другое.

Г. фон Гельбиг // РС. 1886. Т. 56. С. 427.

Передавали друг другу на ухо, что в то время как императрица осыпала Платона Зубова своими милостями, его желания устремлялись к великой княгине Елизавете, жене великого князя Александра, которой было тогда всего шестнадцать лет. Это заносчивое и химерическое притязание делало графа смешным, и все удивлялись, что он имел смелость строить такие планы на глазах Екатерины. Что касается молодой великой княгини, то она не обращала на него никакого внимания. Кажется, припадки любви овладевали им большею частью после обеда, в часы, когда мы являлись к нему с визитом, потому что он тогда только и делал, что вздыхал, растягивался на длинном диване с грустным видом и, казалось, погибал от тяжести, обременявшей его сердце. Его могли утешить и развлечь лишь меланхолические и сладострастные звуки флейты. Одним словом, у него были все признаки человека, серьезно влюбленного. Кажется, кое-кто из его наперсников знал об этой его тайне; во всяком случае, не подавая виду, что догадываются о причине его огорчений, они сочувствовали его печали. Находящиеся у него в услужении люди говорили, будто после обеда он отправлялся к Екатерине и выходил от нее удрученный скукой и такой грустный, что становилось его жаль. Он обрызгивал себя духами и принимал своих интимных гостей с тем грустным видом, который поражал всех. Но отдыхать он не желал, говоря, что сон лишает нас доброй части нашего существования.

А. Чарторижский. С. 59—60.

Константин [внук Екатерины] уверял, что он в Таврическом дворце застал однажды свою старую бабку с графом Зубовым.

А. С. Пушкин. С. 68.

...Поведение его было не из лучших. Он сделался горд, и публика его не любила. Случилось мне его просить, чтоб он подал государыне от меня письмо. Я желал быть назначен посланником к Сардинскому Двору. Несколько раз я сперва приезжал и все его не мог видеть. Наконец, он меня допустил. Я его нашел читающего и запечатывающего бумаги. Сколь скоро я объяснил ему мою нужду, он мне с холодным видом ответствовал, для чего я не чрез графа Безбородку прошу. Я сказал ему, что я надеялся, если он сделает мне милость и захочет в сем случае помочь, что я скорее достигну своей цели. Письмо он взял, не уверив меня ни в чем. После того, хотя он меня и часто видел, но никогда не упомянул даже, что письмо подано. Вот как он обращался! Сии люди позабывали, что сколь скоро их «случай» пройдет, то уже ничего не будут значить, и всякий им оборачивает спину. Я с ним же самим видел сию перемену. После кончины императрицы, в первый раз по приезде моем в Петербург, поутру во дворце, едва вхожу я в залу на половину государя, тут некоторые мои знакомые здоровались со мною. Он, как скоро меня увидел, подбежал ко мне, как будто обрадован, что меня увидел, и спрашивал с нетерпением о приезде дяди моего, князя Ивана Федоровича Голицына, которого государь, пожаловав из генерал-майоров в генералы от инфантерии, позвал в Петербург. Я, отвечая ему с вежливостию, однако ж остановил его, дабы прежде поздороваться с князем Масальским, который ко мне в то же время подошел и чтоб дать ему почувствовать, что приветствие его не столь уже важно. Вот тот же человек, но другое обхождение.

Ф. Н. Голицын. С. 373—374.

Ежедневно, около одиннадцати часов утра, происходил «выход» [Платона Зубова] в буквальном смысле этого слова. Огромная толпа просителей и придворных всех рангов собиралась, чтобы присутствовать при туалете графа. Улица запруживалась, совершенно так, как перед театром, экипажами, запряженными по четыре или по шести лошадей. Иногда, после долгого ожидания, приходили объявить, что граф не выйдет, и каждый уходил, говоря: «до завтра». Когда же выход начинался, обе половины дверей отворялись, к ним бросались наперерыв все: генералы, кавалеры в лентах, черкесы, вплоть до длиннобородых купцов... Это торжество происходило всегда следующим образом: обе половины дверей растворялись. Зубов входил в халате, едва одетый в нижнее белье. Легким кивком головы приветствовал он просителей и придворных, стоявших почтительно вокруг, и принимался за совершение туалета. Камердинеры подходили к нему, чтобы зачесать и напудрить волосы. В это время появлялись все новые и новые просители: они также удостаивались чести получить кивок головы, когда граф замечал кого-нибудь из них. Все со вниманием следили за мгновением, когда взгляд их встретится с его взглядом. Мы принадлежали к числу тех, которые встречались всегда благосклонной улыбкой. Все стояли, никто не смел произнести ни одного слова. Каждый вручал свои интересы всемогущему фавориту в немой сцене, красноречивым молчанием. Никто, повторяю, не раскрывал рта, разве что сам граф обращался к кому-нибудь с каким-либо словом, но никогда по поводу просьбы. Часто граф не произносил ни одного слова, и я не помню, чтобы когда-нибудь он предложил кому-либо сесть, исключая фельдмаршала Салтыкова, который был первым лицом при дворе и, как говорят, устроил карьеру Зубовых. Именно благодаря его посредничеству, граф Платон заступил место Мамонова. Деспотичный проконсул Тутулмин, наводивший в это время ужас на Подолию и Волынь, будучи приглашенным сесть, не посмел сделать это, а лишь присел на кончик стула и то всего лишь на минуту.

Обыкновенно в то время, когда Зубова причесывали, секретарь его, Грибовский, подавал ему бумаги для подписи. Просители говорили друг другу на ухо, сколько нужно было заплатить этому секретарю, чтобы иметь успех у его начальника. Подобно Жиль-Блазу, он принимал этих просителей с такой же гордостью, как и его хозяин. По окончании прически, подписав несколько бумаг, граф одевал мундир или сюртук и удалялся в свои покои. Все это проделывалось с некоторой небрежностью, чтобы придать всему больше важности и величия; в этом не было ничего естественного, все делалось по известной системе. После ухода графа каждый бежал к своему экипажу, довольный или разочарованный аудиенцией.

А. Чарторижский. С. 48—49, 50—51.

Однажды Зубов охотился и остановился со своей свитой на дороге, ведущей из Петербурга в Царское Село. Придворные, которые ехали ко двору, курьеры, почта, все кареты и крестьяне замерли на месте; никто не смел двинуться до тех пор, пока молодой человек не решил, что пора ехать дальше, и не освободил дорогу. А он оставался там долее часа, дожидаясь зайца.

Ш. Массон. С. 64.

Однажды, как рассказывает в своих «Записках» Державин, некто майор Бехтеев в присутствии многих лиц громко жаловался Потемкину на отца Зубова, который «ограбил его», отняв у него, без всякого права, деревню. Потемкин защитил Бехтеева, заставил отца Зубова уладить это дело, чем, разумеется, сильно задел самолюбие молодого Зубова. О другом случае сам Зубов рассказывал (в 1819 или 1820 году) своему управляющему, М. Братковскому, следующее: «Хотя я победил его [Потемкина] наполовину, но окончательно устранить с моего пути никак не мог; а устранить было необходимо, потому что императрица всегда сама, шла навстречу его желаниям и просто боялась его. Потемкин — главная причина тому, что я не вдвое богаче. Дело вот в чем: однажды императрица объявила мне, что за мои заслуги дарит мне имение в Могилевской губернии, заселенное 12 000 душ крестьян... но потом спохватилась, что имение это уже подарено Потемкину. Потому она за столом сказала князю: «Продай мне твое Могилевское имение». Потемкин, покраснев до ушей, быстро оглянувшись, отвечал, что исполнить желание ее величества не может, так как имение вчера продано — «Вот ему.» — и он указал на стоящего за его креслами молодого камер-юнкера Голынского. Императрица, сильно смутившаяся, догадываясь, что Потемкин проник в ее намерение, спросила Голынского с замешательством: «Как же это, ты купил имение у светлейшего?» Потемкин, упреждая ответ, метнул мнимому покупщику выразительный взгляд, и догадливый Голынский глубоким поклоном подтвердил выдумку князя Таврического. По этому можно судить, каков для меня злодей был Потемкин, когда с такой наглостью лишил меня 12 000 душ».

А. Г. Брикнер[3]. С. 192—193.

Валерьян Зубов, третий из братьев, был 19-ти лет при возвышении Платона, и прапорщик в конной гвардии. Он был тотчас же командирован в караул в Царское Село, и так как он понравился, то его ежедневно допускали в общество императрицы. Государыня оказывала ему столько же милости, как и его брату.

Г. фон Гельбиг // РС. 1886. Т. 56. С. 432.

В те времена Потемкин появлялся при дворе редко, только во время наездов из Крыма, где решались немаловажные для России дела, война за присоединение Крыма, заселение его подданными Екатерины. Это входило в его обязанности, как назначенного в 1775 году генерал-губернатором Новороссийской, Азовской и Астраханской губерний, а позже Екатеринославского генерал-губернатора.

А. Г. Брикнер[3]. С. 193.

Князь Потемкин больше всех других фаворитов имел влияние на мнение императрицы, но и он знал, что на глазах ее нельзя пользоваться властью, которую он разделял с нею. Вот почему за последнее время он так и любил удаляться от нее. Вдали от нее ему были подчинены все подробности управления в армии. Но эта уступка касалась только внутренних дел; всеми внешними отношениями управляла императрица. Таким образом, на мелочах можно было заметить, что трон занимала женщина, но только в этом отношении.

Р. Дама. С. 152.

Как мы помним, во время инспекционной поездки в свое Новгородское наместничество Екатерина подарила ему Аничковский дворец и пожаловала восемьдесят тысяч рублей на поправку мебелей, но Потемкин, возвратясь в столицу, остановился по-прежнему в Зимнем дворце и потом переехал в смежный с оным, принадлежащий Эрмитажу (1777 г.). Здесь-то приступил он к давно обдуманному им плану относительно изгнания турок и татар из Европы, восстановления Греческой империи. Уверяют, будто бы Потемкин намеревался основать там независимое Государство.

Дм. Бантыш-Каменский. С. 64—65.

В эти же годы и сама Екатерина энергично проводила в жизнь, так называемый Греческий проект, инициатором которого был Потемкин. Суть его состояла в изгнании турок из Европы и создании в восточной части Балканского полуострова Греческой империи, главой которой предполагался внук Екатерины Константин. Дунайские княжества, находившиеся под властью османов, Молдавия и Валахия должны были слиться в буферном христианском государстве Дакия, а западная часть Балкан переходила под власть союзной России Австрии.

В. Балязин. С. 384.

Крым положением своим разрывает наши границы. Тут ясно видно, для чего хан нынешний туркам неприятен: для того, что он не допустит их через Крым входить к нам, так сказать, в сердце. Положите же теперь, что Крым наш и что нет уже сей бородавки на носу; вот вдруг положение границ прекрасное... Доверенность жителей Новороссийской губернии будет тогда несумнительным, мореплавание по Черному морю свободное.

Г. А. Потемкин — Екатерине II. Июль 1777 г.

В 1782 году, по его представлению, как Екатеринославского генерал-губернатора, многие пустыни новороссийские заселены людьми, вышедшими из разных других областей Империи. Тогда Екатерина II учредила орден Св. Равноапостольного князя Владимира и возложила оный на Потемкина. Вскоре крымские дела отозвали его в Херсон. Между тем, как происходили переговоры с Ханом крымским и верховными начальниками народов кубанских, Потемкин несколько раз ездил в С.-Петербург; наконец ласкою, убеждениями, золотом и грозным вооружением умел он склонить Шагин-Гирея к уступке полуострова России. Важный подвиг этот, к бессмертной славе Потемкина, совершен (1783 г.) безо всякого кровопролития. Тамань и вся страна Кубанская присоединены также к Империи нашей.

Дм. Бантыш-Каменский. С. 61—62.

Солдаты, кажется, любили его. Они были обязаны ему введением более удобной одежды, отменой кос и проч. Он шутил с ними, часто приезжал в траншеи и сказал однажды вставшим перед ним солдатам: «Слушайте, ребята, приказываю вам однажды навсегда, чтобы вы передо мной не вставали, а от турецких ядер не ложились на землю».

А. Г. Брикнер[3]. С. 146.

Не отличаясь утонченным вкусом в области искусств, он любил окружать себя художниками; во время осады Очакова он занимался переводом французских сочинений.

А. Г. Брикнер[2]. С. 286.

В начале 1784 года (2 февраля) Екатерина, признательная к заслугам, пожаловала Потемкина Президентом Военной Коллегии с чином Генерал-Фельдмаршала, Екатеринославским и Таврическим Генерал-Губернатором и Шефом Кавалергардского полка. Тогда открылось новое поле для изобретательного ума его: он выдал (1786 г.) устав, в котором с великою точностию означены были издержки каждого полка; переменил невыгодную одежду войск русских, велел отрезать косы, бросить пудру; одел солдата в куртку, покойные шаровары, полусапожки и удобную, красивую каску; передвигал беспрестанно полки с одного места на другое, чтобы они в мирное время не приучились к неге. В Тавриде, вверенной его попечению, дикие степи превратились в плодоносные поля, где повсюду видны были многочисленные, прекрасные стада, благословенные нивы, богатые селения, возвышались многолюдные города. Чтобы прикрыть границы от неприятельских нападений и содержать в страхе татар и другие хищные народы он протянул цепь войск на берегу Кубани; Севастополь и Херсон наполнились флотами; русский флаг развевал свободно на Черном море.

Дм. Бантыш-Каменский. С. 66—67.

При всем том, однако, он на каждом шагу зависел от степени расположения к нему Екатерины. Милость императрицы была главным условием его счастия и успехов.

А. Г. Брикнер[2]. С. 285.

Письмом твоим от 18 июля из Ольвиополя я весьма довольна. Рассуждения твои справедливы. Теперь жду нетерпеливо твои ответы на посланное мое письмо avec certaine incluse qui me tient fortement au coeur a cause du fort aimable caractere du personage (с кое-каким приложением, которое очень близко моему сердцу по причине очень любезного нрава этого лица. — *фр.*). Сей уже несказанно обрадован тем, что ты большого его брата взял к себе в дежурные. Он пишет и хвалится ласкою твоих племянников. Есть у него меньшой брат, который здесь на карауле теперь, наместо его: сущий ребенок, мальчик писанный. Он в К[онной] гв[ардии] поручиком. Помоги нам со временем его вывести в люди. Il n'y a rien encore qui presse et nous sommes trés modestes et point du tout impatients, car nous sommes trés occupes, mais nous aimons cet enfant qui reelement est trés interessant, il n'a que 19 ans. (Еще нет ничего спешного, и мы очень скромны и вовсе не нетерпеливы, потому что мы очень заняты. Но мы любим этого ребенка, который действительно очень интересен; ему только 19 лет. — *фр.*). Я здорова и весела и как муха ожила.

Екатерина II — Г. А. Потемкину. 5 августа 1789 г. Царское село.

О братьях Платона Александровича изволишь упоминать. Находящемуся при мне я не оставлю подать способы заслужить и не замедлю. Племянники мои следуют моей склонности и будут, конечно, всегда с ним хорошо. Описывайте другого: что мешает его отличить, чем сходно.

Г. А. Потемкин — Екатерине II. 21 августа 1789 г. Новые Дубоссары.

Замучена я с неделю, мой друг, ветряной коликою, и ни писать, ни читать почти не могу, и не велят. Притом из Финляндии добрые вести одни за другими: шведы выгнаны из Гекфорса, о чем я приказала Плат[ону] Алек[сандровичу] к тебе написать. Я им и брата его поведением весьма довольна: сии самые невинные души ко мне чистосердечно привязаны. Большой очень неглуп et l'autre est un enfant interessant. Le Papa est arrive de Moscou pour les voir, je crois qu'il a de l'esprit, mais j'aime mieux les enfants. Adieu, mon Ami, je Vous aime de tout mon Coeur (а другой — интересное дитя. Папа приехал из Москвы, чтобы их видеть. Полагаю, что он умен, но мне больше нравятся дети. Прощайте, мой друг, я вас люблю всем сердцем — *фр.*).

Екатерина II — Г. А. Потемкину. 24 авг. 1789 г.

За ласку к Платону Александровичу и его брату тебе спасибо. Я не знаю брата, который у вас, а он сам себя ведет так, как только желать можно. Il est d'une humeur egale et trés aimable (у него ровный и приятный характер — *фр.*) и сердце предоброе и благородное, en un mot, il gagne á étre connu (словом, он выигрывает по мере того, как его знаем. — *фр.*).

Екатерина II — Г. А. Потемкину. 6 сентября 1789 г.

Друг мой любезный Князь Григорий Александрович. Пл[атон] Алек[сандрович] очень скромен, которое качество однако я нахожу достойным награждения; как сам скажешь — ты шеф Кавалергардского корпуса — не нужен ли тебе корнет? Помнится, ты запискою о сем докладывал. Прежде сего не пришлешь ли чего подобного. Дитя же нашему не дать ли конвой гусарский? Напиши, как думаешь, но тут достойный теперь человек, которого обижать никак не хочу. Дитя нашему 19 лет от роду, и то да будет Вам известно. Mais j'aime beaucoup cet enfant et il m'est fort attache, pleurant comme un enfant (но я сильно люблю это дитя, и оно ко мне привязано и плачет, как дитя. — *фр*.), естьли его ко мне не пустят. Воля твоя во всех сих распоряжениях. Кроме тебя, никому не вверяюсь.

О Гр[афе] Мам[онове] слух носится, будто с отцом розно жить станет, и старики невесткою недовольны.

Екатерина II — Г. А. Потемкину. 6 сентября 1789 г.

В декабре 1792 г. бывший фаворит Мамонов дошел до признания, что он несчастлив. Он пишет Екатерине следующее послание: «Случай, коим по молодости моей и тогдашнему моему легкомыслию удален я стал по несчастию от вашего величества, тем паче горестнее для меня, что сия минута совершенно переменить могла ваш образ мыслей в рассуждении меня. Живя в изгнании в Москве, одно сие соображение, признаюсь вам, терзает мою душу: вернуться в Петербург и приблизиться к той, с которой, ради своего счастья, не следовало бы никогда расставаться». И иллюзия так укоренилась в уме шестидесятилетней влюбленной, с сердцем никогда не находившим удовлетворения, а воображением, готовым сейчас встрепенуться как в двадцать лет, что она даже не удивилась, прочитав это изумительное признание. — «Я знаю, — спокойно сказала Екатерина Храповицкому, — он не может быть счастлив». И, с своей стороны, она сейчас же принялась размышлять о последствиях подобного возвращения к прошлому. Это невозможно! Зубов тут, «и совсем иное дело пробыть четверть часа с Мамоновым в саду, или жить вместе!» (Это опять из дневника Храповицкого.) Если бы он вернулся, вероятно, опять началась бы общая жизнь. Екатерина испугалась такой возможности и, написав трогательный, нежный ответ, отложила на год свидание, которого добивался смелый сикофант, действовавший, вероятно, по наущению Потемкина, боровшегося в это время с новым фаворитом. Но в следующем году Мамонов, получив приглашение совершить столь горячо желаемое путешествие, в свою очередь отступил перед перспективой померяться один на один с Зубовым, теперь утвердившимся в своем положении, так как Потемкина уже не было в живых. Зубову не суждено было иметь преемника.

К. Валишевский[1]. *С. 382.*

Дите наше — Валериана Алек[сандровича] — я выпустила в армию подполковником, и он жадно желает ехать к тебе в Армию, куда вскоре и отправится. И я ему отдам особое к тебе рекомендательное письмо.

Je suis persuadee que Vous dires tout comme moi que c'est un enfant interessant et qui meurt d'envie de bien faire (я уверена, что ты, подобно мне, скажешь, что это занимательное дитя, умирающее от желания все хорошо сделать. — *фр.*).

Пожалуй, люби его: оба брата сердца предоброго и наполнены благодарностию и любезными качествами.

Екатерина II — Г. А. Потемкину. 17 сентября 1789 г.

Чтобы обставить его возвышение, Валерьян Зубов, в чине майора гвардии, был послан в армию князя Потемкина.

Г. фон Гельбиг // РС. 1886. Т. 56. С. 432.

Друг мой любезный Князь Григорий Александрович. Вручитель сего подполковник Валериан Алек[сандрович] Зубов, желая служить в армии, просил быть отправлен к тебе. В молодых его летах я должна ему отдать справедливость, что, сколько я приметить могла, он в самых добрых расположениях и полон усердием выполнить все ему порученное. Он отнюдь не желал здесь жить празден и спешит теперь к тебе застать осенние военные действия. Я совершенно уверена, что ты сего молодого человека будешь жаловать, il me parait á moi que c'est vraiment un enfant interessant (мне кажется, это на самом деле интересное дитя. — *фр.*). Брат же его чрезвычайно любит и всю свою надежду на тебя кладет, что его не оставишь, в чем, надеюсь, и не обманется. Третьягоднишний курьер твой привез нам добрую весть, за что тебя весьма благодарю, что бригадир Орлов разбил авангард Гассан-паши и что Князь Репнин идет к Измаилу.

Екатерина II — Г. А. Потемкину. 22 сентября 1789 г.

Недовольный возвышением Зубовых, Потемкин выражал это тем презрением, с каким относился к Валерьяну публично, при всех. Но так как Потемкину намекнули из Петербурга, чтоб он после первого же счастливого дела прислал Зубова обратно в Петербург, то он уступил требованиям политики и послал его в Петербург с известием о взятии какой-то турецкой крепости, кажется, Измаила. Когда Валерьян, перед отъездом из лагеря, явился в последний раз к князю, чтоб получить последние приказания, случился интересный анекдот, много раз уже рассказанный, но все же удивительный: «Если императрица спросит тебя, — сказал князь дружески Валерьяну, — как я себя чувствую, скажи ей, что зубы причиняют мне боль, но когда я приеду в Петербург, то вырву их».

Г. фон Гельбиг // РС. 1886. Т. 56. С. 432.

Надобно знать, что в сие время крылося какое-то тайное в сердце императрицы подозрение против сего фельдмаршала, по истинным <ли> политическим каким, замеченным от двора причинам, или по недоброжелательству Зубова, как носился слух тогда, что князь, поехав из армии, сказал своим приближенным, что он нездоров и едет в Петербург зубы дергать.

Г. Р. Державин. Сочинения. М.: Правда, 1985. С. 422.

Зубная боль Григория Александровича, олицетворявшаяся, как известно, в персоне графа Платона Александровича Зубова, должна была быть, в самом деле, невыносимой для надменного, самолюбивого и честолюбивого временщика, так долго не знавшего себе соперников, так долго красовавшегося в гордом одиночестве на вершине своего величия.

Легенды старого Петербурга. М.: Панорама, 1992. С. 123.

Между тем, дело поправить Потемкину не удалось. Зубы продолжали причинять ему боль. Потемкин явился в Петербург, хотел их вырвать, но искусство его, как зубного врача, оказалось для этого слишком слабым.

Г. фон Гельбиг // РС. 1886. Т. 56. С. 432.

С первых же минут [пребывания в Петербурге] Потемкин понимает, что не зря опасался растущего влияния Платона Зубова. Разряженный в пух и прах и осыпанный бриллиантами, новый фаворит своим надменным видом внушает почтение даже высшим сановникам. Все они трепещут от мысли, что, не понравившись Зубову, навлекут на себя гнев императрицы. Даже великий князь Павел молча сносит его самые нахальные выходки. Однажды вечером на ужине у Ее величества цесаревич вслух одобряет замечание любовника матери по какому-то политическому вопросу. Тот тут же восклицает: «А что? Я сказал какую-нибудь глупость?» — и неловкое молчание воцарилось за столом.

А. Труайя. С. 336.

Веселым в это время видели Потемкина редко, даже на самых веселых праздниках. Большею же частию он был задумчив и грустен или мрачен и сердит, как человек, недовольный не только всем окружающим его, но и самим собою. Его, видимо, что-то грызло, что-то подтачивало; на сердце его, несомненно, лежала какая-то глубокая скорбь. Было ли это инстинктивное предчувствие еще неведомой, но грозной для него и уже близкой катастрофы?

Легенды старого Петербурга. С. 123.

Племянник Г. А. Потемкина граф Самойлов пишет: «В продолжение последнего пребывания князя в Петербурге, непонятно от чего, пришло ему в мысль странное воображение, что он доживает свой век; а потому, чтобы заглушить или развлечь мрачность этого воображения и рассеять мысль о близкой его кончине, он вымышлял заниматься увеселениями и учреждать пиршества, так что в столице ни о чем не мыслили более, как о составлении веселостей; но это, равно как и занятие делами государственными, только важными, не уничтожало в князе Григории Александровиче случайных предчувствований и погружало его нередко в задумчивость неразвлекаемую...»

А. Г. Брикнер[3]. С. 198.

[А пока] образ жизни моего генерала был единообразен; всякое утро дом его наполнялся вельможами, особливо военными, но его редкие кто видали. Он всегда был в своей спальне и в шлафроке; кроме самознатных людей и коротких его знакомых никто не входил туда без доклада. В час он обедал; его собственный стол был на осьмнадцать приборов, да для штата его в другой зале на двадцать четыре прибора; как стол, так и все прочее, было на счет двора, равно и услуга. Любил играть в коммерческие игры, а иногда и в банк. Любил лакомиться самыми грубыми вещами, для чего старались ему доставлять по его вкусу не только из Петербурга, как то: хорошие соленые огурцы, капусту и тому подобное, но из губерний; с нарочными курьерами доставляли из Урала икру, из Астрахани — рыбу, из Нижнего Новгорода — подновские огурцы, из Калуги — калужское тесто.

Л. Н. Энгельгардт. С. 240—241.

Он посылал курьеров даже за кислыми щами и клюквою.

Дм. Бантыш-Каменский. С. 85.

Поглощал и ананасы, и репу, и огурцы. «Иным казалось, — говорит граф Ростопчин, — что Потемкин, объевшись, не проснется, а он встанет, как ни в чем не бывало, и еще свежее. Желудок его можно уподобить России, она переварила Наполеона, и все переварит».

С. Н. Глинка. С. 23.

Иногда князь выезжал на вечера и балы, а особливо ко Льву Александровичу Нарышкину; обедать иногда езжал к Матвею Федоровичу Кашталинскому, у которого почитался самый лакомый стол и собирались знатнейшие карточные игроки. На балы великого князя и на Каменный Остров ни одного раза не миновал. Любил смотреть на искусных игроков в бильярд, почему всех лучших искусников отыскивали и к нему привозили; тоже любил смотреть игру шахмат, для чего из Тулы выписали одного купца — и он возил его с собою даже и в армию. Многие, чтобы быть известными его светлости, старались иметь к нему вход и его забавляли.

Л. Н. Энгельгардт. С. 241.

В его делах, удовольствиях, нраве, походке — приметен был какой-то беспорядок.

Дм. Бантыш-Каменский. С. 85.

Казалось бы, что знаки несомненного расположения императрицы, расточаемые в это время князю Потемкину, должны были искренно утешить и вполне удовлетворить его, но он и приехал в Петербург каким-то странным, и вел себя тут страннее, чем когда-либо. То блестящий, пышный, разодетый, отягощенный бриллиантами, сверкавшими на его камзоле, где только можно было им сверкать, являлся он на пиры и балы, которыми взапуски, наперебой старались угощать его низко кланявшиеся, угождавшие и льстившие ему вельможи; то сам он затевал какие-нибудь потехи и увеселения, безумно сорил деньгами, тщеславно щеголял своей роскошью, прихотничал, капризничал; то запирался дома и, лежа на диване, нечесаный, растрепанный, в халате и раззолоченных туфлях на босую ногу, молчаливо и угрюмо играл в шахматы или карты со своими родственниками и приближенными; то, наконец, запирался ото всех, не пускал к себе никого и целые дни проводил в своей комнате, занимаясь там Бог знает чем.

Легенды старого Петербурга. С. 122—123.

Одно из его роскошных празднеств, вероятно, имело целью нанести удар начинающемуся влиянию Зубова.

К. Валишевский[1]. С. 172.

В 1791 г., появившись в Петербурге, он дает в честь Екатерины знаменитый праздник в Таврическом дворце, поражающий современников сказочной, феерической роскошью.

А. А. Кизеветтер. С. 144.

Весной 1791 г. в Петербурге только и говорили о приготовлениях к празднеству, которое устраивает для императрицы, для двора и для всего города князь Григорий Александрович Потемкин-Таврический. Все знали, что светлейший князь не любит делать дела в половину, и никто не сомневался, что праздник выйдет истинно царский.

Легенды старого Петербурга. С. 122.

За несколько дней до праздника в Таврическом дворце явилось множество всяких художников. Стали поспешно отделывать и украшать покои.

А. Г. Брикнер[3]. С. 200.

Масса всякого рода художников и мастеров, в течение нескольких недель, трудились во дворце за работами. Множество знатных дам и кавалеров несколько недель собиралось там же, для разучивания назначенных им ролей, и каждая из этих репетиций походила на особое празднество — так была она роскошна и пышна.

М. И. Пыляев. С. 308.

Любопытно, что граф Андрей Кириллович Разумовский, живя в Вене и желая угодить Потемкину, писал ему в 1791 году: «Хотел было я отправить к вам первого пианиста и одного из лучших композиторов в Германии, именем Моцарт. Он не доволен своим положением здесь и охотно предпринял бы это путешествие. Теперь он в Богемии, но его ожидают сюда обратно. Если ваша светлость пожелает, я могу нанять его не надолго, а так, чтобы его послушать и содержать при себе некоторое время». Только смерть Моцарта помешала этому предприятию.

К. Валишевский[1]. С. 146.

Из лавок взято напрокат до двух сот люстр и множество зеркал, кроме тех, которые были привезены с зеркального завода князя. От придворной конторы принято 400 пудов воску заимообразно; кроме 9—10 тыс. свечей было приготовлено более 20 000 стаканчиков с воском; для ста человек прислуги была сделана новая, богатая ливрея. Многие деревянные строения, окружившие дворец, были сломаны, чтобы фасад дома производил более выгодное впечатление. Перед дворцом устроена большая площадь для народного праздника.

А. Г. Брикнер[3]. С. 200.

Кроме больших люстр, в зале было еще пятьдесят шесть малых люстр и пять тысяч разноцветных лампад. Считают, что в этот вечер горело всего 140 000 лампад и 20 000 восковых свеч.

М. И. Пыляев. С. 310

Большие люстры эти стоили Потемкину сорок две тысячи рублей. Кроме них, в зале было еще пятьдесят шесть люстр и пять тысяч разноцветных лампад. Белые лампады находились в определенном расстоянии от карниза; цветные же, сделанные наподобие лилий, роз, тюльпанов и других больших цветов, развешаны были гирляндами между колонн.

Легенды старого Петербурга. С. 125.

Обстановка и убранство дворца походили на волшебное воссоздание одной из сказок «Тысячи одной ночи». Под куполом устроены были хоры, на которых стояли невидимые снизу часы с курантами, игравшие попеременно пьесы лучших композиторов того времени. Здесь же помещалось триста человек музыкантов и певцов.

М. И. Пыляев. С. 310.

Он хандрит, тоскует и распоряжается; художники и мастера работают во дворе неутомимо; знатные кавалеры и дамы репетируют исправно; а Петербург с нетерпением дожидается, когда наступит 9 мая — день, назначенный для торжества.

Легенды старого Петербурга. С. 124.

Гостей на празднике, устроенном Потемкиным, было несколько тысяч. Потемкин ожидал Екатерину в залах своего дворца. На нем был малиновый фрак и епанча из черных кружев в несколько тысяч рублей;

брильянты сияли везде. Унизанная ими шляпа была так тяжела, что он передал ее своему адъютанту и велел везде носить за собой.

А. Г. Брикнер[3]. С. 200.

Всех приглашенных было три тысячи человек, и все они, как мужчины, так и дамы, должны были явиться в маскарадных костюмах.

Легенды старого Петербурга. С. 125.

По слухам, сумма, затраченная на праздник, была баснословна. Для шкаликов и освещения зал дворца был скуплен весь наличный воск, находившийся в Петербурге, и за новой партией был послан нарочный в Москву; всего воску было куплено на 70 000 рублей.

М. И. Пыляев. С. 308.

Для царственных гостей в огромной зале или ротонде была устроена колоннада. Великолепная эстрада отделяла эту залу от зимнего сада, огромного здания, в котором для большего эффекта освещения расставлены были колоссальные зеркала, обвитые зеленью и цветами. В этом саду устроен был храм с жертвенником, на котором высилась статуя Екатерины из белого мрамора. В глубине сада красовался грот, а перед ним стояла хрустальная пирамида с вензелем Екатерины. Покои блистали картинами, коврами, великолепными обоями и разными прихотливыми украшениями, в числе которых особенное внимание обращал на себя золотой слон, носивший на спине великолепные часы и шевеливший глазами, ушами и хвостом.

А. Г. Брикнер[3]. С. 200.

В назначенный день, в пятом часу, на площади перед Таврическим дворцом были построены качели, поставлены столы с яствами, открыты разного рода лавки, в которых безденежно раздавали народу платье, обувь, шапки и тому подобные вещи.

М. И. Пыляев. С. 308.

Императрица предупредила его своим посещением и потом объявила на придворном бале, *что пришла от князя Потемкина*. Так Екатерина умела награждать заслуги подданных!

Дм. Бантыш-Каменский. С. 72.

Народ во множестве толпился на площади. Богатые экипажи один за другим подъезжали к дворцу, на фронтоне которого красовалась надпись, сделанная металлическими буквами, выражавшая благодарность Потемкина «великодушию его благодетельницы». Императрица прибыла на праздник в седьмом часу; перед дворцом она была задержана толпой. Народу было объявлено, что раздача питей и одежды должна начаться в то самое время, когда будет проезжать государыня. Но тут вышло недоразумение: кто-то по ошибке принял карету одного вельможи за экипаж императрицы. Народ крикнул: ура! и, не дожидаясь раздачи приготовленных для него подарков, бросился расхватывать их сам. Произошла суматоха, давка, и настоящий экипаж императрицы должен был остановиться, не доехав до площади, и простоять более получаса. Наконец, императрица подъехала ко дворцу.

М. И. Пыляев. С. 308.

При появлении императрицы он сам высадил ее из кареты.

А. Г. Брикнер[3]. С. 200.

Эстрада, предназначенная для императрицы, была покрыта драгоценным персидским шелковым ковром. Такие же эстрады были устроены вдоль стен, и на каждой из них стояло по огромнейшей вазе из белого каррарского мрамора на пьедестале из серого; над вазами висели две люстры из черного хрусталя, в которых вделаны были часы с музыкою. Люстры эти стоили Потемкину сорок две тысячи рублей... При входе в залу, по обеим сторонам дверей, были устроены ложи, драпированные роскошными материями. Но особенною пышностию отличались комнаты, предназначенные для игры императрицы, в них одни стулья и диваны стоили сорок шесть тысяч рублей (с этого праздника вошли в особенную моду введенные Потемкиным диваны). Обои в этих комнатах были гобелены, с выткаными на них изображениями из истории Мардохея и Амана; здесь же стоял «золотой слон», в виде часов перед зеркалом (слон этот был в 1829 году подарен императором Николаем I персидскому шаху), обвешанный бахромами из драгоценных каменьев; сидевший на нем автомат-персиянин, ударив в колокол, подал сигнал к началу театрального представления. На театре были даны следующие комедии с балетами «Les faux amants» [неверные любовники. — *фр.*] и «Смирнский купец»; в последней продажными невольниками явились жители всех стран, за исключением России.

М. И. Пыляев. С. 310—311.

При появлении государыни ее встретили две кадрили; в ту же минуту воздух огласила известная песня Державина «Гром победы раздавайся». В кадрили участвовали великие князья Александр и Константин. После танцев хозяин повел императрицу и все собрание в другую залу, где увидели сперва балет, далее комедию, а потом пантомиму.

А. Г. Брикнер[3]. С. 200.

Сопровождаемая всею императорскою фамилиею, Екатерина прошла на приготовленную для нее эстраду, по вступлении на которую тотчас и начался балет, сочинения знаменитого тогдашнего балетмейстера Ле-Пика. В балете танцевали двадцать четыре пары из знаменитейших фамилий, на подбор красавицы и красавцы, одетые в белых атласных костюмах, украшенных бриллиантами, которых в итоге было на несколько миллионов рублей! Распоряжались танцами великие князья Александр и Константин вместе с принцем Виртембергским; в конце балета сам Пик отличился каким-то необыкновенным соло.

М. И. Пыляев. С. 308.

Двадцать четыре пары знатнейших дам и кавалеров начали танцевать балет, изобретенный самим хозяином.

Дм. Бантыш-Каменский. С. 78.

Из большой залы был выход в зимний сад; сад этот был чудом роскоши и искусства, и в шесть раз больше эрмитажного; тут был зеленый дерновый скат, густо обсаженный цветущими померанцами, душистыми жасминами, розами... Между кустами были расставлены невидимые для гуляющих курильницы и бил фонтан из лавандовой воды. Посреди зимнего сада стоял храм изящной архитектуры, в котором помещался бюст императрицы, иссеченный из белого паросского мрамора. Императрица была представлена в царской мантии, держащею рог изобилия, из которого сыпались орденские кресты и деньги. На жертвеннике была надпись: «Матери отечества и моей благодетельнице». Перед храмом виднелась зеркальная пирамида, украшенная хрусталями, а близь нее еще несколько таких же пирамид поменьше. Все окна залы были прикрыты искусственными пальмами, листья которых были сделаны из разноцветных ламп. Из таких же ламп по газону были расставлены искусственные плоды: арбузы, ананасы, дыни и проч. Настоящий сад тоже был отделан великолепно; всюду виднелись киоски, беседки; ручейку, протекавшему в саду по прямой линии, дали извилистое течение и устроили мраморный каскад. Сад горел тоже множеством огней и оглашался роговой музыкой и пением хора песенников.

М. И. Пыляев. С. 312.

В кустарниках там и сям виднелись гнезда соловьев и других певчих птиц, оглашавших сад своим пением.

Легенды старого Петербурга. С. 126.

В двенадцатом часу подан был ужин. Стол, на котором ужинала императрица с августейшим семейством, был сервирован золотой посудой; Потемкин сам прислуживал государыне. Позади стола императрицы был накрыт другой стол, на сорок восемь персон, для лиц, участвовавших в балете. Здесь же было поставлено еще четырнадцать столов амфитеатром. Гости проходили посредине и садились за столы в один ряд, лицом к императрице. Все столы были освещены шарами из белого и цветного стекла. В комнате перед залом находился стол, на котором стояла суповая серебряная чаша необъятной величины, а по сторонам ее две еще большие вазы, доставленные из имения герцогини Кингстон.

В других комнатах было еще тридцать столов, да, кроме того, множество столов стояло вдоль стен, где гости ужинали стоя. После ужина бал продолжался до утра.

М. И. Пыляев. С. 312—313.

Около полуночи начался ужин. Потемки стоял за креслом императрицы, пока она не приказала ему сесть. В продолжение всего вечера хор пел сочиненные Державиным стихи. Наконец — как рассказывает поэт — Потемкин «с благоговением пал на колени перед своей самодержицей и облобызал ее руку, принося усерднейшую благодарность за посещение». Екатерина уехала во втором часу ночи.

А. Г. Брикнер[3]. С. 201.

Когда она уходила из залы, послышалось нежное пение под орган. Пели итальянскую кантату, слова которой были следующие: «Здесь царство удовольствий, владычество щедрот твоих; здесь вода, земля и воздух дышут твоей душой. Лишь твоим я благом живу и счастлив. Что в богатстве и почестях, что в великости моей, если мысль — тебя не видеть ввергает дух мой в ужас? Стой и не лети ты, время, и благ наших не лишай нас! Жизнь наша — путь печалей; пусть в ней цветут цветы».

М. И. Пыляев. С. 313.

Никто не помнил, чтобы она пробыла где-нибудь на бале так долго.

Дм. Бантыш-Каменский. С. 80.

Екатерина обернулась к провожавшему ее Потемкину и изъявила ему свое живейшее удовольствие и признательность за прекрасный праздник. Потемкин упал перед императрицею на колени, схватил ее руку и прижал ее к губам своим. Он был глубоко тронут, он плакал. На газах Екатерины показались тоже слезы...

Легенды старого Петербурга. С. 131.

Екатерина принимает этот праздник, осыпает Потемкина знаками благоволения, но дает ему определенно понять, что прошлое миновало безвозвратно.

А. А. Кизеветтер. С. 144.

Устройством дворца, как и сочинением программы праздника, распоряжался сам Потемкин. В приготовлениях к этому празднику принял участие и Державин, который, по вызову Потемкина, написал для пения на празднике стихи. Это были четыре хора, тогда же и напечатанные в большую четверку, без заглавного листа. Стихи шли в таком порядке: 1) для концерта «От крыл орлов парящих»; 2) для кадрили «Гром победы раздавайся»; 3) для польского «Возвратившись из походов» и 4) для балета «Сколь твоими мы делами». Довольный хорами, Потемкин, уже после торжества, пригласил к себе автора обедать и просил его составить описание праздника. Исполнив это желание князя, Державин сам отвез ему свою работу; Потемкин пригласил его было остаться обедать, но, прочитав тетрадь и увидев, что в описании нет никаких особенных ему похвал и что ему отдана честь наравне с Румянцевым и гр. Орловым, рассердился и уехал со двора, пока Державин дожидался в канцелярии у секретаря его В. С. Попова.

Замечательно, что о великолепном празднике Потемкина не было упомянуто ни слова в ведомостях того времени. Причина такого молчания заключалась в начинавшемся могуществе другого любимца, Пл. Зубова.

М. И. Пыляев. С. 306, 313.

После этого праздника императрица еще раз посетила Потемкина в июне, а через два месяца и сам владелец покинул дворец, чтобы не возвращаться уже сюда более. В последние месяцы жизни Потемкина, празднества уже его более не развлекали. Малодушный страх смерти обуял его; он хандрил и тосковал.

М. И. Пыляев. С. 313.

Многие из присутствующих при этом говорили потом, что светлейший князь был так растроган потому, что предчувствовал близкую смерть.

Легенды старого Петербурга. С. 131.

КОНЕЦ ПОТЕМКИНА

Петров (историк П. Н. Петров известен своим сочинением «История родов русского дворянства». — *Е. Г.*) замечает: «Одержать победу над графом Зубовым было для Потемкина желательнее, чем разбить визиря... Ряд поражений, нанесенных русским оружием неприятелю, поражения, начавшиеся именно после отъезда князя Потемкина из армии, делали сомнительным его военный талант и доказывали, что в его отсутствие дела могут вестись не только не хуже, но, напротив, несравненно лучше и решительнее. Зная боевую опытность князя Репнина, князь Потемкин опасался, чтобы в его отсутствие не произошел решительный бой, результатом которого могло последовать заключение мира, под которым не будет красоваться его имя. Поэтому, живя в Петербурге, князь Потемкин в письмах своих к князю Репнину ясно намекал, что не надобно было предпринимать ничего решительного до дальнейших повелений».

А. Г. Брикнер[3]. С. 203.

Князю при дворе тогда очень было плохо. Злоязычники говорили, что будто он часто пьян напивается, а иногда как бы сходит с ума; заезжая к женщинам, почти с ним не знакомым, говорит несвязно всякую нелепицу.

Г. Р. Державин. С. 424.

Князь, сюда заехавши, иным не занимается, как обществом женщин, ища им нравиться и их дурачить и обманывать. Влюбился он еще в армии в княгиню Долгорукову, дочь князя Барятинского. Женщина превзошла нравы своего пола в нашем веке: пренебрегла его сердце. Он мечется как угорелый. Уязвленное честолюбие делает его смехотворным. Пороки Аннибала, пороки Александра видим без их великих дарований. До сих последних достигнуть труднее, чем претворить нашу столицу в Капую, в Вавилон... Он таков же, как всегда. Не знаю, воображаешь ли ты столько, как я, все способы, что мы имели для нынешней войны турецкой, и как, напротив, турки были слабы. Вместо удара навек сокрушительного, мы еще и того не достигли, что произвели в предыдущую войну... Не дивись, если мы об армии меньше знаем теперь, когда сам вождь у нас, нежели как его не было...

П. В. Завадовский — С. Р. Воронцову. 6 июня 1791 г.
Архив князя Воронцова. Т. 12. С. 68.

Я его видел в Петербурге последний год жизни его. Он совсем переменился, сделался вежлив, ласков; дамская беседа по вечерам занимала его совершенно, и он ни об чем другом не разговаривал, как о нарядах женских. Многое иногда в человеке непонятно, и сие кажется в том же числе.

Ф. Н. Голицын. С. 358.

Ф. П. Лубяновский, адъютант князя Репнина, говорит в своих «Воспоминаниях», что на все письма Репнина к Потемкину в Петербург он не получил ни одного ответа, что Потемкин даже задерживал курьеров, которые должны были отправляться в армию Репнина. Случился следующий интересный эпизод. Императрица, находясь в Царском Селе, вызвала В. С. Попова, управляющего канцелярией Потемкина. В 6 часов утра Попов явился. Императрица была не в духе. «Правда ли, — спросила она, — что целый эскадрон курьеров от князя Репнина живет у вас в Петербурге?» — «До десяти наберется». — «Зачем не отправляете их?» — «Нет приказания». — «Скажите же своему князю, чтобы сегодня же, непременно сегодня, он отвечал Репнину, что понужены; скажите ему: я велю; а мне пришлите записку, в котором часу курьер ваш уедет». «Не добились мы, — говорил после Попов, — от кого императрица узнала про курьеров». Ходил перед тем по городу слух, что однажды, прежде чем государыня вышла к столу, пошли гости к закуске, в том числе граф Алексей Григорьевич Орлов и Л. А. Нарышкин. Этот последний говорил в общей беседе о войне, что из армии не было известий, но и Репнин-де ничего не делал. Орлов молча подобрал к себе все ножи со стола и потом просил Нарышкина отрезать ему чего-то кусок. Тот туда-сюда: нет ножа. «Так-то и Репнину, когда ничего не дают ему, нечего делать», — сказал Орлов.

А. Г. Брикнер[3]. *С. 203—204.*

Рассказывали также мне о князе Потемкине, что в сие время любимая его забава по вечерам была пересыпать, при свете многих свеч, большую кучу необделанных бриллиантов.

Ф. Н. Голицын. С. 358.

Вы не можете представить, граф, сколько повредила последняя поездка его в Петербург многим лицам, пользовавшимся до того времени уважением. Низость восторжествовала над высокомерием и притворными чувствами. Последней слабостью князя Потемкина было влюбляться во всех женщин и прослыть за повесу. Это желание, хотя и смешное, имело полный успех... Женщины хлопотали о благосклонности князя, как мужчины хлопочут о чинах. Бывали споры о материях на платья, о приглашениях и проч.

Ф. В. Ростопчин — С. Р. Воронцову. 10 августа 1791 г.
Архив кн. Воронцова. Т. 8. С. 44.

28 июля (1791) Репнин одержал блистательную победу при Мачине и начал переговоры. Потемкин, узнав об этих важных событиях, должен был видеть, что может утратить обаяние победителя в войне, которую он начал, но которую мог кончить другой. Раздосадованный своим неловким положением при дворе, где он не мог удалить Зубова, расстроенный ипохондрией, мыслью о близкой кончине, болезненными припадками, князь должен был решиться покинуть столицу.

А. Г. Брикнер[3]. С. 204.

Он был почти сослан; значение его упало; он уехал, истратив в четыре месяца 550 тысяч рублей, которые были выплачены из Кабинета, не считая частных долгов.

Ф. В. Ростопчин — С. Р. Воронцову. 10 августа 1791 г.
Архив князя Воронцова. Т. 8. С. 44.

Покинув столицу в последний раз летом 1791 года, он остался должен извозчикам 19 000 рублей, торговцам цветов 38 000 рублей и проч.

А. Г. Брикнер[3]. С. 268.

Потемкин приехал со мною проститься. Я сказала ему: «Ты не поверишь, как я о тебе грущу». — «А что такое?» — «Не знаю, куда мне будет тебя девать». — «Как так?» — «Ты моложе государыни, ты ее переживешь; что тогда из тебя будет? Я знаю тебя, как свои руки: ты никогда не согласишься быть вторым человеком». Потемкин задумался и сказал: «Не беспокойся; я умру прежде государыни; я умру скоро». И предчувствие его сбылось. Уж я больше его не видала.

Запись рассказа Н. К. Загряжской // А. С. Пушкин. С. 146.

Потемкин против своей воли покинул Петербург: императрица заставила его уехать. Но несправедливо было бы смотреть на это как на какую-нибудь опалу или размолвку между Екатериной и князем, в чем нетрудно убедиться из оживленной переписки между ними в продолжение нескольких недель до самой кончины Потемкина.

А. Г. Брикнер[3]. С. 206.

Князь Потемкин был, кажется, один из тех людей, кои исполнены необыкновенным честолюбием; но он был также превосходного разума, был не мстителен и не зол. Корыстолюбие, кажется, был главный его порок. Он употреблял богатство на пышность и проживал много. Заграбя многие важные должности, он от своей лени слишком на других надеялся, следственно, худо оные исполнял. Быв сластолюбив, не имел нужной в делах деятельности. Военный департамент, ему вверенный, не в самом лучшем был порядке. Ему непременно хотелось начальствовать армиею. На сей конец он возобновил войну против турок, уговорив императрицу требовать от Порты Оттоманской независимости Крыма. Присвоением сего полуострова к Российской империи война загорелась, и ему вручено предводительство армии. Под ним служил князь Репнин, на котором лежали все труды сей кампании. Осадили Очаков. От нерешимости князя Потемкина и от пышной и сладострастной жизни его (ибо он во время осады в шатрах своих златотканных окружен был женщинами и музыкою и нимало не воспользовался удобными случаями завладеть крепостию) армия стала ослабевать. Наступила стужа, и стужа необыкновенная; войско стало нуждаться пищею и претерпевать холод. Завелись, наконец, смертоносные болезни. Князь Репнин, видя таковое неустройство и небрежение, решился его усовестить, написал ему письмо в твердых выражениях, где, между прочим, он ему вспоминает, что он за таковое нерадение будет отвечать Богу, Государю и Отечеству. Крепость вскоре после того была взята приступом. Я слышал от самого в ней командующего трехбунчужного паши, которого мне случилось в проезде через Москву видеть у князя Репнина, что гарнизон в крепости несколько раз почти начинал бунтовать, и что он удивляется, как не воспользовались осаждающие такими случаями. Вот каков был князь Потемкин, начальствуя армиею.

Ф. Н. Голицын. С. 357—358.

В сие время без его согласия князем Репниным с турками мир заключен. Это его больше убило.

Г. Р. Державин. С. 424.

За таковую смелость он князя Репнина впоследствии возненавидел и старался всячески ему досаждать.

Ф. Н. Голицын. С. 358.

Светлейшему князю, [конечно], очень было досадно, что князь Репнин поспешил заключить мир; он выговаривал ему при многих, сказав: «Вам должно было бы узнать, в каком положении наш черноморский флот, и о экспедиции Гудовича; дождавшись донесения их и узнав от оных, что вице-адмирал Ушаков разбил неприятельский флот и уже его выстрелы были слышны в самом Константинополе, а генерал Гудович взял Анапу, тогда бы вы могли сделать несравненно выгоднейшие условия». Это действительно было справедливо. Князь Репнин в сем случае предпочел личное свое любочестие пользе государственной, не имев иной побудительной причины поспешить заключить мир, кроме того, чтобы его окончить до приезда светлейшего князя.

Л. Н. Энгельгардт. С. 236.

Можно считать вероятным, что между Потемкиным и Репниным происходило некоторое объяснение. Впрочем, Потемкин вскоре же признал заслуги Репнина и был с ним в хороших отношениях.

А. Г. Брикнер[3]. С. 209.

В один день князь сел за ужин, был очень весел, любезен, говорил и шутил беспрестанно, но к концу ужина стал задумываться, начал грызть ногти, что всегда было знаком неудовольствия, и, наконец, сказал: «Может ли человек быть счастливее меня? Все, чего я ни желал, все прихоти мои исполнялись, как будто каким очарованием: хотел чинов — имею, орденов — имею; любил играть — проигрывал суммы несчетные; любил давать праздники — давал великолепные; любил покупать имения — имею; любил строить дома — построил дворцы; любил дорогие вещи — имею столько, что ни один частный человек не имеет так много и таких редких; словом, все страсти мои в полной мере выполнялись». С сим словом ударил фарфоровою тарелкою об пол, разбил ее вдребезги, ушел в спальню и заперся.

Л. Н. Энгельгардт. С. 277—278.

Рассказывают о следующем случае. Помирившись с Репниным, Потемкин был у него однажды на обеде, причем вдруг сделался грустным. «О чем так вдруг закручинились, ваша светлость?» — спросил Репнин. «Не взыщите, князь Николай Васильевич, — ответил Потемкин, — грусть находит вдруг на меня, как черная туча. Ничто не мило, иногда помышляю идти в монахи». — «Что ж, ваша светлость, — сказал Репнин, — недурное дело и это. Сегодня иеромонахом, через день архимандритом, через неделю в епископы, затем и белый клобук. Будете благословлять нас обеими, а мы будем целовать у вас правую»... Однако в это же время Потемкин уже предчувствовал приближающуюся кончину. Замечали, что уже на пути в армию он был задумчив и временами жаловался на головную боль.

А. Г. Брикнер[3]. С. 209.

В бытность мою у него адъютантом, в один день спросил он кофею; из бывших тут один вышел приказать; вскоре спросил опять кофею, и еще один поспешил выйти приказать о том; наконец беспрестанно просил кофею; почти все по одному спешили приказать по его нетерпеливому желанию; но как скоро принесли кофей, то князь сказал: «Не надобно, я только хотел чего-нибудь ожидать, но и тут лишили меня сего удовольствия».

Л. Н. Энгельгардт. С. 277.

Эстергази (австрийский посланник) писал своей жене: «Никто не станет отрицать в нем обширных, гениальных способностей, приверженности к монархине, радения о государственной славе. Но ему ставят в упрек его леность, нарушение заведенных порядков, страсть к богатству и роскоши, чрезмерное уважение собственной личности и разные причуды, до такой степени странные, что иной раз рождалось сомнение — в здравом ли он уме. От всего этого он скучал жизнью и был несчастлив и ты легко поймешь это: он не любил ничего».

А. Г. Брикнер[3]. С. 239.

В начале августа он прибыл в Галац, где вскоре после этого скончался брат великой княгини Марии Федоровны, принц Виртембергский.

А. Г. Брикнер[3]. С. 209.

В то время принц Вюртембергский умер; светлейший князь был на похоронах, и, как по окончании отпевания князь вышел из церкви, и приказано было подать его карету, вместо того подвезли гробовые дроги; князь с ужасом отступил: он был чрезвычайно мнителен.

Л. Н. Энгельгардт. С. 281.

По другим известиям князь в рассеянности даже сел на погребальные дроги, что, разумеется, должно считаться весьма невероятным.

А. Г. Брикнер[3]. С. 212.

В Галаце скончался принц Виртембергский: выходя (12 августа 1791) из церкви, расстроенный, огорченный Потемкин сел, вместо своих дрожек, на дроги, приготовленныя для мертвого тела...

Дм. Бантыш-Каменский. С. 82.

Камердинер Потемкина Секретарев рассказывал, что был свидетелем ошибки князя при выходе из церкви, когда вместо своего экипажа сел на похоронные дроги... «По рассеянности ли, — пишет дочь Секретарева, по рассказу отца, — или по чему другому, необъяснимому, князь положительно сел на дроги и лишь через некоторое время заметил свою ошибку. Вскоре после князь занемог».

А. Г. Брикнер[3]. С. 212.

В Галаце после погребения принца Виртембергского, в каком-то необычайном раздумьи князь Таврический сел на опустелые дроги. Ему заметили это. Он молчал, но угрюмая дума, проявлявшаяся на отуманенном его челе, как будто говорила: «И меня скоро повезут».

С. Н. Глинка. С. 24.

После сего он вскоре занемог, и повезли его больного в Яссы...

Л. Н. Энгельгардт. С. 282.

Принц Виртембергский скончался, и я, на выносе его будучи, занемог. Бог свидетель, что замучился, идет 2-ой безперерывный параксизм.

Г. А. Потемкин — Екатерине II. 15 августа. Галац.

В Яссах постигла его лихорадка: искусство медиков, Тимана и Массота, осталось недействительным.

Дм. Бантыш-Каменский. С. 82.

Черные мысли заставляли его думать опять о монашестве. К этому времени, как кажется, относится сочинение князем «Канона Спасителю» в девяти песнях, в тоне псалмов. В предчувствии близкой кончины он как бы хотел очистить свою душу покаянной молитвой.

А. Г. Брикнер[3]. С. 213.

Когда Екатерина II получила известие, что Потемкин очень болен, то поехала ко всенощной в Невскую лавру и пожаловала в церковь Благовещения большое серебряное паникадило, золотую лампаду к раке св. Александра Невского и несколько сосудов с бриллиантами.

М. И. Пыляев. С. 313.

Болезнь князя действительно сильно беспокоила императрицу. Это видно из следующей заметки в дневнике Храповицкого от 28 августа: «Получено известие через Кречетникова из Киева, что князь Потемкин очень болен и к нему поехала Браницкая... Печаль и слезы».

А. Г. Брикнер[3]. С. 207.

Болезнь светлейшего князя стала усиливаться, но он не хотел принимать никаких лекарств, вопреки медиков Тимона и Массота; и, будучи в жару, мочил себе голову холодною водою...

Л. Н. Энгельгардт. С. 282.

Я болен крайне и, ежели обратится моя лихорадка в гнилую горячку, как то здесь обыкновенно, то уже не в силах буду выдержать.

Г. А. Потемкин — Екатерине II. 15 августа. Галац. 1791 г.

Благодаря Бога опасность миновалась, и мне легче. Осталась слабость большая. День кризиса был жестокий. Я не уповал уже Вас, матушка родная, Всемилостивейшая Государыня, видеть. Еду к Яссам, в Чардан.

Г. А. Потемкин — Екатерине II. 24 августа 1791 г.

Друг мой сердечный Князь Григорий Александрович. Письмы твои от 15 августа до моих рук доставлены, из которых усмотрела пересылки твои с визирем, и что он словесно тебе сказать велел, что ему беда, и что ты ответствовал, почитая все то за обман. Но о чем я всекрайне сожалею и что меня жестоко безпокоит — есть твоя болезнь и что ты ко мне о том пишешь, что не в силах себя чувствуешь оную выдержать. Я Бога прошу, чтоб от тебя отвратил сию скорбь, а меня избавил от такого удара, о котором и думать не могу без крайнего огорчения.

О разогнании турецкого флота здесь узнали с великою радостию, но у меня все твоя болезнь на уме.

Екатерина II — Г. А. Потемкину. 24 августа 1791 г.

С 3-го дня сего месяца показался опять жар, и его светлость проводил ночь в беспрестанной тоске, которая и в следующий день продолжалась; в ночь на 5 число князь не мог тоже уснуть: жар и тоска мучили его несказанно до самого полдня. Всемилостивейшее письмо вашего императорского величества и милосердное в оном соболезнование тронули его светлость до слез, и сие много подействовало; жар начал умаляться... Доктор Тиман, Массот и штаб-лекарь Санковский попеременно не оставляют его светлость ни на минуту. Они приписывают продолжение болезни бывшим несносным жарам, а более накопившейся желчи. Для того и стараемся мы удалить все то, что только может подать повод к огорчению его светлости, весьма для него в настоящем положении опасному. Не безвредна также для его светлости и забота его чрезвычайная по долгу службы: всякий день по утру занимается князь слушанием отовсюду вступающих дел, не в состоянии будучи сам читать, приказывает по оным разные исполнения и когда только может приподняться, то подписывает нужные бумаги, хотя весьма слабой рукой.

В. С. Попов — Екатерине II. 6 сентября 1791 г.
(Здесь и далее письма В. С. Попова цит. по: А. Г. Брикнер[3].)

Платон Александрович тебе кланяется и сам писать будет к тебе. Он весьма беспокоился о твоей болезни и один день не знал, что и как печаль мою облегчить.

Екатерина II — Г. А. Потемкину. 4 сентября 1791 г.

Хорошо было, но стало хуже. Четверо суток безпрерывный жар и боль головная и слабость крайняя. Я во власти Божией, но дела Ваши не потерпят остановки до последней минуты. Не безпокойтесь обо мне, матушка родная, верьте и тому, что Богу известно, что с благодарностию неограниченною и привязанностию истинно сыновнею до последнего издыхания вернейший и благодарнейший подданный
Князь Потемкин Таврический.
Пот меня облегчил.
Искренний поклон Платону Алек[сандровичу]. Истинно не смог писать.

Г. А. Потемкин — Екатерине II. 6 сентября 1791 г.

Друг мой сердечный Князь Григорий Александрович. Твои письмы от 29 августа и 6 сентября мною получены. Первое меня много обрадовало, ибо видела, что тебе было лехче, а другое паки во мне умножило безпокойство, видя, что четверо сутки ты имел непрерывный жар и боль в голове. Прошу Бога, да подкрепит силы твои. Не сумневаюсь, что по делам все пойдет, но каково больному дела, я по себе знаю.

Я, слава Бога, здорова, и колики отстали вовсе, чего приписываю поясу и венгерскому, что Вы посоветовали употребить. Прощай, мой друг, Христос с тобою.

Платон Александрович благодарит за поклон и сам к тебе напишет.

Екатерина II — Г. А. Потемкину. 16 сентября 1791 г.

Еще в сентябре князь неоднократно писал к Безбородке о делах, о ходе переговоров с Турками, об армии и проч. В кратком письме от 16 сентября из Ясс сказано: «Когда дела много, тут сил нет, но я, верно, себя не щажу... устал, как собака».

А. Г. Брикнер[3]. С. 211.

Матушка родная. Всемилостивейшая Государыня. Благодаря Бога я начинаю получать силы, хотя очень помалу. Но стреляние в ухо меня мучит. Такого году никогда не бывало: все немогут. Дом мой похож на лазарет, в армии в лазаретах больных 8 т[ысяч], да при полках 10 тыс[яч]. Слава Богу, что не мрут.

Г. А. Потемкин — Екатерине II. 16 сентября 1791 г. Яссы.

Его светлость, освободясь от болезни, не может еще освободиться от своей слабости и притом много терпит от стреляния в ушах. Дня с три собирался он с силами, чтоб отметить на списках рекомендованных за Мачинское и Анапинское дело мнение свое о их награждении, но не был в состоянии того исполнить, так как и положить на бумаге свои переговоры и сношения с визирем, и так отложил, пока силы его укрепятся.

В. С. Попов — А. А. Безбородко. 16 сентября 1791 г.

Князь опять занемог. Лихорадка мучила его третьего дня жесточайшим образом, так что его светлость до сих пор не встает с постели. Если сия лихорадка сделается четырехдневной, то для его светлости будет весьма несносна, и, тем более что для изгнания ее нужно будет принимать лекарства, для коих князь весьма неохотлив.

В. С. Попов — А. А. Безбородко. 21 сентября 1791 г.

Преосвященный Амвросий и я повестили его и слезно умоляли беречь себя, принимать лекарства и воздерживаться от вредной пищи. «Едва ли я выздоровею, — отвечал на это Князь, — сколько уже времяни, а облегчения нет, как нет. Но да будет воля Божия! Только вы молитесь о душе моей и помните меня. Ты, духовник мой, — продолжал он, обращаясь к Амвросию, — и ведаешь, что я никому не желал зла. Осчастливить человека было целию моих желаний». Зарыдали мы от этой предсмертной речи доблестного мужа. Вышедши, мы нашли в гостиной генерал-доктора француза (Массо), от которого узнали, что положение

Князя безнадежно, что никаких лекарств он не принимает, а болезнь уже в таком развитии, что обыкновенное врачество едва ли поможет. Глубокое отчаяние овладело нами, но нечего было делать.

Иона, митрополит Руисский.
Цит. по: Екатерина II и Г. А. Потемкин. С. 959.

От 21 сентября до нынешнего дня князь подвержен был беспрестанным и жестоким страданиям. Все признаки открывали тяжкую и мучительную болезнь. Горестные его стенания сокрушали всех окружающих его. Когда только боли унимались, то его светлость начинал говорить о безнадежности своей жизни и со всеми прощался, не внемля никаким нашим вопреки сего уверениям. Все наличные здесь доктора держали консилиум о болезни его светлости и о способах к его врачеванию и согласно положили давать его светлости хину, которую он уже и принимает.

В. С. Попов — Екатерине II. 25 сентября 1791 г.

Матушка родная, Всемилостивейшая Государыня!
Третий день продолжается у меня параксизм. Сил лишился и не знаю, когда будет конец. Я по смерть вернейший и благодарнейший подданный
Князь Потемкин Таврический.
Платону Александровичу мой поклон.

Г. А. Потемкин — Екатерине II. 21 сентября 1791 г. Яссы.

21 сентября он писал Безбородке: «Стал было я бродить, но третьего дня схватил меня сильно пароксизм и держал более 12 часов, так что и по сие время не могу отдохнуть; крайнее ослабление. Вообразите, что все больны в Яссах и у меня в доме скоро некому будет служить. Прошу отыскать для меня шлафрок китайский и прислать; оный крайне мне нужен».

А. Г. Брикнер[3]*. С. 211.*

Матушка Всемилостивейшая Государыня! Измученный жестокими моими страданиями не могу я сам писать. Попов донесет Вашему Величеству о моем состоянии, я же до последнего издыхания Ваш благодарнейший и вернейший подданный Князь Потемкин Таврический. Матушка моя родная.

Г. А. Потемкин — Екатерине II. 26 сентября 1791 г. Яссы.

Состояние Светлейшего Князя, слава Богу, переменилось в лутчее. Прошедшую ночь проводил он без страдания, сон имел хороший, проснулся спокойно и сие спокойствие во весь день продолжается. Доктора весьма довольны, все их признаки идут к добру, и сам Князь перестал уже говорить о смерти. Севодни в двенадцатом часу Его Светлость приобщился Святых Тайн и после того стал довольно весел. Много принесло Его Светлости радости и удовольствия получение вчера Всемилостивейшего Вашего Императорского Величества письма и с оным шубы и шлафрока. При напоминании Высочайшего Вашего Величества имяни всегда льются обильные слезы из глаз его. Крайняя слабость после претерпенных мучений не позволила ему много писать к Вашему Императорскому Величеству, но я надеюсь, что с первым курьером Его Светлость напишет более.

В. С. Попов — Екатерине II. 27 сентября 1787 г.

В письме к Безбородке от 27 же сентября Попов просит прислать для князя морошки, замечая: «Нам весьма приятно было услышать сие желание его светлости, ибо оно было первое после жестокой болезни».

А. Г. Брикнер[3]. С. 216.

Матушка родная, жить мне больше тяжело, что тебя не вижу.

Г. А. Потемкин — Екатерине II. 27 сентября 1791 г.

Друг мой сердечный Князь Григорий Александрович. Всекрайне меня безпокоит твоя болезнь. Христа ради, ежели нужно, прийми, что тебе облегчение, по рассуждению докторов, дать может. Да, приняв, прошу уже и беречь себя от пищи и питья, лекарству противных. Бога прошу, да возвратит тебе скорее силу и здравье. Прощай, мой друг.
Платон Александрович тебя благодарит за поклон и весьма тужит о твоем состоянии. С имянинами тебя поздравляю и посылаю шубенку.

Екатерина II — Г. А. Потемкину. 30 сентября 1791 г.

30-е число, день рождения и именин его светлости, все окружающие его старались утешать его разными опытами усердия своего; несколько раз вспоминал он священное вашего императорского величества имя и громко плакал, воображая, что, может быть, не будет иметь счастья ваше и. величество увидеть... Я просил его светлость убедительнейшим образом о принятии хины, но ничто не может преодолеть совершенного его отвращения, и кажется, болезнь умножается при воспоминании о лекарстве. Теперь желает его светлость, чтоб везли его отсюда в здоровейшее место, но я не знаю, как тронуться ему отсюда, когда все силы его изнурены до крайности.

В. С. Попов — Екатерине II. 2 октября 1791 г.

Матушка Всемилостивейшая Государыня! В теперешнем болезнию изнуренном состоянии моем молю Всевышнего да сохранит драгоценное здравие твое, и повергаюсь к освященным Вашим стопам
Вашего Императорского Величества вернейший и благодарнейший подданный
Князь Потемкин Таврический. Матушка, ох как болен.

Г. А. Потемкин — Екатерине II. 2 октября 1791 г. Яссы.

В обед приехал курьер, что 1 октября князю Потемкину опять хуже. Слезы.

Запись А. В. Храповицкого от 11 октября 1791 г.

Заботы наши о его светлости все еще продолжаются. В прошедшую ночь сделавшийся ему обморок много нанес беспокойства. Теперь, слава Богу, он спокоен, много говорил о делах и непременное положил намерение отсюда удалиться. Место всех здоровее считает его светлость в Николаеве, что по Бугу, и одна мысль сей перемены его утешает.

В. С. Попов — А. А. Безбородко. 2 октября 1791 г.

Друг мой сердечный Князь Григорий Александрович. Письмы твои от 25 и 27 я сегодня чрез несколько часов получила и признаюсь, что они крайне меня безпокоят, хотя вижу, что последние три строки твои немного полутче написаны. И доктора твои уверяют, что тебе полутче. Бога молю, да возвратит тебе скорее здоровье.

Екатерина II — Г. А. Потемкину. 3 октября 1791 г.

На 3-е число сего месяца его светлость проводил всю ночь и до девяти часов утра в таком состоянии, которое приводило в отчаяние всех медиков. Девять часов не находили они пульса. Его светлость не узнавал людей; руки его и ноги были холодны как лед, и цвет лица весьма изменился. Невзирая на слабость, его светлость непременно требовал, чтоб везли его отсюда. На 4-е число его светлость проводил ночь довольно покойно, и хотя сна совсем почти не было, но не было тоски. Как выезд из Ясс назначен был поутру, то князь поминутно спрашивал: который час? и все ли готово? Едва только рассветало, то, несмотря на крайнюю его слабость, не было возможности удержать его несколько часов, пока бы разошелся бывший тогда густой туман. Его светлость приказал положить себя в большие кресла и на оных снести к шестиместной карете, в которую его с великим трудом и положили. Тут князь подписал письмо к вашему императорскому величеству и в 8 часов пополуночи пустился в путь свой к Николаеву. С его светлостью поехали, но в других экипажах: графиня Александра Васильевна Браницкая, генерал-поручик Голицын, генерал-майор Львов и обер-кригскомиссар Фалеев, доктора Тиман и Массот и штаб-лекарь Санковский. Всю дорогу ехали тихо и в два часа пополудни прибыли благополучно на первый ночлег в село Пунчешты, в 30 верстах отсюда; доктора удивляются крепости, с которую его светлость совершил переезд свой. Они нашли у него пульс лучше и гораздо более свежести в лице; жаловался только, что очень устал. Если его светлость следующую ночь проведет спокойно, то мы уверены о скором его выздоровлении в Николаеве, тем паче, что его светлость восприял несомненную в том надежду, и сия надежда сильно в нем действует.

В. С. Попов — Екатерине II. 4 октября 1791 г.

4 октября 1791. Яссы. (Чужой рукой): Матушка, всемилостивейшая Государыня! Нет сил более переносить мои мучения; одно спасение остается оставить сей город, и я велел себя везти к Николаеву. Не знаю, что будет со мной.

(Женской рукой): Вечный и благодарный подданный. (Рукой князя Потемкина): Я для спасения уезжаю.

Г. А. Потемкин — Екатерине II. 4 октября 1791 г.

В письме от 4 октября сказано уже, что доктора потеряли надежду.

А. Г. Брикнер[3]. С. 217.

4 октября 1791 г., в 8 часу утра, положили Потемкина в коляску. Он отъехал в тот день не более двадцати пяти верст; был довольно весел; утешал себя мыслию, *что оставил гроб свой*, так называл Потемкин Яссы.

Дм. Бантыш-Каменский. С. 83.

Он смеялся над врачами, ел солонину и сырую репу. Болезнь его усилилась. Он приказал везти себя в Очаков, завоеванный и любимый им. Едва он сделал несколько верст, как воздух в карете, по-видимому, стал его душить.

Ш. Массон. С. 69.

В числе провожатых была племянница его, графиня Браницкая. Проехав верст шестнадцать, остановились на ночлег. В хате Григорию Александровичу стало душно. Нетерпеливою рукою стал он вырывать оконные пузыри, заменяющие в тамошних местах стекла. Племянница уговаривала, унимала, дядя продолжал свое дело, ворча сквозь зубы: «Не сердите меня!»

С. Н. Глинка. С. 24.

Между тем болезнь светлейшего князя более и более усиливалась; чувствуя изнурение своих сил, он послал курьера с повелением к командующему войсками в Крыму, генералу Каховскому, чтоб он прибыл принять в заведывание его армию, во время его отлучки, намереваясь отъехать в Николаев. Пятого октября, в сопровождении графини Браницкой, отправился он в путь.

Л. Н. Энгельгардт. С. 282.

На другой день пустились в Яссы, проехали верст шесть. Потемкину сделалось дурно, остановились, снова поднялись и снова поворотили на прежнее место. Смерть была уже в груди князя Таврического. Он приказал высадить себя из кареты. Графиня удерживала. Он проговорил по-прежнему: «Не сердите меня!»

С. Н. Глинка. С. 24.

На первом ночлеге он участвовал в разговоре Фалеева с Браницкой «и был так весел, что просидел с ними до 12-ти часов, говорил им, что он рад, что гроб свой в Яссах оставил. Поминутно он спрашивал, скоро ли рассветет; лишь только показался свет, он и велел заложить лошадей; однако же все ему говорили, что их повели поить. Он приметил, что обман... нечего было делать, повезли его; отъехав семь верст, он сказал: «Будет теперь, некуда ехать, я умираю, выньте меня из коляски, я хочу умереть на поле». Его положили на траву. Он просил спирту, намочил оным голову, и, полежав более трех четвертей часа, зевнув раза три, так покойно умер, как будто свеча, которая вдруг погаснет без малейшего ветра».

А. Г. Брикнер[3]*. С. 222.*

Разложили пуховик и уложили князя. Он прижал к персям своим образ, осенился крестом, сказал: «Господи, в руце твои предаю дух мой!» и вздохнул в последний раз.

С. Н. Глинка. С. 24.

...В двенадцать часов тихо опочил в силе мужества, имея только пятьдесят пять лет от роду.

Дм. Бантыш-Каменский. С. 84.

Тело его перевезли в Херсон.

Л. Н. Энгельгардт. С. 282.

Отец Э. И. Стогова, записки которого недавно появились в «Русской старине», рассказывал сыну, что он в минуту кончины князя Потемкина стоял в ногах умирающего. Князь говорил доктору будто: «Спаси меня; я полцарства дам тебе». Доктор поднес ему образ и сказал: «Вот твое спасение». Потемкин крепко прижал образ и скончался.

А. Г. Брикнер[3]*. С. 221.*

Судьба и тут не покинула своего баловня: Потемкин умер без страданий, без мучительной агонии — умер так, как можно пожелать умереть всякому.

Легенды старого Петербурга. С. 131.

В 1816 году К. Ф. Кнорринг, как очевидец последних часов жизни Потемкина, рассказывал следующее: «При переезде из одного места в другое князь назначил ночлег на пути у него, Кнорринга, тогда командира Таврического гренадерского полка, и прибыл в седьмом часу вечера. Приготовлена торжественная встреча, но из кареты у подъезда слышали нерадостный голос: «Жарко, душно!» Носился слух, что князь был не совсем здоров, но чтобы молва заключала в себе что-либо немаловажное, то в мысль никому не приходило. Вошедши в дом, он улегся на диване и велел отворить окна, повторяя: «Жарко, душно!» Ночь была тихая, лунная, свежая; что доктор ни делал, что ни подавали для прохлаждения, все ему было душно; метался, страдал. Не прежде десятого часа доктор сказал, что князь начинает успокаиваться и, Бог даст, заснет. Спутники пошли ужинать к нему, Кноррингу. Выезд назначен между семи и восьми часов утра. Можно ли было подумать, что это утро, этот день будет последний день жизни знаменитого? Между двух и трех часов ночи неожиданная тревога: экипажи поданы, князь выезжает. Кто как успел приодеться со сна, так и отправились. Велено было ехать шагом. За несколько верст от ночлега рассветало. Княжая карета остановилась. Выскочили мы, — говорил Кнорринг, — из экипажей и окружили карету. Больной держал в дрожащих руках св. икону, везде и всегда его спутницу, лобызал ее, обливал слезами, рыдал, взывая: «Боже мой! Боже мой!» Пожелал выйти из кареты и лечь на траве. Постлали ковер, принесли под голову кожаную подушку, уложили его; ничего не говорил, стонал, казался, однако же, покойнее. Так он по желанию лежал на траве, на чистом утреннем воздухе, под открытым небом. Скоро затем, крепко и сильно вздохнув, протянулся. Смерть и тогда еще никому из предстоявших не пришла на мысль. Казак из конвойных первый сказал, что князь отходит и закрыть бы глаза ему; искали по всем карманам империала; тот же казак подал медный пятак, которым и сомкнули глаза покойному».

А. Г. Брикнер[3] С. 220—221.

У князя Таврического не было никакой оседлости. Не строил он замков, не разводил садов и зверинцев: дворец Таврический был даром Екатерины II, а у него своего домовитого приюта не было нигде. И этот исполин, повторяю еще, был странником: он жил бесприютно и умер в пустыне, на плаще, под сводом сумрачного неба октябрьского.

С. Н. Глинка. С. 27.

Я поручил г-ну Иванову написать изображение кончины его светлости. Графиня Браницкая, бросаясь на него, старалась уверить себя и всех, что он еще жив, старалась дыханием своим согреть охладевшие уста. Все окружающие в ужасе и отчаянии воздымали руки и били себя в перси. Картина сия, милостивая государыня, весьма будет жалостна.

В. С. Попов — Екатерине II. 6 октября 1791 г.

Удар совершился, всемилостивейшая государыня! Светлейшего князя нет более на свете. Поутру он сделался очень слаб, но приказал скорее ехать; наконец, не доезжая большой горы, верстах в 40 от Ясс, так ослабел, что принуждены были вынуть его из коляски и положить на степи. Тут и испустил он, к горестнейшему нашему сожалению, дух свой.

В. С. Попов — Екатерине II. 5 октября 1791 г.

...В октябре месяце, получено известие из армии, что князь Потемкин, оканчивавший поставленный на море князем Репниным с турками мир, скончался. Сие как громом всех поразило, а особливо императрицу, которая чрезвычайно о сем присноименном талантами и слабостями вельможе соболезновала.

Г. Р. Державин. С. 425.

О впечатлении, произведенном кончиной Потемкина, мы узнаем довольно подробно из следующих данных. В дневнике Храповицкого сказано 12 октября: «Курьер к пяти часам пополудни, что Потемкин умер... Слезы и отчаяние. В 8 часов пустили кровь; в 10 часов легли в постель». 13 октября: «Проснулись в огорчении и слезах. Жаловались, что не успевают приготовить людей. Теперь не на кого опереться» (слова Екатерины).

А. Г. Брикнер[3]. С. 227.

При известии о его смерти Екатерина трижды падала в обморок; пришлось сделать ей кровопускание, ибо думали, что она умирает: она почти так же скорбела о Потемкине, как и о кончине Ланского. Но в первом она потеряла не любовника: это был друг, гений которого не уступал ее собственному; на него она смотрела как на опору трона и исполнителя ее обширных проектов.

Ш. Массон. С. 69.

В эту же ночь императрица в своем горе искала утешение в письменной беседе со своим другом, бароном Гриммом. Она писала ему в 2 $^1/_2$ часа утра: «Страшный удар разразился над моей головой. После обеда, часов в шесть, курьер привез горестное известие, что мой ученик, мой друг, можно сказать, мой идол, князь Потемкин-Таврический умер в Молдавии от болезни, продолжавшейся почти целый месяц. Вы не можете себе представить, как я огорчена. Это был человек высокого ума, редкого разума, превосходного сердца; цели его всегда были направлены к великому. Он был человеколюбив, очень сведущ и крайне любезен. В голове его непрерывно возникали новые мысли; какой он был мастер острить, как умел сказать словцо кстати! В эту войну он выказал поразительные дарования: везде была ему удача — и на суше, и на море. Им никто не управляет, но сам он удивительно умеет управлять другими. Одним словом, он был государственным человеком: умел дать хороший совет, умел и выполнить. Его привязанность и усердие ко мне доходили до страсти; он всегда сердился и бранил меня, если, по его мнению, дело было сделано не так, как следовало; с летами, благодаря опытности, он исправился от многих своих недостатков. Когда он приехал сюда, три месяца тому назад, я говорила генералу Зубову, что меня пугает эта перемена и что в нем незаметно более прежних его недостатков, и вот, к несчастию, мои опасения оказались пророчеством. Но в нем были качества, встречающиеся крайне редко и отличавшие его между всеми другими: у него был смелый ум, смелая душа, смелое сердце. Благодаря этому, мы всегда понимали друг друга и не обращали внимания на толки тех, кто меньше нас смыслил. По моему мнению, князь Потемкин был великий человек, который не выполнил и половины того, что был в состоянии сделать».

А. Г. Брикнер[3]. С. 227—228.

Ночью повезли его обратно в Яссы, в том же самом экипаже, окруженном факелами.

Дм. Бантыш-Каменский. С. 84.

Рассказывали, что в Яссах не менее 600 человек работали над приготовлениями к похоронам князя...
Митрополит Иона, описывая подробно погребальную церемонию, происходившую в Яссах, писал, что полки, расставленные по этому случаю в две шеренги, стояли прямою линией, занимавшей более пяти верст.

А. Г. Брикнер[3]. С. 223, 224.

Труп Потемкина, окруженный факелами, был привезен обратно в Яссы. По прибытии, тело было анатомировано и бальзамировано; на месте кончины князя был оставлен казацкий пикет с воткнутыми пиками и затем воздвигнут каменный круглый столб; столб этот существовал еще в 1811 году.

М. И. Пыляев. С. 315.

В письме великой княгини к ее родителям из Гатчины от 27 октября (7 ноября) 1791 года сказано, что упрямство князя, неумеренная пища и отвращение от хины были причиной кончины князя и что, по мнению докторов, без этого его положение не сделалось бы столь опасным... Самойлов замечает в своей «Биографии Потемкина»: «Болезнь его увеличивалась не сколько сама по себе, но более от того, что он не только не берег себя, но даже как бы нарочно изыскивал средство против выздоровления своего, употребляя в пищу самые жирные и докторами запрещенные яства; а в то время, когда испарина в самый пот приходила, он выливал на голову стеклянок по десять одеколона и был в беспрерывном неудовольствии духа...»
Барон Бюлер писал князю Голицыну в Вену: «Последняя болезнь его [Потемкина] была перемежающаяся лихорадка, которая сделалась смертельной вследствие отвращения его ко всем лечебным пособиям».

А. Г. Брикнер[3] С. 219—220.

Князь Потемкин своей смертью сыграл со мной злую шутку. Теперь вся тяжесть правления лежит на мне одной.

Екатерина II — Ф. М. Гримму. 22 октября 1791 г.
Сб. Исторического общества. 1878. XXIII. С. 561.

Дела идут тем же порядком, несмотря на ужасную потерю, о которой я вам писала в ту же ночь, как пришло роковое известие. Я все еще продолжаю грустить. Заменить его невозможно, потому что нужно родиться таким человеком, как он, а конец нынешнего столетия не представляет гениальных людей.

Екатерина II — Ф. М. Гримму. 12 декабря 1791 г.
Сб. Исторического общества. 1878. XXIII. С. 564.

Отпетое тело Потемкина стояло в Яссах до ноября и затем было перевезено в город Херсон и поставлено в подпольном склепе крепостной церкви Св. Екатерины. Гроб оставался не опущенным в землю с 23-го ноября 1791 года по 28-е апреля 1798 года. Жители Херсона здесь служили панихиды и приходили, как рассказывают, поклониться праху Потемкина; то были преимущественно старообрядцы, которых Потемкин вызвал из Турции.

М. И. Пыляев. С. 315.

Императрица Екатерина приказала в конце 1791 года «в память Потемкина заготовить грамоту с прописанием в оной завоеванных им крепостей в прошедшую войну и разных сухопутных и морских побед, войсками его одержанных; грамоту сию хранить в соборной церкви города Херсона, где соорудить мраморный памятник Таврическому, а в арсенале того ж града поместить его изображение и в честь ему выбить медаль». Памятник был воздвигнут в том же храме, но в 1798 году по приказанию Павла I уничтожен.

А. Г. Брикнер[3]. С. 225.

Император Павел не любил Потемкина; у него ничего не было общего с ним, мнения и убеждения одного шли в разрез с образом мыслей другого. При вступлении на престол, из бумаг Потемкина он увидел, как много тот вредил ему во мнении императрицы. Дошедший до императора Павла слух, что тело Потемкина более семи лет стоит не преданным земле, вызвал распоряжение похоронить его, как гласил указ: «без дальнейшей огласки, в самом же том месте, во особо вырытую яму, а погреб засыпать и загладить землею так; как бы его никогда не было». Все это подало основание молве, быстро облетавшей Россию и проникнувшей за границу, будто тело князя Потемкина из гроба вынуто и где-то во рву Херсонской крепости зарыто бесследно.

М. И. Пыляев. С. 315—316.

Однажды, скоро после вступления на престол, Павел, беседуя с В. С. Поповым, разговорился о Потемкине, обвинял его в расстройстве финансов и затем, постепенно возвышая голос, трижды поставил вопрос: «Как поправить все зло, которое Потемкин причинил России?» Вынужденный отвечать, Попов сказал: «Отдать туркам южный берег!»

Смелая выходка бывшего правителя Потемкинской канцелярии так взволновала государя, что он бросился за шпагою; Попов же между тем удалился из дворца. Он был сослан в свое имение Решетиловку.

А. Г. Брикнер[3]. С. 236.

Наконец, в 1873 году Одесское общество истории и древностей решило более точно исследовать состояние могилы Потемкина. Особая ученая комиссия, во главе которой находился Н. Мурзакевич, отправилась в Херсон и 19 августа 1874 года исполнила возложенную на нее задачу. Нашли ящик, в котором лежал череп с выпиленной с задней стороны треугольною частью и наполненный массою для бальзамирования; на затылке черепа были видны клочки темно-русых волос; кроме того, в ящике лежало несколько костей. Далее нашли в склепе остатки деревянного и свинцового гробов, куски золотого позумента, серебряные гробовые скобы и три шитые канителью орденские звезды первой степени: Андрея, Владимира и Георгия. Нет сомнения, что все это принадлежало могиле светлейшего князя Потемкина-Таврического.

А. Г. Брикнер[3]. С. 226.

Комиссия положила: собрать все кости покойного Потемкина и положить в особый свинцовый ящик, отверстия в своде заделать, уложить на него мраморную надгробную доску, обнеся ее приличною чугунною решеткою, а позументы, скобы, звезды уложить в особый ящик, который оставить в ризнице крепостного собора на память о покойном. В 1873 году, херсонское земство повесило в церкви в память князя Таврического небольшую мраморную доску с надписью.

М. И. Пыляев. С. 318.

О том, что тело оставалось в гробу неприкосновенным, свидетельствует тот факт, что в 1818 году, при объезде епархии, екатеринославский архиепископ Иов, Потемкин по родству, пожелал убедиться в справедливости носившегося слуха; поэтому, ночью, 4 июля, в присутствии нескольких духовных лиц, поднял церковный пол, проломал свод склепа и, вскрыв гроб, удостоверился в присутствии тела в гробу. Говорят, что родственник вынул из склепа какой-то сосуд и поместил в свою карету; в сосуде этом, по догадкам, находились внутренности покойного. Одни сказывали, что сосуд отправлен был в сельцо Чижово, Смоленского уезда, на родину князя. Предание гласит, что, захватив из склепа сосуд, иерарх взял и портрет императрицы Екатерины II, осыпанный бриллиантами, лежавший в гробе.

А. Г. Брикнер[3]. С. 226—227.

В 1859 году, по случаю внутренних починок в церкви, пять лиц спустились чрез пролом в склепе и, вынув из развалившегося гроба, засыпанного землею, череп и некоторые кости покойного, вложили их в особый ящик с задвижкой и оставили в склепе. Около того же времени, как рассказывают, из склепа взято все до последней пуговицы, куски золотого позумента и даже сняты полуистлевшие туфли с ног Потемкина.

М. И. Пыляев. С. 316.

Сто лет спустя после смерти Потемкина Валишевский (известный польский историк, произведения которого, как заметил читатель, часто цитируются в этой книге. — *Е. Г.*) отыскал в архиве французского министерства иностранных дел любопытнейшую депешу графа Луи Филиппа де Сегюра, посланника Версальского двора при дворе Екатерины II. Депеша помечена 10/21 декабря 1787 г. Дипломат сообщает новости о начавшейся русско-турецкой войне, о главнокомандующем Потемкине: «Двадцать дней не получали известий от Князя Потемкина и это молчание справедливо гневит Государыню, — замечает Сегюр и тут же прибавляет. — Особое основание таких прав — великая тайна, известная только четырем лицам в России. Случай открыл мне ее, и, если мне удастся вполне увериться, я оповещу Короля при первой возможности». Нового оповещения Валишевский не нашел.

В. С. Лопатин // Екатерина II и Г. А. Потемкин. С. 478—479.

В один из вечеров (осенью 1863 года автор этих записок П. И. Бартенев, издатель знаменитых сборников «Русской старины» встречался с графом Дмитрием Николаевичем Блудовым, у внуков которого был домашним учителем. — *Е. Г.*), когда я уже начинал утомляться слушанием, вдруг старик-граф как бы мимоходом сказал, что Екатерина II была замужем за Потемкиным. Я изумился, точно как читающий диккенсова Копперфильда изумляется, узнав в конце книги, что у тетушки Бетси был муж. Признаюсь, мне подумалось, уж не стал ли бредить престарелый Председатель Государственного Совета (это был последний год его жизни). Однако я, разумеется, начал допытываться, откуда он про это знает, и граф сообщил мне, что князь М. С. Воронцов, приезжавший в Петербург по кончине своей тещи, племянницы Потемкина графини А. В. Браницкой (умерла в 1839 г.), сказывал ему, что она сообщила ему эту тайну и передала даже самую запись об этом браке...

П. И. Бартенев // Русский архив. 1898. № 9. С. 574.

Блудов знал, о чем говорил, и вскоре Бартенев получил новые доказательства тайного брака Екатерины Великой. В 1869 г. он посетил в Одессе внука графини А. В. Браницкой князя С. М. Воронцова. Последний пригласил Бартенева для переговоров об издании обширнейшего семейного архива. Вскоре стали выходить фолианты «Архива князя Воронцова» (всего в течение 30 лет вышло 40 томов!). «На первых же порах знакомства, — вспоминал Бартенев, — князь сообщил мне, что у матушки его, тогда еще здравствовавшей княгини Елизаветы Ксаверьевны, хранится список записи о браке императрицы Екатерины II с ее дедом-дядею Светлейшим князем Потемкиным. Позднее, в другую одесскую мою поездку, граф Александр Григорьевич Строганов сказывал мне, что эта запись хранилась в особой шкатулке, которую княгиня Воронцова поручила ему бросить в море, когда он ездил из Одессы в Крым». Знаменитая красавица, в которую был влюблен молодой Пушкин, сберегла тайну. Бартенев продолжал поиски. В рукописи «Записок» князя Ф. Н. Голицына (образованнейшего аристократа, воспитателем которого был последний фаворит императрицы Елизаветы Петровны И. И. Шувалов) ему попалось поразительное свидетельство: «Один из моих знакомых, — вспоминал князь Голицын, — бывший при Павле I в делах и в большой доверенности, уверял меня, что императрица Екатерина, вследствие упорственного желания князя Потемкина и ея к нему страстной привязанности, с ним венчалась у Самсония, что на Выборгской стороне. Она изволила туда приехать поздно вечером, где уже духовник ея был в готовности, сопровождаемая одною Мариею Савишною Перекусихиной. Венцы держали граф Самойлов и Евграф Александрович Чертков...»

В. С. Лопатин. Екатерина II и Г. А. Потемкин. С. 478—479.

Родной, по матери своей, внук графа Самойлова граф Александр Алексеевич Бобринский знал, по преданию, и передал мне, что когда совершалось таинство брака, Апостол читан был графом Самойловым, который при словах «Жена да боится мужа своего» поглядел в сторону венчавшейся, она кивнула ему головою, и что брачную запись граф Самойлов приказал положить себе в гроб. Граф Орлов-Давыдов В. П. (человек воздержанный и на язык) передавал мне, что однажды он пришел к престарелому графу Самойлову в то время, как он разбирал свои драгоценности. «А вот пряжка, — сказал он ему, — подаренная мне Государынею на память брака с покойным дядюшкою»...

П. И. Бартенев // Русский архив. 1898. № 9. С. 615.

Должно справедливость отдать князю Потемкину, что он имел весьма сердце доброе и был человек отлично великодушный. Шутки в оде «Фелице» на счет вельмож, а более на его вмещенные, которые императрица, заметя карандашом, разослала в печатных экземплярах по приличию к каждому, его нимало не тронули или, по крайней мере, не обнаружили его гневных душевных расположений, не так, как прочих господ, которые за то сочинителя возненавидели и злобно гнали; но напротив того, он оказал ему доброхотство и желал...

Г. Р. Державин. С. 424—425.

Буде бы в обществе или в людях справедливость и благодарность за добродеяние превосходили властолюбие и иные страсти, то бы давно доказано было, что никто вообще друзьям и недругам и бесчисленному множеству людей делал более неисчисленное же добро, начав сей счет с первейших людей, и даже до малых. Вред же или несчастье нанес ни единой твари, ниже явным своим врагам; напротив того — во всех случаях первым их предстателем часто весьма оказался. Но как людским отрастем упор не редко бывает, того для общим врагом наречен.

Доказательства выше писанному не трудно сыскать; трудно будет именовать, кому делал несчастье. Кому же делал добро, в случае потребном подам реестр предлинный тех одних, кого упомню.

(На рукописи приписано рукою императрицы):

Ответ мой Корсакову, который называл кн[язя] По[темкина] общим врагом.

Екатерина II. Памятник... С. 60.

Он создавал, или разрушал, или все баламутил, но при этом все животворил. Когда его не было поблизости, говорили только о нем, в его присутствии все смотрели только на него. Ненавидевшие его вельможи, которые играли некоторую роль при дворе, когда он был в армии, при виде его, казалось, уходили под землю и совершенно перед ним уничтожались. Принц де Линь, который писал ему льстивые послания, говорил: «В этом характере есть и гигантское, и романтическое, и варварское».

Ш. Массон. С. 68—69.

Показывая вид ленивца, он трудится беспрестанно; не имеет стола, кроме своих колен, другого гребня, кроме своих ногтей; всегда лежит, но не предается сну ни днем, ни ночью; беспокоится прежде наступления опасности и веселится, когда она настала; унывает в удовольствиях; несчастен оттого, что счастлив; нетерпеливо желает и скоро всем наскучивает; философ глубокомысленный, искусный министр, тонкий политик и вместе избалованный девятилетний ребенок; любит Бога, боится сатаны, которого почитает гораздо более и сильнее, нежели самого себя; одною рукою крестится, а другою ласкает женщин; принимает бесчисленные награждения и тотчас их раздает; лучше любит давать, чем платить долги; чрезвычайно богат, но никогда не имеет денег; говорит о богословии с генералом, а о военных делах с архиереями; по очереди имеет вид восточного сатрапа или любезного придворного века Людовика XIV и вместе изнеженного сибарита. Какая же его магия? Гений, потом и еще гений; природный ум, превосходная память, возвышенность души, коварство без злобы, хитрость без лукавства, счастливая смесь причуд, великая щедрость в раздании наград, чрезвычайная тонкость, дар угадывать то, что он сам не знает, и величайшее познание людей; это настоящий портрет Алкивиада... В нем есть много исполинского, романтического и варварского...

Ш. Ж. Де Линь. С. 258.

Екатерина говорила про Потемкина: «Он имел необыкновенный ум, нрав горячий, сердце доброе; глядел волком, и потому не был любим, но, давая щелчки, благодетельствовал даже врагам своим. Трудно заменить его; он был настоящий дворянин, его нельзя было купить».

М. И. Пыляев. С. 313.

И это правда. Его кончина оставила незаполнимую пустоту в Петербурге, и эта смерть была так же необычайна, как и его жизнь... Екатерина, восседавшая на захваченном силою престоле, ненавидимая своим сыном, была женщина — и женщина робкая. Она привыкла видеть в Потемкине покровителя, благосостояние и слава которого были тесно связаны с ее собственными.

Ш. Массон. С. 69—70.

Так, например, в письме к Гримму сказано: «Ох, Боже мой! Опять нужно приняться и все самой делать. Нет ни малейшего сомнения, что двое Зубовых подают более всего надежд; но подумайте, ведь старшему только 24-й год, а младшему нет еще и двадцати. Правда, они люди умные, понятливые, а старший обладает обширными и разнообразными сведениями. Ум его отличается последовательностью, и поистине он человек даровитый». В другом письме: «Зубов трудолюбив, бескорыстен, исполнен доброй воли и отличается чрезвычайными умственными способностями; вы о нем услышите еще более; кажется, от меня зависит сделать из него новый фактотум». Последнее замечание заключает в себе намек на незадолго до этого скончавшегося Потемкина. Екатерина, очевидно, надеялась найти в Зубове сотрудника, похожего на светлейшего князя; но надежды ее не оправдались.

А. Г. Брикнер[2]. С. 290.

Она вновь ощутила себя иностранкой, начала бояться сына и в это-то именно время оперлась на своего внука Александра, который уже выходил из детского возраста, и стала противопоставлять его Павлу.

Ш. Массон. С. 69—70.

Что более государыня приходила в лета, то все менее было видно искренности и любви к великому князю. Последние годы ее царствования он уже все более и более продолжал свое пребывание в увеселительных своих замках и доживал до настоящей зимы. Между тем редко и по праздникам в город приезжал. Подобное поведение привело государыню в беспокойство. Она окружилась людьми ей преданными, выписала из Белоруссии Петра Богдановича Пассека (он был там наместником), велела жить ему во дворце и пожаловала его в генерал-адъютанты. Архаров оставлен был в Петербурге военным губернатором. Приметным образом в императрице приближенные увидели перемену. Она стала задумчивее и в лице поизменилась, а особливо после разрыва приуготовленного совсем церковного обряда для венчания великой княжны Александры Павловны с Густавом, королем Шведским. Неудача сего преднамеренного брака произвела в государыне сильное потрясение.

Ф. Н. Голицын. С. 373—374.

Рассказывали мне люди достоверные и которые могли знать, что делалось при дворе Екатерины и помнили то время, что императрица, которая, как известно, была не слишком нежная мать, не старалась никогда приблизить к себе сына, сначала поощряла его строиться в Павловском, которое только в пяти верстах от Царского Села, где она по летам всегда изволила жить; но потом нашла, что это все еще слишком близко. Многие из вельмож Екатерины хотя и вертели пред нею своими лисьими хвостами, помышляли, однако, что придет время, когда Екатерины не станет, и что плохо тогда им будет от ее наследника; они, чтобы заранее заручиться, втихомолку езжали и в Павловское. Кто-то императрице об этом шепнул, и она купила тогда у любимца своего Григория Орлова его имение Гатчину и пожаловала всю Гатчинскую волость своему сыну. Это было гораздо подальше от Царского Села, а от Петербурга очень неблизко, верст сорок или более.

Название Гатчины, говорят, оттого произошло, что там много *гатей* от топкости местности. Строения там были уже и при Орлове очень достаточные, но великий князь строился еще и расширял дворец и сделал для себя там жилище вполне царское.

Рассказы бабушки. С. 253.

Она не могла его выносить, держала вдали от себя, окружала шпионами, притесняла и унижала во всем, и в то время, когда ее временщики, зачастую бывшие моложе ее сына, правили Россией и утопали в роскоши, он жил в уединении, в ничтожестве, не знача ничего и нуждаясь в самом необходимом. Она добилась того, что озлобила его, сделала недоверчивым, угрюмым, странным, подозрительным и жестоким. Какова же должна быть вина матери, если она в конце концов вызывает ненависть и презрение у собственного ребенка!

Ш. Массон. С. 75—76.

СМЕРТЬ ЕКАТЕРИНЫ

Здесь покоится тело Екатерины II, родившейся в Штеттине 21 апреля (2 мая) 1729 года. Она приехала в Россию, чтобы выйти замуж за Петра III. 14 лет она составила тройной план: нравиться своему супругу, Елизавете и народу — и ничего не забыла, чтобы достигнуть в этом успеха. 18 лет скуки и одиночества заставили ее много читать. Вступив на русский престол, она желала всеобщего блага и старалась обеспечить своим подданным счастие, свободу и собственность; она охотно прощала и никого не ненавидела. Снисходительная, жизнерадостная, от природы веселая, с душою республиканки и добрым сердцем, она имела друзей. Работа для нее была легка. Общества и искусства ей нравились.

Из шуточной автоэпитафии Екатерины II.
Цит. по: *К. Валишевский* [3]. С. 120.

Буде я умру в Царском Селе, то положите мне на Софиенской городовой кладбище.

Буде — в городе святого Петра — в Невском монастыре, в соборной или погребальной церкви.

Буде — в Пелле, то перевезите водой в Невской монастырь.

Буде — на Москве — в Донской монастырь или на ближней городовой кладбище.

Буде — в Петергофе — в Троицко-Сергиевской пустине.

Буде — в ином месте — на ближней кладбище. Носить гроб кавалергардом, а не иному кому. Положить тело мое в белой одеже, на голове венец золотой, на котором означить имя мое.

Носить траур полгода, а не более, а что менее того, то лучше.

После первых шесть недель раскрыть паки все народные увеселения.

По погребении разрешить венчание, — брак и музыку.

Библиофику мою со всеми манускриптами и что в моих бумаг найдется моей рукою писано — отдаю внуку моему, любезному Александру Павловичу, также резные мои камения, и благословаю его моим умом и сердцем.

Копию с сего для лучшего исполнения положется и положено в таком верном месте, что чрез долго или коротко нанесет стыд и посрамление неисполнителям сей моей воли.

Мое намерение есть возвести Константина на престол греческой восточной империи.

Для благо империи Российской и Греческой советую отдалить от дел и советов оных империй принцев Виртембергских и с ними знаться как возможно менее, равномерно отдалить от советов обоих пол немцев.

Екатерина II. Завещание. Цит. по: Памятник... С. 541—542.

Третьего дня в четверг 9 февраля (1793) исполнилось ровно пятьдесят лет с тех пор, как я впервые приехала со своей матерью в Москву. Думаю, что здесь, в Петербурге, не найдется в живых и десяти человек, помнящих этот мой приезд. Остался только Бецкий — слепой, дряхлый, завирающийся, который спрашивает у молодежи, знавали ли они Петра I; затем графиня Матюшкина, которая в свои 78 лет отплясывала вчера на свадьбе; затем обер-шенк Нарышкин, которого я тогда нашла камер-юнкером, и его жена; обер-шталмейстер, его брат, он отрицает этот факт, потому что он доказывает его старость; обер-камергер Шувалов, который по старости почти не выезжает из дому, и моя старая камер-фрау, потерявшая память. Вот большие доказательства старости, и даже и этот мой рассказ, быть может, — но что же делать! И, несмотря на это, я, как пятилетний ребенок, до безумия люблю смотреть, как играют в жмурки и всевозможные детские игры. Молодые люди и мои внуки говорят, что мне надо участвовать в этих играх для полного веселья, и что они смелее и свободнее чувствуют себя, когда я с ними. Стало быть, это я и есть их Lustigmacher (*букв.* мастер веселья, затейница. — *нем.*)

Екатерина II. Цит. по: *К. Валишевский*[3]. С. 139—140.

Однажды вечером государыня подошла ко мне и сказала:

— Знаете, я очень занята устройством моей внучки Александры. Я хочу выдать ее замуж за графа Шереметева.

— Я слышала об этом, Ваше Величество, — отвечала я, — но, говорят, что его родные не согласны.

Этот ответ показался ей очень забавным.

В. Н. Головина. С. 124.

Царскосельские сады посещались публикой. Однажды, сидя с Перекусихиной (фрейлина Екатерины II. — *Е. Г.*) на скамейке, Екатерина заметила одного петербуржца, который, проходя мимо старух и не узнав императрицы, бросил на них презрительный взгляд и, насвистывая, пошел своей дорогой. Перекусихина негодовала, но Екатерина заметила ей: «Ну что ты хочешь, Марья Савишна! С нами не приключилось бы этого двадцать лет тому назад; устарели мы с тобой — сами и виноваты».

К. Валишевский[3]. С. 185.

В шестьдесят семь лет Екатерина еще сохраняла остатки красоты.
Ш. Массон. С. 41.

Принцесса Кобург-Готская, видевшая ее впервые за год до того, довольно неделикатно начинает свой рассказ об этой встрече. «Императрица похожа именно на тех колдуний, каких я обыкновенно рисовала в своем воображении»; но впоследствии оказалось, что мысль, вложенная в подобное представление, не совсем обидна.
К. Валишевский[3]. С. 118.

Черты лица ее далеко на так тонки и правильны, чтобы могли составить то, что считается истинною красотой; но прекрасный цвет лица, живые и умные глаза, приятно очерченный рот и роскошные, блестящие каштановые волосы создают, в общем, такую наружность, к которой очень немного лет тому назад мужчина не мог бы отнестись равнодушно, если только он не был бы человеком предубежденным или бесчувственным. Она была, да и теперь остается, тем, что часто нравится и привязывает к себе более, чем красота.
Д. Г. Бёкингхэмшир. С. 140.

Если она подавала руку для поцелуя иностранцу, то она делала это и теперь очень учтиво и обыкновенно говорила ему несколько слов о его путешествии и прибытии. Но именно в это время гармония ее лица нарушалась, и на мгновение вы забывали о великой Екатерине и видели перед собой всего только старую женщину: открывая рот, она уже не показывала зубов; голос ее дребезжал и был слаб, а речь лишена отчетливости в произношении. В нижней части ее лица было что-то жестокое и грубое; в ее светло-серых глазах — нечто лживое, а известная складка у основания носа придавала ей вид несколько зловещий. Знаменитый Лампи написал ее недавно довольно похоже, хотя и чрезвычайно ей польстив. Однако Екатерина, заметив, что он не совсем забыл эту несчастную складку, которая отличает ее лицо, была весьма раздражена и сказала, что Лампи придал ей слишком серьезный и злой вид. Ему пришлось ретушировать и испортить картину, которая теперь кажется портретом юной нимфы. Трон, скипетр, корона и некоторые другие атрибуты заставляют все же признать, что это портрет императрицы.
Ш. Массон. С. 42.

Образ жизни императрицы в последние годы был одинаков. В зимнее время имела она пребывание в большом Зимнем Дворце, в среднем этаже, над правым малым подъездом, против бывшего Брюсовского дома, где ныне находится экзерцизгауз. Собственных ее комнат было немного. Взойдя на малую лестницу, входишь в комнату, где на случай скорого отправления приказаний государыни стоял за ширмами для статс-секретарей и других деловых особ письменный стол с прибором; комната сия стояла окнами к малому дворику. Из нее выход был в уборную, которой окна были на дворцовую площадь. Здесь стоял уборный столик. Отсюда были две двери: одна направо в бриллиантовую комнату, а другая налево в спальню, где государыня обыкновенно дела слушала. Из спальни прямо входили во внутреннюю уборную, а налево в кабинет и зеркальную комнату, из которой один ход в нижние покои, где прежде жил П. А. Зубов, а другой, прямо через галерею, в так называемый ближний дом, где прежде жил кн. Потемкин, а после кн. Зубов. В сих покоях государыня жила иногда до весны, а иногда и прежде в Таврический дворец переезжала.

Дворец сей построен князем Потемкиным на берегу Невы. Главный корпус оного был в один этаж, кажется, нарочно, дабы государыня высоким входом не была обеспокоена. Здесь ее покои были просторнее, чем в Зимнем дворце, особливо кабинет, в котором она дела слушала. В первых числах мая выезжала всегда *инкогнито* в Царское Село, откуда в сентябре также *инкогнито* в Зимний дворец возвращалась. В Царском Селе пребывание имела в покоях довольно просторных и со вкусом убранных. Всем известна великолепная галерея, в которой государыня иногда прохаживалась, особливо в воскресные дни, когда сад наполнен был множеством приезжего из С.-Петербурга народа; дела же слушала или в кабинете, или в спальне. Покои П. А. Зубова были рядом с одной, а М. С. (Марьи Савишны Перекусихиной. — *Е. Г.*) с другой стороны ее комнаты.

А. М. Грибовский. С. 43.

Последние десять лет ее царствования еще увеличили ее могущество, славу, а также, вероятно, ее политические преступления. По смерти Фридриха, этого великого человека, диктатора европейских государей, остался десяток коронованных голов. Не считая Иосифа и Густава, все эти головы, вместе взятые, не стоили одной ее, ибо она превосходила других монархов обширностью своего ума настолько же, насколько и величиной государства. И если Фридрих был диктатором этих королей, то она сделалась их деспотом. Именно тогда конец той политической нити, которая приводила в движение бедную Европу, как картонного плясуна, и еще раньше выскользнула из Франции, чтобы перепархивать от Берлина к Вене и Лондону, прочно держала в руках женщина, дергавшая за него по своему усмотрению. Громадная и таинственная империя, ей подчиненная, неисчерпаемые богатства, которые она извлекала из еще не истощенных земли и народа, чрезвычайная роскошь ее двора, варварская пышность вельмож, сокровища и королевское величие ее фаворитов, славные подвиги ее армий и гигантские замыслы, лелеемые ее честолюбием, заставили потрясенную Европу разинуть от изумления рот. Государи, которые не пожелали бы выказать почтение друг другу, не находили унизительным, что дама решает и распоряжается за них.

Ш. Массон. С. 48.

Смерть Екатерины

По смерти Густава III, короля шведского (17 марта 1792) отношения Шведского кабинета к России были весьма натянуты. Обе державы вооружались, и Екатерина прямо требовала, чтобы Швеция отступилась от своего нейтралитета, или, по крайней мере, буде не пожелает принять участие в коалиции, прервала торговые сношения с Францией. [Это потому что] в 1793 г. великие державы сочли казнь французского короля и королевы нарушением международного права и всеобщего мира...

А. Чумиков. Густав IV и великая княжна Александра Павловна.
По шведским источникам // РА. 1887. № 1. С. 59.

Французская революция произвела, как известно, сильное впечатление на Екатерину. Получив известие о злодейском умерщвлении французского короля, императрица даже заболела, слегла в постель и два дня почти никого к себе не принимала. «Ее величество говорили со мной о варварстве французов, — пишет Храповицкий, — и о явной несправедливости в утайке голосов при суждении: «c'est une injustice criante meme envers un particulier» [Это вопиющая несправедливость даже по отношению к обычному человеку. — *фр.*]. Когда узнали сие в Лондоне во время спектакля и актер объявил о сем публике во время антракта между большой и малой пиесой, то все зрители не велели продолжать и разошлись. Англия расположена разорить Францию. «Il tout absolument exterminer jusqu' aunom des francais» [Нужно искоренить абсолютно все французское. — *фр.*]. Был оборот к собственному ее правлению, с вопросом у меня о соблюдении прав каждого. Я отвечал, что не только ничего ни у кого не отнято при новых установлениях, для пользы государства нужных, но и права и привилегии нам пожалованы и утверждены ее величеством... Продолжение разговора о парижском варварстве. В Вене народ хотел побить всех французов и намерен сие исполнить, буде коснутся королевы (т. е. Марии-Антуанетты), дочери покойной Марии-Терезии. «L'egalite est un monstre qui veut etre roi» [Равенство — это монстр, который хочет стать королем. — *фр.*]. «Подписан указ сенату о разрыве политической связи с Франциею и о высылке из России всех обоего пола французов, которые не сделают присяги по изданному при указе образцу».

С. Шубинский. С. 239.

Предстояло сильное противостояние (между Францией и Россией, а поскольку Франция была в союзе со Швецией, то также между Россией и Швецией — *Е. Г.*), и даже война. Угрожавшую опасность можно было отвратить только сильным средством, и таковым представился брак юного шведского короля с русской великой княжной. Мысль об этом браке не была новостью; она возникла еще между Густавом III-м и Екатериной Второй, но теперь, неизвестно по чьему почину, взялись за нее в Стокгольме с новой горячностью.

А. Чумиков // РА. 1887. № 1. С. 59.

Напуганная и раздраженная всеми этими событиями, Екатерина сделалась крайне подозрительна. Благодаря такому настроению, вскоре нашлись вещи, показавшиеся ей вредными и опасными. Вот что записано у Храповицкого о Радищеве и его известной книге: «Говорено о сочинении «Путешествие от Петербурга до Москвы». «Тут рассеивание французской заразы, отвращение от начальства; автор мартинист, я прочла тридцать страниц». Продолжают писать примечания на книгу Радищева, а он, сказывают, препоручен Шешковскому (начальнику секретной экспедиции) и сидит в крепости. Примечания на книгу Радищева посланы к Шешковскому. Сказывать изволили, что он бунтовщик, хуже Пугачева, показав мне, что в конце хвалит Франклина как начинщика и себя таким представляет». С приметною чувствительностью приказано рассмотреть в совете <дело Радищева>, чтоб не быть пристрастию, и объявить: «дабы не уважали до меня касающееся, ибо я презираю».

С. Шубинский. С. 239—240.

Выдать замуж одну из юных великих княжон за шведского принца — вот что сделалось с этих пор ее любимым проектом.

Ш. Массон. С. 18.

[Екатерина] поручила министру своему при стокгольмском дворе вступить по сему предмету в переговоры.

Л. Н. Энгельгардт. С. 301.

Эти новые проекты и новые надежды занимали умы. Все говорили о браке великой княжны Александры Павловны со шведским королем.

В. Н. Головина. С. 124.

Говорят даже, что этот брак составлял тайную статью мирного договора (со Швецией. — *Е. Г.*). Несомненно, также, что великая княжна Александра была воспитана и выросла в надежде быть со временем королевой Швеции. Все окружающие утверждали ее в этой мысли и вели с нею беседы о необыкновенных достоинствах и привлекательности молодого Густава, тогда еще несовершеннолетнего короля шведского.

Ш. Массон. С. 19.

К концу пребывания в Таврическом дворце, в 1796 году, — то был последний год жизни Екатерины и существования ее двора, — только и было разговоров, что о предстоящем вскоре приезде молодого шведского короля, который должен был прибыть для вступления в брак со старшей из великих княжон.

А. Чарторижский. С. 90.

Сама императрица, улыбаясь, часто говорила ей о нем. Однажды она открыла портфель, где находились портреты многих принцев, достигших брачного возраста и положения, и велела великой княжне сказать, кого бы она выбрала себе в мужья; внучка, покраснев, назвала того, о ком ей рассказывали столько прекрасного и который уже был возлюбленным ее нарождающегося воображения. Добрая бабушка, не обращая внимания на то, что внучка умела читать и узнала шведского принца по его имени под портретом, убедила себя, будто этот выбор был сделан по сродству душ, и с новым удовольствием принялась за исполнение своего плана.

Ш. Массон. С. 19.

Король и его двор, казалось, с восхищением к тому же приступили...

Л. Н. Энгельгардт. С. 301.

Императрица приказала великим княжнам и фрейлинам усовершенствоваться во французской кадрили, которая была тогда в большой моде при стокгольмском дворе. Все участвовавшие в придворных танцах занимались этим делом целыми днями.

А. Чарторижский. С. 90.

К концу жизни Екатерина сделалась почти безобразно толстой: ее ноги, всегда опухшие, нередко были втиснуты в открытые башмаки и по сравнению с той хорошенькой ножкой, которой некогда восхищались, казались бревнами.

Ш. Массон. С. 36.

Чтобы скрыть свою полноту, которою наделило ее все истребляющее время, она носила широкие платья с пышными рукавами, напоминавшими старинный русский наряд. Белизна и блеск кожи служили ей украшением, которое она долго сохраняла.

Л.-Ф. Сегюр. С. 157.

Это была уже пожилая, но очень еще сохранившаяся женщина, скорее низкого, чем высокого роста, очень полная.

А. Чарторижский. С. 57.

Знаменитый пират Ламбро Кацони, которого некогда ввел к ней адмирал Рибас по милости Зубова и который был при ней шутом, после того как откорсарствовал в Архипелаге, желал стать также ее доктором. Он убедил ее, что знает вернейшее средство для исцеления ее ног, и сам ходил за морской водой, чтобы заставить ее ежедневно принимать холодную ножную ванну. Сначала она чувствовала себя от этого хорошо и вместе с Ламбро смеялась над советами врачей, однако вскоре ее ноги распухли еще больше, а вечера и движение, в котором она все время находилась, ухудшили дело.

Ш. Массон. С. 36—37.

Во всех местах пребывания время и занятия императрицы распределены были следующим порядком. Она вставала в 8 часов утра и до 9 занималась в кабинете письмом (в последнее время сочинением сенатского устава). Однажды она мне между разговорами сказала, что *«не пописавши нельзя и одного дня прожить»*. В это же время пила одну чашку кофе без сливок. В 9 часов переходила в спальню, где у самого почти входа из уборной подле стены садилась на стуле, имея перед собою два выгибные столика, которые впадинами стояли один к ней, а другой в противоположную сторону. И перед сим последним поставлен был стул. В сие время на ней был обыкновенно белый гродетуровый шлафрок или капот, а на голове флёровый белый же чепец, несколько на левую сторону наклоненный. Несмотря на 67 лет, государыня имела еще довольную в лице свежесть, руки прекрасные, все зубы в целости, отчего говорила твердо, без шамканья, только несколько мужественно; читала в очках и притом с увеличительным стеклом. Однажды, позван будучи с докладами, увидел я ее читающею таким образом. Она, улыбаясь, сказала мне: «Верно вам еще не нужен этот снаряд? Сколько вам отроду лет?» — и когда я сказал «двадцать восемь», то она прибавила: «А мы в долговременной службе государству притупили зрение и теперь принуждены очки употреблять». И мне показалось, что «мы» сказано было не для изъявления величества, а в простом смысле.

А. М. Грибовский. С. 43—44.

Однажды в воскресенье, между церковной службой и обедом, она взяла меня за руку и подвела к окну, выходившему в сад.
— Я хочу, — сказала она, — построить здесь арку, соединенную с залами колоннады, и воздвигнуть на ней часовню. Это избавит меня от долгого пути, который я принуждена делать, чтобы идти к обедне. Когда я подхожу к амвону, у меня уже больше нет сил стоять... Если я скоро умру, я уверена, что это вас очень огорчит...
Эти слова, сказанные императрицей, произвели на меня действие, не поддающееся описанию, слезы оросили мое лицо.
Ее величество продолжала:
— Вы меня любите, я знаю это и тоже вас люблю, успокойтесь.
Она быстро отошла от меня; она была растрогана. Я осталась, прислонившись лицом к стеклу, заглушая рыдания.

В. Н. Головина. С. 124.

Екатерина, любя жизнь, веселье, неохотно думала о предстоявшей смерти, о наступающей старости. Поэтому она была недовольна, когда ее поздравляли с днем рождения. Еще в 1774 году она писала к Гримму: «Вы праздновали 46 годовщину моего рождения; сама я ненавижу этот день: прекрасный подарок он мне приносит! — Каждый раз лишний год, без которого я могла бы отлично обойтись. Скажите по правде, ведь было бы прекрасно, если бы императрица всю жизнь оставалась в пятнадцатилетнем возрасте».

А. Г. Брикнер[2]. С. 290.

Около этого времени произошла значительная перемена и в характере юного шведского короля. Тихий, скромный и со всеми любезный, внезапно <...> он стал предаваться то крайней грусти и гневу, то дикой радости, то апатии и беспечности. Близко стоявший к нему Мунк рассказывал, что он был свидетелем, как король болтал бессвязные речи и после рыданий внезапно переходил к дикому хохоту. Такие черты его нравственной физиономии подавали повод к неосновательному предположению, что Густав-Адольф в молодости был отравлен, и в последствии часто сравнивали его судьбу с судьбой другого современного ему государя, известного своими причудами и крайностями характера. Вообще король отличался странностями и склонностью ко всему необыкновенному уже с ранних лет. Так, например, он любил подговаривать своих сверстников в играх составлять заговор против него, и этот заговор кончался самоубийством короля.

А. Чумиков. С. 59.

...В июле [1796 г.] король в сопровождении дяди своего, принца Зюдерманландского (короля-регента. — *Е. Г.*), прибыл в Петербург.

Л. Н. Энгельгардт. С. 301.

В назначенное время герцог [Зюдерманландский] и король оставили Стокгольм и прибыли в Петербург 24-го н. ст. вечером. Их свита состояла преимущественно из лиц, которые сочувствовали главной цели поездки — браку; тут были бароны Рейтергольм, Флеминг и Эссен, оберкамергеры графы Ферзен и Стенбок. Роскошь, оказанная Екатериною в приеме гостей, превзошла всякое ожидание. Первое свидание происходило в Эрмитаже, вечером 6 августа н. ст. Все присутствующие были в парадной форме. Шведских гостей встретили при входе фаворит Зубов и оберкамергермаршал князь Барятинский. Двери в покой императрицы были для герцога и короля растворены вице-камергером графом Остерманом. Престарелая Екатерина встретила своих гостей с необычайной и искренней приветливостью, глаза ее блистали от радости. Она была приятно удивлена тонкими и заманчивыми чертами в лице герцога, напомнившими ей Густава III-го; при виде же короля пришла в восторг от благородства его осанки, от этого соединения простоты с вежливостью, которое подобало его летам и высокому сану. Позднее она сама сознавалась, что королю удалось пленить ее до такой степени, что она с первой же минуты полюбила его.

А. Чумиков. С. 76—77.

Готовились к празднествам и удовольствиям, скоро обратившимся в скорбь и плач. Король приехал вскоре после того, как Двор возвратился в город (из загородного Летнего дворца. — *Е. Г.*). Он был под именем графа Гага и остановился у своего посланника барона Штеддинга. Его первая встреча с императрицей оказалась очень примечательной; она нашла его именно таким, каким она желала его видеть. Мы были представлены королю в Эрмитаже. Выход их величеств в гостиную был эффектен: они держались за руку, и достоинство и благородный вид императрицы нисколько не уменьшали красивой осанки, которую умел сохранить молодой король. Его черный шведский костюм, волосы, ниспадающие на плечи, прибавляли к его благородству рыцарский вид. Все были поражены этим зрелищем.

В. Н. Головина. С. 124—125.

Он прибыл в Петербург со своим дядей и довольно многочисленной свитой 14/25 августа 1796 года и остановился у г-на Стединга, своего посла. Весь город пришел в движение, все желали видеть молодого монарха. Императрица, которая пребывала в Таврическом дворце, перешла в Эрмитажный дворец, чтобы принять его там и дать в его честь празднества. С первой же встречи с ним она казалась очарованной и почти влюбленной. Он хотел поцеловать ей руку, она этому воспротивилась: «Нет, — сказала она, — я не забуду, что граф гаагский — король». «Если ваше величество не хочет позволить мне этого как императрица, — ответил он, — то пусть разрешит, по крайней мере, как дама, к которой я отношусь с таким уважением и восхищением».

Ш. Массон. С. 23.

В большой галерее Зимнего дворца был дан парадный бал. В этот вечер король еще не был осведомлен об отношении к нему великой княжны Александры Павловны, и это очень беспокоило его. На следующий день было большое празднество в Таврическом дворце; я сидела рядом с государыней, и король стоял перед нами. Княгиня Радзивилл принесла ее величеству медальон с портретом короля, сделанным из воска замечательным художником Тончи. Он сделал портрет по памяти, видев короля всего только один раз на балу в галерее.

— Очень похож, — сказала государыня, — но я нахожу, что граф Гага изображен на нем очень печальным. Король с живостью заметил:

— Это потому, что вчера я был очень несчастен.

Благоприятный ответ великой княжны был ему объявлен только утром.

В. Н. Головина. С. 126.

Его встреча с великой княжной была еще более занимательна. Оба были чрезвычайно смущены, и взгляды всего двора, жадно на них устремленные, увеличивали их замешательство. Они находили друг друга, без сомнения, достойными тех чувств, которые питали с детства.

Ш. Массон. С. 23.

Шведские костюмы, похожие на древнеиспанские, производили красивое впечатление на приемах, балах и празднествах, дававшихся в честь молодого короля и его свиты; все делалось только для них; все внимание, вся любезность были устремлены на них. Великие княжны танцевали только со шведами; никогда никакой двор не выказывал столько внимания иностранцам.

Все это время, пока в Зимнем дворце шли празднества, а в Таврическом ежедневно повторялись элегантно обставленные балы, концерты и катания с русских гор, шведский король был принят великой княжной Александрой, как ее будущий жених. Она была редкой красоты и чарующей доброты; знать ее — значило восхищаться ею, и ежедневные беседы с нею могли только усилить побуждения шведского короля соединиться семейными узами с династией Романовых. Герцог Зюдерманландский был того же мнения и способствовал решению своего племянника приехать в Петербург. Приезд этот уничтожил всякие сомнения насчет намерений короля. Оставалось только установить различные формальности, условиться в статьях договора, заключение которого, казалось, не представляло больше никаких затруднений. Выполнение этой работы, — которую уже и не называли негоциацией (делом дипломатии. — *Е. Г.*), так как обе стороны были во всем согласны, — было возложено на Моркова (граф, один из доверенных людей Екатерины, чаще в источниках его фамилия звучит как Марков. — *Е. Г.*). Зубовы выдвигали этого Моркова, чтобы иметь возможность обойтись без графа Безбородко, не пожелавшего склонить голову перед Зубовыми и, несмотря на это, сохранившего свое место и свое влияние у императрицы.

А. Чарторижский. С. 90.

Великолепные праздники по сему происшествию следовали один за другим; король, сдавалось, был влюблен в прекрасную великую княжну; он был красивый мужчина; с великим удовольствием смотрели на сию будущую чету.

Л. Н. Энгельгардт. С. 301.

Зато герцог Зюдерманландский, дядя короля, далеко не был представителен. Он был невысокого роста, с немного косыми смеющимися глазами, рот у него был сердечком, маленький торчащий живот и ноги как спички. Его движения были быстры и суетливы; у него постоянно был такой вид, что он хочет что-то сделать. Я понравилась ему, и он за мной настойчиво ухаживал везде, где только встречал меня. Государыня очень забавлялась этим. Однажды вечером, в Эрмитаже, когда он любезничал более чем обыкновенно, ее величество подозвала меня и сказала, смеясь:

— Знаете пословицу: надо верить только наполовину из того, что говорят: но вашему влюбленному верьте только на четверть.

В. Н. Головина. С. 125.

У него была манера выставлять вперед свою шляпу, держа ее в руке, что давало придворным повод к самым язвительным замечаниям.

Ш. Массон. С. 26.

Двор находился в это время в Таврическом дворце. Чтобы придать разнообразие вечерам, устроили маленький бал, на который пригласили особ, бывавших в Эрмитаже. Мы собрались в гостиной. Появилась императрица и села рядом со мной. Мы беседовали некоторое время. Дожидались короля, чтобы открыть бал.

— Я думаю, — сказала мне ее величество, — что лучше начать танцы. Когда король придет, он будет менее смущен, застав все в движении, чем это общество, которое сидит и ждет его. Пусть играют полонез.

— Ваше Величество, прикажете мне пойти распорядиться? — спросила я.

— Нет, — отвечала она, — я дам знак камер-пажу.

Она сделала знак рукой, но камер-паж не заметил его, а вице-канцлер граф Остерман принял его на свой счет. Старик подбежал со своей длинной палкой так скоро, как мог, и государыня встала, отвела его к окну и серьезно проговорила с ним около пяти минут. Она вернулась потом на свое место и спросила меня, довольна ли я ею.

— Я желала бы, чтобы все дамы в С.-Петербурге могли поучиться у Вашего Величества, как деликатно надо обращаться с гостями.

— Но как же я могу поступать иначе? — возразила она. — Я огорчила бы этого бедного старика, сообщив ему, что он ошибся. Вместо этого, поговорив с ним о погоде, о том о сем, я убедила его, что он действительно был позван мною. Он доволен, вы довольны и, следовательно, я довольна.

В. Н. Головина. С. 125.

Старушка Екатерина помолодела: она уже давно не предавалась так подолгу движению и удовольствиям. Близкая свадьба не была больше тайной: она была злобою дня. Императрица говорила уже с юным королем и со своей внучкой как с нареченными и поощряла их взаимную любовь. Однажды она даже заставила их в своем присутствии впервые поцеловаться; вне всякого сомнения, это был первый поцелуй, запечатленный на невинных устах юной великой княжны и оставивший ей такое сладкое и дорогое воспоминание, что оно сделало ее надолго несчастной.

Ш. Массон. С. 25.

Когда Двор перебрался в Зимний дворец, было приказано всем придворным и городской знати давать балы. Первый бал состоялся у генерал-прокурора графа Самойлова. Стояла еще хорошая погода. Многие из гостей, русских и шведов, ждали приезда императрицы на балконе. В тот момент, как показалась ее карета, видели, как пролетела на небе комета и исчезла за крепостью. Это явление природы вызвало много суеверных толков.

В. Н. Головина. С. 126.

Однажды в конце августа 1796 года Екатерина, побывав вечером у Нарышкиной и возвращаясь домой, заметила звезду, «ей сопутствовавшую, в виду скатившуюся», и сказала Архарову (в это время генерал-губернатор Петербурга. — *Е. Г.*): «Вот вестница скорой смерти моей». «Ваше величество всегда чужды были примет и предрассудков», — отвечал Архаров. «Чувствую слабость сил и приметно опускаюсь», — возразила Екатерина. Порою она, однако, и в это время казалась свежею, живучею. 18 августа 1796 года она писала Гримму: «Будьте здоровы; я весела и чувствую себя легко, как птица».

А. Г. Брикнер[3]. С. 291.

Мне бы не стоило упоминать здесь о предвестиях и приметах ее смерти, но поскольку чудеса все еще в моде в России, как станет понятно из дальнейшего, то справедливо будет заметить, что вечером того дня, когда императрица выехала с королем к Самойлову, сверкающая звезда отделилась над ее головой от небесного свода и упала в Неву. Я могу даже (в подтверждение истинности мрачных предзнаменований) удостоверить, что об этом говорил весь город. Одни утверждали, что эта прекрасная звезда означает отъезд юной королевы в Швецию; другие, указывая на то, что крепость и гробницы государей находятся неподалеку от места, где, казалось, упала звезда, говорили (по секрету и с трепетом), что это возвещает близкую смерть императрицы. Подчеркиваю: именно шепотом и дрожа, потому что слова «смерть» и «императрица», сказанные вместе, в России суть богохульство, что весьма опасно для всякого произнесшего их.

Ш. Массон. С. 37.

Не будем описывать однообразные пиры и празднества, следовавшие ежедневно один за другим. Густав-Адольф и вел. кн. Александра Павловна, узнав друг друга, почувствовали взаимную склонность. Молодой король был очарован своей невестой, восхищался простотой ее обхождения и в то же время находил, что она получила прекрасное воспитание. Великая княжна, цветущая юностью и красотою, отличалась благородством и величественностию осанки. Ее наивные чувства к своему будущему супругу, еще с детства ей назначенному, придавали ее особе еще более прелести и заманчивости. Ей было не более четырнадцати лет (великая княгиня Александра Павловна родилась 29 июля 1783 г., следовательно, в то время ей было тринадцать лет. — *Е. Г.*), но она была велика ростом и достаточно развита физически. Черты ее лица были правильны, а превосходный цвет кожи и светлые волосы усиливали в ней впечатление невинности, откровенности и добродушия. Ее прекрасной наружности вполне соответствовали качества ума и сердца, украшенные разнообразными дарованиями.

А. Чумиков. С. 78.

Граф Строганов также дал бал, который императрица почтила своим присутствием. Переговоры относительно брака шли как нельзя лучше, отчего ее величество была очень весела и более любезна, чем обыкновенно. Она приказала мне сесть за ужином против влюбленных и после рассказать ей об их беседе и манере себя держать. Король был очень занят великой княжной Александрой Павловной. Они, не переставая, разговаривали... Государыня позвала меня, чтобы спросить у меня о моих наблюдениях. Я сказала ей, что заботы госпожи Ливен (воспитательницы великой княжны) оказались напрасными, что великая княжна совершенно испорчена, так что было больно смотреть, что король не ел и не пил, что они пожирали друг друга глазами. Все эти шутки очень забавляли императрицу.

На этом вечере она была с веером в руках, чего я раньше у нее никогда не видала. Она держала его так странно, что я не могла удержаться, чтобы не посмотреть с изумлением на нее. Она это заметила.

— Мне кажется, — сказала мне ее величество, — что вы смеетесь надо мной.

— Должна признаться вашему величеству, — отвечала я, — что никогда я не видала, чтобы более неловко держали веер.

— Не правда ли, — продолжала она, — что у меня немного вид *Нинет при дворе* (героиня популярной в то время комедии Ш. Фавара, крестьянка, сохранившая в условиях придворной жизни наивность и простодушие. — *Е. Г.*), но Нинет очень пожилой.

— Эта рука, — отвечала я, — не создана для пустяков, она держит веер, как скипетр.

В. Н. Головина. С. 126—127.

Между тем никто и не имел больше прав на счастье, чем Александра Павловна. В четырнадцать лет она была уже взрослой и сформировавшейся. Стан у нее был благородный и величественный, смягченный всеми прелестями ее возраста и пола, черты лица правильные, цвет лица ослепительный; на ее чело ясность, чистота и невинность наложили божественный отпечаток. Белокурые с пепельным оттенком волосы, которые всегда казались убранными руками фей, украшали эту прекрасную головку. Ее ум, таланты и сердце вполне соответствовали очарованию ее внешности. Г-жа Вилламова, ее личная гувернантка, воспитала в ее душе самые благородные и чистые чувства. Разум, рассудительность, утонченная чувствительность отличали ее с самого детства и пленяли тех, кто к ней приближался.

Ш. Массон. С. 24.

Трудно было Густаву-Адольфу устоять против соединения всех этих совершенств; к тому же эти зарождающиеся сердечные чувства молодых людей были приятны для императрицы; и она их явно поощряла. Уже два раза влюбленный король имел случай находиться наедине с своей будущей невестой, открыться ей в своих чувствах и поменяться первыми поцелуями счастливой любви.

А. Чумиков. С. 78.

Государыня была приветлива с молодым королем, но соблюдая известную меру и необходимое достоинство. Их величества присматривались друг к другу, пытаясь проникнуть в намерения друг друга. Прошло несколько дней, и король завел разговор о своем желании вступить в брак. Императрица, не высказав согласия, пожелала сначала договориться относительно главных пунктов, а потом уже давать обещание. Переговоры и обсуждения следовали одно за другим; разъезды министров и договаривающихся сторон возбуждали любопытство при Дворе и в городе.

В. Н. Головина. С. 125—126.

Король Густав IV желал, чтобы русская княжна, будущая королева Швеции, была ограничена в свободе исполнения обрядов ее религии в Стокгольме. Шведы, страстные протестанты, также подымали рассуждения по этому вопросу. Граф Морков не обратил на это обстоятельство особого внимания и решил, что нужно двигать дело и поступать так, как будто бы все уже было обсуждено, не давая шведам времени для размышлений, в том расчете, что они не осмелятся отказаться от дела, которое зашло уже слишком далеко; он полагал далее, что прекрасная наружность великой княжны довершит все то, чего не могла достичь ловкость русского министра. Но дела приняли не тот оборот, на какой рассчитывал Морков, полагаясь на свою прозорливость. Молодой король был самым ревностным протестантом во всей Швеции. Он никак не хотел дать своего согласия на то, чтобы у его жены была в Стокгольме православная церковь. Его министры, советники, сам регент, боясь последствий оскорбления, наносимого Екатерине, советовали ему уступить ее желаниям и изыскать какое-нибудь среднее примирительное решение, но все было напрасно. Вместо того чтобы поддаться этим убеждениям, Густав IV в продолжительных беседах с молодой великой княжной старался склонить ее на свою сторону и почти заставил ее дать обещание принять религию своего будущего мужа и той страны, в которой ей предстояло поселиться.

А. Чарторижский. С. 91—92.

Великая княгиня-мать полагала, что король чувствует сильное расположение к ее дочери, потому что он часто говорил с нею довольно долго шепотом. Теперь я разузнала, какого рода были эти разговоры. Оказывается, что он говорил вовсе не о своих чувствах, и что беседы эти касались исключительно веры. Он старался совратить ее в свое исповедание, взяв с нее под величайшим секретом обещание никому не говорить о том. Он выражал намерение читать с нею Библию и сам объяснять ей догматы; говорил, что в день ее коронования она должна приобщаться с ним вместе и пр. Она отвечала, что ничего не сделает без моего согласия.

Екатерина II — посланнику в Стокгольме барону Будбергу. 19 сентября 1796 г. (Здесь и далее письма к Будбергу цит. по: Сб. Русского Исторического общества. 1876. IX. С. 302—305).

Происходило это под тенистым сводом дерев прекрасного Таврического сада. В одну из этих прогулок король сделал свое предложение. Обрадованная Екатерина тотчас же послала курьера в Гатчину известить родителей об этом радостном событии.

А. Чумиков. С. 78.

Я приведу здесь копию некоторых бумаг, писанных собственноручно императрицей и королем Шведским. Они мне были вручены вскоре после смерти Екатерины II.

В. Н. Головина. С. 127.

Двадцать четвертого августа шведский король, сидя со мной на скамейке в Таврическом саду, попросил у меня руки Александры. Я сказала ему, что ни он не может просить у меня этого, ни я его слушать, потому что ведутся переговоры о его браке с принцессой Мекленбургской. Он уверял меня, что они уже прерваны. Я сказала ему, что я подумаю об этом. Он попросил меня разузнать, не имеет ли моя внучка отвращения к нему, что я и обещала сделать и сказала, что через три дня дам ему ответ. Действительно, по истечении трех дней, переговорив с отцом, с матерью и с девушкой, я сказала графу Гага на балу у графа Строганова, что я соглашусь на брак при двух условиях; первое, что мекленбургские переговоры будут совершенно закончены; второе, что Александра останется в той вере, в которой она рождена и воспитана. На первое он сказал, что это не подлежит никакому сомнению; относительно второго он сделал все, чтобы убедить меня, что это невозможно, и мы разошлись, оставаясь каждый при своем мнении. Этот первый приступ упрямства продолжался десять дней...

Екатерина II. Цит по: В. Н. Головина. С. 127.

[Между тем], король становился день ото дня внимательнее и желал как можно чаще видеть великую княжну Александру. Кроме бальных вечеров, он видел ее три раза: два у великой княгини-матери, в присутствии регента, посла, великой княжны Елены и генеральши Ливен, и третий в присутствии великого князя Александра и супруги его, в. кн. Елены, генеральши Ливен, регента и Штединга (великой княгини-матери не было тогда в городе). Эти частые визиты побудили меня решиться 8-го сентября на бале, который давала я в большой зале Таврического дворца, предложить регенту обручение по обряду нашей церкви, с благословением епископа. Регент, тотчас же согласившись, пошел сообщить об этом своим министрам и потом королю, который уговорился уже с великою княгинею-матерью просить меня, чтобы я предложила о том регенту. Через час герцог пришел сказать мне, что король согласен от всего сердца. Я спросила его: будет ли обручение с церковным благословением или без такового? Он отвечал мне: с благословением, по вашей вере, и просил назначить день. Тогда, подумав, я сказала ему: в четверг, у меня в комнатах (так как они желали, чтоб это произошло частным образом, не в церкви, в том соображении, что в Швеции брак этот должен быть объявлен публично лишь по совершеннолетии короля).

Екатерина II — посланнику в Стокгольме барону Будбергу. 17 сентября 1796 г.

Днем обручения назначено было 21-го сентября (с. ст.). Императрица желала, чтобы свадьба состоялась тою же осенью; регент же находил это время года во многих отношениях крайне неудобным.

А. Чумиков. С. 79.

Со своей стороны шведский посланник просил у великой княжны согласия на брак в течение аудиенции, которую он получил для того, чтобы сделать формальное предложение.

Ш. Массон. С. 26.

Тем временем продолжалась работа над заключением этого желанного союза. Единственной статьей, представлявшей некоторое затруднение, оставался вопрос о религии. Екатерина предчувствовала мнение своего двора на этот счет и даже совещалась с архиепископом, чтобы узнать, может ли ее внучка отречься от православия. Вместо того чтобы ответить ей так, как она хотела, он ограничился словами: «Ваше величество всемогущи». Не найдя поддержки у духовенства (а этого, как ей казалось, она должна была добиться без труда), Екатерина захотела выглядеть более русской, чем сами русские. Поэтому — куда в большей степени из-за того, чтобы польстить национальной гордости, чем из уважения к греческой религии, — она решилась оставить королеву Швеции в лоне православной церкви. Чем неожиданней и унизительней казалось ей что-нибудь для шведского народа и правительства, тем больше это льстило ее тщеславию и амбициям ее министров. Кроме того, попы, диаконы и другие лица, которых она отправила бы с молодой королевой, были бы людьми верными и способными поддерживать великую княжну в соблюдении интересов России. Король был влюблен, ослеплен; регент казался совершенно подкупленным — какова же была вероятность того, что после столь решительных поступков они откажутся от этой сделки? В частных разговорах только слегка касались этого деликатного пункта. Шведы вовсе не думали, что Екатерина проявит щепетильность в данном вопросе, и король дал понять, что из уважения к предрассудкам русских он пойдет на то, что великая княжна не должна будет делать формального отречения. Екатерина, убежденная, что дела уже не повернуть назад, предоставила своим любимым министрам — Зубову и Моркову — улаживать контракт по их усмотрению.

Ш. Массон. С. 25—26.

...Касательно этой статьи удалось условиться в следующем: королеве разрешалось иметь молельню (kapell) в своих внутренних покоях, где она могла бы «спокойно и без возбуждения соблазна (?)» исполнять обряды православной церкви; но вместе с тем обязывалась она при всех торжественных случаях, где по обычаю присутствует королева вместе с королем, принимать участие в лютеранских церковных церемониях. Король неоднократно уверял императрицу, что он намерен строго исполнять это условие, и то же самое повторяли шведские министры русским; в действительности же он все-таки не мог совладать с своими причудами и, по внушению ли извне или по каким другим причинам, но в его мыслях внезапно произошла перемена. На бале у генерал-прокурора графа Самойлова, на котором присутствовал весь двор, король попросил императрицу удалиться с ним в кабинет и в довольно продолжительной беседе держал пространные речи, удивившие Екатерину: он не только распространялся о строгостях лютеранского вероисповедания, о законах, которым подчинен шведский королевский дом, а именно, что королева должна непременно исповедывать одну веру с королем, но еще пытался доказывать императрице заблуждения греческой церкви. Это было уже слишком для русской государыни, и она, взволнованная до крайности такими речами, оставила бал.

А. Чумиков. С. 80—81.

[На этом балу] после первых танцев государыня удалилась в кабинет вместе с королем, туда же были приглашены некоторые из ее приближенных. Сели играть в бостон, и в это время у их величеств произошло первое совещание по поводу брака. Императрица передала королю бумагу и попросила его прочесть потом у себя. Я находилась в большой зале, где танцевали. Императрица позвала меня и приказала мне сесть и занять тех гостей, кто не играл в карты. Вскоре после этого государыня возвратилась вместе с королем в залу. Был подан очень хороший ужин, но государыня не села за стол и очень рано уехала с бала.

В. Н. Головина. С. 126.

Тут начались всякого рода затруднения со стороны впрочем одного графа Гага: регент и господа министры не находили никакого и надеялись уговорить короля. Эти затруднения, продолжались до 2 (13) сентября, когда, на бале у имперского посла, граф Гага сказал мне, что представленными ему доводами побеждены его сомнения и что он не имеет никаких более. — Как только я заметила в нем колебание, то приказала присоединить к трактату особую статью, которая бы обеспечивала королеве свободу совести и свободное исповедание веры, в которой она рождена и воспитана. Я сделала больше: я своеручно написала королю прилагаемое в списке письмо, в котором, как вы увидите, приведены все убедительнейшие доводы, какие могла я придумать...

Екатерина II — посланнику в Стокгольме барону Будбергу. 17 сентября 1796 г.

Ожидая, я составила записку № 1, и так как она была у меня с собой в кармане, я передала ее ему, говоря: «Я Вас прошу прочесть внимательно эту записку; она Вас утвердит в добрых намерениях, которые я у вас нахожу сегодня».

Екатерина II. Цит по: В. Н. Головина. С. 127.

Король взял письмо и положил к себе в карман.

Екатерина II — посланнику в Стокгольме барону Будбергу. 17 сентября 1796 г.

№ 1 — копия с записки ее императорского величества, переданной из рук в руки королю Шведскому [13 сентября 1796 года]:

«Согласитесь ли Вы со мной, дорогой брат, что не только в интересах вашего королевства, но и в Ваших личных интересах заключить брак, о желании вступить в который Вы мне говорили?

Если Ваше Величество согласно с этим и убеждено в этом, почему же тогда вопрос о вере является препятствием его желаниям?

Пусть Ваше Величество позволит мне заметить, что даже епископы не находят ничего сказать против Ваших желаний и изъявляют усердие в устранении сомнений по этому поводу.

Дядя Вашего Величества, его министры и все те, кто благодаря долгой службе, привязанности и верности имеет право на доверие, сходятся в мнении, что в этой статье нет ничего противоречащего ни Вашей совести, ни спокойствию Вашего правления.

Ваши подданные, далекие от порицания этого выбора, будут восторженно приветствовать его, благословлять и обожать Вас, потому что Вам они будут обязаны верным залогом их благополучия и общественного и личного спокойствия.

Этот же выбор, осмелюсь сказать это, докажет здравость Вашего решения и суждения и будет способствовать увеличению молитв вашего народа за Вас.

Отдавая Вам руку моей внучки, я испытываю глубокое убеждение, что я делаю Вам самый драгоценный подарок, который я могу сделать и который может лучше всего убедить Вас в искренности и глубине моего расположения и дружбы к Вам. Но, ради Бога, не смущайте ни ее счастья, ни Вашего, примешивая к нему совершенно посторонние предметы, о которых благоразумнее всего было бы и Вам самим и другим хранить глубокое молчание, иначе Вы подадите повод к бесконечным неприятностям, интригам и сплетням.

По моей, известной Вам, материнской нежности к внучке Вы можете судить о моей заботливости о ее счастии. Я не могу не чувствовать, что тотчас же, как она будет соединена с Вами узами брака, ее счастье будет неотделимо от Вашего. Могла ли бы я когда-нибудь согласиться на брак, если бы видела в нем малейшую опасность или затруднение для Вашего Величества, и если бы, наоборот, я не находила в нем все, что может обеспечить Ваше счастье и счастье моей внучки? К стольким доказательствам, собранным вместе и которые должны повлиять на решение Вашего Величества, я прибавлю еще одно, заслуживающее наибольшего внимания Вашего Величества. Проект этого брака был задуман и взлелеян блаженной памяти покойным королем, Вашим отцом. Я не буду приводить свидетелей относительно этого признанного факта ни из числа Ваших подданных, ни из моих, хотя их очень много; но я назову только французских принцев и дворян из их свиты, свидетельство которых тем менее подозрительно, что они совершенно беспристрастны в этом деле. Находясь в Спа вместе с покойным королем, они часто слышали, как он говорил об этом проекте как об одном из наиболее близких его сердцу и наиболее беспокоивших его и исполнение которого самым лучшим образом могло бы закрепить доброе согласие и дружеские отношения между двумя домами и двумя государствами.

Итак, если этот проект является замыслом покойного короля, Вашего отца, как мог этот просвещенный и полный нежности к своему сыну государь задумать то, что повредило бы Вашему Величеству в глазах его народа или уменьшило бы к нему любовь его подданных? А что этот проект был результатом долгого и глубокого размышления, слишком доказывается всеми его поступками. Едва укрепив власть в своих руках, он внес в сейм торжественный закон об общей терпимости ко всякой религии, чтобы навсегда рассеять в этом отношении весь мрак, порожденный веками фанатизма и невежества, и который было бы неразумно и недостойно похвалы воскрешать в настоящее время. На сейме в Гетфле он еще более выказал свои намерения, обсуждая и решая с наиболее верными из своих подданных, что в случае брака его сына и наследника соображение о величии того дома, с которым он может породниться, должно брать верх над всем остальным и что различие религий не могло служить никаким препятствием.

Я приведу здесь один анекдот, об этом именно на сейме в Гетфле, дошедший до меня и который все подтвердят Вашему Величеству: когда разбирался вопрос об определении налога на подданных во время его свадьбы, в акте, составленном по этому поводу, стояло: *Во время свадьбы наследного принца с принцессой лютеранского вероисповедания*. Епископы, выслушав проект этого акта, по собственному побуждению зачеркнули слова: с *принцессой лютеранского вероисповедания*.

Соблаговолите, наконец, довериться опыту тридцатилетнего царствования, в течение которого я большей частью достигала успеха в моих предприятиях. Именно на основании этого опыта в соединении с самой искренней дружбой осмеливаюсь дать Вам правдивый и прямой совет, без всякой другой цели, кроме желания видеть Вас счастливым в будущем.

Вот мое последнее слово:

Не подобает русской великой княжне переменять веру.

Дочь императора Петра I вышла замуж за герцога Карла-Фридриха Голштинского, сына старшей сестры короля Карла XII. Для этого она не переменила религию. Права ее сына на наследование престола шведского королевства были, тем не менее, признаны сеймом, который отправил к нему торжественное посольство в Россию, чтобы предложить ему корону. Но императрица Елизавета уже объявила сына своей сестры русским великим князем и своим предполагаемым наследником. Условились тогда в предварительных статьях договора в Або, что дедушка Вашего высочества будет избран наследником шведского трона, что и было исполнено. Таким образом, две русские государыни возвели на трон линию, потомком которой являетесь Вы, Ваше Величество, и открыли Вашим блестящим способностям дорогу к царствованию, которое никогда не будет более благополучным и прекрасным, как того бы хотелось мне.

Пусть Ваше Величество позволит мне откровенно прибавить, что ему необходимо встать выше всех препятствий и сомнений, пусть всякого рода доказательства будут собраны, чтобы рассеять их, так как они могут только повредить и Вашему личному счастью и счастью Вашего королевства.

Я скажу больше: моя личная дружба к Вам, со дня вашего рождения неизменная, позволит заметить Вашему Величеству, что время торопит, и если Вы не решитесь окончательно в эти дни, столь дорогие моему сердцу, когда Вы находитесь здесь, дело может совершенно не удастся из-за тысяч препятствий, которые вновь представятся, как только Вы уедете, и если, с другой стороны, несмотря на прочные и неопровержимые доводы, которые были представлены как мною, так и людьми, наиболее заслуживающими Вашего доверия, все-таки религия окажется непреодолимым препятствием для союза, который, как казалось неделю тому назад, Ваше Величество желали заключить, то Вы можете быть уверены, что с этого момента больше не будет подниматься вопроса о браке, который мог бы стать дорогим для меня ввиду моей нежности к Вам и моей внучке.

Я приглашаю Ваше Величество внимательно подумать над всем мною изложенным, моля Бога, направляющего сердца королей, просветить Ваш разум и внушить Вам решение, согласное с благом Вашего народа и Вашим личным счастьем».

Екатерина II. Цит. по: *В. Н. Головина.* С. 129—132.

Конечно ссылка на дочерей Петра Великого должна была оскорбить самолюбивого юношу.

П. Бартенев. Из комментариев к записке Екатерины II // РА. 1887. № 1. С. 98.

На следующий день во время фейерверка он поблагодарил меня за записку и сказал мне, что его огорчает только одно, что я не знаю его сердца. На балу в Таврическом дворце шведский король сам предложил матери невесты обменяться кольцами и устроить обручение. Она сказала мне это; я говорила с регентом и мы назначили для этого четверг. Условились, что оно будет совершено при закрытых дверях по обряду греческой церкви.

Екатерина II. Цит по: *В. Н. Головина.* С. 127.

[Документ] № 2. Проект. «Я торжественно обещаю предоставить Ее Императорскому Высочеству великой княгине Александре Павловне, моей будущей супруге и королеве Швеции, полную свободу совести и исповедания религии, в которой она рождена и воспитывалась, и я прошу Ваше Императорское Величество смотреть на это обещание, как на наиболее обязательный акт, какой я мог подписать».

Подписано: *Густав-Адольф.* Сего 11/22 сентября, 1796 г.
Цит. по: *В. Н. Головина.* С. 132.

Наконец, переговоры доведены были до конца; во всем было соглашено. Назначен уже был день помолвки и при дворе бал; все знатные особы обоего пола были повещены...

Л. Н. Энгельгардт. С. 301.

Екатерина умерла среди хлопот об этом браке. История не может дать ей более подходящего титула, как Екатерина Счастливая. Этот проект брака был, может быть, единственный проект в ее жизни, в котором ей не посчастливилось. Несомненно, что ее свело в могилу горе по поводу этого злополучия, которое таким оскорбительным образом компрометировало ее в глазах всего света и заставляло отказаться от излюбленной ею идеи.

Г. фон Гельбиг // РС. 1886. Т. 56. С. 428.

Но прежде чем приступим к роковой развязке брачных переговоров, мы должны коснуться одного эпизода, который, по мнению шведских историков, значительно подействовал на перемену королевских мыслей. Уверяют, что Густав-Адольф, после первого же краткого разговора с очаровательной супругой Александра Павловича (внука Екатерины, будущего императора Александра I. — *Е. Г.*) великой княгиней Елисаветой Алексеевной, до того пленился ею, что стал совершенно равнодушен к своей нареченной невесте. Эта зарождающаяся склонность не могла укрыться ни от регента и его свиты, ни от самой Елисаветы Алексеевны, которая будто бы задумала воспользоваться обстоятельствами и обратить чувства короля на свою любимую сестру принцессу Баденскую. Рассказывают, что когда Елисавета Алексеевна показала Густаву-Адольфу портрет своей сестры (его будущей супруги), то король крепко задумался и долго его рассматривал. Могло быть, что великой княгине уже были известны недоразумения угрожавшие браку с Александрой Павловной, и по этому случаю она считала позволительным позаботиться о счастии своей сестры. Но как бы то ни было, близость, возникшая между этими двумя особами, была всеми замечена, и вскоре убедились, что главной причиною в перемене чувств короля к Александре Павловне была, волей или неволей, в. княгиня Елисавета Алексеевна. Последовавший через год брак короля с принцессой Баденской и возникшая с этого времени холодность между членами императорского семейства относительно Елисаветы Алексеевны, равно и те неприятности, которым сия последняя впоследствии подвергалась, как бы подтверждают собой вышесказанное.

А. Чумиков. С. 81—82.

Накануне императрица говорила некоторым дамам, что на завтра она готовит им сюрприз.

Ф. В. Ростопчин. Записка, составленная для графа С. В. Воронцова. 11 сентября 1796 г. // Архив князя Воронцова, VIII. С. 146. (Далее цит. как: *Ф. В. Ростопчин*[2]).

11 сентября ст. ст., к 7 часам по полудни все что принадлежало ко двору съехалось в парадной форме во дворец; и разместилось в тронной зале. Собралась вся императорская фамилия.

А. Чумиков. С. 83.

Архиепископы петербургский и новгородский, с многочисленным духовенством, направились в церковь, где должен был происходить обряд. Придворные дамы с портретами, фрейлины, весь двор, министры, сенат, множество генералов были собраны и выстроены в приемном салоне...

А. Чарторижский. С. 91.

В полдень собрались у князя Зубова для обсуждения статей брачного договора. Комитет этот составляли: князь Зубов, графы Остерман, Безбородко и Марков, барон Штединг, барон Рейтергольм и граф Эссен. Оказалось, что соглашение имелось лишь по самым незначительным статьям, а другие статьи противоречили намерениям короля и министров. В четыре часа разошлись, не порешив ничего.

Ростопчин Ф. В.[2] С. 146.

Молодая великая княжна в подвенечном уборе, в сопровождении своих юных сестер, великих князей и их супруг, всех дам, кавалеров и великого князя-отца вместе с великой княгиней, прибывших из Гатчины на помолвку дочери, появилась к семи часам вечера.

Ш. Массон. С. 26.

...Императрица со всем своим августейшим домом прибыла в залу, ожидали только жениха, чтобы объявить всенародно о радостной для обоих дворов помолвке.

Л. Н. Энгельгардт. С. 301.

Час проходил за часом; но он, к общему и справедливому удивлению, не являлся. Замечено было неоднократное появление и исчезновение Зубова; затем императрица начала обнаруживать нетерпение и, наконец, все шепотом стали спрашивать друг друга о случившемся. Говорили, что вероятно король занемог и что, во всяком случае, с его стороны чрезвычайно невежливо и дерзко заставить ждать императрицу со всем ее двором.

А. Чумиков. С. 83–84.

Частые появления и исчезновения князя Зубова и нетерпение, в котором была императрица, вскоре возбудили любопытство и шушуканье дам. Что случилось? Не захворал ли король? Он, по меньшей мере, неучтив... Как он осмелился заставить ждать таким образом *государыню* в ее тронном зале и собравшийся двор! Между тем король, ожидаемый, как супруг одиннадцати тысяч дев, все не появлялся.

Ш. Массон. С. 26.

Граф Марков то и дело ездил в дом шведского посланника; время проходило, и ничего не устраивалось. В семь часов, согласно данному приказу все собрались в Кавалергардской зале. Обручение назначено быть в Брилиянтовой. Все было готово. Митрополит (вызванный из Новгорода, откуда он ехал 18 часов), облачился в святительские одежды и дожидался в церкви, что его позовут благословлять жениха и невесту.

Ф. В. Ростопчин[2]. С. 146.

Уже было близко 10 часов, а ответ на все эти вопросы не приходил; все продолжали ожидать и ожидать напрасно.

А. Чумиков. С. 84.

Наконец, после четырех часов томительного ожидания, нам объявили, что обряд не состоится; императрица прислала просить у архиепископов извинения в том, что их напрасно заставили явиться в облачении; дамам, в пышных фижмах, и всем собравшимся, в богатых парадных костюмах, было сказано, что они могут удалиться, ибо обряд отложен по причине некоторых неожиданных незначительных препятствий. Но скоро стало известно, что все было порвано.

А. Чарторижский. С. 91.

Марков возвратился, отправился опять, и только в 9 часов послали сказать королю, что он может оставаться у себя.

Ф. В. Ростопчин[2]. С. 146.

Эти споры между русскими министрами и королем продолжались почти до десяти часов. Екатерина и ее двор все еще ожидали. Нужно было, наконец, доложить ей, что все потеряно. Князь Зубов с таинственным видом подошел к ней и начал шептать ей что-то на ухо. Она поднялась, пролепетала какие-то слова и почувствовала себя дурно: с ней случился даже легкий удар — предвестник того, который несколько недель спустя свел ее в могилу.

Ш. Массон. С. 28.

Вот что было причиной этого странного запоздания. Король должен был отправиться ко двору в семь часов вечера. В шесть дипломат Морков привез ему контракт и статьи договора, которые он только что сочинил вместе с Зубовым. Густав, прочитав его, очень удивился, так как обнаружил там такие условия, о которых не договаривался с Екатериной.

Ш. Массон. С. 26.

Маркова послали к королю с собственноручною запискою Императрицы и с ее пометами на всех статьях. Дочитав до статьи, где для великой княжны, когда она будет шведскою королевою, требовалось свободное исповедание ее веры, король взял перо и вычеркнул эту статью.

Ф. В. Ростопчин[2]. С. 146.

Граф Морков (в других источниках Марков — *Е. Г.*) легкомысленный по своей самонадеянности, невнимательный благодаря гордости и презрению ко всему, что непосредственно его не касалось, был уверен, что все устроится, и не позаботился о том, чтобы условия брака были выражены в письменной форме и своевременно подписаны. Лишь только дело дошло до подписи, возникли препятствия.

А. Чарторижский. С. 91.

Непременным условием было, чтобы принцесса имела свою часовню и собственный клир в королевском дворце, а также известные обязательства против Франции, которые содержались в большом секрете. Еще более секретные обязательства, данные регентом Директории, удерживали его. Можно заподозрить, что четыре обещанных и уже частью полученных миллиона сильно повлияли на то отвращение, которое он обнаружил к действиям против Франции.

Ш. Массон. С. 26.

Наконец, крутой оборот сватовства можно также объяснить гордостию и высокомерием Густава-Адольфа. Если принять во внимание русский закон, в силу которого все иноверные принцессы, вступающие в брак с членами императорского дома, обязаны принимать православие, — причина почему такие великие державы как Австрия и Франция, не желая уронить своего достоинства, постоянно уклонялись от родства с русскими государями, то легко может быть, что шведский король, будучи потомком государей некогда предписывавших законы Европе, пожелал воспользоваться тою же прерогативой относительно нации лишь недавно вышедшей из варварства.

А. Чумиков. С. 83.

Король спросил, от нее ли [Екатерины] исходит то, что ему предлагали подписать. На утвердительный ответ Моркова он возразил, что это невозможно. Он заметил, что не желал стеснять свободы совести великой княжны и она могла в частной жизни исповедовать свою религию, но у него не было права позволить ей иметь часовню и причт в королевском дворце; что публично, а также на всех официальных церемониях она должна была, напротив, придерживаться веры его страны.

Ш. Массон. С. 26.

Король отвергал все предложения графа Моркова, клонившиеся к тому, чтобы уладить препятствия. Напрасно ему говорили, что он подвергает Швецию опасности войны с Россией, если, зайдя уже так далеко, откажется от брачного союза перед самым его совершением. Все было тщетно.

А. Чарторижский. С. 92.

Представьте себе удивление и замешательство Моркова: он был вынужден забрать свои бумаги и донести Зубову, что король отказывается их подписать. Он вскоре возвратился в величайшем волнении и сказал, что императрица уже находится в тронном зале в окружении всех придворных, что нет возможности с нею говорить, что она ожидает принца и все надеются на то, что он удержится от выходки, которая была бы несказанным оскорблением для ее величества, юной великой княжны и всего государства. Безбородко и многие другие прибывали один за другим, увещевая, убеждая, умоляя короля ехать. Все шведы, к которым приступали с вопросами, склонялись к уступке. Регент довольствовался словами, что это зависит от короля. Он отвел его в сторону, сделал с ним круг по комнате и, по-видимому, сам уговаривал его, нашептывая ему что-то на ухо. Король громко ответил: «Нет, нет, я этого не хочу! я не могу! я ничего не подпишу!» Он сопротивлялся всем внушениям, всем надоеданиям русских министров и, наконец, раздосадованный этими приставаниями, удалился в свою комнату и запер дверь, сказав перед этим еще раз, ясно и определенно, что отказывается подписать что-либо, не согласное с законами его страны.

Ш. Массон. С. 26—27.

Напрасно назначили день обручения; напрасно ожидала торжества парадно одетая императрица, духовенство и весь собравшийся двор; ничто не тронуло Густава IV.

А. Чарторижский. С. 92.

Во все это время князь Зубов то и дело ходил к великому князю-отцу и передавал ему о происходившем.

Ф. В. Ростопчин². С. 146.

Русские министры пребывали в остолбенении от дерзости короля-ребенка, который отважился таким образом противиться их государыне, и стали договариваться о том, как объявить ей об этой катастрофе.

Ш. Массон. С. 27.

До семи часов императрице ровно ничего не докладывали о происходившем. Наконец князь Зубов, не отваживаясь сам идти с такою дурною вестью, возложил ее на графа Маркова, который объявил императрице, что король согласен быть на ужин и на балу, но что он не хочет обручаться, пока все не уладится. Тогда Императрица разгневалась до такой степени, что приближенные опасались за ее жизнь.

Ф. В. Ростопчин². С. 146.

С другой стороны нельзя не признать неосторожности, которую обнаружила Екатерина в этом деле. Раз король дал формальное обещание удовлетворить ее по статье о вероисповедании, было бы гораздо благоразумнее не затрагивать более этой чувствительной струны; но, напротив, сочли необходимым, вследствие подозрительности, требовать от короля в самый день обручения формального письменного обязательства, которое жених должен был подписать за несколько минут до назначенной церемонии. Русский кабинет этим не удовольствовался. Марков, составлявши эту бумагу, в предположении, что король, ослепленный любовью к невесте, будет не в состоянии прекословить, внес от себя в этот документ некоторые сомнительные условия, предоставлявшие королеве гораздо более обширные вероисповедные права, нежели те, о которых состоялось соглашение. Эта уловка не удалась и произвела совершенно противоположное действие.

А. Чумиков. С. 83.

При этой церемонии (имеется в виду обручение. — *Е. Г.*) со стороны короля должны были находиться регент и три министра их, а с нашей стороны я, семейство мое и министры, коим назначено подписать договор, генерал граф Николай Салтыков и генеральша Ливен. В четверг, 11-го сентября, в день назначенный для обручения, в полдень собрались шведские и наши уполномоченные, чтоб подписать договор. Наши к великому удивлению увидели, что четвертой отдельной статьи, касающейся свободы вероисповедания великой княжны Александры, нет в числе актов. Они спросили у шведов, куда они ее девали? Те им отвечали, что это распоряжение короля и что он хотел сам объясниться об этом со мною. Уполномоченные мои тотчас послали мне сказать об этом обстоятельстве. Было четыре часа после обеда. Я сообразила, что до обручения не увижу ни короля, ни регента, а после обручения будет уже слишком поздно говорить об этом. Итак, я решилась послать тотчас графа Маркова к регенту и королю, сказать им о необходимости, чтоб эта статья прежде обручения была подписана вместе с остальными статьями договора в том виде, как о ней состоялось соглашение уполномоченных. Марков вернулся через два часа с плохими вестями, не добившись подписания статьи. Тогда я ему продиктовала записку, которая содержит сущность отдельной 4-й статьи и приложена к сему в списки, приказав, чтобы он сказал регенту, что если король подпишет эти строки, продиктованные мною, то я на время удовольствуюсь этим документом; но если он не подпишет, то это поведет к важным последствиям. Граф Марков пошел снова в помещение короля и вместо ясного и откровенного ответа принес от короля письмо, прилагаемое здесь, написанное рукою короля и составленное в темных и неопределенных выражениях.

Екатерина II — посланнику в Стокгольме барону Будбергу. 17 сентября 1796 г.

К назначенному времени, одетый и с обручальными кольцами на руке, король ходил по комнате в ожидании известия о том, что все приготовления для церемонии окончены. Уже поданы были кареты, и регент с Рейтергольмом, Эссеном и другими шли садиться, как, проходя мимо гостиной короля, заметили там поданный чай и остановились, чтобы выпить чашку чаю. Замедление, причиненное этим ничтожным случаем, оказалось роковым по своим последствиям. В то время как герцог занялся чаем, к подъезду дома подъехал Марков и изъявил желание видеться с Стедингом. Отведя его в сторону от прочей королевской свиты, он объявил ему, что привез акт, составленный по собственному приказанию императрицы и в котором излагается формальное обязательство короля в том, что он не будет препятствовать великой княжне в исполнении обрядов ее церкви и не станет ее уговаривать к перемене ее веры; наконец, что он [Марков] требует от имени своей государыни, чтобы король это обязательство скрепил своею подписью. Такое очевидное недоверие слову короля, как можно предвидеть, должно было сильно раздражить его, тем более, что в этой бумаге были приданы свободе вероисповедания великой княжны более обширные размеры, чем те, о которых он условился с императрицею.

А. Чумиков. С. 84.

Королю всего 17-ть лет. Занятый своими богословскими мыслями, он не предвидит всей важности того, что может произойти и для него, и для великой княжны, если она переменит веру. Первым последствием такого легкомысленного поступка была бы утрата ею в России всякого расположения к себе: ни я, ни отец ее, ни мать, ни братья, ни сестры, никогда больше не увидали бы ее; она не осмелилась бы показаться в России, и поэтому лишилась бы значения и в Швеции.

Екатерина II — посланнику в Стокгольме барону Будбергу. 19 сентября 1796 г.

Когда Стединг подал королю бумагу, привезенную Марковым с просьбой подписать ее, то Густав-Адольф, узнав об ее содержании, не мог не обидеться; он с досадой бросил бумагу от себя, но тотчас же ее поднял и разорвал. «Скажите Маркову, — воскликнул раздраженный юноша, — что после того как я столько раз честью уверял императрицу и великую княжну в том, что никоим образом не буду делать затруднений в делах веры, императрица своими сомнениями оказывает мне несправедливость; что она может быть уверена, что все что касается этого вопроса будет установлено согласно ее желаниям». Марков, получив такой ответ, пожал плечами и сказал Стедингу, что по его убеждению императрица не удовлетворится этим. Еще гнев и раздражение Густава-Адольфа не успели смягчиться, как Марков вторично появился. Всего хуже, что король был недоступен для всякого совета; он был зол на регента и удостоивал внимания лишь речи Стединга; Рейтергольма же даже не допускал к себе в комнату. Марков во вторичный приход свой говорил весьма резко о тех последствиях, которые могут произойти от сопротивления желаниям императрицы. Затем он попросил несколько строк от короля, которые бы могли успокоить государыню, ибо она была очень удивлена обнаруженным упорством короля, и, наконец, опять стал угрожать дурными последствиями, причиной которых будет сам король.

А. Чумиков. С. 84.

Наконец, по долгом ожидании, он [Марков] возвратился с ответом, что король не может согласиться, чтобы королева, супруга его, оставалась в православной греко-католической вере, на что уже было изъявлено его согласие.

Л. Н. Энгельгардт. С. 302.

[Документ] № 3. «Дав уже мое честное слово Ее Императорскому Величеству в том, что великая княжна Александра никогда не будет стеснена в том, что касается религии, и так как мне показалось, что Ее Величество осталась этим довольна, то я уверен, что Ее Величество нисколько не сомневается в том, что я достаточно знаю священные законы, налагаемые на меня этим обязательством, поэтому всякая другая записка была бы совершенно излишней».

Подписано: *Густав-Адольф*. Сего 11/22 сентября, 1796 г.
Цит. по: *В. Н. Головина*. С. 132.

С таким ответом отправился Марков, который, как мы видели, не очень сочувствовал шведскому браку. Прибыв во дворец, он не преминул рассказать о том, чему был свидетель; и конечно сцена разорвания акта не могла не возбудить толков и подозрения. В ответной бумаге короля особенное внимание обратило на себя то место, где упоминается об ограничении свободного исповедания веры шведскими государственными законами. Это было скрытое под маской королевских обязанностей явное прекословие желаниям императрицы, и, конечно, не от Маркова можно было ожидать истолкования этой оговорки в смысле благоприятном делу. Он передал обо всем случившемся Зубову, а тот незаметно и шопотом императрице, которая мгновенно встала, почувствовав себя дурно, — припадок, который несколько недель спустя свел ее в могилу.

А. Чумиков. С. 86—87.

Было уже десять часов вечера, когда я получила это письмо. Я велела позвать моего сына, и мы согласились послать сказать королю, что я сделалась больна и приказала отпустить всех лиц, которые ждали в приемной окончания этой комедии. В этот вечер назначен был бал и ужин у великого князя. Предоставляю вам судить, каковы нелепость и неприличие всего этого. Письмо короля я даже отослала ему обратно с графом Марковым.

Екатерина II — посланнику в Стокгольме барону Будбергу. 17 сентября 1796 г.

В тот самый день, в который следовало быть сговору великой княжны Александры Павловны, по возвращении графа Моркова от шведского короля с решительным его ответом, что он на сделанные ему предложения не согласится, известие сие столь сильно поразило императрицу, что она не могла выговорить ни одного слова и оставалась несколько минут с отверстым ртом, доколе камердинер ее, Зотов (известный под именем Захара), принес и подал ей выпить стакан воды.

Ф. В. Ростопчин. Записки // Золотой век Екатерины Второй: Воспоминания. М.: Изд-во МГУ. 1996. С. 305.
(Далее цит. как: Ф. В. Ростопчин¹).

Рассказывали мне, что когда граф Морков возвратился во дворец с отказом короля, которому предложено было подписать договорные пункты, и объявил об оном императрице, она вся затряслась и не могла несколько минут ничего спросить.

Ф. Н. Голицын. С. 374.

Императрица так была сим поражена, что приближенные ее заметили, что едва ли не имела она легкого удара, и с тех пор стала в духе и телом ослабевать.

Л. Н. Энгельгардт. С. 302.

Граф Морков говорил мне, что государыня была в такой степени огорчена поведением короля, что у нее после получения второго ответа появились все признаки апоплексического удара.

В. Н. Головина. С. 132.

Все, окружавшие императрицу Екатерину, уверены до сих пор, что происшествия во время пребывания шведского короля в С.-Петербурге суть главною причиною удара, постигшего ее в пятый день ноября 1796 года.

Ф. В. Ростопчин[1]. С. 305.

С чрезвычайным усилием, приняла она на себя вид твердый. Объявлено было, что король занемог и для того на бал не будет.

Л. Н. Энгельгардт. С. 302.

В половине десятого обер-маршал князь Барятинский, на котором лица не было, провозгласил, что бала не будет, потому что императрица не так хорошо себя чувствует.

Ф. В. Ростопчин[2]. С. 146.

Этот день был днем величайшего огорчения и даже унижения, которое когда-либо испытывала счастливая, властная Екатерина.

Ш. Массон. С. 26.

Можно судить, каково самолюбие ее было, когда все чужестранные министры под рукой были предварены, и вдруг король отказался от женитьбы.

Л. Н. Энгельгардт. С. 302.

Императрица удалилась, и двор был распущен под предлогом внезапного недомогания короля. Однако истинные причины вскоре сделались известны всем. Одни были возмущены дерзостью малолетнего короля Швеции, другие — неблагоразумием мудрой Екатерины, так легко допустившей, чтобы с ней обошлись подобным образом; особенное негодование вызывала самонадеянность Зубова и Моркова, которые надеялись провести шведов и воображали, что заставят их экспромтом подписать брачный контракт...

Ш. Массон. С. 28.

На другой день императрица признавалась, что ночь с 27 на 28 июня (то есть ночь, проведенная в Петергофе перед переворотом и восшествием на престол в 1762 году) ничто в сравнении с тою, которую она провела.

Ф. В. Ростопчин[2]. С. 146.

Совершенно открыто проклинали Зубова и Моркова...

Ш. Массон. С. 28.

Великий князь ходил к ней и нашел ее в сильнейшем волнении: она хотела отдать приказание, чтоб арестовать барона Флеминга, которого считают (неверно) фаворитом короля, и сослать его в Сибирь; но великому князю удалось успокоить ее.

Ф. В. Ростопчин[2]. С. 146.

На следующий же день после несчастного четверга, 23-го сентября н. ст. король и регент имели свидание с императрицей, а также с Александрой Павловной, в присутствии ее родителей; но в положении дела никакой перемены не последовало. В следующие затем дни и до 26-го числа, король несколько раз беседовал с Екатериной в ее кабинете, но становился еще непреклоннее, тем более, что ему показалось, что все против него в заговоре. Никакие доводы, ни уверения в чувствах дружбы и преданности императрицы не могли изменить однажды принятого им решения.

А. Чумиков. С. 87.

Если бы твердость, которую обнаружил молодой Густав в этом случае, была неотъемлемым качеством его души, если бы те настояния, с которыми обращались к нему его советники, не были деланными, то его поведение обещало бы шведам величайшего государя. И в этом случае нельзя было бы не восхищаться семнадцатилетним принцем, которого в этом случае одна любовь должна была бы покорить.

Ш. Массон. С. 26—27.

Это упорство молодого короля по отношению к требованиям России и ее могущественной властительницы вначале обеспокоило, затем испугало шведов, но, в конце концов, понравилось им; их тщеславию льстило, что король выказал столько характера. Оживление, вызванное в Петербурге появлением шведов, с их королем во главе, на следующий же день после описанного события сменилось мрачным безмолвием, разочарованием, неудовольствием. То был день рождения одной из младших великих княжон (будущей королевы Голландии). При дворе, следовательно, был бал. Императрица явилась с своей вечной улыбкой на устах, но в ее взгляде можно было заметить выражение глубокой грусти и негодования; восторгались невозмутимой твердостью, с которою она приняла своих гостей. Шведский король и его свита имели натянутый, но не смущенный вид. С обеих сторон чувствовалась принужденность; все общество разделяло это настроение. Великий князь Павел принял раздраженный вид, хотя я подозреваю, что ему не так уж был неприятен этот тяжелый промах правящих лиц. Великий князь Александр возмущался нанесенным его сестре оскорблением, но порицал во всем только графа Моркова. Императрица была очень довольна, видя, что внук разделяет ее негодование.

А. Чарторижский. С. 92.

Бал был устроен парадный в белой галерее. Шведский король появился печальный и очень смущенный. Государыня была величественна и очень сдержанна и говорила с ним со всем возможным благородством и непринужденностью. Великий князь Павел Петрович был взбешен и бросал уничтожающие взгляды на короля, уехавшего несколько дней спустя.

В. Н. Головина. С. 132.

Теперь костюмы шведов и их шляпы, украшенные перьями, казалось, уже не пленяли своей грациозностью и словно разделяли общую натянутость. Слава этих господ померкла. На балу протанцевали несколько менуэтов, показавшихся еще более тяжеловесными, чем обыкновенно.

А. Чарторижский. С. 92.

Подали ужин. Ее величество никогда не ужинала и, прогуливаясь по комнатам, затем уселась за нашими стульями. Я сидела рядом с графиней Толстой. Последняя, кончив есть, подала, не оборачиваясь, свою тарелку. Она была очень удивлена, увидев, что тарелка была взята самой прекрасной в мире рукой с великолепным бриллиантом на пальце. Она вскрикнула, узнав государыню, сказавшую ей:

— Вы что же — боитесь меня?

— Нет, я очень сконфужена, Ваше Величество, — отвечала графиня, — что отдала вам тарелку.

— Я хотела помочь вам, — сказала государыня.

Потом она шутила с нами насчет пудры, сыпавшейся с наших шиньонов на плечи, и рассказала нам, что граф Матюшкин, очень смешная личность, приказал пудрить себе спину по возвращении из Парижа, утверждая, что эта мода распространена среди самого элегантного общества Франции.

В. Н. Головина. С. 133.

Бал был открыт на короткое время, и вскоре императрица отбыла во внутренние покои.

Л. Н. Энгельгардт. С. 302.

— Я вас покидаю, мои красавицы, — сказала государыня, — я очень устала.

Она ушла после того, как положила мне на плечо руку, которую я поцеловала в последний раз с непреодолимым чувством печали и тревоги. Я проводила ее взглядом до двери и, когда я перестала ее видеть, мое сердце так сильно забилось, как будто оно хотело вырваться из груди. Я вернулась домой и не могла спать.

На другой день, рано утром, я отправилась к матушке и расплакалась, рассказывая все то, что я заметила относительно здоровья государыни. Матушка пыталась меня успокоить, но напрасно: я казалась приговоренной к казни и как бы ожидала своего смертного приговора.

В. Н. Головина. С. 133—134.

Король еще раз неофициально виделся с ней, а министры несколько раз собирались на совещания. Густав, наконец, вывернулся, объявив, что, поскольку он не может по шведским законам согласиться на то, чего желает императрица, он посоветуется об этом со штатами (шведский парламент — *Е. Г.*), которые будут собраны в его совершеннолетие, и если штаты согласятся на то, чтобы королева осталась в греческом законе, он пришлет сватать великую княжну. Русский деспотизм, в негодовании на то, что слышит такие речи от короля, тщетно подстрекал его к тому, чтобы пренебречь мнением штатов и предлагал ему необходимые силы для их усмирения в случае бунта. Но от короля невозможно было добиться другого решения.

Ш. Массон. С. 29.

Раздраженная сопротивлением, Екатерина запретила своим подданным посещать шведское посольство, в котором пребывали король и его свита, и полиции приказано было наблюдать за домом посла... К тому же распространился слух, что Русская армия уже вторглась в Финляндию и что русские до такой степени возмущены действием шведского короля, что угрожали побросать всех шведов в Неву.

А. Чумиков. С. 87.

Утверждают, что ее униженные фавориты уговаривали ее прибегнуть к насилию над молодым принцем, который был в ее власти. Она проводила целые дни почти в полном одиночестве в своем Таврическом дворце под тем предлогом, что там празднуется освящение церкви, но на самом деле для того, чтобы скрыть от глаз придворных свои терзания и чтобы еще раз поговорить со своим клиром и фаворитами о том затруднительном положении, в котором она очутилась.

Ш. Массон. С. 29.

...Король со свитой уехал, и Петербург стал угрюмым и молчаливым. Все были изумлены тем, что произошло; не могли себе представить, что «маленький королек» осмелился поступить так неуважительно с самодержавной государыней всея России. Как поступит она теперь? Немыслимо, чтобы Екатерина II проглотила нанесенную ей обиду и не захотела бы отомстить! Таков был общий голос. Это был предмет всех салонных разговоров в городе.

А. Чарторижский. С. 92—93.

Таков был итог этого путешествия, о котором официальные документы едва осмеливались говорить. Король уехал в тот самый день, когда праздновали рождение великого князя Павла, через восемь дней после разрыва. Он оставил сильное раздражение и досаду у императрицы, много скорби и любви в сердце великой княжны, которая была больной и печальной, и общее сожаление, соединенное с уважением к нему. Несмотря на непредвиденную катастрофу, был произведен обмен подарками (чтобы не порождать новых толков в публике), и русские были тем более удивлены богатством и изящным вкусом даров шведского короля, что его стремились представить *бедным маленьким мальчиком*.

Ш. Массон. С. 29.

Пребывание короля в Петербурге произвело на императрицу самое тяжелое впечатление. После известной катастрофы она долгое время не являлась публично. Шведский посланник барон Стединг, еще так недавно чрезвычайно любезный и приятный, ходил нахмурившись и также нигде не показывался. Его уже более не приглашали на вечерние собрания в Эрмитаже, где он еще так недавно был желанным гостем.

А. Чумиков. С. 88.

Самой трогательной жертвой этого глупого лукавства и жестокой надменности была прелестная Александра. Ей едва хватило сил на то, чтобы вернуться к себе в апартаменты, и там, не удерживая более слез, она предалась в кругу своих гувернанток и фрейлин скорби, которая не оставила равнодушными приближенных и сделала ее на самом деле больной.

Ш. Массон. С. 28.

Горе, причиненное государыне неудачей ее проекта брака Александры Павловны с шведским королем, подействовало на нее очень заметно для всех окружавших ее. Она переменила свой образ жизни, появлялась только в воскресенье в церкви и за обедом и очень редко приглашала лиц из своего общества в Бриллиантовую комнату или в Эрмитаж. Почти все вечера проводила она в спальне, куда допускались лишь немногие лица, пользовавшиеся ее особенной дружбой. Великий князь Александр Павлович и его супруга, обыкновенно каждый вечер бывавшие у императрицы, теперь видели ее только раз или два в неделю, кроме воскресений. Они часто получали распоряжение остаться у себя дома или же она предлагала им поехать в городской театр послушать новую итальянскую оперу.

В. Н. Головина. С. 136.

При дворе не было собраний. Великий князь Павел возвратился в Гатчину, императрица не появлялась, оставаясь в своих апартаментах, и все ожидали, что в результате этого уединения будет принято какое-нибудь решение, которое заставит шведского короля раскаяться в своем упрямстве. Ничего подобного не случилось, и побежденной оказалась сама императрица.

А. Чарторижский. С. 93.

В последующие дни ей приходилось делать над собой усилия, чтобы появляться на людях с обыкновенным выражением лица и не давать другим заметить, что она изнемогает от досады, причиненной ей строптивостью «маленького короля». В силу этого кровь все сильнее приливала ей к голове, и тогда ее лицо, и без того излишне румяное, становилось то багровым, то синеватым, а ее недомогания участились.

Ш. Массон. С. 37.

Перенесенное ею унижение перед шведским королем было слишком чувствительным ударом для такой гордой женщины, как она. Можно сказать, что Густав IV сократил ее жизнь на несколько лет.

А. Чарторижский. С. 93.

Многие полагают, и вероятно, что уже в здоровье императрицы сделалась чувствительная перемена по случаю неудачного ее предприятия.

Л. Н. Энгельгардт. С. 301.

Пребывание шведского короля в Петербурге, сопутствовавшие этому празднества, то оскорбление, которое было его следствием, — все это, несомненно, приблизило кончину Екатерины.

Ш. Массон. С. 36.

Через некоторое время случилось событие, вновь глубоко огорчившее ее величество. На одном из воскресных балов госпожа Ливен, воспитательница великих княжон, попросила у государыни позволения говорить с ней. Она посадила ее рядом с собой, и госпожа Ливен сообщила ей о случае жестокости, проявленной великим князем Константином по отношению к одному гусару. Он с ним ужасно обошелся. Этот жестокий поступок был совершенной новостью для императрицы. Она тотчас же позвала своего доверенного камердинера и велела ему собрать возможно полные сведения относительно этого случая. Тот возвратился, подтверждая доклад госпожи Ливен. Государыня до того была взволнована этим, что чуть не сделалась больна. Я узнала потом, что когда она возвратилась в свою комнату, с ней случилось нечто вроде апоплексического удара. Она написала великому князю Павлу, сообщая ему обо всем случившемся и прося наказать своего сына, что он и сделал очень строго, хотя и не так, как бы следовало. Потом государыня распорядилась посадить великого князя Константина под арест.

В следующее воскресенье государыня, хотя и не совсем хорошо себя чувствовала, приказала великому князю Александру дать у себя бал, произведший на меня очень грустное впечатление. Нездоровье императрицы беспокоило меня. В глубине души у меня были смутные и мрачные предчувствия, к несчастью, слишком скоро оправдавшиеся.

В. Н. Головина. С. 123.

Но после сего случая, в течение шести недель, не было приметно ни малейшей перемены в ее здоровье.

Ф. В. Ростопчин[1]. С. 305.

Великий князь Александр Павлович дал бал, на который все приехали в трауре по случаю смерти португальской королевы. Государыня тоже присутствовала на празднестве; она была вся в черном, что я в первый раз видела. Она носила всегда полутраур, кроме совершенно исключительных случаев. Ее величество села рядом со мной; она показалась мне бледной и осунувшейся; и мое сердце было наполнено крайней тревогой.

— Не находите ли вы, — спросила она меня, — что этот бал похож не столько на праздник, сколько на немецкие похороны? Черные платья и белые перчатки производят на меня такое впечатление.

В бальной зале было два ряда окон, выходивших на набережную. Мы стояли у окна, когда взошла луна. Государыня обратила на нее внимание и сказала мне:

— Луна очень красива сегодня и стоит на нее посмотреть в телескоп Гершеля. Я обещала шведскому королю показать ее, когда он вернется.

Ее величество напомнила мне по этому случаю ответ Кулибина. Это был крестьянин с бородой, самоучка, которого приняли в Академию за его выдающиеся способности и очень остроумные машины, изобретенные им. Когда английский король прислал государыне телескоп Гершеля, она велела принести его из Академии в Царское Село Кулибину и одному немцу-профессору. Его поставили в салоне и стали смотреть на Луну. Я как раз стояла за креслом ее величества, когда она спросила профессора, открыл ли он что-нибудь новое с помощью этого телескопа.

— Нет никакого сомнения, — отвечал он, — что Луна обитаема; там видна страна, прорезанная долинами и целые леса построек.

Императрица слушала его с невозмутимой серьезностью, и, когда он отошел, она подозвала Кулибина и тихо спросила:

— Ну а ты, Кулибин, видел что-нибудь?

— Я, Ваше Величество, не настолько учен, как господин профессор, и ничего подобного не видал.

Государыня с удовольствием вспоминала этот ответ.

В. Н. Головина. С. 132—133.

Был ноябрь, погода стояла туманная и холодная, вполне соответствующая тому виду, какой приняли двор и Зимний дворец после недавно оживлявших его празднеств.

А. Чарторижский. С. 93.

В воскресенье, 2 ноября 1796 года государыня в последний раз появилась на публике. Казалось, что она и вышла для того только, чтобы проститься со своими подданными. После того, как печальное событие совершилось, все были поражены, вспоминая о том впечатлении, какое она произвела на всех в тот день.

В. Н. Головина. С. 136.

Ростопчин писал в ноябре 1796 года: «Здоровье (императрицы) плохо; не ходят более; буря, похожая на случившуюся в последнее время жизни императрицы Елизаветы, произвела тяжелое впечатление (на Екатерину); не выходят более».

А. Г. Брикнер[2]. С. 291.

За три дня до кончины сделалась колика, но чрез сутки прошла: сию болезнь императрица совсем не признавала важною. Накануне удара, то есть с 4-го числа на 5-е, она, по обыкновению, принимала свое общество в спальной комнате, разговаривали очень много о кончине Сардинского короля и стращала смертью Льва Александровича Нарышкина.

Ф. В. Ростопчин¹. С. 305.

4 ноября вечером был так называемый «Малый Эрмитаж». Императрица весело беседовала в кружке приближенных лиц, обрадовалась известию об отступлении французских войск, разговаривала очень много о кончине сардинского короля и забавлялась шутками Льва Нарышкина, явившегося в костюме уличного торгаша и продававшего присутствовавшим разные безделушки. Оставив раньше обыкновенного компанию, императрица в шутливой записке поздравила австрийского посла графа Кобенцеля с успехами австрийского оружия.

А. Г. Брикнер². С. 291.

5-го числа Мария Саввишна Перекусихина, вошедши, по обыкновению, в 7 часов утра к императрице для пробуждения ее, спросила, каково она почивала, и получила в ответ, что давно такой приятной ночи не проводила, и за сим государыня, встав с постели, оделась, пила кофе и, побыв несколько минут в кабинете, пошла в гардероб, где она никогда более десяти минут не оставалась, по выходе же оттуда обыкновенно призывала камердинеров для приказания, кого принять из приходивших ежедневно с делами.

Ф. В. Ростопчин¹. С. 305.

Под старость императрице был запрещен кофе, в виду ее полнокровия, но она, все-таки, продолжала пить и в день смерти выпила его две чашки.

М. И. Пыляев. С. 183.

Потом закончила несколько дел со своими секретарями и отослала последнего из представившихся ей, попросив его побыть в передней, пока она не призовет его для завершения работы. Он дожидался некоторое время. Но камердинер Захария Константинович, обеспокоившись, что его не зовут и что из комнаты не доносится ни звука, открыл наконец дверь. Он с ужасом увидел, что императрица распростерта на полу в дверях, которые вели из спальни в гардеробную. Она была уже без сознания и без движения.

Ш. Массон. С. 38.

Она, по обыкновению, встала поутру в 7-м часу здорова, занималась писанием продолжения «Записок касательно российской истории», напилась кофею, обмакнула перо в чернильницу и, не дописав начатого речения, встала, пошла по позыву естественной нужды в отдаленную камеру...

Г. Р. Державин. С. 444.

...Занимаясь делами в своем кабинете, она пошла в потаенную комнату, и там роковой удар поразил ее.

Л. Н. Энгельгардт. С. 301.

При приближении своего верного Захара, она открыла глаза, поднесла руку к сердцу, с выражением страшной боли, и закрыла их снова, уже навеки. Это был единственный и последний признак жизни и сознания, проявившийся в ней.

А. Чарторижский. С. 93—94.

В сей день она с лишком полчаса не выходила из гардероба, и камердинер Тюльпин, вообразив, что она пошла гулять в Эрмитаж, сказал о сем Зотову; но этот, посмотря в шкаф, где лежали шубы и муфты императрицы (кои она всегда сама вынимала и надевала, не призывая никого из служащих) и видя, что все было в шкафе, пришел в беспокойство и, пообождав еще несколько минут, решился идти в гардероб, что и исполнил. Отворя дверь, он нашел императрицу лежащую на полу, но не целым телом, потому что место было узко и дверь затворена, а от этого она не могла упасть на землю. Приподняв ей голову, он нашел глаза закрытыми, цвет лица багровый, и была хрипота в горле. Он призвал к себе на помощь камердинеров, но они долго не могли поднять тела по причине тягости и оттого, что одна нога подвернулась. Наконец, употребя еще несколько человек из комнатных, они с великим трудом перенесли императрицу в спальную комнату, но, не в состоянии будучи поднять тело на кровать, положили на полу на сафьянном матрасе.

Ф. В. Ростопчин[1]. С. 305—306.

Скоро стало известно, что с императрицей случился апоплексический удар.

А. Чарторижский. С. 93.

Тотчас послали за докторами.

Ф. В. Ростопчин[1]. С. 306.

Побежали к фавориту, который помещался в нижних покоях; позвали докторов; суматоха и уныние распространились вокруг нее. Возле окна разостлали матрас, положили ее на него и сделали ей кровопускание, промывание и оказали все возможные виды помощи, употребляемые в подобных случаях. Они произвели свое обычное действие. Императрица была еще жива, сердце ее билось, но она не подавала никаких иных признаков жизни.

Ш. Массон. С. 38.

Князь Зубов, был извещен первый, первый потерял и рассудок: он не дозволил дежурному лекарю пустить императрице кровь, хотя о сем убедительно просили его и Марья Саввишна Перекусихина, и камердинер Зотов. Между тем прошло с час времени. Первым из докторов приехал Рожерсон. Он пустил в ту же минуту кровь, которая пошла хорошо; приложил к ногам шпанские мухи, но был, однако же, с прочими докторами одного мнения, что удар последовал в голову и был смертельный.

Ф. В. Ростопчин[1]. С. 306.

Когда Зубов получил от врачей ответ, что нет больше ни надежды, ни возможности вернуть ее к жизни, то, уничтожив раньше кучу бумаг, он отправил графа Николая, своего брата, гонцом в Гатчину, к императору Павлу, чтобы уведомить его о положении, в котором находилась императрица, его мать... В продолжение трех дней употреблялись все средства, какие только были в распоряжении медицины, но все было бесполезно.

А. Чарторижский. С. 94.

Государыня пролежала без памяти тридцать шесть часов. Ее тело еще жило, но сознание умерло: произошло кровоизлияние в мозг.

В. Н. Головина. С. 136.

Несмотря на сие, прилагаемы были до последней минуты ее жизни все старания; искусство и усердие не переставали действовать. Великий князь Александр Павлович вышел около того времени гулять пешком. К великому князю-наследнику от князя Зубова и от прочих знаменитых особ послан был с известием граф Николай Александрович Зубов, а первый, который предложил и нашел сие нужным, был граф Алексей Григорьевич Орлов-Чесменский.

Ф. В. Ростопчин[1]. С. 306.

Великий князь Александр продолжал совершать свои прогулки по набережной. [Тут] он встретил моего брата. Прогуливаясь, они остановились у дверей нашей квартиры. Я только что спустился вниз, и мы все трое разговаривали, как вдруг явился придворный курьер, искавший великого князя, и сказал, что граф Салтыков зовет его как можно скорее. Великий князь тотчас же последовал за ним, не будучи в состоянии отгадать, почему его вызвали так спешно.

А. Чарторижский. С. 93.

В понедельник, третьего ноября, и во вторник, четвертого, великий князь Александр и великая княгиня Елизавета были в опере. В среду, пятого, в одиннадцать часов утра, в то время, когда великий князь Александр Павлович был на прогулке с одним из князей Чарторыйских, великой княгине Елизавете доложили, что граф Салтыков спрашивает великого князя и просит ее сказать, не знает ли она, когда он вернется.

Она не знала. Немного погодя возвратился великий князь Александр Павлович, очень взволнованный сообщением Салтыкова, который послал его разыскивать по всему Петербургу. Он уже знал, что с государыней сделалось дурно и что послали графа Николая Зубова в Гатчину.

В. Н. Головина. С. 137.

В тот самый день наследник кушал на Гатчинской мельнице, в пяти верстах от дворца его. Перед обедом, когда собрались дежурные и прочие особы, общество Гатчинское составлявшие, великий князь и великая княгиня рассказывали Плещееву, Кушелеву, графу Виельгорскому и камергеру Бибикову случившееся с ними тою ночью. Наследник чувствовал во сне, что некая невидимая и сверхъестественная сила возносила его к небу. Он часто от этого просыпался, потом засыпал и опять был разбужаем повторением того же самого сновидения; наконец, приметив, что великая княгиня не почивала, сообщил ей о своем сновидении и узнал, к взаимному их удивлению, что и она то же самое видела во сне и тем же самым несколько раз была разбужена.

Ф. В. Ростопчин[1]. С. 306.

И Александр Павлович, и великая княгиня Елизавета были подавлены сообщенной им новостью. Весь день провели они в крайней тревоге. В пять часов вечера великий князь Александр Павлович, до того времени с трудом сдерживавшийся, чтобы не последовать первому движению души, получил разрешение от графа Салтыкова отправиться в апартаменты государыни. Это ему не разрешили сначала без всякого достаточного основания, но по мотивам, легко понятным для того, кто знал характер графа Салтыкова. Еще при жизни императрицы распространился слух, что она лишит своего сына престолонаследия и назначит наследником великого князя Александра Павловича. Я никогда не была уверена в том, что императрица действительно имела эту мысль; но для графа Салтыкова было достаточно одних толков, чтобы запретить великому князю Александру отправиться в комнаты бабушки раньше приезда его отца. Так как великий князь-отец должен был вскоре приехать, то великий князь Александр и великая княгиня Елизавета отправились к государыне между пятью и шестью часами вечера. Во внешних покоях не было никого, кроме дежурных и прислуги с мрачными лицами. Уборная императрицы, находившаяся перед спальней, была наполнена лицами, представлявшими зрелище сдержанного отчаяния. Войдя в слабо освещенную спальню, великий князь и великая княгиня увидели государыню, лежавшую на полу на матрасе за ширмами. Она находилась в спальне, тускло освещенной; в ногах ее стояли фрейлина Протасова и камер-фрау Алексеева, рыданья которых смешивались со страшным хрипом государыни. Это были единственные звуки, нарушавшие глубокую тишину. Великий князь Александр Павлович и его супруга недолго оставались там. Они были глубоко потрясены. Затем они прошли через покои государыни, и доброе сердце великого князя направило его к князю Зубову, жившему рядом. Тот же коридор вел к великому князю Константину, и великая княгиня Елизавета прошла к своей невестке. Им нельзя было долго оставаться вместе: надо было приготовиться к приему великого князя-отца.

В. Н. Головина. С. 137—138.

Всякий торопился отправить своего курьера в Гатчину, где находился великий князь Павел; курьером Зубова был его собственный брат.

Ш. Массон. С. 38.

По окончании обеденного стола, когда наследник со свитою возвращался в Гатчину, а именно в начале третьего часа, прискакал к нему навстречу один из его гусаров, с донесением, что приехал в Гатчину шталмейстер граф Зубов с каким-то весьма важным известием. Наследник приказал скорее ехать и не мог никак вообразить себе истинной причины появления графа Зубова в Гатчине. Останавливался более он на той мысли, что, может быть, король шведский решился требовать в замужество великую княжну Александру Павловну, и что государыня о сем его извещает. По приезде наследника в гатчинский дворец граф Зубов был позван к нему в кабинет и объявил о случившемся с императрицею, рассказав все подробности.

Ф. В. Ростопчин[1]*. С. 306.*

Государь надел на него Андреевский орден и поехал тотчас же в Петербург, приказав за собою следовать гатчинским своим войскам. Весь двор, сенат и генералитет в Зимнем дворце его ожидали, где тотчас ему и присягнули.

Л. Н. Энгельгардт. С. 302.

Я приведу здесь подробности о последних днях императрицы Екатерины II и событиях, происходивших во дворце в первые минуты после ее смерти.

В. Н. Головина. С. 136.

Пока все это происходило, Петербург не знал еще о приближающейся кончине императрицы Екатерины. Быв в английском магазине, я возвращался пешком домой и уже прошел было Эрмитаж, но, вспомня, что в следующий день я должен был ехать в Гатчину, вздумал зайти проститься с Анною Степановною Протасовою. Вошед в ее комнату, я увидел девицу Полетику и одну из моих своячениц в слезах: они сказала мне о болезни императрицы и были встревожены первым известием об опасности. Анна Степановна давно уже пошла в комнаты, и я послал к ней одного из лакеев, чтобы узнать обстоятельнее о происшедшем. Ожидая возвращения посланного, я увидел вошедшего в комнату скорохода великого князя Александра Павловича, который сказал мне, что он был у меня с тем, что Александр Павлович просит меня приехать к нему поскорее. Исполняя волю его, я пошел к нему тотчас и встречен был в комнатах камердинером Парлантом, который просил меня обождать скорого возвращения его императорского высочества, к чему прибавил, что императрице сделался сильный паралитический удар в голову, что она без всякой надежды и, может быть, уже не в живых. Спустя минут пять, пришел и великий князь Александр Павлович. Он был в слезах, и черты лица его представляли великое душевное волнение. Обняв меня несколько раз, он спросил, знаю ли я о происшедшем с императрицею? На ответ мой, что я слышал об этом от Парланта, он подтвердил мне, что надежды ко спасению не было никакой, и убедительно просил ехать к наследнику для скорейшего извещения, прибавив, что хотя граф Николай Зубов и поехал в Гатчину, но я лучше от его имени могу рассказать о сем несчастном происшествии.

Ф. В. Ростопчин[1]. С. 306—307.

...Когда я завтракала в десять часов утра у матушки, вошел придворный лакей, служивший моему дяде, и попросил позволения разбудить его.

— Около часа тому назад с государыней сделался удар, — сказал он нам.

В. Н. Головина. С. 135.

Те, кто имел доступ ко двору, отправлялись туда, побуждаемые ужасом, страхом, взволнованные догадками о том, что будет. Город и двор были в смятении и тревоге. Большая часть присутствующих выражала искреннюю печаль. Было много и таких, бледные и взволнованные лица которых выдавали страх перед потерею преимуществ, которыми они пользовались и, может быть, перед необходимостью дать отчет в своих поступках. Мы с братом вместе с прочими были свидетелями этой картины сожалений и панического страха. Князь Платон, с взъерошенными волосами, полный ужаса, привлекал к себе взоры всех. Он мог испытывать только отчаяние, как и все те, чью карьеру он устроил. Он то жег бумаги, могущие его скомпрометировать, то являлся узнавать, не подают ли надежды употребленные средства.

А. Чарторижский. С. 94.

Доехав домой на извозчике, я велел запрячь маленькие сани в три лошади и чрез час прискакал в Софию. Тогда уже было 6 часов пополудни. Тут первого увидел я графа Николая Зубова, который, возвращаясь из Гатчины, шумел с каким-то человеком, приказывая ему скоро выводить лошадей из конюшни. Хотя и вовсе не было до смеха, однако же, тут я услышал нечто странное. Человек, который шумел с графом Зубовым, был пьяный заседатель. Когда граф Зубов, по старой привычке обходиться с гражданскими властями, как со свиньями, кричал ему: «Лошадей, лошадей! Я тебя запрягу под императора», — тогда заседатель весьма манерно, пополам учтиво и грубо, отвечал: «Ваше сиятельство, запрячь меня не диковина, но какая польза? Ведь я не повезу, хоть до смерти изволите убить. Да что такое император? Если есть император в России, то дай Бог ему здравствовать; буде матери нашей не стало, то ему виват!» Пока граф Зубов шумел с заседателем, прискакал верхом конюшенный офицер, майор Бычков, и едва он остановил свою лошадь, показались фонари экипажа в восемь лошадей, в котором ехал наследник. Когда карета остановилась, и я, подошел к ней, стал говорить, то наследник, услышав мой голос, закричал: «Ah, c'est vous, mon cher Rostopschin! (Ах, это вы, мой дорогой Ростопчин. — *фр.*). За сим словом он вышел из кареты и стал разговаривать со мною, расспрашивая подробно о происшедшем. Разговор продолжался до того времени, как сказано, что все готово; садясь в карету, он сказал мне: «Faites moi le plaisir de me suivre; nous arriverons ensemble. I'aime á vous voir avec moi» (Доставьте мне удовольствие: поедемте вместе. Я люблю, когда вы рядом. — *фр.*). Сев в сани с Быковым, я поскакал за каретою. От Гатчины до Софии встретили наследника 5 или 6 курьеров, все с одним известием от великих князей, от графа Салтыкова и прочих. Они все были с записками, и я, предвидев это, велел из Софии взять фонарь со свечою, на случай, что если будут письма из Петербурга, то можно бы было читать их в карете. Попадались еще в встречу около двадцати человек разных посланных, но их мы ворочали назад, и таким образом составили предлинную свиту саней. Не было ни одной души из тех, кои, действительно или мнительно имея какие-либо сношения с окружающими наследника, не отправили бы нарочного в Гатчину с известием: между прочим, один из придворных поваров и рыбный подрядчик [также] наняли курьера и послали.

Ф. В. Ростопчин[1]. С. 307—308.

Хотя Павла давно уже занимала мысль о тех счастливых переменах, какие повлечет за собой то событие, о котором его теперь уведомили, все же он был поражен и ехал в Петербург сильно взволнованный, не зная, что его ожидает, предполагая, что его мать еще может выздороветь.

А. Чарторижский. С. 94.

Проехав Чесменский дворец, наследник вышел из кареты. Я привлек его внимание на красоту ночи. Она была самая тихая и светлая; холода было не более 3°, луна то показывалась из-за облаков, то опять за оные скрывалась. Стихии, как бы в ожидании важной перемены в свете, пребывали в молчании, и царствовала глубокая тишина. Говоря о погоде, я увидел, что наследник устремил взгляд свой на луну и при полном ее сиянии мог я заметить, что глаза его наполнялись слезами и даже текли слезы по лицу. С моей стороны преисполнен быв важности сего дня, предан будучи сердцем и душою тому, кто восходил на трон российский, любя отечество и представляя себе сильно все последствия, всю важность первого шага, всякое оного влияние на чувства преисполненного здоровьем, пылкостью и необычайным воображением, самовластного монарха, отвыкшего владеть собою, я не мог воздержаться от повелительного движения, и, забыв расстояние между ним и мною, схватя его за руку, сказал: «Ah, monseigneur, quel moment pour vous!» (Ах, государь, какой момент для вас! — *фр.*).

На это он отвечал, пожав крепко мою руку: «Attendez, mon cher, attendez. J'ai vecu quarante deux ans. Dieu m'a soutenu; peut-étre, donnera-t-il la force et la raison pour supporter l'état, auquel il me destine. Esperons tout de Sa bonte. (Погодите, мой друг, погодите. Я живу сорок второй год. Бог поддерживает меня, быть может, Он дарует мне силу и разум, чтобы управлять государством, которое Он мне вручает. Положимся всецело на Его милость. — *фр.*). Вслед за сим он тотчас сел в карету и в 8 1/2 часов вечера въехал в С.-Петербург, в котором еще весьма мало людей знали о происшедшем.

Ф. В. Ростопчин[1]. С. 308.

Он приехал к семи часам вечера и, не проходя к себе, отправился вместе с великой княгиней Марией Федоровной в покои государыни. Он виделся только с сыновьями, а его невестки получили распоряжение оставаться у себя.

В. Н. Головина. С. 138.

Павел в сопровождении всей семьи направился к императрице, которая не обнаружила никаких признаков сознания при виде своих детей, собравшихся вокруг нее. Она неподвижно лежала на матрасе, и по ее внешнему виду нельзя было даже сказать, что она еще жива. Великий князь Александр, его супруга, юные принцессы заливались слезами и образовали вокруг нее самую трогательную группу. Великие княгини, придворные кавалеры и дамы оставались одетыми и не ложились спать всю ночь, ожидая последнего вздоха императрицы. Великий князь и его сыновья ежеминутно подходили к ней, чтобы быть его свидетелями. И следующий день прошел в таком же волнении и ожидании.

Ш. Массон. С. 39.

Наследник... проходя сквозь комнаты, наполненные людьми, ожидающими восшествия его на престол, оказывал всем вид ласковый и учтивый. Прием, ему сделанный, был уже в лице государя, а не наследника. Поговоря несколько с медиками и расспрося о всех подробностях происшедшего, он пошел с супругою в угольный кабинет и туда призывал тех, с коими хотел разговаривать или коим что-либо приказывал.

Ф. В. Ростопчин[1]. С. 309.

Павел, который не слишком скорбел о потере матери, так мало его любившей, занялся раздачей мелочных приказаний и всевозможными приготовлениями к восшествию на престол. Он уделял этому великому моменту своей жизни такое же внимание, с каким директор театра осматривает кулисы и машины перед тем, как поднять занавес. В самом деле, кажется, что смерть государя — только антракт комедии: так мало его личность занимает тех, кто его окружает, и даже его детей. Екатерина еще дышала, а все уже думали только о переменах, которые должны были совершиться, и о том, кто пришел ей на смену.

Ш. Массон. С. 39.

Дворец был наполнен людьми всякого звания, кои, собраны будучи вместе столько же по званиям их, сколько из любопытства или страха, все с трепетом ожидали окончания одного долговременного царствования для вступления в другое, совсем новое.

По приезде наследника всякой, кто хотел, подвинутый жалостию или любопытством, входил в ту комнату, где лежало едва дышащее тело императрицы. Повторялись вопросы то о часе кончины, то о действии лекарств, то о мнении докторов. Всякой рассказывал разное, однако же, общее было желание иметь хоть слабую надежду к ее выздоровлению.

Ф. В. Ростопчин[1]. С. 308—309.

Тем временем апартаменты дворца мало-помалу наполнились офицерами, которые приехали из Гатчины в таких смешных и необыкновенных мундирах, что казались людьми из другого века или пришельцами из иного мира. Горе, страх или скорбь изображались на лицах старых придворных: они побледнели, осунулись и один за другим удалялись, освобождая место для вновь прибывших. Бесчисленное множество карет окружало дворец и загромождало улицы, которые к нему вели. Все те, у кого были здесь какие-нибудь знакомые, проводили у них целый день в ожидании событий. Выезд из города, впрочем, был запрещен, и не позволяли пропускать ни одного курьера.

Ш. Массон. С. 39—40.

Между тем все ежеминутно ожидали конца жизни императрицы, и дворец более и более заполнялся людьми всякого звания.

Ф. В. Ростопчин[1]. С. 309.

Комната государыни тотчас наполнилась лицами, преданными великому князю-отцу, большею частью извлеченными из ничтожества, которым ни их происхождение, ни способности не давали права надеяться на должность и на милости, готовые свалиться на них. В передней толпа увеличивалась все больше и больше. *Гатчинцы* (так называли этих людей, о которых я только что говорила) суетились, толкали придворных, с удивлением спрашивавших себя, откуда взялись эти остготы *(древнегерманское племя; здесь — варвары. — Е. Г.)*, по-видимому, одни только пользовавшиеся правом входить во внутренние покои, тогда как раньше их не видали и в передних?

В. Н. Головина. С. 138.

Тотчас во дворце приняло все другой вид, загремели шпоры, ботфорты, тесаки, и, будто по завоевании города, ворвались в покои везде военные люди с великим шумом.

Г. Р. Державин. С. 446.

Слезы и рыдания не простирались далее той комнаты, в которой лежало тело государыни. Прочие наполнены были людьми знатными и чиновными, которые во всех происшествиях, и счастливых, и несчастных, заняты единственно сами собой, а сия минута для них всех была тем, что страшный суд для грешных.

Ф. В. Ростопчин[1]*. С. 312—313.*

Пока Екатерина проявляла еще признаки жизни, хотя и находилась уже в полном беспамятстве, Павел не пользовался властью, уже принадлежавшей ему, не показывался и сидел то близ умирающей, то в своих апартаментах. Он являлся к телу, почти уже бездыханному, со всем своим семейством и повторял этот печальный визит по два раза в день.

А. Чарторижский. С. 94.

Вообще считали, что Екатерина скончалась уже накануне, но политические соображения заставляли скрывать ее смерть. Верно, однако, что она все это время находилась как бы в состоянии летаргии. Лекарства, которые ей прописали, произвели свое действие: она еще двигала ногой и сжимала руку горничной. *Но, к счастью для Павла, она навсегда потеряла дар речи.*

Ш. Массон. С. 40.

Современники считали выгодою для Павла то обстоятельство, что императрица с минуты припадка не приходила в сознание.

А. Г. Брикнер[2]*. С. 291.*

Говорят, что императрица сделала духовную, чтобы наследник был отчужден от престола, а по ней бы принял скипетр внук ее Александр, и что она хранилась у графа Безбородки. По приезде государя в С.-Петербург, он отдал ему оную лично; правда ли то, не известно, но многие бывшие тогда при дворе меня в том уверяли.

Л. Н. Энгельгардт. С. 302.

В течение дня наследник раз пять или шесть призывал к себе князя Зубова, разговаривал с ним милостиво и уверял в своем благорасположении. Отчаяние сего временщика ни с чем сравниться не может. Не знаю, какие чувства сильнее действовали на сердце его; но уверенность в падении и ничтожестве изображалась не только на лице, но и во всех его движениях. Приходя сквозь спальную комнату императрицы, он останавливался по нескольку раз пред телом государыни и выходил рыдая. Помещу здесь одно из моих примечаний: войдя в комнату, называемую дежурной, я нашел князя Зубова сидящего в углу; толпа придворных удалялась от него, как от зараженного, и он, терзаемый жаждою и жаром, не мог выпросить себе стакана воды. Я послал лакея и подал сам питье, в коем отказывали ему те самые, кои, сутки тому назад, на одной улыбке его основывали здание своего счастия; и та комната, в коей давили друг друга, чтоб стать к нему ближе, обратилась для него в необитаемую степь.

Ф. В. Ростопчин[1]. С. 311—312.

При дворе был полный беспорядок, этикет больше не соблюдался. Мы проникли до той самой комнаты, в которой на полу, на матрацах, лежала императрица, со слабыми признаками жизни; ее грудь хрипела, как останавливающаяся машина.

А. Чарторижский. С. 94.

Тело лежало в том же положении на сафьянном матрасе, недвижно, с закрытыми глазами. Сильное хрипение в горле слышно было и в другой комнате; вся кровь поднималась в голову, и цвет лица был иногда багровый, а иногда походил на самый живой румянец. У тела находились попеременно придворные лекаря и, стоя на коленах, отирали ежеминутно материю, текущую изо рта, сперва желтого, а под конец черноватого цвета.

Ф. В. Ростопчин[1]. С. 311.

Великий князь Павел Петрович расположился в кабинете за спальней своей матери, поэтому все, кому он давал распоряжения, направляясь в кабинет и обратно, проходили мимо государыни, еще не умершей, как будто ее уже не существовало. Это неуважение к особе государыни, это кощунство, недопустимое по отношению и к последнему из людей, шокировало всех и представило в неблагоприятном свете разрешавшего это великого князя Павла.

В. Н. Головина. С. 138—139.

Вдруг пронесся слух (и все обрадовались), будто государыня, при отнятии шпанских мух, открыла глаза и спросила пить; но потом, чрез минуту, возвратились все к прежнему мнению, что не осталось ожидать ничего, кроме часа ее смерти.

Ф. В. Ростопчин[1]. С. 309.

Так прошла ночь. Был момент, когда блеснула надежда; казалось, что подействовали лекарства, но вскоре эта надежда была потеряна.

В. Н. Головина. С. 139.

На следующий день известие о смертельной болезни императрицы распространилось по городу.

А. Чарторижский. С. 94.

Но об этой новости говорили с большой таинственностью и робкими предосторожностями — из боязни себя скомпрометировать. Можно было наблюдать, как встречались двое придворных, в совершенстве осведомленных об апоплексическом ударе: они обменивались вопросами и ответами, остерегаясь друг друга, и шаг за шагом приближались к ужасному событию, изо всех сил стараясь одновременно до него дойти и таким образом получить возможность говорить о том, что они уже знали. Нужно часто бывать при дворе, и в особенности при русском, чтобы судить о важности таких мелочей и не находить их смешными.

Ш. Массон. С. 38.

В комнате, исключая императорской фамилии, внутренней услуги и факультета, была во все время камер-фрейлина Анна Степановна Протасова, погруженная в горесть. Глаза ее не сходили с полумертвого тела ее благодетельницы. Еще до прибытия наследника в С.-Петербург великие князья Александр и Константин были в мундирах тех баталионов, коими они командовали в Гатчинском модельном войске.

Ф. В. Ростопчин[1]. *С. 311.*

Посещение великих князей продолжалось недолго. Под утро был получен приказ дамам надеть русские платья: это означало, что кончина государыни приближается. Однако, еще весь день прошел в ожидании. Агония императрицы была долгой и мучительной, без единой минуты сознания.

В. Н. Головина. С. 139.

С трех часов пополудни слабость пульса у императрицы стала гораздо приметнее; раза три или четыре думали доктора, что последует конец, но крепость сложения и множество сил, борясь со смертию, удерживали и отдаляли последний удар.

Ф. В. Ростопчин[1]. *С. 311.*

К десяти часам вечера она, по-видимому, вдруг собралась с силами и начала ужасно хрипеть.

Ш. Массон. С. 40.

В девять часов пополудни Рожерсон, войдя в кабинет, в коем сидели наследник и супруга его, объявил, что императрица кончается. Тотчас приказано было войти в спальную комнату великим князьям, княгиням и княжнам, Александре и Елене, с коими вошла и статс-дама Ливен, а за нею князь Зубов, граф Остерман, Безбородко и Самойлов. Сия минута до сих пор и до конца жизни моей пребудет в моей памяти незабвенною. По правую сторону тела императрицы стояли наследник, супруга его и их дети; у головы призванные в комнату Плещеев и я; по левую сторону доктора, лекаря и вся услуга Екатерины. Дыхание ее сделалось трудно и редко; кровь то бросалась в голову и переменяла совсем черты лица, то, опускаясь вниз, возвращала ему естественный вид. Молчание всех присутствующих, взгляды всех, устремленные на единый важный предмет, отдаление на сию минуту от всего земного, слабый свет в комнате — все сие обнимало ужасом, возвещало скорое пришествие смерти.

Ф. В. Ростопчин[1]. С. 312.

Императорская фамилия сбежалась к ней; но великих княгинь и княжон необходимо было избавить от этого страшного зрелища. Наконец Екатерина издала жалобный крик, который был слышен в соседних комнатах, и испустила последний вздох после тридцатисемичасовой агонии.

Ш. Массон. С. 40.

Жизнь окончательно покинула ее шестого ноября.

В. Н. Головина. С. 136.

Ударила первая четверть одиннадцатого часа. Великая Екатерина вздохнула в последний раз и, наряду с прочими, предстала пред суд Всевышнего.

Ф. В. Ростопчин[1]. С. 312.

В течение этого времени она, по-видимому, не страдала, кроме одного мгновения перед самой кончиной, и ее смерть оказалась такой же счастливой, как и ее царствование.

Ш. Массон. С. 40.

Конец же ее случился в 1796 году, ноября в 6-й день, в 9-м часу утра.

Г. Р. Державин. С. 444.

Екатерина Вторая не могла пережить той Екатерины, которая будто бы приковала счастье к колеснице своей. Неудачная помолвка и исполинский разгром держав европейских сильно потрясли и подействовали на ее душу. Казалось, Промысл непостижимый изрек, чтобы конец старобытного существования Европы был предтечей кончины Екатерины. Она сама предвестила ее за несколько дней до шестого ноября, разлучившего Екатерину и с престолом и с Россией. При выходе ее на крыльцо сверкнула молния змееобразно и рассеялась перед нею.

«Это знак близкой моей смерти», — сказала она, — и шестого ноября, подобно внезапно блеснувшей молнии, внезапно уклонилась она в гробницу.

С. Н. Глинка. С. 165.

Какой контраст, какой урок предлагает смерть трех самых великих людей России! Орлов, который одиннадцать лет царствовал бок о бок с

Екатериной, делил с нею трон и постель, кончает тем, что поедает свои экскременты и умирает в жалком сумасшествии. Потемкин, могущественный, великолепный Потемкин, основатель стольких городов и дворцов, завоеватель целых царств, кончает жизнь на большой дороге. И сама Екатерина падает со стульчака и отдает Богу душу на полу, испуская жалобный крик!

Ш. Массон. С. 70.

Казалось, что смерть, пресекши жизнь сей великой государыни и нанеся своим ударом конец и великим делам ее, оставила тело в объятиях сладкого сна. Приятность и величество возвратились опять в черты лица ее и представили еще царицу, которая славою своего царствования наполнила всю вселенную. Сын ее и наследник, наклоня голову пред телом, вышел, заливаясь слезами, в другую комнату; спальная комната в мгновение ока наполнилась воплем женщин, служивших Екатерине.

Ф. В. Ростопчин[1]. С. 312.

Несмотря на чувство отчуждения, часто несправедливое, бывшее у него по отношению к своей матери, он не мог удержаться от слез, когда увидел ее лежащей без движения. Но его несчастный дурной характер быстро взял верх. Первые должности при Дворе были замещены другими лицами. Как по мановению жезла, он разрушил все, что обеспечивало в продолжение тридцати четырех лет одно из наиболее славных царствований. Гофмаршал Двора, князь Барятинский, был изгнан как один из содействовавших смерти Петра III. Граф Алексей Орлов дрожал, как преступник, но опала его ограничилась лишь высылкой спустя некоторое время.

В. Н. Головина. С. 141.

Сколь почтенна была тут любимица ее, Марья Савишна Перекусихина! Находившись при ней долгое время безотлучно, будучи достойно уважена всеми, пользуясь неограниченною доверенностию Екатерины и не употребляя оной никогда во зло, довольствуясь во все время двумя, а иногда одною комнатою во дворцах, убегая лести и единственно занятая услугою и особою своей государыни и благодетельницы, она с жизнью ее теряла счастие и покой, оставалась сама в живых токмо для того, чтоб ее оплакивать. Твердость духа сей почтенной женщины привлекала многократно внимание бывших в спальной комнате; занятая единственно императрицей, она служила ей точно так, как будто бы ожидала ее пробуждения: сама поминутно приносила платки, коими лекаря обтирали текущую изо рта материю, поправляла ей то руки, то голову, то ноги; несмотря на то, что императрица уже не существовала, она беспрестанно оставалась у тела усопшей, и дух ее стремился вслед за бессмертною душою императрицы Екатерины.

Ф. В. Ростопчин[1]. С. 312.

Покойная государыня была положена на постель в домашнем платье.

В. Н. Головина. С. 140.

Граф Самойлов, вошедши в дежурную комнату, натурально с глупым и важным лицом, которое он тщетно принуждал изъявлять сожаление, сказал: «Милостивые государи! Императрица Екатерина скончалась, а государь Павел Петрович изволил взойти на Всероссийский престол». Тут некоторые (коих я не хочу назвать, не потому, чтобы забыты были мною имена их, но от живого омерзения, которое к ним чувствую) бросились обнимать Самойлова и всех предстоящих, поздравляя с императором. Обер-церемониймейстер Валуев, который всегда занят единственно церемонией, пришел с докладом, что в придворной церкви все готово к присяге.

Ф. В. Ростопчин[1]. С. 313.

Я уже был по приезде моем в Петербург, в девятый день по кончине императрицы, во дворце. Признаюсь, что при входе на лестницу был тронут чувством сожаления и никак не мог предвидеть, что увижу так скоро ее тело, поставленное в Тронной зале, под тем же самым балдахином, где я ее видал в величественном ее виде, дающую аудиенции. Сие позорище меня до крайности растрогало и я, зарыдав, подошел и поцеловал ее руку, которую нарочно из гроба по самому краю положили, для всех желающих отдавать ей последний долг благодарности и уважения.

Ф. Н. Голицын. С. 375—376.

Императорское семейство присутствовало на панихиде, отслуженной в том же помещении, и после целования руки покойной отправилось в церковь, где была принесена присяга новому императору.

В. Н. Головина. С. 140.

После присяги императрица Мария, подошедши к императору, хотела броситься на колена, но была им удержана, равно как и все дети. За сим каждый целовал крест и Евангелие и, подписав имя свое, приходил к государю и к императрице к руке. По окончании присяги государь пошел прямо в спальную комнату покойной императрицы, коей тело в белом платье положено было уже на кровати, и диакон на аналое читал Евангелие. Отдав ей поклон, государь, по нескольких минутах, возвратился в свои собственные покои и, подозвав к себе Николая Петровича Архарова, спросил что-то у него; пришедши же в кабинет, пока раздевался, призвал меня к себе и сказал: «Ты устал, и мне совестно; но потрудись, пожалуйста, съезди с Архаровым к графу Орлову и приведи его к присяге. Его не было во дворце, а я не хочу, чтобы он забывал 28 июня. Завтра скажи мне, как у вас дело сделается».

Ф. В. Ростопчин[1]. С. 313.

Обхождение же его с фаворитом отличалось благородством. Он, казалось, был тронут его отчаянием и признателен ему за привязанность, которую тот выказывал его матери: в лестных выражениях утвердил его во всех должностях и промолвил, вручая ему жезл, являющийся знаком отличия дежурного генерал-адъютанта: «Продолжайте исполнять эти обязанности около тела моей матери, надеюсь, что вы будете служить мне так же верно, как служили ей».

Ш. Массон. С. 79—80.

Эти печальные церемонии продолжались до двух часов ночи.

В. Н. Головина. С. 140.

...Мы были дома поутру, вдруг слышим, в совершенно необычное время ударили в Кремле в колокол, потом в другом месте, еще где-то и у нас в приходе... Что такое? Послали узнать: приходят и говорят, что получено известие из Петербурга, что скончалась императрица.

Дмитрий Александрович тотчас отправился к батюшке, потом, немного погодя, вернулся, надел свой дворянский мундир и отправился в собор присягать новому государю. Немного погодя говорят мне: пришел квартальный надзиратель и меня желает видеть. Я к нему вышла. «Что вам угодно?» — спрашиваю я. — «Не имеете ли старых газет 1762 года и манифестов; и ежели у вас сохранились, то пожалуйте, велено отбирать». — «Отчего же?» — «Этого, сударыня, я не знаю, а таково распоряжение начальства». Я стала догадываться, в чем дело, и сказала ему: «Теперь моего мужа нет дома, а без него я ничего не могу вам сказать и не знаю: есть ли то, что вы спрашиваете; ежели найдется что, то мы вам пришлем».

Отбирали тогда везде манифест Петра III о его отречении... Хотя у нас и были и манифест, и газеты 1762 года, мы все это скорее отправили в деревню и там сберегли. Их велено было отбирать и жечь.

Рассказы бабушки. С. 65.

Таким образом кончился последний день жизни императрицы Екатерины. Сколь ни велики были ее дела, а смерть ее слабо действовала над чувствами людей. Казалось, все было в положении путешественника, сбившегося с дороги, но всякой надеялся попасть на нее скоро. Все, любя перемену, думали найти в ней выгоды, и всякой, закрыв глаза и зажав уши, пускался без души разыгрывать снова безумную лотерею слепого счастия. Ноября 15-го дня 1796 года.

Ф. В. Ростопчин[1]. С. 314.

Вступая на престол, император Павел совершил много справедливых и милостивых поступков. Казалось, что он не желал ничего дурного, кроме счастья своего государства; он пообещал, что рекрутский набор будет отложен на несколько лет и старался уничтожить злоупотребления, допущенные в последние годы царствования Екатерины.

В. Н. Головина. С. 141—142.

Не доставало никогда дружеской связи между нею и великим князем. Сей недостаток имел для России несчастные следствия.

Ф. Н. Голицын. С. 376.

Он проявил благородные и великодушные чувства, но он разрушил все это, пытаясь бросить тень на добрую память императрицы, своей матери. Первым делом он приказал совершить заупокойную службу в Александро-Невском монастыре, близ могилы своего отца, присутствовал на ней со всей семьей и Двором и пожелал, чтобы в его присутствии открыли гроб; там оказался только прах от костей, которым он и приказал воздать поклонение.

В. Н. Головина. С. 141—142.

По смерти Екатерины II император Павел I тотчас же приказал вырыть тело своего отца, тридцать пять лет тому назад погребенного в Александро-Невской лавре. Павел желал воздать останкам своего отца те же почести, что и Екатерине. Прах Петра положили в новый, приличный его сану гроб и на некоторое время выставили на парадное ложе в Лаврской церкви, где ему воздавались те же почести, какие воздавались его матери, при ее гробе в Зимнем дворце. На гроб Петра император Павел возложил корону. Останки Петра затем торжественно перевезли из Невского монастыря в Зимний дворец и поставили возле гроба Екатерины. Дня за два до церемонии перенесения тела Петра III в Зимний дворец происходила церемония перевезения в Невский монастырь императорских регалий. Процессия началась в семь часов вечера, в декабре, при 20° мороза; шло в процессии более тридцати траурных карет, и в каждой карете сидел кавалер в глубоком трауре и держал что-нибудь, относящееся к императорским регалиям.

В. И. Жмакин // РС. 1883. Т. 37. С. 529.

Говорили мне, что Петр III по отрытии его в конце 1796 года найден сохранившимся и что в Петропавловском соборе он посажен был на стул и коронован. Более же достоверные люди утверждают, что в гробу найдены были только кости и один сохранившийся сапог; что приготовлена была особая корона и положена на престоле в Петропавловском соборе; что Павел, еще до коронации своей, сняв шпагу, сам взошел в алтарь, вынес корону и надел ее на череп своего отца...

Из рассказов и анекдотов, записанных со слов именитых людей
П. Ф. Карабановым // РС. 1872. Т. 5. С. 671.
(Далее цит. как: *П. Ф. Карабанов*)

Император приказал приготовить печальную церемонию; сам перенес прах родителя своего императора Петра III из Александро-Невского монастыря, где, под предлогом, что он был не коронован, был погребен. Он был поставлен на одном катафалке с покойною императрицей, и вместе погребены в соборной церкви Петра и Павла, где прах покоится всех императоров и императриц.

Л. Н. Энгельгардт. С. 302.

[Новый император] следовал за шествием пешком и приказал участвовать в церемонии Алексею Орлову. Это произошло через три недели после смерти императрицы.

В. Н. Головина. С. 142.

Павел I вступил на престол и (доказательство, что он знал, по крайней мере, отчасти, историю Петра III) тотчас же вызвал графа Алексея Орлова в Петербург. Легко себе представить с каким судорожным чувством он ехал из Москвы, прибыл в Петербург и отправился на аудиенцию. Аудиенция происходила при закрытых дверях; слышен был только горячий разговор. Некоторые утверждают, что слышали от других, будто граф вышел из комнаты императора прихрамывая. Это, однако, не доказано и не может намекать на дурное обращение. Павел I никогда не мог бы забыться до такой степени, ни Орлов — стерпеть такое обращение. Быть может, Алексей страдал подагрой и уже прихрамывая вошел в комнату, так как известно, что его видели прихрамывающим при погребении Петра III. Как бы то ни было, но его еще ожидала более ужасная месть. При торжественном принятии праха Петра III из Александро-Невского монастыря и перенесении из монастыря в императорский Зимний дворец и из дворца в крепость, граф Алексей должен был идти перед гробом и нести императорскую корону. Не нужно быть очень чувствительным, чтоб содрогнуться, живо представив себе настроение, в котором должен был находиться Орлов. Один из первых чинов при императорском дворе, уже в глубокой старости и в болезненном состоянии, он должен был сделать пешком трудный переход более, чем в три четверти часа, и на всем этом пути быть предметом любопытства, язвительных улыбок и утонченной мести!

Г. фон Гельбиг // РС. 1886. Т. 52. С. 8—9.

Государь, благоговея к памяти своего родителя и желая соравнять его прах местом погребения с прочими нашими государями, сперва перенес останки его в Зимний дворец, где они и поставлены были рядом с телом государыни Екатерины. Кто помнил прежние происшествия, тот мог при сем случае делать важные заключения. Также удивительно, что как будто нарочно должен был случиться на сие время в Петербурге граф Алексей Орлов; ему также приказано было в числе употребленных находиться. Что в нем в этот день происходило, каждый вообразить может; а никто бы, думаю, не согласился быть в его положении.

Ф. Н. Голицын. С. 377.

Если Павел, восстанавливая память своего отца, казалось, покрывал бесчестием память матери и напоминал о жестоких сценах, о которых тридцатипятилетнее молчание почти заставило забыть, то мщение, которое он измыслил для некоторых убийц Петра III, имело в себе, по крайней мере, нечто возвышенное. Знаменитый Алексей Орлов, победитель в сражении при Чесме, некогда столь могущественный, выделявшийся своим гигантским ростом и одеждами в античном вкусе, уважаемый, если это возможно, за свою славу и преклонные лета, должен был сопровождать печальный прах Петра III. На него были обращены все взоры. Эта справедливая и жестокая повинность должна была пробудить в его душе угрызения совести, вероятно, усыпленные столь продолжительным благоденствием. Что касается князя Барятинского, второго палача, то он не осмелился предстать перед Павлом, который никогда не мог выносить его вида: он бежал из Петербурга. Пассек, чье благополучие не имело другого основания, кроме того же самого преступления, и чья физиономия, столь же отталкивающая, как и у Барятинского, постоянно об этом напоминала, к счастью, находился в отлучке от двора и умер несколько дней спустя.

Ш. Массон. С. 84—85.

Несмотря на трудное положение графа Орлова, я не приметил в нем ни малейшего движения трусости или подлости.

Ф. В. Ростопчин¹. С. 314.

Неделю спустя после того, как я была дежурной в Тронном зале, я была назначена на дежурство в большом зале, где обыкновенно давались балы. Посредине был воздвигнут катафалк, а над ним сень в виде ротонды с приподнятым куполом. Государыня лежала в открытом гробу с золотой короной на голове. Императорская мантия закрывала ее почти до шеи. Вокруг горело шесть паникадил, а напротив священник читал Евангелие. За колоннами, на ступенях, печально стояли кавалергарды, опираясь на свои карабины. Все было величественно, красиво и религиозно, но гроб с прахом Петра III, стоявший рядом, возмущал душу. Это было оскорбление, которого и могила не может стереть; это кощунство сына в отношении матери делало горе непереносимым.

В. Н. Головина. С. 144.

Порицали в особенности пышность и наигранность, вложенные им в приказ вырыть из земли сии печальные останки и выставить их на всеобщее поклонение... Только в это время два супруга мирно пребывали один рядом с другим. Все приезжающие с великим почтением прикладывались к гробу одного и холодной синеватой руке другой, преклоняли колена и не смели удаляться иначе, как осторожно пятясь при сходе с возвышения. Тело императрицы, дурно набальзамированное, вскоре оказалось совершенно разлагавшимся: на ее руках, глазах и в нижней части лица появились желтые, черные и синие пятна. Она была неузнаваема для тех, которые ранее видели ее только с тщательно отработанным и подходящим к случаю выражением лица. И тот блеск, которым она еще была окружена, все богатства, покрывавшие ее труп, только умножали внушаемый ею ужас.

Ш. Массон. С. 82—83, 84.

При перенесении гробов императора и императрицы из Зимнего дворца в Петропавловскую крепость, гроб Петра III несли первым.

В. И. Жмакин. С. 529.

Тело императрицы и гроб Петра III после заупокойной службы были перенесены в крепость и погребены в усыпальнице, где покоились их предки.

В. Н. Головина. С. 144.

После погребения императорской четы, Петра III и Екатерины II, Орлов должен был немедленно уехать, что он охотно исполнил, но не мог оставаться и в Москве, когда новый монарх прибыл туда для коронации. С трудом получил он разрешение ехать за границу и отправился в Дрезден. Он хотел купить себе поместье в Саксонии, но мудрое саксонское правительство постаралось отклонить его от этого намерения, не желая ссориться с тогдашним русским двором, крайне чувствительным к малейшим оскорблениям.

Г. фон Гельбиг // РС. 1886. Т. 52. С. 9.

Orloff était regicide dans l'ame, c'était comme une mauvaise habitude (Орлов был в душе цареубийцей, это было у него как бы дурной привычкой. — *фр.*). Я встретилась с ним в Дрездене, в загородном саду. Он сел подле меня на лавочке. Мы разговорились о Павле I. «Что за урод? Как это его терпят?» — «Ах, батюшка, да что же ты прикажешь делать? ведь не задушить же его?» — «А почему ж нет, матушка?» — «Как! и ты согласился бы, чтобы дочь твоя Анна Алексеевна вмешалась в это дело?» — «Не только согласился бы, а был бы очень тому рад». Вот каков был человек!

Запись рассказа Н. К. Загряжской // *А. С. Пушкин.* С. 147.

Все чрез сутки приняло совсем новый вид. Перемена мундиров в полках гвардии, вахт-парады, новые правила в военном учении; одним словом, кто бы за неделю до того уехал, по возвращении ничего бы не узнал, что со мною и случилось по моем приезде из Москвы. Дворец как будто обратился весь в казармы: внутренние бекеты (от *фр.* piquet — военный пост, небольшой сторожевой отряд), беспрестанно входящие и выходящие офицеры с повелениями, с приказами, особливо поутру. Стук их сапогов, шпор и тростей, все сие представляло совсем новую картину, к которой мы не привыкли. Тут уже тотчас было приметно, сколь государь страстно любил все военное, а особливо точность и аккуратность в движениях, следуя отчасти правилам Фредерика, короля Прусского.

Ф. Н. Голицын. С. 375.

Государь послал фельдмаршалу Суворову приказ ввести во всей армии новое обмундирование. Он повиновался, но доложил при этом, что *букли не пушка, и коса не тесак.*

В. Н. Головина. С. 144.

Настоящее было тревожным. Павел с первых дней восшествия на престол открыто проявил ненависть и презрение к своей матери. Он спешил отменить или, точнее, разрушить все, что было ею сделано, и лучшие установления заменялись актами самоуправными и сумасбродными. Назначения и смещения следовали одно за другим так стремительно, что едва успевали объявить в газетах о назначении кого-нибудь на то или иное место, как этот человек уже был уволен. Никто не знал, к кому обращаться. Едва ли нашлось бы несколько домов, где не оплакивали бы сосланного или заключенного в тюрьму члена семьи. Страх был всеобщим чувством, которое, породив подозрительность, разрушало доверие, опиравшееся на кровные узы. Оглушенные, перепуганные, люди познали состояние *апатии,* оцепенение, гибельное для *первой* из добродетелей — *любви к отечеству.*

Е. Р. Дашкова. С. 185.

Екатерине II подавали каждый день две тетрадки почтовой бумаги, в которые она собственноручно записывала, но что — того в царствование ее никто не знал, и по кончине ее никто ничего не узнал, потому что 1796 года ноября 7-го или 8-го числа — то есть на другой или на третий день ее кончины было повелено все написанные рукою Екатерины тетрадки предать огню — и тетрадки были сожжены, как некогда сожигали жидов в Гишпании по велениям инквизиции! На первом листке, тетради Екатерина надписывала: «М о е в р е м я», потом выставляла год, месяц и число; исписав все листки тетрадки, обертывала ее бумагою, завязывала розового цвета тесьмой и концы тесьмы укрепляла печатью, чтобы нельзя было развязать тесьму и прочитать написанного. Несколько больших шкафов было наполнено упомянутыми тетрадками, но огонь все их пожрал!

В требнике, помнится, Петра Могилы написаны такие грехи, за содеяние коих назначена кара, но за сожжение бытописания кары не определено, потому вероятно, что не могли даже и предположить такового бешенства.

А. М. Тургенев. С. 174—175.

Сам граф А. В. Суворов пострадал; сказывали, что он перед разводом показывал свою блажность, говоря: «Пукли — не пушка, коса — не тесак, а я не прусак, а фельдмаршал в поле, а не при пароле». Удивительно, что сей тонкий человек говорил такие речи, которые не сходствовали с его умом. Государю о том донесли, и он послал за ним фельдъегеря, с которым он приехал и явился на другой день на вахтпараде. Вскоре он сослан был в свои деревни, в новгородской губернии находящиеся, где и проживал под присмотром земской полиции, до назначения его командовать российско-австрийскою армией в Италии против французов.

Л. Н. Энгельгардт. С. 303.

Ссылки, аресты становились столь частыми, что известия о них доходили и до меня. Я была глубоко потрясена кончиной Екатерины II, общим несчастьем отечества и ужасом, сковавшим всех, так как не было почти ни одной дворянской семьи, в которой кто-нибудь не отправился бы в сибирскую ссылку или не был заточен в крепость.

Е. Р. Дашкова. С. 185.

Тогда же Павел велел разыскать офицеров, которые были рядом с его отцом в момент той страшной катастрофы, и с тех пор состарились в опале или в неизвестности при дворе. Барон Унгерн-Штернберг, почтенный старец, который с давнего времени жил философом, замкнувшись в небольшом кружке близких друзей, и не желал даже быть призванным к большому двору, был внезапно произведен в генерал-аншефы и приглашен к императору, велевшему ввести его в свой кабинет. После самого милостивого приема он спросил его: «Вы слышали о том, что я делаю для своего отца?» — «Да, государь, — ответил старый генерал. — Я узнал об этом с удивлением». — «Как с удивлением! Разве это не долг, который я обязан исполнить? Смотрите, — продолжал он, поворачиваясь к портрету Петра III, который уже был повешен на стену его кабинета, — я хочу, чтобы он был свидетелем моей благодарности к его верным друзьям». При этих словах он обнял генерала Унгерна и вручил ему орден Св. Александра Невского. Этот достойный старец, хотя и был много выше всякого тщеславия, не мог устоять перед таким трогательным поступком и вышел, проливая слезы... Эти черты трогательны и делают честь сердцу Павла. Но из ответа Унгерна видно, что они изумили всех. Их приписали столько же ненависти Павла к матери, сколько его любви к отцу. Многие даже считали, что подобное поведение основывается только на политических расчетах и желании торжественно признать своим отцом того, кто не желал считать его своим сыном.

Ш. Массон. С. 82—83.

Неизвестно почему, но скоро император лишил Зубова своей милости. Вместо нее появилось решительное неблаговоление императора. Поводом к этому послужил недостаток 18 000 рублей в артиллерийской кассе, которою заведывал Зубов, как фельдцейхмейстер. Император приказал тотчас же наложить запрещение на все имения Зубова, но еще прежде, чем успели исполнить это приказание, Зубов уплатил недостающую сумму. Тем не менее, Зубов лишился тогда всех своих должностей и с ним обходились отныне как с отставным генерал-аншефом. Этот случай сделал, однако, Зубова более осторожным. Он нашел более благоразумным держаться вне сферы молнии, так легко поражающей. В этих видах он просил позволения отправиться в путешествие и получил отпуск с такою легкостью и в таких выражениях, что это путешествие можно было принять за изгнание. Он приехал в Германию и все, знавшие его в России, видели теперь перед собою совершенно другого человека. Прежде он был горд и отталкивал всех от себя; теперь, когда не стало жрецов, воздававших ему некогда почитание — любезен и весел.

Г. фон Гельбиг // РС. 1886. Т. 56. С. 429—430.

По смерти Павла I, Алексей Орлов возвратился в Россию и умер в Москве, в 1808 году.

Г. фон Гельбиг // РС. 1886. Т. 52. С. 9.

7 [января 1808 г.] нового стиля, рождество по старому стилю. В четыре часа утра вчера умер граф Алексей Орлов!

М. Вильмот. Из дневника. С. 368.

В газетах было напечатано: восьмидесятилетний сержант, тридцать лет служивший в доме графа Орлова и спасший ему однажды жизнь, был в числе провожавших тело графа Орлова, помогал опустить гроб в могилу и тут же мгновенно умер... По слухам, граф Алексей Орлов оставил пять миллионов рублей деньгами, и 32 000 крестьян.

Г. фон Гельбиг // РС. 1886. Т. 52. С. 9.

Все негодовали; но воцарился Павел, и негодование увеличилось.

А. С. Пушкин. С. 68.

Государь Павел царствовал токмо четыре года и несколько месяцев.

Ф. Н. Голицын. С. 378.

ЛИЧНОСТЬ:
СВИДЕТЕЛЬСТВА БЕЗ КУПЮР

Блестящий успех, сопровождавший деятельность Екатерины II и окруживший ее имя ореолом славы, всего более объясняется тем, что по условиям исторического момента ее основная задача как раз соответствовала особенностям ее личного характера.

А. А. Кизеветтер. С. 120.

Я видел ее в течение десяти лет один или два раза в неделю и всегда наблюдал за ней с новым интересом.

Ш. Массон. С. 42.

Насколько я могу судить по моим собственным наблюдениям и по данным, которые мне сообщили лица, вполне беспристрастные и хорошо обо всем осведомленные, мне кажется, что императрица обладает мужским складом ума, постоянством в преследовании цели и смелостью в ее выполнении. Но у нее нет других, чисто мужских качеств: решительности, умеренности в благополучии и безошибочности суждения. Зато ей присущи в высокой степени слабости, которые считаются обыкновенной принадлежностью ее пола: любовь к лести и неразлучное с нею тщеславие, нежелание выслушивать полезные, но неприятные советы и нежелание им следовать.

*Английский дипломат Д. Гаррис. 31 июля 1778 г.
Из дипломатической переписки...* С. 140—141.

Я имела скорее мужскую, чем женскую душу; но в этом ничего не было отталкивающего, потому что с умом и характером мужчины соединялась во мне привлекательность весьма любезной женщины. Да простят мне эти слова и выражения моего самолюбия; я употребляю их, считая их истинными и не желая прикрываться ложною скромностью.

Записки Екатерины II[2]. С. 239.

Император, шутя, намекнул мне о своем желании повидаться этой зимой (1780) с русской императрицей. Можете себе представить, насколько неприятен был мне подобный проект; как по тому впечатлению, какое это свидание произведет на другие державы, так и по тому отвращению и ужасу, которые мне внушают подобные, как у русской императрицы, характеры.

Из письма Марии Терезии // К. Валишевский³. С. 118—119.

Императрица обладает, без сомнения, многими качествами: рассудительностью, мужеством, проницательностью ума и большой сердечной добротой; но она не очень податлива, недоверчива и тревожна; и ее самолюбие — оскорбленное или польщенное — влияет на ее политические взгляды. Пустых слов на ее счет в Версале, холодности со стороны Двора или императора, малейшей ошибки, которую я сам могу сделать, — вполне достаточно для того, чтобы изменить ее намерения. Например, она враг короля Прусского, потому что король предполагал в ней болезни, которых у нее не было.

Л.-Ф. Сегюр. Из депеши // К. Валишевский³. С. 121.

Но, когда И. И. Шувалов, возвратясь из Италии, сообщил ей, что там художники делают ее профиль по бюстам или медалям Александра Македонского и вполне довольны получаемым сходством, она шутила над этим с видимым самодовольством.

В. О. Ключевский. С. 295.

...От малейшей колкости страдало ее тщеславие.

Л.-Ф. Сегюр. Из депеши // К. Валишевский³. С. 128.

В 1780 г. английский посол Гарри[с], приготовляясь к решительной беседе с императрицей, посоветовался с фаворитом Потемкиным. Дело шло о приглашении России вступиться за Англию в ее распре с Францией. «Я могу дать вам только один совет, — сказал фаворит. — Польстите ей. Это единственное средство добиться у нее чего бы то ни было. И этим достигают всего. Не говорите ей умных вещей — она не будет вас слушать. Обратитесь к ее чувствам и страстям, не предлагайте ей ни сокровищ, ни флота Англии, она это вовсе не желает. Дайте ей то, чего она желает, и она даст вам все силы своего государства».

К. Валишевский³. С. 126.

Недаром современники резко порицали тщеславие Екатерины. Иосиф II однажды писал к князю Кауницу: «Не должно забывать, что мы имеем дело с женщиною, которая столь же мало, как и я сам, печется о благе России: нужно льстить ей. Тщеславие — ее идол; успех и угодничество испортили ее».

А. Г. Брикнер². С. 269.

Этого мнения придерживался тот же Иосиф, когда он советовал своей матери побороть свое отвращение к Екатерине и пожаловать ей орден

«Золотого Руна», который она страстно желала. «Я думаю, что знаю Ее Величество, и тщеславие — ее единственный недостаток».

К. Валишевский[3]. С. 126.

Екатерине нравилось, когда ее называли Минервою. Оды Державина, в которых была восхваляема императрица, вполне соответствовали ее вкусу. Она постоянно и сильно нуждалась в похвале.

А. Г. Брикнер[2]. С. 269.

Между тем, когда в 1787 г. знаменитый Лафатер (славившийся умением определять характер по внешности) выбрал предметом для своих наблюдений великую государыню и, изучив ее физиономию, объявляет ее очень заурядной, стоящей гораздо ниже [датской] королевы Христины, Екатерина приняла его отзыв очень равнодушно. «Клянусь вам, — пишет она Гримму, — что я ей нисколько не завидую!»

К. Валишевский[3]. С. 128.

Правда, она наслаждалась блеском и славою своего положения; сильная доля тщеславия и самолюбия бросается в глаза при многих действиях ее царствования, но все это находилось в самой тесной связи с истинным человеколюбием и просвещением, с необычайным сознанием долга, с горячим желанием принести пользу России. Недаром она так долго стремилась к занятию престола: она умела царствовать.

А. Г. Брикнер[1]. С. 146.

Екатерина была честолюбива, способна к ненависти, мстительна, самовольна, без всякого стыда; но к ее честолюбию присоединялась любовь к славе и, несмотря на то, что когда дело касалось ее личных интересов или ее страстей, все должно было преклониться перед ними, ее деспотизм все же был чужд капризных порывов. Как ни были необузданны ее страсти, они все же подчинялись влиянию ее рассудка. Ее тирания зиждилась на расчете. Она не совершала бесполезных преступлений, не приносивших ей выгоды, порою она даже готова была проявлять справедливость в делах, которые сами по себе не имели большого значения, но могли увеличить сияние ее трона блеском правосудия.

А. Чарторижский. С. 43.

Нельзя отрицать, что такого рода самоуверенность проистекала из несколько дилетантского отношения к сложным вопросам политики, но вместе с тем нельзя не допустить, что значительная доля успехов ее царствования обусловливалась этою надеждою на собственную силу, упованием на удачу и счастие. Понятно, что была громадная разница между предположением и исполнением, между благими намерениями и осуществлением широких планов; результаты не соответствовали началу действий; фактический успех далеко уступал вдохновению счастливого темперамента императрицы; вообще же характер первых действий Екатерины после ее воцарения, идеальное отношение ее к своему призванию, производят освежающее впечатление и дают нам высокое понятие о политической прозорливости императрицы.

А. Г. Брикнер[1]. С. 146.

Даже больше того: ревнивая ко всякого рода славе, она стремилась к званию законодательницы, чтобы прослыть справедливой в глазах Европы и истории. Она слишком хорошо знала, что монархи, если даже и не могут стать справедливыми, должны, во всяком случае, казаться таковыми. Она интересовалась общественным мнением и старалась завоевать его в свою пользу, если только оно не противоречило ее намерениям; в противном случае, она им пренебрегала.

А. Чарторижский. С. 43—44.

Есть еще одно качество, на которое стоит обратить внимание. Она вполне может выдать желаемое за действительность. И сама поверить в эту действительность. В то время когда финансы России находились в крайнем расстройстве, Екатерина называла государственное хозяйство империи образцом порядка и правильного устройства. Мысль о неудаче была для нее самою тяжелою; она, как мы знаем, не была разборчивою в средствах для достижения цели; искренность ее во многих случаях подлежит сильному сомнению.

А. Г. Брикнер[2]. С. 269.

Трагедия не нравится ей, комедия ей надоела; она не любит музыки; ее стол самый неприхотливый; на игру она смотрит только как на препровождение времени; в садах ей нравятся одни розы; словом, она любит только возводить постройки и повелевать своим двором, ибо удовольствие, которое она находит [в том, чтобы] царствовать и играть роль в мире, переходит у нее в страсть.

*Французский посланник Дюран. 4 мая 1773 г.
Из дипломатической переписки...* С. 115.

Ее слабость — быть слишком систематичною, и это может оказаться утесом, о который она, может быть, разобьется.

Д. Г. Бёкингхэмшир. С. 142.

Главною чертою ее характера была некоторая светскость. Ее миросозерцанием был оптимизм, а главным правилом житейской мудрости — веселость. Она не любила размышлять о печальных событиях, предаваться горю, останавливаться на каком-либо мрачном предмете. Этим самым отчасти и объяснялось ее уважение к Вольтеру, которого она называла «божеством веселости». И эту игривость и живучесть, эту свежесть и веселость она сохранила до конца своих дней.

А. Г. Брикнер[2]. С. 270.

Это была живая, жизнерадостная, гибкая и упругая натура, обладавшая изумительною способностью приспособления. Екатерина не любила ничего скучного, печального, слишком ученого, чересчур чувствительного; ей претила всякая аффектация. Из жизни и литературы ей хотелось бы выбросить не только все «гнусности и отвращение за собой влекущее», но и «все то, что не в улыбательном духе... либо скуку возбудить могущее, а наипаче горесть и плач разогревающие драмы».

В. В. Каллаш. Три века. Т. 4. С. 464.

[О своем характере] она писала однажды к французскому эмигранту Сенак де Мельяну: «Вот вам приблизительно мой портрет: я никогда не признавала за собою творческого ума... Мною всегда было очень легко руководить, потому что для достижения этого нужно было только представить мне мысли, несравненно лучше и основательнее моих: тогда я была послушна, как агнец. Причина этого заключается в крайнем моем желании блага государству; я была так счастлива, что попала на добрые и истинные начала, которым я была обязана великими успехами. Я испытала и большие невзгоды, происшедшие от ошибок, в которых я не имела никакого участия, а может быть и оттого, что предписанное мною исполнялось не в точности. Несмотря на мою природную гибкость, я умела быть упрямою или твердою (как угодно), когда это было нужно. Я никогда не стесняла ничьего мнения, но в случае надобности имела свое собственное. Я не любила споров, убедившись, что каждый всегда остается при своем мнении; притом же я не умею говорить особенно громко. Я никогда не была злопамятна, потому что так поставлена Провидением, что не могла питать этого чувства к частным лицам и находила обоюдные отношения слишком неравными, если смотреть на дело справедливо. Вообще я любила правосудие (justice), но нахожу, что вполне строгое правосудие не есть правосудие, и что одна только справедливость (l'équité) соразмерна с слабостью человека. Но во всех случаях человеколюбие и снисхождение к человеческой природе предпочитала я правилам строгости, которые, как мне казалось, часто превратно понимают. К этому влекло меня собственное мое сердце, которое я считаю кротким и добрым. Когда старики проповедовали мне строгость, я, заливаясь слезами, сознавалась им в своей слабости, и случалось, что иные из них, также со слезами на глазах, принимали мое мнение».

А. Г. Брикнер[2]. С. 292.

Известно, что она никогда почти не ссылала в Сибирь, где, впрочем, ссылаемые содержались довольно хорошо; она никогда и никого не присуждала к смертной казни. Императрица часто просила судей смягчить их приговор; она требовала разъяснений, хотела, чтобы ей доказали, что она ошибается, и часто доставляла обвиняемым средства защиты. Я подметил, однако, в ней новый род злобы — ласковый взгляд, иногда даже какое-либо благодеяние, чтобы пристыдить тех, которыми она была недовольна, но заслуги которых ценила, как, например, относительно вельмож, дурно отзывающихся о ней. Вот пример ее деспотизма: она запретила одному из лиц высшего общества жить в собственном его доме. «Вы будете иметь в моем доме, — сказала она ему, — два раза в день стол на 12 персон; вы будете принимать у меня всех, кого любили принимать у себя, — я запрещаю вам разоряться, но разрешаю делать издержки, так как это доставляет вам удовольствие».

Ш. Ж. де Линь. С. 263.

Она превосходно танцует, изящно исполняя серьезные и легкие танцы.

Д. Г. Бёкингхэмшир. С. 141.

С детства ей толковали, что она некрасива, и это рано заставило ее учиться искусству нравиться, искать в душе того, чего недоставало наружности.

В. О. Ключевский. С. 276.

Однажды она написала некую инструкцию, памятку не то себе, не то внукам, в которой объясняла, каким образом ладить с людьми. Она (эта инструкция) также много говорит о ее характере, о принципах, которым следовала и которые наложили свой ясный отпечаток на ее царствование, на ее жизненный стиль.

В. А. Бильбасов. С. 132.

Изучайте людей, старайтесь пользоваться ими, не вверяясь им без разбора; отыскивайте истинное достоинство, хоть бы оно было на краю света: по большей части оно скромно и прячется где-нибудь в отдалении. Доблесть не выказывается из толпы, не стремится вперед, не жадничает и не твердит о себе.

Никогда не окружайте себя льстецами: пусть знают, что вам противны восхваления и самоуничижения.

Оказывайте доверенность лишь к тем людям, у которых достанет духа при случае вам поперечить и которые предпочитают ваше доброе имя вашим милостям.

Будьте мягки, человеколюбивы, доступны, сострадательны и либеральны; ваше величие да не препятствует вам добродушно снисходить к малым людям и ставить себя в их положение, так чтобы эта доброта не умаляла ни вашей власти, ни их почтения.

Выслушивайте все, что хоть сколько-нибудь заслуживает внимания; пусть видят, что вы мыслите и чувствуете так, как вы должны мыслить и чувствовать. Поступайте так, чтобы люди добрые вас любили, злые боялись, и все уважали.

Храните в себе те великие душевные качества, которые составляют отличительную принадлежность человека честного, человека великого, героя. Страшитесь всякой искусственности. Зараза пошлости да не помрачит в вас античного вкуса к чести и доблести.

Мелочные правила и жалкие утонченности не должны иметь доступа к вашему сердцу. Великие люди чужды двоедушия: все низкое им противно.

Молю провидение, да запечатлеет оно эти немногие слова в моем сердце и в сердцах тех, которые их прочтут после меня.

Екатерина II. Нравственные принципы.
Цит. по: *Екатерина II в воспоминаниях...* С. 266.

Руководясь такой тактикой, она обращалась со всеми как можно лучше, старалась снискать себе расположение всех вообще, больших и малых, или по крайней мере смягчить неприязнь людей, к ней не расположенных, поставила себе за правило думать, что она во всех нуждается, не держалась никакой партии, ни во что не вмешивалась, всегда показывала веселый вид, была предупредительна, внимательна и вежлива со всеми, никому не давая предпочтения, оказывала великую почтительность матушке, которой не любила, беспредельную покорность императрице [Елизавете], над которой смеялась, отличное внимание к мужу, которого презирала, — «одним словом, всеми средствами старалась снискать расположение публики», к которой одинаково причисляла и матушку, и императрицу, и мужа.

В. О. Ключевский. С. 266.

Понемногу слагалась привычка больше слушать, чем говорить, умение подмечать особенности людей и пользоваться ими, очень снисходительная мораль, несколько пренебрежительное отношение к людям и их слабостям, умение примиряться с наиболее отталкивающими жизненными явлениями, недоверие к окружающим — и способность их пленять своею подкупающею искренностью.

В. В. Каллаш. С. 468.

Душа моя от природы была до такой степени общительна, что всегда, стоило кому-нибудь пробыть со мною четверть часа, чтобы чувствовать себя совершенно свободным и вести со мною разговор, как будто мы с давних пор были знакомы. По природной снисходительности моей, я внушала к себе доверие тем, кто имел со мною дело, потому что всем было известно, что для меня нет ничего приятнее, как действовать с доброжелательством и самою строгою честностью. Смею сказать (если только позволительно так выразиться о самой себе), что я походила на рыцаря свободы и законности.

Записки Екатерины II[2]. С. 238—239.

Но роль императрицы наиболее шла к ее лицу, к ее походке, к возвышенности ее души и к необъятности ее гения, столь же обширного, как и ее империя. Она знала себя и умела ценить других. Людовик при выборе людей руководствовался счастием и благоволением; Екатерина — собственным их испытанием и назначала каждого на подобающее ему место. Однажды она сказала мне: «Я часто смеюсь про себя, видя беспокойство генерала или министра, когда я милостиво обхожусь с его врагами. Они его враги, но не мои, говорю я себе; я пользуюсь их услугами, потому что они имеют дарование, и я смеюсь над людьми, воображающими, что я не стану пользоваться услугами лиц, им неприятных». Часто она уравновешивала доверие к одним степенью доверия к другим, вследствие чего те и другие усугубляли свое рвение и становились более осторожными. Зная все эти ее способы пользоваться услугами других и не позволять руководить собою, я писал ей однажды: «О петербургском кабинете так много говорят, между тем, это самый маленький, размером в несколько вершков: от одного виска до другого и от корня носа до корней волос».

Ш. Ж. де Линь. С. 258.

По природе я весела и искренна, но я слишком долго жила на свете, чтобы не знать, что существуют желчные умы, не любящие веселости, и что нет никого, кто бы умел считаться с правдой и откровенностью.

Екатерина II — Де Мейлану. Май 1796 г.
Цит. по: К. Валишевский³. С. 120—121.

Она была особенно интересна тою противоположностью, которая замечалась между простотою ее речи и величием ее дел.

Ш. Ж. де Линь. С. 258.

Одаренная возвышенной душою, она не обладала ни живым воображением, ни даже блеском разговора, исключая редких случаев, когда говорила об истории или о политике, — тогда личность ее придавала вес ее словам. Это была величественная монархиня и любезная дама.

Л.-Ф. Сегюр. С. 157.

Княгиня [Дашкова] дала мне книгу, которая очень известна, и я прочитала ее с огромным удовольствием. Это Наказ Екатерины комиссии, созданной для выработки нового кодекса законов. Книга эта поразила меня. Она написана человеком, который опасался открыто излагать свои мысли, и, хотя каждая строчка дышит человеколюбием, автор обращает внимание читателей на существование таких правительств, которые были известны своей жестокостью и тиранией, чтобы это служило контрастом тому человеколюбию и чувству справедливости, вслед за выражением которых идут эти цитаты. Действительно, это было щекотливое предприятие — создать законы и сохранить неограниченную власть, но Екатерина II была умной женщиной и, как бы далеко ни заходила, знала где остановиться...

М. Вильмот. Из письма. С. 282—283.

Трудно описать твердость характера императрицы в ее заботах о государстве. Она была честолюбива, но в то же время покрыла славой Россию; ее материнская заботливость распространялась на каждого, как бы он незначителен ни был. Трудно представить зрелище, более величественное, чем вид императрицы во время приемов. И нельзя было быть более великодушным, любезным и снисходительным, чем она в своем тесном кругу. Едва появлялась она, исчезала боязнь, заменяясь уважением, полным преданности. Точно все говорили: «Я вижу ее, я счастлив, она — наша опора, наша мать».

В. Н. Головина. С. 71.

И хотя она, подобно языческим богам, более чем часто спускалась с своего Олимпа, чтобы вступить в связи с простыми смертными, уважение ее подданных к ее авторитету и власти не уменьшалось от этого; напротив, все восхищались ее выдержанностью и умом. Те, которые стояли к ней ближе и которые, независимо от своего пола, пользовались ее милостями, не могли достаточно нахвалиться ее добротой и приветливостью и были действительно ей преданы.

А. Чарторижский. С. 44.

У императрицы был особый дар облагораживать все окружающее. Она придавала смысл всему, и самый ограниченный человек переставал казаться таким около нее.

В. Н. Головина. С. 73.

Напротив того, кажется, была она милосердна и снисходительна к слабостям людским, избавляя их от пороков и угнетения сильных не всегда строгостью законов, но особым материнским о них попечением, а особливо умела выигрывать сердца и ими управлять, как хотела. Часто случалось, что рассердится и выгонит от себя Державина (заметки Державина составлены от третьего лица. — *Е. Г.*), а он надуется, даст себе слово быть осторожным и ничего с ней не говорить, но на другой день, когда он войдет, то она тотчас приметит, что он сердит: зачнет спрашивать о жене, о домашнем его быту, не хочет ли он пить, и тому подобное ласковое и милостивое, так что он позабудет всю свою досаду и сделается по-прежнему чистосердечным. В один раз случилось, что он, не вытерпев, вскочил со стула и в исступлении сказал: «Боже мой! кто может устоять против этой женщины? Государыня, вы не человек. Я сегодня наложил на себя клятву, чтоб после вчерашнего ничего с вами не говорить; но вы против воли моей делаете из меня, что хотите». Она засмеялась и сказала: «Неужто это правда?» Умела также притворяться и обладать собою в совершенстве, а равно и снисходить слабостям людским и защищать бессильных от сильных людей.

Г. Р. Державин. С. 436.

В кругу иностранцев и русских, любивших посплетничать и позлословить, не щадивших ничего и никого для красного словца и не имевших никаких оснований остерегаться нас, насколько я знаю, не находилось ни одного, кто посмел бы позволить себе какую-нибудь шутку на счет Екатерины. Ничего не уважали, все критиковали, презрительная и насмешливая улыбка часто сопровождала и имя великого князя Павла, но как только произносилось имя Екатерины, все лица принимали тотчас же серьезный и покорный вид. Исчезали улыбки и шуточки. Никто не смел даже прошептать какую-нибудь жалобу, упрек, как будто ее поступки, даже наиболее несправедливые, наиболее оскорбительные, и все зло, причиненное ею, были вместе с тем и приговорами рока, которые должны были быть принимаемы с почтительной покорностью.

А. Чарторижский. С. 43.

Каков был характер беседы Екатерины, мы узнаем подробно из записки Гримма, составленной после кончины Екатерины. Здесь он рассказывает о своем пребывании в Петербурге в 1773—74 и 1776—77 годах между прочим следующее: «Талант императрицы заключался в том, что она всегда верно схватывала мысль своего собеседника, так что неточное или смелое выражение никогда не вводило ее в заблуждение... я видел ее ежедневно, с утра до вечера, при публике, и ежедневно, иногда два или три раза, но, по крайней мере, один раз неофициально; обыкновенно беседа наша с глазу на глаз продолжалась часа два или три, иной раз четыре, а однажды семь часов, не прерываясь ни минуты». Описывая затем характер этих разговоров, отличавшихся многосторонностью предметов и обнаруживавших ум, познания и способности Екатерины, Гримм продолжает: «Надо было видеть в такие минуты эту необычайную голову, эту смесь гения с грациею, чтобы понять увлекавшую ее жизненность; как она своеобразно схватывала, какие остроты, проницательные замечания падали в изобилии, одно за другим, как светлые блестки природного водопада. Отчего не в силах моих воспроизвести на письме эти беседы! Свету досталась бы драгоценная, может быть единственная страница истории ума человеческого. Воображение и разум были одинаково поражаемы этим орлиным взглядом, обширность, быстрота коего могли быть уподоблены молнии. Да и возможно ли было уловить налету ту толпу светлых движений ума, движений гибких, мимолетных! Как перевести их на бумагу? Расставаясь с императрицею, я бывал обыкновенно до того взволнован, наэлектризован, что половину ночи большими шагами разгуливал по комнате» и пр.

А. Г. Брикнер[2]. С. 273.

Европа имела дело с мужественным талантом, очень решительно соединявшим твердость в переговорах, большое счастье в результатах и большую силу в средствах их поддержать.

Р. Дама. С. 152.

В покоях императрицы, как и во всем дворце, соблюдалась какая-то торжественная важность; при первом взгляде заметно было, что хозяйка более нежели монархиня. Даже в отсутствии ее посетитель наполнялся невольным уважением и внутренним благоговением к великому ее гению.

А. М. Грибовский. С. 22.

Она была величава пред народом, добра и даже снисходительна в обществе; к ее важности всегда примешивалось добродушие, веселость ее всегда была прилична.

Л.-Ф. Сегюр. С. 156.

Приступая к какому-либо важному постановлению, Екатерина предварительно приказывала распространить о том вести и потом прислушивалась к толкам народным. Обер-полицеймейстер каждый день докладывал ей о всех происшествиях, даже мелких, и о говоре народном; придворные и другие близкие ко двору особы тоже передавали ей городские толки. Если предполагаемое постановление одобрялось, то императрица утверждала его, а если не одобрялось, то отменяла.

П. Ф. Карабанов. С. 776.

Дело, которое наиболее сопряжено с неудобством, — это составление какого-нибудь нового закона. Нельзя внести в это достаточно обдуманности и осторожности; единственное средство к достижению того, чтобы быть осведомленным о хорошей или дурной стороне того, что вы хотите постановить, это велеть распространить слух о том на рынке, и велеть точно известить вас о том, что говорят; но кто скажет вам, какие выйдут отсюда последствия в будущем?

Екатерина II. Памятник... С. 73.

Я приведу здесь один случай, делающий честь одинаково и императрице, и ее подданному. Императрица составила кодекс законов и отдала его на рассмотрение сенаторам. Тогда ее величество еще посещала заседания Сената. После нескольких заседаний она спросила о результате рассмотрения. Все сенаторы одобрили кодекс, только один граф Петр Панин хранил молчание. Императрица спросила его мнение.

— Должен я отвечать вашему величеству как верноподданный или как придворный?

— Без сомнения, как верноподданный.

Тогда граф изъявил желание переговорить с государыней наедине. Она удалилась с ним, взяла тетрадь и разрешила ему вычеркнуть, не стесняясь, что он находит неудобным. Панин зачеркнул все. Императрица изорвала тетрадку надвое, положила на стол заседаний и сказала сенаторам:

— Господа, граф Панин только что доказал мне самым положительным образом свою преданность.

И, обращаясь к Панину, прибавила:

— Я вас прошу, граф, поехать со мной и отобедать у меня.

С тех пор ее величество во всех своих проектах советовалась с ним и, когда он был в Москве, она спрашивала его мнение письменно.

В. Н. Головина. С. 99.

Однажды императрица Екатерина II приехала в Сенат и приказала прочесть сочиненный ею и привезенный с собою, новый «Устав о соли». Когда чтение было окончено, все сенаторы встали с своих мест, поклонились государыне и единогласно осыпали похвалами устав. Один только граф Петр Иванович Панин продолжал сидеть в креслах в глубокой задумчивости и, по обыкновению своему, грыз ногти.

— Верно, вы не одобряете устав, граф? — спросила его Екатерина.

— По верноподданнической обязанности моей, я должен исполнять повеления Вашего Величества, — отвечал Панин.

— Но я не этого требую от вас, — сказала государыня, — а желаю знать ваше мнение.

— В таком случае, — продолжал Панин, — я поставлю долгом представить Вашему Величеству, в чем именно нахожу устав этот неудобоисполнимым.

Екатерина встала с своего места, отошла к окну и, подозвав к себе Панина, сказала:

— Сядем, здесь я лучше могу выслушать ваше мнение.

Тогда Панин начал объяснять свои мысли и замечания на каждую статью, а императрица в то же время записывала карандашом его слова.

— Во многом одобряю я, — сказала она, — замечания ваши, граф, но по некоторым статьям еще поспорю с вами. Для этого приглашаю вас ко мне обедать.

Потом, подав Панину руку, она произнесла громко:

— Сегодня я удостоверилась, что у меня есть Сенат и сенатор.

Рассказы и черты из жизни русских императоров, императриц и великих князей. СПб., 1901. С. 63—64.

Екатерина подарила одной из придворных дам, госпоже Верр, десять тысяч рублей на покупку дома. Покупая дом, Верр совершила купчую крепость на общее имя с своим мужем. Когда последний умер, наследники его отыскивали себе (за выделом указной части) половину дома, и Сенат утвердил их право. Императрица, основываясь на том, что деньги были подарены жене, нашла это решение несправедливым и поручила генералу Маслову рассмотреть дело.

Через некоторое время Маслов доложил государыне, что Сенатское постановление правильно и сообразно с уставами.

— Так те уставы глупы и смешны, — сказала она.

— Ваше Величество имеете власть их переменить, — возразил Маслов, — но до тех пор никто иначе не должен поступать.

— Напишите указ, чтобы весь дом принадлежал вдове, — отвечала Екатерина, — я этого хочу!

— Но, Государыня, этим нарушится правосудие и право собственности, — заметил Маслов.

— Прошу не рассуждать, — крикнула императрица с гневом.

Маслов замолчал, собрал бумаги, поклонился и вышел.

На другой день, явясь с докладом, Маслов подал императрице две бумаги, сказав:

— Вот, Ваше Величество, два указа по делу Верр: один согласный с вашей волей, а другой — с законами.

Екатерина, молча, взяла бумаги и положила их в стол; затем, выслушав и разрешив остальные доклады Маслова, ласково и милостиво поговорила с ним и отпустила домой.

В тот же вечер Сенат получил подписанным тот указ, который соответствовал представлению Маслова, а, следовательно, и справедливости.

Рассказы и черты из жизни... С. 66—67.

С возрастом, однако, поблекла ее юношеская вера в силу правды и разума. «Род человеческий склонен к неразумию и несправедливости, — писала Екатерина доктору Циммерману, — если бы он слушался разума и справедливости, то *в нас* (государях) не было бы нужды».

В. О. Ключевский. С. 303.

Каждый оставлял ее довольный собой, потому что она умела говорить с каждым так, чтобы не вызывать его смущения и приноравливаясь к разумению того, с кем она говорила.

В. Н. Головина. С. 74.

Уезжая из одного губернского города, императрица, даже садясь в карету, продолжала благодарить, раздавать награды и подарки. «Ваше величество, — сказал я, — кажется очень довольны этими господами». — «Ничуть, — отвечала она мне, — но я хвалю громко, а браню тихо».

Ш. Ж. де Линь. С. 258.

Вот что припомнилось мне о Кречетникове (Михаил Никитич Кречетников (1729—1793), участник Семилетней войны, впоследствии генерал-аншеф, генерал-губернатор нескольких губерний. — *Е. Г.*), когда он был наместником в Калуге. В тот год, как императрица Екатерина II посетила Калугу, уж не упомню, в каком именно году, — на хлеб был плохой урожай. Ожидая прибытия государыни, Кречетников распорядился, чтобы по обеим сторонам дороги, по которой ей надлежало ехать, на ближайшие к дороге десятины свезли сжатый, но еще неубранный хлеб (это было в августе) и уставили бы копны как можно чаще, оставив таким образом отдаленные десятины совершенно пустыми. При въезде в город были устроены триумфальные ворота и украшены снопами ржаными и овсяными. Знала ли императрица о скудости урожая и заметила ли она, что было на дороге, неизвестно, но обошлась с наместником милостиво. Она спросила его, однако: хорош ли был урожай? Кречетников отвечал: прекрасный. Когда после стола наместник доложил ей, что в городе есть театр и изрядная труппа, и не соизволит ли ее императорское величество осчастливить театр своим посещением, она потребовала список играемых пьес и, возвращая оный, прибавила: «Ежели у вас разыгрывается "Хвастун", то хорошо бы им позабавиться» — и пригласила наместника в свою ложу. Во время комедии, которая шла очень исправно, государыня часто посматривала на Кречетникова и милостиво ему улыбалась; он сидел как на иголках. В тот ли же вечер или назавтра — не знаю, был дан бал для императрицы калужским дворянством, и она его почтила своим высочайшим посещением. Во время сего бала она была милостива к Кречетникову, но после ужина, пред отъездом, сказала ему: «Вот вы меня угощаете и делаете празднества, а самым дорогим угостить пожалели». — Чем же, государыня? — спросил Кречетников, не понимая, чего могла пожелать императрица. «Черным хлебом, — отвечала она и тут высказала ему свое неудовольствие: — Я желаю знать всю правду, а от меня ее скрывают и думают сделать мне угодное, скрывая от меня дурное! Здесь неурожай, народ терпит нужду, а вы еще делаете триумфальные ворота из снопов! Чтобы мне угодить, не следует от меня таить правды, хотя бы и неприятной. Прошу это запомнить на будущее время».

Рассказы бабушки. С. 27—28.

Кречетников при возвращении своем из Польши позван был в кабинет императрицы. «Исполнил ли ты мои такие-то приказания?» — спросила императрица. «Нет, государыня», — отвечал Кречетников. Государыня вспыхнула. «Как нет!» Кречетников стал излагать причины, не дозволившие ему исполнить высочайшие повеления. Императрица его не слушала; в порыве величайшего гнева она осыпала его укоризнами и угрозами. Кречетников ожидал своей погибели. Наконец императрица умолкла и стала ходить взад и вперед по комнате. Кречетников стоял ни жив ни мертв. Через несколько минут государыня снова обратилась к нему и сказала уже гораздо тише:

«Скажите же мне, какие причины помешали вам исполнить мою волю?» Кречетников повторил свои прежние оправдания. Екатерина, чувствуя его справедливость, но, не желая признаться в своей вспыльчивости, сказала ему с видом совершенно успокоенным: «Это дело другое. Зачем же ты мне тотчас этого не сказал?» (Слышал от гр. Вельгорского.)

А. С. Пушкин. С. 134.

Вообще императрица была очень милостива к Кречетникову, но, вероятно, он имел недоброжелателей, которые старались вредить ему. Впрочем, он до кончины сохранил благорасположение, а, пожалуй, можно сказать, что и по смерти императрица его еще жаловала. Он был пожалован в графы, и это известие было привезено курьером на другой день по его кончине; он находился в то время в Польше.

Рассказы бабушки. С. 28.

Самая большая же скрытность [ее] заключалась в том, что она не говорила всего, что думала и знала; но никогда подозрительное или коварное слово не выходило из ее уст. Она была настолько горда, что не могла обманывать; когда же она сама обманывалась, то, чтоб выйти из затруднения, полагалась на свое счастье и на превосходство свое над событиями, которые она любила преодолевать. Ей являлись, однако, иногда мысли о превратностях, постигших конец царствования Людовика XIV, но вскоре же проходили, как облака. Только я один слышал, как, получив последнее объявление турками войны, она в течение какой-нибудь четверти часа, смиренно сознавалась, что на свете нет ничего верного, что слава и успех ненадежны; но потом вышла из своих покоев с таким светлым, ясным взглядом, как и до приезда курьера, и внушила всей своей империи уверенность в успехе.

Ш. Ж. де Линь. С. 262—263.

В дипломатии, в политике, как и во всем другом, она ставила выше всего импровизацию. По ее мнению, даже в военном искусстве не требовалось ничего другого. Она находит весьма естественным, что Алексей Орлов, ступив впервые на корабль, стал, как настоящий моряк, командовать заслуженными в английском флоте адмиралами и одержал блестящую морскую победу.

К. Валишевский[3]. С. 146.

Когда во время плавания по Днепру граф Сегюр и я старались научить ее антимузыкальное ухо, она сказала нам: «Вы видите, господа, вы меня хвалите в общем, но, касаясь подробностей, вы сами находите меня ничего не знающею». На это я ей заметил, что в одной, по крайней мере, она очень сильна. «В какой же это?» — «В твердом намерении, в решимости». — «Этого-то уж я решительно не понимаю». — «Все, что ваше величество говорите, приказываете, преобразуете, начинаете и оканчиваете, все в меру и в пору». «Быть может, — сказала она, — оно действительно имеет такой вид, но посмотрим в сущность дела. Князю Орлову обязана я блеском одной стороны моего познания, так как он присоветовал послать мой флот в Архипелаг. Князю Потемкину обязана я Тавридою и изгнанием всех татарских орд, всегда угрожавших империи. Можно только сказать, что я воспитала этих господ. Фельдмаршалу Румянцеву обязана я победами. Я сказала ему: «Господин фельдмаршал, дело доходит до драки — лучше побить, чем быть побитым». Михельсону обязана я поимкою Пугачева, который едва не забрался в Москву, а может быть и далее. Поверьте, господа, я только пользуюсь счастьем; если мною хоть немного довольны, то потому, что я тверда и ровна в моих правилах. Моим служащим я предоставляю много власти; если ею злоупотребляют в отдаленных провинциях, пограничных с Персиею, Турциею и Китаем, тем хуже для них, и я стараюсь узнавать о таких личностях. Знаю, они говорят: «Бог и императрица наказали бы нас, но Бог высоко, до царя далеко». Таковы, однако, мужчины, а я ведь женщина». Она мне говорила также: «Меня отделывают ловко в вашей Европе. Давно уже говорят, что я разоряюсь, что я слишком много трачу. Однако мое маленькое хозяйство идет себе своим путем». Она любила это выражение, и когда хвалили ее порядок и время в распределении работы, она часто говорила: «Надобно же порядочно вести свое маленькое хозяйство».

Ш. Ж. де Линь. С. 260.

Никогда она не приходила в отчаяние от трудностей, которые нужно было победить, и ее гений и ее счастье преодолевали их.

Р. Дама. С. 153.

Это эмпирик по преимуществу. В этом отношении характерна ее знаменитая фраза: «Вся политика основана на трех словах: обстоятельство, догадка и случай».

К. Валишевский[3]. С. 146.

Она обладала всевозможными способами дарить, сверх щедрости, свойственной ей как великой и могущественной императрице: она дарила по великодушию как прекрасная душа, по благотворительности как душа добрая; из сострадания как женщина; в благодарность как мужчина, желающий, чтобы ему хорошо служили. Не знаю, участвовал ли при этом ее ум, или уж таково было ее сердце, но она всему придавала своеобразный вид. Так, например, она писала Суворову: «Вы знаете, что я никогда не повышаю не в очередь — я неспособна обижать более старших; но завоеванием Польши вы сами произвели себя в фельдмаршалы».

Ш. Ж. де Линь. С. 261.

Любопытно, что при непостоянстве и чрезвычайной подвижности, о которых мы упоминали, обрисовывая ее характер, она считалась очень упрямой. Раз ею овладевает какая-нибудь мысль, проект, комбинация, которые кажутся ей удачными, она как бы впивается в них зубами, и ее, как бульдога, о котором она говорила однажды — легче убить, нежели отнять добычу.

К. Валишевский[3]. С. 135.

Позднее сама Екатерина признавалась: «Несмотря на всю гибкость моей натуры, я умела быть упряма или настойчива, как хотите, когда мне казалось, что это необходимо; я никогда не стесняла ничьего мнения, но при случае держалась своего собственного; я не люблю споров, так как всегда замечала, что всякий остается при своем убеждении; к тому же, я не могла бы никого перекричать».

В. В. Каллаш. С. 468.

О, как бы она была велика, если бы имела такое же справедливое сердце, как ум! Она правила русскими менее деспотически, нежели самою собой: никто никогда не видел, чтобы она вспыхнула от гнева, погрузилась в бездонную печаль или предавалась неумеренной радости. Капризы, раздражение, мелочность совершенно не были свойственны ее характеру, и еще менее — ее поступкам. Я не берусь решать, была ли она на самом деле великой, но ее, несомненно, любили.

Ш. Массон. С. 47.

Отличалась ли Екатерина «умом» в обычном смысле этого слова, как его понимают французы? Она никогда не претендовала на это; а это что-нибудь уже значит.

К. Валишевский[3]. С. 140.

Она любила смеяться, и смеялась по поводу всякой мелочи, даже по поводу глупости; нередко пустяк занимал ее. Она любила всякую шутку и пользовалась ею иногда очень оригинально. Я рассказал ей как-то, что, желая отделаться от упреков одной петербургской дамы, будто бы я был неразговорчив на ее вечере, я сказал ей, что сейчас только получил известие, что тетка, которая меня воспитала, при смерти, и императрица, скучая на больших выходах, иногда говорила мне: «Я чувствую, что мой дядя умирает». Я слышал, как стоявшие сзади меня шептали: «Надо ожидать траура при дворе»; после чего все искали этого дядю в альманахах и, конечно, не находили.

Ш. Ж. де Линь. С. 258—259.

Вообще в «уме» Екатерины чувствовалось его немецкое происхождение и влияние общества, которое она часто посещала; она редко бывала действительно остроумной, но любила игру слов и не брезгала каламбурами.

К. Валишевский[3]. С. 140.

Императрица всегда признавала себя невеждою. Однажды, когда она очень уж приставала с этим, я, доказав, что она знает Перикла, Ликурга, Солона, Монтескье, Локка, лучшие времена Афин, Спарты, Рима, новейшей Италии и историю всех стран, сказал ей: «Если уж вашему величеству так хочется, я скажу о вас то, что слуга Грифе (известного ученого того времени. — *Е. Г.*) говорил мне о своем господине, которого он обвинял за то, что он вечно терял свою табакерку, перо, платок: «Поверьте мне, мой барин вовсе не такой, каким вы его представляете себе; кроме своей науки он ничего не знает».

Ш. Ж. де Линь. С. 259.

Берлинской академии, предложившей ей в 1768 г. звание почетного члена, императрица скромно ответила: «Все мое знание ограничивается убеждением, что все люди — братья!» Однако английский посол Гарри[с], удостоившийся сопровождать Ее Величество во время прогулки, был приятно поражен обширностью знаний, так неожиданно проявленных императрицею относительно *конституции и законов его страны*. Когда же, поговорив некоторое время об английских садах, она перешла на сочинения Блэкстона, дипломат скоро почувствовал себя не в состоянии говорить на эту тему. При этом надо учесть то, что этот мистер Гарри[с], впоследствии лорд Мальмсбери, был не первый встречный.

К. Валишевский³. С. 142.

Познания и стремления Екатерины отличались не столько глубиною и основательностью, сколько широтою и разнообразием; восприимчивостью и трудолюбием она превосходила многих великих деятелей в истории всех времен.

А. Г. Брикнер. С. 281.

Чувствуя себя по части знаний выше большинства окружающих ее людей, она считает себя выше всех вообще и, ясно понимая то, чему научилась, думает, будто владеет и тем, чего не знает. Находясь на адмиральском судне в Кронштадте, под развевавшимся императорским флагом и польщенная неиспытанным величием командования над более чем двадцатью крупными судами, она заспорила со мною о том, каким концом вперед ходит военное судно; конечно, она не была обязана знать это, но в данном случае сомнение ее оказывалось смешным.

Д. Г. Бёкингхэмшир. С. 141.

В 1789 г., после поездки в Крым, она спрашивала Храповицкого, какие реки служат границей между Россией и Турцией. В то же время она заинтересовалась числом градусов долготы, занимаемых ее государством. Ей сказали их число. «Но это же число вы мне приводили и до присоединения Крыма и Белоруссии». Она не поняла, что приобретение этих губерний нисколько не изменило ее государство относительно градусов долготы.

К. Валишевский³. С. 143.

В уединении, в котором она жила при покойной императрице, она много и охотно читала. История и интересы европейских держав близко знакомы ей. Когда она беседовала со мною об истории Англии, я заметил, что особенно поражает ее царствование Елизаветы. Время покажет, куда приведет ее желание подражать этой королеве.

Д. Г. Бёкингхэмшир. С. 141.

Достойны внимания занятия Екатерины сравнительным языкознанием. Особенно в то время, когда оплакивала кончину Ланского, она посвящала свое свободное время этой специальности. То она советовалась с Палласом, то переписывалась с Николаи, то изучала труды ученых, каковы Дюмареск, Кур-де-Жебелен и пр., то заставляла Бакмейстера, Иоганна Готлиба Арндта и др. собирать материал для сравнительно-филологических изысканий. Таким образом состоялся словарь, который при многих недостатках, объясняющихся новостью дела, все-таки имеет значение в истории развития филологии, сравнительного языкознания вообще.

*А. Г. Брикнер*². С. 278.

Государыня как по-французски, так и по-русски писала неправильно, хотя умно и своеобразно.

М. И. Пыляев. С. 189.

Неоднократно в письмах Екатерины к Гримму говорится об этих занятиях языками. Так, например, она пишет 9 сентября 1784 года: «Я добыла себе всяких словарей, какие только можно было сыскать, между прочим финский, черемисский, вотяцкий, и теперь все мои столы завалены этим добром». В другом месте: «Если бы г. Кур-де-Жебелен знал по-славянски или по-русски, то сделал бы еще более любопытных открытий. Я считаю его всемирную грамматику одним из превосходнейших творений, появившихся в нынешнем веке». О словаре: «Мой любезный словарь в скором времени имеет появиться в печати. Это, быть может, самый полезный труд, какой когда-нибудь был произведен для всех языков и словарей, и особенно для русского языка, для которого Российская Академия задумала составить словарь, для чего она, сказать правду, совершенно не имела достаточных сведений. Мое же произведение — лучезарный светильник, о котором можно сказать: имеющий уши слышать и очи видеть услышит и увидит; а кто глух и слеп от рождения, так таким и останется».

*А. Г. Брикнер*². С. 278—279.

Немка по рождению, француженка по любимому языку и воспитанию, она занимает видное место в ряду русских писателей XVIII в.

В. О. Ключевский. С. 279.

Устремясь по всем путям славы, она пожелала также снискать известность на Парнасе и в часы досуга сочинила несколько комедий. Когда аббат Шапп, в изданном им путешествии в Сибирь, высказал злые клеветы на нравы русского народа и правление Екатерины, она опровергла его в сочинении под заглавием Antidote. Нельзя без удовольствия читать ее умные письма к Вольтеру и де Линю. Все были поражены, когда гордая монархиня, преклоняясь пред философией, вздумала призвать в Россию д'Аламбера, чтобы поручить ему образование наследника престола, и когда философ отказался от случая распространить свои идеи влиянием своим на такого питомца, напротив того, Дидро с гордостью прибыл ко двору Екатерины; она восхищалась его умом, но отвергла его теории, заманчивые по своим идеям, но неприложимые к практике. Императрица, сама усердно следя за воспитанием своих внучат Александра и Константина, сочинила для них нравоучительные сказки и сокращенную историю древней России.

Л.-Ф. Сегюр. С. 161.

Когда государь (имеется в виду внук Екатерины Александр. — *Е. Г.*) родился 12 декабря 1777 года, государыня Екатерина Алексеевна была, говорят, вне себя от радости, что у нее родился внук, а главное — наследник престола, и по этому случаю в ту пору были большие празднества, маскарады и разные веселости при дворе. Все это происходило в Петербурге в 1777 году. Я была тогда еще ребенком и только впоследствии слыхала об этом времени от людей, близких ко двору. Было много милостей. Императрица с первых дней отняла внука у отца и матери и воспитывала его по своему желанию. «Вы свое дело сделали, — говаривала она им, — вы мне родили внука, а воспитывать его предоставьте уж мне: это касается не вас, а меня». Так они не смели и пикнуть. Бабушка нянчилась с ним и как только он стал мыслить и начал ходить, был почти неотлучно при ней и рос на ее глазах. Она очень им утешалась, видя, что мальчик смышлен и красоты неописанной. Императрица придумала для него какую-то особенную, замысловатую азбуку; разумеется, все ахали, кричали: разве то, что делает царствующая императрица, может быть нехорошо! Все накинулись на эту азбуку для своих детей; сперва стали раскупать ее придворные, а там, глядя на них, и другие, и в несколько дней книги и купить уж было нельзя: пришлось опять ее печатать.

Рассказы бабушки. С. 292.

Я не могу видеть чистого пера, чтоб не пришла мне охота обмакнуть оного в чернила; буде же еще к тому лежит на столе бумага, то, конечно, рука моя очутится с пером на той бумаге. Начав же, не знаю я никогда, что напишу, а как рукою поведу я по бумаге, то мысль сматывается, как нитка с клубка; но как пряжа не всегда ровна, то попадается и потолще, и потоньше, а иногда и узелок, или что-нибудь и совсем не принадлежащее к пряже, нитке и к клубку, но совсем постороннее и к другим вещам следующее.

Екатерина II. Цит. по: Три века. Т. 4. С. 474.

Начало специальных занятий императрицы историею России относится к 1783 году. Она считала нужным составить учебник для своих внуков, таким образом углублялась в изучение истории первых государей России и увлекалась при этом специальными филологическими вопросами. 9 мая 1792 года она писала Гримму: «Ничего не читаю, кроме относящегося к XIII веку Российской истории. Около сотни старых летописей составляют мою подручную библиотеку. Приятно рыться в старом хламе». 12 января 1794 года: «У меня все был недосуг благодаря делам и старин-

Александр Матвеевич
Дмитриев-Мамонов

Светлейший князь
Г. А. Потемкин-Таврический

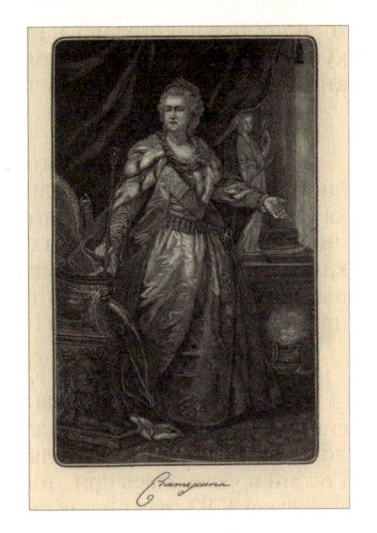

Императрица
Екатерина Великая

Императрица Екатерина II

Светлейший князь Григорий Александрович Потемкин

Князь
Платон Зубов

Граф
Алексей Орлов-Чесменский

Король Польши
Станислав Август

Императрица Екатерина II в дорожном платье

Дорожный возок Екатерины

Императрица Екатерина II

Императрица Екатерина II

Императрица Екатерина II в Царскосельском парке

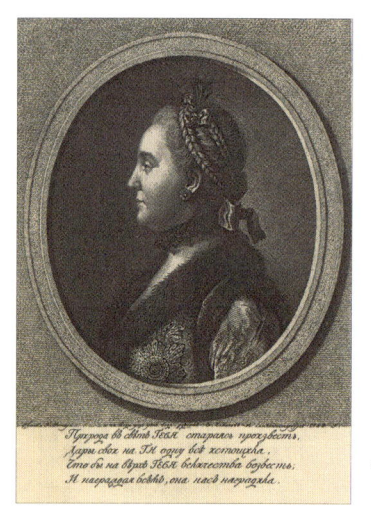

Императрица Екатерина II

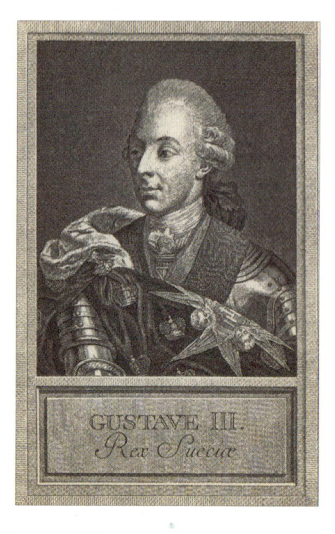

Густав III, король Швеции

Князь Италийский, граф Суворов-Рымникский

Екатерина Великая, окруженная семейством и ближайшими придворными

Великие князья Александр и Константин

Екатерина Великая
в 1773 году

Екатерина Великая
в 1794 году

Алексей Орлов-Чесменский

Екатерина II принимает турецкое посольство

Смерть Г. А. Потемкина 5 октября 1791 г.

Князь Потемкин и князь Суворов

Императрица
Екатерина Великая

Катафалк, воздвигнутый в Александро-Невской
лавре над гробом Петра III и Екатерины II

ным летописям. Дошедши до 1321 года, я остановилась и отдала переписывать около восьмисот страниц, нацарапанных мною. Представьте, какая страсть писать о старине, до которой никому нет дела и про которую, я уверена, никто не будет читать, кроме двух педантов: один из них мой переводчик, Фолькнер, другой библиотекарь Академии Буссе. А между тем, я очень довольна, что привела в порядок все относящееся до истории и сделала лучше всех, кто брался за эту работу до сих пор. Я тружусь точно за деньги: так корплю, так стараюсь, кладу в дело весь свой ум и сообразительность, и всякий раз, как напишу страницу, восклицаю: Ах, как это хорошо, мило, восхитительно! Но, конечно, я никому об этом не говорю, кроме вас; вы понимаете: надо мною стали бы смеяться» и пр. Встречая, несколько месяцев позже, необходимость на некоторое время прервать эти занятия, императрица пишет: «Ах, мои любимые летописи, вы спокойно отдыхаете; когда я опять стану заниматься вами? Я дошла до 1368 или 1369 года». Вскоре она возвратилась к этим занятиям, и вот опять письма ее к Гримму пересыпаны разными замечаниями о Димитрии Донском, о Рюрике, о славянах, о Польше и Литве и пр.

А. Г. Брикнер[2]. С. 279—280.

Она писала Гримму: «Ни одна история не произвела таких великих людей, как наша (она употребила слово *наша* в смысле русской истории). Я до безумия люблю эту историю».

К. Валишевский[3]. С. 148.

От природы способная ко всякому умственному и физическому совершенству, она, вследствие вынужденно замкнутой ранее жизни, имела досуг развить свои дарования в большей степени, чем обыкновенно выпадает на долю государям, и приобрела умение не только пленять людей в веселом обществе, но и находить удовольствие в более серьезных делах.

Д. Г. Бёкингхэмшир. С. 140.

Она была очень разборчива на чтение. Она не любила ничего грустного, чувствительного и претендующего на остроумие. Она любила произведения Лесажа, Мольера, Корнеля. «Расин мне не нравится, — говорила она, — кроме его «Митридата»». Рабле и Скаррон заставляли ее некогда смеяться, но она об них не вспоминала более. Она любила читать Плутарха в переводе Амио, Тацита, Амело де ла-Гуссэ и Монтеня. «Я Северная Галла, — говорила она мне, — и понимаю только старофранцузский язык, нового не понимаю. Я хотела воспользоваться вашими умными господами; я их вызвала к себе. Я писала им, испытывала их — они надоедали мне и не понимали меня, кроме моего доброго покровителя Вольтера. Знаете ли вы, что это он ввел меня в моду. Он с лихвою заплатил мне за то, что во всю мою жизнь любила читать его — он, шутя, многому научил меня».

Ш. Ж. де Линь. С. 262.

Таковы были занятия и развлечения, которым предавалась Екатерина в свободное от дел время. Нельзя, повторяем, не удивляться, что при особенно деятельном участии ее в делах она располагала в такой мере свободным временем; это объясняется, главным образом, необычайною рабочею силою императрицы, умением заниматься, не теряя ни минуты. Все упомянутые занятия Екатерины требовали усидчивого труда, много времени, сосредоточения ума, спокойствия души. Если к этому прибавить управление делами империи, приемы, общественные развлечения, домашнюю жизнь среди фаворитов и близких людей, то сделается понятным замечание императрицы, что ей никогда не скучно и что она никогда не затрудняется вопросом о выборе занятий.

А. Г. Брикнер[2]. С. 280.

Что касалось выбора книги — то ею руководили, помимо одной жажды к чтению, и другие соображения. Кавалер Д'Эон писал графу Брольи в 1762 году: «Императрица питает большое пристрастие к чтению. Большую часть своего времени после замужества она занята чтением новейших сочинений, французских и английских, о нравственности, природе и религии. Достаточно какой-нибудь книге быть осужденной во Франции, чтобы она тотчас же ее вполне одобрила. Она не расстается с сочинениями Вольтера, с «Опытами» Гельвеция и с «Энциклопедией» Жан Жака Руссо. Она гордится своей отвагой, вольнодумством и философскими взглядами — одним словом, это — *маленькая ученая с темпераментом*».

К. Валишевский[3]. С. 142—143.

Императрица не любила и не знала новейшей литературы; она обладала более логикою, чем риторикою. Легкие ее сочинения, как, например, комедии, имели поучительную цель — осмеяние путешественников, модников, сект, особенно мартинистов, которых она считала опасными.

Ш. Ж. де Линь. С. 262.

Но как бы то ни было, прочитав много в течение вынужденного досуга за 18 лет царствования Елизаветы и шестимесячного правления Петра, она продолжала читать и потом во все свободное время, которое у нее только оставалось от ее новых занятий.

К. Валишевский[3]. С. 143.

Обойтись без книги и пера ей было так же трудно, как Петру I без топора и токарного станка. В свою жизнь она прочла необъятное количество книг. Уже в преклонные лета она признавалась своему секретарю Храповицкому, что читала книг по шести вдруг.

В. О. Ключевский. С. 279.

«По крайней мере скажут, что мне есть что читать», — замечает она Храповицкому. «Весь свет это давно знает», — отвечает тот.

Императрица дарит любезной улыбкой ловкого царедворца: «Разве говорят это?»

К. Валишевский[3]. С. 143.

Государыня усвоила как русскую речь, так и многие русские привычки. Она парилась в русской бане, употребляла часто пословицы в разговоре.

М. И. Пыляев. С. 189.

Письма императрицы написаны то на русском, то на французском, то на немецком языках.

А. Г. Брикнер[2]. С. 274.

По-французски она выражается с изяществом, и меня уверяют, что и по-русски она говорит так же правильно, как и на родном ей немецком языке, причем обладает и критическим знанием обоих языков.

Д. Г. Бёкингхэмшир. С. 141.

Храповицкий часто поправлял ее русское письмо, а граф Шувалов французское. Последний, между другими письмами, исправлял и письма ее к Вольтеру. Даже и тогда, когда бывал в отсутствии, например, в Париже, он получал черновую от императрицы, поправлял ошибки, затем исправленное отправлял в Петербург, где уже Екатерина переписывала письмо и, таким образом, в третьем издании отправляла в Ферней [к Вольтеру].

М. И. Пыляев. С. 190.

И Петр I писал тысячи писем, однако, эти письма почти без исключения не более как краткие записки, приказы, распоряжения. Великий преобразователь не имел понятия о роскоши подробной болтовни в письмах к приятелям в том виде, в каком все это было возможно Екатерине.

А. Г. Брикнер[2]. С. 274.

Государыня, обыкновенно, писала на бумаге большого формата, редко зачеркивая написанное; но если приходилось ей заменить одно слово другим, или исправить выражение, она бросала написанное, брала другой лист бумаги и заново начинала свою редакцию.

М. И. Пыляев. С. 190.

Она постоянно вставляет в свою французскую речь немецкие фразы, которые тоже свидетельствуют о недостаточном знании родного языка. Она делает в них массу ошибок и более грешит против синтаксиса и этимологии, нежели против орфографии. Она обыкновенно смешивает mir и mich.

К. Валишевский[3]. С. 144.

Она хорошо говорила и даже порядочно писала по-русски; господствовавшая при дворе безграмотность извиняла ее промахи в синтаксисе и особенно в орфографии, где она в слове из трех букв делала четыре ошибки (исчо — еще).

В. О. Ключевский. С. 270.

Но она весьма добросовестно применила к себе свою русофильскую программу и стала русской с головы до пят не только по внешности или благодаря искусству хорошей актрисы, но искренно, глубоко стала русской и духом и плотью и в своем безыскусственном разговоре, в своих повседневных привычках и в задушевных мыслях.

К. Валишевский[3]. С. 149.

Как-то раз, отдавая мне собственноручную записку о приискании некоторых справок для сочиняемого ею устава для Сената, она сказала: «Ты не смейся над моей русскою орфографией; я тебе скажу, почему я не успела ее хорошенько узнать. По приезде моем сюда, я с большим прилежанием начала учиться русскому языку. Тетка Елисавета Петровна, узнав об этом, сказала моей гофмейстерине: "Полно ее учить, она и без того умна". Таким образом, могла я учиться русскому языку только из книг, без учителя, и это самое причиною, что я плохо знаю правописание».

А. М. Грибовский. С. 44.

Но она приобрела кое-что получше знания русской орфографии; она усвоила и в совершенстве изучила сам дух русского языка, его обиходные выражения и своеобразные обороты живой речи. Вместе с духом языка она приобщилась и к духу народа. Это приобретение помогло ей так победоносно завоевать себе все свое государство; мы здесь имеем в виду не только власть, вырванную у слабого, трусливого и безумного Петра, но и то место, которое эта немка завоевала к концу своей жизни, и в особенности после своей смерти, в жизни, в истории, в национальном развитии чуждой и враждебной ей расы. Можно сказать, что в особенности после своей смерти она стала такой, какою мы представляем ее себе сейчас: великой и в то же время лучезарной, величественной и милостивой, перед которой склоняются в одинаковом порыве благодарности, гордости, любви — простой мужичок и ученый, стряхнувший пыль с воспоминаний и легенд вековой старины.

К. Валишевский[3]. С. 144—145.

Вечером [22 апреля 1805] мне довелось увидеть старинные русские развлечения. Все пели народные песни, двигаясь по кругу, в центре которого две девушки разыгрывали небольшие пантомимы на сюжет песен. Княгиня [Дашкова] заметила, что императрица Екатерина поощряла подобные забавы, которые часто устраивались в Эрмитаже, и что сама императрица знала все народные традиции, предания, игры и танцы, что, конечно, приносило ей популярность.

М. Вильмот. Из письма. С. 275.

Притом, слабо чувствуя на себе давление местных обычаев и преданий как пришедшая из другого мира, она была свободнее в выборе способов действия и установке своих отношений, и ей было легче, чем Марии-Терезии или Георгу III, подшучивать над китайскими людьми, которые, по ее довольно наглядному уподоблению, всегда сидят по уши в своих обычаях и преданиях и не могут высморкаться, не справляясь с ними.

В. О. Ключевский. С. 304.

Говорит она свободно и рассуждает точно; некоторые письма, ею самою сочиненные, вызвали большие похвалы со стороны ученых тех национальностей, на языке которых они были написаны.

Д. Г. Бёкингхэмшир. С. 141.

Все ее письма ко мне наполнены сильными, великими идеями, удивительно ясными, иногда одним словом произносящими осуждение, особенно если что-либо в Европе вызывало ее негодование; сверх того, они веселы, добродушны. В ее слоге больше ясности, чем легкости; ее серьезные сочинения весьма глубокомысленны. Ее «История России» стоит, по-моему, хронологических таблиц президента Гено, но мелкие оттенки, прелесть подробностей, живость слога были чужды ей. У Фридриха II также не было живости в слоге, но у него было остальное, и он был более писатель, чем Екатерина.

Ш. Ж. де Линь. С. 262.

Однажды мы с императрицей прогуливались в царскосельском саду и говорили о красоте и богатстве русского языка. Я сказала ее величеству, что не могу понять, почему, будучи сама писательницей и любя наш язык, она до сих пор не учредила Академии русского языка. Нам так не хватает правил и хорошего словаря, которые избавили бы нас от глупости употреблять иностранные понятия и слова, притом, что мы обладаем собственными и гораздо более выразительными.

— Не знаю, как это получилось,— ответила она мне.— Несколько лет я мечтала об этом и даже уже отдала распоряжения.

Е. Р. Дашкова. С. 150.

Удивительно лишь только то, что были времена такие, в кои нас уверяли, и мы уверены были, что в богатейшем и пространнейшем в свете языке нашем не находится слов для написания письма, и заимствовали непременно из иностранных языков, даже до мелочных званий разных вещей.

Екатерина II. Цит. по: Три века. Т. 4. С. 476.

Впрочем, государыня говорила по-русски довольно чисто и любила употреблять простые и коренные русские слова, которых множество знала.

А. М. Грибовский. С. 44.

Она придавала своей речи оригинальный поворот, часто употребляя русские народные пословицы и поговорки.

К. Валишевский³. С. 141.

Когда князь Люксембургский вздумал, наперекор Понятовскому, домогаться польской короны и расположения у императрицы, то в приказе своему посланнику в Варшаве, извещавшему ей об этом, она делает приписку: «Корове седло не пристало».

К. Валишевский³. С. 141.

Всем известно, сколько великая Екатерина любила Россию, новое свое отечество и все русское: язык, одежду, обычаи и проч. Известно также, что Александра Петровна Левшина, воспитанная в «Обществе благородных девиц», имела счастие с первого взгляда понравиться императрице. Привязанность сия достигла до того, что государыня вела с ней любопытную переписку, называя ее «черномазой Левушкой», и наконец при выпуске пожаловала ее во фрейлины, где она пользовалась отличными милостями.

В подтверждение вышеописанному: случилось, в Царском Селе в обществе у императрицы все заговорили одним французским языком; она, заметя сие, сказала:

— Мы русские, и можем обойтись без иностранного языка и говорить на отечественном.

Докладывают ей, что русский язык не имеет ни приятности, свойственной французскому, ни легкости к свободному изъяснению и что нет возможности составить и одной шарады.

Екатерина, обратясь к Александру Юрьевичу Нелединскому-Мелецкому, которого по уму и познаниям называли портативной энциклопедией, спросила:

— Как вы думаете?

Нелединский вместо ответа предложил следующую шараду:

— Мое первое в лесу (лев), мое второе в колесе (шина), а целое здесь в величайшей милости и уважении (Левшина).

Екатерина была отменно довольна, много шутила и весь вечер занималась шарадами на русском языке.

П. Ф. Карабанов. С. 676.

Она всегда говорила умно, дельно — я мог бы привести тысячи примеров, но никогда не острила. «Не правда ли, — сказала она мне однажды, — вы не слышали от меня ни одной остроты? Вы не ожидали, чтоб я была так тупа?» Я отвечал, что, действительно, я предполагал, что, заговорив с нею, должно держать ухо востро, что она все себе позволяет и что ее разговор — один фейерверк, но что мне больше нравится ее небрежный разговор, причем ее выражения становятся возвышенными лишь в тех случаях, когда речь заходит о каких-либо важных подвигах в истории или в государственном управлении, о чертах величия, о высоких чувствах.

Ш. Ж. де Линь. С. 258.

Все, кто имел честь быть близким к ее величеству, знают, что она в полной мере обладала красноречием, очарованием и проницательностью, необходимыми для того, чтобы привлечь к себе или в чем-то убедить любого из приближенных.

Е. Р. Дашкова. С. 150.

Из всего вышедшего из-под ее пера самое лучшее, бесспорно, — это ее письма к Вольтеру. Они куда интереснее писем старого придворного философа, который «продавал ей часы и вязал ей чулки» (как он сам говорит в одном из посланий), повторяя на сто ладов одни и те же мысли и комплименты и твердя о необходимости изгнать турок из Европы вместо того, чтобы посоветовать ей сделать русских свободными. Если замысел нового уложения доказывает великие и мудрые замыслы Екатерины, достойные государыни, то ее письма говорят об уме, изяществе и талантах, которыми она была одарена как женщина величайших достоинств, и заставляют сожалеть, что она была самодержицей и обладала безграничной властью.

Ш. Массон. С. 50.

Когда в 1790 г. Сенак де Мейлан предложил ей себя в историографы великого государства, она колебалась согласиться на это: сумеет ли он отрешиться от тех «предрассудков, которые питает к России большинство иностранцев? Которые думают даже, что до Петра Великого эта страна не имела ни законов, ни администрации; правда, что смуты, последовавшие за смертью царя Ивана Васильевича, *отодвинули Россию лет на 40—50 назад, но до этого времени Россия ни в чем не отставала от остальной Европы; русские великие князья принимали самое деятельное участие в делах Европы и были связаны узами родства со всеми царствующими домами нашего полушария*».

К. Валишевский[3]. С. 148.

Никогда вселенная не производила человека более мужественного, положительного, откровенного, гуманного, добродетельного, великодушного, нежели Скиф. («Скиф» и «русский» — синонимы в ее понятии). Ни один человек (другой расы) не сравнится с ним в правильности и красоте его лица, в свежести его кожи, в ширине его плеч и строении и росте; у него обыкновенно дородное, сильное телосложение, широкая борода, густые длинные волосы; он по природе далек от всякой хитрости и притворства; его прямодушие и честность защищают его от пороков. Нет ни одного конного, пехотинца, моряка, земледельца — равных ему. Ни один человек не питает такой сильной нежности к своим детям и близким, как он; у него врожденная уступчивость по отношению к родителям и старшим. Он быстр, точен в повиновении и верен.

Екатерина II. Цит. по: *К. Валишевский*[3]. С. 149—150.

Наша нация имеет самые счастливые способности. Нет ничего легче заставить их [русских] оценить все доброе, разумное. Я не знаю, отчего так часто ошибались в средствах: охотно я отнесу вину в этом на сторону правительства, неловко бравшегося за дело. Когда в Европе узнают более об этом народе, то бросят много предубеждений и заблуждений, которые составили себе насчет России.

Екатерина II. Памятник... С. 88.

...Россия, ей некогда чуждая, став театром ее добродетелей, сделалась для Екатерины истинным отечеством, нежно любимым, ибо отечество для душ великих есть та страна, где они могут действовать; их ближние — суть те люди, которых могут они творить счастливыми. Чем более монархиня трудилась для России, чем более осыпала ее добром и славою, тем более она любила в ней предмет своих благодеяний; и каждое благодеяние было для нее залогом нового.

Н. М. Карамзин. С. 36.

При ней не было из слуг иностранцев.

А. М. Грибовский. С. 48.

Однажды государыня Екатерина, будучи в Царском Селе, почувствовала себя нехорошо; приехал Рожерсон, ее любимый доктор, и нашел необходимым ей пустить кровь, что и сделано было тотчас.

В это самое время докладывают государыне, что приехал из Петербурга граф Александр Андреевич Безбородко узнать о ее здоровье.

Императрица приказала его принять.

Лишь только граф Безбородко вошел, императрица Екатерина, смеясь ему сказала:

— Теперь все пойдет лучше: последнюю кровь немецкую выпустила.

Рассказы, заметки и анекдоты из записок Е. Н. Львовой // Русские мемуары. Избранные страницы. XVIII век. М.: Правда, 1988. С. 404.
(Далее цит. как: *Е. Н. Львова.*)

Не помню кем, кажется, Лампием написан портрет императрицы Екатерины II, в котором она представлена сжигающей благовонный фимиам перед бюстом Петра I на пылающем жертвеннике с надписью: «Начатое совершаю». И точно, многое ею было окончено. Она носила в

перстне портрет Петра Великого и однажды принц де Линь, который находился при ней посланником от Австрийского двора, спросил ее:
— Pourquoi votre Majesté porte t'Elle ce portrait?
— Je le consulte á toute heure, — répondit 1'Impératrice *.

Е. Н. Львова. С. 411—412.

В присутствии императрицы нельзя было говорить ничего дурного ни о Петре I, ни о Людовике XIV, как равным образом ни малейшего слова против религии или нравственности. Едва можно было позволить себе какой-нибудь намек, и то крайне скрытно, причем она улыбалась в душе. Она сама не позволяла себе никаких насмешек ни над религиею или нравственностью, ни над личностями и если позволяла себе иногда шутку, то лишь в присутствии того, к кому относилась эта шутка, всегда столь добродушная, что доставляла ему же удовольствие. Она едва простила мне одно замечание насчет Людовика XIV, сделанное во время прогулки с нею в Царском Селе. «По крайней мере, — сказал я ей, — ваше величество согласитесь, что этому великому королю для его прогулок требовались прямые аллеи в 120 шагов ширины, рядом с таким же каналом; он не имел понятия, как вы, о тропинке, ручейке, лужайке».

Ш. Ж. де Линь. С. 261.

Государыня говаривала: «Когда хочу заняться каким-нибудь новым установлением, я приказываю порыться в архивах и отыскать, не говорено ли было уже о том при Петре Великом, — и почти всегда открывается, что предполагаемое дело было уже им обдумано». (Слышал от кн. А. Н. Голицына.)

А. С. Пушкин. С. 132.

...Она всегда носила табакерку с портретом Петра I и говорила мне: «Это — чтоб спрашивать себя ежеминутно, что приказал бы он, что запретил бы, что сделал бы, если б был на моем месте». Она уверяла меня, что кроме удовольствия, которое Иосиф II доставлял нам своим присутствием, она любит его особенно за сходство с Петром I: как и Петр, Иосиф деятелен, жаждет всему научиться и научить других, всецело предан своему государству. «У него ум серьезный, — говорила она мне, — и в то же время приятный; он вечно занят полезными предприятиями и его голова постоянно работает». Горе людям несправедливым, не умевшим оценить его.

Ш. Ж. де Линь. С. 261.

Люди, хорошо знающие ее, говорят, что она, скорее предприимчива, чем храбра, и что ее кажущаяся храбрость вытекает иногда из убежде-

---

* — Почему ваше величество носит при себе этот портрет?
— Потому, что я ежечасно с ним советуюсь, — ответила императрица *(фр.)*.

ния в малодушии ее врагов, а иногда из того, что она не видит своей опасности.

Д. Г. Бёкингхэмшир. С. 141.

Я имел случай заметить ее самообладание. Перед въездом в Бахчисарай двадцать лошадей оказались слишком слабыми, чтобы сдержать на спуске нашу большую шестиместную карету, и понесли, вернее, были унесены ею. Можно было опасаться, что мы сломим себе шею. Я гораздо более испугался бы, если бы не наблюдал за императрицею, испугалась ли она. Она сидела так же спокойно, как за завтраком, который мы только что покинули.

Ш. Ж. де Линь. С. 261—262.

Имея привычку очень рано вставать, императрица Екатерина часто сама разводила огонь в своем камельке, не желая обеспокоить никого из ее прислужников; у лампадки своей зажигала свечи и садилась работать в тишине; теперь еще мы восхищаемся, читая, что она в эти часы своею рукой оставила нам написанное. Однажды проснувшись, увидя, что лампадка ее погасла, она тихонько отворяет дверь в соседнюю комнату; часовой, стоявший у дверей, не ожидая видеть царицу, а может быть, и вздремнув на часах, отдал ей честь ружьем, но лишь ударил им об пол, ружье выстрелило и пуля ударилась в потолок. Кажется, как бы в эту минуту в тишине ночной не испугаться, услыша выстрел? Но государыня не потеряла нисколько присутствия духа, твердо сказала только часовому:
— Зачем у тебя ружье было не в порядке?

Е. Н. Львова. С. 404—405.

У себя в Таврическом дворце она обедала, имея перед глазами две отвратительные картины, на которых изображены ужасные бойни при Очакове и Измаиле, где Казанова с чудовищной достоверностью передал ручьи текущей крови, оторванные и трепещущие части тел, ярость убийц и судорожную агонию жертв. На этих кошмарных полотнах останавливались ее глаза и воображение в то время, когда Гаспарини и Мандини пели или Сарти дирижировал оркестром, исполнявшим какой-нибудь концерт.

Ш. Массон. С. 52.

Недаром она хвалилась, что никогда в жизни не падала в обморок.

В. О. Ключевский. С. 297.

Несомненно, что она смелее, чем вообще бывают женщины, но мне два раза случилось видеть ее сильно испуганною без причины, именно однажды, когда она пересаживалась из лодки на корабль, а в другой раз — когда ей послышался легкий шум в передней при дворе. Но когда нужно, она дерзает на все, и присутствие духа никогда не покидало ее во многих критических и опасных положениях. При всем том она обладает всею свойственною ее полу нежностью. Взглянешь на нее и сразу видишь, что она могла бы любить и что любовь ее составила бы счастье достойного ее поклонника.

Д. Г. Бёкингхэмшир. С. 141—142.

Екатерина страстно любила детей; играть с ними было ее любимым времяпрепровождением. В одном из писем к Ивану Чернышеву в 1769 г. она описывает ему сцену, где она со своими обычными товарищами, Григорием Орловым, графом Разумовским, Захаром Чернышевым в свободные часы забавлялась с маленьким Марковым, которого она воспитывала, резвясь, катаясь по полу и смеясь до слез. Маленького Маркова, которому тогда было шесть лет, заменил позднее сын адмирала Рибопьера. Этого труднее было приручить, так как этот маленький дикарь вбил себе в головенку всевозможные страхи, между прочим, что его позвали во дворец для того, чтобы отсечь ему голову. Но Екатерина ловко сумела приобрести его доверие. Она вырезала ему картинки, делала игрушки. Раз она оторвала ленту от своего ворота, чтобы сделать вожжи для вырезанной из куска картона упряжи. Она держала его при себе целыми часами, отсылала только для того, чтобы заняться делами, и затем звала его опять. В свои пять лет он получил уже от императрицы чин офицера ее гвардии. Но он не один пользовался подобной привилегией: два брата Голицыных, четыре внучатых племянника Потемкина, сын фельдмаршала графа Салтыкова, гетмана Браницкого, маленький граф Шувалов, тот, кто впоследствии сопровождал Наполеона на остров Эльбу, и маленький Валентин Эстергази — все они разделяли с ним эту царскую милость.

К. Валишевский[3]. С. 178—179.

Она привязывалась даже к детям своих служителей, или к сиротам, которых воспитывала и которыми постоянно окружала себя, забавлялась их проказами. Однажды полиция нашла на улице ребенка, покинутого родителями. Императрица взяла его на свое попечение, и так как он оказался красивым и умным мальчиком, то сама занялась его образованием и каждый день посылала в школу брать уроки немецкого языка. Раз ребенок возвратился из школы весьма печальный. Императрица посадила его к себе на колени и с участием спросила о причине горя.

— Ах, матушка, — отвечал он, — я много плакал; наш учитель умер; его жена и дети в большом отчаянии; в школе говорят, они очень несчастны, потому что бедны, что теперь у них нет никого, кто бы дал им обедать.

Выслушав это, императрица поцеловала ребенка и тотчас же послала одного из своих придворных к директору школы узнать подробнее о положении бедного семейства. Когда ей донесли, что учитель умер, оставив семью в крайней нищете, она приказала выдать вдове триста рублей, а детей поместить на казенный счет в одно из учебных заведений.

Рассказы и черты из жизни... С. 70.

Место, занимаемое при Дворе маленьким Рибопьером, было очень завидное и по его отъезде стало предметом многочисленных вожделений. Зубов попробовал было ввести во дворец маленького Валентина Эстергази, но императрица вскоре заметила, что этот новый компаньон то и дело повторял перед нею более или менее хорошо заученный урок. Он рассказывал в ужасных подробностях о нищете, царившей в его семье; жаловался, что носил рубашки только из грубого холста. Раз нечаянно он издал при императрице непристойный звук. «Наконец-то, — вскричала Екатерина, — я слышу нечто натуральное!»

К. Валишевский[3]. С. 179—180.

Слух у государыни был развит как-то прихотливо: она не находила гармонии в музыке и всегда была к ней равнодушна. Однако она никогда не выказывала этого и всегда на концертах, при пении и игре музыкантов, поручала кому-нибудь из знатоков подавать ей знак, когда надо было аплодировать.

М. И. Пыляев. С. 190—191.

Иногда императрица Екатерина, хотя не большой была знаток в музыке, но любила ее слушать и приказывала князю Платону Александровичу Зубову устраивать у нее квартеты и комнатные концерты. Выслушав однажды квартет Гайдна, она подозвала Зубова к себе и сказала ему на ухо:

— Когда кто играет solo, я и знаю, что как кончится, его аплодировать должно, но в квартете я теряюсь и боюсь похвалить некстати; пожалуйста, взгляни на меня, когда игра или сочинение требует похвалы.

Е. Н. Львова. С. 412.

Императрица часто говорила, что музыка на нее производит то же впечатление, что уличный шум.

М. И. Пыляев. С. 191.

Ее очень тонкий слух страдал каким-то странным недостатком: каждое ухо в отдельности воспринимало звуки, различные не только по силе, но и по тону. Вероятно, вследствие этого она и не понимала музыки, несмотря на все ее старания приохотить себя к ней. Чувство гармонии в ней отсутствовало совершенно.

К. Валишевский[3]. С. 118.

Екатерина была совершенной противоположностью в этом случае своей тетки, императрицы Елисаветы: последняя серьезно понимала толк в музыке и была даже большая охотница до таких негармонических вещей, как, например, кваканье лягушек, которых она очень усердно распложала в своих садах.

М. И. Пыляев. С. 191.

Екатерина не любила ни стихов, ни музыки и часто говорила об этом; в антрактах она не могла выносить игры оркестра и обыкновенно велела музыкантам молчать. Этот недостаток впечатлительности в женщине, столь богато одаренной в других отношениях, кажется явлением удивительным. Он объясняет, почему Екатерина, обладая таким умом и кругозором, могла быть вместе с тем столь бесстрастной и жестокой.

Ш. Массон. С. 52.

Не нужно забывать, что она не любила и никак не могла понять наиболее тонкого, неуловимого, забирающегося в самые потаенные изгибы человеческой души искусства — музыки, не любила чисто художественной, не тенденциозной поэзии, за всю жизнь, после продолжительных потуг, написала только три стихотворных строчки.

В. В. Каллаш. С. 466.

Однажды государыне вздумалось учиться писать стихи. Целые восемь дней я объяснял ей правила стихосложения. Но когда дошло до дела, то мы заметили, что совершенно напрасно теряли время. Нет, я думаю, слуха, столько нечувствительного к созвучию стиха. Ум ее, обширный в политике, не находил образов для воплощения мечты. Он не выдерживал утомительного труда прилаживать рифмы и стихи.

Л.-Ф. Сегюр. С. 174.

Лежала я вечор в беседке ханской,
В средине басурман и веры мусульманской.
Против беседки той построена мечеть,
Куда всяк день пять раз имам народ влечет.
Я думала заснуть, и, лишь закрылись очи,
Как, уши он заткнув, взревел изо всей мочи.
В тот миг мой сон исчез! Имам иль бык мычит?
Спросила я вскоча.— Нет, с башни там мулла кричит,—
Татарин отвечал, изо рта вынув трубку;
Дым лезет снизу вверх, как будто грецку губку
Наполнила вода, равно табашна вонь;
И из беседки той поспешно гонит вон.
Вельми досадно мне, что дым был чрезвычайный.
Ищу причины я, случай необычайный!
Татарин не один, лежит их много тут,
Они вокруг меня, как пчелы к меду, льнут.
Вокруг беседки той орда их кочевала
И из любви ко мне тут близко ночевала.
О, Божьи чудеса! Из предков кто моих
Спокойно почивал от орд и ханов их?
А мне мешает спать среди Бахчисарая
Табашный дым и крик; но, впрочем, место рая;

Или не помнит кто нашествий их на Русь,
Как разоряли все, как наводили трус?
Хвалю тебя, мой друг, занявши здешний край,
Ты бдением своим все вяще укрепляй.

Письмо в стихах Екатерины II — Г. А. Потемкину. Май 1787 г.

Императрица имела хорошее здоровье, единственно чем она страдала — это коликами и головной болью; да еще под старость у нее опухли ноги и открылись раны.

М. И. Пыляев. С. 189.

В действительности, Екатерина никогда не отличалась крепким здоровьем. Она часто страдала головными болями, сопровождавшимися коликами, но это не помешало ей до последней минуты насмехаться над медициной и докторами. Было очень трудно заставить ее принять какое-нибудь лекарство. Однажды, когда ее доктору Роджерсону удалось упросить ее проглотить несколько пилюль, то он был так доволен, что, забывшись, хлопнул ее по плечу, вскричав: «Браво, Ваше Величество!» Она нисколько за это не обиделась.

К. Валишевский[3]. С. 118.

В бытность свою великою княгинею Екатерина хворала часто и опасно. В 1766 году она писала к г-же Бьельке: «Я чувствую себя очень хорошо, и года с четыре как мое здоровье весьма укрепилось, тогда как прежде у меня часто предполагали чахотку». Как мы знаем, между прочим, из дневника Храповицкого, из писем Екатерины к Потемкину, она и в восьмидесятых годах часто хворала. Притом она смеялась над врачами и не верила в медицину и более доверяла авантюристам, советовавшим ей употребление разных ванн и пр.

А. Г. Брикнер[2]. С. 291.

Ненавидя и презирая медицину и докторов, она верила в так называемые «бабьи средства», пользовалась ими сама и лечила других... «Бестужевские капли» — вот драгоценное, универсальное средство! «Я не знаю, из чего составлены эти капли, — говорит она, — знаю только, что в них входит ржавое железо. Их дают часто вместо хины; я же их даю без всякого разбора». В 1789 г. она вполне вылечилась, как она заявляет, от колик в желудке благодаря петербургскому митрополиту Петру, посоветовавшему ей обложить все тело подушками, усыпанными ромашкой.

К. Валишевский[3]. С. 146.

У нее давно уже сильно опухали ноги, но она не исполняла ни одного из предписаний врачей, которым она не верила. Она употребляла народные средства, которые ей хвалили ее служанки.

А. Чарторижский. С. 93.

В 1774 г. французский посланник Дюран, расспрашивавший одного придворного о причине некоторых симптомов, возбуждавших беспокойство лейб-медиков Ее Величества, получил в ответ, что «эти потери вызваны прекращением месячных очищений или переутомлением ослабевшего органа».

К. Валишевский[3]. С. 220.

По понятиям нашего времени было бы простым обыкновением то, что она в 1768 г. первая или одна из первых в столице и даже во всем своем государстве привила себе оспу. В то же время это — считалось событием, героическим подвигом, прославленным всеми ее современниками. Достаточно уже прочесть отчет, написанный по этому случаю самим прививателем, англичанином Димсдайлем, выписанным нарочно из Лондона, — чтобы понять, какое важное значение придавали сами врачи этой операции. Теперь трепанация черепа и чревосечение не представляют таких затруднений, как в то время оспопрививание.

Екатерине привили оспу 26 октября 1768 г. Через неделю ее привили ее сыну.

22 ноября депутаты законодательной комиссии и все высокопоставленные лица собрались в Казанский собор, где был прочитан декрет Сената, предписывающий повсеместные молебствия по этому случаю. После чего все вкупе отправились во дворец принести поздравление и благодарность Ее Величеству. Один семилетний мальчик, по фамилии Марков, которому предварительно привили оспу, чтобы воспользоваться взятой у него лимфой, был за свои испытания возведен в дворянское достоинство и получил прозвание Оспенного. Екатерина приняла в нем участие и следила за его воспитанием. Его род, занимающий теперь в России высокое положение, обязан своим счастьем своему предку. Доктор Димсдайль получил титул барона, почетное звание лейб-медика Ее Величества, чин действительного статского советника и пенсию в 500 фунтов стерлингов. Безусловно, что в данном случае слишком много шума из-за пустяков.

К. Валишевский[3]. С. 134.

Далеко не самым малозначительным штрихом, характеризующим правление Екатерины II, было то, что она, первой во всей империи, решилась в сорок лет сделать себе прививку. Только после этого опыта, поистине смелого и патриотического, она велела привить оспу своему сыну — и обычай делать прививки постепенно укоренился в России.

С.-А. Понятовский. С. 281.

В 1768 г. сам Вольтер восторгался императрицей, которая привила себе оспу «с меньшими церемониями, чем монахиня совершает омовение». Только одна Екатерина, быть может, не придала особого значения своему подвигу. Однако при депутатах, явившихся к ней с поздравлением, она сочла нужным принять торжественный вид и присовокупить, что она «исполнила только свой долг, потому что пастырь должен душу свою полагать за овцы». Но когда она через несколько дней писала лифляндскому губернатору генералу Брауну, то смеялась над теми, кто восторгался ее храбростью. «Я полагаю, что каждый уличный мальчишка в Лондоне обладает такой храбростью».

К. Валишевский³. С. 134—135.

Всякий, кто приближался к ней, был, без сомнения, поражен, как и я, ее достоинством, благородством ее осанки и приятностью ее ласкового взгляда, она умела с первого начала одновременно внушать почтение и ободрять, внушать благоговение и отгонять смущение. Первые слова ее, обращенные ко мне, запечатлелись в моей памяти, вот они: «Я в восхищении, что вижу вас снова, потому что вы настолько дали о себе знать, что мне кажется, что я не первый раз вижу вас. В благородных душах достоинство не зависит от количества лет».

Р. Дама. С. 151.

Сложена она чрезвычайно хорошо; шея и руки ее замечательно красивы, и все члены сформованы так изящно, что к ней одинаково подходит как женский, так и мужской костюм.

Д. Г. Бёкингхэмшир. С. 141.

Только в прическу Екатерины вкладывается немного кокетства. Она носит высоко зачесанные волосы, совершенно открывающие ее лоб, красотою и развитием которого она любила пощеголять.

К. Валишевский³. С. 173.

...Лоб ее был высок и ясен, взгляд спокоен, глаза часто опущены долу.

Ш. Массон. С. 42.

Возвышенное чело, несколько откинутая назад голова, гордый взгляд и благородство всей осанки, казалось, возвышали ее невысокий стан.

Л.-Ф. Сегюр. С. 157.

«Какою вы представляли себе меня?» — спросила она. Я отвечал: «Высокою, крепкою, глаза как звезды, с пышными фижмами». Она много смеялась и часто попрекала меня этим. «Я полагал, — прибавил я, — что вам можно только удивляться, а постоянное удивление очень скучно».

Ш. Ж. де Линь. С. 258.

Императрица Российская — роста выше среднего, очень пропорционально и грациозно сложена, но с наклонностию к полноте. У нее хороший цвет лица, но она думает улучшать его румянами по примеру всех женщин ее страны.

Ричардсон, английский посланник в России.
Цит. по: *К. Валишевский*[3]. С. 114.

Государыня до вступления на престол не употребляла ни белил, ни румян для лица, как ни прилагала свои заботы о лице ее Елисавета Петровна, посылая ей румяна и белила; но императрица Екатерина II, подобно всем ее подданным, употребляла различные притиранья.

М. И. Пыляев. С. 190.

Мы читаем в одном ее письме к Гримму, помеченном 1783 годом: «Благодарю Вас за банки румян, которыми Вы пожелали иллюминировать мое лицо; но, когда я захотела ими воспользоваться, то нашла их слишком темными; это придало бы мне вид фурии. Поэтому извините меня, если я, несмотря на свою большую известность у вас (Гримм был в Париже), не могу принять Вашего подарка и подражать Вашей прекрасной моде».

К. Валишевский[3]. С. 116.

Рот красиво очерчен, с прекрасными зубами... Черты лица правильны и приятны. Общее впечатление лица таково, что было бы несправедливым приписывать ему мужской вид, но нельзя также назвать его вполне девственным.

Ричардсон, английский посланник в России.
Цит. по: *К. Валишевский* [3]. С. 114.

Улыбку императрицы все находили необыкновенно приятною.

М. И. Пыляев. С. 190.

У нее было особое искусство слушать и такая привычка владеть собой, что, казалось, она слушает и тогда, когда думает совсем о другом. Она не говорила для того чтоб только говорить и внимательно выслушивала тех, которые с ней говорили.

Ш. Ж. де Линь. С. 256.

Кажется, будто она не обращает на свой костюм никакого внимания, однако она всегда бывает одета слишком хорошо для женщины, равнодушной к своей внешности. Всего лучше идет ей мужской костюм; она надевает его всегда в тех случаях, когда ездит на коне. Трудно поверить, как искусно ездит она верхом, правя лошадьми — и даже горячими лошадьми, — с ловкостью и смелостью грума.

Д. Г. Бёкингхэмшир. С. 141.

Екатерина ввела при дворе своем изящную простоту русского платья; прежние цветные платья были заменены на выходах белыми, парча вышла совсем из моды; сама императрица являлась на торжествах одетой в длинное белое платье, в маленькой короне, иногда в порфире; прическа была в длинных локонах на плечах; позднее государыня придумала себе костюм, похожий на старинный русский, с фатою и открытыми проймами на рукавах. Шуба на ней была с тальей, на груди ожерелье из жемчуга в несколько рядов. Еще позднее, костюм государыни имел характер мужского: свободный кафтан без талии (молдаван) и меховая венгерская шапка с кистью.

М. И. Пыляев. С. 190.

Платье государыня носила в простые дни шелковое, одним почти фасоном сшитое, который назывался тогда молдаванским; верхнее было по большей части лиловое или дикое, без орденов, и под ним белое; в праздники же парчевое, с тремя орденскими звездами: Андреевскою, Георгиевскою и Владимирскою; а иногда и все ленты сих орденов на себя надевала и малую корону; башмаки носила на каблуках не очень высоких.

А. М. Грибовский. С. 46.

Одевалась она довольно просто и на голове носила большую круглую шляпку. В сем, однако ж, простом, так называемом, сертуке, не теряла она никогда своего отличного виду, и все ее движения были без принуждения и всегда очень приятны.

Ф. Н. Голицын. С. 384.

Утреннее одеяние: простой чепец, белый атласный или гродетуровый капот. *Гостинная одежда:* другой чепец белый с белыми лентами; верхнее платье *молдаван,* по большей части лилового цвета, и нижнее белое гродетуровое. *В торжественные дни:* русское шелковое, редко глазетовое, и на голове малая корона *при выходах.* Прическа низкая, с двумя буклями стоячими за ушами. При выходах поклоны. *Выходы малые* из внутренних покоев в церковь. *Выходы большие* через общую залу в церковь. При сем *выходе церемониал* и *сопровождение.*

А. М. Грибовский. С. 48.

Императрица в высокоторжественные дни одевала на себя бриллиантовую корону и две орденские ленты, с цепями этих орденов и двумя звездами, приколотыми на корсаже одна над другой. По словам одного иностранца, богатство и пышность русского двора превосходили самые пышные описания; следы старого азиатского великолепия смешивались с европейскою утонченностью; всегда огромная свита следовала впереди и позади государыни. Роскошь и блеск придворных нарядов и обилие драгоценных камней далеко оставляют за собою великолепие других европейских дворов. На мужчинах французские костюмы; платья дам с небольшими фижмами, длинными висячими рукавами и с короткими шлейфами; петербургские придворные дамы носили очень высокие прически и сильно румянились.

М. И. Пыляев. С. 193—194.

На одном из торжеств она имела три орденские ленты, и ее наряд был прост и благороден; он состоял из кисейной, расшитой золотом туники с очень широкими рукавами, сложенными наискось в азиатском вкусе. Поверх туники был надет доломан из красного бархата с весьма короткими рукавами. Чепчик, который окаймлял ее белые волосы, был украшен не лентами, а чудной красоты бриллиантами.

М. Виже-Лебрен, английская художница.
Цит. по: *К. Валишевский*[3]. С. 117.

Во время пребывания принцесс Кобургских в Петербурге было много праздников и балов, и, между прочим, был дан большой бал-маскарад при Дворе, памятный для великой княгини Елизаветы тем, что единственный раз государыня выразила ей свое неудовольствие. Известная мадам Виже-Лебрен незадолго перед этим приехала в Петербург. Ее наряды, костюмы на ее портретах и картинах произвели революцию во вкусах. В то время начинал утверждаться вкус к античному, и графиня Шувалова, способная к детским увлечениям всем, что было ново и шло из-за границы, уговорила великую княгиню Елизавету Алексеевну заказать себе платье для бал-маскарада по рисункам мадам Виже-Лебрен. Великая княгиня охотно и легкомысленно уступила, не подумав, понравится ли это или нет государыне, полагая, что графиня Шувалова не может предложить ничего такого, что было бы неугодно ее величеству. Туалет был придуман и исполнен мадам Виже-Лебрен, и великая княгиня появилась на балу довольная и уверенная в одобрении, которое вызовет ее костюм.

Придворные великих князей и лица, принадлежащие к большому Двору государыни, отправлялись на подобные балы отдельно, так что великий князь Александр с супругой давно уже были на балу, когда они встретили в одной из зал императрицу. Великая княгиня Елизавета подошла к ней, чтобы поцеловать руку, но государыня молча посмотрела на нее и не дала ей руку, что поразило великую княгиню. Она скоро догадалась о причине этой строгости и жалела о той легкости, с которой она согласилась заплатить дань модному увлечению. На следующий день императрица сказала графу Салтыкову, что она была очень недовольна туалетом великой княгини, и потом обходилась с ней холодно в продолжение двух или трех дней.

У императрицы было решительное отвращение ко всему преувеличенному и претенциозному, и она высказывала это при всяком удобном случае; было вполне естественно, что она была шокирована, увидев признаки этих двух неприятных недостатков в своей внучке, которую она любила во всех отношениях и желала, чтобы она служила примером для других.

В. Н. Головина. С. 115—116.

Ее волосы были всегда убраны с античной простотой и особенным вкусом: никогда корона лучше не венчала ничьей головы.

Ш. Массон. С. 41.

Императрица очень любила нюхать табак, но никогда не носила с собой табакерки; последние, впрочем, у ней лежали на всех столах и окнах в ее кабинете. Привычка не носить с собой табакерки произошла у ней от того, что Петр III не позволял ей нюхать табак, но страсть у Екатерины к табаку была настолько сильна, что она не могла долго обходиться без нюхания, и при жизни Петра III всегда просила князя Голицына садиться за обедом возле нее и тихонько под столом угощать ее табаком. Раз император заметил это и очень рассердился на Голицына, сделав ему серьезный выговор. Императрица впоследствии нюхала табак только тот, который для нее сеяли в Царском Селе; нюхала же его всегда левой рукой на том основании, что правую руку давала целовать своим верноподданным.

М. И. Пыляев. С. 183—184.

Когда она пишет, она беспрестанно прибегает к понюшке. Она звонит: «Пожалуйста, — говорит она вошедшему камердинеру, — отыщите мою табакерку!» «Пожалуйста... потрудитесь» — обычные фразы, которые она неизменно употребляет, говоря со своей прислугой, даже с самой простой.

К. Валишевский[3]*.* С. 172.

Глаза у нее голубые, и живость их смягчена томностью взора, в котором много чувствительности, но нет вялости.

Д. Г. Бёкингхэмшир. С. 141.

Глаза *синие* с выражением пытливости; в них нечто среднее между сильным взглядом инквизитора и неприятным — человека недоверчивого.

Ричардсон, английский посланник в России.
Цит. по: *К. Валишевский*[3]*.* С. 114.

У ней был орлиный нос, прелестный рот, голубые глаза и черные брови, чрезвычайно приятный взгляд и привлекательная улыбка.

Л.-Ф. Сегюр. С. 157.

Английский посланник Уильямс, знавший Екатерину молодой наследницей престола, сравнивает ее взгляд с пронзительным взглядом хищного зверька и говорит, что трудно было выдержать этот взгляд, стремительный и насыщенный желанием.

А. А. Кизеветтер. С. 122.

Начиная с 1772 года Екатерина пользуется очками при чтении.

К. Валишевский[3]*.* С. 118.

За 60 лет государыня сохранила все зубы и прежнюю прекрасную форму руки; зрение императрицы несколько ослабло, и она надевала очки с увеличительными стеклами, когда читала бумаги.

М. И. Пыляев. С. 190.

Уверяли, что когда чистили фуляр, которым она по обыкновению обертывала голову на сон грядущий, то видели, как из него сыпались искры. То же явление повторялось и с ее простынями.

К. Валишевский[3]. С. 118.

П. И. Сумароков говорит, что в шелковых ее платьях и простынях нередко замечались электрические искры, и от прикосновения к ее обнаженному телу раз Перекусихина почувствовала сильный толчок в руку — так велики были жизненные силы Екатерины.

М. И. Пыляев. С. 191.

Рабочая сила императрицы выходила далеко за пределы обыкновенного. Она вполне обладала искусством употреблять время. Вставая рано утром, в 6 часов, она около двух часов занималась чтением, писала и пр. Затем начинались занятия государственными делами, слушание докладов, совещания с сановниками. После обеда императрица приказывала читать вслух, а сама обыкновенно занималась рукоделием. Затем опять следовали занятия текущими государственными делами. По вечерам происходила игра в карты, драматические представления и пр. Екатерина обыкновенно рано ложилась спать, вообще она придерживалась регулярности в обыденной жизни; ей доставляла удовольствие игра в бильярд; она точила, гравировала, занималась живописью, страстно любила осматривать предметы искусства и пр.

А. Г. Брикнер[2]. С. 273—274.

Сам Фридрих II дивился этой неутомимости и с некоторой досадой спрашивал русского посла: «Неужели императрица в самом деле так много занимается, как говорят? Мне сказывали, что она работает больше меня».

В. О. Ключевский. С. 298.

Она охватывает слишком много предметов сразу и любит начинать, направлять и исправлять проекты в одно и то же время. Проявляя сама неутомимость во всех своих начинаниях, она заставляет и своих министров работать без перерыва. Они обсуждают, составляют планы, набрасывают тысячи проектов и ничего не решают.

Д. Г. Бёкингхэмшир. С. 142.

...Слава Екатерины принадлежит ей самой. Генрих IV был царь мудрый и благодетельный, но Сюлли стоит подле него: история освещает их одним лучом славы. Людовик XIV гремел в Европе, возвеличил Францию, но Кольбер, первый министр в мире, был его министром! Екатерина, законодательница и монархиня, подобно Петру, образовала людей — но люди жили и действовали ее душою, вдохновением; сияли заимствованным от нее светом, как планеты сияют от солнца.

Н. М. Карамзин. С. 37.

...Когда она хотела знать, что меня всего более поразило с тех пор как я находился при ее дворе, я, пользуясь добрым расположением ее ко мне, осмелился сказать:

— Меня всего более удивляет ненарушимое спокойствие, которым ваше величество пользуетесь на троне, издавна обуреваемом грозами. Трудно постигнуть, каким образом, прибыв в Россию из чужих стран молодою женщиною, вы царствуете так спокойно и не бываете принуждены тушить внутренние смуты и бороться с домашними врагами и не встречаете никаких важных препятствий?

— Средства к тому самые обыкновенные, — отвечала она. — Я установила себе правила и начертала план: по ним я действую, управляю и никогда не отступаю. Воля моя, раз выраженная, остается неизменною. Таким образом все определено, каждый день походит на предыдущий. Всякий знает, на что он может рассчитывать, и не тревожится по-пустому. Если я кому-нибудь назначила место, он может быть уверен, что сохранит его, если не сделается преступником. Таким путем я устраняю всякий повод к беспокойствам, доносам, раздорам и совместничеству. Зато вы у меня и не заметите интриг. Пронырливый человек старается столкнуть должностное лицо, чтобы самому заместить его, но в моем правлении такие интриги бесполезны.

— Я согласен, государыня, — отвечал я, — что такие благоразумные правила ведут к хорошим последствиям. Но позвольте мне сделать одно замечание: ведь и при обширном уме невозможно иногда не ошибиться в выборе людей. Что бы вы сделали, ваше величество, если б, например, вдруг заметили, что назначили министром человека, неспособного к управлению и недостойного вашего доверия?

— Так что же? — возразила императрица. — Я бы его оставила на месте. Ведь не он был бы виноват, а я, потому что выбрала его. Но только я поручила бы дела одному из его подчиненных; а он остался бы на своем месте, при своих титулах. Вот вам пример: однажды я назначила министром человека неглупого, но недостаточно образованного и неспособного к управлению довольно значительною отраслью государственных дел. Одним словом, ни в каком правительстве не нашелся бы министр менее даровитый. Что из этого вышло? Он удержал свое место, но я предоставила ему только незначительные дела по его ведомству, а все, что было поважнее, поручила одному из его чиновников. Помню, однажды ночью курьер привез мне известие о славной Чесменской победе и истреблении турецкого флота; мне показалось приличным передать эту новость моему министру прежде, нежели он узнает ее со стороны. Я послала за ним в четыре часа утра; он явился. Надо вам сказать, что в это время он был чрезвычайно занят одной ссорой между своими подчиненными и по случаю ее даже забылся и сделал несправедливость. Поэтому он вообразил себе, что я собираюсь пожурить его за это. Когда он вошел ко мне, то, не дав мне сказать ни слова, начал меня упрашивать: «Умоляю вас, государыня, поверьте мне, я не виноват ни в чем, я в этом деле непричастен». — «Я в этом совершенно уверена», — отвечала я с усмешкой. Потом сообщила ему о блистательном успехе, увенчавшем предприятие, задуманное мною с Орловым, — отправить флот мой из Кронштадта, вокруг Европы, через Средиземное море и уничтожить турецкий флот в Архипелаге.

— Пример этот, государыня, — сказал я, улыбаясь, — не многим может пригодиться. Мало таких мудрых государей, которые могли бы делать великие дела при посредственных и даже плохих министрах.

Л.-Ф. Сегюр. С. 166—167.

Министры исполняли только волю ее — и Россия имела счастье быть управляемою одним великим гением во все долговременное царствование Екатерины.

Н. М. Карамзин. С. 38.

«Вы спрашиваете меня, — пишет она Гримму, — почему я не скучаю. Я скажу вам почему: потому что я страстно люблю быть занятой и нахожу, что человек тогда только счастлив, когда он занят».

*К. Валишевский*³. С. 135.

Я по природе люблю трудиться и чем более работаю, тем становлюсь веселее.

Екатерина II. Цит. по: Три века. Т. 4. С. 472.

В шесть часов утра, когда все в Зимнем дворце спало, императрица Екатерина вставала, одевалась, никого не беспокоя, сама зажигала свечки и разводила камин. Государыня не любила тревожить прислугу; она говорила: «Надо жить и давать жить другим». Если она звонила, чтобы ей подали воды, и камер-лакей спал в соседней комнате, то она терпеливо ждала.

М. И. Пыляев. С. 183.

В обыкновенные дни государыня в Зимнем Дворце вставала в 7 часов и до 9 занималась в зеркальном кабинете по большей части сочинением устава для Сената (я говорю о том времени, когда я при ее величестве находился)...

А. М. Грибовский. С. 42.

Года за два до смерти, Екатерина вставала уже не в 6 часов, как мы ранее говорили, а в 8 часов утра.

М. И. Пыляев. С. 192.

Гуманные черты ее проявлялись ежедневно. Однажды она мне рассказала следующее: «Не желая будить прислугу слишком рано, я сама развела огонь, так как было довольно холодно, между тем в трубе от камина был трубочист, не ожидавший, чтоб я могла встать ранее половины шестого. Он стал кричать благим матом. Я тотчас же погасила огонь и просила его извинить меня».

Ш. Ж. де Линь. С. 263.

До чего она дорожила спокойствием своих слуг, существует много анекдотов. Так, однажды, она услышала громкий, неизвестно откуда происходящий голос:
— Потушите, потушите огонь!
— Кто там кричит? — спросила она.
— Я, трубочист, — отозвался голос из трубы.
— А с кем ты говоришь?
— Знаю, что с государыней, — ответил он: — погасите только огонь поскорее, мне горячо.

Екатерина тотчас сама залила дрова, и, заметив, что труба от самого верха прямая, приказала сделать в ней решетку.

М. И. Пыляев. С. 184.

Окно государыниной опочивальни выходило на так называемый черненький дворик. Случайно подошла она к нему утром и ужаснулась, увидев страшное количество привезенной на императорскую кухню провизии. Вдруг явилась и куча салазок. Главный повар, отобрав нужное для императорского стола, раздавал лишнее, которое поваренки укладывали на салазки и увозили со двора. Императрица открыла форточку и, погрозив пальцем, вскричала: «Право, пожалуюсь на вас обер-гоф-маршалу. Смотрите, беда будет».

Рассказы Якова Ивановича Де-Санглена // РС. 1883. Т. 40. С. 142—143.
(Далее цит. как: Я. И. Де-Санглен)

Государыня раз рано утром увидала из окна, что старуха ловит перед дворцом курицу и не может поймать. «Велите пособить бедной старухе; узнайте, что это значит?» — повелела императрица. Государыне донесли, что внук этой старухи служит поваренком, и что курица казенная, украдена. «Прикажите же навсегда, — сказала Екатерина: — чтоб эта старуха получала всякий день по курице, но только не живой, а битой. Этим распоряжением мы отвратим от воровства молодого человека, избавим от мучения его бабушку и поможем ей в нищете». После того старуха каждый день являлась на кухню и получала битую курицу.

М. И. Пыляев. С. 184—185.

Как-то в Царском Селе, проснувшись ранее обыкновенного, императрица вышла на дворцовую галерею подышать свежим воздухом и заметила, что несколько придворных служителей у подъезда поспешно нагружают телегу казенными съестными припасами. Она долго смотрела на эту работу, не замечаемая служителями, наконец, крикнула, чтобы кто-нибудь из них подошел к ней. Воры оторопели и не знали, что делать. Императрица повторила зов, и тогда один из служителей подошел к ней.

— Что вы делаете? — спросила Екатерина. — Вы, кажется, нагружаете вашу телегу казенными припасами.

— Виноваты, Ваше Величество, — отвечал служитель, падая ей в ноги.

— Чтобы это было в последний раз, — сказала императрица, — а теперь уезжайте скорее, иначе вас увидит обер-гофмаршал, и вам не миновать беды.

С. Шубинский. С. 255.

Последний (т. е. обер-гофмаршал), узнав о приключившемся, явился к государыне и просил позволения наказать виновных. «Хорошо, — сказала императрица, — но надобно сперва узнать, куда они все это свозят?» По строгому исследованию, обер-гофмаршал доложил, что кухмейстеры отправляют все к своим семействам. «Кормятся от моего стола, — отвечала государыня, — а я думала, уж не продают ли? А коли так, пусть их кушают на здоровье. Смотри только, чтобы не свезли всего, а то мне нечем будет кормить гостей моих». Так снисходительна она была, а по ней и вельможи...

Я. И. Де-Санглен. С. 142.

Раз, прогуливаясь в садике, государыня заметила в гроте садового ученика, который имел перед собою четыре блюда и собирался обедать. Она заглянула в грот и сказала:

— Как ты хорошо кушаешь! Откуда ты это получаешь?
— У меня дядя поваром, он мне дает.
— И всякий день по стольку?
— Да, государыня, но лишь во время вашего пребывания здесь.
— Стало быть, ты радуешься, когда я сюда переселяюсь?
— Очень, очень, — отвечал мальчик.
— Ну, кушай, кушай, не хочу тебе мешать, — и государыня пошла от него прочь.

М. И. Пыляев. С. 185—186.

Во второй день моего приезда в С.-Петербург встретился я с одним из наших офицеров... На вопрос его: «Где ты остановился?» — У Демута, — отвечал я. — «Что платишь за обед?» — Рубль. — «Ого, брат, видно у тебя денег много». — Не слишком; да делать нечего, есть надобно. — «Коли хочешь дешево и славно отобедать за императорским столом, то приди завтра ко двору в 12 часов и стань у фонарика. Коли прежде меня придешь, то выжди меня, а то я подожду. Не забудь только взять 25 копеек». Признаюсь, я ничего не понял, однако в 12 часов явился в назначенном месте; вскоре пришел и покровитель мой. Мы вошли во дворец, поворотили на право и между колоннами пробрались до императорской кухни. Все поваренки поклонились моему товарищу, и он подошел к человеку пожилых лет, указал на меня, и нас впустили в боковую комнатку. Стол был накрыт. «Садитесь, — сказал мой лейтенант, — отведайте царского кушанья и царского вина». И в самом деле, мы славно отобедали. Никакого нет сомнения, что мы и на второй и третий день не преминули воспользоваться этим благоприятным случаем, положив каждый раз на стол по 25 копеек. Кто их получал, неизвестно. На 5-й день, накормив нас сытно, объявили нам печальную весть, что обеды наши прекращаются. Причина была следующая. Какой-то шпион, виноват, тогда ни людей этих, ни слова этого не существовало, а просто какой-то мерзавец донес о наших обедах гоф-маршалу, и этот императрице, которая приказала узнать, кто эти обедальщики? К счастию, никто фамилий наших не знал. Гоф-маршал мог только донесть, что это флотские офицеры, а о деньгах умолчено было. «Я так и думала, — сказала императрица, — у моряков науки много, а денег мало; пусть их кушают. Прикажите только, чтобы они на кухню не весь флот вдруг приглашали».

И мы по-старому ходили обедать.

Я. И. Де-Санглен. С. 143—144.

[Как-то утром] на звон колокольчика Екатерины никто не явился из ее прислуги. Она идет из кабинета в уборную и далее и, наконец, в одной из задних комнат видит, что истопник усердно увязывает толстый узел. Увидев императрицу, он оробел и упал перед нею на колени.

— Что такое? — спросила она.
— Простите меня, Ваше Величество.
— Да что же такое ты сделал?
— Да вот, матушка-государыня: чемодан-то набил всяким добром из дворца Вашего Величества: тут есть и жаркое, и пирожное, несколько бутылок пивца и несколько фунтиков конфект для моих ребятишек. Я отдежурил мою неделю и теперь отправляюсь домой.
— Да где же ты хочешь выйти?
— Да вот здесь, по этой лестнице.
— Нет, здесь не ходи, тут встретит тебя обер-гофмаршал (Григ. Ник. Орлов), и я боюсь, что детям твоим ничего не достанется. Возьми-ка свой узел и иди за мною.

Она вывела его через залы на другую лестницу и сама отворила дверь:
— Ну, теперь с Богом!

М. Г. Кривошлык. Исторические анекдоты из жизни русских замечательных людей. М.: АНС-Принт, 1991. С. 27.

Заметив во время прогулки в саду, что лакеи несут из дворца на фарфоровых блюдах ананасы, персики и виноград, императрица, чтобы не встретиться с ними, свернула в сторону, сказав спутникам:

— Хоть бы блюда-то мне оставили!

С. Шубинский. С. 255.

Но сколько мог бы я еще прибавить подобных поступков великодушия, которые были только подражанием того, что происходило при дворе Великой Екатерины. Тогда не славились пышными обедами, заморскими винами, иностранною богатою мебелью, — роскошествовали благодеяниями. Но довольно сказанного мною, чтобы познакомить читателя с духом, характеризующим тот век. Дух этот пробудила Екатерина. «Высшая точка света, — говаривала княгиня Екатерина Романовна Дашкова, — служить фаросом (fare — маяк) нижнему огню летучему».

Возвышенный дух Екатерины переходил к вельможам, от них к последующим за ними начальникам, от этих к их подчиненным, и таким образом дух Великой Екатерины, более или менее, но распространялся по всей России. Утвердительно сказать можно, что Россия Екатериной мыслила, судила, жила.

Некоторые изречения Екатерины, как владычицы полвселенной, заслуживают сохранены быть для потомства.

Дошли до ее сведения оскорбительные об ней заключения, и советывали наказать дерзновенных. «Я могла бы, — сказала она, — требовать от русских современников молчания, и к тому их принудить; но что сказало бы потомство? а мысль, подавленная страхом в сердце, разве менее была бы для меня оскорбительна?»

Мысль истинно царская, которая пренебрегает мелким мщением, зная, что еще будет суд потомства.

В продолжение разговора о том же предмете сказала она: «Самовольное, не на законах основанное управление народом бывает для государей гибельнее личных их несправедливостей или заблуждений».

Я. И. Де-Санглен. С. 149—150.

Придворная прислуга при ней наживалась и тащила все; государыня смотрела на эту поживу глазами доброй хозяйки. Например, при ней показывали на один обед караульного офицера во дворце в 70 рублей, дворцовое серебро чистили таким порошком, что значительная доля серебра оставалась чистильщикам. Великому князю Александру Павловичу раз потребовалась ложка рому, и с тех пор в расход записывалась бутылка рому. Эта бутылка рому показывалась на ежедневный расход даже в царствование Николая: ее открыла императрица Александра Феодоровна.

М. И. Пыляев. С. 186.

Однажды она предложила мне сопутствовать ей в поездке, которую намерена была сделать для осмотра оружейного завода в Систербеке. Во время этой прогулки, я помню, она много шутила по поводу толков о чрезвычайных издержках нашего двора и о беспорядках в отчетности этих расходов. Мне хотелось представить какие-нибудь оправдания на этот счет, хотя это и было довольно затруднительно. Не столько защищаясь, сколько возражая, я сказал:

— Такова уже участь великих монархов, занятых более государственными, нежели своими делами и не вынуждаемых подражать Карлу Великому, который на диво всем сам считал произведения своих полей — хлеб, сено и даже огородные овощи и яйца. Но зато ограниченный одними лишь доходами со своих владений, он не мог покрывать своих расходов податями, тогда еще неизвестными во Франции. Правда, государей наших обманывают; но позвольте мне сказать вам, что, судя по слухам, и вас, государыня, нередко обкрадывают. Это и не удивительно, потому что ваше величество не можете же сами заглядывать в кухню и конюшню и заниматься хозяйственными мелочами.

— Вы отчасти правы, отчасти нет, любезный граф, — возразила она. — Что меня обкрадывают, как и других, с этим я согласна. Я в этом уверилась сама собственными глазами, потому что раз утром рано видела из моего окна, как потихоньку выносили из дворца огромные корзины и, разумеется, не пустые. Помню также, что несколько лет тому назад, проезжая по берегам Волги, я расспрашивала побережных жителей о их жизни. Большей частью они питались рыболовством. Они говорили мне, что могли бы довольствоваться плодами трудов своих, и в особенности ловлею стерлядей, если бы у них не отнимали части добычи, принуждая их ежегодно доставлять для моей конюшни значительное число стерлядей, которые стоят хороших денег. Эта тяжелая дань обходилась им в 2000 рублей каждогодне. «Вы хорошо сделали, что сказали мне об этом, — отвечала я смеясь. — Я не знала, что мои лошади едят стерлядей». Эта странная повинность была уничтожена. Однако я постараюсь доказать вам, что есть разница между кажущимся беспорядком, который вы замечаете здесь, и беспорядком действительным и несравненно опаснейшим, господствующим у вас. Французский король никогда не знает в точности, сколько он издерживает; у него ничто не распределено и не назначено вперед. Я, напротив того, делаю вот что: ежегодно определяю известную, всегда одинаковую сумму на расходы для моего стола, меблировки, театров, конюшни — одним словом, для содержания всего дома; я приказываю, чтобы за столом в моих дворцах подавали такие-то вина, столько-то блюд. То же самое делается и по другим частям хозяйства. Когда мне доставляют все в точности в требуемом количестве и качестве, и если никто не жалуется на недостаток, то я довольна, и мне совершенно все равно, если из отпускаемой суммы сколько-нибудь украдут. Для меня важно то, чтобы эта сумма не была превышаема. Таким образом, я всегда знаю, что издерживаю. Это такое преимущество, которым пользуются немногие государи и даже немногие богачи из частных лиц...

Л.-Ф. Сегюр. С. 165—166.

Усмотрев из счетов одного придворного служителя, что пудры для ее головы ежедневно расходовался целый пуд, она вышла в приемную молча и поддерживая свою голову рукою; на вопрос о ее здоровье, она жаловалась, что ей высыпали целый пуд пудры на голову.

А. Г. Брикнер[2]. С. 266.

Она говорила мне: «Моя кажущаяся расточительность есть бережливость; все остается в стране и, спустя некоторое время, возвращается ко мне же. У меня еще есть кое-какие средства, но так как вы говорили мне, что продадите, проиграете или потеряете дорогие бриллианты, если я дам их вам, то вот всего лишь на сто рублей бриллиантов, которыми окружен мой портрет в этом перстне».

Ш. Ж. де Линь. С. 260—261.

Теперь еще об одной привлекательнейшей ее черте. Всевозможные животные, дичившиеся всех, ласково встречали государыню и давали себя ласкать, чужие собаки со двора прибегали к ней и ложились у ее ног.

М. И. Пыляев. С. 191.

Приведем еще отрывок из «воспоминаний» мадам Виже-Лебрен: «Когда императрица возвратилась в город, я видела, как она каждое утро открывала форточку и бросала хлебные крошки воронам, которые целыми сотнями ежедневно и в определенный час слетались за своей пищей...»

К. Валишевский[3]. С. 182.

После сильного пожара, бывшего в Петербурге в начале ее царствования, голуби слетелись тысячами к ее окнам и нашли там пристанище и корм.

М. И. Пыляев. С. 191.

Все животные вообще любили Екатерину. Чужие собаки, никогда прежде не видавшие ее, бросались к ней ласкаться, были примеры, что некоторые из них отыскивали в обширном дворце верные ходы и, миновав длинный ряд комнат, являлись улечься у ее ног. Американские вороны, попугаи <...> сердились на всех подходящих, но при приближении Екатерины, издали услышав ее голос, распускали крылья и поднимали радостный крик, обезьяны садились ей на плечи, лизали шею и огрызались на приближавшихся, голуби сотнями слетались к ее окнам и терпеливо ждали определенной для них порции пшеницы. Люди, хорошо обращавшиеся с животными, пользовались ее благоволением. Во время одного из съездов ко двору она заметила в окно кучера, который, сойдя с козел, гладил и ласкал своих лошадей.

— Я слышала, — сказала Екатерина стоявшим около нее, — что кучерскими ухватками у нас называются грубые, жестокие поступки, но посмотрите, как этот кучер обращается с животными, он, верно, добрый человек, узнайте, кто его господин.

Ей доложили, что кучер принадлежит сенатору князю Я. П. Шаховскому. Императрица приказала позвать Шаховского и встретила его следующими словами:

— К вашему сиятельству есть челобитница.

— Кто бы это? — спросил удивленный Шаховской.

— Я, — отвечала Екатерина. — Ваш кучер добросовестнее всех других, я не могла довольно налюбоваться на его обращение с лошадьми. Прибавьте, прошу, ему жалованье.

— Государыня! Сегодня же исполню ваше желание.

— А чем же вы его наградите? Скажите мне.

— Прибавкою пятидесяти рублей в год.

— Очень довольна и благодарна, — сказала императрица, подавая Шаховскому руку.

С. Шубинский. С. 260—261.

У государыни бывало на императорской конюшне до тысячи двухсот лошадей. Екатерина очень любила ездить верхом по-мужски перед войсками; у ней был любимый бурый, в мелкой гречке, жеребец «Бриллиант», красивый, варварийской породы. Тетка ее, императрица Елисавета, запрещала ей так ездить, но Екатерина купила себе складное седло, которое из женского превращалось в мужское. Государыня очень любила свое конюшенное ведомство и в день праздника 18-го августа посылала каждому служащему там штаб-офицеру по бутылке шампанского, и обер-офицеру по бутылке красного вина, конюхам же выдавали водку, пиво и мед, и, чтобы не мешать им праздновать, строжайше было запрещено в этот день брать из конюшни лошадей.

М. И. Пыляев. С. 194—195.

Внутренние комнаты императрицы отличались большою простотою, в них было очень мало позолоты и драгоценных тканей; государыня, как мы уже говорили, жила в среднем этаже дворца, под правым малым подъездом, против бывшего Брюсовского дома (где недавно еще находился экзерцизгауз). Собственных ее комнат было немного: взойдя на малую лестницу, входили в комнату, где, на случай скорейшего исполнения приказаний государыни, стоял за ширмами для статс-секретарей письменный стол с чернильницей. Комната эта была окнами к малому дворику; из нее вход был в уборную; окна последней комнаты были на Дворцовую площадь. Здесь стоял уборный стол, отсюда были две двери: одна направо, в бриллиантовую комнату, а другая налево, в спальню, где государыня обыкновенно в последние годы слушала дела... Из спальни [двери] прямо выходили во внутреннюю уборную, а налево в кабинет и зеркальную комнату, из которой один ход в нижние покои, а другой прямо через галерею в так называемый «ближний дом»; здесь государыня жила иногда весною.

М. И. Пыляев. С. 192.

Рядом с ее кроватью стоит корзина, где на розовом атласном матрасе, обшитом кружевами, спит целое семейство собачек, неразлучных спутников Екатерины. Это английские левретки. В 1770 г. доктор Димсдаль, который, как уже нам известно, был вызван Екатериной из Лондона для прививки ей оспы, преподнес государыне пару этих животных. Они были родоначальниками тех левреток, которых с тех пор можно было встретить во всех аристократических домах С.-Петербурга. Императрица держала возле себя около полдюжины их, а иногда и больше.

К. Валишевский[3]. С. 170.

От постели государыня переходила в другую комнату, где для нее была приготовлена теплая вода для полоскания горла, брала лед для обтирания лица от густо разрумяненной девицы, камчадалки Алексеевой; последняя была часто неисправною и забывала приготовить нужное. Императрице нередко долго приходилось ее ждать, и раз Екатерина сказала окружающим: «Нет, это уже слишком часто, взыщу непременно!». При входе виновной императрица ограничилась следующим выговором: «Скажи мне, пожалуйста, Екатерина Ивановна, или ты обрекла себя навсегда жить во дворце? Станется, что выйдешь замуж, то неужели не отвыкнешь от своей беспечности; ведь муж не я; право, подумай о себе».

М. И. Пыляев. С. 183.

Умывшись в маленькой уборной и надев вместо легкого шлафрока белый гродетуровый капот, а на голову белый флеровый чепец, императрица направлялась в кабинет, где ей тотчас же подавали чашку самого крепкого левантского кофе и тарелочку с гренками.

С. Шубинский. С. 251.

Гренки и сахар государыня раздавала своим собачкам, которых очень любила, и клала спать у себя в ногах, подле кровати, на маленьких тюфячках, под атласными одеялами.

М. И. Пыляев. С. 183.

Теперь Екатерина не нуждается ни в ком. Если ее собачки захотят выйти, она сама им отворит двери, но она желает быть одной и всецело отдаться работе или переписке вплоть до девяти часов.

К. Валишевский[3]. С. 172.

Медленно прихлебывая кофе, Екатерина разбирала бумаги, писала письма и в минуты отдыха кормила гренками своих любимых собачек.

С. Шубинский. С. 251.

Кофе варили ей из одного фунта (один русский фунт равнялся 409,51 г. — *Е. Г.*) на пять чашек, после нее лакеи добавляли воды в остаток, после них истопники еще переваривали.

М. И. Пыляев. С. 183.

В январе месяце 1775 года весь двор прибыл в Москву, по случаю предполагаемого мирного торжества с турками. В самое короткое время в прошедшем году выстроено было огромное из брусьев деревянное здание, соединяющее дом князя Голицына <...> со многими другими. Кабинет императрицы помещен возле парадных комнат на большую улицу и по вышине был очень холоден. Несмотря на сие она всегда очень продолжительно занималась делами; однажды заметила, что секретари ее Григорий Николаевич Теплов и Сергей Матвеевич Кузьмин очень прозябли, для сего приказала подать им кофию, какой всегда сама употребляла. (Екатерина чай употребляла только в болезненном состоянии, а кофий ей подавали самый крепкий, называемый мокка; его ровно фунт варили в вызолоченном кофейнике, из которого выливалось только две чашки, чрезмерная крепость умерялась большим количеством сливок). Когда помянутые секретари по чашке оного выпили, то от непривычки почувствовали сильный жар, биение сердца и дрожание в руках и ногах, отчего приведены были в робость; а императрица, расхохотавшись, сказала: «Теперь знаю средство согревать вас от стужи».

П. Ф. Карабанов. С. 675.

...В 10 часу выходила в спальню и садилась на стуле (а не в креслах), обитом белым штофом, перед выгибным столиком, к коему приставлен был еще другой таковой же, обращенный выгибом в противную сторону, для докладчика, и перед ним стул. В сие время дожидались в уборной все имевшие дела для доклада; а дежурный камердинер в собственном тогдашнего французского покроя и произвольного цвета платье (мундиров тогда, кроме лакейских ливрей, придворные чины и служители не носили), в башмаках, белых шелковых чулках и с пудреной прической — стоял у дверей спальни; по звону колокольчика он входил в спальню и получал приказание позвать прежде всех обер-полицеймейстера.

А. М. Грибовский. С. 42.

Государыня расспрашивала его о происшествиях в городе, о состоянии цен на жизненные припасы, и что говорят о ней в народе. Узнав раз, что говядина от малого пригона скота из 2 коп. дошла до 4 коп., приказала выдать ему денег для закупки скота, чтобы, от этого снова цена понизилась.

М. И. Пыляев. С. 187.

Императрица работала со своими министрами с утра до полудня, и первым входил к ней министр полиции. Через него она узнавала все малейшие подробности жизни своей столицы, которые не были бы ей виднее, если бы дома были прозрачны. Никогда не забуду, как я однажды, стоя у окна в нижнем этаже, смотрел, как проходили два гвардейских батальона, отправлявшиеся в Финляндию, никого, кроме моих людей, не могло тогда быть в моей комнате и, любуясь красотой этих двух батальонов, я невольно сказал: «Если бы шведский король увидел это войско, я думаю, он заключил бы мир». Я ни к кому не обращал этих слов, так как считал, что я был один. Два дня спустя, когда я явился на поклон к императрице, она нагнулась и сказала мне на ухо: «Итак, вы думаете, что если бы шведский король осмотрел мою гвардию, он заключил бы мир?» И она засмеялась. Я уверял ее, что помню, что такая правдивая мысль была у меня, но что я не думал, что произнес ее, разве только подумал вслух. Она продолжала улыбаться и переменила разговор. Этот случай послужил мне уроком внимательно следить в будущем за тем, что буду говорить.

Р. Дама. С. 153.

После обер-полицеймейстера входили: генерал-прокурор — с мемориями от сената, генерал-рекетмейстер — для утверждения рассмотренных тяжб, губернатор, управляющий военною, иностранною коллегиями и т. д.

М. И. Пыляев. С. 187.

Рылеев, петербургский обер-полицеймейстер, по окончании своего доклада о делах доносит императрице, что он перехватил бумагу, в которой один человек поносит имя Ее Величества.

— Подайте мне бумагу, — говорит она.

— Не могу, государыня: в ней такие выражения, которые и меня приводят в краску.

— Подайте, говорю я, чего не может читать женщина, должна читать царица.

Развернула, читает бумагу, румянец выступает на ее лице, она ходит по залу, и гнев ее постепенно разгорается.

— Меня ли, ничтожный, дерзает так оскорблять? Разве он не знает, что его ждет, если я предам его власти законов?

Она продолжает ходить и говорить подобным образом, наконец, утихла. Рылеев осмелился прервать молчание:

— Какое будет решение Вашего Величества?

— Вот мое решение, — сказала она и бросила бумагу в огонь.

М. Г. Кривошлык. С. 26.

Некто князь Х., возвратясь из Парижа в Москву, отличался невоздержанностью языка и при всяком случае язвительно поносил Екатерину. Императрица велела сказать ему через фельдмаршала графа Салтыкова, что за таковые дерзости в Париже сажают в Бастилью, а у нас недавно резали язык, что, не будучи от природы жестока, она для *такого бездельника,* каков X., нрав свой переменять не намерена, однако советует ему впредь быть осторожнее.

А. С. Пушкин. С. 128.

Пусть мне связывают руки сколько угодно, чтобы помешать мне делать зло, но пусть они будут у меня развязаны, чтобы делать добро,— вот на что всякий здравомыслящий человек может согласиться.

Екатерина II. Памятник... С. 54.

При сих докладах и представлениях в Зимнем и в Таврическом дворцах военные чины были в мундирах со шпагами и в башмаках, в праздники же в сапогах, а статские в будничные дни в простых французских кафтанах и в башмаках, а в праздничные дни в парадных платьях. Но в Царском Селе в будничные дни как военные, так и статские, носили фраки и только в праздники надевали: первые — мундиры, а последние — французские кафтаны со шпагами.

А. М. Грибовский. С. 46.

После обер-полицеймейстера призывались по очереди и статс-секретари.

С. Шубинский. С. 252.

Статс-секретари ежедневно, вице-канцлер по четвергам, а генерал-прокурор по воскресеньям с сенатскими мемориями.

А. М. Грибовский. С. 42.

До поздних лет, на седьмом десятке, в добрые, как и в худые дни, она встречала являвшихся по утрам статс-секретарей со своей всегдашней, всем знакомой улыбкой, сидя на стуле за маленьким выгибным столиком в белом гродетуровом капоте и белом флеровом немножко набекрень чепце на довольно густых еще волосах, со свежим лицом и с полным ртом зубов (одного верхнего недоставало), в очках, если вошедший заставал ее за чтением, в ответ на низкий поклон ласково, со своим характерным поворотом головы под прямым углом протягивала руку и, указывая на стул против себя, своим протяжным и несколько мужским голосом говорила: «Садитесь».

В. О. Ключевский. С. 297—298.

Екатерина в неясных для нее местах прерывала докладчика, требуя разъяснений, давала полную свободу возражать и спорить и, если не убеждалась доводами, оставляла спорные бумаги у себя для более внимательного обсуждения на досуге. Под старость зрение ее так ослабло, что она должна была читать в очках; резолюции она писала четким почерком, но с орфографическими ошибками.

С. Шубинский. С. 252.

Однажды m-lle Энгельгардт, впоследствии графиня Браницкая, входя в комнату императрицы, заметила, что Ее Величество, готовясь подписать какую-то бумагу, остановилась и после минутного колебания сунула лист не подписанным в ящик. Она не могла удержать жеста удивления, а Екатерина, заметив это, тотчас же удовлетворила ее любопытство. Дело касалось одного приговора, который нуждался в ее подписи, чтобы быть приведенным в исполнение; чувствуя себя с утра в дурном расположении духа, она опасалась быть слишком строгой, как это уже случалось с ней в подобных случаях, поэтому она решила отложить это дело до следующего дня.

К. Валишевский. С. 160.

Государь несчастлив, когда он находит виновного, и должна быть велика его радость, когда он находит невинного оправданным. Вот почему он всегда должен предоставлять действовать по законам; и пусть эти последние будут скорее направлены к оправданию, нежели к наказанию всякого виновного. Делать всегда добро и избегать зла, насколько это возможно сделать разумно, притом из любви к человечеству, становясь, так сказать, на место несчастного и присуждая при этом к тому, на что бы сами осудили себя на его месте.

Екатерина II. Памятник... С. 45.

Пока государыне читали секретари бумаги и докладывали о делах министры, она вязала или [вышивала] по канве.

М. И. Пыляев. С. 183.

Вошедший кланялся по обыкновению и целовал руку, когда угодно ей это было, и если имел дело для доклада, то по данному знаку садился за столом против государыни и докладывал.

А. М. Грибовский. С. 42.

Из всех статс-секретарей особенно досаждал императрице Г. Р. Державин своею горячностью и страстью спорить. Раз, докладывая ей какое-то важное дело, он забылся даже до такой степени, что, в пылу спора, схватился за конец накинутой на государыне сверх капота мантильи. Екатерина тотчас замолчала и позвонила.
— Кто там еще есть? — хладнокровно спросила она вошедшего камердинера.
— Статс-секретарь Попов, — отвечал камердинер.
— Позови его сюда.
Попов вошел.
— Побудь здесь, Василий Степанович, — сказала ему с улыбкой государыня, — а то вот этот господин дает много воли своим рукам и, пожалуй, еще прибьет меня.

С. Шубинский. С. 253.

Державин был правдив и нетерпелив. Императрица Екатерина поручила ему рассмотреть счеты одного банкира, который имел дело с кабинетом и был близок к упадку. Прочитывая государыне его счеты, он дошел до одного места, где сказано было, что одно важное лицо, не очень любимое государыней, должно ему такую-то сумму.

— Вот как мотает! — заметила государыня. — И на что ему такая сумма?

Державин возразил, что князь Потемкин занимал еще больше, и указал сумму в счетах, какие именно суммы.

— Продолжайте! — сказала государыня.

Дошли до другой статьи: опять заем того же лица.

— Вот, опять! — сказала императрица с досадой. — Мудрено ли после этого сделаться банкротом?

— Князь Зубов занял больше, — сказал Державин и указал на сумму.

Екатерина вышла из терпения и позвонила. Входит камердинер.

— Нет ли кого там, в секретарской комнате?

— Василий Степанович Попов, Ваше Величество.

— Позови его сюда. Вошел Попов.

— Сядьте тут, Василий Степанович, да посидите во время доклада: Гавриил Романович, кажется, меня прибить хочет.

Русский литературный анекдот... С. 53—54.

Державин бросился перед императрицей на колени.

— Ничего, — промолвила она, — продолжай: я слушаю.

С. Шубинский. С. 253.

К числу примечательных случаев в солдатской жизни Державина поспешим прибавить, что автор оды «К Фелице» стоял на часах в Петергофском дворце в ту самую минуту, когда Екатерина отправилась в Петербург для совершения отважного дела: получить верховную власть или погибнуть.

Г. Р. Державин. С. 494.

Однажды, когда государыне докладывал кто-то о делах, в соседней комнате придворные играли в волан и так шумно, что заглушали его слова. «Не прикажете ли, — сказал он: — велеть им замолчать?» — «Нет, — отвечала государыня, — у всякого свои занятия. Читай немного погромче и оставь их веселиться».

М. И. Пыляев. С. 187—188.

При входе в спальню наблюдал я следующий обряд: делал государыне низкий поклон, на который она отвечала наклонением головы, с улыбкою подавала мне руку, которую я, взяв в свою, целовал, и чувствовал сжатие моей собственной руки; потом говорила мне: «садитесь». Севши на поставленном против нее стуле, клал я на выгибной столик принесенные бумаги и начинал читать. Я полагаю, что и прочие при входе к государыне то же самое делали и такой же прием имели. Но как скоро из противоположной двери показывался граф П. А. Зубов, то каждый из нас немедленно в уборную выходил. В сие время П. А. имел на себе утреннее платье: шелковый сюртук цветной, вышитый по краям широким из блестков шитьем, белые атласные панталоны и зеленые полусапожки. Волосы были не причесаны. Приходил же всегда с заготовленными к подписанию бумагами. Около одиннадцатого часа приезжали и по докладу пред государынею были допускаемы и прочие вышеупомянутые чины, а иногда и фельдмаршал граф Суворов-Рымникский, бывший тогда после завоевания Польши в Петербурге. Сей, вошедши в спальню, делал прежде три земных поклона пред образом Казанской Богоматери, стоявшем в углу на правой стороне дверей, пред которым неугасимая горела лампада; потом, обратясь к государыне, делал и ей один земной поклон, хотя она и старалась его до этого не допускать и говорила, поднимая его за руки: «Помилуй, Александр Васильевич, как тебе не стыдно это делать?» «Матушка! — отвечал он, — после Бога ты одна моя здесь надежда!» [Сей] герой обожал ее и почитал священным долгом изъявлять ей таким образом свое благоговение. Государыня подавала ему руку, которую он целовал, как святыню, и просила его на вышеозначенном стуле против нее садиться, и через две минуты его отпускала. Сказывали, что такой же поклон делал и граф Безбородко и некоторые другие, только без земных поклонов пред Казанскою.

А. М. Грибовский. С. 42, 45—46.

По окончании доклада статс-секретарей приглашались по назначению остальные лица, которым был назначен прием.

С. Шубинский. С. 256.

В 12 часов слушание дел прекращалось; государыня выходила в малый кабинет для прически волос, которые тогда довольно еще были густы; прическа оканчивалась не более как с четверть часа. В сие время приходили оба великие князя, а иногда и великие княжны для поздравления с добрым днем; после государыня выходила в уборную для наколки головного убора, что также не более четверти часа продолжалось; при сем присутствовать могли все те, кои имели в уборную вход, и несколько камер-юнгфер. Чепчик накладывала А. А. Полекучи, гречанка, пожилая девица и глухая; булавки держали две Зверевы, девицы зрелых лет, которые в молодости слыли красавицами; лед на блюде и полотенце держала [упоминавшаяся] Марья Степановна Алексеева, также девица немолодая, собою видная, густо нарумяненная, но некрасивая; во время наколки чепца государыня обтирала лицо льдом и разговаривала с некоторыми из присутствовавших, в числе коих нередко бывали у туалета ее шталмейстер Лев Алекс. Нарышкин и Алекс. Сергеевич Строганов; с ними охотно государыня любила разговаривать. По окончании туалета государыня возвращалась в спальню одна, а камер-юнгферы выходили другою дверью вперед, в уборную комнату и после входили в спальню для одеванья, при чем находилась уже и Марья Савишна [Перекусихина].

А. М. Грибовский. С. 42—43.

Штат личной прислуги Екатерины состоял из одной камер-фрау, четырех камер-медхен и пяти камердинеров, из которых трое находились при ее особе, а двое при Эрмитаже. Обязанности каждого были точно определены: так, например, один камердинер заведовал гардеробом и получал от императрицы приказание, что именно и в какой день следует приготовить для нее, другой надзирал за внутренними комнатами, третий, любимец Екатерины, старик Попов, заведовал ее кабинетом и «кладовою», где хранились драгоценные вещи, парчи, бархаты, материи, полотна и т. п. На его обязанности лежало каждую субботу подавать ей ведомость о выдачах, произведенных из кладовой в течение недели, не исключая даже мелочей вроде ленточек и тесемок, и государыня сама отмечала на ведомости: «Записать в расход».

С. Шубинский. С. 253.

После во внутренней уборной старый ее парикмахер Козлов убирал ей волосы по старинной моде, с небольшими назади ушей буклями: прическа невысокая и очень простая. Потом выходила в уборную, где мы все дожидались, чтоб еще ее увидеть... Туалет сей продолжался не более десяти минут, в которое время государыня разговаривала с кем-нибудь из присутствовавших тут, в числе коих нередко бывал обер-шталмейстер Лев Алек[сандрович] Нарышкин, а иногда граф Алек[сандр] Сергеевич Строганов, всегдашние ее собеседники. Раскланявшись с предстоявшими господами, возвращалась с камер-юнгферами в спальню, где, при помощи их и Марьи Савишны, одевалась для выхода к обеду; а мы все восвояси отправлялись.

А. М. Грибовский. С. 46.

До обеда, который назначался в два часа, императрица снова занималась. К обеду в будние дни приглашались только самые близкие лица.

С. Шубинский. С. 256.

В сие время, о котором я говорю, те, кои с нею кушали, были каждый раз приглашаемы, исключая П. А. Зубова, который всегда без приглашения с государыней кушал. В будничные дни обыкновенно приглашаемы были к столу из дам камер-фрейлина Протасова и графиня Браницкая, а из мужчин дежурный генерал-адъютант П. Б. Пассек, Л. А. Нарышкин, граф Строганов, два эмигранта французские, добрый граф Эстергази и черный маркиз Деламберт; иногда вице-адмирал Рибас, генерал-губернатор польских губерний Тутолмин и, наконец, гофмаршал князь Барятинский; в праздничные же дни, сверх сих, были званы еще и другие из военных и статских чинов в С.-Петербурге, бывших до 4, а в чрезвычайные торжества до 6 класса.

А. М. Грибовский. С. 46.

Обедать с государыней за одним столом имели право, данное Екатериною раз навсегда, следующие придворные: граф Разумовский, Потемкин, Голицын, Ангальт, Чернышев, Брюс, Строганов, князь Юсупов, Бецкой, Нарышкин, Чертков, князь Барятинский, Румянцев, Кутузов, Эстергази, Мордвинов и дежурный генерал-адъютант. Из дам: Нарышкина, Матюшкина и графиня Браницкая.

М. И. Пыляев. С. 225.

Обед продолжается около часа; блюда очень простые; Екатерина не заботится об их изысканности; ее любимое кушанье — вареная говядина с солеными огурцами, а напиток — вода со смородиновым сиропом; позднее, по предписанию докторов, — рюмка мадеры или рейнвейна; как десерт — некоторые плоды, преимущественно — яблоки и вишни.

К. Валишевский[3]. С. 175.

Пила одну чистую воду, которую доставляли ей даже в Царское Село, на что выдавалось в лето 10 000 рублей.

М. И. Пыляев. С. 183.

В пище была она крайне воздержна. Никогда не завтракала и за обедом не более как от трех или четырех блюд умеренно кушала; из вин же одну рюмку рейнвейну или венгерского вина пила и никогда не ужинала, через что до 67 лет, несмотря на трудолюбивый образ жизни, была довольно здорова и бодра; хотя же иногда на ногах у ней и оказывалась опухоль и открывались раны, но припадки сии более служили к очищению мокрот, следовательно, и к поддерживанию ее здоровья, и уверяют, что смерть приключилась ей единственно от закрытия на ногах ран.

А. М. Грибовский. С. 46—47.

Она была очень воздержанна в пище и питье, и некоторые насмешливые путешественники грубо ошибались, уверяя, что она употребляла много вина. Они не знали, что красная жидкость, всегда налитая в ее стакане, была не что иное как смородинная вода.

Л.-Ф. Сегюр. С. 157.

Два раза в неделю, по средам и пятницам, Ее Величество кушает постное — и тогда у нее за столом только двое или трое из присутствующих.

К. Валишевский[3]. С. 175.

За ее столом обыкновенно было не более восьми человек. Обед был прост, как в частном доме, и так же как за столом Фридриха II, этикет был изгнан и допущена непринужденность в обращении.

Л.-Ф. Сегюр. С. 157.

В числе ее поваров был один очень плохой, но государыня не желала его уволить, и когда наступала очередная его неделя, то она говорила: «Мы теперь на диете; ничего — попостимся; за то после хорошо поедим».

М. И. Пыляев. С. 189.

Екатерина привязывалась к служившим ей людям, извиняла их слабости и недостатки, добродушно переносила их нередко грубые выходки, входила во все подробности их семейного положения и пользовалась всяким случаем сделать им приятное и показать, что ценит их верную службу и преданность. По этому поводу в записках современников можно найти множество рассказов, прекрасно характеризующих императрицу.

Однажды она приказала упоминавшемуся камердинеру Попову принести для подарка кому-то часы, назначив им цену. Попов отвечал, что у него нет таких. Она сказала, что ему нельзя упомнить все часы, хранящиеся в «кладовой». Попов продолжал стоять на своем.

— Принеси же ко мне все ящики, — сказала императрица, — я сама осмотрю, если ты упрямишься.

— Зачем же понапрасну их таскать, когда я в том уверен, — упорствовал Попов.

Случившийся при этом граф Г. Г. Орлов упрекнул его в дерзости.

— Еще правда не запрещена, она сама ее любит,— огрызнулся Попов.

Екатерина настояла, чтобы ящики принесли, но, сколько ни искала требуемых часов, не нашла их.

Тогда Попов спросил ее с неудовольствием:

— Кто же теперь прав?

И императрица перед ним извинилась.

С. Шубинский. С. 254.

Екатерина за какую-то неисправность приказала своему камердинеру сделать выговор истопнику, человеку известному своим поведением. Императрица, занявшись делами в своем кабинете, чрез некоторое время звонит в колокольчик и спрашивает об истопнике.

— Он уже наказан, матушка государыня, — отвечает камердинер.

— Что вы с ним сделали? — спрашивает государыня.

— Отослан в военную коллегию для помещения в военную службу, — отвечает камердинер.

— И слышать не хочу, — продолжала Екатерина, — за что такое жестокое наказание! Пошли за ним.

Чрез некоторое время случилось тому подобное; государыня, встретилась с истопником, который от страха поспешно удалился. Екатерина, войдя в комнату Марьи Савишны Перекусихиной, со вздохом сказала:
— Доживу ли до того, чтоб меня не боялись.

П. Ф. Карабанов. С. 678.

В другой раз, не находя на своем бюро какой-то бумаги, она позвала того же Попова и велела искать. Он долго перебирал все кипы, а Екатерина в досаде и нетерпении ходила по кабинету. Попов начал хладнокровно доказывать, что она сама куда-нибудь задевала бумагу, что никто из ее кабинета не крадет и т. д. Неудача и упреки его взорвали Екатерину, и она с гневом выслала Попова вон. Оставшись одна, государыня снова и тщательно принялась пересматривать каждый лист и нашла то, что искала. Тогда она послала за Поповым, но он отказался идти говоря:
— Зачем я к ней пойду, когда она меня от себя выгнала.

Последовало второе посольство за ним, но он продолжал упорствовать.
— Досада моя прошла, я более не сердита, уговорите его прийти! — приказывала Екатерина.

Наконец Попов явился с угрюмым видом и, когда она промолвила: «Прости меня, Алексей Семенович, я виновата», — наставительно отвечал ей: «Вы часто от торопливости без причины нападаете на других, Бог вас простит, я на вас не сердит».

С. Шубинский. С. 254—255.

Раз этот Попов доложил государыне, что крестьяне одной деревни просят его, чтобы он их купил, и предлагают ему в пособие 15 000 рублей. Государыня велела ему напомнить ей, когда он будет совершать купчую. Через несколько времени, вспомнив об этом, она спрашивает Попова: «Что же твоя деревня?» Попов отвечает ей, что по этому имению явилась тяжба. «А когда так, — сказала Екатерина, — то я запрещаю тебе судиться, потому что судьям известно, что ты один из моих приближенных, и потому наверно решат в твою пользу»... По смерти Попова, князь Барятинский на место умершего хотел определить своего любимца. Государыня прямо воспротивилась этому, говоря: «Сии господа выбирают мне камердинера для себя, а я хочу его иметь для себя» — и приказала дворцовым служителям найти ей камердинера в среде их же самих.

М. И. Пыляев. С. 187.

После обеда все гости тотчас уезжали. Государыня, оставшись одна, летом иногда почивала, но в зимнее время никогда; до вечернего же собрания слушала иногда иностранную почту, которая два раза в неделю приходила; иногда книгу читала...

А. М. Грибовский. С. 47.

После обеда Екатерина по обыкновению занималась в кабинете, и ей захотелось пить. Отворив дверь и увидев, что дежурный камердинер заснул, она осторожно вернулась на свое место. Прождав полчаса она позвонила. Камердинер проснулся и принес ей стакан воды с морсом.

— Отдохнул ли ты? — спросила императрица и прибавила: — Я дольше не могла терпеть жажды и потревожила тебя.

С. Шубинский. С. 255.

Государыня была очень терпелива и до служащих в ее комнатах очень милостива. Вот сему пример. Однажды, после обеда, она, сидя в кабинете, изволила написать записку и позвонила, чтобы вошел камердинер; но никто не входит. Она в другой раз, но также никого. Подождавши немного, она уже изволила встать, пошла к ним в комнату и с удивлением, но без гнева, им сказала, что она несколько раз звонила, но никто не идет. Они оробевши извинилися, что не слыхали. «А что вы делаете?» — изволила государыня спросить. — «Мы между собою играли в карты по обыкновению». — «Так вот тебе, Михаила, письмецо; отнеси его к князю Потемкину; а чтоб не останавливать вашу игру, я, покуда ты ходишь, сяду за тебя». — Какая милость и какое снисхождение!

Ф. Н. Голицын. С. 382—383.

После обеда государыня сама читала или читывал ей книги Иван Иванович Бецкий.

М. И. Пыляев. С. 183.

Когда Бецкий, старея, стал терять зрение, она его не заместила, а читала сама, пользуясь его очками. Еще час проходит таким образом.

К. Валишевский[3]. С. 176.

...А иногда делала бумажные слепки с камей, что случалось и при слушании почты, которую читали перед нею или П. А. Зубов, или гр. Морков, или Попов, который, однако ж, по худому выговору французского языка, редко был для сего чтения призываем, хотя в это время всегда почти в секретарской комнате находился.

А. М. Грибовский. С. 47.

В другие дни к ней поочередно являются должностные лица, представляя рапорты и спрашивая инструкции. В это время у нее часто бывают ее внуки, с которыми она играет в минуты перерыва в делах.

К. Валишевский[3]. С. 176.

Обыкновенные, а потому и многолюднейшие приезды во дворец были по воскресным дням. Кто имел право носить шпагу, тот мог войти в общую залу пред кавалергардами: ни малейшего не видно было надзора, и каждому двери были открыты. Ни внизу, ни на лестнице, ни в зале никому не приказано было спрашивать: кто вы и куда идете? Известно, что императрица проводила по обыкновению лето в Царском Селе, где входов во дворец много, и все открыты. В эпоху самого сильного безначалия во Франции, после умерщвления короля, распространился слух, что тамошние демагоги рассылали подобных себе злодеев для покушения на жизнь государей; в сие время был дежурным генерал-адъютант П. Б. Пассек, который вздумал при каждом входе удвоить караулы; но императрица, узнав о сем, приказала немедленно это отменить.

А. М. Грибовский. С. 22—23.

...Караул был почти ничего не значущий. Самый малый отряд гвардии с одним офицером оной исправлял. Государыня была уверена в любви своих подданных; но я иногда, глядя на нее, прогуливающуюся по садам почти одну, а особливо поутру, во время распространившегося якобинства и знавши, что у нас шатаются иностранцы по Петербургу Бог знает какие, за нее побаивался.

Ф. Н. Голицын. С. 384.

Бьет четыре часа. Она заслужила отдых и развлечения, которыми теперь пользуется. По длинной галерее, ведущей из Зимнего дворца в Эрмитаж, она отправляется в свое любимое местопребывание. Ланской, либо Мамонов, либо Зубов сопровождают ее туда. Она осматривает свои новые коллекции, играет партию на билиарде, а иногда забавляется бросанием кости.

К. Валишевский[3]*.* С. 176.

Она никогда не ужинала; в шесть часов вставала и сама затопляла свой камин.

Л.-Ф. Сегюр. С. 157.

В 6 часов начиналось вечернее собрание в ее покоях или театре в Эрмитаже.

А. М. Грибовский. С. 43.

Один раз в неделю было собрание в Эрмитаже, где иногда бывал и спектакль; туда приглашаемы были люди только известные; всякая церемония была изгнана; императрица, забыв, так сказать, свое величество, обходилась со всеми просто; были сделаны правила против этикета; кто забывал их, то должен был в наказание прочесть несколько стихов из «Телемахиды», поэмы старинного сочинения Тредьяковского.

Л. Н. Энгельгардт. С. 239.

Мысль создать Эрмитаж у императрицы Екатерины явилась вот по какому случаю. В 1766 году, проходя через кладовую Зимнего дворца в комнаты верхнего этажа, где тогда собиралась депутатская комиссия, государыня нечаянно обратила внимание на большую картину, изображающую «Снятие со Креста». Картина эта после кончины императрицы Елисаветы была перенесена сюда из ее комнаты. Государыня долго любовалась ею, и здесь-то у Екатерины родилась мысль завести у себя картинную галерею; вскоре государыня повелела собрать все лучшие картины, находившиеся в других дворцах, а также приказала своим министрам и агентам при иностранных дворах скупать за границей хорошие картины и присылать к ней. Через несколько лет после того государыня приобрела для своего Эрмитажа известные богатые картинные коллекции: принца Конде, графов: Брюля и Бодуэна, берлинского купца Гоцковского, лорда Гаугтона и еще многих других. Помимо покупок, императрица приказала снять копию лучшим художникам с ложи Рафаэля. К собранию картин Екатерина присоединила также коллекцию античных мраморов, приобретенных в Риме, купила также все мраморные статуи у известного в то время мецената Ив. Ив. Шувалова; затем государыня приобрела у герцога Орлеанскаго богатейшую его коллекцию резных камей и античных гемм и стала покупать открываемые в раскопках древности, как-то: монеты, кубки, оружие и т. д. Государыня особенно пристрастилась к собиранию резных камей и сама стала снимать с них слепки. В одной из комнат, окнами на двор в том же здании Эрмитажа, приказала сделать горн, где вместе с химиком Кенигом и медальером Лебрехтом стала делать... копии с них. Храповицкий в своем дневнике часто рассказывает, что государыня «для разбития мыслей» рассматривала камеи. Внук Екатерины, Александр I, присоединил к богатой коллекции своей бабушки еще несколько других, в числе которых особенно драгоценная коллекция была куплена им за два миллиона у французской императрицы Жозефины из ее загородного дворца Мальмезона. Положив основание художественной части Эрмитажа, государыня избрала его местом отдохновения в часы, свободные от государственных занятий; здесь она делила свой досуг в беседе с Дидро, Гриммом, Сегюром, принцем де-Линь, Потемкиным, Шуваловым, Строгановым, Безбородко и многими другими остроумнейшими людьми того времени. В Эрмитаже собрания были: большие, средние и малые.

М. И. Пыляев. С. 201—202.

К большим приглашались все именитые особы обоего пола и члены иностранных посольств. На театре давались спектакли, преимущественно опера, хотя Екатерина была равнодушна к пению и музыке вследствие какой-то ненормальности в развитии слуха, что она, впрочем, тщательно скрывала, всегда поручая при пении и игре музыкантов кому-нибудь из знатоков подавать ей знак, когда нужно аплодировать.

С. Шубинский. С. 257.

В Европе славилась тогда певица г-жа Тоди и певец Маркези; никогда они вместе не съезжались, но императрица убедила их обоих прибыть в Петербург. Г. Сарти, известный сочинитель музыки, сочинил оперу «Армида и Рено»; все арии согласовались с желанием сих двух именитых артистов. Во время представления, один над другим стараясь одержать поверхность, пением своим они удивляли и восхищали знатоков и любителей музыки.

Л. Н. Энгельгардт. С. 239.

На больших собраниях Эрмитажа, которые начинались в седьмом часу и кончались в девять, императрица первая танцевала менуэт, но обыкновенно открывал их великий князь польским (полонезом. — *Е. Г.*) с одной из старейших придворных дам.

М. И. Пыляев. С. 216.

Она вообще любила веселый репертуар и раз за обедом спросила [повара своего] Бармана, нравится ли ему «Die schöne Wienerin» («Прекрасная Венера»), фарс, особенно ее увлекавший. «Да бог знает, оно как-то грубо», — отвечал простодушно несообразительный кухмистер. Екатерина вспыхнула и едва ли удачно поправила положение, заметив в тоне той же schöne Wienerin: «Я желала бы, чтобы у моего главного кухмистера был такой же тонкий вкус (разумеется, кухонный), как тонки его понятия!»

В. О. Ключевский. С. 296.

В эрмитажные дни, которые обыкновенно были по четвергам, был спектакль, на который приглашаемы были многие дамы и мужчины, и после спектакля домой уезжали; в прочие же дни собрание было в покоях государыни.

А. М. Грибовский. С. 47.

Средние эрмитажные собрания отличались от больших меньшим числом гостей. На эти собрания приглашались только лица, пользовавшиеся особенным благоволением Екатерины.

С. Шубинский. С. 257.

Приглашение постороннего лица считалось знаком исключительной царской милости, что ценилось очень высоко.

К. Валишевский[3]. С. 187.

После спектакля начинались танцы, кончавшиеся ужином. Во время танцев императрица садилась играть в карты, в вист, рокамболь или бостон.

С. Шубинский. С. 257.

Сама Екатерина любила играть в карты и нередко даже на бриллианты; государыня играла преимущественно в макао, которое в прошлом веке было весьма распространено. Каждые девять очков оплачивались бриллиантом в один карат; в екатерининское время карат бриллианта стоил сто рублей. Перед играющими на бриллианты ставились ящики с бриллиантами. Игра в бриллианты Екатерины обходилась гораздо дешевле другой нынешней. Любимыми играми императрицы были также: бостон, пикет, крибэдж...

М. И. Пыляев. С. 225.

Она играла в рокомболь или в вист, по большей части с П. А. Зубовым, Е. В. Чертковым и гр. А. С. Строгановым; также и для прочих гостей столы с картами были поставлены.

А. М. Грибовский. С. 47.

Садясь за карты, она бросала взгляд вокруг комнаты, чтобы посмотреть, не нужно ли кому чего-нибудь. Ее внимание к окружающим простиралось до того, что она приказывала спустить штору, если кого-то беспокоило солнце. Ее партнерами были обыкновенно дежурный генерал-адъютант граф Строганов и старый камергер Чертков, которого она очень любила. Мой дядя, обер-камергер Шувалов, тоже иногда принимал участие в игре или, по крайней мере, присутствовал при этом, Платон Зубов — также. Вечер продолжался до девяти часов или до половины десятого.

В. Н. Головина. С. 71—72.

Даже когда она играет в карты по 10 руб. (50 фунт.) в робер, она вкладывает в игру все свое внимание. Она играет хорошо и часто выигрывает без плутовства.

К. Валишевский[3]. С. 135.

Строганов был страстный игрок и необычайно волновался, когда проигрывал. Однажды он разгорячился до того, что бросил карты, вскочил со стула и начал быстро ходить по комнате, почти крича императрице:

— С вами играть нельзя, вам легко проигрывать, а мне каково...

Присутствовавший при этом московский губернатор Н. П. Архаров испугался и всплеснул руками.

— Не пугайтесь, Николай Петрович, — хладнокровно сказала ему Екатерина, — тридцать лет все та же история!

Походив немного и успокоившись, Строганов опять сел, и игра продолжалась, как будто ничего не произошло.

С. Шубинский. С. 257.

Я вспоминаю, что однажды Чертков, бывший плохим игроком, рассердился на императрицу, которая пропустила взятку, и бросил карты на стол. Ее величество была оскорблена этим, но не сказала ничего и прекратила игру. Это случилось как раз около того времени, когда обыкновенно расходились. Она встала и простилась с нами. Чертков стоял как громом пораженный. На следующий день было воскресенье. Обыкновенно в этот день бывал обед для всех, занимавших высшие государственные посты. Великий князь Павел и великая княгиня Мария приезжали из Павловска, в котором они жили, находившемся в четырех верстах от Царского Села. Когда они не приходили, то был обед для избранных лиц под колоннадой. Я имела честь быть допущенной на эти обеды. После обедни и приема, когда императрица удалялась в свои покои, гофмаршал Двора, князь Барятинский, перечислял лиц, которые должны были иметь честь обедать с ней. Чертков, допущенный на все небольшие собрания, стоял в углу, крайне огорченный происшедшим накануне. Он почти не смел поднять глаза на того, кто должен был произнести над ним приговор. Но каково же было его удивление, когда он услышал свое имя! Он не шел, а бежал. Мы пришли к месту обеда. Ее императорское величество сидела в конце колоннады. Она встала, взяла Черткова под руку и молча обошла с ним кругом колоннады. Когда она возвратилась на прежнее место, она сказала ему по-русски:

— Не стыдно ли вам думать, что я на вас сержусь? Разве вы забыли, что между друзьями ссоры остаются без последствий?

Никогда я не видела человека в таком волнении, в каком был этот старик; он расплакался, беспрестанно повторяя:

— О, матушка, что сказать-то тебе, как благодарить тебя за такую доброту? Всегда готов умереть за тебя!

Это обращение на «ты» очень выразительно в русском языке и вовсе не ослабляет почтительности в разговоре.

В. Н. Головина. С. 71—72.

Некто Чертков, человек крутой и неустойчивый, был однажды во дворце. Зубов подошел к нему и обнял его, говоря: «Ах ты, мой красавец!». Чертков был очень дурен лицом. Он осердился и, обратясь к Зубову, сказал ему; «Я, сударь, своею фигурою фортуны себе не ищу». Все замолчали. Екатерина, игравшая тут же в карты, обратилась к Зубову и сказала: «Вы не можете помнить *такого-то* (Черткова по имени и отчеству), а я его помню и могу вас уверить, что он очень был недурен».

А. С. Пушкин. С. 68.

Чертков был добрым, прекрасным, истинно русским человеком в полном смысле этого слова. Он соединял благородство характера с большим природным умом. Императрица была предметом его обожания. Он умер несколько месяцев спустя после ее смерти, будучи не в силах перенести этой потери.

В. Н. Головина. С. 76.

На малые собрания приглашались только лица близкие к государыне. Гостей обязывали отказаться от всякого этикета. Кроме того, были написаны самою императрицею особые правила, выставленные в рамке под занавескою. Вот эти правила: 1) оставить все чины вне дверей, равномерно, как и шляпы, а наипаче шпаги; 2) местничество и спесь оставить тоже у дверей; 3) быть веселым, однакож ничего не портить, не ломать, не грызть; 4) садиться, стоять, ходить, как заблагорассудится, не смотря ни на кого; 5) говорить умеренно и не очень громко, дабы у прочих головы не заболели; 6) спорить без сердца и горячности; 7) не вздыхать и не зевать; 8) во всяких затеях другим не препятствовать; 9) кушать сладко и вкусно, а пить с умеренностью, дабы всякий мог найти свои ноги для выходу из дверей; 10) сору из избы не выносить, а что войдет в одно ухо, то бы вышло в другое прежде, нежели выступить из дверей. Если кто против вышеписанного проступился, то, по доказательству двух свидетелей, должен выпить стакан холодной воды, не исключая дам, и прочесть страничку Телемахиды; а кто против трех статей провинится, тот повинен выучить шесть строк из Телемахиды наизусть. А если кто против десяти проступится, того более не впускать.

М. И. Пыляев. С. 204—206.

Здесь велись литературные споры, сообщались новости в мире наук и искусств, сыпались остроты, экспромты, каламбуры. Когда общество несколько утомлялось разговорами, начинались разные игры: в билетцы, отгадки, фанты, лото, даже в жмурки и в веревочку; во время святок гадали кольцами, на воске, на олове и т. п. Екатерина руководила всеми этими забавами, одушевляя общество своим умом и веселостью. К числу любимых развлечений ее принадлежала так называемая литературная игра, состоявшая в том, что кто-нибудь из присутствовавших, взяв лист бумаги, писал на нем какую-нибудь фразу или вопрос, а остальные собеседники, один за другим, не приготовляясь и не задумываясь, должны были продолжать или опровергать написанное. В бумагах постоянного и остроумнейшего посетителя малых эрмитажных собраний, обер-шталмейстера Л. А. Нарышкина, сохранилось несколько листков этой игры, они напечатаны в журнале «Сын Отечества» 1836 года, приводим на выдержку три из них, отмечая кавычками то, что написано рукой императрицы.

1) Мои воздушные замки:

«Они не в Испании, и каждый день я к ним пристраиваю что-нибудь».

Клочок земли на берегу Волги, близ Казани, или, если можно, еще в лучшем климате России.

Иметь всегда перед глазами хорошие примеры.

Мои воздушные замки слишком различны, чтобы приступить к исчислению их.

Я никогда не созидаю воздушных замков, ибо доволен своим участком.

Я желал бы иметь такую зрительную трубу, чтобы за 800 и 900 миль глядеть на академические собрания Эрмитажа.

«Они точно сделаются воздушными замками для отсутствующих».

2) Народные пословицы:
Кого тянут за уши, того не должно тянуть за ноги.
«Понедельник не вторник».
Кто идет задом, тот не подвигается вперед.
Клобук не превращает в монаха.
Лошадь короля не тайный советник.
«Исключая необыкновенных случаев».
Всякая кошка родится с хвостом и ушами.
Что не истина, то ложь.

3) Дорога, которою думают достичь бессмертия:
Много есть дорог, которыми его достигают, но лишь случай указывает, которую избрать.
Я не стану за санями ее величества.
«Берегитесь: дорога, по которой сани ее величества ездят, сказывала мне моя кормилица, еще ухабистее дороги на остров, где мы сегодня обедали».
Добрый отдых после доброго обеда.
Я сделаюсь бессмертным мучеником за терпение мое с скучными людьми.
Я поеду в свите господина Томаса (Томас — кличка родоначальника своры императрицыных левреток. — *Е. Г.*).
«Веселая компания, но вряд ли дорога к бессмертию».

С. Шубинский. С. 257—259.

На эрмитажные собрания малые, «les petites soirees», приглашалось избранное общество приближенных к императрице. Тут находился французский посланник граф Сегюр, принц де-Линь, Кобенцель, Лев Ал. Нарышкин, Строганов, Дашкова. Государыня здесь была самая радушная хозяйка; самою любимою игрою на этих вечерах была игра в вопросы и ответы. Во избежание каких-нибудь личностей, гости описывали события при дворе «Бамбукового Короля», например, его праздники, привычки, также характеристику его придворных; иногда предлагались вопросы для философских трактатов; последние были разделены на главы: так, например, тридцать седьмая глава этого трактата, написанная рукою императрицы, носит название: «Что меня смешит?» Затем следуют ответы, написанные каждым. Вот эти ответы: первый написал: «Гордость»; второй пишет: «Так, так, я согласен с мнением моего соседа и с правой и с левой стороны»; другой писал: «Меня смешит умная шутка, или меня смешит г. обер-шталмейстер». «Что меня смешит? Иногда это сам я». «Надутость, довольная собою». Рукою императрицы находим написанное: «Я смеюсь над гордым человеком, потому что он как две капли воды похож на индейского петуха; смешны также ленивцы, потому что они по доброй воле скучают»; далее шли заметки: «Муж мой часто смешит меня до слез. Я смеюсь охотно, слыша умные слова, но только неожиданные. Я очень смеюсь над людьми, которые смеются из угождения!» и т. д.

М. И. Пыляев. С. 206.

Тут однажды случилось некоторое недоразумение, ясно свидетельствующее о доброте императрицы. Она дала распоряжение гофмаршалу Двора, князю Барятинскому, пригласить в Эрмитаж графиню Панину, в настоящее время госпожу Тутолмину. Ее величество появилась и увидела графиню Фитингоф, которую она никогда не приглашала, а графини Паниной не было. Государыня сделала вид, что ничего не замечает, разговаривала и потом тихо спросила у князя Барятинского, каким образом графиня Фитингоф попала на собрание Эрмитажа. Гофмаршал очень извинялся и сказал, что лакей, которому было поручено развозить приглашения, ошибся и вместо графини Паниной был у графини Фитингоф.

— Сначала пошлите за графиней Паниной, пусть она приезжает, как она есть; относительно же графини Фитингоф впишите ее в список приглашаемых на большие балы в Эрмитаже; не надо, чтобы она могла заметить, что она здесь по ошибке.

В. Н. Головина. С. 98—99.

Маленькие игры производили фурор на этих собраниях. Екатерина, первая затейница их, веселила своих гостей и допускала всякие вольности. Фанты были следующие: залпом выпить стакан воды, продекламировать, не зевая, отрывок из Телемахиды (Тредьяковского) и т. д. Как мы знаем, вечер заканчивался игрой в карты. Часто во время робера императрице напоминали о фанте, который она забыла выполнить. «А что же я должна сделать?» — спрашивает она покорно. «Сесть на пол, матушка!» Она тотчас же повиновалась.

К. Валишевский[3]. С. 187.

В ее частной жизни веселье и доверие, которые она внушала, казалось, навсегда окружили ее молодежью, шутками и забавами. Ее собственная ласковость и простое обращение создавали непринужденную обстановку для тех, кто имел к ней доступ...

Ш. Массон. С. 41.

Однажды в близком обществе эрмитажных собраний была императрица Екатерина II очень весела. Играли в горелки, бегали, хохотали и вдруг довольно громко... Один сметливый флотский офицер, лейтенант, допущенный в общество за искусство вздергивать нос кверху и книзу, услышал странный звук, пал на колено и просил пощады.

Императрица сказала ему, улыбаясь: «Кто так искусно умеет пользоваться ветром, достоин быть произведен в следующий чин. Поздравляю вас, г. капитан-лейтенант».

Я. И. Де-Санглен. С. 145.

Мой дядя, обер-камергер Шувалов, был воплощенной добротой. Его красивое и благородное лицо отражало великодушную и бескорыстную душу. Половину своих доходов он отдавал бедным. Его привязанность к императрице доходила до слабости, и он всегда был робок с нею, несмотря на милости, которыми она его осыпала. Однажды, когда она играла на бильярде с лицами, постоянно составлявшими ее общество, он вошел в комнату. Ее величество в шутку сделала ему глубокий реверанс. Он ответил на него. Она улыбнулась. Придворные громко захохотали. Эта внезапная показная веселость с их стороны покоробила императрицу.

— Господа, — сказала она, — мы сорок лет дружны с господином обер-камергером и поэтому мне позволено шутить с ним.

Все замолчали.

В. Н. Головина. С. 76.

В эрмитажных собраниях при императрице Екатерине некоторое время заведен был ящик для вклада штрафных денег за враньё. Всякий провинившийся обязан был опустить в него 10 коп. медью. При ящике назначен был казначеем граф А. А. Безбородко, который собранные деньги после раздавал бедным. Между другими в эрмитажные собрания являлся один придворный, который, бывало, что ни скажет, все невпопад, или солжет. Неуклюжий казначей беспрестанно подходил к нему с ящиком, и тот враль почти один наполнял ящик деньгами. Раз, по разъезде гостей, когда при императрице остались немногие, самые приближенные, Безбородко сказал:

— Матушка-государыня, этого господина не надобно бы пускать в Эрмитаж, а то он скоро совсем разорится.

— Пусть приезжает, — возразила императрица, — мне дороги такие люди; после твоих докладов и после докладов твоих товарищей я имею надобность в отдыхе; мне приятно изредка послушать и враньё.

— О, матушка-императрица, — сказал Безбородко, — если тебе это приятно, то пожалуй к нам в первый департамент Правительствующего Сената: там то ли ты услышишь!

Так свободно обращались с Екатериной в эрмитажных собраниях.

П. Ф. Карабанов. С. 772.

В тот же вечер, возвратясь в свои апартаменты с графом К. Г. Разумовским, императрица сказала ему. Как бы мне хотелось подслушать 20 или 30 дураков, рассуждающих серьезно о каком-нибудь деле, и, судя глупо и криво, почитали бы себя умными».

— Прошу ваше императорское величество, — отвечал граф, кланяясь низко, — завтра пожаловать к нам в общее присутствие сената.

Я. И. Де-Санглен. С. 145.

Но как только она надевала перчатки, чтобы выйти и появиться в соседних апартаментах, она принимала совершенно иное обхождение и выражение лица. Из любезной и веселой женщины она вдруг превращалась в величественную и сдержанную императрицу. Тот, кто видел ее такой впервые, не разочаровался бы в том представлении, которое заранее о ней составил, и сказал бы: «Это точно она! Это и впрямь Семирамида Севера!» Не менее чем к Фридриху Великому, к ней можно применить следующее изречение: «Praesentia minuit famam» («Присутствие уменьшает сплетни». — *лат.*)

Ш. Массон. С. 41—42.

Тут к месту вспомнить, что де Линь рассказывает о следующем случае. Во время путешествия по Днепру в 1787 году Екатерина предложила заменить вежливое «вы» простым «ты»; де Линь тотчас же согласился на эту шутку и несколько раз с особенным эффектом употребил «твое величество»; дозволяя такие шутки, императрица всегда оставалась, по словам де Линя, величавою и сохраняла все внешнее достоинство самодержицы всероссийской и «чуть ли не целого мира».

А. Г. Брикнер[2]. С. 272.

Одна придворная дама в Вене рассказывала нам однажды о своих впечатлениях при приезде императора Николая I в эту столицу. Когда она увидела его въезжающим в Бург во всем блеске своего мундира, мужественной красоты, царственного величия всей его фигуры, прямого, надменного, выше на голову всех окружавших его князей, флигель-адъютантов, камергеров, офицеров — она думала, что видит полубога; стоя на верхней галерее, она не могла оторвать глаз от этого ослепительного явления, но вдруг — она потеряла его из виду. Толпа придворных удалилась, двери закрылись, царская фамилия и несколько приближенных остались одни. Но император? Где же он? Он был там; опустившись на скамью, он сидел, сгорбив свой высокий стан; лицо его с ослабшими мускулами сразу осунулось, и на нем резко обозначилось выражение неописуемой скорби. Неузнаваемый, наполовину уменьшившийся, как бы упавший с высоты своего величия в глубину отчаяния, этот полубог был не более чем жалким страдающим подобием человека. Это происходило в 1850 году. Николай уже начал испытывать первые приступы того страдания, которое отравило последние годы его жизни и привело к преждевременной смерти. Вне глаз толпы он сгибался под его тяжестью; перед народом он превращался, благодаря героической силе воли, в великолепного императора своих прежних лучших годов. Так, пожалуй, поступала и Екатерина, особенно в последние годы своего царствования.

*К. Валишевский*³. С. 117.

Никто не умел с такою непостижимою легкостью переходить от развлечений к трудам. Предаваясь увеселениям, она никогда не увлекалась ими до забвения и среди занятий не переставала быть любезной. Сама диктуя своим министрам важнейшие бумаги, она обращала их в простых секретарей; она одна одушевляла и руководила своим советом.

Л.-Ф. Сегюр. С. 157.

Она уважила в подданном сан человека, нравственного существа, созданного для счастия в гражданской жизни. Петр Великий хотел возвысить нас на степень просвещенных людей; Екатерина хотела обходиться с нами как с людьми просвещенными.

Н. М. Карамзин. С. 17.

В один из проводимых мною вечеров у Дмитрия Гавриловича (Бибикова, племянника знаменитого екатерининского вельможи) я его спросил: слыхал ли он про анекдот с одним из депутатов, который при виде Екатерины II от страха упал в обморок и ослабел, как малое дитя? Я этот анекдот слышал еще от отца моего. Дмитрий Гаврилович подтвердил мне его, прибавивши следующее: то был депутат Костромской губернии, добрый и хороший старичок, которого императрица, по указанию Бибикова, часто приглашала к себе вечером и с которым беседовала глаз на глаз. В один из предпоследних вечеров она сказала ему, что она скоро примет депутатов в полном торжестве, сидя на троне:

— Рад, государыня, — сказал старик, — что Бог приведет меня увидеть такое торжество.

— Льстецы мои уверяют меня, — прибавила императрица, — что будто в это время лицо у меня преображается и взгляд мой бывает так суров, что невольно внушает страх; я вижу, вы человек правдивый и простой, вы, откровеннее всякого другого, скажите мне, правда ли это?

На это депутат отвечал:

— Матушка, не знаю, как для других, а ты на меня страха не наводишь; ты так милостива ко мне, к старику, так приветлива, что пусть другие боятся тебя, а я только могу молить за тебя Бога и век благодарить за твои милости.

— Ну, прощайте, — сказала императрица, — помните же, после моего приема скажите мне откровенно, показалась ли я вам страшна на троне?

В день поднесения депутатами императрице титула великой, старый депутат шел наряду со всеми другими, опустивши глаза, по своему обыкновению, он поднял их тогда только, как очутился перед троном, и, взглянувши на императрицу, так испугался, что впал в совершенно детскую слабость... Старика вынесли без чувств.

В. Д. Давыдов. Воспоминания-анекдоты о екатерининском парламенте // РС. 1871. Т. 3. С. 784.

В десятом часу государыня уходила во внутренние покои, гости уезжали; в одиннадцатом часу она была уже в постели, и во всех чертогах царствовала глубокая тишина.

А. М. Грибовский. С. 47.

Войдя в свои покои, она проходит в спальню, выпивает стакан кипяченой воды и ложится в постель. Ее день окончен.

К. Валишевский[3]. С. 177.

Надо еще добавить, что частная жизнь ее, в основном, протекала в ограниченном пространстве, между Летним и Зимним дворцами.

С. Шубинский. С. 260.

Императрица не любила показываться на улицах и вообще выезжала очень редко. В один день, почувствовав сильную головную боль, она проехалась в открытых санях и получила облегчение. На другое утро боль возобновилась, и ей посоветовали испытать снова то же лекарство, но она не согласилась, сказав:

— Что подумает обо мне народ, когда увидит меня два дня сряду на улице.

С. Шубинский. С. 259—260.

В мае месяце Екатерина переезжала в Царское Село, где оставалась до глубокой осени. Здесь отменялись всякие придворные церемонии и приемы, сокращались доклады и приглашения. Государыня отдыхала, на свободе предавалась литературным занятиям, вела жизнь зажиточной помещицы. Рано утром, в простом платье и шляпке, с тросточкою в руке, в сопровождении только М. С. Перекусихиной, она обходила царскосельские сады и фермы, распоряжалась посадкой деревьев, расчисткой дорожек, устройством цветников, разведением огородных овощей, наблюдала за порядком и чистотой на скотных дворах и в многочисленных курятниках, в которых держались самые разнообразные породы птиц. По вечерам на большом лугу перед дворцом собирались ее внуки и приближенные, играли в горелки, в бар, бегали, перебрасывались скошенною травой, катались на лодках, стреляли в цель и т. п., а в дождливую погоду общество скрывалось в знаменитую «колоннаду», где играл духовой или роговой оркестр музыки.

С. Шубинский. С. 260.

О Царском Селе я много слыхала от батюшки, потом от братьев, когда при императрице Екатерине они служили в гвардии. По воскресеньям они иногда удостоивались там обедать за царским столом. Но они не могли видеть того, что я видела: батюшка, служивший при императрице Елизавете Петровне и вышедший в отставку в первые годы императрицы Екатерины, видел только одно начало в полном смысле царского поместья, которое из него сделала государыня. Иностранцы, приезжавшие при ней в Россию, не могли довольно надивиться этому чуду. Из них кто-то сказал очень умно, когда государыня спросила его: как ему нравится дворец?

— Там все роскошно и великолепно, недостает только одного...

Императрица посмотрела с удивлением, не понимая, чего еще могло бы недоставать.

— Недостает футляра для этой неоценимой драгоценности.

Кем это было сказано, не могу припомнить...

Рассказы бабушки. С. 254.

Я случился в Царском Селе, когда родился великий князь Константин Павлович. Императрица несказанно была обрадована, тем паче, что другого внука весьма желала. Имя Константина уже заранее ему было назначено, и кормилица-гречанка приготовлена. Государыня имела в виду для будущих времен восстановить Греческую восточную империю и его возвесть на престол великого Константина.

Ф. Н. Голицын. С. 384.

Екатерине доставляло большое удовольствие посещать маскарады и, сохраняя глубокое инкогнито, беседовать с разными лицами; она сама рассказывала подробно, как однажды в мужском платье сделала объяснение в любви одной девушке, не подозревавшей, что с нею говорит императрица.

А. Г. Брикнер[2]. С. 266.

Императрица сама выходила маскированная, одна без свиты.

Л. Н. Энгельгардт. С. 239.

Екатерина ездила на такие маскарады всегда в чужой карете, но полиция тотчас же узнавала государыню по походке и по неразлучной при ней свите. Она очень любила, когда перед ней маски плясали в присядку. Существует автобиографическая заметка Екатерины II, где она описывает свое приключение в маскараде: государыня рассказывает, что в один из таких маскарадов она надела офицерский мундир и накинула на него розовое домино и, войдя в залу, стала в кругу, где танцуют. «Здесь княжна Н. С. Долгорукая, — пишет императрица, — стала хвалить знакомую девушку. Я, позади ее стоя, вздумала вздыхать и, наклонясь к ней, вполголоса сказала: — «Та, которая хвалит, не в пример лучше той, которую хвалит». Она, обратясь ко мне, молвила: «Шутишь, маска, кто ты таков? Я не имею чести тебя знать. Да ты сам знаешь ли меня?» На это я отвечала: «Я говорю по своим чувствам и ими влеком». Она еще спросила: «Да кто же ты таков?» Я отвечала: «Обещайте быть милостивы». Тут подошли к ней подруги и увели ее. Затем, немного погодя, я нашла ее опять. Она оглянулась и спросила меня: «Маска, танцуешь ли?» Я сказала, что танцую. Она подняла меня танцевать, во время танца я пожала ей руку, говоря: «Как я счастлив, что вы удостоили мне дать руку, я от удовольствия вне себя». Оттанцевав, я наклонилась так низко, что поцеловала у нее руку. Государыня долго преследовала княжну на балу своими объяснениями в любви...

М. И. Пыляев. С. 203—204.

Государыня, меняя голос, интриговала намеченных ею лиц и нередко бывала жертвою разных дурачеств, на которые, впрочем, никогда не сердилась. Однажды заинтригованная ею дама дерзко сорвала с нее маску. Екатерина пришла в страшное негодование, но ограничилась только следующим выговором:

— Вы нарушили сохраняемый всеми порядок, должно уважать всякую маску, вы не ожидали увидеть меня под оною, и вот явное доказательство вашей неосторожности.

С. Шубинский. С. 259.

Как мы уже говорили, государыня редко выезжала гулять по улицам Петербурга, но зато на масленице или в хорошую погоду зимою составлялись необыкновенные катанья в санях. Закладывали за заставой трое саней десятью-двенадцатью лошадьми, и к каждым саням прицепляли веревками по двенадцати салазок. Екатерина садилась одна в большие сани, посредине; дамы и мужчины помещались по одиночке, и таким образом тянулся целый ряд странного поезда; задние салазки нередко опрокидывались, слышны были крики, смех и т. д. Такой поезд нередко приезжал к Чесменскому дворцу. Пообедав там, путники пускались проселочною дорогой на Неву, на казенную дачу Горбылевскую. Здесь придворные катались с гор, а государыня глядела на них из павильона, и затем все отправлялись в Таврический дворец, где ужинали и разъезжались по домам.

М. И. Пыляев. С. 194.

Возвратимся, однако, ко Двору, к человеческим слабостям и... к моей прическе. Графиня Салтыкова, невестка графини Шуваловой, очень желала быть допущенной на концерты в Эрмитаже. Императрица предоставила эту милость ей и ее дочерям один или два раза. Однажды, когда она была приглашена, мы дожидались ее величество в гостиной, где находился оркестр. Госпожа Салтыкова, женщина хотя и с достоинствами, но была одержима завистью, распространенной при Дворе и трудно преодолимой. Милостивое отношение ко мне императрицы порой заставляло ее довольно сухо обходиться со мной и говорить мне колкости.

В этот вечер у меня была очень красивая прическа, которую мне сделала графиня Толстая, с повязкой, проходившей под подбородком. Графиня Салтыкова подошла ко мне с холодным и враждебным видом. Она была высокого роста, внушительная и с мужскими манерами.

— Что это у вас под подбородком? — спросила она. — Вы знаете, эта повязка придает вам вид, будто у вас болит лицо?

— Это графиня Толстая меня так причесала, — ответила я, — и я подчинилась ее фантазии, у нее больше вкуса, чем у меня.

— Не могу от вас скрыть, — продолжала она, — что это очень некрасиво.

— Что делать! Я не могу сейчас ничего переменить.

Появилась императрица, заиграла музыка. Великая княгиня спела арию, я тоже, после чего ее величество позвала меня (графиня Салтыкова сидела рядом с ней).

— Что это у вас под подбородком? — сказала императрица. — Знаете ли, что это очень красиво и очень идет к вам.

— Боже мой, как я счастлива, что эта прическа нравится Вашему Величеству. Графиня Салтыкова нашла это таким некрасивым и неприятным, что я была совсем обескуражена.

Императрица пропустила палец под повязку, повернула мое лицо к графине и сказала:

— Ну посмотрите, графиня, разве она не хороша?

Салтыкова, очень сконфуженная, ответила:

— Действительно, это очень идет к лицу.

Императрица повернула меня к себе и подмигнула. Мне очень хотелось рассмеяться, но я сдержалась, видя смущение графини, она внушала мне почти жалость. Я поцеловала руку у государыни и возвратилась на свое место.

В. Н. Головина. С. 97—98.

В круг общественных увеселений в царствование Екатерины стали входить в моду клубы, или «клобы», как их тогда называли; всех их, начиная с 1770 года по 1795, было основано в Петербурге семь. Поводом к основанию первых таких клубов хотя и послужила благотворительная цель, но вскоре по открытии их было замечено, что посещали их люди не только такие, что ищут в длинные зимние вечера средства лишь «рассыпать мысли свои», но и такие, которые впадают в «подлые поступки» и особенно умножают страсть к карточной игре. Императрица строго преследовала азартные игры и по временам издавала указы, строго запрещающие их, но они скоро забывались; особенно много играли у князя Потемкина и Орлова. Екатерина говорила про игроков: «Эти люди никогда не могут быть полезными членами общества, потому что привыкли к праздной и роскошной жизни. Они хотят всю жизнь свою провести в этой пагубной игре и таким образом, лишая себя всего своего имения и нисколько об этом не заботясь, делают несчастными и других, которых они обманывают и вовлекают в игру!» Наказанием для игроков был арест в тюрьме под крепким караулом. Узнав, что в Москве завелись карточные игроки, она писала к главнокомандовавшему: «Иностранцев высылайте за границу, а своих унимайте; а если нужно будет, то пришлите ко мне именной список их. Я велю публиковать об них в газетах, чтобы всякий мог их остерегаться, зная ремесло их». Раз до сведения Екатерины дошло, что генерал Левашов ведет сильную азартную игру. Государыня при встрече говорит ему: — «А вы, все таки, продолжаете играть?» — «Виноват, ваше величество, играю иногда и в коммерческие игры». Двусмысленный ответ обезоружил гнев Екатерины. Она только рассмеялась.

М. И. Пыляев. С. 223—224.

Не любя разных попрошаек, государыня любила щедро награждать. Подарки она делала с таким уменьем и тактом, что их нельзя было не принять. Императрица дарила всегда неожиданно: то пошлет плохую табакерку с червонцами, то горшок простых цветов с драгоценным камнем на стебле; то простой рукомойник с водою, из которого выпадет драгоценный перстень; то подложит под кровать имениннице две тысячи серебряных рублей, или подарит невесте перстень с своим изображением в мужском наряде, сказав: «А вот и тебе жених, которому, я уверена, ты никогда не изменишь и останешься ему верна»; или пошлет капельмейстеру Паэзелло, после представления его оперы «Дидона», табакерку, осыпанную бриллиантами, с надписью, что карфагенская царица при кончине ему ее завещала. Бывали примеры, что государыня посылала подарки и обличительного свойства для исправления нравов своих придворных. Так, узнав, что один из ее вельмож полюбил очень крепкие напитки, государыня дарит ему большой кубок; другому старику, поклоннику женщин, взявшему к себе в дом на содержание танцовщицу, государыня послала попугая, который то и дело говорил: «Стыдно старику дурачиться!» Другому, большому охотнику до женских рукоделий, поднесшему Екатерине расшитую шелками подушку, подарила бриллиантовые серьги.

М. И. Пыляев. С. 191.

Государыня сутяжничество и взяточничество преследовала сильно. Раз, узнав, что владимирский наместник берет взятки, Екатерина послала ему в подарок в день Нового года кошелек длиною в аршин. По словам Сегюра, этот кошелек наместник развернул на глазах всех гостей за обеденным столом у себя.

М. И. Пыляев. С. 187.

О величайшей снисходительности Екатерины к людям, о замечательном такте ее, об умении обращать в свою пользу даже слабости человеческие, о великолепном знании человеческой природы с некоторым даже налетом цинизма слагались целые истории. И, если полагать, что в устных рассказах, передающихся из поколения в поколение, содержится историческая память народа, которая в самой высокой степени влияет на историческое мнение о личности вообще, то рассказам и анекдотам (напомним, что под словом «анекдот» еще совсем недавно словари наши подразумевали краткий блестящий рассказ, содержащий занимательный или примечательный факт о ярком событии, поступке, могущем служить для нравоучения) этим нет цены.

В. А. Бильбасов. С. 132.

Некий Я. Ф. Фрейгольд имел место, которое в то время обогатило бы всякого, но по собственной честности не нажил ничего и вышел из службы чист и беден.

Его представили к пенсиону.

Государыня отвечала, что он, конечно, сберег что-нибудь из своих экстраординарных доходов.

Ей доложили, что он формально ничего не имеет.

— Или он дурак, — отвечала она, — или честнейший человек и в обоих случаях имеет надобность в пособии.

И подписала указ.

Исторические анекдоты... М.: Новый Ключ, Аргументы и Факты, 1999. С. 16.

Вот что рассказал мне граф Николай Петрович Румянцев, которого отец так близок был к императрице Екатерине: однажды в большой праздник, за столом, один из пажей, служа императрице, наступил на ее кружева и разорвал. Императрица сделала маленькое движение в досаде; паж так испугался, что тарелку супа пролил на ее платье. Она засмеялась и сказала:

— Vous m'avez puni de ma vivacite (Ты меня наказал за мою живость. — *фр.*).

Е. Н. Львова. С. 405.

В 1789 и 1790 годах адмирал Чичагов одержал блистательные победы над шведским флотом, которым командовал сначала герцог Зюдерманландский, а потом сам шведский король, Густав III. Старый адмирал был осыпан милостями императрицы: получил андреевскую ленту, 1400 душ крестьян, потом орден св. Георгия 1-й ст., 2400 душ, а при заключении мира похвальную грамоту, шпагу, украшенную алмазами, и серебряный сервиз. При первом, после того, приезде Чичагова в Петербург, императрица приняла его милостиво и изъявила желание, чтобы он рассказал ей о своих походах. Для этого она пригласила его к себе на следующее утро. Государыню предупреждали, что адмирал почти не бывал в хороших обществах, иногда употребляет неприличные выражения и может не угодить ей своим рассказом. Но императрица осталась при своем желании. На другое утро явился Чичагов. Государыня приняла его в своем кабинете и, посадив против себя, вежливо сказала, что готова слушать. Старик начал... Не привыкнув говорить в присутствии императрицы, он робел, но чем дальше входил в рассказ, тем больше оживлялся, и, наконец, пришел в такую восторженность, что кричал, махал руками и горячился, как бы при разговоре с равным себе. Описав решительную битву и дойдя до того, когда неприятельский флот обратился в бегство, адмирал все забыл, ругал трусов — шведов, причем употреблял такие слова, которые можно слышать только в толпе черного народа. «Я их... я их...» кричал адмирал. Вдруг старик опомнился, в ужасе вскочил с кресел, повалился перед императрицей...

— Виноват, матушка, ваше императорское величество...

— Ничего, — кротко сказала императрица, не дав заметить, что поняла непристойные выражения, — ничего, Василий Яковлевич, продолжайте, я ваших морских терминов не разумею.

Она так простодушно говорила это, что старик от души поверил, опять сел и докончил рассказ. Императрица отпустила его с чрезвычайным благоволением.

П. Ф. Карабанов. С. 775—776.

В светлый праздник Христова воскресенья, как обыкновенно и ныне бывает, <был> съезд к вечерне, после которой императрица жаловала дам к руке в присутствии всего двора и имеющих к оному въезд кавалеров, в числе которых был и Державин. Вышед из церкви, повела она всех с собою в Эрмитаж. Лишь только вошли в залу и сделали по обыкновению круг, то императрица с свойственным ей величественным видом прямо подошла к Державину и велела ему за собою идти. Он и все удивилися, недоумевая, что сие значит. Пришед в отдаленные Эрмитажа комнаты, остановилась в той, где стоят ныне бюсты Румянцева, Суворова, Чичагова и прочих; начала приказывать тихо, как бы какую тайну, чтоб он сочинил Чичагову надпись на случай мужественного его отражения в прошедшем году в Ревеле сильнейшего в три раза против российского флота шведского, которая была б сколько возможно кратка, и непременно помещены бы были в ней слова сего мореходца. Когда она ему сказала, что идет сильный флот шведский против нашего ревельского. Посылая его оным командовать, то он ей отвечал равнодушно: *бог милостив, не проглотят.* Это ей понравилось.

Г. Р. Державин. С. 422—423.

Вы знаете, что в сочельник, канун Рождества Христова, простолюдины не едят «до звезды», в память той звезды, которую увидели волхвы на востоке, как родился Спаситель. В то время уже многие завидовали уму и положению Суворова при дворе императрицы Екатерины, которая была к нему очень милостива и желала непременно к празднику пожаловать ему Святого Андрея Первозванного знаки, но завистники Суворова отклонить умели царицу, и она его сим орденом не украсила, а Суворов уже уведомлен был об этом, и, как будто в вознаграждение, пригласила Суворова к ней в самый сочельник кушать. Сели за стол; граф ничего не кушал и салфетки не снимал; государыня, приметя это, спросила причину.

— Звезды не вижу, ваше величество, — отвечал Суворов.

Императрица усмехнулась, встала из-за стола, взяла свою Андреевскую звезду и положила Суворову на тарелку, сказав:

— Ну, теперь кушать будешь, граф.

Е. Н. Львова. С. 404.

В один из торжественных дней, в которые Екатерина всенародно приносила в Казанском соборе моление и благодарение Господу Богу, небогатая дворянка, упавши на колени перед образом Божьей матери, повергла пред ним бумагу. Императрица, удивленная таким необыкновенным действием, приказывает подать себе эту бумагу, и что же видит? Жалобу Пресвятой Деве на несправедливое решение тяжбы, утвержденное Екатериной, которое повергает просительницу в совершенную бедность. «Владычица,— говорит она в своей жалобе,— просвети и вразуми благосердную нашу Монархиню, да судит суд правый». Екатерина приказывает просительнице через три дня явиться к ней во дворец. Между тем требует из сената ее дело и прочитывает его с великим вниманием.

Прошли три дня. Дама, принесшая жалобу Царице Небесной на царицу земную, является; ее вводят в кабинет; с трепетом приближается она к императрице.

— Вы правы,— говорит Екатерина,— я виновата, простите меня: один Бог совершен; и я ведь человек, но я поправлю мою ошибку! Имение ваше вам возвращается, а это (вручая ей драгоценный подарок) примите от меня и не помните огорчений, вам нанесенных.

М. Г. Кривошлык. С. 11.

У Потемкина был племянник Давыдов, на которого Екатерина не обращала никакого внимания. Потемкину это казалось обидным, и он решил упрекнуть императрицу, сказав, что она ему не только никогда не дает никаких поручений, но и не говорит с ним. Она отвечала, что Давыдов так глуп, что, конечно, перепутает всякое поручение.

Вскоре после этого разговора императрица, проходя с Потемкиным через комнату, где между прочими вертелся Давыдов, обратилась к нему:

— Подите, посмотрите, пожалуйста, что делает барометр.

Давыдов с поспешностью отправился в комнату и, возвратившись оттуда, доложил:

— Висит, Ваше Величество.

Императрица, улыбнувшись, сказала Потемкину:

— Вот видите, что я не ошибаюсь.

Русский литературный анекдот... С. 33.

Екатерина не терпела шутов, но держала около себя одну женщину, по имени Матрена Даниловна, которая жила во дворце на всем готовом, могла всегда входить к государыне, звала ее сестрицей и рассказывала о городских новостях и случаях. Слова ее нередко принимались к сведению. Однажды Матрена Даниловна, питая почему-то неудовольствие на обер-полицмейстера Рылеева, начала отзываться о нем дурно.

— Знаешь ли, сестрица,— говорила она императрице, — все им недовольны; уверяют, что он нечист на руку.

На другой день Екатерина, увидев Рылеева, сказала ему:

— Никита Иванович! Пошли-ка Матрене Даниловне что-нибудь из зимних запасов твоих; право, сделай это, только не говори, что я присоветовала.

Рылеев не понимал, с каким намерением императрица давала ему этот совет, однако же отправил к шутихе несколько свиных туш, индеек, гусей и т. п. Все это было принято весьма благосклонно.

Через некоторое время императрица сама начала в присутствии Матрены Даниловны дурно отзываться о Рылееве и выразила намерение сменить его.

— Ах, нет, сестрица, — ответила Матрена Даниловна, — я перед ним виновата, ошиблась в нем: все твердят, что он человек добрый и бескорыстный.

— Да-да, — возразила царица с улыбкой, — тебе нашептали это его гуси и утки. Помни, что я не люблю, чтобы при мне порочили людей без основания. Прошу впредь быть осторожнее.

М. Г. Кривошлык. С. 12.

Марья Савишна Перекусихина рекомендовала Екатерине II одного человека в услугу, который и был принят ко двору.

Раз государыня гуляла в Царскосельском саду, взяв с собой этого человека. Найдя какого-то червяка, она взяла его на ладонь и дивилась, отчего он сделался вдруг недвижим, и всячески старалась оживить его. Она обратилась к человеку с вопросом, знает ли он, как привести червяка в движение?

— Знаю, Ваше Величество, — отвечал тот,— стоит только... — и он плюнул на червяка.

В самом деле, червяк оживился, и слуга нисколько не догадывался, что сделал большое невежество. Императрица отерла руку, не показав ни малейшего неудовольствия, и они возвратились во дворец, как бы ничего не произошло особенного. Только после государыня заметила Марье Савишне, что она доставила ей прислугу не слишком вежливого.

М. Г. Кривошлык. С. 12—13.

Графиня Протасова была некрасива и смугла как негритянская королева с острова Таити, она всегда находилась при Дворе. Она была родственницей князя Орлова и была пристроена ко Двору благодаря его покровительству. Она достигла более чем зрелого возраста, но не вышла замуж, и ее величество пожаловало ей свой портрет и звание фрейлины «с портретом». Она принадлежала к интимному кружку императрицы, не потому что она была ее другом или ее заслуги доставили ей это отличие, но потому, что, хотя она была бедной и ворчливой, у нее была благодарная душа. Императрица, жалея об ее бедности, захотела поддержать ее своим покровительством. Она позволила ей выписать племянниц к себе и помогала в их воспитании. Иногда она шутила над ее угрюмым видом. Однажды, когда Протасова была более дурно настроена, чем обыкновенно, ее величество заметила это и сказала ей:

— Я уверена, моя королева (этот эпитет она прибавляла, когда желала пошутить), что вы сегодня утром побили свою горничную и оттого у вас такой сердитый вид. Я же встала в пять часов утра, решила много дел, которые удовлетворят одних и не понравятся другим, и оставила все мое неудовольствие и хлопоты там, в кабинете, а сюда пришла, моя прекрасная королева, в самом лучшем расположении духа.

В. Н. Головина. С. 76.

Однажды граф Салтыков поднес императрице Екатерине II список о производстве в генералы. Чтобы облегчить императрице труд и обратить ее внимание, подчеркнул он красными чернилами имена тех, которых производство, по его мнению, должно было остановить. Государыня нашла подчеркнутым имя бригадира князя Павла Дмитриевича Цицианова. «Это за что?» — спросила государыня. Граф отвечал: «Офицер его ударил». — «Так что ж? Ты выйдешь от меня, из-за угла накинется на тебя собака, укусит, и я должна Салтыкова отставить? Князь Цицианов отличный, умный, храбрый офицер; им должно дорожить; он нам пригодится. Таких людей у нас не много!» И собственноручно отметила: «производится в генерал-майоры». Екатерина не ошиблась; князь Цицианов оправдал ее мнение, — пригодился!

Я. И. Де-Санглен. С. 143.

В этом году в Царское Село приехало новое лицо: полька, княгиня Радзивилл. Она была представлена императрице и последняя хорошо приняла ее, в то же время ни на что не соглашаясь из того, что она просила. Ее претензии были «скромны»: она хотела быть назначенной опекуншей одного молодого князя Радзивилла без всяких прав на это, — конечно, желая завладеть его состоянием — и получить портрет, то есть быть назначенной статс-дамой. Несмотря на свои пятьдесят лет, она сохранила еще свежесть и оставалась восторженной поклонницей искусства, о котором высказывалась очень оригинально. В обществе она была очень занимательна и имела добродушный вид, так что все были с ней в хороших отношениях. Низко пресмыкаясь при Дворе, она приправляла свою речь такой оригинальностью, что это не казалось уже таким шокирующим, как это вышло бы у всякого другого. Я не буду говорить о ее нравственности, которая слишком хорошо известна: она отчасти для удовольствия, отчасти по влечению давно уже пренебрегала общественными приличиями, и говорила про своего мужа, что он, как страус, воспитывает чужих детей. Государыня иногда забавлялась ее остроумием и восторженностью, но низость княгини ей часто надоедала.

Я вспоминаю, что однажды, находясь у колоннады, Радзивилл зашла так далеко в своей низости, что ее величество была шокирована и дала ей косвенный урок, обращаясь к маленькой английской левретке, подаренной ей герцогиней Нассауской. Это была очень красивая собачка, которая очень ластилась, но ревновала других собак. Ее звали *Пани* — польское слово, в переводе означающее «сударыня».

— Послушайте, *Пани,* — сказала ей императрица, — ты знаешь, что я тебя прогоняла всегда, когда ты заискиваешь: я не люблю низости.

В. Н. Головина. С. 122.

Александр Дмитриевич Балашов, быв еще камер-пажем носил за императрицею Екатериною II ментик ее. Однажды, сидя в камер-пажеской комнате, он заснул, и ментик, Бог весть каким образом, исчез. Проснувшись, он горько заплакал. Государыня услышала рыдание, вышла и сказала: «О чем плачешь ты?» Он пал на колено и, проливая слезы, рассказывает про свое несчастие. «Встань, — сказала императрица, — плачь о том, что на службе заснул, а не о ментике. Стыдно, что скажут товарищи?» И протянула ему милостиво руку в знак прощения.

Я. И. Де-Санглен. С. 144.

Я слышал долго после кончины Екатерины, от князя Николая Григорьевича Репнина, которому пересказывал дед его, фельдмаршал князь Николай Васильевич Репнин, следующий рассказ. Императрица желала прокатиться в санях с графом Кириллом Григорьевичем Разумовским. Она садилась уже в сани, когда пробрался сквозь толпу, собравшуюся посмотреть на свою государыню, крестьянин и подал ей бумагу. Государыня приняла оную и приказала крестьянина продержать в карауле до ее возвращения. Прибыв во дворец, она поспешила прочесть просьбу крестьянина, которая вкратце была следующего содержания: крестьянин винился в том, что несколько лет тому назад бедную дворянку, которая ежегодно ездила собирать с помещиков новину, рожь, гречу и проч. и на возвратном пути всегда останавливалась у него, он убил. Терзаемый несколько лет угрызениями совести, явился он в суд, объявил о том, просил наказания, чтобы освободиться от барыни, которая преследует его день и ночь. Приняли крестьянина за сумасшедшего, отправили в тюрьму, продержали несколько месяцев и отпустили домой. Но барыня от него не отставала. Он бросился в ноги губернатора, просил строгого наказания, чтобы тем избавиться от преследования мертвой барыни. Его наказали плетьми, а барыня тут, как тут. Он прибыл, наконец, в Петербург испросить у императрицы милости велеть его так наказать, чтобы барыня навсегда оставила его в покое. Государыня, прочитав бумагу, задумалась и потребовала к себе Шешковского: «Прочти эту бумагу, — сказала она, — и подумай, что нам делать с этим крестьянином?» А между тем прислонилась к окну и стояла в глубоком раздумье.

Я. И. Де-Санглен. С. 144—145.

Степан Шешковский, человек низкий по происхождению, образованию и нраву, был в царствование Екатерины II ужасом двора и города. Эта государыня назначила его директором тайной канцелярии, или, вернее сказать, великим инквизитором России; эту обязанность он исполнял с страшною строгостью и точностью. Он действовал с возмутительными деспотизмом и не имел ни малейшего понятая ни о снисхождении, ни о пощаде. Шешковский сам хвалился, что обладает средством выпытывать сознание: он бил палкою по подбородку, так что зубы трещали и даже выпадали. Под страхом смертной казни ни один обвиняемый не мог защищаться. Необходимо заметить, что так обходились лишь с лицами высокопоставленными, потому что преступники из простого звания допрашивались подчиненными ему помощниками. Вот какими средствами Шешковский заставлял сознаваться! Он же сам приводил в исполнение и наказание знатных лиц. Он часто наказывал палками и розгами. Битье кнутом он производил с такою ловкостью, какая дается только продолжительным упражнением. Когда Потемкин возвратился после долгого отсутствия в Петербург и заметил, в числе встречавших его, Шешковского, он громко спросил его:

— Сколько лиц ты сам бил кнутом в мое отсутствие?
Шешковский имел настолько стыда, что отвечал отрицанием.

Г. фон Гельбиг // РС. 1886. Т. 56. С. 24.

Шешковский, познакомясь с прошением упомянутого крестьянина-убийцы, отвечал: «Позвольте мне, ваше величество, взять крестьянина с собою; он навсегда забудет свою барыню». — «Нет, — возразила императрица, — он уже не нам подвластен; некто выше нас с тобою наложил на него руку свою, и барыня останется при крестьянине до конца дней. Прикажи его отправить домой и дать на дорогу 50 рублей денег».

Этот случай, говорит Н. Г. Репнин, подал императрице мысль учредить совестные суды.

Я. И. Де-Санглен. С. 144—145.

Потемкин, встречаясь с Шешковским, обыкновенно говаривал ему: «Что, Степан Иванович, каково кнутобойничаешь?» На что Шешковский отвечал всегда с низким поклоном: «Помаленьку, ваша светлость!»

А. С. Пушкин. С. 132.

Однажды, при обыкновенном выходе, представлялся ко двору генерал Шестаков, служака времен Императрицы Елисаветы Петровны, человек престарелый, но простой, и давно, а может быть, и никогда не бывши в столице. Разговаривая с ним, государыня к чему-то сказала:

— Я до сих пор вас не знала.

— И я, матушка, — отвечал он, — вас не знал.

На это она, едва удерживаясь от смеха, промолвила:

— Да как и знать меня, бедную вдову!

Рассказы и черты из жизни... С. 67.

Барон Александр Иванович Черкасов, из числа лиц составлявших общество Екатерины, имел позволение приезжать в Царское Село, в назначенные для него комнаты; он был известный любитель музыки, то и находил там готовые инструменты, с приличными нотами. Ветви от некоторых деревьев перед его окнами закрывали виды и ему показалось возможным срубить оные, чего императрица не любила и сейчас заметила; она во время его отлучки входит в его комнаты; расстроив инструменты и перемешав ноты, удаляется. Черкасов от удивления и досады вне себя. Наконец происшествие объясняется и Екатерина со смехом сказала:

— Теперь вы понимаете, что досадно видеть беспорядок в любимых вещах, и научитесь быть осмотрительнее.

П. Ф. Карабанов. С. 673—674.

Граф Самойлов получил Георгия на шею в чине полковника. Однажды во дворце государыня заметила его, заслоненного толпою генералов и придворных. «Граф Александр Николаевич, — сказала она ему, — ваше место здесь впереди, как и на войне».

А. С. Пушкин. С. 132.

В 1788 году императрица осматривала водяное сообщение по реке Тверце и из Твери прислала курьера в Москву к графу Якову Александровичу Брюсу, главнокомандовавшему в столице, уведомить его и жителей, что она приедет на короткое время в древнюю столицу, но чтобы он никаких распоряжений для встречи ее не делал. Но довольно было известия, что матушка-государыня желает осчастливить первопрестольный град, как все, от первого до последнего обывателя, зашевелились, дворянство составило почетный кортеж до 300 человек на конях, а купечество по старине приготовило золотое блюдо, для поднесения хлеба и соли.

Надо сказать правду — улицы в городе были не довольно исправно содержаны, однако же, без всякого преувеличения, лучше были вымощены, какие видим и чувствуем ныне в прекрасном Петрополе. В один день улицы, по которым надлежало императрице проезжать, были покрыты на пол аршина песком, чтобы ее величеству было покойно шествовать. Войска тогда в Москве было очень мало, оно было в армии, — кровавая война была с Турцией в сильном разгаре. Граф Яков Александрович Брюс — главнокомандующий, придумал собрать драгун со всех частей города, для сохранения тишины и спокойствия около Петровского дворца, куда государыня обыкновенно приезжала и который потому именовался «Подъезжим» дворцом. Отсюда уже на другой или третий день она обыкновенно изволила церемониально шествовать в город и прямо в кафедральный Успенский собор к литургии. Государыня часов в 6 по полудни приехала в Подъезжий Петровский дворец, окруженный можно сказать 300 000 народа, который с раннего утра ожидал ее. Это было в конце июня. Погода стояла ясная, было очень жарко. Чтоб удовлетворить желание москвичей — видеть ее, государыня по приезде вышла на балкон и сидела до 9-ти часов вечера. Тысячи народа вытесняли друг друга с обширного двора пред балконом. Полицейского люда нигде не было видно, спокойствие и чинность нигде не были нарушены. Вдруг императрица увидела с балкона разъезжавшие патрули полицейских драгун.

— Граф Яков Александрович, — спросила она, — что это за войско, разъезжающее среди народа?

— Ваше величество, — отвечал граф, — в Москве теперь войск очень не много, так я придумал составить бригаду, собрав из всех частей города полицейских драгун.

— А на что вы сформировали эту бригаду?

— Для соблюдения тишины и спокойствия и охранения высочайшей особы вашего величества.

— Граф, — сказала Екатерина, — вы видите, как все здесь спокойно и тихо, могу ли я иметь более благонадежную стражу, чем в верном мне народе! Среди народа царю русскому некого бояться. Прикажите драгунам возвратиться в Москву и отправлять по-прежнему службу в частях города. Они там нужнее, нежели здесь. Вы знаете нашу русскую пословицу, в семье не без урода, а в Москве теперь остались старый, малый да больной, которые не могли сюда придти повидаться со мною. Да прикажите, граф, чтобы и около дворца часовых не было.

А. М. Тургенев. С. 171.

В 1790-х годах служил в Сенате секретарем Поздняк; вместе с тем он был домашним секретарем при Дм. Прокофьевиче Трощинском. Однажды Трощинский передал ему подписанный императрицею указ для снятия с него копии. Поздняк положил его отдельно от прочих бумаг и, дабы он не запачкался, вложил его в обложку. Придя домой, Поздняк занялся разборкою бумаг и черновые, ненужные, начал разрывать; в числе этих нечаянно захватил обложку, в которой был указ императрицы, и, вместе с указом, разорвал ее. Увидав сейчас же свою ошибку, он страшно испугался: сначала хотел броситься в Неву, но потом, не изменяя своему намерению, решился прежде зайти в Казанский собор и, перед смертью, помолиться и испросить у Бога прощения своему невольному самоубийству. Во время молитвы ему почудилось, что будто бы кто-то советовал ему все это объяснить прямо императрице. Из собора он возвратился домой и, надев свой сенатский мундир, поехал в Царское, где в то время жила государыня. Там он остановился у священника, которому рассказал свое горе. Священник принял в нем участие и сказал ему, что обыкновенно, в 7 часов утра, императрица гуляет с одною дамою в саду, указал место ее гулянья и даже посоветовал, где ему остановиться и ждать государыню, — это было на повороте из одной аллеи в другую.

Он так и сделал.

На другой день, собравшись часов в 6, он ожидал с нетерпением императрицу. Действительно, в 7 часов показалась она в сопровождении одной дамы. Тогда он встал на колена; императрица заметила его, не доходя несколько шагов, и остановилась в нерешительности; но потом, видя сенатский мундир и смиренную коленопреклоненную позу, подошла к нему и спросила, что ему нужно. Он рассказал ей свое горе.

— Ты не лжешь? — спросила его государыня. — Действительно ты по ошибке разорвал мой указ?

— Бог свидетель, матушка, что ошибкою, — отвечал Поздняк.

— А кто писал указ? — спросила императрица.

— Я, матушка-Государыня, — отвечал он.

— Ну, ступай, перепиши и завтра в это время будь здесь.

Он так и исполнил.

На другой день, в 7 часов утра, он был уже на том самом месте; с ним была чернильница и перо.

Императрица опять явилась в сопровождении этой же дамы; увидев его, подозвала к себе, взяла указ, прочитала и, приказав ему наклониться, подписала у него на спине. Отдавая ему, сказала:

— Прежде всего, благодари Бога, что он удержал тебя от самоубийства и внушил тебе мысль явиться ко мне, а потом, чтобы об этом никто, кроме тебя и меня, не знал.

Он свято исполнил волю императрицы: никогда и никому об этом не говорил. Прошло несколько месяцев, как требует его к себе Трощинский; он является.

— Давно ли ты задними ходами, мимо начальства, ходишь к императрице? — грозно спросил его Трощинский.

— Помилуйте, ваше высокопревосходительство, я никогда не бывал у императрицы, — отвечал Поздняк.

— Врешь! Матушка-царица жалует тебе 300 душ и Владимирский крест; на, возьми его и сейчас подавай в отставку. Я не хочу служить с теми, кто забегает к государыне задними ходами.

Поздняк в испуге передал тогда Трощинскому все происшествие. Трощинский взял его за руку, подвел к образу, поставил на колена и сам встал, сказав: «будем молиться за матушку-Царицу, — такой другой нам не нажить» — и оставил его на службе.

Рассказы и черты из жизни... С. 64—66.

В гостеприимном доме князя Юрия Владимировича судьба дала мне в соседи ловкого актера того времени — Силу Николаевича Сандунова. По пылкости, живости, деятельности и изворотливости ума его можно назвать «русским Бомарше». Рассказ о тогдашней Москве начну с нового моего знакомства. Обстоятельства женитьбы его сливаются с напоминаниями века Екатерины II. В молодости своей С. Н. Сандунов был ловким актером и на театре, и в обществе. Не зная французского языка, острыми русскими шутками смешил он бар и большой свет, а иногда и крепко задевал их своими колкостями. Но вдруг впал он в глубокую задумчивость. Лиза, поступившая на Большой Эрмитажный театр императрицы, заполонила его сердце. Но у него был опасный соперник и по важному месту, и по отличным способностям гибкого ума. Но этот делец-вельможа, говоря словами Державина:

Сегодня обладал собой,
А завтра прихотям был раб.

Ведя холостую жизнь, он любил на досуге попировать с приятелями в трактире и, оставляя за порогом свою почетность, уравнивал там всех с собой лаской и приветом. Страстно также любил он общественные увеселения, особенно театр и маскарады.

Силен был этот вельможа, но в деле соперничества вышло иначе. Сердце Лизы отдано было Сандунову. «В это ужасное время,— говорил мне Сандунов,— часто приходила мне в голову мысль о самоубийстве; но это пагубное средство я всегда почитал трусостью, а не отважностью. Невольно, однако же, изнемогал я иногда духом и, однажды, когда я читал «Вертера» Гете, торопливо вошла ко мне Лиза, взглянула на книгу, вырвала ее из моих рук и сказала: «Полно тебе дурачиться, может быть, сегодня будем мы счастливы. Вечером я играю в Эрмитаже «Федула с детьми» — сочинение императрицы. Возьми перо и пиши к государыне прошение о нашем браке. Ты знаешь, как государыня любит эту оперу. Может быть, мне удастся ей угодить; подам нашу просьбу, а ты будь в это время за кулисами».

«Федул с детьми» была любимой оперой Екатерины из всех театральных представлений. В этот вечер Лиза превзошла сама себя. Сочинительница, очарованная ее игрой, была вне себя от восхищения. Рукоплескания не умолкали. После представления Екатерина допустила Лизу к руке, а она бросилась на колени и вскричала: «Матушка! Матушка-царица! Спаси меня!» С этими словами вручила она Екатерине бумагу, в которой жаловалась, что сильный вельможа, преследующий ее, препятствует ей выйти за С. Н. Сандунова. В этот миг выбежал из-за кулис Сандунов и стал также на колени. Прочитав прошение, Екатерина сказала: «Все уладится, будьте спокойны и не заботьтесь о приданом». Приданое готовилось, а Екатерина по этому случаю сочинила для Лизы песню:

Как красавица одевалася,
Одевалася, снаряжалася,

> Для милого друга
> Жданого супруга.
> Все подружки
> Друг от дружки
> Ей старались угодить,
> Чтоб скорее снарядить.
> Лизу все оне любили,
> Сердцем все ее дарили
> За ласку, любовь,
> За доброе сердце;
> А доброе сердце
> Всего нам милей!

С. Н. Глинка. С. 149—150.

На предпоследней почтовой станции (Солнечная гора) при очередном путешествии в Москву, при перемене лошадей народ окружил карету императрицы. Сквозь толпу протолкался крестьянин, с седыми волосами и бородой, и сказал императрице:

— Много лет здравствовать тебе, матушка всемилостивейшая государыня; благодарю Господа, сподобил еще видеть тебя. — Как ты изволила ехать в Москву короноваться, я, матушка, был фалейтуром у твоей кареты.

Государыня вынула из сумки у дверец каретных два империала и подала крестьянину; крестьянин, приняв империалы, спросил государыню:

— А что же матушка всемилостивейшая государыня прикажешь с золотыми-то?

— Как что? — возьми их себе.

— Да за что же, всемилостивая государыня?

— За то, что ты меня любишь.

— Итъ, матушка, всемилостивая государыня, у тебя казны не достанет, коли всем будешь давать деньги за то, что тебя любят; во всей Руси православной нет души, которая тебя не любит!

Государыня перекрестилась и отвечала крестьянину:

— Возьми деньги себе, мне приятно то, что ты меня помнишь.

А. М. Тургенев. С. 172—173.

Не удивительно, что в России было среди государей много тиранов. Народ от природы беспокоен, неблагодарен и полон доносчиков и людей, которые, под предлогом усердия, ищут лишь, как бы обратить в свою пользу все для них подходящее; надо быть хорошо воспитанным и очень просвещенным, чтобы отличить истинное усердие от ложного, отличить намерения от слов и эти последние от дел. Человек, не имеющий воспитания, в подобном случае будет или слабым, или тираном, по ме-

ре его ума; лишь воспитание и знание людей могут указать настоящую средину.
Екатерина II. Памятник... С. 59.

Екатерина отличалась огромными дарованиями и тонким умом; в ней дивно соединились качества, редко встречаемые в одном лице. Склонная к удовольствиям и вместе с тем трудолюбивая, она была проста в домашней жизни и скрытна в делах политических. Честолюбие ее было беспредельно, но она умела направлять его к благоразумным целям. Страстная в увлечениях, но постоянная в дружбе, она предписала себе неизмененные правила для политической и правительственной деятельности; никогда не оставляла она человека, к которому питала дружбу, или предположение, которое обдумала.
Л.-Ф. Сегюр. С. 156.

Если государственный человек ошибается, если он рассуждает плохо или принимает ошибочные меры, целый народ испытывает пагубные следствия этого. Нужно часто себя спрашивать: справедливо ли это начинание?— полезно ли?
Каждый гражданин должен быть воспитан в сознании долга своего перед Высшим Существом, перед собой, перед обществом, и нужно ему преподать некоторые искусства, без которых он почти не может обойтись в повседневной жизни.
Пять предметов и целей правления
1. Нужно просвещать нацию, которой должен управлять.
2. Нужно ввести добрый порядок в государстве, поддерживать общество и заставить его соблюдать законы.
3. Нужно учредить в государстве хорошую и точную полицию.
4. Нужно способствовать расцвету государства и сделать его изобильным.
5. Нужно сделать государство грозным в самом себе и внушающим уважение соседям.
Екатерина II. Правила управления // Памятник моему самолюбию. С. 81.

Власть без доверия народа ничего не значит; тому, кто желает быть любимым и прославиться, достичь этого легко. Примите за правило ваших действий и ваших постановлений благо народа и справедливость, которая с ним неразлучна. Вы не имеете и не должны иметь иных интересов. Если душа ваша благородна — вот ее цель.
Екатерина II. Памятник... С. 69.

Государь всегда виноват, если его подданные им недовольны!
Екатерина II. Цит. по: К. Валишевский[3]. С. 159.

РАЗГОВОРЫ ЕКАТЕРИНЫ ВЕЛИКОЙ

Глядя однажды в окно после сильной грозы на летящих галок и ворон, она сказала: «Как они радуются надежде добыть червей и лягушек, выгнанных дождем из-под земли!» — и прибавила: «Все пожирают друг друга на этом свете!»

К. Валишевский[3]. С. 152.

— Да, я знаю, — однажды сказала императрица в компании иностранных посланников. — Я вообще вам нравлюсь, и вы хвалите меня «*целиком*», но, разбирая меня подробнее, осуждаете во мне многое. Я беспрестанно делаю ошибки против языка и правописания. Сегюр знает, что у меня иногда претупая голова, потому что ему не удалось заставить меня сочинить шесть стихов. Без шуток, я думаю, несмотря на ваши похвалы, что если бы я была частною женщиною во Франции, то ваши милые парижские дамы не нашли бы меня довольно любезною для того, чтобы отужинать с ними.

— Прошу вас вспомнить, государыня, — возразил я, — что я здесь представитель Франции и не должен допускать клевет на ее счет.

Но императрица, бывшая в духе, продолжала в том же тоне:

— Как вы полагаете, чем бы я была, если бы родилась мужчиною и частным человеком?

В ответ на это Фитц-Герберт сказал, что она была бы мудрым законоведцем, Кобенцель полагал, что она бы сделалась великим министром, а я уверял ее, что она сделалась бы знаменитым полководцем.

— На этот раз вы ошибаетесь, — возразила она. — Я знаю свою горячую голову; я бы отважилась на все для славы и в чине поручика в первую кампанию не снесла бы головы.

Л.-Ф. Сегюр. С. 174—175.

Вырывались также иногда у нее внезапно речи, глубину души ее обнаруживавшие. Например: «Ежели б я прожила 200 лет, то бы, конечно, вся Европа подвержена б была Российскому скипетру». Или: «Я не умру без того, пока не выгоню турков из Европы, не усмирю гордость Китая и с Индией не осную торговлю». Или: «Кто дал, как не я, почувствовать французам право человека? Я теперь вяжу узелки, пусть их развяжут».

Г. Р. Державин. С. 430.

В 1787 г., когда секретарь Храповицкий обратил ее внимание на громадное стечение крестьян, пришедших в один провинциальный город повидать и поклониться ей, она ответила ему, пожимая плечами: «Они бегут также смотреть и на медведя».

К. Валишевский[3]. С. 167.

Княгиня Варвара Александровна Трубецкая неразлучно жила с супругою Хераскова около 20 лет в одном дому, чему покойная императрица Екатерина крайне удивлялась и говаривала публично: «Не удивляюсь, что братья между собою дружны, но вот что для меня удивительно, как бабы столь долгое время уживаются между собою».

«Никогда я не могла хорошенько понять, какая разница между пушкою и единорогом»,— говорила Екатерина II какому-то генералу. «Разница большая, — отвечал он, — сейчас доложу Вашему Величеству. Вот изволите видеть: пушка сама по себе, а единорог сам по себе». — «А, теперь понимаю», — сказала императрица.

Александр Иванович (Рибопьер) был большой анекдотист, то же и Александр Николаевич Голицын. Рибопьер, между прочим, рассказывал, что при Екатерине было всего 12 андреевских кавалеров. У него был старый дядя, Василий Иванович Жуков, который смерть как хотел получить голубую кавалерию. Один из 12-ти умер, и князь просил Екатерину ему дать этот орден — он был сенатор и очень глупый человек. Получивши ленту, он представился, чтобы благодарить. После представления его спросили, что сказала ему государыня. «Очень хорошо приняла и так милостиво отнеслась, сказала: „Вот, Василий Иванович, только живи долго, до всего доживешь"».

Русский литературный анекдот... С. 29—30.

Тобольский губернатор Федор Глебович Немцов, несправедливо действуя, обогатился незаконными средствами. Лейб-гвардии конного полка офицер Григорий Михайлович Осипов отправлен был императрицею для исследования... По возвращении его в Петербург, Екатерина, рассматривая следственные бумаги и делая вопросы с замечаниями, сказала:

— Желаю знать ваше мнение?

Осипов, спасая Немцова, доложил ей:

— Вашему императорскому величеству дозвольте припомнить — не внииди в суд с рабом твоим (изречение царя и пророка Давида — *Е. Г.*).

Екатерина похвалила его мнение и сказала:

— То накажем сановника ссылкой в его тверскую деревню.

Впоследствии окружающим сказала:

— Осипов подает надежду быть истинным слугой.

Он сначала был тобольским, затем тверским губернатором, а, наконец, смоленским генерал-губернатором и, действуя с честью, заслужил ее доверенность.

П. Ф. Карабанов. С. 671.

Открылась посланническая вакансия у Дрезденского двора. Князь Александр Михайлович Белосельский чрез многих домогался сего места. Государыня сказала князю Потемкину, что она не любит определять к должностям, не знавши лично, что о Белосельском судить не может, и чтоб он письменно с ней объяснился. Князь Александр Михайлович, не выходя от Потемкина, начертал на французском языке просительное письмо и столь удачное, что Екатерина сказала:

— Не должно отказывать тому, кто так хорошо изъясняет свои мысли.

П. Ф. Карабанов. С. 672.

Среди любимого загородного жилища, где государыня наслаждалась приятствами украшенной природы, одно обстоятельство ее встревожило, и со всем своим великим духом не могла она никак скрывать своего беспокойства. Сие случилось во время войны с шведским королем. Неожидаемый разрыв, соседственность земель и малое число у нас на этой границе войск, привели императрицу несколько в замешательство. К счастию, финляндское шведское войско воспротивилось переступить свою границу, уверяя, что нет настоящей причины наступательно действовать против России. Тут же и подосланы были от нас их тайно уговаривать. В Петербурге народ, хотя слышны были пушечные выстрелы во время сражения между обоими флотами, был спокоен и даже бодрился против короля и, между собою разговаривая, часто у них вырывалось их изречение: «покажись-ка он, мы шапками его замечем». Однако ж вскоре потом сия война благополучно кончилась. Два неглавные генерала, с нашей стороны Игельштром, а с шведской Армфельд, пользуясь остановкою между ими военных действий, зачали между собою пересылаться и наконец пожелали иметь свидание. Армфельд, имея у короля большую доверенность, заговорил о желании его пресечь войну. Игельштром изъявил на сие расположение также свое доброхотство. Условились отправить курьеров, и вскоре потом мир был заключен. Императрица, несколько времени после, разговаривая о сей войне, изволила единожды примолвить: J'ai fait la guerre sans généraux et la paix sans ministres (Я вела войну без генералов и заключила мир без министров. — *фр*).

Ф. Н. Голицын. С. 391—392.

Когда граф д'Артуа приезжал в Петербург, то государыня приняла его самым ласковым и блистательным образом. Он ей, однако, надоедал, и она велела сказать дамам своим, чтоб они постарались его занять. Однажды посадила она графа д'Артуа в свою карету. Граф д'Аварё, капитан гвардии принца, имея право повсюду следовать за ним, хотел было сесть также в карету, но государыня остановила его, сказав: «Cette fois-ci c'est moi qui me charge d'etre le capitaine des gardes de m-r le comte d'Artois» (На этот раз я сама принимаю на себя обязанность быть капитаном гвардии графа д'Артуа. — *фр.*). (Слышал от кн. К. Ф. Долгоруковой.)

А. С. *Пушкин*. С. 134.

Однажды она сказала мне: «Гораздо больше узнаешь, беседуя с простыми людьми о делах их, чем рассуждая с учеными, которые заражены теориями и из ложного стыда с забавною уверенностью судят о таких вещах, о которых не имеют никаких положительных сведений. Жалки мне эти бедные ученые! Они никогда не смеют сказать: «Я не знаю», а слова эти очень просты для нас, невежд, и часто избавляют нас от опасной решимости. Когда сомневаешься в истине, то лучше ничего не делать, чем делать дурно».

Л.-Ф. *Сегюр*. С. 171.

Своим придворным, постоянно поносившим друг друга, она сказала: «Если бы я вам верила, то не осталось бы ни одного не заслуживающего смертной казни».

К. *Валишевский*[3]. С. 141.

Дидро сам приезжал в Петербург; Екатерине понравилась в нем живость ума, своеобразность способностей и слога и его живое, быстрое красноречие. Этот философ — может быть, недостойный этого названия, потому что был нетерпим в своем безверии и до забавного фанатик в идее небытия, — был, однако, одарен пылкою душою и потому, казалось бы, не должен был сделаться материалистом. Впрочем, имя его, кажется, пережило большую часть его сочинений. Он лучше говорил, нежели писал; труд охлаждал его вдохновение, и сочинениями своими он далеко отстоит от великих наших писателей, но пламенная речь его была увлекательна, сила выражений, которые он всегда находил без труда, предупреждала суд о верности или пустоте его мыслей; речь его поражала, потому что была блестяща и картинна; это был гений на парадоксы и проповедник материализма.

«Я долго с ним беседовала, — говорила мне Екатерина, — но более из любопытства, чем с пользою. Если бы я ему поверила, то пришлось бы преобразовать всю мою империю, уничтожить законодательство, правительство, политику, финансы и заменить их несбыточными мечтами. Однако так как я больше слушала его, чем говорила, то со стороны он показался бы строгим наставником, а я — скромной его ученицею. Он, кажется, сам уверился в этом, потому что, заметив, наконец, что в государстве не приступают к преобразованиям по его советам, он с чувством обиженной гордости выразил мне свое удивление. Тогда я ему откровенно сказала: «Г. Дидро, я с большим удовольствием выслушала все, что вам внушал ваш блестящий ум. Но вашими высокими идеями хорошо наполнять книги, действовать же по ним плохо. Составляя планы разных преобразований, вы забываете различие наших положений. Вы трудитесь на бумаге, которая все терпит: она гладка, мягка и не представляет затруднений ни воображению, ни перу вашему, между тем как я, несчастная императрица, тружусь для простых смертных, которые чрезвычайно чувствительны и щекотливы». Я уверена, что после этого я ему показалась жалка, а ум мой узким и обыкновенным. Он стал говорить со мною только о литературе, и политика была изгнана из наших бесед».

Несмотря на эту неудачу, автор «Отца семейства», «Жизни Сенеки» и основатель великого памятника, «Энциклопедии», более обязан России, чем Франции. В отечестве своем он был заключен в тюрьму, тогда как императрица приобрела за 50 000 франков его библиотеку, предоставив ему право пользоваться ею до смерти, и сверх того купила ему дом в Париже.

Л.-Ф. Сегюр. С. 172—173.

ПОСЛЕ СМЕРТИ

Екатерина жила и отжила со своим временем. Все ее скрылось с нею.
С. Н. Глинка. С. 21.

Ее смерти не оплакивали в России. Тогда еще не успели ее понять, и число тех, кем она могла быть понятой, было очень незначительно. Но воспоминание о ней сохранилось в народе, как и в истории. И это трогательное воспоминание оживало в потомстве не только в связи с великими делами, совершенными при ней и ею самой, с посмертными почестями, не только о несравненной государыне, о Екатерине Великой, но так же и в особенности как о «матушке», чей популярный портрет проник даже в крестьянскую избу и висит там в красном углу рядом с чтимой иконой.
К. Валишевский[3]. С. 145.

...Наказ Екатерины, писанный ею для избранной Комиссии депутатов, переведенный на все европейские языки, зерцало великого ума и небесного человеколюбия. Никогда еще монархи не говорили с подданными таким пленительным, трогательным языком! Никто, никто еще из сидящих на троне столь премудро не изъяснялся, не имел столь обширных понятий о науке управлять людьми, о средствах народного счастия.
Н. М. Карамзин. С. 20.

Великий князь Александр Павлович в письмах к близким людям рисовал [другую] рельефную картину: «В наших делах господствует неимоверный беспорядок: грабят со всех сторон, все части управляются дурно, порядок, кажется, изгнан отовсюду. Я всякий день страдаю, когда должен явиться на придворную сцену, и кровь портится во мне при виде низостей, совершаемых другими на каждом шагу для получения внешних отличий, не стоящих в моих глазах медного гроша».
В. В. Каллаш. С. 479.

Великодушие Екатерины, блеск ее царствования, пышность ее двора, ее рождения, памятники и войны для России являются тем же, чем век Людовика XIV был для Европы. Но лично Екатерина была более великой, нежели этот король. Французы создали славу Людовика, Екатерина создала славу русских. Она не имела, в отличие от него, преимущества властвовать над просвещенным народом и родиться окруженною великими людьми. У нее было несколько хитрых дипломатов и удачливых генералов, но, не считая Румянцева, Потемкина и Панина, ни одного гениального человека: ум и пронырливая ловкость некоторых министров, отвага и свирепость Суворова, талант и гибкость Репнина, случай, вознесший Зубова, способности Безбородко и усердие Николая Салтыкова составляют исключения.

Ш. Массон. С. 46.

Румянцев перешел за Дунай только с 13 000 и потому просил усилить его полки. Екатерина отвечала вследствие своих правил, что не может отделить ни одного человека от сохи до окончания полевых работ, почитая первою своею заботою народное продовольствие. Такой переписки не было ни в одной из европейских летописей.

С. Н. Глинка. С. 46.

Обширный талант и очень решительный в политике характер редко допускает безупречную нравственность; так и императрица во многом могла упрекнуть себя. Между тем, если она и простила смерть мужа, то по крайней мере она не приказывала его убить и не любила исполнителей этого дела. Несправедливость, суровость, а иногда и жестокость по отношению к Польше, вот что более всего причиняло ей угрызения совести. Желание сделать своего фаворита королем Польши увлекло ее к мерам, помрачившим ее великие качества. Но в течение ее царствования не было совершено никакого варварства, никакой жестокости, направленных против ее собственных подданных.

Р. Дама. С. 152.

Екатерина уничтожила звание (справедливее, название) рабства, а раздарила около миллиона государственных крестьян (т. е. свободных хлебопашцев) и закрепостила вольную Малороссию и польские провинции. Екатерина уничтожила пытку — а тайная канцелярия процветала под ее патриархальным правлением; Екатерина любила просвещение, а Новиков, распространивший первые лучи его, перешел из рук Шешковского в темницу, где и находился до самой ее смерти. Радищев был сослан в Сибирь; Княжнин умер под розгами — и Фонвизин, которого она боялась, не избегнул бы той же участи, если б не чрезвычайная его известность.

А. С. Пушкин. С. 86.

Если бы пол Екатерины Великой дозволил ей проявить деятельность мужчины, который может все видеть сам, всюду являться, входить во все подробности, в ее империи не было бы ни одного злоупотребления. За исключением этих мелочей, она была, без сомнения, более великою, чем Петр I, и никогда не заключила бы позорную прутскую капитуляцию.

Ш. Ж. де Линь. С. 257.

Царствование Екатерины II имело новое и сильное влияние на политическое и нравственное состояние России. Возведенная на престол заговором нескольких мятежников, она обогатила их на счет народа и унизила беспокойное наше дворянство. Если царствовать значит знать слабость души человеческой и ею пользоваться, то в сем отношении Екатерина заслуживает удивление потомства. Ее великолепие ослепляло, приветливость привлекала, щедроты привязывали. Самое сластолюбие сей хитрой женщины утверждало ее владычество. Производя слабый ропот в народе, привыкшем уважать пороки своих властителей, оно возбуждало гнусное соревнование в высших состояниях, ибо не нужно было ни ума, ни заслуг, ни талантов для достижения второго места в государстве. Много было званых и много избранных; но в длинном списке ее любимцев, обреченных презрению потомства, имя странного Потемкина будет отмечено рукою истории. Он разделит с Екатериною часть воинской ее славы, ибо ему обязаны мы Черным морем и блестящими, хоть и бесплодными, победами в северной Турции.

А. С. Пушкин. С. 85.

Коротко сказать, сия мудрая и сильная государыня, ежели в суждении строгого потомства не удержит на вечность имя великой, то потому только, что не всегда держалась священной справедливости, но угождала своим окружающим, а паче своим любимцам, как бы боясь раздражить их; и потому добродетель не могла, так сказать, сквозь сей чесночняк пробиться и вознестись до надлежащего величия.

Г. Р. Державин. С. 445.

...Если мой век боялся меня, то был глубоко неправ. Я никогда и никому не хотела внушать страха; я желала бы быть любимой и уважаемой по заслугам, и больше ничего. Я всегда думала, что на меня клевещут, потому что меня не понимают. Я часто встречала людей, бывших бесконечно умнее меня. Я никогда и никого не презирала, не ненавидела. Мое желание и мое удовольствие были — сделать всех счастливыми. Мое честолюбие, конечно, не было злым и, быть может, я слишком много взяла на себя, считая людей способными сделаться разумными, справедливыми и счастливыми. Я ценила философию, потому что моя душа была всегда истинно республиканской. Я согласна, пожалуй, что подобное свойство души составляет страшный контраст с моею неограниченной властью, но никто в России не обвинит меня в злоупотреблении этой властью. Я люблю изящные искусства единственно по природной склонности. Относительно своих сочинений — скажу, что смотрю на них, как на пустяки. Я люблю делать различного рода литературные опыты. Мне кажется, что все, написанное мною, — довольно посредственно; к тому же я не приписываю этому никакого особенного значения и смотрю на свои занятия в этой области как на удовольствие. Что касается моей политики, то я старалась следовать тем планам, которые казались мне самыми полезными для моей страны и наиболее приемлемыми для людей. Если бы я узнала другие — лучшие, я припомнила бы их. Если мне и платили неблагодарностью, то, по крайней мере, никто не скажет, что я сама была неблагодарной. Часто я мстила своим врагам тем, что делала им добро или прощала им. Человечество вообще имело во мне друга, которого нельзя было уличить в измене ни при каких обстоятельствах.

Екатерина II. Цит. по: *К. Валишевский*[3]. С. 151.

Она доказала истину, подтвержденную впоследствии многими примерами, что всякий монарх, с любыми способностями, но сам во все вникающий и сам исполняющий должность своего премьер-министра, всегда сумеет помешать злоупотреблениям и заблуждениям, сумеет лучше выбирать своих помощников и лучше управлять своим государством, чем министр-временщик, который рассчитывает лишь на возможный срок своего царствования и не заботится о будущем.

Р. Дама. С. 154.

Государыня, кажется, за правило себе поставляла редко переменять министров, что немало послужило к утверждению порядка внутреннего и к усовершенствованию некоторых частей в правлении. Вся сия сложная громада под ее взором двигалась согласно и стройно. Такое-то сильное впечатление производит необыкновенный ум!

Ф. Н. Голицын. С. 382.

Конец ее царствования был отвратителен.

А. С. Пушкин. С. 68.

Трудно было не видеть того, что видели все. Иосиф II (австрийский) видел «более блеска, чем дела». По его словам, «безграничная расточительность двора сделала невозможным какой бы то ни было порядок в финансах; среди блеска и великолепия в казне не было часто денег для самых настоятельных нужд... Страшная нравственная испорченность людей, стоявших у власти, не дает возможности ничего сделать для блага подданных. Об усердии, честности и добросовестности в управлении делами нечего было и думать; каждый старался выжиманиями с подчиненных добыть средства, чтобы умилостивить начальство. Поэтому недовольство было общее, и императрица, как она ни скрывала это, страшилась взрыва. Она боялась всех, — боялась даже собственного сына».

В. В. Каллаш. С. 478.

На склоне дней Екатерина часто говаривала: «Я приехала в Россию бедной, но расквиталась с государством: Таврида и Польша — вот приданое, которое я ему оставляю».

Ш. Массон. С. 33.

Униженная Швеция и уничтоженная Польша, вот великие права Екатерины на благодарность русского народа. Но со временем история оценит влияние ее царствования на нравы, откроет жестокую деятельность ее деспотизма под личиной кротости и терпимости, народ, угнетенный наместниками, казну, расхищенную любовниками, покажет важные ошибки ее в политической экономии, ничтожность в законодательстве, отвратительное фиглярство в сношениях с философами ее столетия — и тогда голос обольщенного Вольтера не избавит ее славной памяти от проклятия России.

А. С. Пушкин. С. 85.

Однако с какой бы точки зрения ни пожелали рассуждать о ней, она всегда будет первенствовать среди тех, кто снискал восхищение человечества своим гением, могуществом и в особенности успехами. Ее женственность, придавая новый оттенок великим качествам, проявленным ею на троне, поставит ее в истории выше всякого сравнения. Последующие поколения всегда будут вынуждены обращаться к легендарным временам Изиды и Семирамиды в поисках женщины, которая совершила или хотя бы начала столь же великие деяния.

Ш. Массон. С. 47—48.

Деятельность Екатерины была беспредельна. Она основала академию и общественные банки в Петербурге и даже в Сибири. Россия обязана ей введением фабрик стальных изделий, кожевенных заводов, многочисленных мануфактур, литеен и разведением шелковичных червей на Украине. Показывая своим подданным пример благоразумия и неустрашимости, она при введении в России оспопрививания сама первая подверглась ему. По ее повелению министры ее заключили торговые договоры почти со всеми европейскими державами. В ее царствование Кяхта в отдаленной Сибири стала рынком русско-китайской торговли.

Л.-Ф. Сегюр. С. 160.

В Петербурге учреждены были училища военного и морского ведомства для приготовления специально образованных офицеров. Училище, основанное для греков, ясно изобличало виды и надежды государыни. Она дала в Белоруссии приют иезуитам, которых в то время изгоняли из всех христианских стран. Она полагала, что при содействии их быстрее распространится просвещение в России, где водворение этого ордена казалось ей безвредным, так как в ее обширных владениях господствовала самая полная веротерпимость. Государыня снаряжала морские экспедиции в Тихий океан, в Ледовитое море, к берегам Азии и Америки.

Л.-Ф. Сегюр. С. 161.

Несмотря на некоторые архитектурные недостатки и на известный ее вкус к домам готической постройки, воздвигнутые при ней казенные и частные постройки сделали Петербург красивейшим городом в мире. Она собрала в своей столице образцовые произведения искусств. Она похвалялась своими познаниями в медальерном искусстве, но об этом я судить не могу.

Ш. Ж. де Линь. С. 259.

При Екатерине II город [Санкт-Петербург] увеличился в четыре раза, здания стали намного роскошнее, и все это без насилия, поборов, не вызывая никаких неудовольствий.

Е. Р. Дашкова. С. 138.

В настоящее время, при совершенно изменившихся обстоятельствах, историография располагает гораздо большим запасом данных для изучения деятельности и личности Екатерины. Необозримая масса архивных материалов, тысячи писем Екатерины, множество записок ее, неисчерпаемое богатство отзывов и наблюдений современников дают возможность гораздо глубже прежнего вникнуть в самую суть личности Екатерины, гораздо правильнее прежнего взвесить условия ее развития, ее жизни и деятельности, гораздо объективнее прежнего оценить значение занимаемого Екатериною в истории места.

Необычайно богато одаренная природою, в силу целого ряда благоприятных обстоятельств обладая высоким положением, Екатерина оказалась способною выполнить возложенную на нее судьбою задачу; ей в этом помогало сознание собственного достоинства и редкого таланта; ей в этом помогала чрезвычайная сила воли; она умела пользоваться выгодами своего положения, жизнью вообще, неутомимою работою в особенности. Екатерина производит в общей сложности впечатление личности, отличавшейся не только громадными умственными способностями, но и благоприятными качествами души. До сих пор историки особенно охотно останавливались то на внешнем блеске и на громкой славе ее царствования, то на неоспоримых слабостях ее частной жизни. Попытавшись разработать появившиеся в последнее время исторические материалы, мы старались изобразить личность и царствование Екатерины беспристрастнее, многостороннее наших предшественников. Из общего обзора деятельности Екатерины мы получаем следующий вывод: она действовала успешно в качестве посредницы между прогрессом и культурою Западной Европы, с одной стороны, и бытом России — с другой. При ней значительно упрочилось могущество и влияние России во всемирной системе государств; во время царствования Екатерины и благодаря ее инициативе Россия быстро подвинулась вперед на пути прогресса, европеизации.

В. О. Ключевский. С. 281.

Екатерина Вторая в силе творческого духа и в деятельной мудрости правления была непосредственною преемницею Великого Петра; разделяющее их пространство исчезает в истории. И два ума, два характера, столь между собою различные, составляют впоследствии своем удивительную гармонию для счастия народа российского! Чтобы *утвердить* славу мужественного, смелого, грозного Петра, должна через сорок лет после его царствовать Екатерина; чтобы *предуготовить* славу кроткой, человеколюбивой, просвещенной Екатерины, долженствовал царствовать Петр: так сильные порывы благодетельного ветра волнуют весеннюю атмосферу, чтобы рассеять хладные остатки зимних паров. И приготовить натуру к теплому веянию зефиров!

Н. М. Карамзин. С. 296.

Но подобно, как человеческое тело имеет свою юность, зрелость, где все силы его и бодрость находятся в лучшем состоянии, а при старости начнет приходить в слабость: равно и государства, возвышаясь постепенно, находят, наконец, предел и с той уже точки начинают расстраиваться, ослабевать и к падению склоняться. Царствование Екатерины, мнится, было высшей степенью славы России. Счастливым я себя поставляю, что жил в ее время и ей служил, и был очевидцем всей величественности и уважения, до которого достигло мое любимое Отечество.

Ф. Н. Голицын. С. 382.

СПИСОК ЦИТИРУЕМЫХ ИСТОЧНИКОВ

Балязин В. Самодержцы: Любовные истории царского дома: В 2 кн. Кн. 1. М.: ОЛМА-ПРЕСС, 1999. — Историческое досье.
Бантыш-Каменский Дм. Биографии российских генералиссимусов и генерал-фельдмаршалов. В 4 ч. СПб., 1840. Ч. 2.
Бёкингхэмшир Д. Г. См. Редкин А. П.
Бильбасов В. А. История Екатерины Второй. Екатерина II в воспоминаниях современников, оценках историков. М.: ТЕРРА—Книжный клуб, 1998.
Блуд на Руси: Свидетельские показания и литературные версии. Автор-составитель А. Манаков. М.: Колокол-Пресс, 1997.
Болотов А. Т. Жизнь и приключения Андрея Болотова, описанные самим им для своих потомков: В 3 т. Т. 2: 1760—1771. М.: ТЕРРА, 1993.
Брикнер А.[1] Иллюстрированная история Екатерины Второй. Издание А. С. Суворина, 1885.
Брикнер А. Г.[2] История Екатерины Великой // Екатерина II в воспоминаниях современников, оценках историков. М.: ТЕРРА—Книжный клуб, 1998.
Брикнер А. Г.[3] Потемкин. М.: ТЕРРА, 1996.
Валишевский К.[1] Вокруг трона. Екатерина II. Императрица Всероссийская, ее любимые сотрудники, друзья, фавориты, интимная жизнь. М.: Книгоиздательство «Сфинксъ», 1910.
Валишевский К.[2] Дочь Петра Великого. Издание А. С. Суворина. Б. г.
Валишевский К.[3] Роман одной императрицы: Екатерина Вторая, по ее письмам и неизданным документам государственных архивов. М.: Московское Книгоиздательское товарищество «Образование», 1910.
Вильмонт М. См. Письма М. Вильмонт.
Гельбиг фон Г. Русские избранники и случайные люди // Русская старина. 1886. Т. 51. Июль; 1886. Т. 52. Октябрь; 1887. Т. 53. Март; 1887. Т. 56. Октябрь; Ноябрь.
Глинка С. Н. Цит. по: Записки: Золотой век Екатерины Великой: Воспоминания / Изд. подг. В. М. Боковой и Н. И. Цимбаевым. М.: Изд-во МГУ, 1996. — (Университетская библиотека).
Голицын Ф. Н. См. Мемуары графини Головиной. Записки князя Голицына.

Головина В. Н. см. там же.
Грибовский А. М. Записки о Императрице Екатерине Великой. М., 1864.
Давыдов В. Д. Воспоминания-анекдоты о екатерининском парламенте // Русская старина. 1871. Т. 3.
Дама Р. См. Записки графа Роджера Дама.
Дашкова Е. Р. Записки. М.: Изд. МГУ, 1987.
Де Линь Ш. Ж. Портрет Екатерины II // Екатерина II в воспоминаниях современников, оценках историков. М.: ТЕРРА—Книжный клуб, 1998.
Державин Г. Р. Сочинения / Сост., биограф. очерк и коммент. И. И. Подольской. М.: Правда, 1985.
Дюма А. Путевые впечатления. В России. В 3 т. Т. 2: Пер. с фр. / Ист. справки С. Искюля. М.: Ладомир, 1993.
Екатерина II и Г. А. Потемкин. Личная переписка (1769—1791). М.: Наука, 1997.
Екатерина II в воспоминаниях современников, оценках историков / Вступ. ст., коммент., имен. указ. М. Рахматуллина. М.: ТЕРРА—Книжный клуб, 1998.
Екатерина II. Памятник моему самолюбию. М.: Эксмо, 2003.
Жмакин В. И. Коронации русских императоров и императриц (1724—1856) // Русская старина. 1883. Т. 37. Март.
Записки Екатерины II.[1] См. Из записок Екатерины II // Путь к трону...
Записки Екатерины II.[2] См. Записки императрицы...
Записки Екатерины II.[3] См. Из записок Екатерины II // Со шпагой и факелом.
Записки императрицы Екатерины II. Репринтное воспроизведение издания Вольной русской типографии Герцена и Огарева (Лондон. 1859). М.: Наука 1990.
Записки графа Роджера Дама // Екатерина II в воспоминаниях современников, оценках историков. М.: ТЕРРА-Книжный клуб, 1998.
Записки графа Сегюра о пребывании его в России в царствование Екатерины II (1785—1789) // Екатерина II в воспоминаниях современников, оценках историков. М.: ТЕРРА—Книжный клуб, 1998.
Из дипломатической переписки о России XVIII века // Русская старина. 1896. Т. 86. Апрель.
Из записок Екатерины II // Путь к трону: История дворцового переворота 28 июня 1762 года М.: СЛОВО/SLOVO, 1997.
Из записок Екатерины II // Со шпагой и факелом: Дворцовые перевороты в России 1725—1825 / Сост., вступ. ст., коммент. М. А. Бойцова. М.: Современник, 1991.
Из рассказов и анекдотов, записанных со слов именитых людей П. Ф. Карабановым // Русская старина. 1872. Т. 5.
Исторические анекдоты из жизни русских государей, государственных и общественных деятелей прошлого и настоящего. М.: Новый Ключ, Аргументы и Факты, 1999.

Каллаш В. В. Императрица Екатерина II. Опыт характеристики // Три века. Россия от смуты до нашего времени. Т. 4. М., 1912.
Карабанов П. Ф. См. Из рассказов и анекдотов...
Карамзин Н. М. Историческое похвальное слово Екатерине II. Цит. по: Екатерина II. Памятник моему самолюбию. М.: Эксмо, 2003.
Кизеветтер А. А. Исторические *силуэты / Состав., общая редакция и вступ. ст. О. В. Будницкого. Прим. С. М. Маркедонова.* Ростов н/Д.: Феникс, 1997.
Ключевский В. О. Исторические портреты. Деятели исторической мысли. / Сост., вступ. ст. и прим. В. А. Александрова. М.: Правда, 1990.
Кривошлык М. Г. Исторические анекдоты из жизни русских замечательных людей. М.: Издат.-полиграф. фирма «АНС-Принт» Ассоциации «Новый стиль», 1991.
Легенды старого Петербурга / Сост., прим. Файнштейна. М.: Панорама, 1992.
Львова Е. Н. См. Рассказы, заметки и анекдоты из записок Е. Н. Львовой.
Массон Ш. Секретные записки о России. М.: «Новое литературное обозрение», 1996.
Мемуары графини Головиной. Записки князя Голицына. / Сост., предисловие, подготовка текста, комментарии С. А. Никитина. М.: «Три века истории», 2000.
Местр, Жозеф де. Петербургские письма 1803—1817: Пер. с фр. СПб.: ИНАПРЕСС, 1995. — (Свидетели истории)
Миних Б. К. Очерк управления Российской империи // Перевороты и войны. М.: Фонд Сергея Дубова, 1997.
Письма М. Вальмот // *Дашкова Е. Р.* Записки. М.: Изд-во МГУ, 1996.
Позье И. Из записок // Со шпагой и факелом: Дворцовые перевороты в России 1725—1825 /Сост., вступ. ст., коммент. М. А. Бойцова. М.: Современник, 1991.
Понятовский С. А. Мемуары // Путь к трону... М.: СЛОВО/SLOVO, 1997.
Путь к трону: История дворцового переворота 28 июня 1762 года. / Сост., предисл., коммент. Г. А. Веселой. М.: СЛОВО/SLOVO, 1997. — (Русские мемуары).
Пушкин А. С. Дневники. Автобиографическая проза. М.: Сов. Россия, 1989.
Пыляев М. И. Старый Петербург: Рассказы из былой жизни столицы. Издание А. С. Суворина, 1889.
Рассказы А. М. Тургенева об императрице Екатерине II // Русская старина. 1894, март.
Рассказы бабушки. Из воспоминаний пяти поколений, записанные и собранные ее внуком Д. Благово. Ленинград: Наука. Ленинградское отделение, 1989.
Рассказы и черты из жизни русских императоров, императриц и великих князей. Издание И. В.Преображенского. СПб. 1901.
Рассказы, заметки и анекдоты из записок *Е. Н. Львовой* // Русские мемуары. Избранные страницы. XVIII век. / Сост., вступ. ст. и прим. И. И. Подольской. М.: Правда, 1988.

Рассказы Якова Ивановича Де-Санглена // Русская старина. 1883. Т. 40. Февраль.

Редкин А. П. Граф Джон Г. Бёкингхэмшир при дворе Екатерины II // Екатерина II в воспоминаниях современников, оценках историков. М.: ТЕРРА—Книжный клуб, 1998.

Ростопчин Ф. В.[1] Записки // Золотой век Екатерины Великой: Воспоминания /Изд. подг. В. М. Боковой и Н. И. Цимбаевым. М.: Изд-во МГУ, 1996. — (Университетская библиотека).

Ростопчин Ф. В.[2] Записка, составленная для графа С. Р. Воронцова. 11 сентября 1796 г. Архив князя Воронцова, VIII.

Рудаков В. Е. Генералиссимус князь А. В. Суворов в анекдотах и рассказах современников. СПб., 1900.

Русская старина: Путеводитель по XVIII веку. М.: РИК «Культура»; СПб.: Информационно-издат. агентство «ЛИК», 1996.

Русские мемуары. Избранные страницы. XVIII век / Сост., вступ., ст. и прим. И. И. Подольской. М.: Правда, 1988.

Русский архив. 1887. № 1. 1898. № 9.

Русский литературный анекдот конца XVIII — начала XIX века. М.: Худож. лит., 1990.

Рюльер К.-К. История и анекдоты революции в России в 1762 г. // Путь к трону: История дворцового переворота 28 июня 1762 года. М.: СЛОВО/SLOVO, 1997.

Самойлов А. Н. Жизнь и деяния генерал-фельдмаршала князя Григория Александровича Потемкина // Руский архив. 1867. № 4—11

Сборник Императорского Русского Исторического Общества. 1876. IX; 1878. XXIII.

Сегюр Л. Ф. Записки // Екатерина II в воспоминаниях современников... М., 1898.

Семевский М. И. Шесть месяцев из русской истории XVIII века // Русская старина: Путеводитель по XVIII веку. М.: РИК «Культура»; СПб.: Информ.-издат. Агентство «ЛИК», 1996.

Сиверс Д. Р. Из записок // Со шпагой и факелом: Дворцовые перевороты в России 1725—1825 /Сост., вступ. ст., коммент. М. А. Бойцова. М.: Современник, 1991.

Соловьев С. М. История России с древнейших времен. М.: Мысль, 1993. Кн. 11.

Со шпагой и факелом: Дворцовые перевороты в России 1725—1825 / Сост., вступ. ст., коммент. М. А. Бойцова. М.: Современник, 1991.

Три века: Россия от смуты до нашего времени: Исторический сборник / Под ред. В. В. Каллаша. В 6 т. Издание Т-ва И. Д. Сытина. М., 1912. Т. 4.

Труайя А. Екатерина Великая: Роман / Пер. с фр. М.: Республика: Палимпсест, 1997.

Тургенев А. М. См. Рассказы А. М. Тургенева...

Тучков С. А. Записки // Русские мемуары: Избранные страницы. XVIII век / Сост., вступ. ст. и прим. И. И. Подольской. М.: Правда, 1988.

Храповицкий А. В. Памятные записки. М.: Университетская типография, 1862.

Цареубийства: Гибель земных богов. / Сост. Н. В. Попов. М.: КРОН-ПРЕСС, 1998.

Чарторижский А. Мемуары. М.: ТЕРРА—Книжный клуб, 1998. — (Тайны истории в романах, повестях и документах).

Чумиков А. Густав IV и великая княжна Александра Павловна. По шведским источникам // Русский архив. 1887. № 1.

Ширяев Н. Баловень счастья. Эпизод из русской истории конца XVIII столетия // Русская старина. 1894. Т. 81. Март.

Штелин Я. Я. Записка о последних днях царствования Петра III // Путь к трону: История дворцового переворота 28 июня 1762 года. М.: СЛОВО/SLOVO, 1997.

Шубинский С. Н. Исторические очерки и рассказы. Таллинн; М.: Скиф Алекс, 1994. — (Русская историческая библиотека.)

Шумахер А. История низложения и гибели Петра III // Со шпагой и факелом: Дворцовые перевороты в России 1725—1825 /Сост., вступ. ст., коммент. М. А. Бойцова. — М.: Современник, 1991.

Щербатов М. М. О повреждении нравов в России. С предисловием Искандера. Лондон. 1858.

Энгельгардт Л. Н. Записки // Русские мемуары: Избранные страницы: XVIII век / Сост. вступ. ст. и прим. И. И. Подольской. М.: Правда, 1988.

АВТОРЫ ЦИТИРУЕМЫХ ИСТОЧНИКОВ

Бантыш-Каменский Дмитрий Николаевич (1788—1850), русский государственный деятель, историк.
Бартенев Петр Иванович (1829—1912), историк, библиограф и археограф, издатель «Русского архива».
Безбородко Александр Андреевич (1747—1799), граф, государственный деятель. С 1775 г. статс-секретарь Екатерины II, с 1783 г. фактический руководитель Коллегии иностранных дел. При нем Турция признала присоединение Россией Крыма (1783), подписан Ясский мирный договор. С 1797 г. светлейший князь, канцлер.
Бёкингхэмшир Джон Гобер — граф, чрезвычайный посол Англии в Петербурге в первые годы правления Екатерины II.
Бильбасов Василий Алексеевич (1837—1904), русский историк и публицист, автор двухтомной «Истории Екатерины Второй», изданной в Берлине в 1899 г.
Болотов Андрей Тимофеевич (1738—1833), писатель, ученый, один из создателей российской агрономической науки. Участник Семилетней войны с Пруссией, автор известных мемуаров, содержащих богатейший материал о быте, нравах и обычаях второй половины XVIII в.
Брикнер Александр Густавович (1834—1896), русский историк, пофессор Тартусского университета, автор популярных сочинений по русской истории.

Валишевский Казимир (1849—1935), польский историк, писатель и публицист. Более тридцати лет К. Валишевский посвятил изучению истории России, работал в архивах Парижа и Лондона, Берлина и Вены, а также Петербурга, где пользовался покровительством крупного русского историка, великого князя Николая Михайловича.
Виже-Лебрен Мария-Анна-Елизавета-Луиза (1755—1842), знаменитая английская художница, член Петербургской Академии художеств.
Вильмот Кэтрин и Марта, родились в англо-ирландской семье. Их прадед Дж. Эрдли Вильмот оставил по себе память в анналах ирландского правосудия как справедливый и опытный судья. Его брат Роберт Вильмот в

1736—1738 гг. занимал должность первого секретаря вице-короля Ирландии. В 1803—1805 гг. сестры путешествовали по России, оставили письма об этом путешествии, изобилующие ценными историческими свидетельствами.

Воронцов Семен Романович (1744—1832), граф (1797), генерал от инфантерии, дипломат, посол в Венеции (1783—1784) и в Лондоне (1794—1806).

Гельбиг Георг Адольф Вильгельм фон, барон, секретарь саксонского посольства при дворе Екатерины II (1787—1796), писатель.

Глинка Сергей Николаевич (1776—1847), известный русский литератор XIX в. Происходит из небогатой, но прославленной в истории русской культуры семьи, обучался в Сухопутном Шляхетном кадетском корпусе, затем недолго служил в гвардии; вышел в отставку майором в 1800 г.

Голицын Федор Николаевич (1751—1827), князь. Числясь на службе с 1755 г., фактически начал ее с конца 1770-х гг. на должности обер-прокурора 1-го Департамента Сената. В 1786 г. был сделан камергером. Совмещал службу в Сенате с исполнением дипломатических поручений в европейских столицах.

Головина Варвара Николаевна (1766—1821), рожд. княжна Голицына, графиня, мемуаристка.

Грибовский Адриан Моисеевич (1766—1833), государственный чиновник, с 1787 г. состоял в канцелярии Г. А. Потемкина, с 1795 г. статс-секретарь Екатерины II.

Гримм Фридрих Мельхиор (1723—1807), барон, немецкий писатель, публицист, дипломат. С 1748 г. жил в Париже, издавал газету «Литературная, философская и критическая корреспонденция» (1753—1792), читателем которой была и Екатерина II. В Петербурге Гримм побывал в 1773 г. в свите ландграфини Гессен-Дармштадтской, прибывшей на свадьбу дочери с цесаревичем Павлом. С 1774 г. вел активную переписку с Екатериной II.

Дама Жозеф-Елизабет Роже, граф, по рекомендации принца де Линя был приглашен на русскую службу, адъютант Г. А. Потемкина, автор записок о своем пребывании в России.

Дашкова Екатерина Романовна (1743—1810), княгиня, политический и культурный деятель. Единственная в истории России женщина-директор Петербургской АН и президент Российской Академии (1783—1794). Активная участница переворота 28 июня 1762 г., автор известных «Записок», интереснейшего образца русской мемуарной литературы кон. XVIII — нач. XIX в.

Де Линь Шарль Жозеф (1735—1814), принц, полководец, служил во Франции, с 1752 г. в Австрии, участник осады Очакова в 1788 г. в составе войск Г. А. Потемкина.

Державин Гаврила Романович (1743—1818), крупнейший русский поэт XVIII — нач. XIX в. и гос. деятель. В 1762 г. солдат Преображенского полка, выступившего на стороне вел. кн. Екатерины во время переворота. В 1784 г. олонецкий, в 1785—1788 гг. тамбовский губернатор. В 1791—1793 гг. статс-секретарь Екатерины II, в 1794 г. президент Коммерц-коллегии, в 1802—1803 гг. министр юстиции.
Де-Санглен Яков Иванович, вельможа времен Екатерины II.
Дмитриев-Мамонов Александр Матвеевич (1758—1803), граф, генерал-адъютант, фаворит Екатерины II с 1785 по 1789 г. Попал в любимцы из адъютантов Г. А. Потемкина по его рекомендации.
Дюма Александр (1802—1870), французский писатель.

Завадовский Петр Васильевич (1739—1812), граф, государственный деятель. Фаворит Екатерины II в 1776—1777 гг. Участвовал в первой русско-турецкой войне под началом П. А. Румянцева. Ему принадлежит окончательная редакция Кючук-Кайнарджийского мирного договора, он же автор текста манифеста об издании Учреждения о губерниях; с конца 70-х гг. на второстепенных ролях.
Загряжская Наталья Кирилловна (1747—1837), рожд. Разумовская, графиня, дочь президента Академии наук и гетмана Малороссии гр. К. Г. Разумовского, фрейлина императрицы Елизаветы Петровны и Екатерины II, кавалерственная дама.

Карабанов Павел Федорович (1767—1851), русский литератор, историк, архивист.
Карамзин Николай Михайлович (1766—1826), историограф, писатель.
Кизеветтер Александр Александрович (1866—1933), русский историк, любимый ученик В. О. Ключевского. В 1922 г. выслан из советской России, умер в эмиграции.
Ключевский Василий Осипович (1841—1911), выдающийся русский историк. Основные труды: «Курс русской истории», «Боярская Дума Древней Руси, исследования по историографии, источниковедению, истории сословий, социально-экономического развития.

Линь Шарль-Жозеф де (1735—1814), принц, родом бельгиец, австрийский подданный, герой Семилетней войны, писатель, острослов, поклонник Ж.-Ж. Руссо и друг императора Иосифа II, мемуарист.
Львова Елизавета Николаевна (1788—1864), частное лицо, представительница известного рода Львовых, свидетельница нескольких эпох русской жизни.

Массон Шарль Франсуа Филибер (1762—1807), провел ряд лет при дворе Екатерины II и Павла I, автор мемуаров, содержащих закулисную хронику русской придворной жизни того времени.
Местр, Жозеф де (1753—1821), граф, посланник сардинского короля в Петербурге.

Миних Бурхардт Кристоф (1683—1767), граф, на русской службе с 1713 г., генерал-фельдмаршал, с 1730 г. президент Военной коллегии, первый министр в 1740—1741 гг. Был отправлен в ссылку в Пелым императрицей Елизаветой, где пробыл 20 лет. Возвращен из ссылки Петром III в 1762 г.

Панин Никита Иванович (1718—1783), граф, государственный деятель, дипломат. В 1747—1759 гг. посланник в Дании, Швеции. В 1760—1773 гг. воспитатель вел. кн. Павла и обер-гофмейстер его двора. Активный участник переворота 1762 г., в 1763—1781 гг. возглавлял Коллегию иностранных дел. С 1781 г. в отставке.

Позье Еремей (Иеремия) Петрович (1716—1779), ювелир, родом из Швейцарии. С 1729 г. в России. Петр III назначил его придворным ювелиром и бригадиром. В 1764 г. вернулся в Женеву.

Понятовский Станислав Август (1732—1798), польский магнат, сын мазовецкого воеводы. В 1755 г. прибыл в Петербург в качестве секретаря английского посла, стал фаворитом вел. кн. Екатерины. По прихоти Екатерины II и при поддержке Фридриха II в 1764 г. был избран королем Польши (последний король в ее истории). Роль его как короля была плачевна и жалка — он не смел противоречить Екатерине II и смирился с тремя разделами своего королевства, полностью утратившего самостоятельность. В 1795 г. отказался от престола, оставшиеся годы провел в Петербурге, окруженный роскошью.

Попов Василий Степанович (1743—1822), ближайший сотрудник Потемкина, бессменный правитель его канцелярии с 1783 г.

Пушкин Александр Сергеевич (1799—1837), великий русский поэт.

Пыляев Михаил Иванович (1845—1900), русский писатель.

Ростопчин Федор Васильевич (1763—1826), граф, государственный деятель и литератор кон. XVIII — нач. XIX в. Более всего он известен как генерал-губернатор Москвы в период Отечественной войны 1812 г., готовивший своими патриотическими «афишками» Москву и москвичей к отпору неприятеля, а после сжегший собственноручно свое любимое подмосковное имение Вороново, «дабы не досталось оно в руки врага».

Рюльер Клод Карломан (1735—1791), французский историк, писатель и поэт. С 1760 г. секретарь французского посланника в России, имел возможность близко наблюдать двор Елизаветы Петровны и Петра III. Непосредственный свидетель переворота, Рюльер, вернувшись во Францию, детально описал события, приведшие к воцарению Екатерины II.

Самойлов Александр Николаевич (1744—1814), граф (1795), государственный и военный деятель, племянник Г. А. Потемкина.

Сегюр д'Агессо Луи-Филипп де (1753—1830), французский политический деятель, в 1785—1789 гг. посланник при Петербургском дворе, автор мемуаров о своем пребывании в России.

Семевский Михаил Иванович (1837—1892), русский историк, основатель, редактор и издатель «Русской старины».
Сиверс Давид Райнгольд (1732—1814), голштинец, в 1762 г. полковник, флигель-адъютант Петра III.
Соловьев С. М. (1820—1879), русский историк, академик Петербургской академии наук (1872). Ректор Московского университета в 1871—1877 гг.
Суворов Александр Васильевич (1729—1800), русский полководец, граф Рымникский (1789), князь Италийский, генералиссимус (1799).
Суворов Василий Иванович (1705—1775), генерал-аншеф, отец А. В. Суворова, активный участник переворота 1762 г.

Талызин Иван Лукьянович (1700—1777), адмирал, активный участник переворота 1762 г., за особые заслуги в нем награжден орденом Андрея Первозванного. Член адмиралтейств-коллегии с 1748 г., родственник Н. И. Панина, двоюродный брат канцлера А. П. Бестужева.
Труайя Анри (Лев Тарасов) (1911—1997), знаменитый французский писатель русского происхождения, получил широкое признание как автор многочисленных художественных произведений, в том числе биографических романов о русских царях и писателях.
Тучков Сергей Алексеевич (1766—1839), представитель семьи, оставившей яркий след в российской истории. Два его брата, Николай («Тучков I») и Александр («Тучков IV») геройски погибли в Бородинском сражении. Брат Павел отличился в битве за Смоленск, был ранен, взят в плен и приведен к Наполеону, который велел возвратить ему шпагу. Вдова Александра Тучкова, Маргарита Михайловна, урожд. Нарышкина, основательница и первая игуменья Спасо-Бородинского монастыря. Племянник — Алексей Алексеевич Тучков — декабрист, а дочь последнего, Наталья Тучкова-Огарева — талантливая мемуаристка.

Фридрих II (Великий) (1712—1786), прусский король с 1740 г. из династии Гогенцоллернов, крупный полководец.

Храповицкий Александр Васильевич (1749—1801), государственный деятель, писатель. В 1783—1793 гг. один из статс-секретарей Екатерины II, оставил обширный и подробный дневник с уникальными записями о характере императрицы, ее обширных и разнообразных занятиях, об окружающих ее людях.

Чарторижский Адам (1770—1861), князь, видный польский государственный деятель, сыгравший заметную роль и в российской политике.

Штелин Яков Яковлевич (1709—1785), с 1735 г. в России, академик Петербургской академии наук.
Шубинский Сергей Николаевич (1834—1913), историк-популяризатор, ввел множество новых документов в науку русской истории.

Шумахер Андреас (1726—1790), секретарь, а затем советник датского посольства в Петербурге в 1757—1764 гг. (с перерывами).

Щербатов Михаил Михайлович (1733—1790), князь, историк и публицист.

Энгельгардт Лев Николаевич (1766—1836), военный деятель екатерининской эпохи, участник турецкой и польской кампаний, мемуарист.

ОГЛАВЛЕНИЕ

От автора	3
Принцесса-золушка	5
Я хотела быть русской...	19
Петербургская девственница	100
Переворот 28 июня 1762 года. Десять дней, которые потрясли...	134
Везувий в юбке, или Школа государственных мужей?	214
Конец Потемкина	345
Смерть Екатерины	369
Личность: свидетельства без купюр	429
Разговоры Екатерины Великой	520
После смерти	525
Список цитируемых источников	532
Авторы цитируемых источников	537

Литературно-художественное издание

Евгений Николаевич Гусляров

ЕКАТЕРИНА II В ЖИЗНИ

Систематизированный свод воспоминаний современников,
документов эпохи, версий историков

Редактор *Л. Денисова*
Младший редактор *Н. Пастухова*
Художественный редактор *А. Гладышев*
Технический редактор *Н. Ремизова*
Корректор *Т. Скоркина*
Компьютерная верстка *О. Измайловой*

Подписано в печать 19.05.04. Формат 60×84/16.
Бумага офсетная. Печать офсетная. Гарнитура «Ньютон».
Усл. печ. л. 15,81. Тираж 4000 экз. Изд. № 04-6495. Заказ № 1632.

Издательство «ОЛМА-ПРЕСС Звездный мир»
129075, Москва, Звездный бульвар, 23
«ОЛМА-ПРЕСС Звездный мир» входит в группу компаний
ЗАО «ОЛМА МЕДИА ГРУПП»

Отпечатано с готовых диапозитивов
в полиграфической фирме «КРАСНЫЙ ПРОЛЕТАРИЙ»
127473, Москва, Краснопролетарская, 16

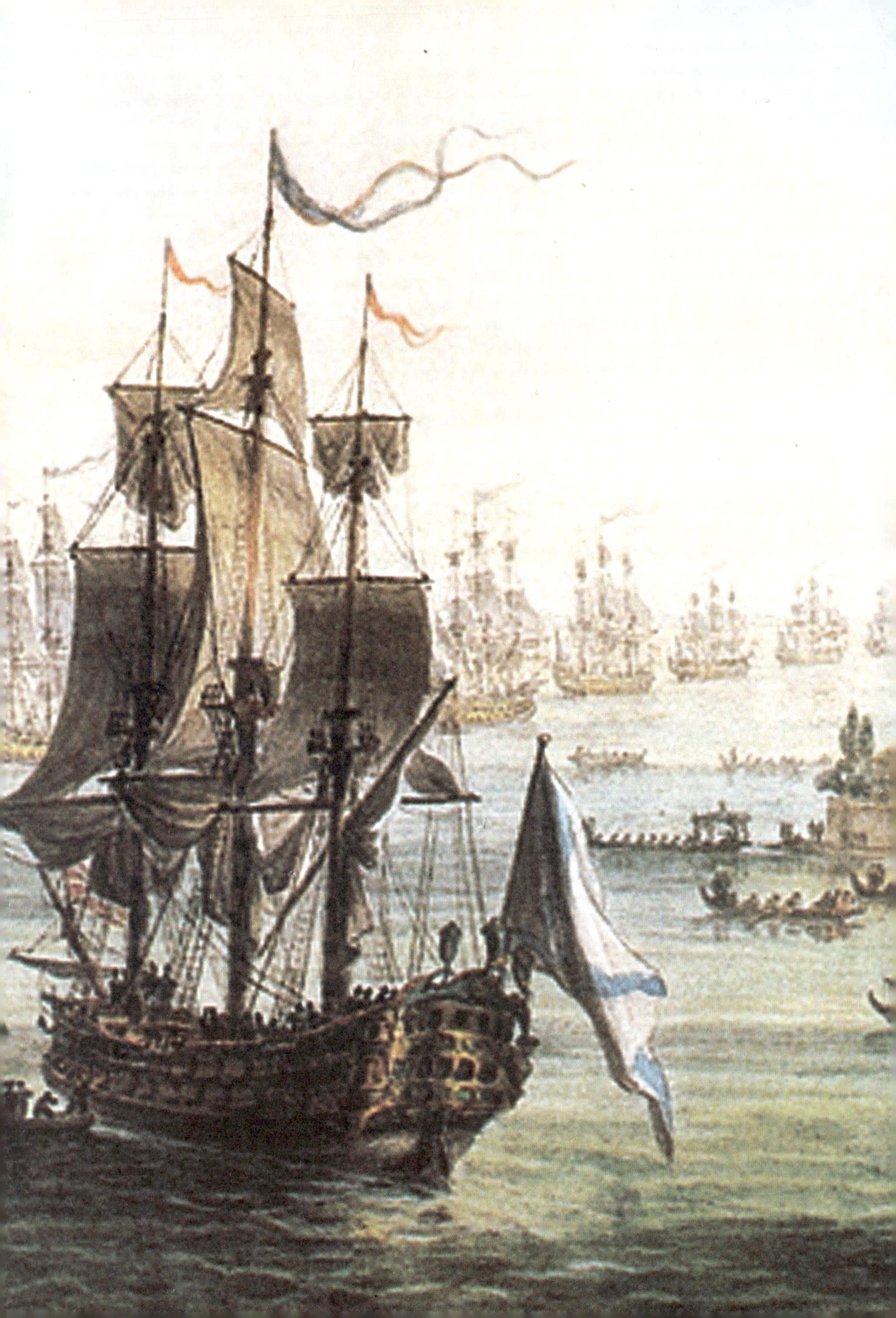